中國國家圖書館編

國家圖書館藏敦煌遺書

第六十四册　北敦〇四七八二號——北敦〇四八四九號

北京圖書館出版社

圖書在版編目(CIP)數據

國家圖書館藏敦煌遺書·第六十四册/中國國家圖書館編;任繼愈主編.—北京:北京圖書館出版社,2007.9

ISBN 978-7-5013-3216-8

Ⅰ.國… Ⅱ.①中…②任… Ⅲ.敦煌學—文獻 Ⅳ.K870.6

中國版本圖書館CIP數據核字(2007)第117630號

ISBN 978-7-5013-3216-8

9 787501 332168 >

書　　名　國家圖書館藏敦煌遺書·第六十四册

著　　者　中國國家圖書館編　任繼愈主編

責任編輯　徐　蜀　孫　彦

封面設計　李　璀

出　　版　北京圖書館出版社　(100034　北京西城區文津街7號)

發　　行　010-66139745　66151313　66175620　66126153

66174391(傳真)　66126156(門市部)

E-mail　cbs@nlc.gov.cn(投稿)　btsfxb@nlc.gov.cn(郵購)

Website　www.nlcpress.com

經　　銷　新華書店

印　　刷　北京文津閣印務有限責任公司

開　　本　八開

印　　張　55.25

版　　次　2007年9月第1版第1次印刷

印　　數　1-250册(套)

書　　號　ISBN 978-7-5013-3216-8/K·1443

定　　價　990.00圓

編輯委員會

主　　編　任繼愈
常務副主編　方廣錩
副 主 編　李際寧　張志清
編委（按姓氏筆畫排列）　王克芬　王姿怡　吳玉梅　胡新英　陳　穎　黄　霞（常務）　劉玉芬

出版委員會

主　任　詹福瑞
副主任　陳　力
委　員（按姓氏筆畫排列）　李　健　姜　紅　郭又陵　徐　蜀　孫　彦

攝製人員（按姓氏筆畫排列）

于向洋　王富生　王遂新　谷韶軍　張　軍　張紅兵　張　陽　曹　宏　郭春紅　楊　勇　嚴　平

原件修整人員（按姓氏筆畫排列）

朱振彬　杜偉生　李　英　胡玉清　胡秀菊　張　平　劉建明

目錄

佘時藥王菩薩即從座起徧袒右肩合掌向
佛而白佛言世尊若善男子善女人有能受
持法華經者若讀誦通利若書寫經卷得幾
所福佛告藥王若有善男子善女人供養八
百万億那由他恒河沙等諸佛於汝意云何
其所得福寧為多不甚多世尊佛言若善男
子善女人能於是經乃至受持一四句偈讀
誦解義如說脩行功德甚多佘時藥王菩薩
白佛言世尊我今當與說法者陁羅尼呪以
守護之即說呪曰
安佘一 曼佘二 摩祢三 摩摩祢四 旨隸五 遮
梨苐六 賒咩羊鳴音七 賒履四卑反多瑋八 羶輸千反帝
九 目帝十 目多履十一 娑履十二 阿瑋娑履十三 桒
履十四 娑履十五 叉裔十六 阿叉裔十七 阿耆膩十八 羶
帝十九 賒履二十 陁羅尼二十一 阿盧伽婆娑蘇奈反 簸
蔗毗叉膩二十二 祢毗剃二十三 阿便哆都餓反 邏祢
履剃二十四 阿亶哆波隸輸地途買反二十五 漚究隸二十
六 牟究隸二十七 阿羅隸二十八 波羅隸二十九 首迦
差初几反三十 阿三磨三履三十一 佛馱毗吉利袠帝

BD04782號　妙法蓮華經卷七

（15–1）

帝十九 賒履二十 陁羅尼二十一 阿盧伽婆娑□反 簸
蔗毗叉膩二十二 祢毗剃二十三 阿便哆都餓反 邏祢
履剃二十四 阿亶哆波隸輸地途買反二十五 漚究隸二十
六 牟究隸二十七 阿羅隸二十八 波羅隸二十九 首迦
差初几反三十 阿三磨三履三十一 佛馱毗吉利袠帝
三十二 達磨波利差猜離反 帝三十三 僧伽涅瞿沙
祢三十四 婆舍婆舍輸地三十五 曼哆邏三十六 曼
哆邏叉夜多三十七 郵樓哆郵樓哆三十八 憍舍
略三十九 惡叉邏四十 惡叉冶多冶四十一 阿婆盧
四十二 阿摩若荏蔗反 那多夜四十三
世尊是陁羅尼神呪六十二億恒河沙等諸
佛所說若有侵毀此法師者則為侵毀是諸
佛已時釋迦牟尼佛讚藥王菩薩言善哉善
哉藥王汝愍念擁護此法師故說是陁羅尼
於諸衆生多所饒益
佘時勇施菩薩白佛言世尊我亦為擁護讀
誦受持法華經者說陁羅尼若此法師得是
陁羅尼若夜叉若羅剎若富單那若吉蔗若
鳩槃荼若餓鬼等伺求其短无能得便即於
佛前而說呪曰
痤者螺反隸一 摩訶痤隸二 郁枳三 目枳四 阿
隸五 阿羅婆苐六 涅隸苐七 涅隸多婆苐八
伊緻猜履反抳九 韋緻抳十 旨緻抳十一 涅隸墀
抳十二 涅犁墀婆底十三
世尊是陁羅尼神呪恒河沙等諸佛所說亦
皆隨喜若有侵毀此法師者則為侵毀是諸
佛已

BD04782號　妙法蓮華經卷七

（15–2）

伊緻猜履反抳九韋緻抳十旨緻抳十一涅隸墀
抳十二涅犁墀婆底十三
世尊是陁羅尼神呪恒河沙等諸佛所說亦
皆隨喜若有侵毀此法師者則為侵毀是諸
佛已
尒時毗沙門天王護世者白佛言世尊我亦
為愍念衆生擁護此法師故說是陁羅尼即
說呪曰
阿梨一那梨二㝹那梨三阿那盧四那履五
拘那履六
世尊以是神呪擁護法師我亦自當擁護持
是經者令百由旬內无諸衰患
尒時持國天王在此會中與千万億那由他
乹闥婆衆恭敬圍繞前詣佛所合掌白佛言
世尊我亦以陁羅尼神呪擁護持法華經者
即說呪曰
阿伽祢一伽祢二瞿利三乹陁利四栴陁利
五摩蹬耆六常求利七浮樓莎抳八頞底九
世尊是陁羅尼神呪四十二億諸佛所說若
有侵毀此法師者則為侵毀是諸佛已
尒時有羅刹女等一名藍婆二名毗藍婆三
名曲齒四名華齒五名黑齒六名多髮七名
无猒足八名持瓔珞九名睾帝十名奪一切
衆生精氣是十羅刹女與鬼子母并其子及
眷屬俱詣佛所同聲白佛言世尊我亦欲擁
護讀誦受持法華經者除其衰患若有伺求

BD04782號　妙法蓮華經卷七　（15–3）

无猒足八名持瓔珞九名睾帝十名奪一切
衆生精氣是十羅刹女與鬼子母并其子及
眷屬俱詣佛所同聲白佛言世尊我亦欲擁
護讀誦受持法華經者除其衰患若有伺求
法師短者令不得便即於佛前而說呪曰
伊提履一伊提泯二伊提履三阿提履四伊
提履五泥履六泥履七泥履八泥履九泥履
十樓醯十一樓醯十二樓醯十三樓醯十四多醯十五多
醯十六多醯十七兜醯十八㝹醯十九
寧上我頭上莫惱於法師若夜叉若羅刹若
餓鬼若富單那若吉蔗若毗陁羅若揵馱若
烏摩勒伽若阿跋摩羅若夜叉吉蔗若人吉
蔗若熱病若一日若二日若三日若四日乃
至七日若常熱病若男形若女形若童男形
若童女形乃至夢中亦復莫惱即於佛前而
說偈言
若不順我呪　惱亂說法者　頭破作七分　如阿梨樹枝
如殺父母罪　亦如押油殃　斗秤欺誑人　調達破僧罪
犯此法師者　當獲如是殃
諸羅刹女說此偈已白佛言世尊我等亦當
身自擁護受持讀誦脩行是經者令得安隱
離諸衰患消衆毒藥佛告諸羅刹女善哉善
哉汝等但能擁護受持法華名者福不可量
何況擁護具足受持供養經卷華香瓔珞末
香塗香燒香幡蓋伎樂燃種種燈蘇燈油燈
諸香油燈蘇摩那華油燈瞻蔔華油燈婆師

BD04782號　妙法蓮華經卷七　（15–4）

難諸衰患消衆毒藥佛告諸羅刹女善哉善
哉汝等但能擁護受持法華名者福不可量
何况擁護具足受持供養經卷華香瓔珞末
香塗香燒香幡蓋伎樂然種種燈蘇燈油燈
諸香油燈蘇摩那華油燈瞻蔔華油燈婆師
迦華油燈優鉢羅華油燈如是等百千種供
養者皐諦汝等及眷屬應當擁護如是法師
說此陁羅尼品時六万八千人得无生法忍

妙法蓮華經妙莊嚴王本事品第二十七

尒時佛告諸大衆乃往古世過无量无邊不
可思議阿僧祇劫有佛名雲雷音宿王華智
多陁阿伽度阿羅呵三藐三佛陁國名光明
莊嚴劫名憙見彼佛法中有王名妙莊嚴其
王夫人名曰淨德有二子一名淨藏二名淨
眼是二子有大神力福德智慧久脩菩薩所
行之道所謂檀波羅蜜尸羅波羅蜜羼提波
羅蜜毗梨耶波羅蜜禪波羅蜜般若波羅蜜
方便波羅蜜慈悲喜捨乃至三十七助道法
皆悉明了通達又得菩薩淨三昧日星宿三
昧淨光三昧淨色三昧淨照明三昧長莊嚴
三昧大威德藏三昧於此三昧亦悉通達尒
時彼佛欲引導妙莊嚴王及愍念衆生故說
是法華經時淨藏淨眼二子到其母所合十
指爪掌白言願母往詣雲雷音宿王華智佛
所我等亦當侍從親覲供養礼拜所以者何
此佛於一切天人衆中說法華經宜應聽受

BD04782號　妙法蓮華經卷七　（15-5）

是法華經時淨藏淨眼二子到其母所合十
指爪掌白言願母往詣雲雷音宿王華智佛
所我等亦當侍從親覲供養礼拜所以者何
此佛於一切天人衆中說法華經宜應聽受
母告子言汝父信受外道深著婆羅門法汝
等應往白父與共俱去淨藏淨眼合十指爪
掌白母我等是法王子而生此耶見家母告
子言汝等當憂念汝父為現神變若得見者
心必清淨或聽我等往至佛所於是二子念
其父故踊在虛空高七多羅樹現種種神變
於虛空中行住坐卧身上出水身下出火身
下出水身上出火或現大身滿虛空中而復
現小小復現大於空中滅忽然在地入地如
水履水如地現如是等種種神變令其父王
心淨信解時父見子神力如是心大歡喜得
未曾有合掌向子言汝等師為是誰誰之弟
子二子白言大王彼雲雷音宿王華智佛今
在七寶菩提樹下法座上坐於一切世間天
人衆中廣說法華經是我等師我是弟子父
語子言我今亦欲見汝等師可共俱往於是
二子從空中下到其母所合掌白母父王今
已信解堪任發阿耨多羅三藐三菩提心我
等為父已作佛事願母見聽於彼佛所出家
脩道尒時二子欲重宣此義以偈白母
願母放我等　出家作沙門　諸佛甚難值　我等隨佛學
如優曇波羅　值佛復難是　脫諸難亦難　願聽我出家
母即告言聽汝出家所以者何佛難值故

BD04782號　妙法蓮華經卷七　（15-6）

等為父已作佛事願母見聽於彼佛所出家
脩道尒時二子欲重宣此義以偈白母
願母放我等　出家作沙門　諸佛甚難值　我等隨佛學
如優曇鉢羅　值佛復難是　脫諸難亦難　願聽我出家
母即告言聽汝出家所以者何佛難值故於
是二子白父母言善哉父母願時往詣雲雷
音宿王華智佛所親覲供養所以者何佛難
得值如優曇鉢羅華又如一眼之龜值浮木
孔而我等宿福深厚生值佛法是故父母當
聽我等令得出家所以者何諸佛難值時亦
難遇彼時妙莊嚴王後宮八万四千人皆悉
堪任受持是法華經淨眼菩薩於法華三昧
久已通達淨藏菩薩已於无量百千万億劫
通達離諸惡趣三昧欲令一切眾生離諸惡
趣故其王夫人得諸佛集三昧能知諸佛秘
密之藏二子如是以方便力善化其父令心
信解好樂佛法於是妙莊嚴王與群臣眷屬
俱淨德夫人與後宮婇女眷屬俱其王二子
與四万二千人俱一時共詣佛所到已頭面
禮足遶佛三匝却住一面尒時彼佛為王說
法示教利喜王大歡悅尒時妙莊嚴王及其
夫人解頸真珠瓔珞價直百千以散佛上於
虛空中化成四柱寶臺臺中有大寶牀敷百
千万天衣其上有佛結跏趺坐放大光明尒
時妙莊嚴王作是念佛身希有端嚴殊特成
就第一微妙之色時雲雷音宿王華智佛告

BD04782號　妙法蓮華經卷七　（15–7）

夫人解頸真珠瓔珞價直百千以散佛上於
虛空中化成四柱寶臺臺中有大寶牀敷百
千万天衣其上有佛結跏趺坐放大光明尒
時妙莊嚴王作是念佛身希有端嚴殊特成
就第一微妙之色時雲雷音宿王華智佛告
四眾言汝等見是妙莊嚴王於我前合掌立
不此王於我法中作比丘精勤脩習助佛道
法當得作佛号娑羅樹王國名大光劫名大
高王其娑羅樹王佛有无量菩薩眾及无量
聲聞其國平正功德如是其王即時以國付
弟王與夫人二子并諸眷屬於佛法中出家
脩道王出家已於八万四千歲常勤精進脩
行妙法華經過是已後得一切淨功德莊嚴
三昧即昇虛空高七多羅樹而白佛言世尊此
我二子已作佛事以神通變化轉我邪心令
得安住於佛法中得見世尊此二子者是我
善知識為欲發起宿世善根饒益我故來生
我家尒時雲雷音宿王華智佛告妙莊嚴王
言如是如是如汝所言若善男子善女人種
善根故世世得善知識其善知識能作佛事
示教利喜令入阿耨多羅三藐三菩提大王
當知善知識者是大因緣所謂化導令得見
佛發阿耨多羅三藐三菩提心大王汝見此
二子不此二子已曾供養六十五百千万億
那由他恒河沙諸佛親覲恭敬於諸佛所受
持法華經愍念邪見眾生令住正見妙莊嚴
王即從虛空中下而白佛言世尊如來甚希

BD04782號　妙法蓮華經卷七　（15–8）

佛發阿耨多羅三藐三菩提心大王汝見此
二子不此二子已曾供養六十五百千万億
那由他恒河沙諸佛親覲恭敬於諸佛所受
持法華經愍念邪見衆生令住正見妙莊嚴
王即從虛空中下而白佛言世尊如来甚希
有以功德智慧故頂上肉髻光明顯照其眼
長廣而紺青色眉間毫相白如珂月齒白齊
密常有光明脣色赤好如頻婆菓尒時妙莊
嚴王讚歎佛如是等无量百千万億功德已
於如来前一心合掌復白佛言世尊未曾有
也如来之法具足成就不可思議微妙功德
教戒所行安隱快善我從今日不復自隨心
行不生邪見憍慢瞋恚諸惡之心說是語已
礼佛而出佛告大衆於意云何妙莊嚴王豈
異人乎今華德菩薩是其淨德夫人今佛前
光照莊嚴相菩薩是哀愍妙莊嚴王及諸眷
屬故於彼中生其二子者今藥王菩薩藥上
菩薩是是藥王藥上菩薩成就如此諸大功
德已於无量百千万億諸佛所殖衆德本成
就不可思議諸善功德若有人識是二菩薩
名字者一切世間諸天人民亦應礼拜佛說
是妙莊嚴王本事品時八万四千人遠塵離
垢於諸法中得法眼淨
妙法蓮華經普賢菩薩勸發品第二十八
尒時普賢菩薩以自在神通威德名聞與大
菩薩无量无邊不可稱數從東方来所逕諸

BD04782號　妙法蓮華經卷七　（15–9）

名字者一切世間諸天人民亦應礼拜佛說
是妙莊嚴王本事品時八万四千人遠塵離
垢於諸法中得法眼淨
妙法蓮華經普賢菩薩勸發品第二十八
尒時普賢菩薩以自在神通威德名聞與大
菩薩无量无邊不可稱數從東方来所逕諸
國普皆震動雨寶蓮華作无量百千万億種
種伎樂又與无數諸天龍夜叉乾闥婆阿脩
羅迦樓羅緊那羅摩睺羅伽人非人等大衆
圍遶各現威德神通之力到娑婆世界耆闍
崛山中頭面礼釋迦牟尼佛右繞七匝白佛
言世尊我於寶威德上王佛國遥聞此娑婆
世界說法華經與无量无邊百千万億諸菩
薩衆共来聽受唯願世尊當爲說之若善男
子善女人於如来滅後云何能得是法華經
佛告普賢菩薩若善男子善女人成就四法
於如来滅後當得是法華經一者爲諸佛護
念二者殖諸德本三者入正定聚四者發救
一切衆生之心善男子善女人如是成就四
法於如来滅後必得是經尒時普賢菩薩白
佛言世尊於後五百歲濁惡世中其有受持
是經典者我當守護除其衰患令得安隱使
无伺求得其便者若魔若魔子若魔女若魔
民若爲魔所著者若夜叉若羅刹若鳩槃荼
若毗舍闍若吉蔗若富單那若韋陀羅等諸
惱人者皆不得便是人若行若立讀誦此經
我尒時乘六牙白象王與大菩薩衆俱詣其

BD04782號　妙法蓮華經卷七　（15–10）

是經典者我當守護除其衰患令得安隱使
无伺求得其便者若魔若魔子若魔女若魔
民若為魔所著者若夜叉若羅剎若鳩槃荼
若毗舍闍若吉蔗若富單那若韋陁羅等諸
惱人者皆不得便是人若行若立讀誦此經
我尒時乘六牙白象王與大菩薩衆俱詣其
所而自現身供養守護安慰其心亦為供養
法華經故是人若坐思惟此經尒時我復乘
白象王現其人前其人若於法華經有所忘
失一句一偈我當教之與共讀誦還令通利
尒時受持讀誦法華經者得見我身甚大歡
喜轉復精進以見我故即得三昧及陁羅尼
名為旋陁羅尼百千万億旋陁羅尼法音方
便陁羅尼得如是等陁羅尼世尊若後世後
五百歲濁惡世中比丘比丘尼優婆塞優婆
夷求索者受持者讀誦者書寫者欲脩習是
法華經於三七日中應一心精進滿三七日
已我當乘六牙白象與无量菩薩而自圍遶
以一切衆生所憙見身現其人前而為說法
示教利喜亦復與其陁羅尼呪得是陁羅尼
故无有非人能破壞者亦不為女人之所惑
亂我身亦自常護是人唯願世尊聽我說此
陁羅尼呪即於佛前而說呪曰
阿檀地途賣反一　檀陁婆地二　檀陁婆帝三　檀陁
鳩舍隸四　檀陁脩陁隸五　脩陁隸六　脩陁羅
婆底七　佛馱波羶祢八　薩婆陁羅尼阿婆多
尼九　薩婆婆沙阿婆多尼十　脩阿婆多尼十

BD04782號　妙法蓮華經卷七　（15–11）

陁羅尼即於佛前而說呪曰
阿檀地途賣反一　檀陁婆地二　檀陁婆帝三　檀陁
鳩舍隸四　檀陁脩陁隸五　脩陁隸六　脩陁羅
婆底七　佛馱波羶祢八　薩婆陁羅尼阿婆多
尼九　薩婆婆沙阿婆多尼十　脩阿婆多尼一十
僧伽婆履叉尼二十　僧伽涅伽陁尼三十　阿僧祇
四十　僧伽波伽地五十　帝隸阿惰僧伽兜略盧遮反
波羅帝六十　薩婆僧伽三摩地伽蘭地七十　薩婆
達磨脩波利剎帝八十　薩婆薩埵樓馱憍舍略
阿㝹伽地九十　辛阿毗吉利地帝十二
世尊若有菩薩得聞是陁羅尼者當知普賢
神通之力若法華經行閻浮提有受持者應
作此念皆是普賢威神之力若有受持讀誦
正憶念解其義趣如說脩行當知是人行普
賢行於无量无邊諸佛所深種善根為諸如
來手摩其頭若但書寫是人命終當生忉利
天上是時八万四千天女作衆伎樂而來迎
之其人即著七寶冠於采女中娛樂快樂何
況受持讀誦正憶念解其義趣如說脩行若
有人受持讀誦解其義趣是人命終為千佛
授手令不恐怖不墮惡趣即往兜率天上弥
勒菩薩所弥勒菩薩有三十二相大菩薩衆
所共圍遶有百千万億天女眷屬而於中生
有如是等功德利益是故智者應當一心自
書若使人書受持讀誦正憶念如說脩行世
尊我今以神通力守護是經於如來滅後閻

BD04782號　妙法蓮華經卷七　（15–12）

勒菩薩所弥勒菩薩有三十二相大菩薩衆
所共圍遶有百千万億天女眷屬而於中生
有如是等功德利益是故智者應當一心自
書若使人書受持讀誦正憶念如說脩行世
尊我今以神通力守護是經於如來滅後閻
浮提內廣令流布使不斷絕尒時釋迦牟尼
佛讚言善哉善哉普賢汝能護助是經令多
所衆生安樂利益汝已成就不可思議功德
深大慈悲從久遠來發阿耨多羅三藐三菩
提意而能作神通之願守護是經我當以神
通力守護能受持普賢菩薩名者普賢若有
受持讀誦正憶念脩習書寫是法華經者當
知是人則見釋迦牟尼佛如從佛口聞此經
典當知是人供養釋迦牟尼佛當知是人佛
讚善哉當知是人為釋迦牟尼佛手摩其頭
當知是人為釋迦牟尼佛衣之所覆如是之
人不復貪著世樂不好外道經書手筆亦復
不喜親近其人及諸惡者若屠兒若畜猪羊
雞狗若獵師若衒賣女色是人心意質直有
正憶念有福德力是人不為三毒所惱亦不
為嫉妬我慢邪慢增上慢所惱是人少欲知
足能脩普賢之行普賢若如來滅後後五百
歲若有人見受持讀誦法華經者應作是念
此人不久當詣道場破諸魔衆得阿耨多羅
三藐三菩提轉法輪擊法鼓吹法蠡雨法雨
當坐天人大衆中師子法座上普賢若於後
世受持讀誦是經典者是人不復貪著衣服

BD04782號　妙法蓮華經卷七　（15–13）

歲若有人見受持讀誦法華經者應作是念
此人不久當詣道場破諸魔衆得阿耨多羅
三藐三菩提轉法輪擊法鼓吹法蠡雨法雨
當坐天人大衆中師子法座上普賢若於後
世受持讀誦是經典者是人不復貪著衣服
臥具飲食資生之物所願不虛亦於現世得
其福報若有人輕毀之言汝狂人耳空作是
行終无所獲如是罪報當世世无眼若有供
養讚歎之者當於今世得現果報若復見受
持是經典者出其過惡若實若不實此人現
世得白癩病若有輕笑之者當世世牙齒踈
缺醜脣平鼻手腳繚戾眼目角睞身體臭穢
惡瘡膿血水腹短氣諸惡重病是故普賢若
見受持是經典者當起遠迎當如敬佛說是
普賢勸發品時恒河沙等无量无邊菩薩得
百千万億旋陀羅尼三千大千世界微塵等
諸菩薩具普賢道佛說是經時普賢等諸菩
薩舍利弗等諸聲聞及諸天龍人非人等一
切大會皆大歡喜受持佛語作禮而去

妙法蓮華經卷第七

李

BD04782號　妙法蓮華經卷七　（15–14）

持是經典者出其過惡若實若不實此人現
世得白癩病若有輕咲之者當世世牙齒踈
缺醜脣平鼻手脚繚戾眼目角睞身體臭穢
惡瘡膿血水腹短氣諸惡重病是故普賢若
見受持是經典者當起遠迎當如敬佛說是
普賢勸發品時恒河沙等无量无邊菩薩得
百千万億旋陀羅尼三千大千世界微塵等
諸菩薩具普賢道佛說是經時普賢等諸菩
薩舍利弗等諸聲聞及諸天龍人非人等一
切大會皆大歡喜受持佛語作礼而去

妙法蓮華經卷第七

學

BD04782號　妙法蓮華經卷七　　（15–15）

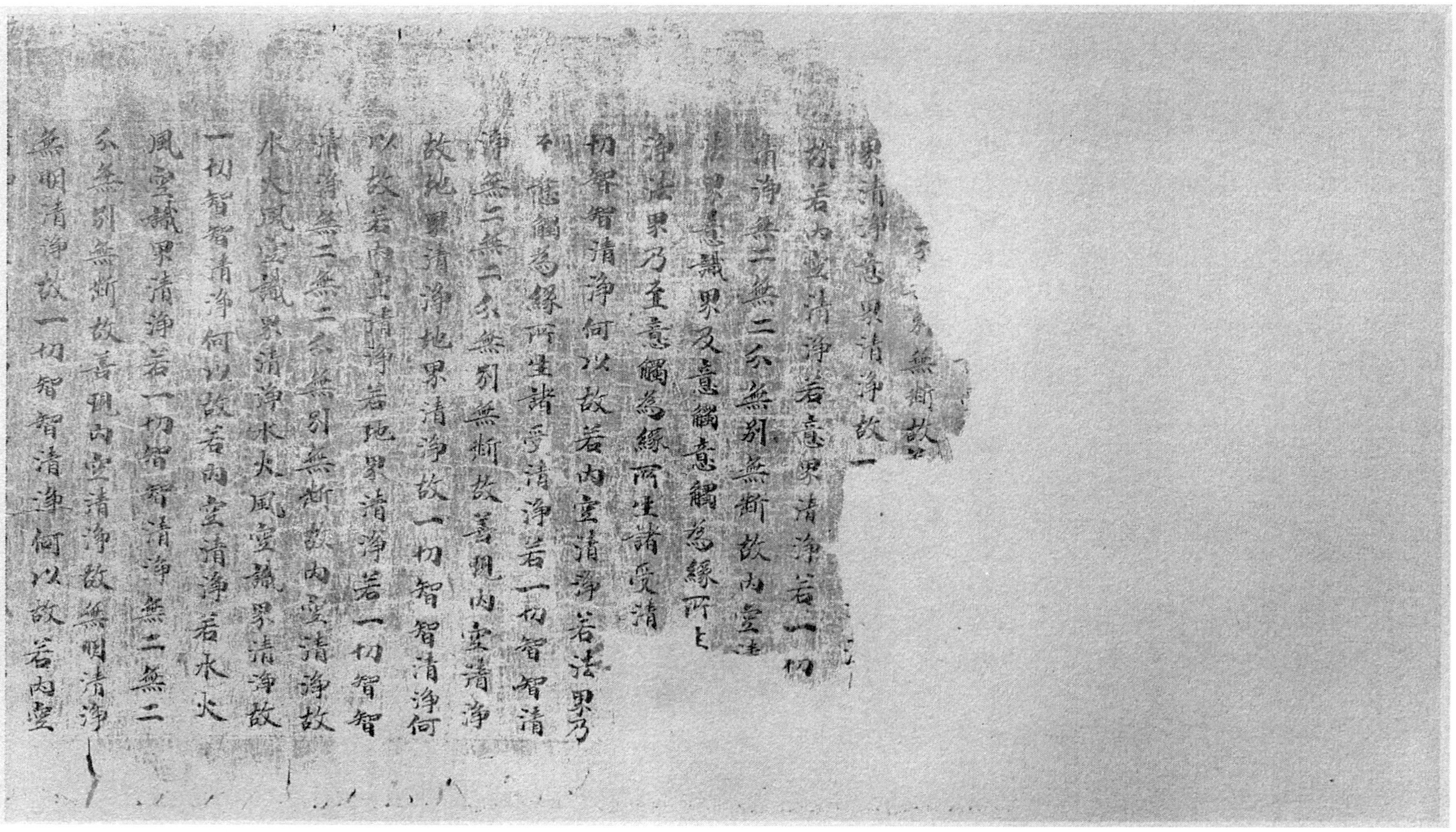

界清淨意界清淨故一
故若內空清淨若意界清淨若一切
清淨無二無二分無別無斷故內空清
法界意識界及意觸意觸為緣所生
淨法界乃至意觸為緣所生諸受清
一切智智清淨何以故若內空清淨若法界乃
至意觸為緣所生諸受清淨若一切智智清
淨無二無二分無別無斷故善現內空清淨
故地界清淨地界清淨故一切智智清淨何
以故若內空清淨若地界清淨若一切智智
清淨無二無二分無別無斷故內空清淨故
水火風空識界清淨水火風空識界清淨故
一切智智清淨何以故若內空清淨若水火
風空識界清淨若一切智智清淨無二無二
分無別無斷故善現內空清淨故無明清淨
無明清淨故一切智智清淨何以故若內空

BD04783號　大般若波羅蜜多經卷二〇八　　（20–1）

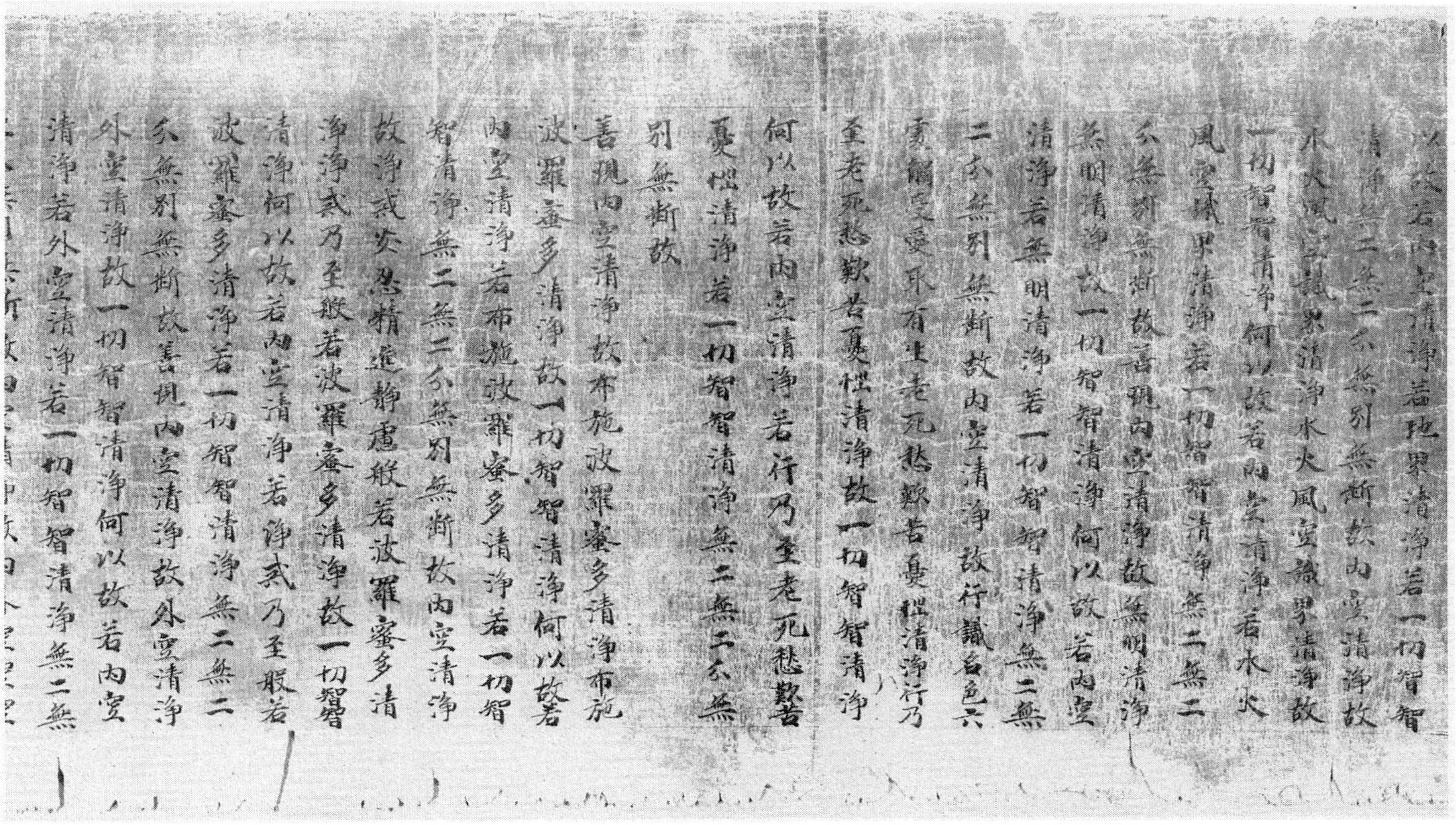

以故若內空清淨若地界清淨若一切智智
清淨無二無二分無別無斷故內空清淨故
水火風空識界清淨水火風空識界清淨故
一切智智清淨何以故若內空清淨若水火
風空識界清淨若一切智智清淨無二無二
分無別無斷故善現內空清淨故無明清淨
無明清淨故一切智智清淨何以故若內空
清淨若無明清淨若一切智智清淨無二無
二分無別無斷故內空清淨故行識名色六
處觸受愛取有生老死愁歎苦憂惱清淨行乃
至老死愁歎苦憂惱清淨故一切智智清淨
何以故若內空清淨若行乃至老死愁歎苦
憂惱清淨若一切智智清淨無二無二分無
別無斷故
善現內空清淨故布施波羅蜜多清淨布施
波羅蜜多清淨故一切智智清淨何以故若
內空清淨若布施波羅蜜多清淨若一切智
智清淨無二無二分無別無斷故內空清淨
故淨戒安忍精進靜慮般若波羅蜜多清
淨淨戒乃至般若波羅蜜多清淨故一切智智
清淨何以故若內空清淨若淨戒乃至般若
波羅蜜多清淨若一切智智清淨無二無二
分無別無斷故善現內空清淨故外空清淨
外空清淨故一切智智清淨何以故若內空
清淨若外空清淨若一切智智清淨無二無
[illegible]

BD04783 號　大般若波羅蜜多經卷二〇八　（20–2）

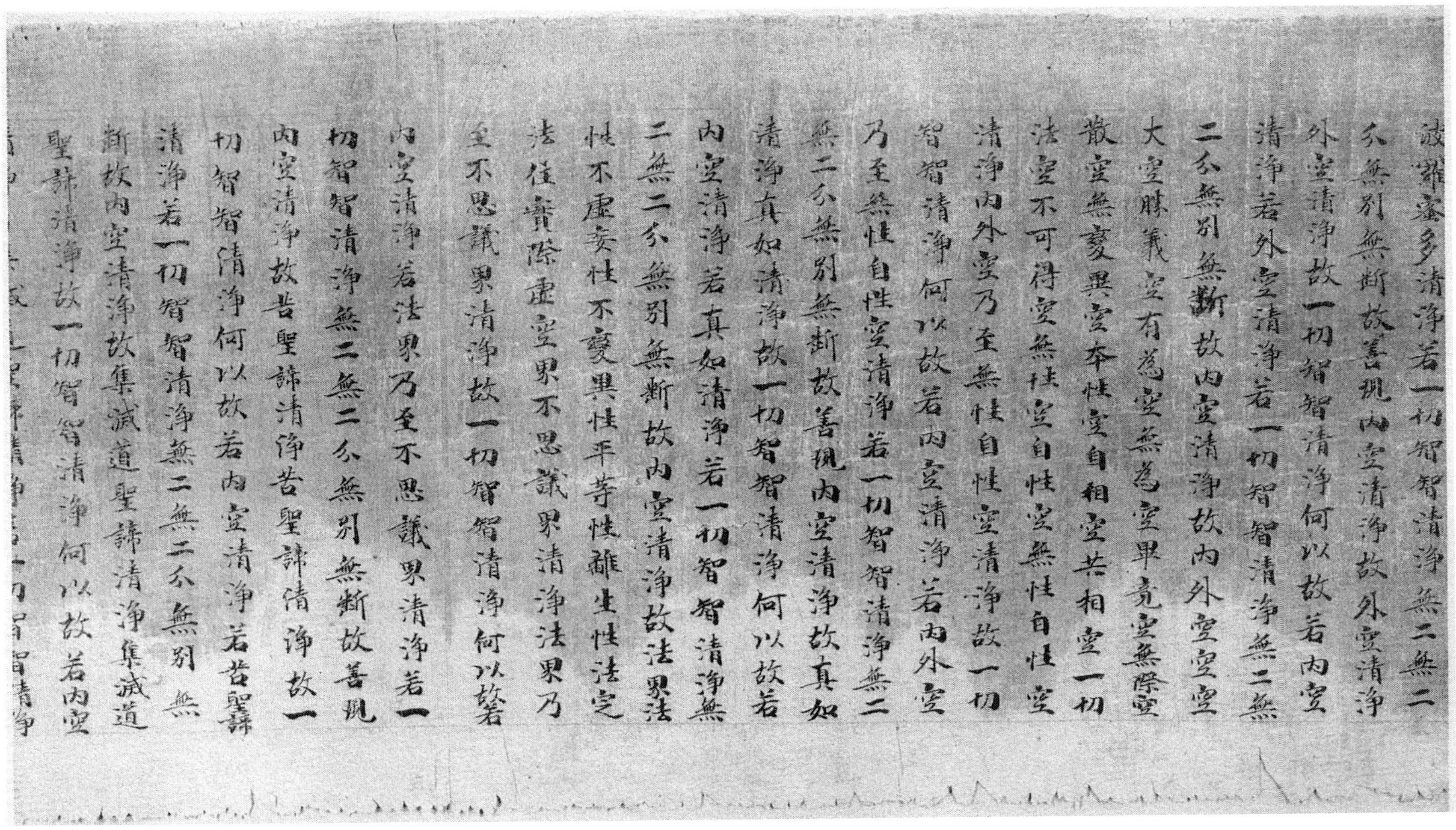

波羅蜜多清淨若一切智智清淨無二無二
分無別無斷故善現內空清淨故外空清淨
外空清淨故一切智智清淨何以故若內空
清淨若外空清淨若一切智智清淨無二無
二分無別無斷故內空清淨故內外空空空
大空勝義空有為空無為空畢竟空無際空
散空無變異空本性空自相空共相空一切
法空不可得空無性空自性空無性自性空
清淨內外空乃至無性自性空清淨故一切
智智清淨何以故若內空清淨若內外空
乃至無性自性空清淨若一切智智清淨無二
無二分無別無斷故善現內空清淨故真如
清淨真如清淨故一切智智清淨何以故若
內空清淨若真如清淨若一切智智清淨無
二無二分無別無斷故內空清淨故法界法
性不虛妄性不變異性平等性離生性法定
法住實際虛空界不思議界清淨法界乃
至不思議界清淨故一切智智清淨何以故若
內空清淨若法界乃至不思議界清淨若一
切智智清淨無二無二分無別無斷故善現
內空清淨故苦聖諦清淨苦聖諦清淨故一
切智智清淨何以故若內空清淨若苦聖諦
清淨若一切智智清淨無二無二分無別無
斷故內空清淨故集滅道聖諦清淨集滅道
聖諦清淨故一切智智清淨何以故若內空
[illegible]

BD04783 號　大般若波羅蜜多經卷二〇八　（20–3）

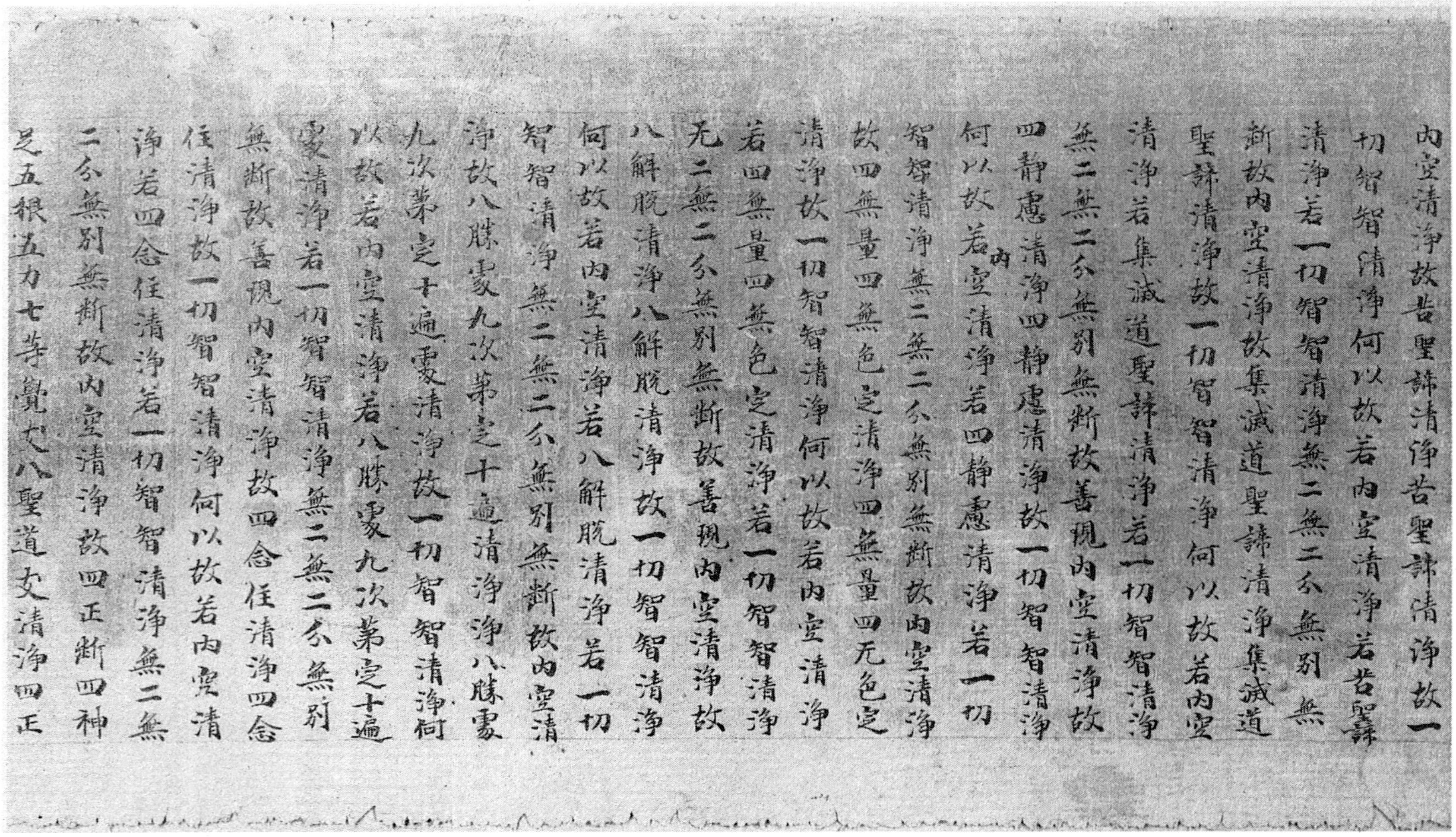

內空清淨故苦聖諦清淨苦聖諦清淨故一
切智智清淨何以故若內空清淨若苦聖諦
清淨若一切智智清淨無二無二分無別無
斷故內空清淨故集滅道聖諦清淨集滅道
聖諦清淨故一切智智清淨何以故若內空
清淨若集滅道聖諦清淨若一切智智清淨
無二無二分無別無斷故善現內空清淨故
四靜慮清淨四靜慮清淨故一切智智清淨
何以故若內空清淨若四靜慮清淨若一切
智智清淨無二無二分無別無斷故內空清淨
故四無量四無色定清淨四無量四无色定
清淨故一切智智清淨何以故若內空清淨
若四無量四無色定清淨若一切智智清淨
无二無二分無別無斷故善現內空清淨故
八解脫清淨八解脫清淨故一切智智清淨
何以故若內空清淨若八解脫清淨若一切
智智清淨無二無二分無別無斷故內空清
淨故八勝處九次第定十遍處清淨八勝處
九次第定十遍處清淨故一切智智清淨何
以故若內空清淨若八勝處九次第定十遍
處清淨若一切智智清淨無二無二分無別
無斷故善現內空清淨故四念住清淨四念
住清淨故一切智智清淨何以故若內空清
淨若四念住清淨若一切智智清淨無二無
二分無別無斷故內空清淨故四正斷四神
足五根五力七等覺支八聖道支清淨四正

BD04783號　大般若波羅蜜多經卷二〇八　(20–4)

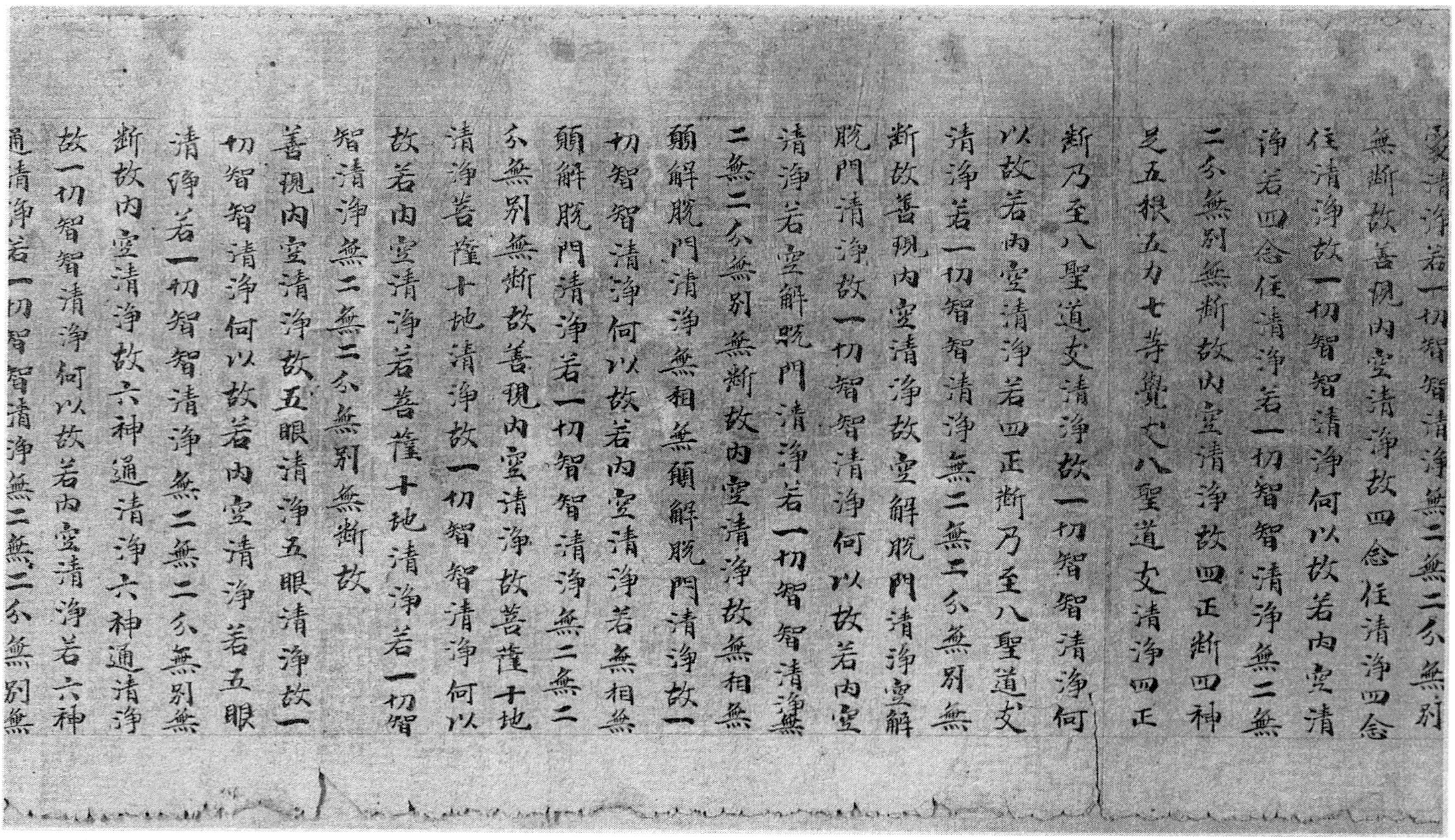

處清淨若一切智智清淨無二無二分無別
無斷故善現內空清淨故四念住清淨四念
住清淨故一切智智清淨何以故若內空清
淨若四念住清淨若一切智智清淨無二無
二分無別無斷故內空清淨故四正斷四神
足五根五力七等覺支八聖道支清淨四正
斷乃至八聖道支清淨故一切智智清淨何
以故若內空清淨若四正斷乃至八聖道支
清淨若一切智智清淨無二無二分無別無
斷故善現內空清淨故空解脫門清淨空解
脫門清淨故一切智智清淨何以故若內空
清淨若空解脫門清淨若一切智智清淨無
二無二分無別無斷故內空清淨故無相無
願解脫門清淨無相無願解脫門清淨故一
切智智清淨何以故若內空清淨若無相無
願解脫門清淨若一切智智清淨無二無二
分無別無斷故善現內空清淨故菩薩十地
清淨菩薩十地清淨故一切智智清淨何以
故若內空清淨若菩薩十地清淨若一切智
智清淨無二無二分無別無斷故
善現內空清淨故五眼清淨五眼清淨故一
切智智清淨何以故若內空清淨若五眼
清淨若一切智智清淨無二無二分無別無
斷故內空清淨故六神通清淨六神通清淨
故一切智智清淨何以故若內空清淨若六神
通清淨若一切智智清淨無二無二分無別無

BD04783號　大般若波羅蜜多經卷二〇八　(20–5)

切智智清淨何以故若內空清淨若五眼
清淨若一切智智清淨無二無二分無別無
斷故內空清淨故六神通清淨六神通清淨
故一切智智清淨何以故若內空清淨若六神
通清淨若一切智智清淨無二無二分無別無
斷故善現內空清淨故佛十力清淨佛十
力清淨故一切智智清淨何以故若內空清
淨若佛十力清淨若一切智智清淨無二
無二分無別無斷故內空清淨故四無所畏
四無礙解大慈大悲大喜大捨十八佛不共法
清淨四無所畏乃至十八佛不共法清淨故
一切智智清淨何以故若內空清淨若四無
所畏乃至十八佛不共法清淨若一切智智
清淨無二無二分無別無斷故善現內空清
淨故無忘失法清淨無忘失法清淨故一切
智智清淨何以故若內空清淨若無忘失法
清淨若一切智智清淨無二無二分無別無
斷故內空清淨故恒住捨性清淨恒住捨性
清淨故一切智智清淨何以故若內空清淨
若恒住捨性清淨若一切智智清淨無二無
二分無別無斷故善現內空清淨故一切智
清淨一切智清淨故一切智智清淨何以故
若內空清淨若一切智清淨若一切智智清
淨無二無二分無別無斷故內空清淨故道
相智一切相智清淨道相智一切相智清淨

BD04783號　大般若波羅蜜多經卷二〇八　（20–6）

二分無別無斷故善現內空清淨故一切智
清淨一切智清淨故一切智智清淨何以故
若內空清淨若一切智清淨若一切智智清
淨無二無二分無別無斷故內空清淨故道
相智一切相智清淨道相智一切相智清淨
故一切智智清淨何以故若內空清淨若道
相智一切相智清淨若一切智智清淨無二
無二分無別無斷故善現內空清淨故一切
陁羅尼門清淨一切陁羅尼門清淨故一切
智智清淨何以故若內空清淨若一切陁羅
尼門清淨若一切智智清淨無二無二分無
別無斷故內空清淨故一切三摩地門清淨
一切三摩地門清淨故一切智智清淨何以故
若內空清淨若一切三摩地門清淨若一切
智智清淨無二無二分無別無斷故
善現內空清淨故預流果清淨預流果清淨
故一切智智清淨何以故若內空清淨若預
流果清淨若一切智智清淨無二無二分無
別無斷故內空清淨故一來不還阿羅漢果
清淨一來不還阿羅漢果清淨故一切智智
清淨何以故若內空清淨若一來不還阿羅
漢果清淨若一切智智清淨無二無二分無
別無斷故善現內空清淨故獨覺菩提清
淨獨覺菩提清淨故一切智智清淨何以故若
內空清淨若獨覺菩提清淨若一切智智清

BD04783號　大般若波羅蜜多經卷二〇八　（20–7）

漢果清淨若一切智智清淨無二無二分無
別無斷故善現內空清淨故獨覺菩提清
淨獨覺菩提清淨故一切智智清淨何以故若
內空清淨若獨覺菩提清淨若一切智智清
淨無二無二分無別無斷故善現內空清淨
故一切菩薩摩訶薩行清淨一切菩薩摩訶
薩行清淨故一切智智清淨何以故若內空
清淨若一切菩薩摩訶薩行清淨若一切智
智清淨無二無二分無別無斷故善現內空
清淨故諸佛無上正等菩提清淨諸佛無上
正等菩提清淨故一切智智清淨何以故若
內空清淨若諸佛無上正等菩提清淨若一
一切智清淨無二無二分無別無斷故
復次善現外空清淨故色清淨色清淨故一
切智智清淨何以故若外空清淨若色清淨
若一切智智清淨無二無二分無別無斷故
外空清淨故受想行識清淨受想行識清淨
故一切智智清淨何以故若外空清淨若受
想行識清淨若一切智智清淨無二無二分
無別無斷故善現外空清淨故眼處清淨眼
處清淨故一切智智清淨何以故若外空清
淨若眼處清淨若一切智智清淨無二無二
分無別無斷故外空清淨故耳鼻舌身意
處清淨耳鼻舌身意處清淨故一切智智清
淨何以故若外空清淨若耳鼻舌身意處清淨

BD04783號　大般若波羅蜜多經卷二〇八　（20–8）

無別無斷故善現外空清淨故眼處清淨眼
處清淨故一切智智清淨何以故若外空清
淨若眼處清淨若一切智智清淨無二無二
分無別無斷故外空清淨故耳鼻舌身意
處清淨耳鼻舌身意處清淨故一切智智清
淨何以故若外空清淨若耳鼻舌身意處清淨
若一切智智清淨無二無二分無別無斷故
善現外空清淨故色處清淨色處清淨故一
切智智清淨何以故若外空清淨若色處清
淨若一切智智清淨無二無二分無別無斷
故外空清淨故聲香味觸法處清淨聲香味
觸法處清淨故一切智智清淨何以故若外
空清淨若聲香味觸法處清淨若一切智智清
淨無二無二分無別無斷故善現外空清淨
故眼界清淨眼界清淨故一切智智清淨何
以故若外空清淨若眼界清淨若一切智
智清淨無二無二分無別無斷故外空清淨
故色界眼識界及眼觸眼觸為緣所生諸受
清淨色界乃至眼觸為緣所生諸受清淨故
一切智智清淨何以故若外空清淨若色界
乃至眼觸為緣所生諸受清淨若一切智智
清淨無二無二分無別無斷故善現外空清
淨故耳界清淨耳界清淨故一切智智清淨
何以故若外空清淨若耳界清淨若一切智
智清淨無二無二分無別無斷故外空清

BD04783號　大般若波羅蜜多經卷二〇八　（20–9）

乃至眼觸為緣所生諸受清淨若一切智智
清淨無二無二分無別無斷故善現外空清
淨故耳界清淨耳界清淨故一切智智清淨
何以故若外空清淨若耳界清淨若一切智
智清淨無二無二分無別無斷故外空清
淨故聲界耳識界及耳觸耳觸為緣所生諸
清淨聲界乃至耳觸為緣所生諸受清淨故
一切智智清淨何以故若外空清淨若聲界
乃至耳觸為緣所生諸受清淨若一切智智
清淨無二無二分無別無斷故善現外空清
淨故鼻界清淨鼻界清淨故一切智智清淨
何以故若外空清淨若鼻界清淨若一切智
智清淨無二無二分無別無斷故外空清淨
故香界鼻識界及鼻觸鼻觸為緣所生諸受
清淨香界乃至鼻觸為緣所生諸受清淨故
一切智智清淨何以故若外空清淨若香界
乃至鼻觸為緣所生諸受清淨若一切智智
清淨無二無二分無別無斷故
善現外空清淨故舌界清淨舌界清淨故一
切智智清淨何以故若外空清淨若舌界清
淨若一切智智清淨無二無二分無別無斷
故外空清淨故味界舌識界及舌觸舌觸為
緣所生諸受清淨味界乃至舌觸為緣所生
諸受清淨故一切智智清淨何以故若外空
清淨若味界乃至舌觸為緣所生諸受清淨

BD04783 號　大般若波羅蜜多經卷二〇八　（20–10）

淨若一切智智清淨無二無二分無別無斷
故外空清淨故味界舌識界及舌觸舌觸為
緣所生諸受清淨味界乃至舌觸為緣所生
諸受清淨故一切智智清淨何以故若外空
清淨若味界乃至舌觸為緣所生諸受清淨
若一切智智清淨無二無二分無別無斷故
善現外空清淨故身界清淨身界清淨故一
切智智清淨何以故若外空清淨若身界清
淨若一切智智清淨無二無二分無別無斷
故外空清淨故觸界身識界及身觸身觸為
緣所生諸受清淨觸界乃至身觸為緣所生
諸受清淨故一切智智清淨何以故若外空
清淨若觸界乃至身觸為緣所生諸受清
淨若一切智智清淨無二無二分無別無斷故
善現外空清淨故意界清淨意界清淨故一
切智智清淨何以故若外空清淨若意界清
淨若一切智智清淨無二無二分無別無斷
故外空清淨故法界意識界及意觸意觸
為緣所生諸受清淨法界乃至意觸為緣所
生諸受清淨故一切智智清淨何以故若外
空清淨若法界乃至意觸為緣所生諸受清
淨若一切智智清淨無二無二分無別無斷故
善現外空清淨故地界清淨地界清淨故一
切智智清淨何以故若外空清淨若地界清
淨若一切智智清淨無二無二分無別無斷
故外空清淨故水火風空識界清淨水火風

BD04783 號　大般若波羅蜜多經卷二〇八　（20–11）

淨若一切智智清淨無二無二分無別無斷故
善現外空清淨故地界清淨地界清淨故一
切智智清淨何以故若外空清淨若地界清
淨若一切智智清淨無二無二分無別無斷
故外空清淨故水火風空識界清淨水火風
空識界清淨故一切智智清淨何以故若外
空清淨若水火風空識界清淨若一切智智
清淨無二無二分無別無斷故善現外空清
淨故无明清淨无明清淨故一切智智清淨
何以故若外空清淨若无明清淨若一切智
智清淨無二無二分無別無斷故外空清淨
故行識名色六處觸受愛取有生老死愁歎
苦憂惱清淨行乃至老死愁歎苦憂惱清
淨故一切智智清淨何以故若外空清淨若行
乃至老死愁歎苦憂惱清淨若一切智智清
淨無二無二分無別無斷故
善現外空清淨故布施波羅蜜多清淨布施
波羅蜜多清淨故一切智智清淨何以故若
外空清淨若布施波羅蜜多清淨若一切智
智清淨無二無二分無別無斷故外空清淨
故淨戒安忍精進靜慮般若波羅蜜多清淨
淨戒乃至般若波羅蜜多清淨故一切智智
清淨何以故若外空波淨若淨戒乃至般若
波羅蜜多清淨若一切智智清淨無二無二
分無別無斷故善現外空清淨故內空清淨

BD04783 號　大般若波羅蜜多經卷二〇八　（20–12）

故淨戒安忍精進靜慮般若波羅蜜多清淨
淨戒乃至般若波羅蜜多清淨故一切智智
清淨何以故若外空波淨若淨戒乃至般若
波羅蜜多清淨若一切智智清淨無二無二
分無別無斷故善現外空清淨故內空清淨
內空清淨故一切智智清淨何以故若外空
清淨若內空清淨若一切智智清淨無二無
二分無別無斷故外空清淨故內外空空空
大空勝義空有為空無為空畢竟空無際
空散空無變異空本性空自相空共相空一切
法空不可得空無性空自性空無性自性空
清淨內外空乃至無性自性空清淨故一切
智智清淨何以故若外空清淨若內外空乃
至無性自性空清淨若一切智智清淨無二
無二分無別無斷故善現外空清淨故真如
清淨真如清淨故一切智智清淨何以故若
外空清淨若真如清淨若一切智智清淨無
二無二分無別無斷故外空清淨故法界法
性不虛妄性不變異性平等性離生性法定
法住實際虛空界不思議界清淨法界乃至
不思議界清淨故一切智智清淨何以故若
外空清淨若法界乃至不思議界清淨若一
切智智清淨無二無二分無別無斷故善現
外空清淨故苦聖諦清淨苦聖諦清淨故一
切智智清淨何以故若外空清淨若苦聖諦

BD04783 號　大般若波羅蜜多經卷二〇八　（20–13）

不思議界清淨故一切智智清淨何以故若
外空清淨若法界乃至不思議界清淨若一
切智智清淨無二無二分無別無斷故善現
外空清淨故苦聖諦清淨苦聖諦清淨故一
切智智清淨何以故若外空清淨若苦聖諦
清淨若一切智智清淨無二無二分無別無
斷故外空清淨故集滅道聖諦清淨集滅
道聖諦清淨故一切智智清淨何以故若外空
清淨若集滅道聖諦清淨若一切智智清淨
無二無二分無別無斷故善現外空清淨故
四靜慮清淨四靜慮清淨故一切智智清淨
何以故若外空清淨若四靜慮清淨若一切
智智清淨無二無二分無別無斷故外空清
淨故四無量四無色定清淨四無量四無色
定清淨故一切智智清淨何以故若外空清
淨若四無量四無色定清淨若一切智智清
淨無二無二分無別無斷故善現外空清淨
故八解脫清淨八解脫清淨故一切智智清淨
何以故若外空清淨若八解脫清淨若一
切智智清淨無二無二分無別無斷故外空
清淨故八勝處九次第定十遍處清淨八勝
處九次第定十遍處清淨故一切智智清淨
何以故若外空清淨若八勝處九次第定十
遍處清淨若一切智智清淨無二無二分無
別無斷故善現外空清淨故四念住清淨四

BD04783號　大般若波羅蜜多經卷二〇八　（20–14）

處九次第定十遍處清淨故一切智智清淨
何以故若外空清淨若八勝處九次第定十
遍處清淨若一切智智清淨無二無二分無
別無斷故善現外空清淨故四念住清淨四
念住清淨故一切智智清淨何以故若外空
清淨若四念住清淨若一切智智清淨無二
無二分無別無斷故外空清淨故四正斷四
神足五根五力七等覺支八聖道支清淨四
正斷乃至八聖道支清淨故一切智智清淨
何以故若外空清淨若四正斷乃至八聖道
支清淨若一切智智清淨無二無二分無別
無斷故善現外空清淨故空解脫門清淨空
解脫門清淨故一切智智清淨何以故若外
空清淨若空解脫門清淨若一切智智清淨
無二無二分無別無斷故外空清淨故無相
無願解脫門清淨無相無願解脫門清淨故
一切智智清淨何以故若外空清淨若無相無
願解脫門清淨若一切智智清淨無二無二
分無別無斷故善現外空清淨故菩薩十地
清淨菩薩十地清淨故一切智智清淨何以
故若外空清淨若菩薩十地清淨若一切
智智清淨無二無二分無別無斷故
善現外空清淨故五眼清淨五眼清淨故一
切智智清淨何以故若外空清淨若五眼
清淨若一切智智清淨無二無二分無別無斷
故外空清淨故六神通清淨六神通清淨故

BD04783號　大般若波羅蜜多經卷二〇八　（20–15）

故若外空清淨若菩薩十地清淨若一切
智智清淨無二無二分無別無斷故
善現外空清淨故五眼清淨五眼清淨故一
切智智清淨何以故若外空清淨若五眼
清淨若一切智智清淨無二無二分無別無斷
故外空清淨故六神通清淨六神通清淨故
一切智智清淨何以故若外空清淨若六神
通清淨若一切智智清淨無二無二分無別
無斷故善現外空清淨故佛十力清淨佛十
力清淨故一切智智清淨何以故若外空清
淨若佛十力清淨若一切智智清淨無二無
二分無別無斷故外空清淨故四無所畏四
無礙解大慈大悲大喜大捨十八佛不共法
清淨四無所畏乃至十八佛不共法清淨故一
切智智清淨何以故若外空清淨若四無所
畏乃至十八佛不共法清淨若一切智智清
淨無二無二分無別無斷故善現外空清
淨故無忘失法清淨無忘失法清淨故一切
智智清淨何以故若外空清淨若無忘失
法清淨若一切智智清淨無二無二分無別無
斷故外空清淨故恒住捨性清淨恒住捨性
清淨故一切智智清淨何以故若外空清淨
若恒住捨性清淨若一切智智清淨無二無
二分無別無斷故善現外空清淨故一切智
清淨一切智清淨故一切智智清淨何以故

BD04783號　大般若波羅蜜多經卷二〇八　（20–16）

斷故外空清淨故恒住捨性清淨恒住捨性
清淨故一切智智清淨何以故若外空清淨
若恒住捨性清淨若一切智智清淨無二無
二分無別無斷故善現外空清淨故一切智
清淨一切智清淨故一切智智清淨何以故
若外空清淨若一切智清淨若一切智智
清淨無二無二分無別無斷故外空清淨故
道相智一切相智清淨道相智一切相智清
淨故一切智智清淨何以故若外空清淨若
道相智一切相智清淨若一切智智清淨無
二無二分無別無斷故善現外空清淨故一
切陀羅尼門清淨一切陀羅尼門清淨故一
切智智清淨何以故若外空清淨若一切陀
羅尼門清淨若一切智智清淨無二無二分
無別無斷故外空清淨故一切三摩地門清
淨一切三摩地門清淨故一切智智清淨何以
故若外空清淨若一切三摩地門清淨若一
切智智清淨無二無二分無別無斷故
善現外空清淨故預流果清淨預流果清淨
故一切智智清淨何以故若外空清淨若預
流果清淨若一切智智清淨無二無二分無
別無斷故外空清淨故一來不還阿羅漢果
清淨一來不還阿羅漢果清淨故一切智智
清淨何以故若外空清淨若一來不還阿羅
漢果清淨若一切智智清淨無二無二分無
別無斷故善現外空清淨故獨覺菩提清淨

BD04783號　大般若波羅蜜多經卷二〇八　（20–17）

流果清淨若一切智智清淨無二無二分無
別無斷故外空清淨故一來不還阿羅漢果
清淨一來不還阿羅漢果清淨故一切智智
清淨何以故若外空清淨若一來不還阿羅
漢果清淨若一切智智清淨無二無二分無
別無斷故善現外空清淨故獨覺菩提清淨
獨覺菩提清淨故一切智智清淨何以故若
外空清淨若獨覺菩提清淨若一切智
智清淨無二無二分無別無斷故善現外
空清淨故一切菩薩摩訶薩行清淨一切
菩薩摩訶薩行清淨故一切智智清淨何
以故若外空清淨若一切菩薩摩訶薩行
清淨若一切智智清淨無二無二分無別無
斷故善現外空清淨故諸佛無上正等菩
提清淨諸佛無上正等菩提清淨故一切智
智清淨何以故若外空清淨若諸佛無上
正等菩提清淨若一切智智清淨無二無
二分無別無斷故
復次善現內外空清淨故色清淨色清淨故
一切智智清淨何以故若內外空清淨若色
清淨若一切智智清淨無二無二分無別無
斷故內外空清淨故受想行識清淨受想
行識清淨故一切智智清淨何以故若內外空
清淨若受想行識清淨若一切智智清淨無
二無二分無別無斷故善現內外空清淨故

BD04783號　大般若波羅蜜多經卷二〇八　（20–18）

斷故內外空清淨故受想行識清淨受想
行識清淨故一切智智清淨何以故若內外空
清淨若受想行識清淨若一切智智清淨無
二無二分無別無斷故善現內外空清淨故
眼處清淨眼處清淨故一切智智清淨何以
故若內外空清淨若眼處清淨若一切智智
清淨無二無二分無別無斷故內外空清淨
故耳鼻舌身意處清淨耳鼻舌身意處清
淨故一切智智清淨何以故若內外空清淨
若耳鼻舌身意處清淨若一切智智清淨無
二無二分無別無斷故善現內外空清淨故色
處清淨色處清淨故一切智智清淨何以故
若內外空清淨若色處清淨若一切智智清
淨無二無二分無別無斷故內外空清淨故
聲香味觸法處清淨聲香味觸法處清淨故
一切智智清淨何以故若內外空清淨若聲
香味觸法處清淨若一切智智清淨無二無
二分無別無斷故善現內外空清淨故眼界
清淨眼界清淨故一切智智清淨何以故若
內外空清淨若眼界清淨若一切智智清淨
無二無二分無別無斷故內外空清淨故色
界眼識界及眼觸眼觸為緣所生諸受清淨
色界乃至眼觸為緣所生諸受清淨故一切
智智清淨何以故若內外空清淨若色界乃
至眼觸為緣所生諸受清淨若一切智智清
淨無二無二分無別無斷故善現內外空清

BD04783號　大般若波羅蜜多經卷二〇八　（20–19）

界眼識界及眼觸眼觸爲緣所生諸受清淨
色界乃至眼觸爲緣所生諸受清淨故一切
智智清淨何以故若內外空清淨若色界乃
至眼觸爲緣所生諸受清淨若一切智智清
淨無二無二分無別無斷故善現內外空清
淨故耳界清淨耳界清淨故一切智智清淨
何以故若內外空清淨若耳界清淨若一切
智智清淨無二無二分無別無斷故內外空
清淨故聲界耳識界及耳觸耳觸爲緣所生
諸受清淨聲界乃至耳觸爲緣所生諸受清
淨故一切智智清淨何以故若內外空清淨
若聲界乃至耳觸爲緣所生諸受清淨若一
切智智清淨無二無二分無別無斷故善現內
外空清淨故鼻界清淨鼻界清淨故一切智
智清淨何以故若內外空清淨若鼻界清淨
若一切智智清淨無二無二分無別無斷故
內外空清淨故香界鼻識界及鼻觸鼻觸爲
緣所生諸受清淨香界乃至鼻觸爲緣所生
諸受清淨故一切智智清淨何以故若內外
空清淨若香界乃至鼻觸爲緣所生諸受清
淨若一切智智清淨無二無二分無別無斷故

大般若波羅蜜多經卷第二百八

BD04783號　大般若波羅蜜多經卷二〇八　（20–20）

滿衆生願富樂无盡智慧无窮妙法辯才悉
皆无滯共諸衆生同證阿耨多羅三藐三菩
提得一切智因此善根更復出生无量善法
亦皆迴向无上菩提又如過去諸大菩薩脩
行之時功德善根悉皆迴向一切種智現在
未來亦復如是然我所有功德善根亦皆迴
向阿耨多羅三藐三菩提是諸善根願共一
切衆生俱成正覺如餘諸佛坐於道場菩提
樹下不可思議无礙清淨住於无盡法藏陁
羅尼首楞嚴定破魔波旬无量兵衆應見
覺知應可通達如是一切一剎那中悉皆照
了於後夜中獲甘露法證甘露義我及衆生
願皆同證如是妙覺猶如
无量壽佛　勝光佛　妙光佛　阿閦佛
功德善光佛　師子光明佛　百光明佛　網光明佛
寶相佛　寶炎佛　焰明佛　焰威光明佛
吉祥上王佛　微妙聲佛　妙莊嚴佛　法幢佛
上勝身佛　可愛色身佛　光明遍照佛　梵淨王佛
上性佛
如是等如來應正遍知過去未來及以現在

BD04784號　金光明最勝王經卷三　（7–1）

无量壽佛　勝光佛　妙光佛　阿閦佛
功德善光佛　師子光明佛　百光明佛　網光明佛
寶相佛　寶炎佛　焰明佛　焰盛光明佛
吉祥上王佛　微妙聲佛　妙莊嚴佛　法幢佛
上勝身佛　可愛色身佛　光明遍照佛　梵淨王佛
上性佛
如是等如來應正遍知過去未來及以現在
示現應化得阿耨多羅三藐三菩提轉无上
法輪為度衆生我亦如是廣說如上
善男子若有淨信男子女人於此金光明最勝
經王滅業障品受持讀誦憶念不忘為他廣
說得无量无邊大功德聚譬如三千大千世
界所有衆生一時皆得成就人身得人身已
成獨覺道若有男子女人盡其形壽恭敬
尊重四事供養一一獨覺各施七寶如須弥山
此諸獨覺入涅槃後皆以珎寶起塔供養其
塔高廣十二踰繕那以諸花香寶幢幡蓋常
為供養善男子於意云何是人所獲功德寧
為多不天帝釋言甚多世尊善男子若復有
人於此金光明微妙經典衆經之王滅業障品
受持讀誦憶念不忘為他廣說所獲功德於
前所說供養功德百分不及一百千万億分
乃至校量譬喻所不能及何以故是善男子
善女人住正行中勸請十方一切諸佛轉无上
法輪皆為諸佛歡喜讚歎善男子如我所
說一切施中法施為勝是故善男子於三寶

BD04784號　金光明最勝王經卷三

（7–2）

前所說供養功德百分不及一百千万億分
乃至校量譬喻所不能及何以故是善男子
善女人住正行中勸請十方一切諸佛轉无上
法輪皆為諸佛歡喜讚歎善男子如我所
說一切施中法施為勝是故善男子於三寶
所設諸供養不可為比勸受三歸持一切戒无
有毀犯三業不空不可為比一切世界一切衆
生隨力隨能隨所願樂於三乘中勸發菩提
心不可為比於三世中一切世界所有衆生皆
得无礙速令成就无量功德不可為比三世刹
土一切衆生勸令无障礙得三菩提不可為比
三世刹土一切衆生勸令速出四惡道苦不
可為比三世刹土一切衆生勸令除滅極重
惡業不可為比一切苦惱令解脫不可為比一
切怖畏苦惱逼切皆令得解不可為比三世
佛不可為比勸除惡行罵辱之業一切功德
皆願成就所在中勸請供養尊重讚歎一
切三寶勸請衆生淨脩福行成滿菩提不可
此諸獨覺入涅槃後皆以珎寶起塔供養其
塔高廣十二踰繕那以諸花香寶幢幡蓋常
為供養善男子於意云何是人所獲功德寧
為多不天帝釋言甚多世尊善男子若復有
人於此金光明微妙經典衆經之王滅業障品
受持讀誦憶念不忘為他廣說所獲功德於
前所說供養功德百分不及一百千万億分
乃至校量譬喻所不能及何以故是善男子

BD04784號　金光明最勝王經卷三

（7–3）

人於此金光明微妙經典衆經之王滅業障品
受持讀誦憶念不忘爲他廣説所獲功德於
前所説供養功德百分不及一百千万億分
乃至校量譬喻所不能及何以故是善男子
善女人住正行中勸請十方一切諸佛轉无上
法輪皆爲諸佛歡喜讚歎善男子如我一所
説一切施中法施爲勝是故善男子於三寶
所設諸供養不可爲比勸受三歸持一切戒无
有毀犯三業不空不可爲比一切世界一切衆
生隨力隨能隨所願樂於三乘中勸發菩提
心不可爲比丘於三世中一切世界所有衆生皆
得无礙速令成就无量功德不可爲比三世刹
土一切衆生令无障礙得三菩提不可爲比
三世刹土一切衆生勸令速出四惡道苦不
可爲比三世刹土一切衆生勸令除滅極重
惡業不可爲比一切苦惱令解脱不可爲比一
切怖畏苦惱逼切皆令得解不可爲比三世
佛前一切衆生所有功德勸令隨喜發菩提
願不可爲比勸除惡行罵辱之業一切功德
皆願成就所在中勸請供養尊重讚歎一
切三寶勸請衆生淨脩福行成滿菩提不可
爲比是故當知勸請一切世界三寶勸請滿
足六波羅蜜勸請轉於无上法輪勸請住世
經无量劫演説无量甚深妙法功德甚深无
能比者
尒時天帝釋及恒河女神无量梵王四大天衆

BD04784號　金光明最勝王經卷三　（7–4）

切三寶勸請衆生淨脩福行成滿菩提不可
爲比是故當知勸請一切世界三寶勸請滿
足六波羅蜜勸請轉於无上法輪勸請住世
經无量劫演説无量甚深妙法功德甚深无
能比者
尒時天帝釋及恒河女神无量梵王四大天衆
從座而起偏袒右肩右膝著地合掌頂禮白
佛言世尊我等皆得聞是金光明寂勝王
經今悉受持讀誦通利爲他廣説依此法住
何以故世尊我等欲求阿耨多羅三藐三菩
提隨順此義種種勝相如法故尒時梵王
及天帝釋等於説法處皆以種種曼陁羅花
而散佛上三千大千世界地皆大動一切天鼓
及諸音樂不鼓自鳴放金色光遍世界出妙
音聲時天帝釋白佛言世尊此等皆是金
光明經威神之力慈悲普救種種利益種種
增長菩薩善根滅諸業障佛言如是如是如
汝所説何以故善男子我念往昔過无量百
千阿僧祇劫有佛名寶王大光照如來應正
遍知出現於世住世六百八十億劫尒時寶
王大光照如來爲欲度脱人天釋梵沙門婆
羅門一切衆生令安樂故當出現時初會説
法度百千億億万衆皆得阿羅漢果諸漏已
盡三明六通自在无㝵於第二會復度九十千
億億万衆皆得阿羅漢果諸漏已盡三明六
通自在无㝵於第三會復度九十八千千億
万衆皆得阿羅漢果圓滿如上

BD04784號　金光明最勝王經卷三　（7–5）

法度百千億億万衆皆得阿羅漢果諸漏已
盡三明六通自在无㝵於第二會復度九十千
億億万衆皆得阿羅漢果諸漏已盡三明六
通自在无㝵於第三會復度九十八千千億
万衆皆得阿羅漢果圓滿如上
善男子我於尒時作女人身名福寶光明於
第三會親近世尊受持讀誦是金光明經為
他廣說求阿耨多羅三藐三菩提故時彼世
尊為我授記此福寶光明女於未來世當得
作佛号釋迦牟尼如來應正遍知明行足 善
逝世間解无上士調御丈夫天人師佛世 尊
捨女人身後從是以来超四惡道生人天中受上
妙樂八十四百千生作轉輪王至于今日得成正
覺名稱普聞遍滿世界時會大衆忽然皆見
寶王大光照如来轉无上法輪說微妙法 善男
子去此索訶世界東方過百千恒河沙數
佛土有世界名寶莊嚴其寶王大光照如来
今現在彼未般涅槃說微妙法廣化羣生汝
等見者即是彼佛
善男子若有善男子善女人聞是寶王大光
照如来名号者於菩薩地得不退轉至大涅
槃若有女人聞是佛名者臨命終時得見彼
佛来至其所即見佛已究竟不復更受女身
善男子是金光明微妙經典種種利益種種
增長菩薩善根滅諸業障善男子若有苾
芻苾芻尼鄔波索迦鄔波斯迦隨在何處為
[illegible]

BD04784 號　金光明最勝王經卷三　（7–6）

等見者即是彼佛
善男子若有善男子善女人聞是寶王大光
照如来名号者於菩薩地得不退轉至大涅
槃若有女人聞是佛名者臨命終時得見彼
佛来至其所即見佛已究竟不復更受女身
善男子是金光明微妙經典種種利益種種
增長菩薩善根滅諸業障善男子若有苾
芻苾芻尼鄔波索迦鄔波斯迦隨在何處為
人講說是金光明微妙經典於其國土皆獲四
種福利善根云何為四一者國王无病離諸灾
厄二者壽命長遠无有障礙三者无諸怨敵兵
衆勇健四者安隱豐樂正法流通何以故如是
人王常為釋梵四王藥叉之衆共守護故
尒時世尊告天衆曰善男子是事實不是時
无量釋梵四王及藥叉衆俱時同聲答世尊
言如是如是若有國土講宣讀誦此妙經王
是諸國主我等四王常来擁護行住共俱其
王若有一切灾障及諸怨敵我等四王皆使消
殄憂愁疾疫亦令除差增益壽命感應禎
祥所願隨心恒生歡喜我等亦能令其國中

BD04784 號　金光明最勝王經卷三　（7–7）

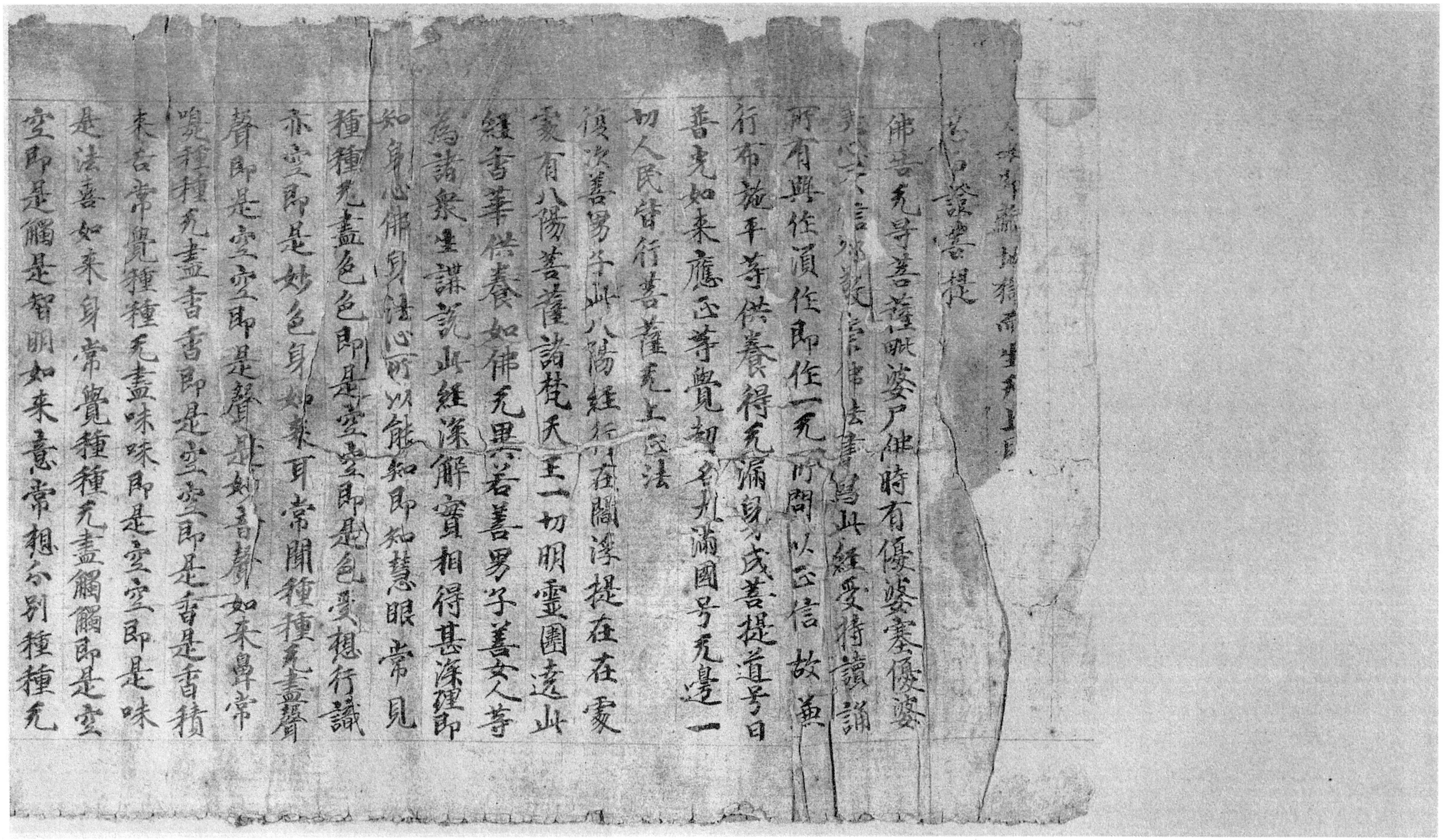

證菩提
佛言无导菩薩毗婆尸佛時有優婆塞優婆
夷……佛法書寫此經受持讀誦
所有興作頂作即作一无所問以正信故兼
行布施平等供養得无漏身成菩提道号曰
普光如来應正等覺劫名大滿國号无邊一
切人民皆行菩薩无上正法
復次善男子此八陽經行在閻浮提在在處
處有八陽菩薩諸梵天王一切明靈圍遶此
經香華供養如佛无異若善男子善女人等
為諸衆生講說此經深解實相得甚深理即
知身心佛身法心所以能知即知慧眼常見
種種无盡色色即是空空即是色受想行識
亦空即是妙色身如来耳常聞種種无盡聲
聲即是空空即是聲即是妙音聲如来鼻常
嗅種種无盡香香即是空空即是香是香積
来舌常覺種種无盡味味即是空空即是味
是法喜如来身常覺種種无盡觸觸即是空
空即是觸是智明如来意常想分別種種无

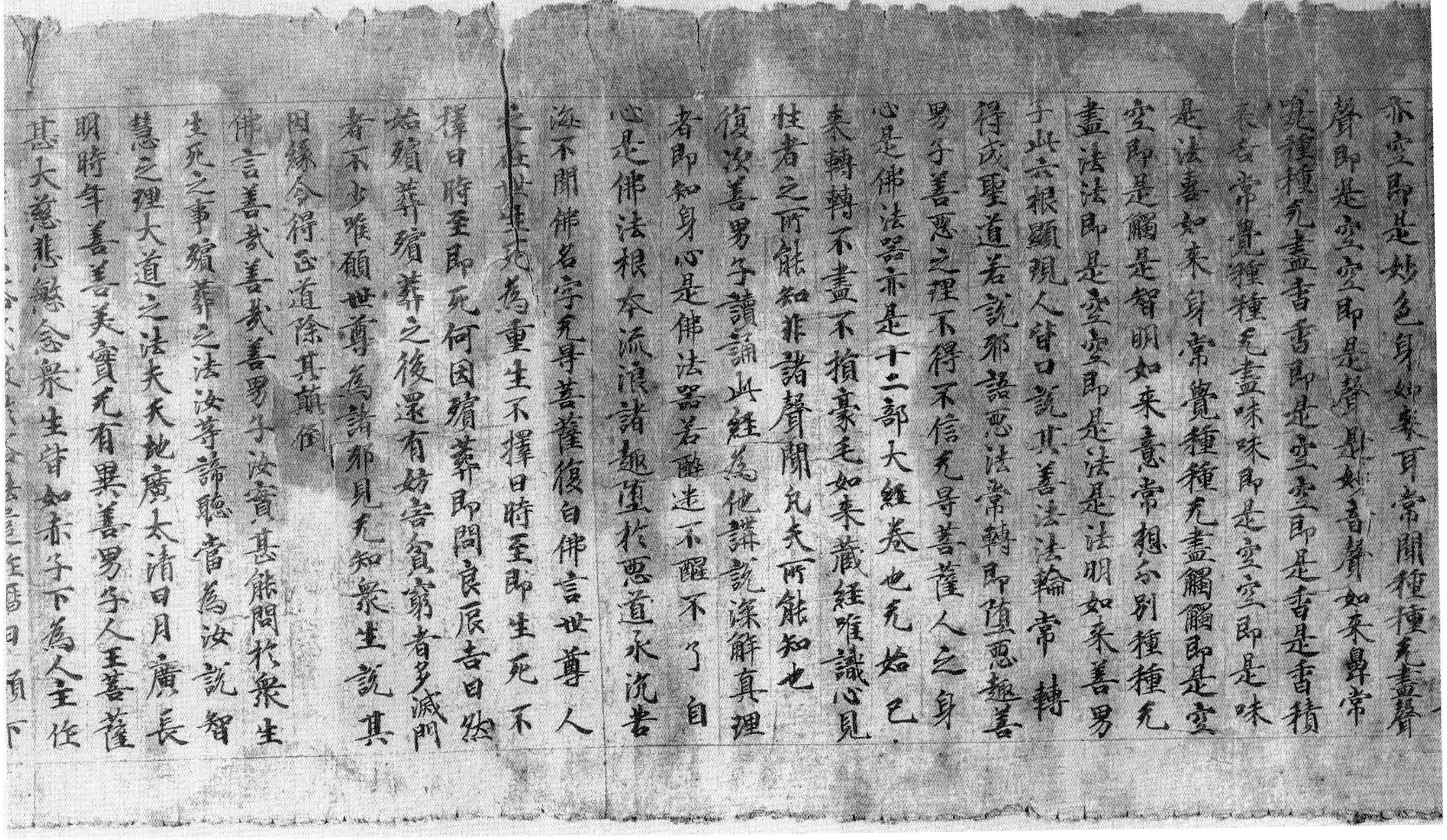

BD04785號　天地八陽神咒經　（7–2）

因緣令得正道隨其[illegible][illegible]
佛言善哉善哉善男子汝實甚能問於衆生
生死之事殯葬之法汝等諦聽當為汝說智
慧之理大道之法夫天地廣太清日月廣長
明時年善善美實无有異善男子人王菩薩
甚大慈悲愍念衆生皆如赤子下為人主作
人父母順於俗民教於俗法造作曆日頒下
天下令時節為有平滿成收開除之字執危
破煞之文愚人依字信用无不免於凶禍又
使邪師厭鎮說是道非溫邪神拜餓鬼却招
殃自受苦如斯人輩返天時逆地理背日月
之光明常投闇室違正道之廣路恒尋邪徑
顛倒之甚也
復次善男子生時讀此經三遍兒則易生大
吉利聰明利智福德具足而无中夭死時讀
經三遍一无妨害得福无量善男子日日好日
月月好月年年好年實无閒隔但辦即須殯
葬殯葬之日讀此經七遍甚大吉利獲福无
量門榮人貴延年益壽命終之日並得成聖
善男子殯葬之地不問東西南北安隱之處
人之愛樂鬼神愛樂即讀此經三遍便以修
營安置墓田永无災鄣家富人興甚大吉利
尒時世尊欲重宣此義而說偈言
營生善善日　休殯好好時　生死讀誦經　甚得大利益
月月善明月　年年大好年　讀經即殯葬　榮華万代昌
尒時衆中七万七千人聞佛所說心開意解
捨邪歸正得佛法分永斷疑惑皆得阿耨多
羅三藐三菩提

BD04785號　天地八陽神咒經

勞生善善日 作屋好好時 生死讀誦經 甚得大利益
月月善明月 年年大好年 讀經即殯葬 榮華万代昌
尒時衆中七万七千人聞佛所說心開意解
捨邪歸正得佛法分永斷疑惑皆得阿耨多
羅三藐三菩提
无导菩薩復白佛言世尊一切凡夫皆以婚
嫁為親先問相宜後取吉日然始成親已後
富貴偕老者少貧寒生離死別者多一種信
邪如何而有差別唯願世尊為決衆疑
佛言善男子汝等諦聽當為汝說天陰地陽
月陰日陽水陰火陽男陰女陽天地氣合一
切草木生焉日月交運四時八節明焉水火
相承一切万物熟焉男女允諧子孫興焉皆
是天之常道自然之理世諦之法善男子愚
人无智信其邪師卜問望吉而不脩善造種
種惡業命終之後復得人身者如指甲上土
墮於地獄作餓鬼畜生者如大地土善男子
復得人身正信脩善者如指甲上土信邪造
惡業者如大地土善男子若結婚親莫問水
火相尅胎胞相壓唯看相命即知福德多少
以為眷屬呼迎之日讀此經三遍即以成礼
此乃善善相因明明相屬門高人貴子孫興盛
聡明利智多才多藝孝敬相承甚大吉利而
无中夭福德具足皆成佛道
時有八菩薩承佛威神得大揔持常處人間
和光同塵破邪立正度四生處八解其名曰
跋陀和菩薩漏盡和 羅隣那竭菩薩漏盡和
憍日兜菩薩漏盡和 須彌深菩薩漏盡和

BD04785號 天地八陽神咒經 （7–4）

无中天福德具足皆成佛道
時有八菩薩承佛威神得大揔持常處人間
和光同塵破邪立正度四生處八解其名曰
䟦陀和菩薩漏盡和　羅隣那竭菩薩漏盡和
憍日兜菩薩漏盡和　須彌深菩薩漏盡和
那羅達菩薩漏盡和　因坻達菩薩漏盡和
和輪調菩薩漏盡和　无緣觀菩薩漏盡和
是八菩薩俱白佛言世尊我等於諸佛所受
得陀羅尼神呪而今說之擁護受持讀誦八
陽經者永无恐怖使一切不善之物不得侵
損讀經法師即於佛前而說呪曰
阿佉尼　尼佉尼　阿毗羅　曼隸　曼多隸
世尊若有不善者欲來惱法師聞我說此呪
頭破作七分如阿梨樹枝
是時无邊身菩薩白佛言世尊云何名為八
陽經唯願世尊為諸聽衆解說其義令得醒
悟速達心本入佛知見永斷疑悔
佛言善哉善哉善男子汝等諦聽吾今為汝
解說八陽之經八者分別也陽者明解也明
解大乘无為之理了能分別八識因緣空實
无所得又云八識為經陽明為緯經緯相投以
成經教故名八陽經八識者眼是色識耳是
聲識鼻是香識舌是味識身是觸識意是
識含藏識阿賴耶識是名八識四了分別八
識相源空无所有即知兩眼光眼天光明天
中即現日月光明世尊兩耳是聲聞天聲聞
天中即現无量聲如來兩鼻是佛香天佛香
天中即現香積如來口舌是法味天法味天

聲識鼻是香識舌是味識身是
識含藏識阿賴耶識是名八識明了分別八
識相源空无所有即知兩眼光明天光明天
中即現日月光明世尊兩耳是聲聞天聲聞
天中即現无量聲如来兩鼻是佛香天佛香
天中即現香積如来口舌是法味天法味天
中即現法喜如来身是盧舍那天盧舍那天中
即現成就盧舍那佛盧舍那鏡像佛盧舍那
光明佛意是无分別天无分別天中即現不
動如来大光明佛心是法界天法界天中即現
空王如来含藏識天演出阿那含經大涅
槃經阿賴耶識天演出大智度論經瑜伽論
善男子佛即是法法即是佛合為一切即現
大通智勝如来
佛說此經時一切大地六種震動光照天地无
有邊際浩浩蕩蕩无所名一切幽冥皆悉
明朗一切地獄並皆消滅一切罪人俱得離
苦皆發无上菩提心
尒時衆中八万八千菩薩一時成佛号曰虛
空藏如来應正等覺劫名圓滿國号无邊一
切人民无有彼此並證无諍三昧六万六千
比丘比丘尼優婆塞優婆夷得大揔持入不
二法門无量天龍夜叉乾闥婆阿脩羅迦樓
羅緊那羅摩睺羅伽人非人等得法眼淨行
菩薩道
復次善男子若復有人得官登位之日及新
入宅之日即讀此經三遍甚大吉利獲福无
量善男子若讀此經一遍者如讀一切經一

BD04785號　天地八陽神咒經　（7–6）

羅緊那羅摩睺羅伽人非人等得法眼淨行
菩薩道
復次善男子若復有人得官登任之日及新
入宅之日即讀此經三遍甚大吉利獲福无
量善男子若讀此經一遍者如讀一切經一
遍能寫一卷者如寫一切經一部其功德不
可稱不可量无有邊際如斯人等即成聖道
復次无邊身菩薩摩訶薩若有衆生不信正
法常生耶見忽聞此經即生誹謗言非佛說
是人現世得白癩病惡瘡膿血遍體交流腥
臊是穢人皆憎嫉命終之日即墮阿鼻无間
地獄上火徹下下火徹上鐵叉遍身穿穴五
藏洋銅灌口觔骨爛壞一日一夜万死万生
受大苦痛无有休息謗斯經故獲罪如是佛
為罪人而說偈言
身是自然身　五體自然體　長乃自然長　老乃自然老
生則自然生　死則自然死　求長不得長　求短不能短
苦樂汝自當　邪正由汝已　欲作有為功　讀經莫問師
千千万万代　得道轉法輪
佛說此經已一切聽衆得未曾有心明意淨
歡喜踊躍皆見諸相非相入佛知見悟佛知
見无入无悟无知无見不得一法即涅槃樂
佛說八陽神呪經

BD04785號　天地八陽神咒經　（7–7）

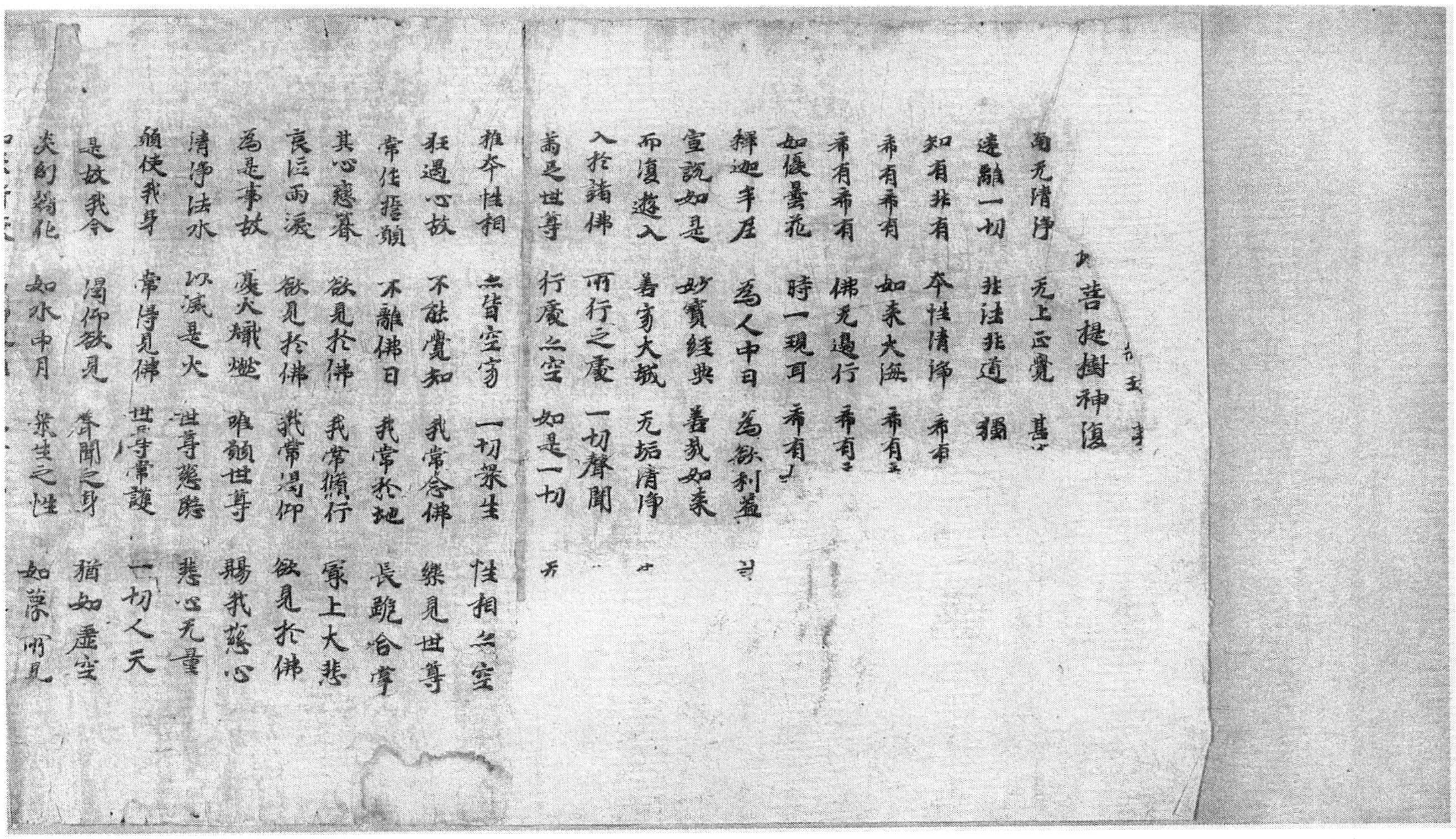

菩提樹神復
南无清淨 无上正覺 甚深
遠離一切 非法非道 猶
知有非有 本性清淨 希有
希有希有 如來大海 希有
希有希有 佛无邊行 希有
如優曇花 時一現耳 希有
釋迦牟尼 為人中日 為欲利益
宣說如是 妙寶經典 善哉如來
而復遊入 善寂大城 无垢清淨
入於諸佛 所行之處 一切聲聞
爲是世尊 行處亦空 如是一切
[illegible]性相 亦皆空寂 一切衆生 性相亦空
狂過心故 不能覺知 我常念佛 樂見世尊
常作誓願 不離佛日 我常於地 長跪合掌
其心戀慕 欲見於佛 我常脩行 最上大悲
哀泣雨淚 欲見於佛 我常渴仰 欲見於佛
為是事故 憂火熾燃 唯願世尊 賜我慈心
清淨法水 以滅是火 世尊慈愍 悲心无量
願使我身 常得見佛 世尊常護 一切人天
是故我今 渴仰欲見 聲聞之身 猶如虛空
[illegible]的幻化 如水中月 衆生之性 如夢所見

BD04786 號　金光明經（五卷本）卷五　（2–1）

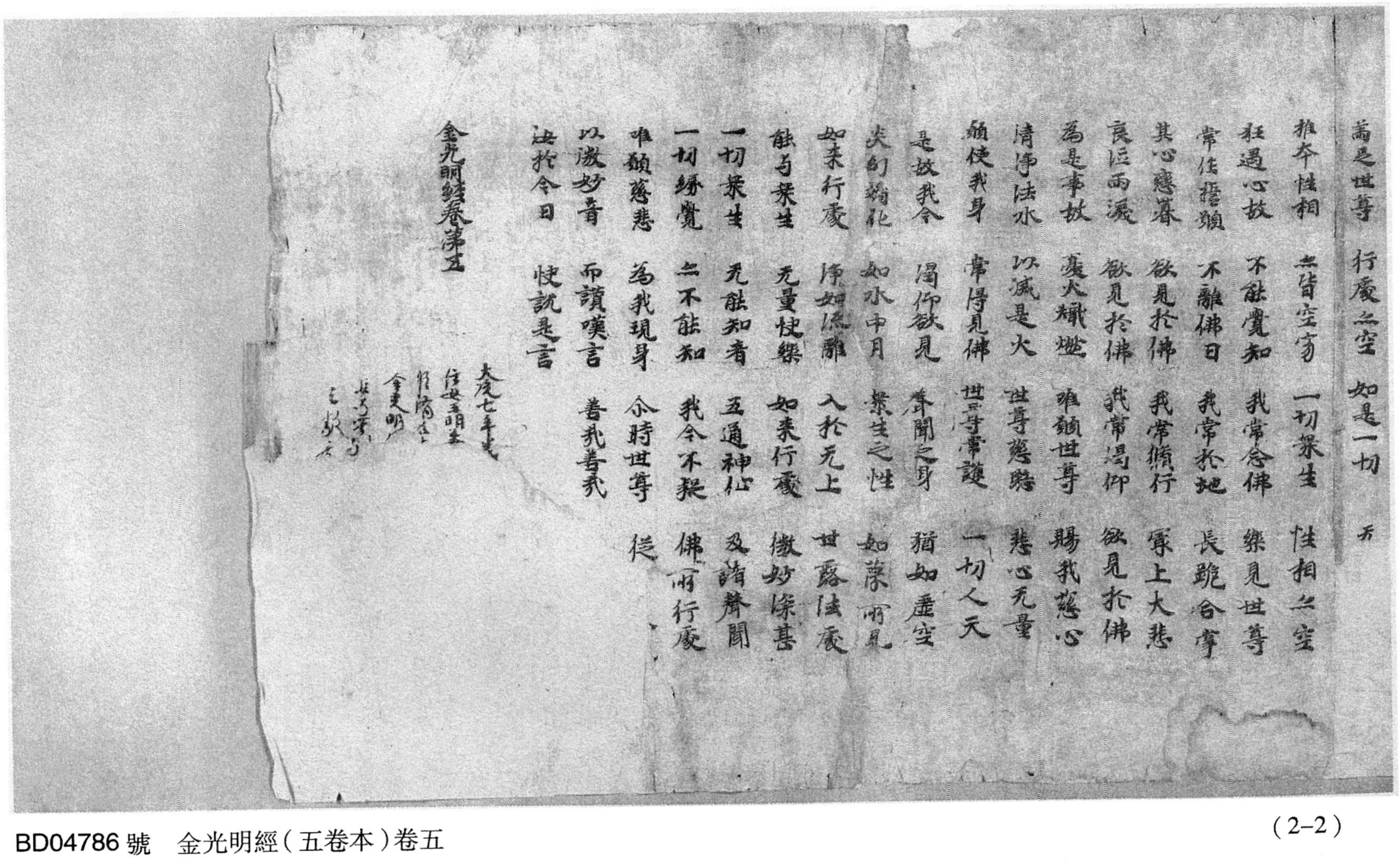

爲是世尊 行處亦空 如是一切
[illegible]性相 亦皆空寂 一切衆生 性相亦空
狂過心故 不能覺知 我常念佛 樂見世尊
常作誓願 不離佛日 我常於地 長跪合掌
其心戀慕 欲見於佛 我常脩行 最上大悲
哀泣雨淚 欲見於佛 我常渴仰 欲見於佛
為是事故 憂火熾燃 唯願世尊 賜我慈心
清淨法水 以滅是火 世尊慈愍 悲心无量
願使我身 常得見佛 世尊常護 一切人天
是故我今 渴仰欲見 聲聞之身 猶如虛空
[illegible]的幻化 如水中月 衆生之性 如夢所見
如來行處 淨如琉璃 入於无上 甘露法處
能与衆生 无量快樂 如來行處 微妙深甚
一切衆生 无能知者 五通神仙 及諸聲聞
一切緣覺 亦不能知 我今不疑 佛所行處
唯願慈悲 為我現身 尒時世尊 從
以微妙音 而讚嘆言 善哉善哉
汝於今日 快說是言
金光明經卷第五

BD04786 號　金光明經（五卷本）卷五　（2–2）

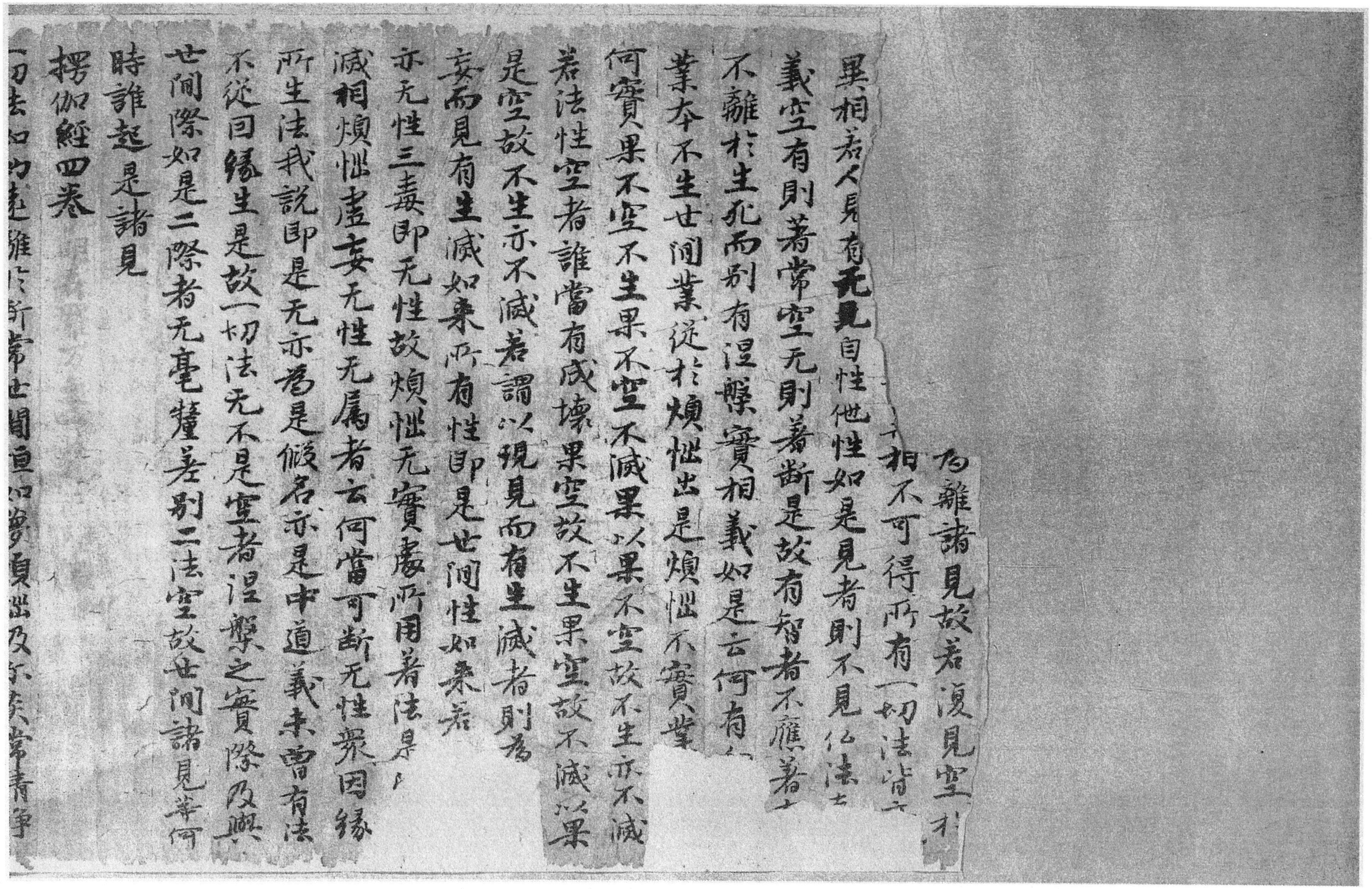
為離諸見故若復見空於
相不可得所有一切法皆
異相若人見有无見自性他性如是見者則不見佛法
義空有則著常空无則著斷是故有智者不應著
不離於生死而別有涅槃實相義如是云何有
業本不生世間業從於煩惱出是煩惱不實業
何實果不空不生果不空不滅果以果不空故不生亦不滅
若法性空者誰當有成壞果空故不生果空故不滅以果
是空故不生亦不滅若謂以現見而有生滅者則為
妄而見有生滅如來所有性即是世間性如來若
亦无性三毒即无性故煩惱无實處所用者法是
滅相煩惱虛妄无性无屬者云何當可斷无性衆因緣
所生法我說即是无亦為是假名亦是中道義未曾有法
不從因緣生是故一切法无不是空者涅槃之實際及與
世間際如是二際者无毫釐差別二法空故世間諸見等何
時誰起是諸見
楞伽經四卷
一切法如幻遠離於斷常世間恒如夢貪瞋及於癡常清淨

不從因緣生是故一切法无不是空者涅槃之實際及與
世間際如是二際者无毫釐差別二法空故世間諸見等何
時誰起是諸見

楞伽經四卷

一切法如幻遠離於斷常世間恒如夢煩惱及尒炎常清淨
无相一切无涅槃仏无有涅槃仏涅槃遠離覺所覺
譬如海波浪是則无差別識心亦如是異亦不可得大海波
浪性皷躍可分別藏與業如是何故不覺知凡夫无智慧
藏識如巨海業相猶波浪依彼譬類通分別應初業
脩行是真實種々皆如幻雖現无真實大慧一切法不
生是三世仏說所以者何自心現性非性離有非有生故
我常說空法遠離於斷常生死如幻夢而彼業不壞一切
都无生亦无因緣滅於彼生滅中如起因緣想甚深空
義愚夫不能了一切性自性言說法如影大幻者從他明處
生非自妄相過習氣處生壁不見惑乱中間亦无實中
聞著真實或乱即真實捨離惑見若有相生者是亦為
或乱不淨猶如翳无生非性有有性攝生死觀察如幻
等於想不妄想如雲觀察者諸事悉无常无事悉如
了賢聖境界妄相尒炎識此滅我涅槃如水大流盡波
浪則不起如是意識滅種々識不起因緣有不有不住
我教法大德多聞義无言說如愚夫妄想非性為解脫
非性非非性悉離謂彼心解脫我為說心量如如
興雲際涅槃及法界種々意生身我說為心量得无思
想法仏子非聲聞若知彼真實相續即斷有諸攀緣事

生非自妄相過習氣處生聖不見惑亂中間亦无實中
聞者真實惑亂即真實捨離惑見者有相生者是亦為
惑亂不淨猶如翳无生非性有有性攝生死觀察如幻
等於想不妄想如雲觀察者諸事悉无常无事悉如
了賢聖境界妄相亦炎識此滅我涅槃如水大流盡波
浪則不起如是意識滅種種識不起因緣有不有不住
我教法大德多聞義无言說如愚夫妄想非性為解脫
非性非非性性非非性悉離謂彼心解脫我為說心量如如
與雲際涅槃及法界種種意生身我說為心量得无思
想法仏子非聲聞者知彼真實相續即斷有諸攀緣事
智恵不覺察乃至心流轉是則為世論妄想不轉者是
人見自心不識心及緣則起二妄想了心及境界妄想則不
生愚癡樂妄說不聞真實慧大慧无見勝非相見者
受生因故不勝從其宗即有衆雜義者无有別覺永離
常无常甚深如來藏而與七識俱二種攝受生知者則
遠離比丘得平等云何見刹那於不實色等視之若真
實計着名字者不得我真實智及尔炎一切諸法悉皆
寂靜不識自現妄想故妄想生若識則滅
思益經四卷

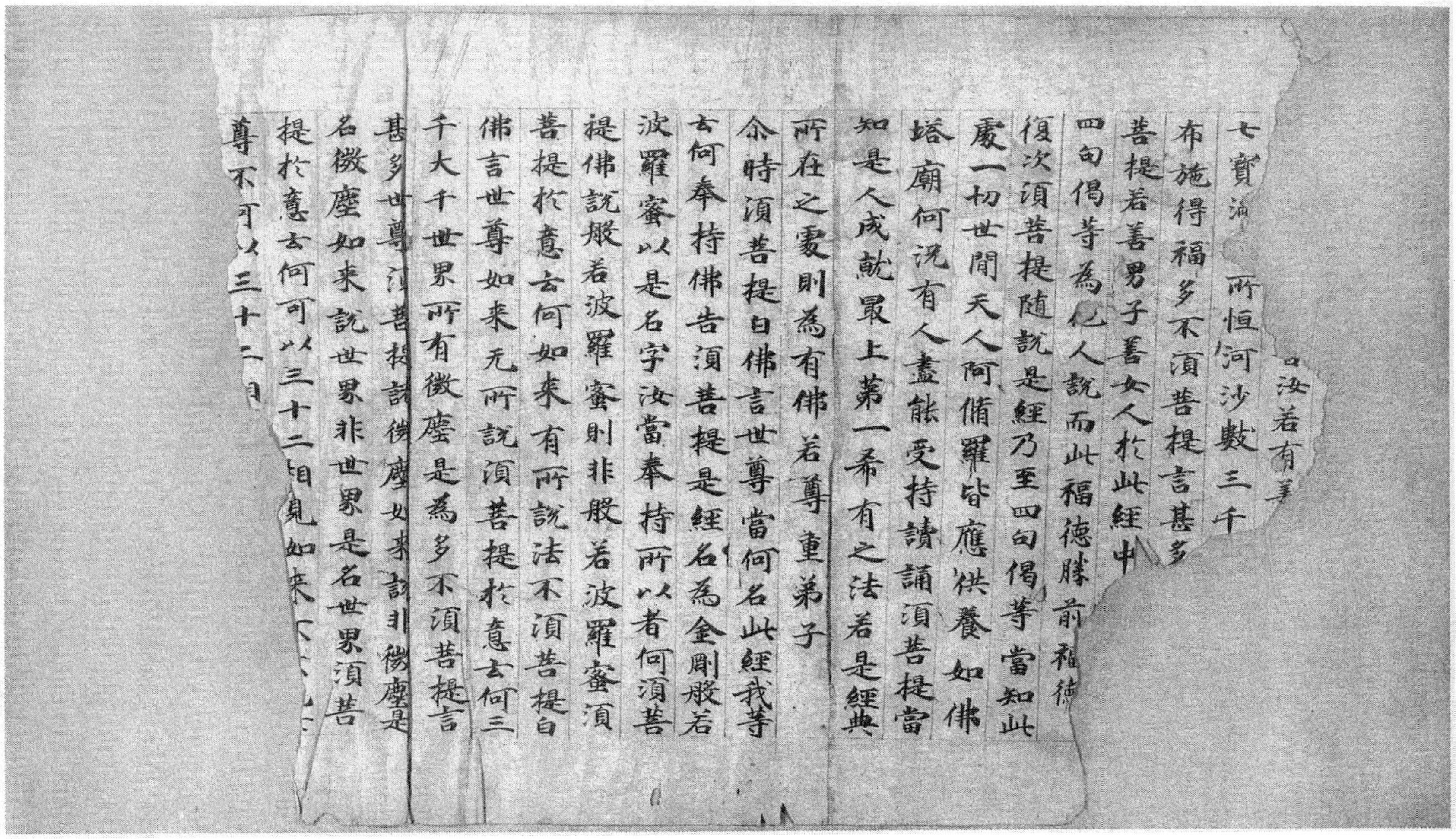

…汝若有善
七寶滿…所恒河沙數三千
布施得福多不須菩提言甚多
菩提若善男子善女人於此經中
四句偈等為他人說而此福德勝前福德
復次須菩提隨說是經乃至四句偈等當知此
處一切世間天人阿脩羅皆應供養如佛
塔廟何況有人盡能受持讀誦須菩提當
知是人成就最上第一希有之法若是經典
所在之處則為有佛若尊重弟子
尒時須菩提白佛言世尊當何名此經我等
云何奉持佛告須菩提是經名為金剛般若
波羅蜜以是名字汝當奉持所以者何須菩
提佛說般若波羅蜜則非般若波羅蜜須
菩提於意云何如來有所說法不須菩提白
佛言世尊如來无所說須菩提於意云何三
千大千世界所有微塵是為多不須菩提言
甚多世尊須菩提諸微塵如來說非微塵是
名微塵如來說世界非世界是名世界須菩
提於意云何可以三十二相見如來不…
尊不可以三十二相…

BD04788 號　金剛般若波羅蜜經　　（1–1）

…一
…而至何以故
…而應化示現其身佛
摩訶薩初入勝行門知見如來
佛子譬如虛空弥廣悉能容受一切眾
生而无染著如來法身亦復如是照一切眾
生世間善根離世間善根亦无染著何以故
如來法身於一切染著悉已斷故佛子是為
菩薩摩訶薩第二勝行知見如來復次佛子
譬如日出世間以无量事饒益眾生所謂滅
除闇冥長養一切山林藥草百穀卉木消除
冷濕照空饒益虛空眾生照池則能開敷蓮
華普悉照現一切色像世間事業皆得究竟
何以故日能普放无量光故如來身日亦復
如是以无量事普能饒益一切眾生所謂除
滅眾惡長養善法慧光普照除滅一切眾生
闇冥大慈饒益救護眾生大悲饒益度脫一
切正法饒益長養一切根力覺意堅信饒
益…令不壞因緣天眼饒益
…下眾眾生一

BD04789 號　大方廣佛華嚴經（晉譯五十卷本）卷二九　　（1–1）

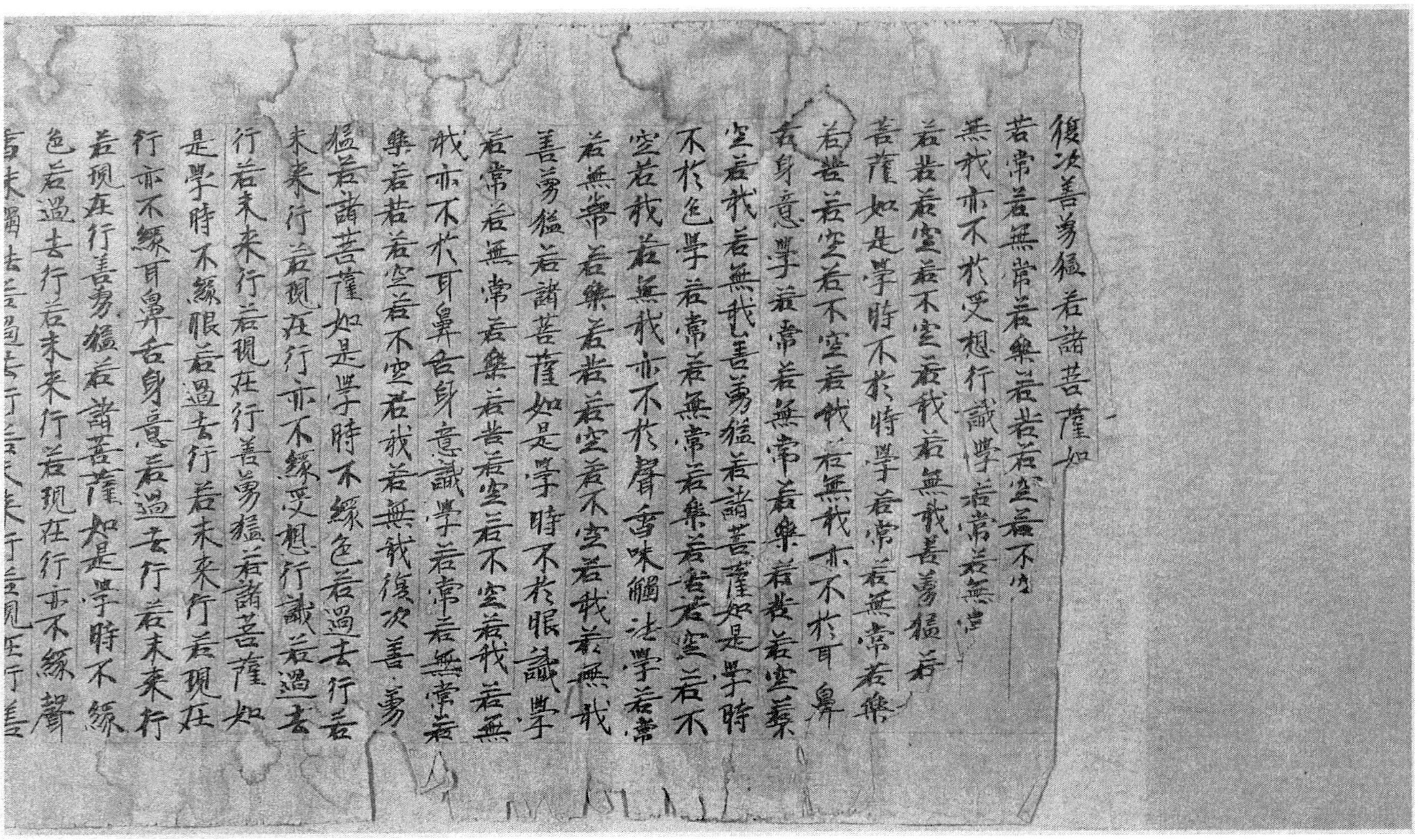
復次善勇猛若諸菩薩如
若常若無常若樂若苦若空若不空
無我亦不於受想行識學若常若無常
若苦若空若不空若我若無我善勇猛若
菩薩如是學時不於眼學若常若無常若樂
若苦若空若不空若我若無我亦不於耳鼻
舌身意學若常若無常若樂若苦若空若不
空若我若無我善勇猛若諸菩薩如是學時
不於色學若常若無常若樂若苦若空若不
空若我若無我亦不於聲香味觸法學若常
若無常若樂若苦若空若不空若我若無我
善勇猛若諸菩薩如是學時不於眼識學
若常若無常若樂若苦若空若不空若我若無
我亦不於耳鼻舌身意識學若常若無常若
樂若苦若空若不空若我若無我復次善勇
猛若諸菩薩如是學時不緣色若過去行若
未來行若現在行亦不緣受想行識若過去
行若未來行若現在行善勇猛若諸菩薩如
是學時不緣眼若過去行若未來行若現在
行亦不緣耳鼻舌身意若過去行若未來行
若現在行善勇猛若諸菩薩如是學時不緣
色若過去行若未來行若現在行亦不緣聲
香味觸法若過去行若未來行若現在行善

BD04790 號　大般若波羅蜜多經卷五九九　（23–1）

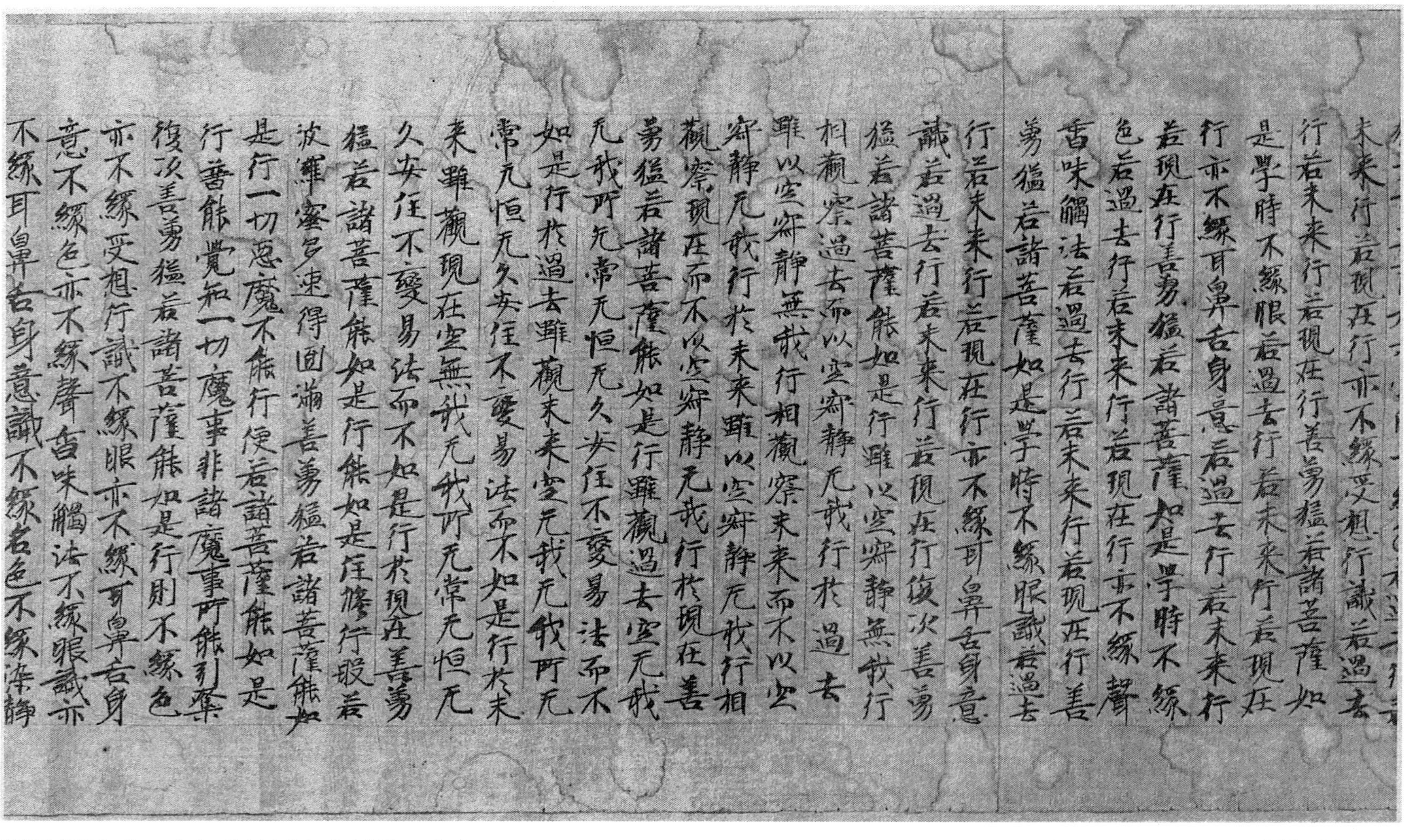
未來行若現在行亦不緣受想行識若過去
行若未來行若現在行善勇猛若諸菩薩如
是學時不緣眼若過去行若未來行若現在
行亦不緣耳鼻舌身意若過去行若未來行
若現在行善勇猛若諸菩薩如是學時不緣
色若過去行若未來行若現在行亦不緣聲
香味觸法若過去行若未來行若現在行善
勇猛若諸菩薩如是學時不緣眼識若過去
行若未來行若現在行亦不緣耳鼻舌身意
識若過去行若未來行若現在行復次善勇
猛若諸菩薩能如是行雖以空寂靜無我行
相觀察過去而以空寂靜无我行於過去
雖以空寂靜無我行相觀察未來而不以空
寂靜无我行於未來雖以空寂靜无我行相
觀察現在而不以空寂靜无我行於現在善
勇猛若諸菩薩能如是行雖觀過去空无我
无我所无常无恒无久安住不變易法而不
如是行於過去雖觀未來空无我无我所无
常无恒无久安住不變易法而不如是行於未
來雖觀現在空無我无我所无常无恒无
久安住不變易法而不如是行於現在善勇
猛若諸菩薩能如是行能如是住修行般若
波羅蜜多速得圓滿善勇猛若諸菩薩能如
是行一切惡魔不能行便若諸菩薩能如是
行善能覺知一切魔事非諸魔事所能引奪
復次善勇猛若諸菩薩能如是行則不緣色
亦不緣受想行識不緣眼亦不緣耳鼻舌身
意不緣色亦不緣聲香味觸法不緣眼識亦
不緣耳鼻舌身意識不緣若色不緣淨靜

BD04790 號　大般若波羅蜜多經卷五九九　（23–2）

行善能覺知一切魔事非諸魔事所能引奪
復次善勇猛若諸菩薩能如是行則不緣色
亦不緣受想行識不緣眼亦不緣耳鼻舌身
意不緣色亦不緣聲香味觸法不緣眼識亦
不緣耳鼻舌身意識不緣名色不緣寂靜
不緣顛倒見蓋受行不緣貪瞋癡不緣我有
情等不緣斷常不緣邊無邊不緣欲色無色界
不緣緣起不緣地水火風空識界不緣有情
界法界不緣諦實虛妄不緣有繫離繫不
緣貪瞋癡斷不斷布施慳貪持戒犯戒安忍
忿恚精進懈怠靜慮散亂般若惡慧不緣念
住正斷神足根力覺支道支不緣顛倒等斷不
靜慮解脫等持等至不緣慈悲喜捨不緣
苦集滅道不緣盡智無生智無造作智不緣
無著智不緣異生聲聞獨覺菩薩佛地不緣
異生聲聞獨覺菩薩佛法不緣神通智見不
緣解脫不緣解脫智見不緣涅槃不緣過去
未來現在智見不緣佛智力無畏等不緣
佛土清淨不緣相好清淨不緣聲聞圓滿不緣
獨覺圓滿不緣菩薩圓滿何以故善勇猛以
一切法非所緣故以一切法非能緣故非一切
法有所取故亦可於彼說有所緣善勇猛若
有所緣即有動作計著執取若有執取即
有憂苦惱刺愁箭悲惱難生善勇猛若有所
緣即有繫縛無出離道由斯一切憂苦增長
善勇猛若有所緣即有持執動轉戲論若有
所緣即有種種鬪諍違諍若有所緣即有種
種無明癡闇若有所緣即有恐怖若有所緣
即有[illegible]

BD04790 號　大般若波羅蜜多經卷五九九　（23–3）

有所緣即有動作計著執取若有執取即
有憂苦惱刺愁箭悲惱難生善勇猛若有所
緣即有繫縛無出離道由斯一切憂苦增長
善勇猛若有所緣即有持執動轉戲論若有
所緣即有種種鬪諍違諍若有所緣即有種
種無明癡闇若有所緣即有恐怖若有所緣
即有魔羂及有魔縛若有所緣即有希望
及求樂善勇猛菩薩觀見有如是等種種過
患不緣諸法無所緣故於一切法則無所取
無所取故於一切法無執而住如是菩薩雖
無所緣而於境界得定自在雖於境界得定
自在而無持執亦無所住善勇猛若諸菩薩
能如是行於一切法能不攀緣無所執著無
所諍論於一切法無滯而住善勇猛是諸菩
薩善於一切所緣境法皆得離繫脩行般若
波羅蜜多善勇猛若諸菩薩能如是行能如
是住修行般若波羅蜜多速得圓滿一切惡
魔不能障礙魔軍眷屬不能攝持欲求其短
終不能得亦復不能方便擾亂而能降伏魔
及魔軍善能覺知一切魔事不隨魔事自在
而行震動焚燒諸魔宮殿亦能降伏一切外
道不為外道之所降伏亦能摧滅一切他論
不為他論之所摧滅
復次善勇猛若諸菩薩能如是行則於色不
住分別無異分別於受想行識亦不住分別
無異分別於眼不住分別無異分別於耳鼻
舌身意亦不住分別無異分別於色不住分
別無異分別於聲香味觸法亦不住分別無
異分別於眼識不[illegible]

BD04790 號　大般若波羅蜜多經卷五九九　（23–4）

住尒別无異尒別於愛想行識亦不住尒別
无異尒別於眼不住尒別无異尒別於耳鼻
舌身意亦不住尒別无異尒別於色不住尒
別无異尒別於聲香味觸法亦不住尒別无
異尒別於眼識不住尒別无異尒別於耳鼻
舌身意識亦不住尒別无異尒別由此因緣
是諸菩薩於諸名色不起尒別无異尒別於
諸染淨不起尒別无異尒別於諸緣起不起
尒別无異尒別於諸顛倒見蓋愛行不起尒
別无異尒別於諸斷常不起尒別无異尒別
於欲色无色界不起尒別无異尒別於有情
界法界不起尒別无異尒別於貪瞋癡不起
尒別無異尒別於諦實虛妄不起尒別无異
尒別於地水火風空識界不起尒別无異尒
別於有繫離繫不起尒別无異尒別於我有
情命者生者養者士夫補特伽羅意生儒
童作者受者知者見者及彼諸想不起尒別无
異尒別於布施慳貪持戒犯戒安忍忿恚精
進懈怠靜慮散亂般若惡慧不起尒別无異
尒別於念住正斷神足根力覺支道支不起
尒別无異尒別於顛倒等斷不起尒別无異
尒別於靜慮解脫等持等至不起尒別无異
尒別於苦集滅道不起尒別无異尒別於慈
悲喜捨不起尒別无異尒別於盡智无生智
无造作智不起尒別无異尒別於諸異生聲
聞獨覺菩薩佛地不起尒別无異尒別於諸
異生聲聞獨覺菩薩佛法不起尒別无異尒
別於神通智見不起尒別无異尒別於過去

BD04790號　大般若波羅蜜多經卷五九九　（23–5）

尒別於苦集滅道不起尒別无異尒別於慈
悲喜捨不起尒別无異尒別於盡智无生智
无造作智不起尒別无異尒別於諸異生聲
聞獨覺菩薩佛地不起尒別无異尒別於諸
異生聲聞獨覺菩薩佛法不起尒別无異尒
別於神通智見不起尒別无異尒別於過去
未來現在智見不起尒別无異尒別於无著
智見不起尒別无異尒別於明解脫不起尒
別无異尒別於解脫及解脫智見不起尒別
无異尒別於諸佛智力無畏等不起尒別无
異尒別於相好清淨不起尒別无異尒別於
佛土清淨不起尒別无異尒別於聲聞圓滿
不起尒別无異尒別於獨覺圓滿不起尒別
无異尒別於菩薩圓滿不起尒別无異尒別
何以故善勇猛若有尒別則有異尒別若於是
處无有尒別則於是處无異尒別愚夫異生
一切皆是尒別所起彼想皆從異尒別起是
故菩薩不起尒別无異尒別善勇猛言尒別
者是第一邊異尒別者是第二邊若於是處
不起尒別无異尒別則於是處遠離二邊亦
无有中善勇猛若謂有中亦是尒別尒別中
者亦謂有邊若於是處有尒別者則於是
處有異尒別由此因緣无斷尒別異尒別義若
於是處无尒別者則於是處无異尒別由此
因緣有斷尒別異尒別義善勇猛斷尒別者
謂於此中都无所斷何以故善勇猛由无所
有虛妄尒別異尒別力發起顛倒彼寂靜故
顛倒亦无顛倒无故都无所斷善勇猛无所

BD04790號　大般若波羅蜜多經卷五九九　（23–6）

於是處无分別者則於是處无異分別由此
因緣有斷分別異分別義善勇猛斷分別者
謂於此中都无所斷何以故善勇猛由无所
有虛妄分別異分別力發起顛倒彼寂靜故
顛倒亦无顛倒无故都无所斷善勇猛无所
斷者當知顯示苦斷增語謂於此中无少苦
斷故名苦斷若苦自性少有真實可有所斷
然苦自性无少真實故无所斷但見苦无說
名苦斷謂遍知苦都无自性少分有得故名
苦斷若於諸苦都无分別无異分別名苦寂
靜即是令苦不生起義善勇猛若諸菩薩能
如是見則於諸法不起分別无異分別善勇
猛是名菩薩遍知分別異分別性修行般若
波羅蜜多善勇猛若諸菩薩能如是行能如
是修行般若波羅蜜多速得圓滿一切惡
魔不能障礙諸魔軍衆所起事業皆能覺
知諸有所爲不隨魔事自在而轉令諸惡魔自
然退散摧彼軍衆令其漸少身意泰然離諸
怖畏惡魔軍衆不能擾惱正息一切往惡趣
因斷塞世間衆邪惡路離諸黑闇越瀑流
於一切法得清淨眼與有情類作大光明紹
隆佛種令不斷絕證得真道道平等性裹隱
有情起淨法眼具足精進離諸懈怠獲得安
忍遠離恚心入勝靜慮无所依止得真般若
成通達慧遣除惡作遠離蓋纏出惡魔羂
斷諸愛縛安住正念无所忘失得淨尸羅至淨
戒岸安住功德離諸過患得空慧力不可動
搖一切他論不能摧伏得諸法淨永无退失
宣說諸法得无所畏入諸大衆心无怯弱施

忍遠離恚心入勝靜慮无所依止得真般若
成通達慧遣除惡作遠離蓋纏出惡魔羂
斷諸愛縛安住正念无所忘失得淨尸羅至淨
戒岸安住功德離諸過患得空慧力不可動
搖一切他論不能摧伏得諸法淨永无退失
宣說諸法得无所畏入諸大衆心无怯弱施
諸妙法无所秘悋以平等道淨諸道路棄離
邪道修所應修以清淨法熏所應熏以清淨
慧淨所應淨器度深廣猶如大海湛然不動
難可測量法海无邊過諸數量善勇猛若諸
菩薩能如是行成此及餘无邊功德如是功
德難測其量除佛世尊无能知者
復次善勇猛菩薩如是修行般若波羅蜜多
妙色无減財位无減眷屬無減種類无減家
族无減國土无減不生邊地不遇无暇不與
織惡有情共居亦不隣近不淨事業自心無
退智慧無減從他聽受種種法門皆能會入
平等法性紹隆佛種一切智智令常興盛無
有斷絕於諸佛法已得光明已得隣近一切
智智若有惡魔來至其所欲爲惱亂則令彼
魔及諸眷屬皆成灰燼離才損喪羂網纏繞
假使俱胝魔及軍衆俱來嬈惱心不動搖於
是惡魔及諸軍衆驚怖退散作是念言今
菩薩已越我境彼於我境不復當行不復當
住不復就著令餘有情於我境界皆得出離
蕭然解脫時諸惡魔作是念已愁憂悲歎
相謂言今此菩薩損我等輩眷屬朋黨令
无勢力各生憂悔恨復次善勇猛若時
菩薩行深般若波羅蜜多脩深般若波羅蜜

住不復欺著令餘有情於我境界皆得出離
蕭然解脫時諸惡魔作是念已愁憂悲歎
相謂言今此菩薩損我等輩眷屬朋黨令
乏勢力言各生憂苦悔恨復次善勇猛若時
菩薩行深般若波羅蜜多脩深般若波羅蜜
多會深般若波羅蜜多時魔宮殿皆失威光
處處斷生煙焰之相惡魔驚怖愁憂苦惱如
刀傷心如中毒箭咸共傷歎作如是言今此
菩薩當令有情不受我等之所役務令此菩
薩當令有情出我等境令此菩薩當令有情
脫我等界令此菩薩當令有情不住我境令
此菩薩當令有情斷滅我界令此菩薩當令
有情毀我羅網令此菩薩當拔有情令其永
出諸欲淤泥令此菩薩當令有情脫諸見網
令此菩薩當令有情出盡耶路令此菩薩安
立有情令住正道令此菩薩引諸有情令其
永出諸見稠林善勇猛彼諸惡魔見此菩薩
有如是等諸勝義利愁憂苦惱如箭入心辟
如有人失大寶藏咸執廣大愁憂苦惱如是
惡魔深心悔恨如中毒箭愁憂苦惱晝夜驚
惶不樂本座復次善勇猛若時菩薩行深般
若波羅蜜多脩深般若波羅蜜多會深般若
波羅蜜多時諸惡魔共進一處思惟方便欲
壞菩薩互相謂言我等今者當設何計作何
事業壞此菩薩所脩正行時惡魔眾心懷疑
惑愁憂不樂如中毒箭共相勸勵往菩薩所
伺求其短現怖畏事由此菩薩脩行般若波
羅蜜多威神力故諸惡魔眾盡其神力尚不
能動菩薩毛端況令菩薩身心變異時諸惡

BD04790 號　大般若波羅蜜多經卷五九九　（23–9）

壞菩薩互相謂言我等今者當設何計作何
事業壞此菩薩所脩正行時惡魔眾心懷疑
惑愁憂不樂如中毒箭共相勸勵往菩薩所
伺求其短現怖畏事由此菩薩脩行般若波
羅蜜多威神力故諸惡魔眾盡其神力尚不
能動菩薩毛端況令菩薩身心變異時諸惡
魔覺知菩薩遠離驚恐毛豎等事更設方便
種種魅惑心神俱爲懷怖畏故諸魅惑事皆
不能成時惡魔王便作是念我尚不能壞此
菩薩況我眷屬或餘能壞念已驚怖力盡計
窮還歸自宮愁憂而住如是菩薩脩行般若
波羅蜜多具大威力惡魔眷屬尚不能令如
彈指頃心有迷惑何況能爲餘障礙事善勇
猛如是菩薩脩行般若波羅蜜多成就如是
功德智慧大威神力假使三千大千世界諸有
情類皆變爲魔一一皆將爾所魔眾爲擾
亂故往菩薩所盡其神力亦不能障所脩般
若波羅蜜多何以故善勇猛爾時菩薩成就
如是甚深般若力勵力故亦復成就不可思
議不可測量及無等等般若力故不爲一切界
惡魔軍之所降伏善勇猛夫大力者謂般若
力夫大勵者謂般若勵夫大力者謂般若力
是故般若波羅蜜多非諸惡魔所行境地復
次善勇猛諸有外仙得四靜慮四無色定起
欲魔境生諸梵天四无色地彼於菩薩常所
成就世間妙慧尚非行境況實般若波羅蜜
多何況惡魔能行此境彼於獲得色无色定
外仙妙慧尚非行境況於般若波羅蜜多善
[illegible]

BD04790 號　大般若波羅蜜多經卷五九九　（23–10）

次善勇猛諸有外仙得四靜慮四無色定起
欲魔境生諸梵天四无色地彼於菩薩常所
成就世間妙慧尚非行境況實般若波羅蜜
多何況惡魔能行此境彼於獲得色无色定
外仙妙慧尚非行境況於般若波羅蜜多善
勇猛若時菩薩成就般若波羅蜜多尒時菩
薩名為成就大威力者若有成就般若力
即名成就利慧力者若有成就般若利力即
名成就利慧劍者諸惡魔軍不能降伏亦能
降伏一切魔軍
復次善勇猛若諸菩薩成就般若波羅蜜多
利慧力劍具大勢力是諸菩薩於一切處無
所依止諸有所作亦无所依何以故善勇猛
若有所依則有移轉若有移轉則有動搖
若有動搖則有戲論善勇猛若諸有情依
有轉動搖戲論是諸有情隨魔力行未脫魔
境善勇猛若諸有情雖復乃至上生有頂有所
依止繫屬所依依所依處彼必還墮魔境界
中未脫惡魔所有羂網惡魔索縛常所隨
逐如猛喜子及阿邏荼迦邏摩子并餘一切依
止无色繫屬所依依所依處諸仙外道善勇
猛若諸菩薩行深般若波羅蜜多修深般若
波羅蜜多會深般若波羅蜜多是諸菩薩
於一切處无所依止諸有所作亦无所依善勇
猛若諸菩薩勇猛精進修行般若波羅蜜多
隨順安住尒時菩薩不依止色亦不依止受
想行識不依止眼亦不依止耳鼻舌身意不
依止色亦不依止聲香味觸法不依止眼識
亦不依止耳鼻舌身意識不依止名色不依

BD04790號　大般若波羅蜜多經卷五九九

（23–11）

於一切處无所依止諸有所作亦无所依善勇
猛若諸菩薩勇猛精進修行般若波羅蜜多
隨順安住尒時菩薩不依止色亦不依止受
想行識不依止眼亦不依止耳鼻舌身意不
依止色亦不依止聲香味觸法不依止眼識
亦不依止耳鼻舌身意識不依止名色不依
止顛倒見趣諸蓋及諸受行不依止緣起不
依止欲色无色界不依止我有情命者生者
養者士夫補特伽羅意生儒童作者受者知
者見者及彼諸想不依止地水火風空識界不
依止者情界法界不依止初靜慮乃至非
想非非想處不依止有愛不依止无有愛不
依止斷常不依止有性不依止无性不依止
布施慳貪持戒犯戒安忍忿恚精進懈怠
靜慮亂般若惡慧不依止念住正斷神足根
力覺支道支不依止斷顛倒等不依止靜慮
解脫等持等至不依止苦集滅道不依止盡
智无生智无造作智不依止无著智見不依
止明及解脫不依止解脫智見不依止異生
聲聞獨覺菩薩佛地不依止異生聲聞獨覺
菩薩佛法不依止涅槃不依止過去未來現
在智見不依止三世平等性不依止佛智力
无畏等不依止一切智智不依止相好圓滿
不依止佛土圓滿不依止聲聞衆圓滿不依
止菩薩衆圓滿不依止一切法不依止移轉
不依止動搖不依止戲論由无依止除遣一切
亦不執著无依止道於无依止亦不執亦
復不得此是依止亦復不得在此依止亦復

BD04790號　大般若波羅蜜多經卷五九九

（23–12）

无畏等不依止一切智智不依止相好圓滿
不依止佛土圓滿不依止聲聞衆圓滿不依
止菩薩衆圓滿不依止一切法不依止移轉
不依止動搖不依止戲論由无依止除遣一切
亦不執著无依止道於无依止亦不持執亦
復不得此是依止亦復不得在此依止亦復
不得屬此依止亦復不得依此依止於所
依止亦無持執如是菩薩於諸依止无持无
得无執无取无說无依无著而依不爲一切
依止所漂於諸依止亦无滯礙證得一切依止
淨法善勇猛此諸菩薩依一切法依止清
淨微妙智見脩行般若波羅蜜多由此惡魔
不能得便惡魔軍衆不能降伏亦能降伏一
切魔軍
復次善勇猛若諸菩薩未發无上正等覺心
先應積集无量无數善根資粮多供養佛
事多善友於多佛所請問法要發和檀願意樂
見足於諸有情樂行布施於諸淨戒尊重護
持忍辱柔和悲智具足勇猛精進離諸懈
怠尊重脩行解白靜慮於清淨慧恭敬脩
學是諸菩薩既發无上正等覺心復應精勤脩
學般若波羅蜜多以智慧力伏諸魔衆恒作
是念勿諸惡魔伺求我短作擾亂事由斯力
故令諸惡魔不能得便障所脩學亦令魔
衆不起是心我當伺求此菩薩便爲擾亂事
障礙所脩設起是心即令自覺我作斯事當
大苦由斯發起大怖怖心勿我今時喪失身命
故應息此擾亂之心於是魔軍惡隱沒善
勇猛由此因緣惡魔軍衆不能障礙菩薩

衆不起是心我當伺求此菩薩便爲擾亂事
障礙所脩設起是心即令自覺我作斯事當
大苦由斯發起大怖怖心勿我今時喪失身命
故應息此擾亂之心於是魔軍惡隱沒善
勇猛由此因緣惡魔軍衆不能障礙菩薩
所學甚深般若波羅蜜多復次善勇猛若諸
菩薩聞說般若波羅蜜多起純淨欲增上意
樂深心尊重稱讚功德起大師想聞說六種波
羅蜜多相應法教亦不發起猶豫疑惑聞甚
深法心不迷謬亦復不起猶豫疑惑然不造
作感遺法業亦不發起感遺法心勸无量
无邊有情信受脩學甚深般若波羅蜜多
讚勵无量无邊有情亦令信受脩學六種波
羅蜜多是諸菩薩先意樂淨一切意樂皆无
雜染諸惡魔軍不能障礙伺求其便亦不能得
衆魔事業皆能覺知一切惡魔不能引奪不
隨魔力自在而行善勇猛由此因緣是諸
菩薩惡魔眷屬不能擾亂
復次善勇猛若諸菩薩脩行般若波羅蜜多
不行色合相不行色離相不行受想行識合
相不行受想行識離相不行眼合相不行眼
離相不行耳鼻舌身意合相不行耳鼻舌身
意離相不行色合相不行色離相不行聲香
味觸法合相不行聲香味觸法離相不行眼
識合相不行眼識離相不行耳鼻舌身意識
合相不行耳鼻舌身意識離相不行色相合
離相不行受想行識相合離相不行眼相合
離相不行耳鼻舌身意相合離相不行色相

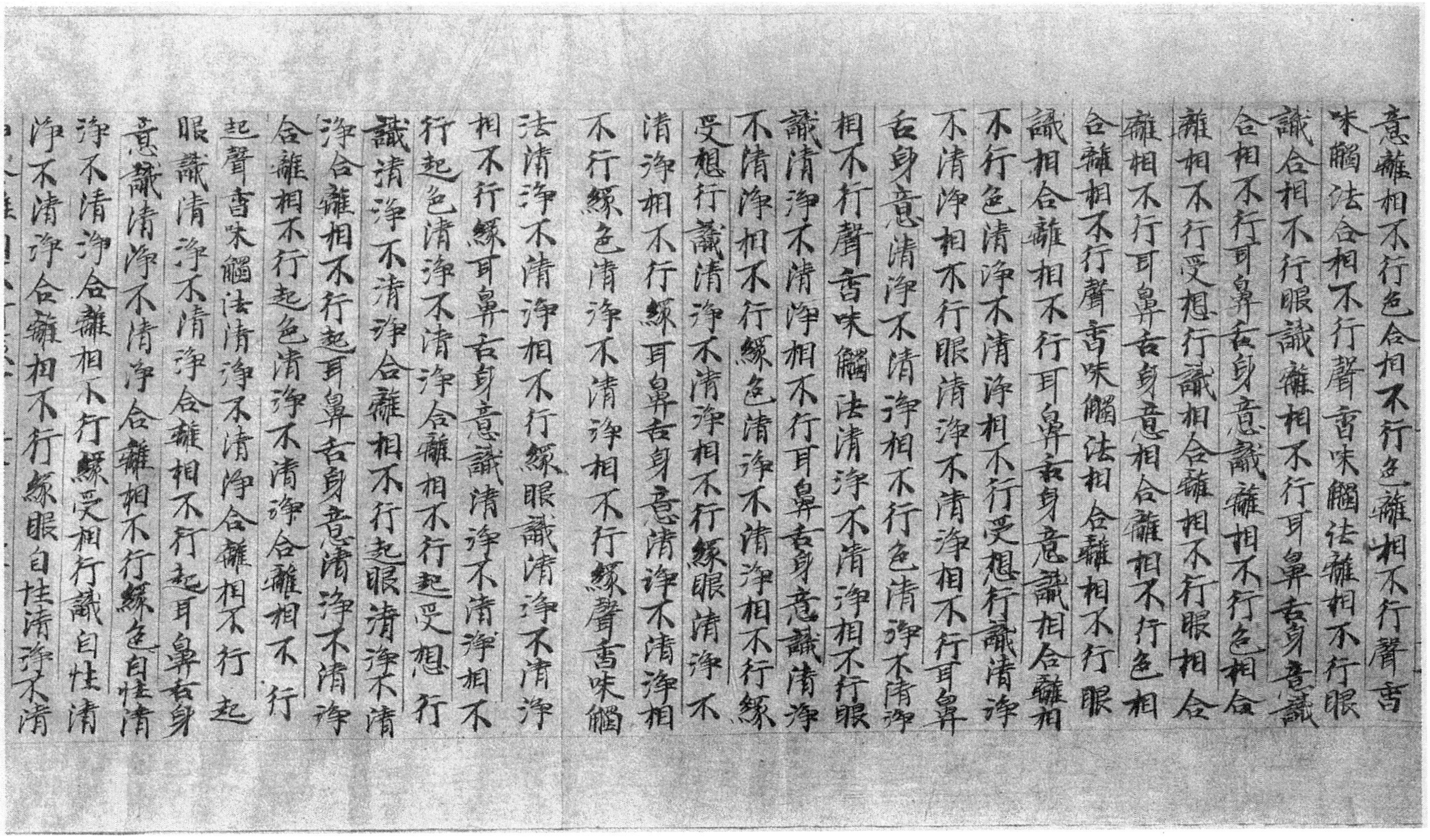

意離相不行色合相不行色離相不行聲香
味觸法合相不行聲香味觸法離相不行眼
識合相不行眼識離相不行耳鼻舌身意識
合相不行耳鼻舌身意識離相不行色相合
離相不行受想行識相合離相不行眼相合
離相不行耳鼻舌身意相合離相不行色相
合離相不行聲香味觸法相合離相不行眼
識相合離相不行耳鼻舌身意識相合離相
不行色清淨不清淨相不行受想行識清淨
不清淨相不行眼清淨不清淨相不行耳鼻
舌身意清淨不清淨相不行色清淨不清淨
相不行聲香味觸法清淨不清淨相不行眼
識清淨不清淨相不行耳鼻舌身意識清淨
不清淨相不行緣色清淨不清淨相不行緣
受想行識清淨不清淨相不行緣眼清淨不
清淨相不行緣耳鼻舌身意清淨不清淨相
不行緣色清淨不清淨相不行緣聲香味觸
法清淨不清淨相不行緣眼識清淨不清淨
相不行緣耳鼻舌身意識清淨不清淨相不
行起色清淨不清淨合離相不行起受想行
識清淨不清淨合離相不行起眼清淨不清
淨合離相不行起耳鼻舌身意清淨不清淨
合離相不行起色清淨不清淨合離相不行
起聲香味觸法清淨不清淨合離相不行起
眼識清淨不清淨合離相不行起耳鼻舌身
意識清淨不清淨合離相不行緣色自性清
淨不清淨合離相不行緣受相行識自性清
淨不清淨合離相不行緣眼自性清淨不清

BD04790 號　大般若波羅蜜多經卷五九九　　（23–15）

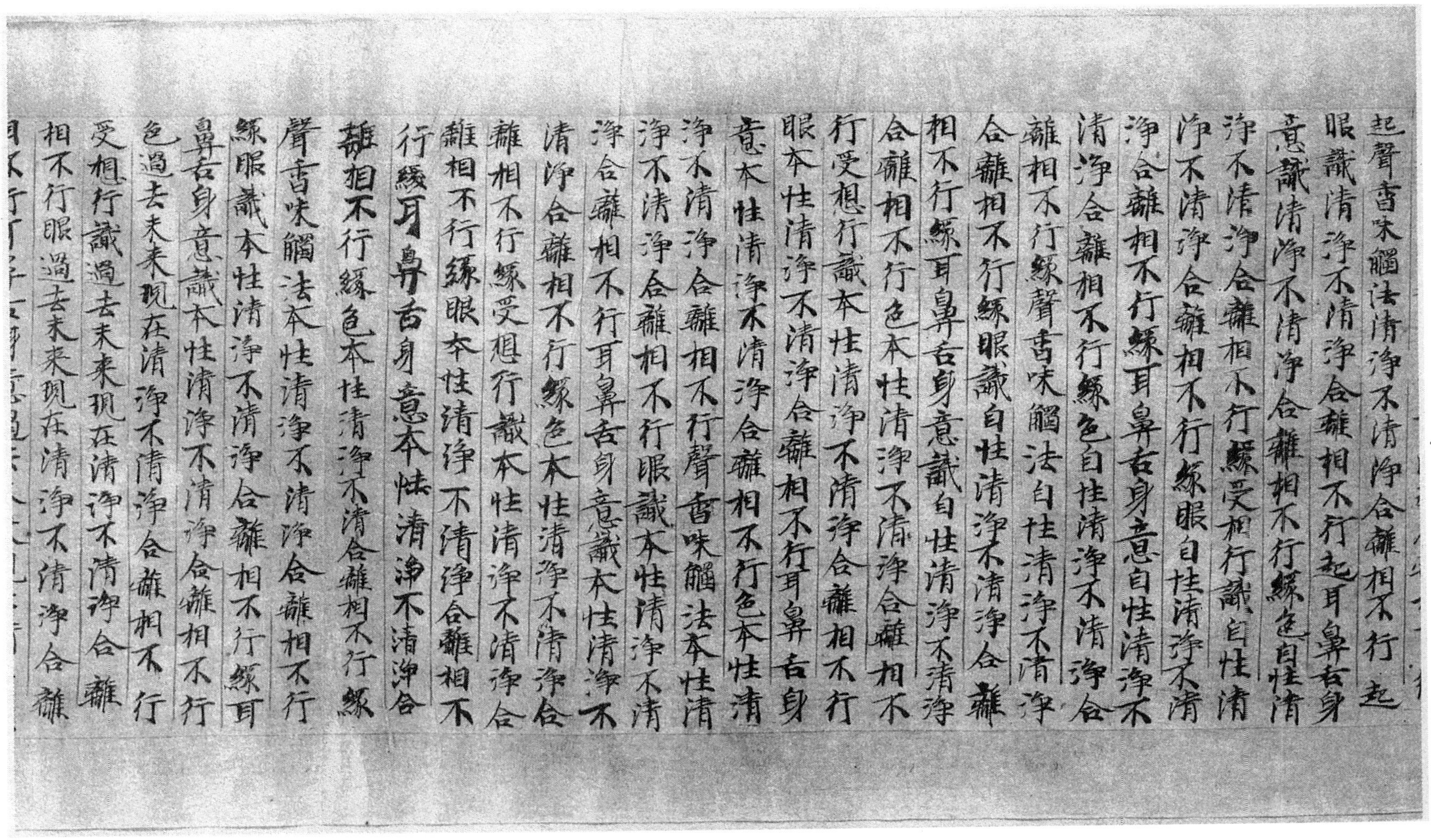

起聲香味觸法清淨不清淨合離相不行起
眼識清淨不清淨合離相不行起耳鼻舌身
意識清淨不清淨合離相不行緣色自性清
淨不清淨合離相不行緣受相行識自性清
淨不清淨合離相不行緣眼自性清淨不清
淨合離相不行緣耳鼻舌身意自性清淨不
清淨合離相不行緣色自性清淨不清淨合
離相不行緣聲香味觸法自性清淨不清淨
合離相不行緣眼識自性清淨不清淨合離
相不行緣耳鼻舌身意識自性清淨不清淨
合離相不行色本性清淨不清淨合離相不
行受想行識本性清淨不清淨合離相不行
眼本性清淨不清淨合離相不行耳鼻舌身
意本性清淨不清淨合離相不行色本性清
淨不清淨合離相不行聲香味觸法本性清
淨不清淨合離相不行眼識本性清淨不清
淨合離相不行耳鼻舌身意識本性清淨不
清淨合離相不行緣色本性清淨不清淨合
離相不行緣受想行識本性清淨不清淨合
離相不行緣眼本性清淨不清淨合離相不
行緣耳鼻舌身意本性清淨不清淨合
離相不行緣色本性清淨不清淨合離相不行緣
聲香味觸法本性清淨不清淨合離相不行
緣眼識本性清淨不清淨合離相不行緣耳
鼻舌身意識本性清淨不清淨合離相不行
色過去未來現在清淨不清淨合離相不行
受想行識過去未來現在清淨不清淨合離
相不行眼過去未來現在清淨不清淨合離

BD04790 號　大般若波羅蜜多經卷五九九　　（23–16）

緣眼識本性清淨不清淨合離相不行緣耳
鼻舌身意識本性清淨不清淨合離相不行
色過去未來現在清淨不清淨合離相不行
受想行識過去未來現在清淨不清淨合離
相不行眼過去未來現在清淨不清淨合離
相不行耳鼻舌身意過去未來現在清淨不
清淨合離相不行色過去未來現在清淨不
清淨合離相不行聲香味觸法過去未來現
在清淨不清淨合離相不行眼識過去未來
現在清淨不清淨合離相不行耳鼻舌身意
識過去未來現在清淨不清淨合離相不行
緣色過去未來現在清淨不清淨合離相不
行緣受想行識過去未來現在清淨不清淨
合離相不行緣眼過去未來現在清淨不清淨
合離相不行緣耳鼻舌身意過去未來現
在清淨不清淨合離相不行緣色過去未來
現在清淨不清淨合離相不行緣聲香味觸
法過去未來現在清淨不清淨合離相不行
緣眼識過去未來現在清淨不清淨合離相
不行緣耳鼻舌身意識過去未來現在清淨
不清淨合離相善勇猛若諸菩薩能如是行
則不與色若合若離亦不與受想行識若合
若離不與眼若合若離亦不與耳鼻舌身意
若合若離不與色若合若離亦不與聲香味
觸法若合若離不與眼識若合若離亦不與
耳鼻舌身意識若合若離不與名色若合若
離不與顛倒見趣諸蓋及諸愛行若合若離
不與欲色无色界若合若離不與貪瞋癡若
合若離不與我有情命者生者養者士夫補

BD04790號　大般若波羅蜜多經卷五九九　（23–17）

觸法若合若離不與眼識若合若離亦不與
耳鼻舌身意識若合若離不與名色若合若
離不與顛倒見趣諸蓋及諸愛行若合若離
不與欲色无色界若合若離不與貪瞋癡若
合若離不與我有情命者生者養者士夫補
特伽羅意生儒童作者受者知者見者有无
有想若合若離不與斷常若合若離不與界
處若合若離不與有情界法界若合若離
不與地水火風空識界若合若離不與緣起若
合若離不與五妙欲若合若離不與雜染清
淨若合若離不與布施慳貪持戒犯戒安
忍忿恚精進懈怠靜慮散亂妙慧惡慧若合
若離不與念住正斷神足根力覺支道支若合
若離不與斷顛倒等若合若離不與靜慮解
脫等持等至若合若離不與苦集滅道若合
若離不與止觀若合若離不與明及解脫若
合若離不與解脫智見若合若離不與无量
神通若合若離不與異生聲聞獨覺菩薩佛
地若合若離不與異生聲聞獨覺菩薩佛法
若合若離不與盡智无生智无造作智无著
智若合若離不與生死涅槃若合若離不與
佛智力无畏等若合若離不與相好圓滿若
合若離不與莊嚴佛土若合若離不與聲聞
圓滿若合若離不與獨覺圓滿若合若離不
與菩薩圓滿若合若離何以故善勇猛以一
切法无合離故善勇猛非一切法為合離故
而現在前善勇猛合者謂常離者謂善勇
猛一切法性不由與察有合有離善勇猛一
切法生不為合離故現前善勇猛若諸法

BD04790號　大般若波羅蜜多經卷五九九　（23–18）

圓滿若合若離不與獨覺圓滿若合若離不
與菩薩圓滿若合若離何以故善勇猛以一
切法无合離故善勇猛非一切法為合離故
而現在前善勇猛合者謂常離者謂善勇
猛一切法性不由與察有合有離善勇猛一
切法性不為合離故現前善勇猛若諸法
性為合為離現在前者則應諸法可得作者
使作者起者等起者受者使受者知者使知
者見者使見者合者使合者離者使離者如
來亦應施設法此是作者使作者乃至離
者使離者善勇猛以諸法性不為合離現在
前故諸法无有作者使作者乃至離者使離
者少分可得不可得故佛不施設善勇猛諸
法皆由顛倒所起非諸顛倒有合有離何以
故善勇猛諸顛倒事无少可得亦不可得
實生起性何以故善勇猛顛倒非實虛妄誑詐
空无所有非於此中有少實法可名顛倒善
勇猛夫顛倒者惑亂有情施誑有情諸有情
類虛妄分別之所顯現令諸有情妄生持執
動轉戲論善勇猛如以空拳誑惑童豎彼
无知故謂有實物愚夫異生亦復如是虛妄
顛倒之所誑惑於一切法非合離性妄見合離
謂為實有愚癡顛倒於无實中起有實想
難可解脫是故一切愚夫異生妄見合離顛
倒繫縛馳流生死謂合得合住合見合執有合
故便執有離謂除遣合而得離故善勇猛若
處有合是處有離若於合中无得无恃不起
執著亦不見離善勇猛若於離中有得有恃
起執著者彼便有合興生死若未可別離善

難可解脫是故一切愚夫異生妄見合離顛
倒繫縛馳流生死謂合得合住合見合執有合
故便執有離謂除遣合而得離故善勇猛若
處有合是處有離若於合中无得无恃不起
執著亦不見離善勇猛若於離中有得有恃
起執著者彼便有合興生死若未可別離善
勇猛是諸菩薩觀此義故與諸法性非合非
離亦不為法若合若離而有所作或有修學
善勇猛是諸菩薩遍知合離修行般若波
羅蜜多善勇猛如是菩薩安住般若波羅蜜
多速能圓滿一切智法
復次善勇猛若諸菩薩修行般若波羅蜜
多不行色著无著不行受想行識著无著不行
眼著无著不行耳鼻舌身意著无著不行色
著无著不行聲香味觸法著无著不行眼識
著无著不行耳鼻舌身意識著无著不行色
著无著清淨不行受想行識著无著清淨不
行眼著无著清淨不行耳鼻舌身意著无著
清淨不行色著无著清淨不行聲香味觸法
著无著清淨不行眼識著无著清淨不行耳
鼻舌身意識著无著清淨不行色著无著所
緣不行受想行識著无著所緣不行眼著无
著所緣不行耳鼻舌身意著无著所緣不行
色著无著所緣不行聲香味觸法著无著所
緣不行眼識著无著所緣不行耳鼻舌身意
識著无著所緣不行色著无著合離不行受
想行識著无著合離不行眼著无著合離不
行耳鼻舌身意著无著合離不行色著无著

緣不行眼識著无著所緣不行耳鼻舌身意
識著无著所緣不行色著无著合離不行受
想行識著无著合離不行眼著无著合離不
行耳鼻舌身意著无著合離不行色著无著
合離不行聲香味觸法著无著合離不行
眼識著无著合離不行耳鼻舌身意識著无
著合離不行色著无著清淨合離不行受想
行識著无著清淨合離不行眼著无著清淨
合離不行耳鼻舌身意著无著清淨合離不
行色著無著清淨合離不行聲香味觸法著
无著清淨合離不行眼識著无著清淨合離
不行耳鼻舌身意識著无著清淨合離不行
色所緣清淨合離不行受想行所緣清淨
合離不行眼所緣清淨合離不行耳鼻舌身
意所緣清淨合離不行色不緣清淨合離
不行聲香味觸法所緣清淨合離不行眼識所
緣清淨合離不行耳鼻舌身意識所緣清淨
合離何以故善勇猛如是一切皆有移轉恃
執動搖若行若癩菩薩遍知是一切不復
於中若行若癩復次善勇猛若諸菩薩修行
般若波羅蜜多不行色過去未來現在著无
著不行受想行識過去未來現在著无著不
行眼過去未來現在著无著不行耳鼻舌身
意過去未來現在著无著不行色過去未來
現在著无著不行聲香味觸法過去未來現
在著无著不行眼識過去未來現在著无著
不行耳鼻舌身意識過去未來現在著无著
不行色過去未來現在清淨不清淨不得受
想行識過去未來現在清淨不清淨不行眼

……无著不行色過去未來
現在著无著不行聲香味觸法過去未來現
在著无著不行眼識過去未來現在著无著
不行耳鼻舌身意識過去未來現在著无著
不行色過去未來現在清淨不清淨不得受
想行識過去未來現在清淨不清淨不行眼
過去未來現在清淨不清淨不行耳鼻舌身
意過去未來現在清淨不清淨不行色過去
未來現在清淨不清淨不行聲香味觸法過
去未來現在清淨不清淨不行眼識過　去
未來現在清淨不清淨不行耳鼻舌身意識過
去未來現在清淨不清淨不行色過去未來
現在著无著所緣清淨不清淨不行受想行
識過去未來現在著无著所緣清淨不清
淨不行眼過去未來現在著无著所緣清淨不
清淨不行耳鼻舌身意過去未來現在著无
著所緣清淨不清淨不行色過去未來現在
著无著所緣清淨不清淨不行聲香味觸法
過去未來現在著无著所緣清淨不清淨不
行眼識過去未來現在著无著所緣清淨不
清淨不行耳鼻舌身意識過去未來現在著
无著所緣清淨不清淨何以故善勇猛是諸
菩薩修行般若波羅蜜多都不見行及不行
法善勇猛是諸菩薩都无所行善能悟入
遍知諸行修行般若波羅蜜多善勇猛若諸
菩薩能如是行速能圓滿一切智法

大般若波羅蜜多經卷第五百九十九

去未來現在清淨不清淨不行眼識過去
未來現在清淨不清淨不行耳鼻舌身意識過
去未來現在清淨不清淨不行色過去未來
現在著无著所緣清淨不清淨不行受想行
識過去未來現在著无著所緣清淨不清
淨不行眼過去未來現在著无著所緣清淨不
清淨不行耳鼻舌身意過去未來現在著无
著所緣清淨不清淨不行色過去未來現在
著无著所緣清淨不清淨不行聲香味觸法
過去未來現在著无著所緣清淨不清淨不
行眼識過去未來現在著无著所緣清淨不
清淨不行耳鼻舌身意識過去未來現在著
无著所緣清淨不清淨何以故善勇猛是諸
菩薩修行般若波羅蜜多都不見行及不行
法善勇猛是諸菩薩都无所行善能悟入
遍知諸行修行般若波羅蜜多善勇猛若諸
菩薩能如是行速能圓滿一切智法

大般若波羅蜜多經卷第五百九十九

BD04790號　大般若波羅蜜多經卷五九九　（23–23）

世尊所食之餘當於娑婆世界施作
此樂小法者得弘大道亦使如來名聲普聞
化菩薩即於會前昇于上方舉衆皆見其去到
衆香界礼彼佛足又聞其言維摩詰稽首世
尊足下致敬无量問訊起居少病少惱氣力
安不願得世尊所食之餘欲於娑婆世界施作
佛事使此樂小法者得弘大道亦使如來名聲
普聞彼諸大士見化菩薩歎未曾有今此上
人從何所來娑婆世界為在何許云何名為樂小
法者即以問佛佛告之曰下方度如卌二恒河沙
佛土有世界名娑婆佛号釋迦牟尼今現在於五
濁世為樂小法衆生敷演道教彼有菩薩名維
摩詰住不可思議解脫為諸菩薩說法故遣化
來稱揚我名并讚此土令彼菩薩增益功德彼
菩薩言其人何如乃作是化德力无畏神足若
斯佛言甚大一切十方皆遣化往施作佛事饒
益衆生於是香積如來以衆香鉢盛滿香飯
與化菩薩時彼九百万菩薩俱發聲言我欲詣
娑婆世界供養釋迦牟尼佛并欲見維摩詰等
諸菩薩衆佛言可往攝汝身香无令彼諸衆
生起惑著心又當捨汝本形勿使彼國求菩薩者

BD04791號　維摩詰所說經卷下　（5–1）

来稱揚我名并讚此土令彼菩薩增益功徳
菩薩言其人何如乃作是化德力无畏神足若
斯佛言甚大一切十方皆遣化往施作佛事饒
益衆生於是香積如来以衆香鉢盛滿香飯
與化菩薩時彼九百万菩薩俱發聲言我欲詣
娑婆世界供養釋迦牟尼佛并欲見維摩詰等
諸菩薩衆佛言可往攝汝身香无令彼諸衆
生起惑著心又當捨汝本形勿使彼國求菩薩者
而自鄙恥又汝於彼莫懷輕賤而作閡想所以者何
十方國土皆如虛空又諸佛爲欲化諸樂小法者
不盡現其清淨土耳時化菩薩既受鉢飯與彼
九百万菩薩俱承佛威神及維摩詰力於彼
世界忽然不現須臾之間至維摩詰舍維摩
詰舍維摩詰即化作九百万師子之座嚴好如
前諸菩薩皆坐其上化菩薩以滿鉢香飯與維
摩詰飯香普熏毗耶離城及三千大千世界時
毗耶離婆羅門居士等聞是香氣身意快
然歎未曾有於是長者子月蓋從八万四千
人来入維摩詰舍見其室中菩薩甚多諸師
子座高廣嚴好皆大歡喜礼衆菩薩及大弟子
却住一面諸地神虛空神及欲色界諸天聞此香
氣亦皆来入維摩詰舍時維摩詰語舍利弗
等諸大聲聞仁者可食如来甘露味飯大
悲所熏无以限意食之使不消也有異聲聞
念是飯少而此大衆人人當食化菩薩曰勿以聲
聞小德小智稱量如来无量福慧四海有竭此飯
无盡使一切人食揣若須弥乃至一劫猶不能盡

BD04791 號　維摩詰所說經卷下 （5–2）

子座高廣嚴好皆大歡喜礼衆菩薩及大弟子
却住一面諸地神虛空神及欲色界諸天聞此香
氣亦皆来入維摩詰舍時維摩詰語舍利弗
等諸大聲聞仁者可食如来甘露味飯大
悲所熏无以限意食之使不消也有異聲聞
念是飯少而此大衆人人當食化菩薩曰勿以聲
聞小德小智稱量如来无量福慧四海有竭此飯
无盡使一切人食揣若須弥乃至一劫猶不能盡
所以者何无盡戒定智慧解脫解脫知見功德具足
者所食之餘終不可盡於是鉢飯悉飽衆會
猶故不賜其諸菩薩聲聞天人食此飯者身
安快樂譬如一切樂莊嚴國諸菩薩也又諸毛
孔皆出妙香亦如衆香國土諸樹之香尒時維
摩詰問衆香菩薩香積如来以何說法彼菩薩
曰我土如来无文字說但以衆香令諸天人得入律
行菩薩各各坐香樹下聞斯妙香即獲一切
德藏三昧得是三昧者菩薩所有功德皆悉具
足彼諸菩薩問維摩詰今世尊釋迦牟尼以何
說法維摩詰言此土衆生剛強難化故佛爲
說剛強之語以調伏之言是地獄是畜生是餓鬼
是諸難處是愚人生處是身耶行是身耶
行報是口耶行是口耶行報是意耶行是意耶
行報是殺生是殺生報是不與取是不與取報
是耶婬是耶婬報是妄語是妄語報是兩舌
是兩舌報是惡口是惡口報是无義語是无義
語報是貪嫉是貪嫉報是瞋惱是瞋惱報是
耶見是耶見報是慳悋是慳悋報是毀戒是
毀戒報是瞋恚是瞋恚報是懈怠是懈怠報

BD04791 號　維摩詰所說經卷下 （5–3）

是耶婬是耶婬報是妄語是妄語報是兩舌
是兩舌報是惡口是惡口報是无義語是无義
語報是貪嫉是貪嫉報是瞋惱是瞋惱報是
耶見是耶見報是慳悋是慳悋報是毀戒是
毀戒報是瞋恚是瞋恚報是懈怠是懈怠報
是亂意是亂意報是愚癡是愚癡報是結
戒是持戒是犯戒是應作是不應作是鄣閡
是不鄣閡是得罪是離罪是淨是垢是有漏
是无漏是耶道是正道是有為是无為是世
間是涅槃以難化之人心如猨猴故以若干種法
制御其心乃可調伏譬如象馬憴㥷不調加諸楚
毒乃至徹骨然後調伏如是剛強難化眾生故
以一切苦切之言乃可入律彼諸菩薩聞說是已皆
曰未曾有也如世尊釋迦牟尼佛隱其无量
自在之力乃以貧所樂法度脫眾生斯諸菩薩
亦能勞謙以无量大悲生是佛土維摩詰言
此土菩薩於諸眾生大悲堅固誠如所言然其
一世饒益眾生多於彼國百千劫行所以者何
此娑婆世界有十事善法諸餘淨土之所无有
何等為十以布施攝貧窮以淨戒攝毀禁以忍
辱攝瞋恚以精進攝懈怠以禪定攝乱意
以智慧攝愚癡說除難法度八難者以大乘法
度樂小乘者以諸善根濟无德者常以四攝成
就眾生是為十彼菩薩曰菩薩成就幾法於此世
界行无瘡疣生于淨土維摩詰言菩薩成就
八法於此世界行无瘡疣生于淨土何等為八
饒益眾生而不望報代一切眾生受諸苦惱所作

以一切苦切之言乃可入律彼諸菩薩聞說是已皆
曰未曾有也如世尊釋迦牟尼佛隱其无量
自在之力乃以貧所樂法度脫眾生斯諸菩薩
亦能勞謙以无量大悲生是佛土維摩詰言
此土菩薩於諸眾生大悲堅固誠如所言然其
一世饒益眾生多於彼國百千劫行所以者何
此娑婆世界有十事善法諸餘淨土之所无有
何等為十以布施攝貧窮以淨戒攝毀禁以忍
辱攝瞋恚以精進攝懈怠以禪定攝乱意
以智慧攝愚癡說除難法度八難者以大乘法
度樂小乘者以諸善根濟无德者常以四攝成
就眾生是為十彼菩薩曰菩薩成就幾法於此世
界行无瘡疣生于淨土維摩詰言菩薩成就
八法於此世界行无瘡疣生于淨土何等為八
饒益眾生而不望報代一切眾生受諸苦惱所作
功德盡以施之等心眾生謙下无閡於諸菩薩
視之如佛所未聞經聞之不疑不與聲聞而相違
背不嫉彼供不高己利而於其中調伏其心常
省己過不訟彼短恒以一心求諸功德是為八維
摩詰文殊師利於大眾中說是法時百千天
人皆發阿耨多羅三藐三菩提心十千菩薩

……出彼於世
尒時菩提樹神白佛言世尊是十千天子從
三十三天為聽法故來詣佛所云何如來便
與授記當得成佛世尊我未曾聞是諸天子
具足修習六波羅蜜多難行苦行捨於手足
頭目髓腦眷屬妻子象馬車乘奴婢僕使宮殿
園林金銀琉璃硨磲碼碯珊瑚虎魄璧玉珂
貝飲食衣服卧具醫藥如餘无量百千菩
薩以諸供具供養過去无數百千万億那庾
多佛如是菩薩各經无量无邊劫數然後方得
受菩提記世尊是諸天子以何因緣修何
勝行種何善根從彼天來蹔時聞法便得授
記唯願世尊為我解說斷除疑網佛告地神
善女天如汝所說皆從勝妙善根因緣勤苦
修已方得授記此諸天子於妙天宮捨五欲
樂故來聽是金光明經既聞法已於是經中
心生慇重如淨瑠璃无諸瑕穢復得聞此三
大菩薩授記之事亦由過去久修正行誓願
因緣是故我今皆與授記於未來世當成阿
耨多羅三藐三菩提時彼樹神聞佛說已歡
喜信受

BD04792 號　金光明最勝王經卷九　（8–1）

樂故來聽是金光明經既聞法已於是經中
心生慇重如淨瑠璃无諸瑕穢復得聞此三
大菩薩授記之事亦由過去久修正行誓願
因緣是故我今皆與授記於未來世當成阿
耨多羅三藐三菩提時彼樹神聞佛說已歡
喜信受
金光明最勝王經除病品第廿四
佛告菩提樹神善女天諦聽諦聽善思念之
是十千天子本願因緣今為汝說善女天過
去无量不可思議阿僧企耶劫尒時有佛出
現於世名曰寶髻如來應正遍知明行足善
逝世間解无上士調御丈夫天人師佛世尊
善女天時彼世尊般涅槃後正法滅已於像
法中有王名曰天自在光常以正法化於人民
猶如父母是王國中有一長者名曰持水善解
醫明妙通八術眾生病苦四大不調咸能救
療善女天尒時持水長者唯有一子名
曰流水顏容端正人所樂觀受性聰敏妙閑
諸論書畫算印无不通達時王國內有无量
百千諸眾生類皆遇疫疾眾苦所逼乃至无有
歡樂之心善女天尒時長者子流水見是无
量百千眾生受諸病苦起大悲心作如是
念无量眾生為諸極苦之所逼迫我父長者
雖善醫方妙通八術能療眾病四大增損然
已衰邁老耄虛羸要假杖策方能進步不復
能往城邑聚落救諸病苦今有无量百千眾

BD04792 號　金光明最勝王經卷九　（8–2）

歡樂之心。善女天，尒時長者子流水見是无
量百千衆生受諸病苦，起大悲心，作如是
念：无量衆生為諸極苦之所逼迫，我父長者
雖善醫方，妙通八術，能療衆病四大增損，然
已衰邁，老耄虛羸，要假扶策方能進步，不復
能往城邑聚落救諸病苦。今有无量百千衆
生皆遇重病，无能救者。我今當至大醫父所
諮問治病醫方秘法。若得解已，當往城邑聚
落之所，救諸衆生種種病疾，令於長夜得受
安樂。時長者子作是念已，即詣父所，稽首禮足，合
掌恭敬，却住一面，即以伽他請其父曰：
慈父當哀愍　我欲救衆生　今請諸醫方　幸願為我說
云何身衰壞　諸大有增損　復在何時中　能生諸疾病
云何噉飲食　得受於安樂　能使內身中　火熱不衰損
衆生有四病　風黃熱痰癊　及以總集病　云何而療治
何時風病起　何時熱病發　何時動痰癊　何時總集生
時彼長者聞子請已，復以伽他而答之曰：
我今依古仙　所有療病法　次第為汝說　善聽救衆生
三月是春時　三月名夏時　三月名秋分　三月名冬時
此據一年中　三三而別說　二二為一節　便成歲六時
初二是花時　三四名熱際　五六名雨際　七八謂秋時
九十是寒時　後二名氷雪　既知如是別　授藥勿令差
當隨此時中　調息於飲食　入腹令消散　衆病則不生
節氣若變改　四大有推移　此時无藥資　必生於病苦
醫人解四時　復知其六節　明閑身七分　食藥使无差
謂味界血肉　膏骨及髓腦　病入此中時　知其可療不
病有四種別　謂風熱痰癊　及以總集病　應知發動時

BD04792號　金光明最勝王經卷九　（8–3）

九十是寒時　後二名氷雪　既知如是別　授藥勿令差
當隨此時中　調息於飲食　入腹令消散　衆病則不生
節氣若變改　四大有推移　此時无藥資　必生於病苦
醫人解四時　復知其六節　明閑身七分　食藥使无差
謂味界血肉　膏骨及髓腦　病入此中時　知其可療不
病有四種別　謂風熱痰癊　及以總集病　應知發動時
春中痰癊動　夏內風病生　秋時黃熱增　冬節三俱起
春食澀熱辛　夏膩熱鹹醋　秋時冷甜膩　冬酸澀膩甜
於此四時中　服藥及飲食　若依如是味　衆病无由生
食後病由癊　食消時由熱　消後起由風　准時須識病
既識病源已　隨病而設藥　假令患狀殊　先須療其本
風病服油膩　患熱利為良　癊病應變吐　總集須三藥
風熱癊俱有　是名為總集　雖知病起時　應觀其本性
如是觀知已　順時而授藥　飲食藥无差　斯名善醫者
復應知八術　總攝諸醫方　於此若明閑　可療衆生病
謂針刺傷破　身疾并鬼神　惡毒及孩童　延年增氣力
先觀彼形色　語言及性行　然後問其夢　知風熱癊殊
乾瘦少頭髮　其心无定住　多語夢飛行　斯人是風性
少年生白髮　多汗及多瞋　聰明夢見火　斯人是熱性
心定身平整　慮審頭津膩　夢見水白物　是癊性應知
總集性俱有　或二或具三　隨有一偏增　應知是其性
既知本性已　准病而授藥　驗其无死相　方名可救人
諸根倒取境　尊醫人起慢　親友生瞋恚　是死相應知
左眼白色變　舌黑鼻梁攲　耳輪與舊殊　下脣垂向下
訶梨勒一種　具足有六味　能除一切病　无忌藥中王
又三果三辛　諸藥中易得　沙糖蜜蘇乳　此能療衆病
自餘諸藥物　隨病可增加　先起慈愍心　莫規於財利

BD04792號　金光明最勝王經卷九　（8–4）

既知本性已　准病而授藥　驗其无死相　方名可救人
諸根倒取境　尊醫人起慢　親友生瞋恚　是死相應知
左眼白色變　舌黑鼻梁皺　耳輪與舊殊　下脣垂向下
訶梨勒一種　具足有六味　能除一切病　无忌藥中王
又三果三辛　諸藥中易得　沙糖蜜蘇乳　此能療衆病
自餘諸藥物　隨病可增加　先起慈愍心　莫規於財利
我已為汝說　療疾中要事　以此救衆生　當獲无邊果
善女天尒時長者子流水親問其父八術之
要四大增損時節不同餌藥方法既善了知
自忖堪能救療衆病即便遍至城邑聚落所
在之處隨有百千万億病苦衆生皆至其所
善言慰喻作如是語我是醫人我是醫人善
知方藥令為汝等療治衆病悉令除愈善女
天尒時衆人聞長者子善言慰喻許為治病
時有无量百千衆生遇極重病聞是語已身
心踊躍得未曾有以此因緣所有病苦悉得
蠲除氣力充實平復如本善女天尒時復有
无量百千衆生病苦深重難療治者即共往
詣長者子所重請醫療時長者子即以妙藥
令服皆蒙除差善女天是長者子於此國內
百千万億衆生病苦悉得除差
金光明最勝王經長者子流水品第廿五
尒時佛告菩提樹神善女天尒時長者子流
水於往昔時在天自在光王國內療諸衆生所
有病苦令得平復受安隱樂時諸衆生以病
除故多修福業廣行惠施以自歡娛即共往

BD04792號　金光明最勝王經卷九　（8–5）

百千万億衆生病苦悉得除差
金光明最勝王經長者子流水品第廿五
尒時佛告菩提樹神善女天尒時長者子流
水於往昔時在天自在光王國內療諸衆生所
有病苦令得平復受安隱樂時諸衆生以病
除故多修福業廣行惠施以自歡娛即共往
詣長者子所咸生尊敬作如是言善哉善哉
大長者子善能滋長福德之事增益我等
安隱壽命仁今實是大力醫王慈悲菩薩妙
閑醫藥善療衆生无量病苦如是稱歎周遍
城邑善女天時長者子妻名水肩藏有其二
子一名水滿二名水藏是時流水將其二子漸
次遊行城邑聚落過空澤中深險之處見
諸禽獸豺狼狐玃鵰鷲之屬食血肉者皆悉
奔飛一向而去時長者子作如是念此諸禽獸
何因緣故一向飛走我當隨後暫往觀之即
便隨去見有大池名曰野生其水將盡於
此池中多有衆魚流水見已生大悲心時有
樹神示現半身作如是語善哉善哉善男
子汝有實義名流水者可愍此魚應與其水
二因緣名為流水一能流水二能與水汝今應
當隨名而作是時流水問樹神言此魚頭數
為有幾何樹神答曰數滿十千善女天時
長者子聞是數已倍益悲心時此大池為日
所暴餘水无幾是十千魚將入死門旋身婉
轉見是長者心有所希隨逐瞻視目未曾捨

BD04792號　金光明最勝王經卷九　（8–6）

當隨名而住是時流水問樹神言此魚頭數
為有幾何樹神答曰數滿十千善女天 時
長者子聞是數已倍益悲心時此大池為日
所暴餘水无幾是十千魚將入死門旋身婉
轉見是長者心有所希隨逐瞻視目未曾捨
時長者子見是事已馳趣四方欲覓於水竟
不能得復望一邊見有大樹即便昇上折取
枝葉為作蔭涼復更推求是池中水從何處
來尋覓不已見一大河名曰水生時此河邊
有諸漁人為取魚故於河上流懸險之處決
棄其水不令下過於所決處卒難修補 便
作是念此崖深峻設百千人時經三月亦未
能斷況我一身而堪濟辦時長者子速還
本城至大王所頭面禮足却住一面合掌恭敬
作如是言我為大王國土人民治種種病悉
令安隱漸次遊行至其空澤見有一池名曰
野生其水欲涸有十千魚為日所暴將死不久
唯願大王慈悲愍念與二十大象暫往負水
濟彼魚命如我與諸病人壽命尒時大 王
即勑大臣速疾與此醫王大象時彼大臣奉
王勑已白長者子善哉大士仁今自可至象
廐中隨意選取二十大象利益衆生令得安
樂是時流水及其二子將二十大象又從酒家
多借皮囊往決水處以囊盛水象負至池
寫置池中水即弥滿還復如故善女天時長
者子於池四邊周旋而視時彼衆魚亦復隨

BD04792號　金光明最勝王經卷九

（8-7）

王勑已白長者子善哉大士仁今自可至象
廐中隨意選取二十大象利益衆生令得安
樂是時流水及其二子將二十大象又從酒家
多借皮囊往決水處以囊盛水象負至池
寫置池中水即弥滿還復如故善女天時長
者子於池四邊周旋而視時彼衆魚亦復隨
逐循岸而行時長者子復作是念衆魚何故
隨我而行必為飢火之所惱逼復欲從我 求
索於食我今當與尒時長者子告其子
言汝取一象最大力者速至家中啓父長者
家中所有可食之物乃至父母食噉之分 及
以妻子奴婢之分悉皆收取即可持來尒時
二子受父教已乘最大象速往家中至祖父
所說如上事收取家中可食之物置於象上
疾還父所至彼池邊是時流水見其子來身
心喜躍遂取餅食遍散池中魚得食已悉皆
飽足便作是念我今施食令魚得命願於來
世當施法食充濟无邊復更思惟我先曾於
空閑林處見一苾芻讀大乘經說十二緣生
甚深法要又經中說若有衆生臨命終時得
聞寶髻如來名者即生天上我今當為是十
千魚演說甚深十二緣起亦當稱說寶髻佛

BD04792號　金光明最勝王經卷九

（8-8）

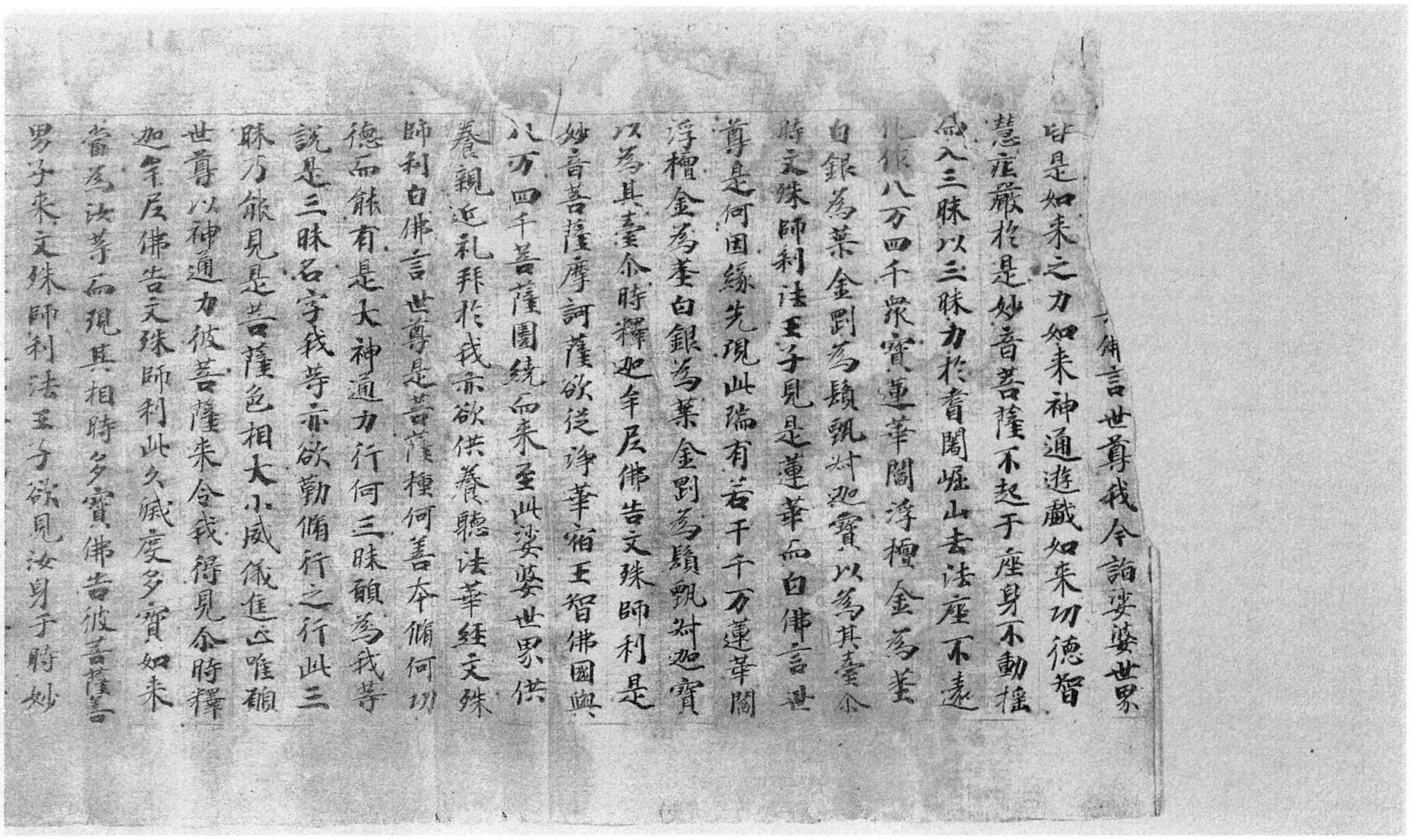

佛言世尊我今詣娑婆世界
皆是如來之力如來神通遊戲如來功德智
慧莊嚴於是妙音菩薩不起于座身不動搖
而入三昧以三昧力於耆闍崛山去法座不遠
化作八万四千衆寶蓮華閻浮檀金為莖
白銀為葉金剛為鬚甄叔迦寶以為其臺尒
時文殊師利法王子見是蓮華而白佛言世
尊是何因緣先現此瑞有若干千万蓮華閻
浮檀金為莖白銀為葉金剛為鬚甄叔迦寶
以為其臺尒時釋迦牟尼佛告文殊師利是
妙音菩薩摩訶薩欲從淨華宿王智佛國與
八万四千菩薩圍繞而來至此娑婆世界供
養親近礼拜於我亦欲供養聽法華經文殊
師利白佛言世尊是菩薩種何善本脩何功
德而能有是大神通力行何三昧願為我等
說是三昧名字我等亦欲勤脩行之行此三
昧乃能見是菩薩色相大小威儀進止唯願
世尊以神通力彼菩薩來令我得見尒時釋
迦牟尼佛告文殊師利此久滅度多寶如來
當為汝等而現其相時多寶佛告彼菩薩善
男子來文殊師利法王子欲見汝身于時妙

BD04793 號　妙法蓮華經卷七　　（25–1）

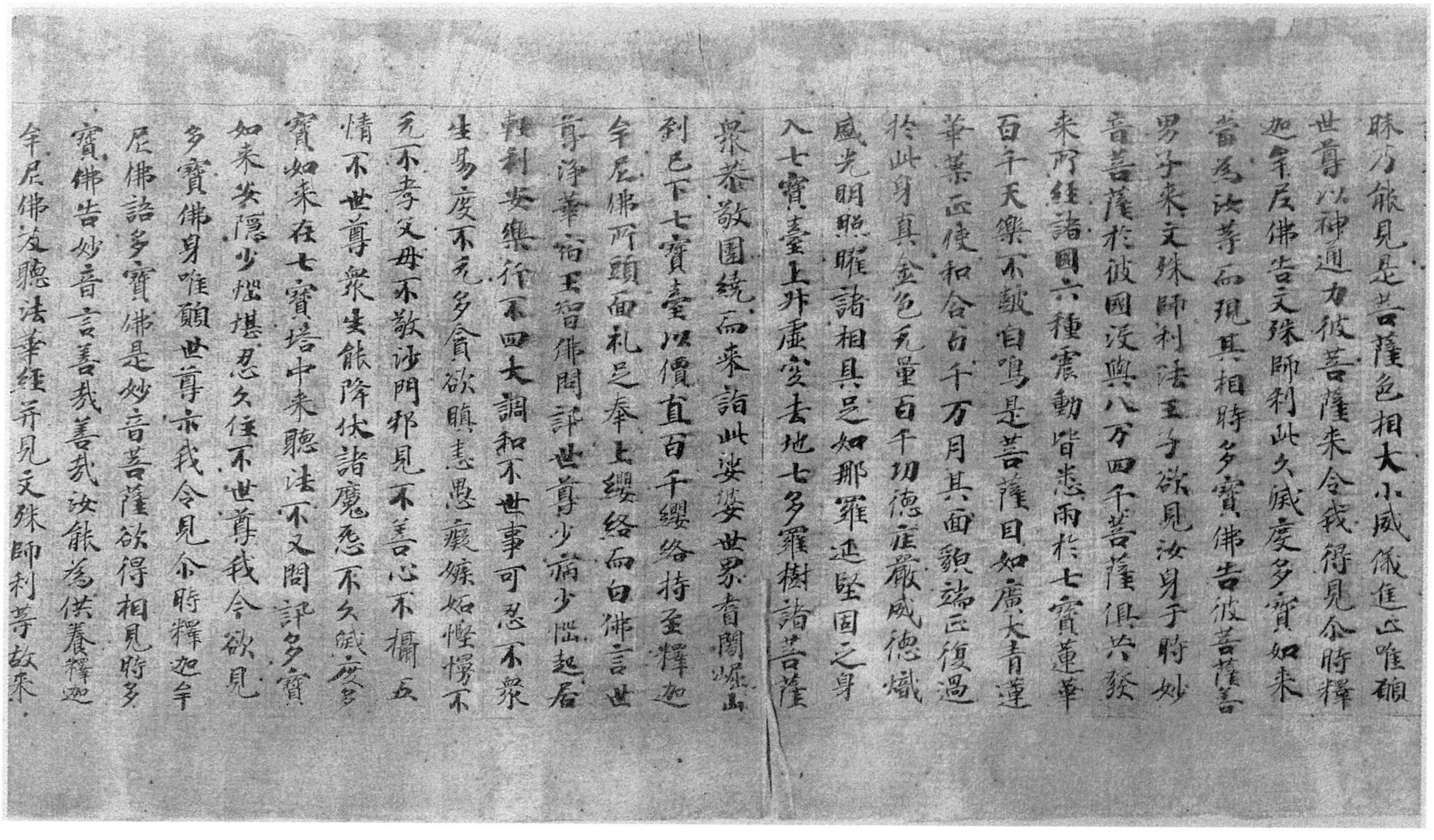

昧乃能見是菩薩色相大小威儀進止唯願
世尊以神通力彼菩薩來令我得見尒時釋
迦牟尼佛告文殊師利此久滅度多寶如來
當為汝等而現其相時多寶佛告彼菩薩善
男子來文殊師利法王子欲見汝身于時妙
音菩薩於彼國沒與八万四千菩薩俱共發
來所經諸國六種震動皆悉雨於七寶蓮華
百千天樂不鼓自鳴是菩薩目如廣大青蓮
華葉正使和合百千万月其面貌端正復過
於此身真金色无量百千功德莊嚴威德熾
盛光明照曜諸相具足如那羅延堅固之身
入七寶臺上昇虛空去地七多羅樹諸菩薩
衆恭敬圍繞而來詣此娑婆世界耆闍崛山
到已下七寶臺以價直百千瓔珞持至釋迦
牟尼佛所頭面礼足奉上瓔珞而白佛言世
尊淨華宿王智佛問訊世尊少病少惱起居
輕利安樂行不四大調和不世事可忍不衆
生易度不无多貪欲瞋恚愚癡嫉妬慳慢不
无不孝父母不敬沙門邪見不善心不攝五
情不世尊衆生能降伏諸魔怨不久滅度多
寶如來在七寶塔中來聽法不又問訊多寶
如來安隱少惱堪忍久住不世尊我今欲見
多寶佛身唯願世尊示我令見尒時釋迦牟
尼佛語多寶佛是妙音菩薩欲得相見時多
寶佛告妙音言善哉善哉汝能為供養釋迦
牟尼佛及聽法華經并見文殊師利等故來

BD04793 號　妙法蓮華經卷七　　（25–2）

寶如來在七寶塔中來聽法不又問訊多寶
如來安隱少惱堪忍久住不世尊我今欲見
多寶佛身唯願世尊示我令見尒時釋迦牟
尼佛語多寶佛是妙音菩薩欲得相見時多
寶佛告妙音言善哉善哉汝能為供養釋迦
牟尼佛及聽法華經并見文殊師利等故來
至此尒時華德菩薩白佛言世尊是妙音菩
薩種何善根脩何功德有是神力佛告華德
菩薩過去有佛名雲雷音王多陀阿伽度阿
羅呵三藐三佛陀國名現一切世間劫名憙見
妙音菩薩於万二千歲以十万種伎樂供
養雲雷音王佛并奉上八万四千七寶鉢以
是因緣果報今生淨華宿王智佛國有是神
力華德於汝意云何尒時雲雷音王佛所妙
音菩薩伎樂供養奉上寶器者豈異人乎今
此妙音菩薩摩訶薩是華德是妙音菩薩已
曾供養親近无量諸佛久植德本又值恒河
沙等百千万億那由他佛華德汝但見妙音
菩薩其身在此而是菩薩現種種身處處為
諸衆生說是經典或現梵王身或現帝釋身或
現自在天身或現大自在天身或現天大將軍
身或現毗沙門天王身或現轉輪聖王身或
現諸小王身或現長者身或現居士身或現
宰官身或現婆羅門身或現比丘比丘尼優
婆塞優婆夷身或現長者居士婦女身或現
宰官婦女身或現婆羅門婦女身或現童男
童女身或現天龍夜叉乾闥婆阿脩羅迦樓

BD04793號　妙法蓮華經卷七　　（25–3）

身或現毗沙門天王身或現轉輪聖王身或
現諸小王身或現長者身或現居士身或現
宰官身或現婆羅門身或現比丘比丘尼優
婆塞優婆夷身或現長者居士婦女身或現
宰官婦女身或現婆羅門婦女身或現童男
童女身或現天龍夜叉乾闥婆阿脩羅迦樓
羅緊那羅摩睺羅伽人非人等身而說是經
諸有地獄餓鬼畜生及衆難處皆能救濟乃
至於王後宮變為女身而說是經華德是妙
音菩薩能救護娑婆世界諸衆生者是妙音
菩薩如是種種變化現身在此娑婆國土為
諸衆生說是經典於神通變化智慧无所損
減是菩薩以若干智慧明照娑婆世界令一
切衆生各得所知於十方恒河沙世界中亦
復如是若應以聲聞形得度者現聲聞形而
為說法應以辟支佛形得度者現辟支佛形
而為說法應以菩薩形得度者現菩薩形而
為說法應以佛形得度者即現佛形而為說
法如是種種隨所應度而為現形乃至應以
滅度而得度者示現滅度華德妙音菩薩摩
訶薩成就大神通智慧之力其事如是尒時
華德菩薩白佛言世尊是妙音菩薩深種善
根世尊是菩薩住何三昧而能如是在所變
現度脫衆生佛告華德菩薩善男子其三昧
名現一切色身妙音菩薩住是三昧中能如
是饒益无量衆生說是妙音菩薩品時與妙
音菩薩俱來者八万四千人皆得現一切色

BD04793號　妙法蓮華經卷七　　（25–4）

根世尊是菩薩住何三昧而能如是在所變
現度脫衆生佛告華德菩薩善男子其三昧
名現一切色身妙音菩薩住是三昧中能如
是饒益无量衆生說是妙音菩薩品時與妙
音菩薩俱來者八万四千人皆得現一切色
身三昧此娑婆世界无量菩薩亦得是三昧
及陁羅尼尒時妙音菩薩摩訶薩供養釋迦
牟尼佛及多寶佛塔已還歸本土所經諸國
六種震動雨寶蓮華作百千万億種種伎樂
既到本國與八万四千菩薩圍繞淨華宿王
智佛所白佛言世尊我到娑婆世界饒益衆
生見釋迦牟尼佛及見多寶佛塔礼拜供養
又見文殊師利法王子菩薩及見藥王菩薩
得勤精進力菩薩勇施菩薩等亦令八万四
千菩薩得現一切色身三昧說是妙音菩薩来
往品時四万二千天子得无生法忍華德菩
薩得法華三昧
妙法蓮華經觀世音菩薩普門品第二十五
尒時无盡意菩薩即從座起偏袒右肩合掌
向佛而作是言世尊觀世音菩薩以何因緣
名觀世音佛告无盡意菩薩善男子若有
无量百千万億衆生受諸苦惱聞是觀世音菩
薩一心稱名觀世音菩薩即時觀其音聲皆
得解脫若有持是觀世音菩薩名者設入大
火火不能燒由是菩薩威神力故若為大水
所漂稱其名号即得淺處若有百千万億衆

BD04793號　妙法蓮華經卷七　（25–5）

无量百千万億衆生受諸苦惱聞是觀世音菩
薩一心稱名觀世音菩薩即時觀其音聲皆
得解脫若有持是觀世音菩薩名者設入大
火火不能燒由是菩薩威神力故若為大水
所漂稱其名号即得淺處若有百千万億衆
生為求金銀琉璃車𤦲馬瑙珊瑚虎珀真珠
等寶入於大海假使黑風吹其舩舫漂墮羅
剎鬼國其中若有乃至一人稱觀世音菩薩
名者是諸人等皆得解脫羅剎之難以是因
緣名觀世音若復有人臨當被害稱觀世音
菩薩名者彼所執刀杖尋段段壞而得解脫
若三千大千國土滿中夜叉羅剎欲來惱人
聞其稱觀世音菩薩名者是諸惡鬼尚不能
以惡眼視之況復加害設復有人若有罪若
无罪杻械枷鎖檢繫其身稱觀世音菩薩名
者皆悉斷壞即得解脫若三千大千國土滿
中怨賊有一商主將諸商人齎持重寶經過
險路其中一人作是唱言諸善男子勿得恐
怖汝等應當一心稱觀世音菩薩名号是菩
薩能以无畏施於衆生汝等若稱名者於此
怨賊當得解脫衆商人聞俱發聲言南无觀
世音菩薩稱其名故即得解脫无盡意觀世
音菩薩摩訶薩威神之力巍巍如是若有衆
生多於婬欲常念恭敬觀世音菩薩便得離
欲若多瞋恚常念恭敬觀世音菩薩便得離
瞋若多愚癡常念恭敬觀世音菩薩便得離癡

BD04793號　妙法蓮華經卷七　（25–6）

薩能以无畏施於衆生汝等若稱名者於此
怨賊當得解脫衆商人聞俱發聲言南无觀
世音菩薩稱其名故即得解脫无盡意觀世
音菩薩摩訶薩威神之力巍巍如是若有衆
生多於婬欲常念恭敬觀世音菩薩便得離
欲若多瞋恚常念恭敬觀世音菩薩便得離
瞋若多愚癡常念恭敬觀世音菩薩便得離
癡无盡意觀世音菩薩有如是等大威神力
多所饒益是故衆生常應心念若有女人設
欲求男礼拜供養觀世音菩薩便生福德智
慧之男設欲求女便生端正有相之女宿植
德本衆人愛敬无盡意觀世音菩薩有如
是力若有衆生恭敬礼拜觀世音菩薩福不唐
捐是故衆生皆應受持觀世音菩薩名号无
盡意若有人受持六十二億恒河沙菩薩名
字復盡形供養飲食衣服臥具醫藥於汝意
云何是善男子善女人功德多不无盡意言
甚多世尊佛言若復有人受持觀世音菩薩
名号乃至一時礼拜供養是二人福正等无異
於百千万億劫不可窮盡无盡意受持觀
世音菩薩名号得如是无量无邊福德之利
无盡意菩薩白佛言世尊觀世音菩薩云何遊
此娑婆世界云何而爲衆生說法方便之力
其事云何佛告无盡意菩薩善男子若有
國土衆生應以佛身得度者觀世音菩薩即
現佛身而爲說法應以辟支佛身得度者即

世音菩薩名号得如是无量无邊福德之利
无盡意菩薩白佛言世尊觀世音菩薩云何遊
此娑婆世界云何而爲衆生說法方便之力
其事云何佛告无盡意菩薩善男子若有
國土衆生應以佛身得度者觀世音菩薩即
現佛身而爲說法應以辟支佛身得度者即
現辟支佛身而爲說法應以聲聞身得度者
即現聲聞身而爲說法應以梵王身得度者
即現梵王身而爲說法應以帝釋身得度者
即現帝釋身而爲說法應以自在天身得度
者即現自在天身而爲說法應以大自在天
身得度者即現大自在天身而爲說法應以
天大將軍身得度者即現天大將軍身而爲
說法應以毗沙門身得度者即現毗沙門身
而爲說法應以小王身得度者即現小王身
而爲說法應以長者身得度者即現長者身
而爲說法應以居士身得度者即現居士身
而爲說法應以宰官身得度者即現宰官身
而爲說法應以婆羅門身得度者即現婆羅
門身而爲說法應以比丘比丘尼優婆塞優
婆夷身得度者即現比丘比丘尼優婆塞優
婆夷身而爲說法應以長者居士宰官婆羅
門婦女身得度者即現婦女身而爲說法應
以童男童女身得度者即現童男童女身而
爲說法應以天龍夜叉乾闥婆阿脩羅迦樓
羅緊那羅摩睺羅伽人非人等身得度者即

婆羅門身而為說法應以長者居士宰官婆羅
門婦女身得度者即現婦女身而為說法應
以童男童女身得度者即現童男童女身而
為說法應以天龍夜叉乾闥婆阿脩羅迦樓
羅緊那羅摩睺羅伽人非人等身得度者即
皆現之而為說法應以執金剛神得度者即
現執金剛神而為說法无盡意是觀世音菩
薩成就如是功德以種種形遊諸國土度脫衆
生是故汝等應當一心供養觀世音菩薩是
觀世音菩薩摩訶薩於怖畏急難之中能施
无畏是故此娑婆世界皆號之為施无畏者
无盡意菩薩白佛言世尊我今當供養觀世
音菩薩即解頸衆寶珠瓔珞價直百千兩金
而以與之作是言仁者受此法施珎寶瓔珞
時觀世音菩薩不肯受之无盡意復白觀世
音菩薩言仁者愍我等故受此瓔珞尒時佛
告觀世音菩薩當愍此无盡意菩薩及四衆天
龍夜叉乾闥婆阿脩羅迦樓羅緊那羅摩睺
羅伽人非人等故受是瓔珞即時觀世音菩
薩愍諸四衆及於天龍人非人等受其瓔
珞分作二分一分奉釋迦牟尼佛一分奉多
寶佛塔无盡意觀世音菩薩有如是自在神
力遊於娑婆世界尒時无盡意菩薩以偈問曰
世尊妙相具　我今重問彼　佛子何因緣　名為觀世音
具足妙相尊　偈荅无盡意　汝聽觀音行　善應諸方所
弘誓深如海　歷劫不思議　侍多千億佛　發大清淨願

BD04793 號　妙法蓮華經卷七　（25–9）

珞分作二分一分奉釋迦牟尼佛一分奉多
寶佛塔无盡意觀世音菩薩有如是自在神
力遊於娑婆世界尒時无盡意菩薩以偈問曰
世尊妙相具　我今重問彼　佛子何因緣　名為觀世音
具足妙相尊　偈荅无盡意　汝聽觀音行　善應諸方所
弘誓深如海　歷劫不思議　侍多千億佛　發大清淨願
我為汝略說　聞名及見身　心念不空過　能滅諸有苦
假使興害意　推落大火坑　念彼觀音力　火坑變成池
或漂流巨海　龍魚諸鬼難　念彼觀音力　波浪不能沒
或在須弥峯　為人所推墮　念彼觀音力　如日虛空住
或被惡人逐　墮落金剛山　念彼觀音力　不能損一毛
或值怨賊繞　各執刀加害　念彼觀音力　咸即起慈心
或遭王難苦　臨刑欲壽終　念彼觀音力　刀尋段段壞
或囚禁枷鎖　手足被杻械　念彼觀音力　釋然得解脫
呪詛諸毒藥　所欲害身者　念彼觀音力　還著於本人
或遇惡羅剎　毒龍諸鬼等　念彼觀音力　時悉不敢害
若惡獸圍遶　利牙爪可怖　念彼觀音力　疾走无邊方
蚖蛇及蝮蝎　氣毒煙火然　念彼觀音力　尋聲自迴去
雲雷鼓掣電　降雹澍大雨　念彼觀音力　應時得消散
衆生被困厄　无量苦逼身　觀音妙智力　能救世間苦
具足神通力　廣脩智方便　十方諸國土　无剎不現身
種種諸惡趣　地獄鬼畜生　生老病死苦　以漸悉令滅
真觀清淨觀　廣大智慧觀　悲觀及慈觀　常願常瞻仰
无垢清淨光　慧日破諸闇　能伏災風火　普明照世間
悲體戒雷震　慈意妙大雲　澍甘露法雨　滅除煩惱焰
諍訟經官處　怖畏軍陣中　念彼觀音力　衆怨悉退散
妙音觀世音　梵音海潮音

BD04793 號　妙法蓮華經卷七　（25–10）

種種諸惡趣　地獄鬼畜生　生老病死苦　以漸悉令滅
真觀清淨觀　廣大智慧觀　悲觀及慈觀　常願常瞻仰
无垢清淨光　慧日破諸闇　能伏災風火　普明照世間
悲體戒雷震　慈意妙大雲　澍甘露法雨　滅除煩惱焰
諍訟經官處　怖畏軍陣中　念彼觀音力　衆怨悉退散
妙音觀世音　梵音海潮音　勝彼世間音　是故須常念
念念勿生疑　觀世音淨聖　於苦惱死厄　能為作依怙
具一切功德　慈眼視衆生　福聚海无量　是故應頂禮
尒時持地菩薩即從坐起前白佛言世尊若
有衆生聞是觀世音菩薩品自在之業普門
示現神通力者當知是人功德不少佛說是
普門品時衆中八万四千衆生皆發无等等
阿耨多羅三藐三菩提心
妙法蓮華經陁羅尼品第二十六
尒時藥王菩薩即從座起偏袒右肩合掌向
佛而白佛言世尊若善男子善女人有能受
持法華經者若讀誦通利若書寫經卷得幾
所福佛告藥王若有善男子善女人供養八
百万億那由他恒河沙等諸佛於汝意云何
其所得福寧為多不甚多世尊佛言若善男
子善女人能於是經乃至受持一四句偈讀
誦解義如說修行功德甚多尒時藥王菩薩
白佛言世尊我今當與說法者陁羅尼呪以
守護之即說呪曰
安尒一　曼尒二　摩祢三　摩摩祢四　旨隸五　遮梨苐六
賒咩羊鳴音七　賒履因雉反　多瑋八　羶輸千反　帝九

BD04793 號　妙法蓮華經卷七　（25–11）

誦解義如說……
白佛言世尊我今當與說法者陁羅尼呪以
守護之即說呪曰
安尒一　曼尒二　摩祢三　摩摩祢四　旨隸五　遮梨苐六
賒咩羊鳴音七　賒履因雉反　多瑋八　羶輸千反　帝九
目帝十　目多履十一　娑履十二　阿瑋娑履十三
桑履十四　娑履十五　叉裔十六　阿叉裔十七　阿耆膩十八
羶帝十九　賒履二十　陁羅尼二十一　阿盧伽婆娑蘇柰反
簸蔗毗叉膩二十二　祢毗剃二十三　阿便哆都餓反　邏祢
履剃二十四　阿亶哆波隸輸地途賣反二十五　漚究隸二十
六　牟究隸二十七　阿羅隸二十八　波羅隸二十九　首迦差
初九反三十　阿三磨三履三十一　佛駄毗吉利袠帝
三十二　達磨波利差猜離反　帝三十三　僧伽涅瞿
沙祢三十四　婆舍婆舍輸地三十五　曼哆邏三十六
曼哆邏叉夜多三十七　郵樓哆三十八　郵樓哆憍
舍略三十九　惡叉邏四十　惡叉冶多冶四十一　阿婆盧
四十二　阿摩若荏蔗反　那多夜四十三
世尊是陁羅尼神呪六十二億恒河沙等諸
佛所說若有侵毀此法師者則為侵毀是諸
佛已時釋迦牟尼佛讚藥王菩薩言善哉善
哉藥王汝愍念擁護此法師故說是陁羅尼
於諸衆生多所饒益尒時勇施菩薩白佛言
世尊我亦為擁護讀誦受持法華經者說陁
羅尼若此法師得是陁羅尼若夜叉若羅剎
若富單那若吉蔗若鳩槃荼若餓鬼等伺求
其短无能得便即於佛前而說呪曰
痤隸一　摩訶痤隸二　郁枳三　目枳四　阿……

BD04793 號　妙法蓮華經卷七　（25–12）

於諸衆生多所饒益尒時勇施菩薩白佛言
世尊我亦為擁護讀誦受持法華經者說陁
羅尼若此法師得是陁羅尼若夜叉若羅刹
若富單那若吉蔗若鳩槃茶若餓鬼等伺求
其短无能得便即於佛前而說呪曰
痤誓螺反隸一 摩訶痤隸二 郁枳三 目枳四 阿
隸五 阿羅婆第六 涅隸第七 涅隸多婆第八
伊緻豬履反柅九 韋緻柅十 旨緻柅十一 涅隸墀
柅十二 涅犁墀婆底十三
世尊是陁羅尼神呪恒河沙等諸佛所說亦
皆隨喜若有侵毀此法師者則為侵毀是諸
佛已尒時毗沙門天王護世者白佛言世尊
我亦為愍念衆生擁護此法師故說是陁羅
尼即說呪曰
阿梨一 那梨二 㝹那梨三 阿那盧四 那履五
拘那履六
世尊以是神呪擁護法師我亦自當擁護持
是經者令百由旬內无諸衰患尒時持國天
王在此會中與千万億那由他乾闥婆衆恭
敬圍繞前詣佛所合掌白佛言世尊我亦以
陁羅尼神呪擁護持法華經者即說呪曰
阿伽祢一 伽祢二 瞿利三 乾陁利四 栴陁利五
摩蹬耆六 常求利七 浮樓莎柅八 頞底九
世尊是陁羅尼神呪四十二億諸佛所說若
有侵毀此法師者則為侵毀是諸佛已尒時
有羅刹女等一名藍婆二名毗藍婆三名曲

BD04793號　妙法蓮華經卷七　（25–13）

陁羅尼神呪擁護持法華經者即說呪曰
阿伽祢一 伽祢二 瞿利三 乾陁利四 栴陁利五
摩蹬耆六 常求利七 浮樓莎柅八 頞底九
世尊是陁羅尼神呪四十二億諸佛所說若
有侵毀此法師者則為侵毀是諸佛已尒時
有羅刹女等一名藍婆二名毗藍婆三名曲
齒四名華齒五名黑齒六名多髮七名无猒
足八名持瓔珞九名睾帝十名奪一切衆生
精氣是十羅刹女與鬼子母并其子及眷屬
俱詣佛所同聲白佛言世尊我等亦欲擁護
讀誦受持法華經者除其衰患若有伺求法
師短者令不得便即於佛前而說呪曰
伊提履一 伊提泯二 伊提履三 阿提履四 伊
提履五 泥履六 泥履七 泥履八 泥履九 泥履
十 樓醯十一 樓醯十二 樓醯十三 樓醯十四 多醯十五 多
醯十六 多醯十七 兜醯十八 㝹醯十九
寧上我頭上莫惱於法師若夜叉若羅刹若
餓鬼若富單那若吉蔗若毗陁羅若揵䭾若
烏摩勒伽若阿跋摩羅若夜叉吉蔗若人吉
蔗若熱病若一日若二日若三日若四日若
至七日若常熱病若男形若女形若童男形
若童女形乃至夢中亦復莫惱即於佛前而
說偈言
若不順我呪　惱亂說法者　頭破作七分　如阿梨樹枝
如殺父母罪　亦如壓油殃　斗秤欺誑人　調達破僧罪
犯此法師者　當獲如是殃
諸羅刹女說此偈已白佛言世尊我等亦當

BD04793號　妙法蓮華經卷七　（25–14）

說偈言
若不順我呪　惱亂說法者　頭破作七分　如阿梨樹枝
如殺父母罪　亦如壓油殃　斗秤欺誑人　調達破僧罪
犯此法師者　當獲如是殃
諸羅剎女說此偈已白佛言世尊我等亦當
身自擁護受持讀誦修行是經者令得安隱
離諸衰患消衆毒藥佛告諸羅剎女善哉
善哉汝等但能擁護受持法華名者福不可量
何況擁護具足受持供養經卷華香瓔珞末
香塗香燒香幡蓋伎樂然種種燈酥燈油燈
諸香油燈蘇摩那華油燈瞻蔔華油燈婆師
迦華油燈優鉢羅華油燈如是等百千種供
養者睪帝汝等及眷屬應當擁護如是法師
說是陀羅尼品時六万八千人得无生法忍
妙法蓮華經妙莊嚴王本事品第二十七
尒時佛告諸大衆乃往古世過无量无邊不
可思議阿僧祇劫有佛名雲雷音宿王華智
多陀阿伽度阿羅呵三藐三佛陀國名光明
莊嚴劫名憙見彼佛法中有王名妙莊嚴其
王夫人名曰淨德有二子一名淨藏二名淨眼
是二子有大神力福德智慧久脩菩薩所
行之道所謂檀波羅蜜尸羅波羅蜜羼提波
羅蜜毗梨耶波羅蜜禪波羅蜜般若波羅蜜
方便波羅蜜慈悲喜捨乃至三十七助道法
皆悉明了通達又得菩薩淨三昧日星宿三
昧淨光三昧淨色三昧淨照明三昧長莊嚴

行之道所謂檀波羅蜜尸羅波羅蜜羼提波
羅蜜毗梨耶波羅蜜禪波羅蜜般若波羅蜜
方便波羅蜜慈悲喜捨乃至三十七助道法
皆悉明了通達又得菩薩淨三昧日星宿三
昧淨光三昧淨色三昧淨照明三昧長莊嚴
三昧大威德藏三昧於此三昧亦悉通達尒
時彼佛欲引導妙莊嚴王及愍念衆生故說
是法華經時淨藏淨眼二子到其母所合十
指爪掌白言願母往詣雲雷音宿王華智佛
所我等亦當侍從親近供養礼拜所以者何
此佛於一切天人衆中說法華經宜應聽受
母告子言汝父信受外道深著婆羅門法汝
等應往白父與共俱去淨藏淨眼合十爪指
掌白母我等是法王子而生此邪見家母告
子言汝等當憂念汝父為現神變若得見者
心必清淨或聽我等往至佛所於是二子念其
父故踊在虛空高七多羅樹現種種神變
於虛空中行住坐臥身上出水身下出火身
下出水身上出火或現大身滿虛空中而復
現小小復現大於空中滅忽然在地入地如水
履水如地現如是等種種神變令其父王心
淨信解時父見子神力如是心大歡喜得未
曾有合掌向子言汝等師為是誰誰之弟子
二子白言大王彼雲雷音宿王華智佛今
在七寶菩提樹下法座上坐於一切世間天
人衆中廣說法華經是我等師我是弟子父

淨信解時父見子神力如是心大歡喜得未
曾有合掌向子言汝等師爲是誰誰之弟子
二子白言大王彼雲雷音宿王華智佛今
在七寶菩提樹下法座上坐於一切世間天
人衆中廣說法華經是我等師我是弟子父
語子言我今亦欲見汝等師可共俱往於是二
子從空中下到其母所合掌白母父王今已
信解堪任發阿耨多羅三藐三菩提心我等
爲父已作佛事願母見聽於彼佛所出家脩
道尒時二子欲重宣其意以偈白母
願母放我等　出家作沙門　諸佛甚難値　我等隨佛學
如優曇波羅　値佛復難是　脫諸難亦難　願聽我出家
母即告言聽汝出家所以者何佛難値故於
是二子白父母言善哉父母願時往詣雲雷
音宿王華智佛所親近供養所以者何佛難
得値如優曇波羅華又如一眼之龜値浮木
孔而我等宿福深厚生値佛法是故父母當
聽我等令得出家所以者何諸佛難値時亦
難遇彼時妙莊嚴王後宮八万四千人皆悉
堪任受持是法華經淨眼菩薩於法華三昧
久已通達淨藏菩薩已於无量百千万億劫
通達離諸惡趣三昧欲令一切衆生離諸惡
趣故其王夫人得諸佛習三昧能知諸佛祕
密之藏二子如是以方便力善化其父令心
信解好樂佛法於是妙莊嚴王與羣臣眷屬

BD04793 號　妙法蓮華經卷七　（25–17）

通達離諸惡趣三昧欲令一切衆生離諸惡
趣故其王夫人得諸佛習三昧能知諸佛祕
密之藏二子如是以方便力善化其父令心
信解好樂佛法於是妙莊嚴王與羣臣眷屬
俱淨德夫人與後宮采女眷屬俱其王二子
與四万二千人俱一時共詣佛所到已頭面礼
足繞佛三帀却住一面尒時彼佛爲王說法
示教利喜王大歡悅尒時妙莊嚴王及其夫
人解頸真珠瓔珞價直百千以散佛上於
虛空中化成四柱寶臺臺中有大寶床敷百
千万天衣其上有佛結跏趺坐放大光明尒
時妙莊嚴王作是念佛身希有端嚴殊特成
就第一微妙之色時雲雷音宿王華智佛告
四衆言汝等見是妙莊嚴王於我前合掌立
不此王於我法中作比丘精勤脩習助佛道
法當得作佛号娑羅樹王國名大光劫名大
高王其娑羅樹王佛有无量菩薩衆及无
量聲聞其國平正功德如是其王即時以國付
弟與夫人二子并諸眷屬於佛法中出家脩
道王出家已於八万四千歲常勤精進脩行
妙法華經過是已後得一切淨功德莊嚴三
昧即昇虛空高七多羅樹而白佛言世尊此
我二子已作佛事以神通變化轉我邪心令
得安住於佛法中得見世尊此二子者是我
善知識爲欲發起宿世善根饒益我故來生
我家尒時雲雷音宿王華智佛告妙莊嚴王

BD04793 號　妙法蓮華經卷七　（25–18）

昧即升虚空高七多羅樹而白佛言世尊此
我二子已作佛事以神通變化轉我邪心令
得安住於佛法中得見世尊此二子者是我
善知識爲欲發起宿世善根饒益我故來生
我家尒時雲雷音宿王華智佛告妙莊嚴王
言如是如是如汝所言若善男子善女人種
善根故世世得善知識其善知識能作佛事
示教利喜令入阿耨多羅三藐三菩提大王
當知善知識者是大因緣所謂化導令得見
佛發阿耨多羅三藐三菩提心大王汝見此二
子不此二子已曾供養六十五百千万億那
由他恒河沙諸佛親近恭敬於諸佛所受持
法華經愍念邪見衆生令住正見妙莊嚴
王即從虚空中下而白佛言世尊如來甚
希有以功德智慧故頂上肉髻光明顯照其
眼長廣而紺青色眉間豪相白如珂月齒白
齊密常有光明脣色赤好如頻婆菓尒時妙莊
嚴王讃歎佛如是等无量百千万億功德已
於如來前一心合掌復白佛言世尊未曾有
也如來之法具足成就不可思議微妙功德
教戒所行安隱快善我從今日不復自隨心
行不生邪見憍慢瞋恚諸惡之心說是語已
礼佛而出佛告大衆於意云何妙莊嚴王豈異
人乎今華德菩薩是其淨德夫人今佛前
光照莊嚴相菩薩是哀愍妙莊嚴王及諸眷

BD04793號　妙法蓮華經卷七　（25–19）

教戒所行安隱快善我從今日不復自隨心
行不生邪見憍慢瞋恚諸惡之心說是語已
礼佛而出佛告大衆於意云何妙莊嚴王豈異
人乎今華德菩薩是其淨德夫人今佛前
光照莊嚴相菩薩是哀愍妙莊嚴王及諸眷
屬故於彼中生其二子者今藥王菩薩藥上
菩薩是是藥王藥上菩薩成就如此諸大功
德已於无量百千万億諸佛所殖衆德本成
就不可思議諸善功德若有人識是二菩薩
名字者一切世間諸天人民亦應礼拜佛說是
妙莊嚴王本事品時八万四千人遠塵離垢
於諸法中得法眼淨
妙法蓮華經普賢菩薩勸發品第二十八
尒時普賢菩薩以自在神通威德名聞與大
菩薩无量无邊不可稱數從東方來所經諸
國普皆震動雨寶蓮華作无量百千万億種
種伎樂又與无數諸天龍夜叉乾闥婆阿脩羅
迦樓羅緊那羅摩睺羅伽人非人等大衆
圍繞各現威德神通之力到娑婆世界耆闍
崛山中頭面礼釋迦牟尼佛右繞七帀白佛
言世尊我於寶威德上王佛國遥聞此娑婆
世界說法華經與无量无邊百千万億諸菩
薩衆共來聽受唯願世尊當爲說之若善男
子善女人於如來滅後云何能得是法華經
佛告普賢菩薩若善男子善女人成就四法
於如來滅後當得是法華經一者爲諸佛護

BD04793號　妙法蓮華經卷七　（25–20）

薩衆共來聽受唯願世尊當爲說之若善男
子善女人於如來滅後云何能得是法華經
佛告普賢菩薩若善男子善女人成就四法
於如來滅後當得是法華經一者爲諸佛護
念二者植衆德本三者入正定聚四者發救
一切衆生之心善男子善女人如是成就四
法於如來滅後必得是經尒時普賢菩薩白
佛言世尊於後五百歲濁惡世中其有受持
是經典者我當守護除其衰患令得安隱使
无伺求得其便者若魔若魔子若魔女若
魔民若爲魔所著者若夜叉若羅刹若鳩槃
荼若毗舍闍若吉蔗若富單那若韋陁羅等
諸惱人者皆不得便是人若行若立讀誦此經
我尒時乘六牙白象王與大菩薩衆俱詣其
所而自現身供養守護安慰其心亦爲供養
法華經故是人若坐思惟此經尒時我復乘
白象王現其人前其人若於法華經有所忘
失一句一偈我當教之與共讀誦還令通利
尒時受持讀誦法華經者得見我身甚大歡
喜轉復精進以見我故即得三昧及陁羅尼
名爲旋陁羅尼百千万億旋陁羅尼法音方
便陁羅尼得如是等陁羅尼世尊若後世後
五百歲濁惡世中比丘比丘尼優婆塞優婆
夷求索者受持者讀誦者書寫者欲脩習
是法華經於三七日中應一心精進滿三七日
已我當乘六牙白象與无量菩薩而自圍遶

BD04793號　妙法蓮華經卷七　（25-21）

便陁羅尼得如是等陁羅尼世尊若後世後
五百歲濁惡世中比丘比丘尼優婆塞優婆
夷求索者受持者讀誦者書寫者欲脩習
是法華經於三七日中應一心精進滿三七日
已我當乘六牙白象與无量菩薩而自圍遶
以一切衆生所憙見身現其人前而爲說法
示教利喜亦復與其陁羅尼呪得是陁羅尼
故无有非人能破壞者亦不爲女人之所惑
亂我身亦自常護是人唯願世尊聽我說此
陁羅尼即於佛前而說呪曰
阿檀地 途賣反 一 檀陁婆地 二 檀陁婆帝 三 檀陁
鳩舍隸 四 檀陁脩陁隸 五 脩陁隸 六 脩陁羅
婆底 七 佛馱波羶祢 八 薩婆陁羅尼阿婆多
尼 九 薩婆婆沙阿婆多尼 十 脩阿婆多尼 十一
僧伽婆履叉尼 十二 僧伽涅伽陁尼 十三 阿僧祇 十四
僧伽波伽地 十五 帝隸阿惰僧伽兜略 盧遮反
波羅帝 十六 薩婆僧伽三摩地伽蘭地 十七 薩婆
達磨脩波利刹帝 十八 薩婆薩埵樓馱憍舍略
阿㝹伽地 十九 辛阿毗吉利地帝 二十
世尊若有菩薩得聞是陁羅尼者當知普賢
神通之力若法華經行閻浮提有受持者應
作此念皆是普賢威神之力若有受持讀誦
正憶念解其義趣如說脩行當知是人行普
賢行於无量无邊諸佛所深種善根爲諸如
來手摩其頭若但書寫是人命終當生忉利
天上是時八万四千天女作衆伎樂而來迎之

BD04793號　妙法蓮華經卷七　（25-22）

作此念皆是普賢威神之力若有受持讀誦
正憶念解其義趣如說脩行當知是人行普
賢行於無量無邊諸佛所深種善根為諸如
来手摩其頭若但書寫是人命終當生忉利
天上是時八万四千天女作衆伎樂而来迎
之其人即著七寶冠於婇女中娛樂快樂何
況受持讀誦正憶念解其義趣如說脩行若
有人受持讀誦解其義趣是人命終為千佛
授手令不恐怖不墮惡趣即往兜率天上弥
勒菩薩所弥勒菩薩有三十二相大菩薩衆
所共圍遶有百千万億天女眷屬而於中生
有如是等功德利益是故智者應當一心自
書若使人書受持讀誦正憶念如說脩行世
尊我今以神通力守護是經於如来滅後閻
浮提內廣令流布使不斷絕尒時釋迦牟尼佛
讃言善哉善哉普賢汝能護助是經令多
所衆生安樂利益汝已成就不可思議功德
深大慈悲從久遠来發阿耨多羅三藐三菩
提意而能作是神通之願守護是經我當以
神通力守護能受持普賢菩薩名者普賢
若有受持讀誦正憶念脩習書寫是法華經
者當知是則見釋迦牟尼佛如從佛口聞此經
典當知是人供養釋迦牟尼佛當知是人佛
讃善哉當知是人為釋迦牟尼佛手摩其
頭當知是人為釋迦牟尼佛衣之所覆如是
之人不復貪著世樂不好外道經書手筆亦

典當知是人供養釋迦牟尼佛當知是人佛
讃善哉當知是人為釋迦牟尼佛手摩其
頭當知是人為釋迦牟尼佛衣之所覆如是
之人不復貪著世樂不好外道經書手筆亦
復不憙親近其人及諸惡者若屠兒若畜猪
羊雞狗若獵師若衒賣女色是人心意質直
有正憶念有福德力是人不為三毒所惱亦
不為嫉妬我慢邪慢增上慢所惱是人少欲
知足能脩普賢之行普賢若如来滅後後五
百歲若有人見受持讀誦法華經者應作是
念此人不久當詣道場破諸魔衆得阿耨多
羅三藐三菩提轉法輪擊法鼓吹法螺雨法
雨當坐天人大衆中師子法座上普賢若於後
世受持讀誦是經典者是人不復貪著衣
服臥具飲食資生之物所願不虛亦於現世
得其福報若有人輕毀之言汝狂人耳空作是
行終無所獲如是罪報當世世無眼若有供
養讃歎之者當於今世得現果報若復見
受持是經者出其過惡若實若不實此人現
世得白癩病若輕笑之者當世世牙齒踈缺醜
脣平鼻手脚繚戾眼目角睞身體臭穢惡
瘡膿血水腹短氣諸惡重病是故普賢若見
受持是經典者當起遠迎當如敬佛說是普
賢勸發品時恒河沙等無量無邊菩薩得百
千億旋陁羅尼三千大千世界微塵等諸菩
薩具普賢道佛說是經時普賢等諸菩薩舍
利弗等[illegible]

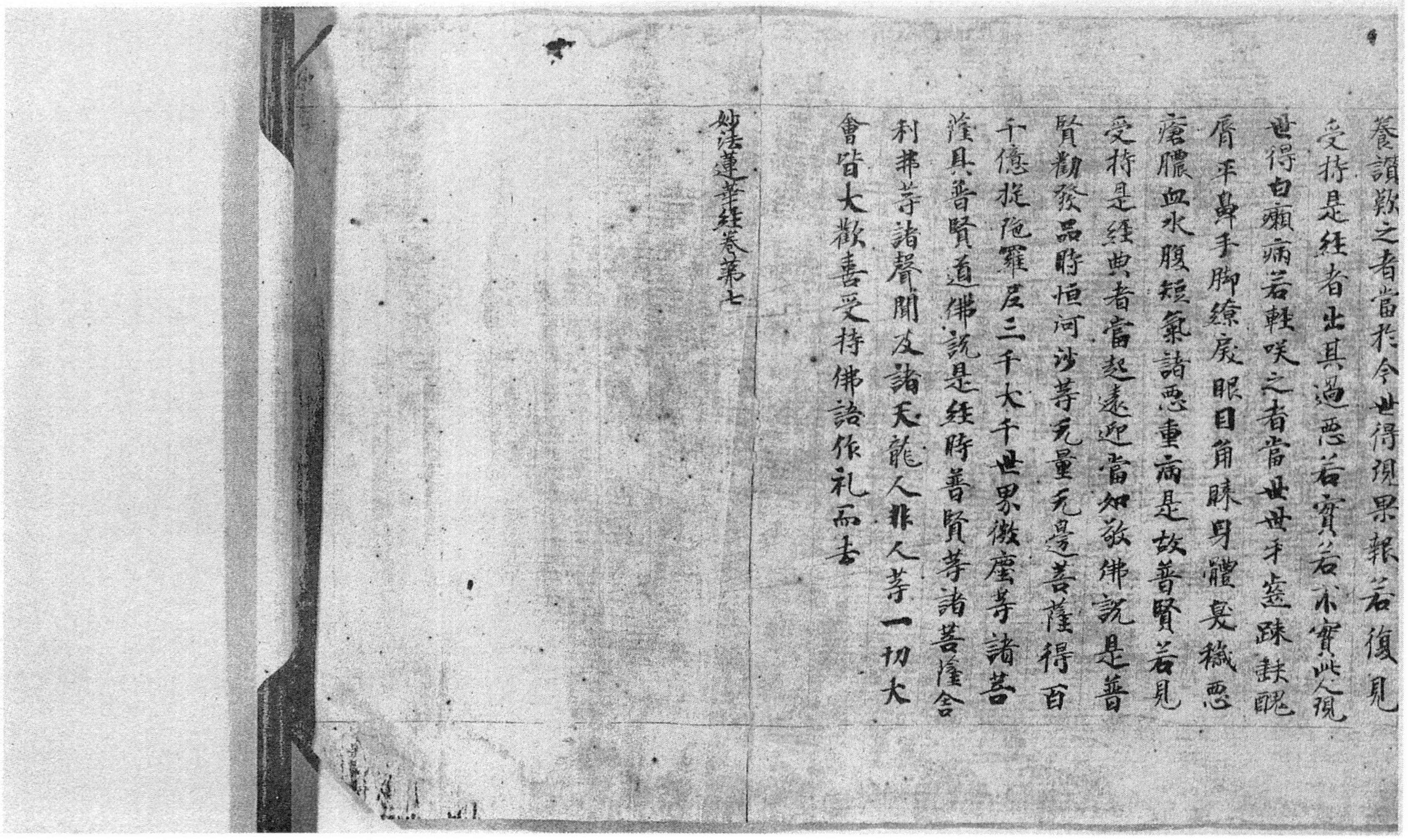
養讚歎之者當於今世得現果報若復見
受持是經者出其過惡若實若不實此人現
世得白癩病若輕咲之者當世世牙齒踈缺醜
脣平鼻手脚繚戾眼目角睞身體臭穢惡
瘡膿血水腹短氣諸惡重病是故普賢若見
受持是經典者當起遠迎當如敬佛說是普
賢勸發品時恒河沙等无量无邊菩薩得百
千億旋陁羅尼三千大千世界微塵等諸菩
薩具普賢道佛說是經時普賢等諸菩薩舍
利弗等諸聲聞及諸天龍人非人等一切大
會皆大歡喜受持佛語作礼而去

妙法蓮華經卷第七

BD04793 號　妙法蓮華經卷七　（25–25）

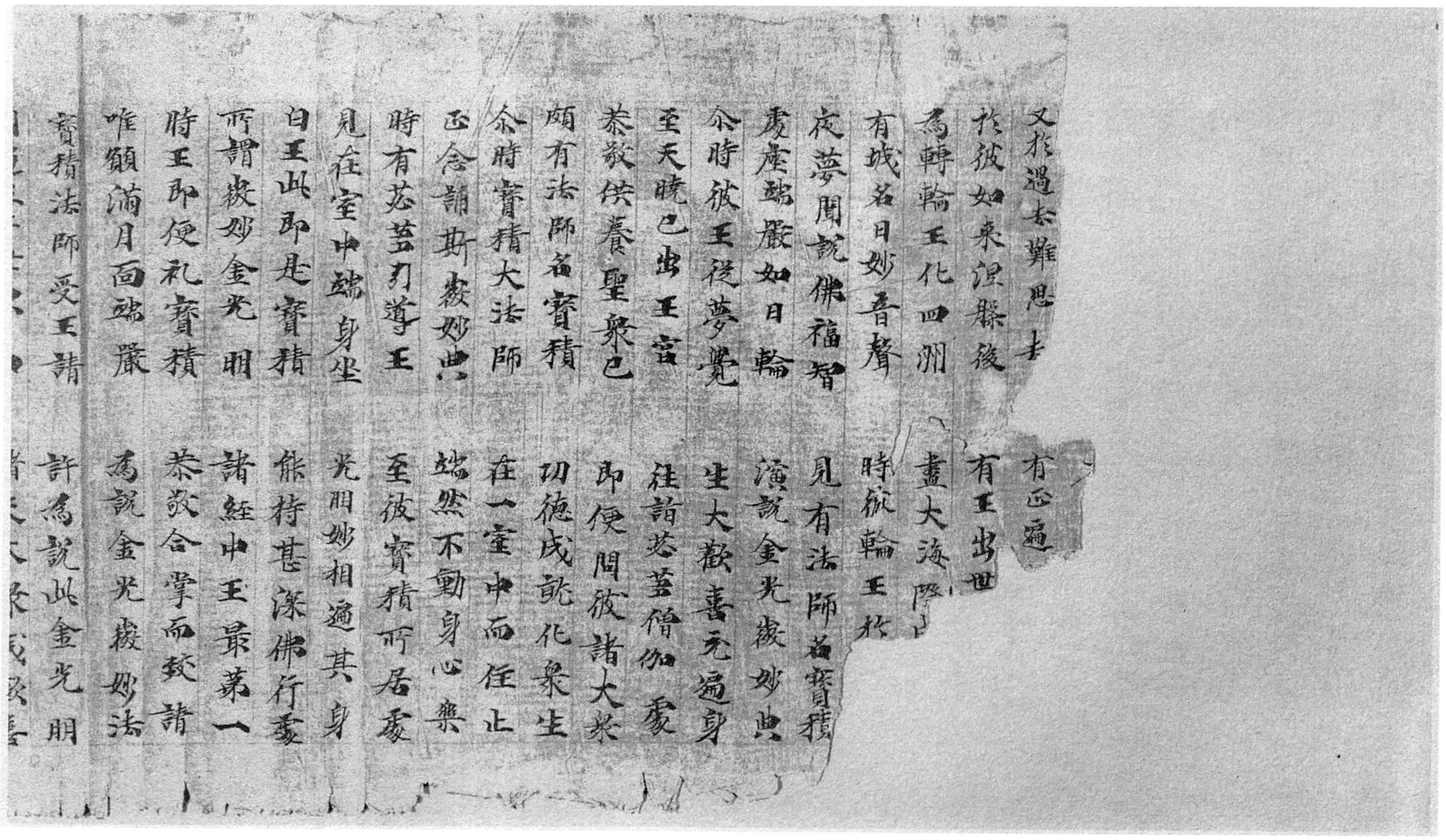
又於過去難思劫　有正遍
於彼如來涅槃後　有王出世
為轉輪王化四洲　盡大海際
有城名曰妙音聲　時彼輪王於
夜夢聞說佛福智　見有法師名寶積
處座端嚴如日輪　演說金光微妙典
尒時彼王從夢覺　生大歡喜充遍身
至天曉已出王宮　往詣苾芻僧伽處
恭敬供養聖衆已　即便問彼諸大衆
頗有法師名寶積　功德成就化衆生
尒時寶積大法師　在一室中而住止
正念誦斯微妙典　端然不動身心樂
時有苾芻引導王　至彼寶積所居處
見在室中端身坐　光明妙相遍其身
白王此即是寶積　能持甚深佛行處
所謂微妙金光明　諸經中王最第一
時王即便礼寶積　恭敬合掌而致請
唯願滿月面端嚴　為說金光微妙法
寶積法師受王請　許為說此金光明

BD04794 號　金光明最勝王經卷九　（9–1）

[illegible]在寶中趺身坐　光明妙相遍其身
白王此即是寶積　能持甚深佛行處
所謂微妙金光明　諸經中王最第一
時王即便礼寶積　恭敬合掌而致請
唯願滿月面端嚴　為說金光微妙法
寶積法師受王請　許為說此金光明
周遍三千世界中　諸天大衆咸歡喜
王於廣博清淨處　奇妙珎寶而嚴飾
上妙香水灑撻塵　種種雜花皆散布
即於勝處敷高座　懸繒幡蓋以莊嚴
種種末香及塗香　香氣芬馥皆周遍
天龍脩羅緊那羅　莫呼洛伽及藥叉
諸天悉雨曼陁花　咸來供養彼高座
復有千萬億諸天　樂聞正法俱來集
法師初從本座起　咸悉供養以天花
是時寶積大法師　淨洗浴已著鮮服
詣彼大衆法座所　合掌虔心而礼敬
天主天衆及天女　悉皆共散曼陁花
百千天樂難思議　住在空中出妙響
尒時寶積大法師　即昇高座跏趺坐
念彼十方諸剎土　百千萬億大慈尊
遍及一切諸衆生　皆起平等慈悲念
為彼請主善生故　演說微妙金光明
王既得聞如是法　合掌一心唱隨喜
聞法希有淚交流　身心大喜皆充遍
于時國主善生王　為欲供養此經故
手持如意末尼寶　發願咸為諸衆生

BD04794號　金光明最勝王經卷九　（9–2）

遍及一切諸衆生　皆起平等慈悲念
為彼請主善生故　演說微妙金光明
王既得聞如是法　合掌一心唱隨喜
聞法希有淚交流　身心大喜皆充遍
于時國主善生王　為欲供養此經故
手持如意末尼寶　發願咸為諸衆生
今可於斯贍部洲　普雨七寶瓔珞具
所有遺乏資財者　皆得隨心受安樂
即便遍雨於七寶　悉皆充足四洲中
瓔珞嚴身隨所須　衣服飲食皆无乏
尒時國主善生王　見此四洲雨珎寶
咸持供養寶髻佛　所有遺教苾芻僧
應知過去善生王　即我釋迦牟尼是
為於昔時捨大地　及諸珎寶滿四洲
昔時寶積大法師　為彼善生說妙法
因彼開演經王故　東方現成不動佛
以我曾聽此經王　合掌一言稱隨喜
及施七寶諸功德　獲此最勝金剛身
金光百福相莊嚴　所有見者皆歡喜
一切有情无不愛　俱胝天衆亦同然
過去曾經九十九　俱胝億劫作輪王
亦於小國為人王　復經无量百千劫
於无量劫為帝釋　亦復曾為大梵王
供養十力大慈尊　彼之數量難窮盡
我昔聞經隨喜善　所有福聚量難知
由斯福故證菩提　獲得法身真妙智
尒時大衆聞是說已歎未曾有皆願奉持

BD04794號　金光明最勝王經卷九　（9–3）

亦於小国為人王　復經无量百千劫
於无量劫為帝釋　亦復曾為大梵王
供養十力大慈尊　彼之數量難窮盡
我昔聞經隨喜善　所有福聚量難知
由斯福故證菩提　獲得法身真妙智
尒時大衆聞是說已歎未曾有皆願奉持
金光明經流通不絶

金光明最勝王經諸天藥叉護持品第廿二

尒時世尊告大吉祥天女曰若有淨信善男
子善女人欲於過去未來現在諸佛以不可
思議廣大甚妙供養之具而為奉獻及欲解
了三世諸佛甚深行處是人應當決定至心
隨是經王所在之處城邑聚落或山澤中廣
為衆生敷演流布其聽法者應除亂相攝耳
用心世尊即為彼天及諸大衆說伽他曰
若欲於諸佛　不思議供養　復了諸如來　甚深境界者
若見演說此　最勝金光明　應親詣彼方　至其所住處
此經難思議　能生諸功德　无邊大苦海　解脫諸有情
我觀此經王　初中後皆善　甚深不可測　譬喻无能比
假使恒河沙　大地塵海水　虛空諸山石　无能喻少分
欲入深法界　應先聽是經　法性之制底　甚深善安住
於斯制底內　見我牟尼尊　悅意妙音聲　演說斯經典
由此俱胝劫　數量難思議　生在人天中　常受勝妙樂
若聽是經者　應作如是心　我得不思議　无邊功德蘊
假使大火聚　滿百踰繕那　為聽此經王　直過无辭苦
既至彼住處　得聞如是經　能滅於罪業　及除諸惡夢
惡星諸變怪　蠱道邪魅等　得聞是經時　諸惡皆捨離

BD04794號　金光明最勝王經卷九　（9–4）

由此俱胝劫　數量難思議　生在人天中　常受勝妙樂
若聽是經者　應作如是心　我得不思議　无邊功德蘊
假使大火聚　滿百踰繕那　為聽此經王　直過无辭苦
既至彼住處　得聞如是經　能滅於罪業　及除諸惡夢
惡星諸變怪　蠱道邪魅等　得聞是經時　諸惡皆捨離
應嚴勝高座　淨妙若蓮花　法師處其上　猶如大龍坐
於斯安坐已　說此甚深經　書寫及誦持　并為解其義
法師捨此座　往詣餘方所　於此高座中　神通非一相
或見法師像　猶在高座上　或時見世尊　及以諸菩薩
或作普賢像　或如妙吉祥　或見慈氏尊　身處於高座
或見希有相　及以諸天像　暫得覩容儀　忽然還不現
成就諸吉祥　所作皆隨意　功德悉圓滿　世尊如是說
最勝有名稱　能滅諸煩惱　他国賊皆除　戰時常得勝
惡夢悉皆无　及消諸毒害　所作三業罪　經力能除滅
於此贍部洲　名稱咸充滿　所有諸怨結　悉皆相捨離
設有怨敵至　聞名便退散　不假動兵戈　兩陣生歡喜
梵王帝釋主　護世四天王　及金剛藥叉　正了知大將
无熱池龍王　及以娑揭羅　緊那羅樂神　蘇羅金翅王
大辯才天女　并大吉祥天　斯等上首天　各領諸天衆
常供養諸佛　法寶不思議　恒生歡喜心　於經起恭敬
斯等諸天衆　皆悉共思惟　遍觀衆福者　共住如是說
應觀此有情　咸是大福德　善根精進力　當來生我天
為聽甚深經　敬心來至此　供養法制底　尊重正法故
憐愍於衆生　而作大饒益　於此深經典　能為法寶器
入此法門者　能入於法性　於此金光明　至心應聽受
是人曾供養　无量百千佛　由彼諸善根　得聞此經典
[illegible]天女大辯才　并彼吉祥天　及以四王衆

BD04794號　金光明最勝王經卷九　（9–5）

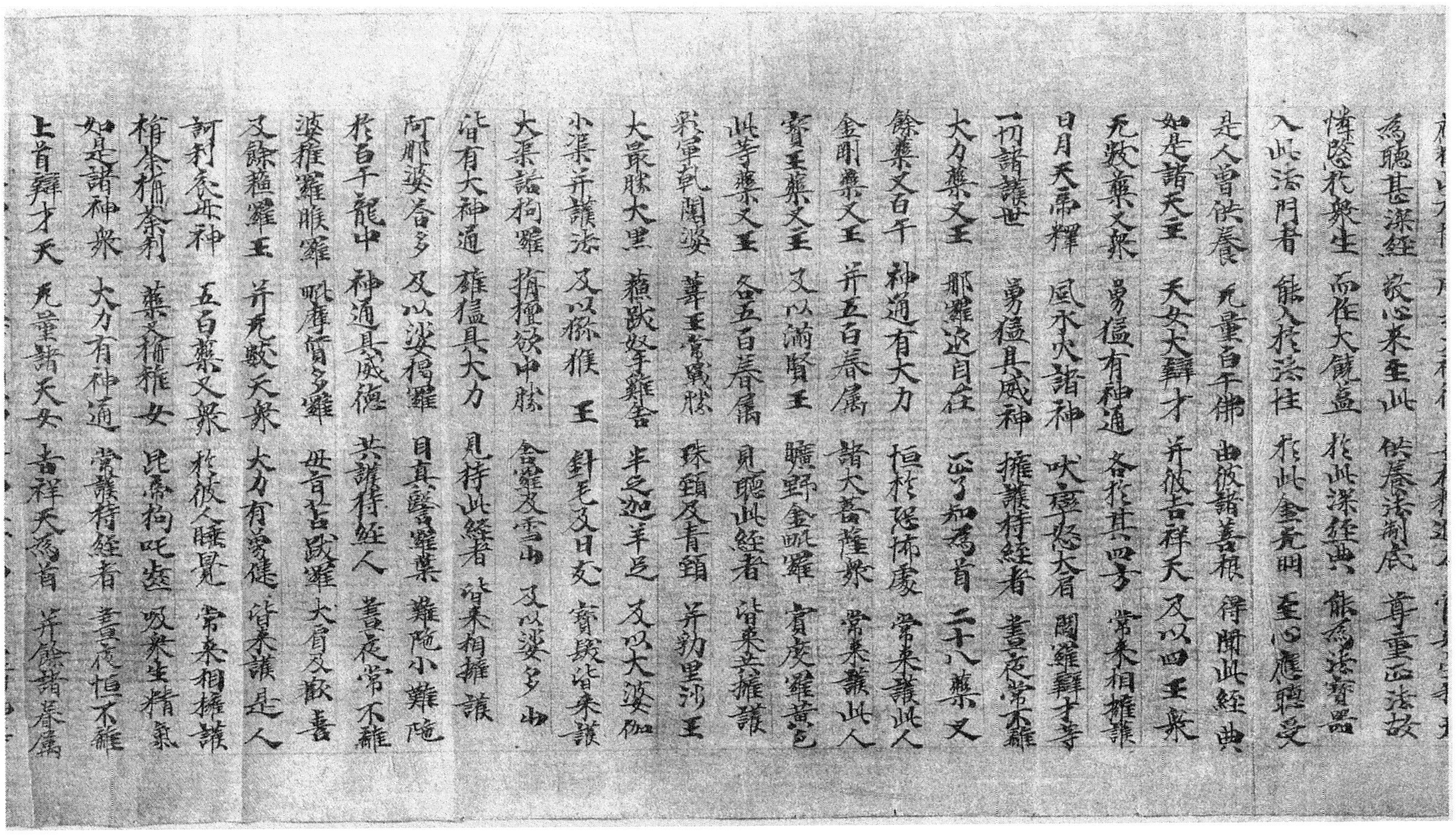
為聽甚深經 歎心來至此 供養法制底 尊重正法故
憐愍於衆生 而作大饒益 於此深經典 能為法寶器
入此法門者 能入於法性 於此金光明 至心應聽受
是人曾供養 无量百千佛 由彼諸善根 得聞此經典
如是諸天王 天女大辯才 并彼吉祥天 及以四王衆
无數藥叉衆 勇猛有神通 各於其四方 常來相擁護
日月天帝釋 風水火諸神 吠率怒大肩 闍羅辯才等
一切諸護世 勇猛具威神 擁護持經者 晝夜常不離
大力藥叉王 那羅延自在 正了知為首 二十八藥叉
餘藥叉百千 神通有大力 恒於恐怖處 常來護此人
金剛藥叉王 并五百眷屬 諸大菩薩衆 常來護此人
寶王藥叉王 及以滿賢王 曠野金毗羅 賓度羅黃色
此等藥叉王 各五百眷屬 見聽此經者 皆來共擁護
彩軍乾闥婆 葦王常戰勝 珠頸及青頸 并勃里沙王
大最勝大黑 蘊跋拏雞舍 半之迦羊足 及以大婆伽
小渠并護法 及以獼猴王 針毛及日支 寶髮皆來護
大渠諸狗羅 栴檀欲中勝 舍羅及雪山 及以娑多山
皆有大神通 雄猛具大力 見持此經者 皆來相擁護
阿那婆答多 及以娑揭羅 目真醫羅葉 難陀小難陀
於百千龍中 神通具威德 共護持經人 晝夜常不離
婆稚羅睺羅 毗摩質多羅 母旨占欲羅 大肩及歡喜
及餘蘇羅王 并无數天衆 大力有勇健 皆來護是人
訶利底母神 五百藥叉衆 於彼人睡覺 常來相擁護
旃荼旃荼利 藥叉旃稚女 昆帝拘吒齒 吸衆生精氣
如是諸神衆 大力有神通 常護持經者 晝夜恒不離
上首辯才天 无量諸天女 吉祥天為首 并餘諸眷屬

BD04794 號　金光明最勝王經卷九　　（9–6）

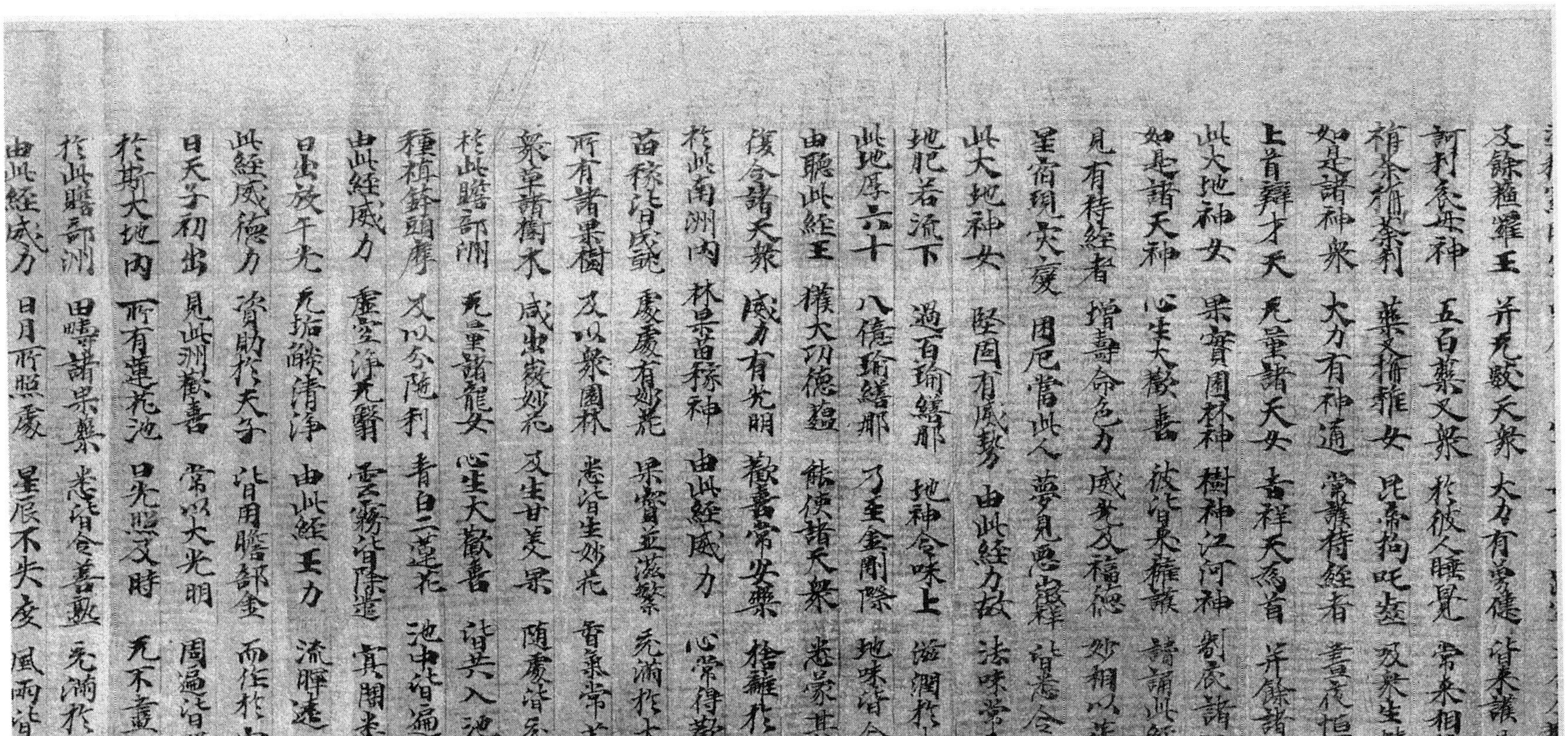
及餘蘇羅王 并无數天衆 大力有勇健 皆來護是人
訶利底母神 五百藥叉衆 於彼人睡覺 常來相擁護
旃荼旃荼利 藥叉旃稚女 昆帝拘吒齒 吸衆生精氣
如是諸神衆 大力有神通 常護持經者 晝夜恒不離
上首辯才天 无量諸天女 吉祥天為首 并餘諸眷屬
此大地神女 果實園林神 樹神江河神 制底諸神等
如是諸天神 心生大歡喜 彼皆來擁護 讀誦此經人
見有持經者 增壽命色力 威光及福德 妙相以莊嚴
星宿現災變 困厄當此人 夢見惡徵祥 皆悉令除滅
此大地神女 堅固有威勢 由此經力故 法味常充足
地肥若流下 過百踰繕那 地神令味上 滋潤於大地
此地厚六十 八億踰繕那 乃至金剛際 地味皆令上
由聽此經王 獲大功德蘊 能使諸天衆 悉蒙其利益
復令諸天衆 威力有光明 歡喜常安樂 捨離於衰相
於此南洲內 林果苗稼神 由此經威力 心常得歡喜
苗稼皆成就 處處有妙花 果實並滋繁 充滿於大地
所有諸果樹 及以衆園林 悉皆生妙花 香氣常芬馥
衆草諸樹木 咸出微妙花 及生甘美果 隨處皆充遍
於此贍部洲 无量諸龍女 心生大歡喜 皆共入池中
種植鉢頭摩 及以分陀利 青白二蓮花 池中皆遍滿
由此經威力 虛空淨无翳 雲霧皆除遣 冥闇悉光明
日出放千光 无垢焰清淨 由此經王力 流暉遶四天
此經威德力 資助於天子 皆用贍部金 而作於宮殿
日天子初出 見此洲歡喜 常以大光明 周遍皆照耀
於斯大地內 所有蓮花池 日光照及時 无不盡開發
於此贍部洲 田疇諸果藥 悉皆令善熟 充滿於大地
由此經威力 日月所照處 星辰不失度 風雨皆順時

BD04794 號　金光明最勝王經卷九　　（9–7）

日出放千光　无垢咸清淨　由此經王力　流暉遶四天
此經威德力　資助於天子　皆用贍部金　而作於宮殿
日天子初出　見此洲歡喜　常以大光明　周遍皆照耀
於斯大地內　所有蓮花池　日光照及時　无不盡開發
於此贍部洲　田疇諸果藥　悉皆令善熟　充滿於大地
由此經威力　日月所照處　星辰不失度　風雨皆順時
遍此贍部洲　國土咸豐樂　隨有此經處　殊勝倍餘方
若此金光明　經典流布處　有能講誦者　悉得如上福
尒時大吉祥天女及諸天等聞佛所說皆大歡
喜於此經王及受持者一心擁護令无憂惱
常得安樂
金光明最勝王經授記品第廿三
尒時如來於大衆中廣說法已欲為妙幢菩
薩及其二子銀幢銀光授阿耨多羅三藐三菩
提記時有十千天子最勝光明而為上首
俱從三十三天來至佛所頂礼佛足却坐
一面聽佛說法尒時佛告妙幢菩薩言汝於
來世過无量无數百千万億那庾多劫已於
金光明世界當成阿耨多羅三藐三菩提号
金寶山王如來應正遍知明行足善逝世間
解无上士調御丈夫天人師佛世尊出現於世
時此如來般涅槃後所有教法亦皆滅盡　時
彼長子名曰銀幢即於此界次補佛處世界尒
時轉名淨幢當得作佛名曰金幢光如來應
正遍知明行足善逝世間解无上士調御丈夫
天人師佛世尊時此如來般涅槃後所　有
教法亦皆滅盡次子銀光即補佛處還於此

BD04794號　金光明最勝王經卷九　（9–8）

來世過无量无數百千万億那庾多劫已於
金光明世界當成阿耨多羅三藐三菩提号
金寶山王如來應正遍知明行足善逝世間
解无上士調御丈夫天人師佛世尊出現於世
時此如來般涅槃後所有教法亦皆滅盡　時
彼長子名曰銀幢即於此界次補佛處世界尒
時轉名淨幢當得作佛名曰金幢光如來應
正遍知明行足善逝世間解无上士調御丈夫
天人師佛世尊時此如來般涅槃後所　有
教法亦皆滅盡次子銀光即補佛處還於此
界當得作佛号曰金光明如來應正遍知明
行足善逝世間解无上士調御丈夫天人師佛
世尊是時十千天子聞三大士得授記已
復聞如是最勝王經心生歡喜清淨无垢猶
如虛空尒時如來知是十千天子善根成熟
即便與授大菩提記汝等天子於當來世過
无量无數百千万億那庾多劫於最勝因陁
羅高幢世界得成阿耨多羅三藐三菩提同
一種姓又同一名号曰面目清淨優鉢羅香山

BD04794號　金光明最勝王經卷九　（9–9）

怛姪他阿折㘑阿末㘑阿蜜嘌帝
㘑又囊阿幣囊 奔尼鉢唎耶法帝
薩婆波跛 鉢唎苫摩尼囊莎訶
阿離 囊 嚴毘薩波尼囊莎訶
世尊若有善男子善女人口中說此陁羅尼
明呪者書寫經卷受持讀誦恭敬供養者終
无雷電霹靂及諸恐怖苦惱憂患乃至枉死
悉皆遠離所有毒藥蠱魅厭禱害人虎狼師
子毒虵之類乃至蚊虻悉不為害
尒時世尊普告大衆善哉善哉此等神呪皆
有大力能隨衆生心所求事悉令圓滿為大
利益除不至心汝 是時諸大衆聞佛語
已歡喜信受
金光明最勝王經大辯才天女品第十五
尒時大辯才天女於大衆中即從座起頂礼
佛足白佛言世尊若有法師說是金光明最
勝王經者我當益其智慧具足莊嚴言說之
辯若彼法師於此經中文字句義所有忘失
皆令憶持能善開悟復與陁羅尼總持无礙
又此金光明最勝王經為彼有情已於百千
佛所種諸善根常受持者於贍部洲廣行
流布不速隱沒復令无量有情聞是經典皆得

BD04795號　金光明最勝王經卷七　(13-1)

勝王經者我當益其智慧具足莊嚴言說之
辯若彼法師於此經中文字句義所有忘失
皆令憶持能善開悟復與陁羅尼總持无礙
又此金光明最勝王經為彼有情已於百千
佛所種諸善根常受持者於贍部洲廣行
流布不速隱沒復令无量有情聞是經典皆得
不可思議捷利辯才无盡大慧善解衆論
諸伎術能出生死速趣无上正等菩提於現
世中增益壽命資身之具悉令圓滿世尊我
當為彼持經法師及餘有情於此經典樂聽
聞者說其呪藥洗浴之法彼人所有惡星災
變與初生時星屬相違疫病之苦鬪諍戰陣
惡夢鬼神蠱毒厭魅呪術起屍如是諸惡
為障難者悉令除滅諸有智者應作如是
洗浴之法當取香藥三十二味所謂
昌蒲（跋者） 牛黃（瞿盧折娜） 苜蓿香（塞畢力迦） 麝香（莫訶婆伽）
雄黃（末捺眇羅） 合昏樹（尸利灑） 白及（因達囉喝悉哆） 芎藭（闍莫迦）
苟杞根（苫弭） 松脂（室利薜瑟得迦） 桂皮（咄者） 香附子（目窣哆）
沉香（惡揭嚕） 栴檀（栴檀娜） 零凌香（多揭羅）
丁子（索瞿者） 鬱金（茶矩麼） 婆律膏（曷羅娑）
葦香（捺剌拖） 竹黃（鵠路戰娜） 細豆蔻（蘇泣迷羅）
甘松（苫弭哆） 藿香（鉢怛羅） 茅根香（嗢尸羅）
叱脂（薩洛計） 艾納（世黎也） 安息香（寠具攞）
芥子（薩利殺跛） 馬芹（葉婆儞） 龍花鬚（那伽雞薩羅）
白膠（薩折羅娑） 青木（矩瑟侘） 皆等分
以布灑星日一處擣篩取其香末當以此
呪呪一百八遍呪曰

BD04795號　金光明最勝王經卷七　(13-2)

叱脂薩洛計　艾納世黎也　安息香窶具攞
芥子薩利殺跛　馬芹葉婆你　龍花鬚那伽雞薩羅
白膠薩折羅婆　青木矩瑟侘　皆等分
以布灑星日一處擣篩取其香末當以此
咒咒一百八遍咒曰
怛姪他蘇訖栗帝　訖栗帝訖栗帝
劫摩怛里　繕怒羯喇滯
郝羯喇滯　因達囉闍利膩
鑠羯囒滯　鉢設姪囇
阿伐底羯細　計娜矩覩矩覩
脚迦鼻囇　劫鼻囇劫鼻囇
劫毘囉末底丁里　尸囉末底
刪底度囉末底里　波伐雉畔雉囇
室囇室囇　薩底悉體莎訶
若樂如法洗浴時　應作壇場方八肘
可於寂靜安隱處　念所求事不離心
應塗牛糞作其壇　於上普散諸花彩
當以淨潔金銀器　盛滿美味并乳蜜
持彼壇場四門所　四人守護法如常
令四童子好嚴身　各於一角持瓶水
於此常燒安息香　五音之樂聲不絕
幡蓋莊嚴懸繒綵　安在壇場之四邊
復於場內置明鏡　利刀兼箭各四枚
於壇中心埋大盆　應以漏版安其上
用前香末以和湯　亦復安在於壇內
既作如斯布置已　然後誦咒結其壇
結界咒曰

BD04795號　金光明最勝王經卷七　（13–3）

幡蓋莊嚴懸繒綵　安在壇場之四邊
復於場內置明鏡　利刀兼箭各四枚
於壇中心埋大盆　應以漏版安其上
用前香末以和湯　亦復安在於壇內
既作如斯布置已　然後誦咒結其壇
結界咒曰
怛姪他頞喇計　娜也泥去四囇
弭囇祇　囇企企囇莎訶
如是結界已　方入於壇內　咒水三七遍　散灑於四方
次可咒香湯　滿百一八遍　四邊安幔障　然後洗浴身
咒水咒湯咒曰
怛姪他一索揭智貞勵反下同二　毗揭智三　毗揭
茶伐底四莎訶五
若洗浴訖其洗浴湯及壇場中供養飲食
棄河池內餘皆收攝如是浴已方著淨衣既出
壇場入淨室內咒師教其發弘誓願永斷眾
惡常脩諸善於諸有情興大悲心以是因緣
當獲無量隨心福報復說頌曰
若有病苦諸眾生　種種方藥治不差
若依如是洗浴法　并復讀誦斯經典
常於日夜念不散　專想慇懃生信心
所有患苦盡消除　解脫貧窮足財寶
四方星辰及日月　威神擁護得延年
吉祥安隱福德增　災變厄難皆除遣
次誦護身咒三七遍咒曰
怛姪他三謎　毗三謎　莎訶
[illegible]

BD04795號　金光明最勝王經卷七　（13–4）

常於日夜念不暫　專想慇懃生信心
所有惡苦盡消除　解脫貧窮足財寶
四方星辰及日月　威神擁護得延年
吉祥安隱福德增　災變厄難皆除遣
次誦護身呪三七遍呪曰
怛姪他三謎　毗三謎　莎訶
索揭滯　毗揭滯　莎訶
毗揭荼(亭耶反)伐底　莎訶
娑揭羅　三步多也　莎訶
塞建陁　摩訶多也　莎訶
尼攞建佗也　莎訶
阿鉢囉市哆　毗梨耶也　莎訶
呬摩槃哆　三步多也　莎訶
阿你蜜攞　薄怛囉也　莎訶
南謨薄伽伐都　跋囉甜摩寫莎訶
南謨薩囉酸(蘇活)底　莫訶提鼻裏莎訶
悉甸覩漫(此云成就)(某甲)　曷怛囉鉢陁莎訶
怛喇覩仳姪哆　跋囉甜摩奴末覩莎訶
尒時大辯才天女說洗浴法壇場呪已前礼
佛足白佛言世尊若有苾芻苾芻尼鄔波
索迦鄔波斯迦受持讀誦書寫流布是妙經
王如說行者若在城邑聚落曠野山林僧尼經
處我為是人將諸眷屬作天伎樂來詣其所
而為擁護除諸病苦流星變怪疫病鬪諍王
法所拘惡夢惡神為障礙者蠱道厭術悉皆
除殄饒益是等持經之人苾芻等衆及諸
聽者皆令速渡生死大海不退菩提

BD04795號　金光明最勝王經卷七　(13–5)

而為擁護除諸病苦流星變怪疫病鬪諍王
法所拘惡夢惡神為障礙者蠱道厭術悉皆
除殄饒益是等持經之人苾芻等衆及諸
聽者皆令速渡生死大海不退菩提
尒時世尊聞是說已讚辯才天女言善哉善
哉天女汝能安樂利益无量无邊有情說此
神呪及以香水壇場法式果報難思汝當擁
護最勝經王勿令隱沒常得流通尒時大辯
才天女礼佛足已還復本座
尒時法師授記憍陳如婆羅門承佛威力
大衆前讚請辯才天女曰
聰明勇進辯才天　人天供養悉應受
名聞世間遍充滿　能與一切衆生願
依高山頂勝住處　葺茅為室在中居
恒結耎草以為衣　在處常翹於一足
諸天大衆皆來集　咸同一心申讚請
唯願智慧辯才天　以妙言詞施一切
尒時辯才天女便即受請為呪曰
怛姪他慕囇只囇　阿伐帝(貞勵)阿伐吒伐底
(丁里下同)馨遇鞞名具鞞　名具羅伐底
鶩具師末喇只三末底　毗三末底惡近入喇
莫近喇怛囉只　怛囉者伐底
質哩質哩室里密里　末難地曇去
末喇只　八囉拏畢喇裏
盧迦逝瑟跐(丑世反)　盧迦失囇瑟耻
盧迦毗喇裏　悉馱跋喇帝

BD04795號　金光明最勝王經卷七　(13–6)

質哩質哩窒里窒里　末難地曇去
末唎　只　八囉箏畢唎褒
盧迦逝瑟𨅮刀世反　盧迦失𡁠瑟恥
盧迦畢唎褒　悉䟦䟦唎帝
毗度目企反輕利　輸只折唎
阿鉢唎底鞨帝　阿鉢唎底喝哆勃地
南毋只南毋只　莫訶提鼻
鉢唎底近喻底上恨箏上　南摩塞迦囉
我某甲勃地　達哩奢𡁠
勃地阿鉢唎底喝哆　娑上䟦　覩
市娑謎毗輸姪覩　舍悉怛囉輸路迦
㝵怛囉畢㝵迦　迦婢耶地䟦
怛　姪他　莫訶鉢唎　娑鼻
𠻘窒里𡁠里窒里　毗折唎覩謎勃地
我某甲勃地輸提　薄伽伐點提毗䫂
薩羅酸蘇沽點丁焰引　鞨囉魯家滯難由𡁠
難由囉末底　𡁠里窒里𡁠里窒里
阿娑訶耶　須　莫訶提鼻
勃陁薩帝娜　達摩薩帝娜
僧伽薩帝娜　因達囉薩帝娜
跋嘍箏薩帝娜　褒盧雞薩底娑地娜
粒彭薩帝娜　薩底伐者泥娜
阿娑訶耶　須　莫訶提鼻
𡁠里窒里𠻘窒里　毗折唎覩
我某甲勃地　南謨薄伽伐底利丁
莫訶提鼻薩囉酸底　悉甸覩

阿娑訶耶　須　莫訶提鼻
𡁠里窒里𠻘窒里　毗折唎覩
我某甲勃地　南謨薄伽伐底利丁
莫訶提鼻薩囉酸底　悉甸覩
㝵怛囉鉢陁　跢　莎訶
尒時辯才天女說是呪已告婆羅門言善哉
大士能為衆生求妙辯才及諸珎寶神通智
慧廣利一切速證菩提如是應知受持法式
即說頌曰
先可誦此陁羅尼　令使純熟無謬失
歸敬三寶諸天衆　請求加護願隨心
敬礼諸佛及法寶　菩薩獨覺聲聞衆
次礼梵王并帝釋　及護世者四天王
一切常脩梵行人　悉可至誠殷重敬
可於寂靜蘭若處　大聲誦前呪讚法
應在佛像天龍前　隨其所有脩供養
於彼一切衆生類　發起慈悲哀愍心
世尊妙相紫金身　繫想正念心无亂
世尊護念說教法　隨彼根機令習定
於其句義善思惟　復依空性而脩習
應在世尊形像前　一心正念而安坐
即得妙智三摩地　并獲最勝陁羅尼
如來金口演說法　妙響調伏諸人天
舌相隨緣現希有　廣長能覆三千界
如是諸佛妙音聲　至誠憶念心无畏
諸佛皆由發弘願　得此舌相不思議

即得妙智三摩地　并獲最勝陁羅尼
如来金口演說法　妙響調伏諸人天
舌相隨緣現希有　廣長能覆三千界
如是諸佛妙音聲　至誠憶念心无畏
諸佛皆由發弘願　得此舌相不思議
宣說諸法皆非有　譬如虛空无所着
諸佛音聲及舌相　繫念思量願圓滿
若見供養辯才天　或見弟子隨師教
授此秘法令脩學　尊重隨心皆得成
若人欲得最上智　應當一心持此法
增長福智諸功德　必定成就勿生疑
若求財者得多財　求名稱者獲名稱
求出離者得解脫　必定成就勿生疑
无量无邊諸功德　隨其内心之所願
若能如是依行者　必得成就勿生疑
當於淨處著淨衣　應作壇場隨大小
以四淨瓶盛美味　香花供養可隨時
懸諸繒綵并幡蓋　塗香末香遍嚴飾
供養佛及辯才天　求見天身皆遂願
應三七日誦前呪　可對大辯天神前
若其不見此天神　應更用心經九日
於後夜中猶不見　更求清淨勝妙處
妙法應盡辯才天　供養誦持心无捨
晝夜不生於懈怠　自利利他无窮盡
所獲果報施群生　於所求願皆成就
若不遂意經三月　六月九月或一年
慇勤求請心不移　天明他心皆悉得

BD04795號　金光明最勝王經卷七　（13–9）

於後夜中猶不見　更求清淨勝妙處
妙法應盡辯才天　供養誦持心无捨
晝夜不生於懈怠　自利利他无窮盡
所獲果報施群生　於所求願皆成就
若不遂意經三月　六月九月或一年
慇勤求請心不移　天明他心皆悉得
尒時憍陳如婆羅門聞是說已歡喜踊躍
歎未曾有告諸大衆作如是言汝等人天一切
大衆如是當知皆一心聽我今更欲依世諦
法讚彼勝妙辯才天女即說頌曰
敬礼天女那羅延　於世界中得自在
我今讚歎彼尊者　皆如往昔仙人說
吉祥成就心安隱　聰明慚愧有名聞
為母能生於世間　勇猛常行大精進
於軍陣處戰恒勝　長養調伏心慈忍
現為閻羅之長姉　常著青色野蠶衣
好醜容儀皆具有　眼目能令見者怖
无量勝行超世間　歸信之人咸攝受
或在山巖深險處　或居坎窟及河邊
或在大樹諸叢林　天女多依此中住
假使山林野人輩　亦常供養於天女
以孔雀羽作幢旗　於一切時常護世
師子虎狼恒圍繞　牛羊雞等亦相依
振大鈴鐸出音聲　頻陁山衆皆聞響
或執三戟頭圓髻　左右恒持日月旗
黑月九日十一日　於此時中當供養
或現婆藪大天妹　見有鬪戰心常愍

BD04795號　金光明最勝王經卷七　（13–10）

以孔雀羽作幢旗　於一切時常護世
師子虎狼恒圍繞　牛羊雞等亦相依
振大鈴鐸出音聲　頻陁山衆皆聞響
或執三戟頭圓髻　左右恒持日月旗
黑月九日十一日　於此時中當供養
或現婆藪大天妹　見有鬪戰心常愍
觀察一切有情中　天女最勝无過者
權現牧牛歡喜女　與天戰時常得勝
能久安住於世間　亦爲和忍及暴惡
大婆羅門四明法　幻化呪等悉皆通
於天仙中得自在　能爲種子及大地
諸天女等集會時　如大海潮必來應
於諸龍神藥叉衆　咸爲上首能調伏
於諸女中最梵行　出言猶如世閒主
於王住處如蓮花　若在河津喻橋栰
面貌猶如盛滿月　具足多聞作依處
辯才勝出若高峯　念者皆與爲洲渚
阿蘇羅等諸天衆　咸共稱讚其功德
乃至千眼帝釋主　以慇重心而觀察
衆生若有希求事　悉能令彼速得成
亦令聰辯具聞持　於大地中爲第一
於此十方世界中　如大燈明常普照
乃至神鬼諸禽獸　咸皆遂彼所求心
於諸女中若山峯　同昔仙人久住世
如少女天常離欲　實語猶如大世主
普見世閒差別類　乃至欲界諸天宮

BD04795號　金光明最勝王經卷七　（13–11）

於此十方世界中　如大燈明常普照
乃至神鬼諸禽獸　咸皆遂彼所求心
於諸女中若山峯　同昔仙人久住世
如少女天常離欲　實語猶如大世主
普見世閒差別類　乃至欲界諸天宮
唯有天女獨稱尊　不見有情能勝者
若於戰陣恐怖處　或見墮在火坑中
河津險難賊盜時　悉能令彼除怖畏
或被王法所枷鎖　或爲怨讎行殺害
若能專注心不移　決定解脫諸憂苦
於善惡人皆擁護　慈悲愍念常現前
是故我以至誠心　稽首歸依大天女
尒時婆羅門復以呪讚天女曰
敬礼敬礼世閒尊　於諸母中最爲勝
三種世間咸供養　面貌容儀人樂觀
種種妙德以嚴身　目如脩廣青蓮葉
福智光明名稱滿　譬如无價末尼珠
我今讚歎最勝者　悉能成辦所求心
真實功德妙吉祥　譬如蓮花極清淨
身色端嚴皆樂見　衆相希有不思議
能放无垢智光明　於諸念中爲最勝
猶如師子獸中上　常以八臂自莊嚴
各持弓箭刀矟斧　長杵鐵輪并羂索
端正樂觀如滿月　言詞无滯出和音
若有衆生心願求　善士隨念令圓滿
帝釋諸天咸供養　皆共稱讚可歸依

BD04795號　金光明最勝王經卷七　（13–12）

猶如師子獸中上　常以八辟自莊嚴
各持弓箭刀稍斧　長杵鐵輪并羂索
端正樂觀如滿月　言詞无滯出和音
若有衆生心願求　善士隨念令圓滿
帝釋諸天咸供養　皆共稱讚可歸依
衆德能生不思議　一切時中起恭敬
莎訶　此上呪頌是呪亦是讚若持持必須誦之
若欲祈請辯才天　依此呪讚言詞句
晨朝清淨至誠誦　於所求事悉隨心
尒時佛告婆羅門善哉善哉汝能如是利
益衆生施與安樂讚彼天女請求加護獲福
无邊
此品呪有略有廣或開或合前後不同梵
本既多但依一譯後勘者知之
金光明經卷第七
頞多可　澀色立　𦾓麦更　薩力　皺　鬚栗俞　譏迷計　攞羅可　背俟入　蘗
作合

BD04795 號　金光明最勝王經卷七　　（13–13）

於多劫中常
王發願求於无上菩提心不退轉為欲滿足
六波羅蜜勤行布施心无悋惜象馬七珍國
城妻子奴婢僕從頭目髓腦身宍手足不惜
軀命時世人民壽命无量為於法故捐
捨國位委政太子擊鼓宣令四方求法誰能
為我說大乘者吾當終身供給走使時有仙
人來白王言我有大乘名妙法華經若不違
我當為宣說王聞仙言歡喜踊躍即隨仙人
供給所須採菓汲水拾薪設食乃至以身
而為牀座身心无惓于時奉事經於千歲為
於法故精勤給侍令无所乏尒時世尊欲重宣
此義而說偈言
我念過去劫　為求大法故　雖作世國王　不貪五欲樂
搥鍾告四方　誰有大法者　若為我解說　身當為奴僕
時有阿私仙　來白於大王　我有微妙法　世間所希有
若能修行者　吾當為汝說　時王聞仙言　心生大喜悅
即便隨仙人　供給於所須　採薪及菓蓏　隨時恭敬與
情存妙法故　身心无懈惓　普為諸衆生　勤求於大法
亦不為己身　及以五欲樂　故為大國王　勤求獲此法

BD04796 號　妙法蓮華經卷四　　（5–1）

椎鍾告四方 誰有大法者 若為我解說 身當為奴僕
時有阿私仙 來白於大王 我有微妙法 世間所希有
若能修行者 吾當為汝說 時王聞仙言 心生大喜悅
即便隨仙人 供給於所須 採薪及菓蓏 隨時恭敬與
情存妙法故 身心无懈惓 普為諸衆生 懃求於大法
亦不為己身 及以五欲樂 故為大國王 懃求獲此法
遂致得成佛 今故為汝說
佛告諸比丘尒時王者則我身是時仙人者今
提婆達多是由提婆達多善知識故令我具
足六波羅蜜慈悲喜捨三十二相八十種好
紫磨金色十力四无所畏四攝法十八不共
神通道力成等正覺廣度衆生皆因提婆
達多善知識故告諸四衆提婆達多却後過
无量劫當得成佛号曰天王如來應供正遍
知明行足善逝世間解无上士調御丈夫天
人師佛世尊世界名天道時天王佛住世二十
中劫廣為衆生說於妙法恒河沙衆生得阿羅
漢果无量衆生發緣覺心恒河沙衆生發无
上道心得无生忍至不退轉時天王佛般涅槃
後正法住世二十中劫全身舍利起七寶塔
高六十由旬縱廣四十由旬諸天人民悉以
雜華末香燒香塗香衣服瓔珞幢幡寶蓋
伎樂歌頌禮拜供養七寶妙塔无量衆生
得阿羅漢果无量衆生悟辟支佛不可思議
衆生發菩提心至不退轉佛告諸比丘未來世
中若有善男子善女人聞妙法華經提婆達

BD04796 號　妙法蓮華經卷四　（5–2）

後正法住世二十中劫全身舍利起七寶塔
高六十由旬縱廣四十由旬諸天人民悉以
雜華末香燒香塗香衣服瓔珞幢幡寶蓋
伎樂歌頌禮拜供養七寶妙塔无量衆生
得阿羅漢果无量衆生悟辟支佛不可思議
衆生發菩提心至不退轉佛告諸比丘未來世
中若有善男子善女人聞妙法華經提婆達
多品淨心信敬不生疑惑者不墮地獄餓鬼
畜生生十方佛前所生之處常聞此經若生
人天中受勝妙樂若在佛前蓮華化生於時
下方多寶世尊所從菩薩名曰智積白多寶
佛當還本土釋迦牟尼佛告智積曰善男子
且待須臾此有菩薩名文殊師利可與相見
論說妙法可還本土尒時文殊師利坐千葉
蓮華大如車輪俱來菩薩亦坐寶蓮華從
於大海娑竭羅龍宮自然踊出住虛空中詣
靈鷲山從蓮華下至於佛所頭面敬禮二世
尊足修敬已畢往智積所共相慰問却坐一
面智積菩薩問文殊師利仁往龍宮所化衆
生其數幾何文殊師利言其數无量不可稱
計非口所宣非心所測且待須臾自當證知
所言未竟无數菩薩坐寶蓮華從海踊出
詣靈鷲山住在虛空此諸菩薩皆是文殊師
利之所化度具菩薩行皆共論說六波羅蜜
本聲聞人在虛空中說聲聞行今皆修行大乘
空義文殊師利謂智積曰於海教化其事如是

BD04796 號　妙法蓮華經卷四　（5–3）

計非口所宣非心所測且待須臾自當證知
所言未竟无數菩薩坐寶蓮華從海踊出
詣靈鷲山住在虛空此諸菩薩皆是文殊師
利之所化度具菩薩行皆共論說六波羅蜜
本聲聞人在虛空中說聲聞行今皆脩行大乘
空義文殊師利謂智積曰於海教化其事如是
尒時智積菩薩以偈讚曰
大智德勇健　化度无量衆　今此諸大會　及我皆已見
演暢實相義　開闡一乘法　廣導諸衆生　令速成菩提
文殊師利言我於海中唯常宣說妙法華經智
積問文殊師利言此經甚深微妙諸經中寶
世所希有頗有衆生懃加精進脩行此經速
得佛不文殊師利言有娑竭羅龍王女年始八
歲智慧利根善知衆生諸根行業得陀羅尼
諸佛所說甚深秘藏悉能受持深入禪定了
達諸法於剎那頃發菩提心得不退轉辯才无
礙慈念衆生猶如赤子功德具足心念口演
微妙廣大慈悲仁讓志意和雅能至菩提智
積菩薩言我見釋迦如來於无量劫難行
苦行積功累德求菩薩道未曾止息觀三
千大千世界乃至无有如芥子許非是菩
薩捨身命處為衆生故然後乃得成菩提道
不信此女於須臾頃便成正覺言論未訖時龍
王女忽現於前頭面礼敬却住一面以偈讚曰
深達罪福相　遍照於十方　微妙淨法身　具相三十二
以八十種好　用莊嚴法身　天人所戴仰　龍神咸恭敬

BD04796號　妙法蓮華經卷四　（5–4）

積問文殊師利言此經甚深微妙諸經中寶
世所希有頗有衆生懃加精進脩行此經速
得佛不文殊師利言有娑竭羅龍王女年始八
歲智慧利根善知衆生諸根行業得陀羅尼
諸佛所說甚深秘藏悉能受持深入禪定了
達諸法於剎那頃發菩提心得不退轉辯才无
礙慈念衆生猶如赤子功德具足心念口演
微妙廣大慈悲仁讓志意和雅能至菩提智
積菩薩言我見釋迦如來於无量劫難行
苦行積功累德求菩薩道未曾止息觀三
千大千世界乃至无有如芥子許非是菩
薩捨身命處為衆生故然後乃得成菩提道
不信此女於須臾頃便成正覺言論未訖時龍
王女忽現於前頭面礼敬却住一面以偈讚曰
深達罪福相　遍照於十方　微妙淨法身　具相三十二
以八十種好　用莊嚴法身　天人所戴仰　龍神咸恭敬
一切衆生類　无不宗奉者　又聞成菩提　唯佛當證知
我闡大乘教　度脫苦衆生

BD04796號　妙法蓮華經卷四　（5–5）

竟涅槃
无休息斷諸塵累
莊嚴成一切智諸
已施諸衆生无量
發弘誓願以大悲
慄怖懼共爲留難不許所祈即便白言二兄
前去我且於後尒時王子摩訶薩埵還入林
中至其虎所脫去衣服置於竹上作是誓言
我爲法界諸衆生　志求无上菩提處
起大悲心不傾動　當捨凡夫所愛身
菩提无患无熱惱　諸有智者之所樂
三界苦海諸衆生　我今拔濟令安樂
是時王子作是言已於餓虎前委身而卧由
此菩薩慈悲威勢虎无能爲菩薩見已即上
高山投身於地復作是念虎今羸瘦不能食
我即起求刀竟不能得即以乾竹刺頸出血
漸近虎邊是時大地六種震動如風激水涌
沒不安日无精明如羅睺障諸方闇蔽无復
光輝天雨名花及妙香末繽紛亂墜遍滿林
中尒時虛空有諸天衆見是事已生隨喜心
嘆未曾有咸共讚言善哉大士即說頌曰
大士救護運悲心　等視衆生如一子
勇猛歡喜情无恡　捨身濟苦福難思
定至真常勝妙處　永離生死諸纏縛

BD04797號　金光明最勝王經卷一〇　（16–1）

漸近虎邊是時大地六種震動如風激水涌
沒不安日无精明如羅睺障諸方闇蔽无復
光輝天雨名花及妙香末繽紛亂墜遍滿林
中尒時虛空有諸天衆見是事已生隨喜心
嘆未曾有咸共讚言善哉大士即說頌曰
大士救護運悲心　等視衆生如一子
勇猛歡喜情无恡　捨身濟苦福難思
定至真常勝妙處　永離生死諸纏縛
不久當獲菩提果　寂靜安樂證无生
是時餓虎既見菩薩頸下出血即便舐血噉
肉皆盡唯留餘骨尒時第一王子見地動已
告其弟曰
大地山河皆震動　諸方闇蔽日无光
天花亂墜遍空中　定是我弟捨身相
第二王子聞兄語已說伽他曰
我聞薩埵慈悲語　見彼餓虎身羸瘦
飢苦所纏恐食子　我今疑弟捨其身
時二王子生大愁苦啼泣悲嘆即共相隨還
至虎所見弟衣服在竹枝上骸骨及髮在處
縱橫流血成泥沾汙其地見已悶絕不能自
持投身骨上久乃得穌即起舉手哀號大哭
俱時嘆曰
我弟貌端嚴　父母偏愛念　云何俱共出　捨身而不歸
父母若問時　我等如何答　寧可同捐命　豈復自存身
時二王子悲泣懊惱漸捨而去時小王子所
將侍從互相謂曰王子何在宜共推求
尒時國大夫人寢高樓上便於夢中見不祥
相被割兩乳牙齒墮落得三鴿鶵一爲鷹奪
二被驚怖地動之時夫人遂覺心大愁惱

BD04797號　金光明最勝王經卷一〇　（16–2）

又母若問時　我等如何荅　寧可同損命　豈復自在身
時二王子悲泣懊惱漸捨而去時小王子所
將侍從并相謂曰王子何在宜共推求
尒時國大夫人寢高樓上便於夢中見不祥
相彼割兩乳牙齒墮落得三鴿鶵一為鷹奪
二被驚怖地動之時夫人遂覺心大愁惱作
如是言
何故今時大地動　江河林樹皆搖震
日无精光如覆蔽　目瞤乳動異常時
如箭射心憂苦逼　遍身戰掉不安隱
我之所夢不祥徵　必有非常災變事
夫人兩乳忽然流出念此必有變怪之事時
有侍女聞外人言求覓王子今猶未得心大
驚怖即入宮中白夫人曰大家知不外聞諸
人散覓王子遍求不得時彼夫人聞是語已
生大憂惱悲淚盈目至大王所白言大王我
聞外人作如是語失我最小所愛之子王聞
語已驚惶失所悲哽而言苦哉今日失我所
愛子即便抆淚慰喻夫人告言賢首汝勿憂慼
吾今共出求覓愛子王与大臣及諸人衆即
共出城各各分散隨處求覓未久之頃有一
大臣前白王曰聞王子在願勿憂愁其最小
者今猶未見王聞是語悲歎而言苦哉苦哉
失我愛子
初有子時歡喜少　後失子時憂苦多
若使我兒重壽命　縱我身亡不為苦
夫人聞已憂惱纏懷如被箭中而嗟歎曰
我之三子并侍從　俱往林中共遊賞

BD04797號　金光明最勝王經卷一〇　（16–3）

者今猶未見王聞是語悲歎而言苦哉苦哉
失我愛子
初有子時歡喜少　後失子時憂苦多
若使我兒重壽命　縱我身亡不為苦
夫人聞已憂惱纏懷如被箭中而嗟歎曰
我之三子并侍從　俱往林中共遊賞
最小愛子獨不還　定有乖離災厄事
次第二臣來至王所王問臣曰愛子何在第
二大臣懊惱啼泣喉舌乾燥口不能言竟无
所荅夫人問曰
速報小子今何在　我身熱惱遍燒然
悶亂荒迷失本心　勿使我胷今破裂
時第三臣即以王子捨身之事具白王知王
及夫人聞其事已不勝悲噎望捨身處驟
駕前行詣竹林所至彼菩薩捨身之地見其骸
骨隨處交横俱時投地悶絕將死猶如猛風
吹倒大樹心迷失緒都无所知時大臣等以
水遍灑王及夫人良久乃蘇舉手而哭諮嗟
歎曰
禍哉愛子端嚴相　曰何死苦先來逼
若我得在汝前亡　豈見如斯大苦事
尒時夫人迷悶稍止頭髮蓬亂兩手推匈宛
轉于地如魚處陸若牛失子悲泣而言
我子誰屠割　餘骨散于地　失我所愛子　憂悲不自勝
苦哉誰殺子　致斯憂惱事　我心非金剛　云何而不破
我夢中所見　兩乳皆被割　牙齒悉墮落　今遭大苦痛
又夢三鴿鶵　一被鷹擒去　今失所愛子　惡相表非虛
尒時大王及於夫人并二王子盡哀號哭瓔
珞下卸与諸人衆共收菩薩遺身舍利為於

BD04797號　金光明最勝王經卷一〇　（16–4）

轉于地如魚處陸若牛失子悲泣而言
我子誰屠割 餘骨擲于地 失我所愛子 憂悲不自勝
苦哉誰殺子 致斯憂惱事 我心非金剛 云何而不破
我夢中所見 兩乳皆被割 牙齒悉墮落 今遭大苦痛
又夢三鴿鷇 一被鷹擒去 今失所愛子 惡相表非虛
尒時大王及於夫人并二王子盡哀號哭瓔
珞不御与諸人衆共收菩薩遺身舍利為於
供養置窣堵波中阿難陀汝等應知此即是
彼菩薩舍利復告阿難陀我於昔時雖具煩
惱貪瞋癡等能於地獄餓鬼傍生五趣之中
隨緣救濟令得出離何況今時煩惱都盡无
復餘習号天人師具一切智而不能為一一
衆生經於多劫在地獄中及於餘處代受衆
苦令出生死煩惱輪迴尒時世尊欲重宣此
義而說頌言
我念過去世 无量无數劫 或時作國王 或復為王子
常行於大施 及捨所愛身 願出離生死 至妙菩提處
昔時有大國 國主名大車 王子名勇猛 常施心无悋
王子有二兄 号大渠大天 三人同出遊 漸至山林所
見虎飢所逼 便生如是心 此虎飢火燒 更无餘可食
大士覩如斯 恐其將食子 捨身无所顧 救子不令傷
大地及諸山 一時皆震動 江海皆騰躍 驚波水逆流
天地失光明 昏冥无所見 林野諸禽獸 飛奔失所依
二兄怪不還 憂慼生悲苦 即与諸侍從 林藪遍尋求
兄弟共籌議 復往深山處 四顧无所有 見虎處空林
其母并七子 口皆有血汙 殘骨并餘髮 縱橫在地中
復見有流血 散在竹林所 二兄既見已 心生大恐怖
悶絕俱躃地 荒迷不覺知 塵土坌其身 六情皆失念
王子諸侍從 啼泣心憂惱 以水灑令穌 舉手號咷哭

BD04797 號 金光明最勝王經卷一〇 （16–5）

二兄怪不還 憂慼生悲苦 即与諸侍從 林藪遍尋求
兄弟共籌議 復往深山處 四顧无所有 見虎處空林
其母并七子 口皆有血汙 殘骨并餘髮 縱橫在地中
復見有流血 散在竹林所 二兄既見已 心生大恐怖
悶絕俱躃地 荒迷不覺知 塵土坌其身 六情皆失念
王子諸侍從 啼泣心憂惱 以水灑令穌 舉手號咷哭
菩薩捨身時 慈母在宮內 五百諸婇女 共受於妙樂
夫人之兩乳 忽然自流出 遍體如針刺 苦痛不能安
欻生失子想 憂箭苦傷心 即白大王知 陳斯苦惱事
悲泣不堪忍 哀聲白王說 大王今當知 我生大苦惱
兩乳忽流出 禁止不隨心 如針遍刺身 煩惋胷欲破
我先夢惡徵 必當失愛子 願王濟我命 知兒存与亡
夢見三鴿鷇 小者是愛子 忽被鷹奪去 悲愁難具陳
我今沒憂海 趣死將不久 恐子命不全 願為速求覓
又聞外人語 小子求不得 我今意不安 願王哀愍我
夫人白王已 舉身而躃地 悲痛心悶絕 荒迷不覺知
婇女見夫人 悶絕在於地 舉聲皆大哭 憂惶失所依
王聞如是語 懷憂不自勝 因命諸群臣 尋求所愛子
皆共出城外 隨處而追覓 涕泣問諸人 王子今何在
今者為存亡 誰知所去處 云何令得見 遣我憂惱心
諸人悉共傳 咸言王子死 聞者皆傷歎 悲歎苦難裁
尒時大車王 悲號從座起 即就夫人處 以水灑其身
夫人蒙水灑 久乃得醒悟 悲啼以問王 我兒今在不
王告夫人曰 我已使諸人 四向求王子 尚未有消息
王又告夫人 汝莫生煩惱 且當自安慰 可共出追尋
王即与夫人 嚴駕而前進 號動聲悽慼 憂心若火然
士庶百千万 亦隨王出城 各欲求王子 悲號聲不絕
王求愛子故 目視於四方 見有一人來 被髮身塗血
遍體蒙塵土 悲哭逆前來 王見是惡相 倍復生憂惱

BD04797 號 金光明最勝王經卷一〇 （16–6）

王告夫人曰　我已使諸人　四向求王子　尚未有消息
王又告夫人　汝莫生煩惱　且當自安慰　可共出追尋
王即與夫人　嚴駕而前進　哀動聲悽感　憂心若火然
士庶百千万　亦隨王出城　各欲求王子　悲號聲不絕
王求愛子故　目視於四方　見有一人來　被髮身塗血
遍體蒙塵土　悲泣逆前來　王見是惡相　倍復生憂惱
王便舉兩手　哀號不自載　初有一大臣　忽從至王所
進白大王曰　幸願勿悲哀　王之所愛子　今雖求未獲
不久當來至　以釋大王憂　王復更前行　見次大臣至
其臣詣王所　流淚白王言　二子今現存　被憂火所逼
其第三王子　已被无常吞　見餓虎初生　將欲食其子
彼薩埵王子　見此起悲心　願求无上道　當度一切眾
繫想妙菩提　廣大深如海　即上高山頂　投身餓虎前
虎羸不能食　以竹自傷頸　遂噉王子身　唯有餘骸骨
時王及夫人　聞已俱悶絕　心沒於憂海　煩惱火燒然
臣以栴檀水　灑王及夫人　俱起大悲號　舉手推胷臆
第三大臣來　白王如是語　我見二王子　悶絕在林中
臣以冷水灑　尒乃蹔蘇息　顧視於四方　如猛火周遍
暫起而還伏　悲號不自勝　舉手以哀言　稱歎弟希有
王聞如是說　倍增憂火煎　夫人大號咷　高聲作是語
我之小子偏鍾愛　已為无常羅剎吞
餘有二子今現存　復被憂火所燒逼
我今速可之山下　安慰令其保餘命
即便馳駕望前路　一心詣彼捨身處
路逢二子行啼泣　搥胷懊惱失容儀
父母見已抱憂悲　俱往山林捨身處
既至菩薩捨身地　共聚悲號生大苦
脫去瓔珞盡哀心　收取菩薩身餘骨
与諸人眾同供養　共造七寶窣覩波

BD04797 號　金光明最勝王經卷一〇

（16–7）

即便馳駕望前路　一心詣彼捨身處
路逢二子行啼泣　搥胷懊惱失容儀
父母見已抱憂悲　俱往山林捨身處
既至菩薩捨身地　共聚悲號生大苦
脫去瓔珞盡哀心　收取菩薩身餘骨
与諸人眾同供養　共造七寶窣覩波
以彼舍利置函中　整駕懷憂趣城邑
復告阿難陀　往時薩埵者　即我牟尼是　勿生於異念
王是父淨飯　后是母摩耶　太子謂慈氏　次勇殊室利
虎是大世主　五兒五苾芻　一是大目連　一是舍利子
我為汝等說　往昔利他緣　如是菩薩行　成佛因當學
菩薩捨身時　發如是弘誓　願我身餘骨　來世益眾生
此是捨身處　七寶窣覩波　以經无量時　遂沉於厚地
由昔本願力　隨緣興濟度　為利於人天　從地而涌出
尒時世尊說是往昔因緣之時无量阿僧企
耶人天大眾皆大悲喜歎未曾有悉發阿耨
多羅三藐三菩提心復告樹神我為報恩故
致礼敬佛攝神力其窣覩波還沒于地
金光明最勝王經十方菩薩讚歎品第廿七
尒時釋迦牟尼如來說是經時於十方世界
有无量百千万億諸菩薩眾各從本土詣
鷲山至世尊所五輪著地礼世尊已一心合
掌異口同音而讚歎曰
佛身微妙真金色　其光普照等金山
清淨柔耎若蓮花　无量妙彩而嚴飾
三十二相遍莊嚴　八十種好皆圓備
光明炳著无與等　離垢猶如淨滿月
其聲清徹甚微妙　如師子吼震雷音
八種微妙應群機　超勝迦陵頻伽等

BD04797 號　金光明最勝王經卷一〇

（16–8）

掌異口同音而讚嘆曰
佛身微妙真金色　其光普照等金山
清淨柔爽若蓮花　无量妙彩而嚴飾
三十二相遍莊嚴　八十種好皆圓備
光明炳著无與等　離垢猶如淨滿月
其聲清徹甚微妙　如師子吼震雷音
八種微妙應群機　超勝迦陵頻伽等
百福妙相以嚴容　光明具足淨无垢
智慧澄明如大海　功德廣大若虛空
圓光遍滿十方界　隨緣普濟諸有情
煩惱愛染習皆除　法炬恒然不休息
哀愍利益諸眾生　現在未來能與樂
常為宣說第一義　令證涅槃真寂靜
佛說甘露殊勝法　能與甘露微妙義
引入甘露涅槃城　令受甘露无為樂
常於生死大海中　解脫一切眾生苦
令彼能住安隱路　恒與難思如意樂
如來德海甚深廣　非諸譬喻所能知
於眾常起大悲心　方便精勤恒不息
如來智海无邊際　一切人天共測量
假使千万億劫中　不能得知其少分
我今略讚佛功德　於德海中唯一渧
迴斯福聚施群生　皆願速證菩提果
尒時世尊告諸菩薩言善哉善哉汝等善能
如是讚佛功德利益有情廣興佛事能滅諸
罪生无量福
金光明最勝王經妙幢菩薩讚歎品第廿八
尒時妙幢菩薩即從座起偏袒右肩右膝著
地合掌向佛而說讚曰

BD04797號　金光明最勝王經卷一〇　（16–9）

尒時世尊告諸菩薩言善哉善哉汝等善能
如是讚佛功德利益有情廣興佛事能滅諸
罪生无量福
金光明最勝王經妙幢菩薩讚歎品第廿八
尒時妙幢菩薩即從座起偏袒右肩右膝著
地合掌向佛而說讚曰
牟尼百福相圓滿　無量功德以嚴身
廣大清淨人樂觀　猶如千日光明照
燄彩无邊光熾盛　如妙寶聚相端嚴
如日初出映虛空　紅白分明間金色
亦如金山光普照　悉能周遍百千土
能滅眾生无量苦　皆與无邊勝妙樂
諸相具足悉嚴淨　眾生樂觀无猒足
頭髮柔爽紺青色　猶如黑蜂集妙花
大喜大捨淨莊嚴　大慈大悲皆具足
眾妙相好為嚴飾　菩提分法之所成
如來能施眾福利　令彼常蒙大安樂
種種妙德共莊嚴　光明普照千万土
如來光相極圓滿　猶如赫日遍空中
佛如須弥功德具　示現能周於十方
如來金口妙端嚴　齒白齊密如珂雪
如來面貌无倫匹　眉間豪相常右旋
光潤鮮白等頗梨　猶如滿月居空界
佛告妙幢菩薩汝能如是讚佛功德不可思
議利益一切令未知者隨順修學
金光明最勝王經菩提樹神讚歎品第廿九
尒時菩提樹神亦以伽他讚世尊曰

BD04797號　金光明最勝王經卷一〇　（16–10）

如來金口妙端嚴　齒白齊密如珂雪
如來面貌无倫匹　眉間毫相常右旋
光潤鮮白等頗梨　猶如滿月居空界
佛告妙幢菩薩汝能如是讚佛功德不可思
議利益一切令未知者隨順修學
金光明最勝王經菩提樹神讚歎品第廿九
尒時菩提樹神亦以伽他讚世尊曰
敬礼如來清淨慧　敬礼常求正法慧
敬礼能離非法慧　敬礼恒无分別慧
希有世尊无邊行　希有難見如優曇
希有如海鎮山王　希有善逝光无量
希有調御弘慈願　希有釋種明逾日
能說如是經中寶　哀愍利益諸群生
牟尼寂靜諸根定　能入寂靜涅槃城
能住寂靜等持門　能知寂靜深境界
兩足中尊住空寂　聲聞弟子身亦空
一切法體性皆无　一切衆生悉空寂
我常憶念於諸佛　我常樂見諸世尊
我常發趣起重心　常得值遇如來日
我常頂礼於世尊　願常渴仰心不捨
悲泣流淚情无間　常得奉事不知猒
唯願世尊起悲心　和顔常得令我見
佛及聲聞衆清淨　願常普濟於人天
佛身本淨若虛空　亦如幻燄及水月
願說涅槃甘露法　能生一切功德聚
世尊所有淨境界　慈悲正行不思議
聲聞獨覺非所量　大仙菩薩不能測
唯願如來哀愍我　常令覩見大悲身

BD04797號　金光明最勝王經卷一〇　（16–11）

佛及聲聞衆清淨　願常普濟於人天
佛身本淨若虛空　亦如幻燄及水月
願說涅槃甘露法　能生一切功德聚
世尊所有淨境界　慈悲正行不思議
聲聞獨覺非所量　大仙菩薩不能測
唯願如來哀愍我　常令覩見大悲身
三業无倦奉尊慈　速出生死歸真際
尒時世尊聞是讚已以梵音聲告樹神曰善
哉善哉善女天汝能於真實无妄清淨法
身自利利他宣揚妙相以此功德令汝速證
最上菩提一切有情同所修習若得聞者皆
入甘露无生法門
金光明最勝王經大辯才天女讚歎品第卅
尒時大辯才天女即從座起合掌恭敬以真言
詞讚世尊曰
南謨釋迦牟尼如來應正等覺身真金色咽
如螺貝面如滿月目類青蓮脣口赤好如頗
梨色鼻高脩直如截金鋌齒白齊密如拘物
頭花身光普照如百千日光彩映徹如贍部
金所有言詞皆无謬失示三解脫門開三菩
提路心常清淨意樂亦然佛所住處及所行
境亦常清淨離非威儀進止无謬六年苦行
三轉法輪度苦衆生令歸彼岸身相圓滿
如拘陁樹六度薰修三業无失具一切智自他
利滿所有宣說常為衆生言不虛設於釋種
中為大師子堅固勇猛具八解脫我今隨力
種讚如來少分功德猶如蚊子飲大海水願

BD04797號　金光明最勝王經卷一〇　（16–12）

三轉法輪度苦衆生令歸彼岸身相圓滿
如拘陁樹六度熏修三業无失具一切智自他
利滿所有宣說常為衆生言不虛設於釋種
中為大師子堅固勇猛具八解脫我今隨力
種讚如來少分功德猶如蚊子飲大海水願
以此福廣及有情永離生死成无上道
尒時世尊告大辯才天曰善哉善哉汝久修習
具大辯才今復於我廣陳讚歎令汝速證
无上法門相好圓明普利一切
金光明最勝王經付囑品第卅一
尒時世尊普告无量菩薩及諸人天一切大
衆汝等當知我於无量无數大劫勤修苦行
獲甚深法菩提正因已為汝說汝等誰能發
勇猛心恭敬守護我涅槃後於此法門廣宣
流布能令正法久住世間尒時衆中有六十
俱胝諸大菩薩六十俱胝諸天大衆異口同
音作如是語世尊我等咸有欣樂之心於佛
世尊无量大劫勤修苦行所獲甚深微妙之
法菩提正因恭敬護持不惜身命佛涅槃後
於此法門廣宣流布當令正法久住世間尒
時諸大菩薩即於佛前說伽他曰
世尊真實語　安住於實法　由彼真實故　護持於此經
大悲為甲冑　安住於大慈　由彼慈悲力　護此於此經
福資粮圓滿　生起智資粮　由資粮滿故　護持於此經
降伏一切魔　破滅諸邪論　斷除惡見故　護持於此經
護世并釋梵　乃至阿蘇羅　龍神藥叉等　護持於此經
地上及虛空　久住於斯者　奉持佛教故　護持於此經

BD04797 號　金光明最勝王經卷一〇　（16–13）

世尊真實語　安住於實法　由彼真實故　護持於此經
大悲為甲冑　安住於大慈　由彼慈悲力　護此於此經
福資粮圓滿　生起智資粮　由資粮滿故　護持於此經
降伏一切魔　破滅諸邪論　斷除惡見故　護持於此經
護世并釋梵　乃至阿蘇羅　龍神藥叉等　護持於此經
地上及虛空　久住於斯者　奉持佛教故　護持於此經
四梵住相應　四聖諦嚴飾　降伏四魔故　護持於此經
虛空成質礙　質礙成虛空　諸佛所護持　无能傾動者
尒時四大天王聞佛說此護持妙法各生隨喜
護正法心一時同聲說伽他曰
我今於此經　及男女眷屬　皆一心擁護　令得廣流通
若有持經者　能作菩提因　我常於四方　擁護而承事
尒時天帝釋合掌恭敬說伽他曰
諸佛證此法　為欲報恩故　饒益菩薩衆　出世演斯經
我於彼諸佛　報恩常供養　護持如是經　及以持經者
尒時都史多天子合掌恭敬說伽他曰
佛說如是經　若有能持者　當住菩提位　來生覩史天
世尊我慶快　捨天殊勝報　住於贍部洲　宣揚是經典
時索訶世界主梵天王合掌恭敬說伽他曰
諸靜慮无量　諸乘及解脫　皆從此經出　是故演斯經
若說是經處　我捨梵天樂　為聽如是經　亦常為擁護
尒時魔王子名曰商主合掌恭敬說伽他曰
若有受持此　正義相應經　不隨魔所行　淨除魔惡業
我等於此經　亦當勤守護　發大精進意　隨處廣流通
尒時魔王合掌恭敬說伽他曰
若有持此經　能伏諸煩惱　如是衆生類　擁護令安樂
若有說是經　諸魔不得便　由佛威神故　我當擁護彼
尒時妙吉祥天子亦於佛前說伽他曰

BD04797 號　金光明最勝王經卷一〇　（16–14）

我等於此經　亦當勤守護　發大精進意　隨處廣流通
尒時魔王合掌恭敬說伽他曰
若有持此經　能伏諸煩惱　如是衆生類　擁護令安樂
若有說是經　諸魔不得便　由佛威神故　我當擁護彼
尒時妙吉祥天子亦於佛前說伽他曰
諸佛妙菩提　於此經中說　若持此經者　是供養如來
我當持此經　為俱胝天說　恭敬聽聞者　勸至菩提處
尒時慈氏菩薩合掌恭敬說伽他曰
若見住菩提　与為不請友　乃至捨身命　為護此經王
我聞如是法　當往覩史天　由世尊加護　廣為天人說
尒時上坐大迦攝波合掌恭敬說伽他曰
佛於聲聞乘　說我少智慧　我今隨自力　護持如是經
若有持此經　我當攝受彼　授其詞辯力　常隨讚善哉
尒時具壽阿難陁合掌向佛說伽他曰
我親從佛聞　无量衆經典　未曾聞如是　深妙法中王
我今聞是經　親於佛前受　諸樂菩提者　當為廣宣通
尒時世尊見諸菩薩人天大衆各各發心於
此經典流通擁護勸進菩薩廣利衆生讚言
善哉善哉汝等能於如是微妙經王虔誠流
布乃至於我般涅槃後不令散滅即是无上
菩提正因所獲功德於恒沙劫說不能盡若有
苾蒭苾蒭尼鄔波索迦鄔波斯迦及餘善男
子善女人等供養恭敬書寫流通為人解
說所獲功德亦復如是是故汝等應勤修習
尒時无量无邊恒沙大衆聞佛說已皆大歡
喜信受奉行

BD04797 號　金光明最勝王經卷一〇　（16–15）

尒時具壽阿難陁合掌向佛說伽他曰
我親從佛聞　无量衆經典　未曾聞如是　深妙法中王
我今聞是經　親於佛前受　諸樂菩提者　當為廣宣通
尒時世尊見諸菩薩人天大衆各各發心於
此經典流通擁護勸進菩薩廣利衆生讚言
善哉善哉汝等能於如是微妙經王虔誠流
布乃至於我般涅槃後不令散滅即是无上
菩提正因所獲功德於恒沙劫說不能盡若有
苾蒭苾蒭尼鄔波索迦鄔波斯迦及餘善男
子善女人等供養恭敬書寫流通為人解
說所獲功德亦復如是是故汝等應勤修習
尒時无量无邊恒沙大衆聞佛說已皆大歡
喜信受奉行

金光明最勝王經卷第十

鵝去例　航胡郎　鵶班　掄呂令　鎚直盾　瘠情昔　捫胡本　鯁庚杏

BD04797 號　金光明最勝王經卷一〇　（16–16）

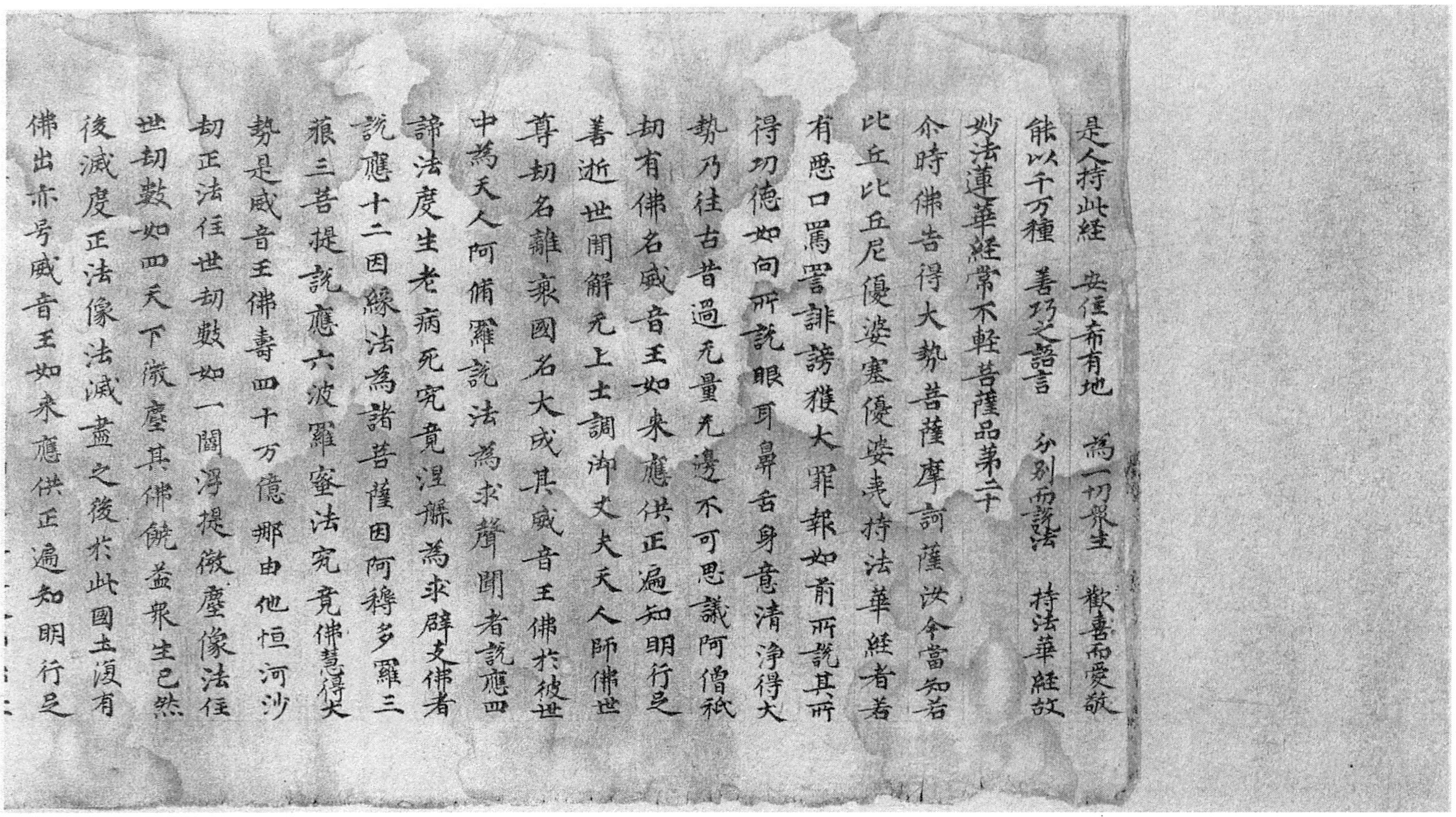
是人持此經　安住希有地　為一切衆生　歡喜而愛敬
能以千万種　善巧之語言　分別而說法　持法華經故
妙法蓮華經常不輕菩薩品第二十
尒時佛告得大勢菩薩摩訶薩汝今當知若
比丘比丘尼優婆塞優婆夷持法華經者若
有惡口罵詈誹謗獲大罪報如前所說其所
得功德如向所說眼耳鼻舌身意清淨得大
勢乃往古昔過无量无邊不可思議阿僧祇
劫有佛名威音王如來應供正遍知明行足
善逝世間解无上士調御丈夫天人師佛世
尊劫名離衰國名大成其威音王佛於彼世
中為天人阿脩羅說法為求聲聞者說應四
諦法度生老病死究竟涅槃為求辟支佛者
說應十二因緣法為諸菩薩因阿耨多羅三
藐三菩提說應六波羅蜜法究竟佛慧得大
勢是威音王佛壽四十万億那由他恒河沙
劫正法住世劫數如一閻浮提微塵像法住
世劫數如四天下微塵其佛饒益衆生已然
後滅度正法像法滅盡之後於此國土復有
佛出亦号威音王如來應供正遍知明行足

BD04798 號　妙法蓮華經卷六　　（18–1）

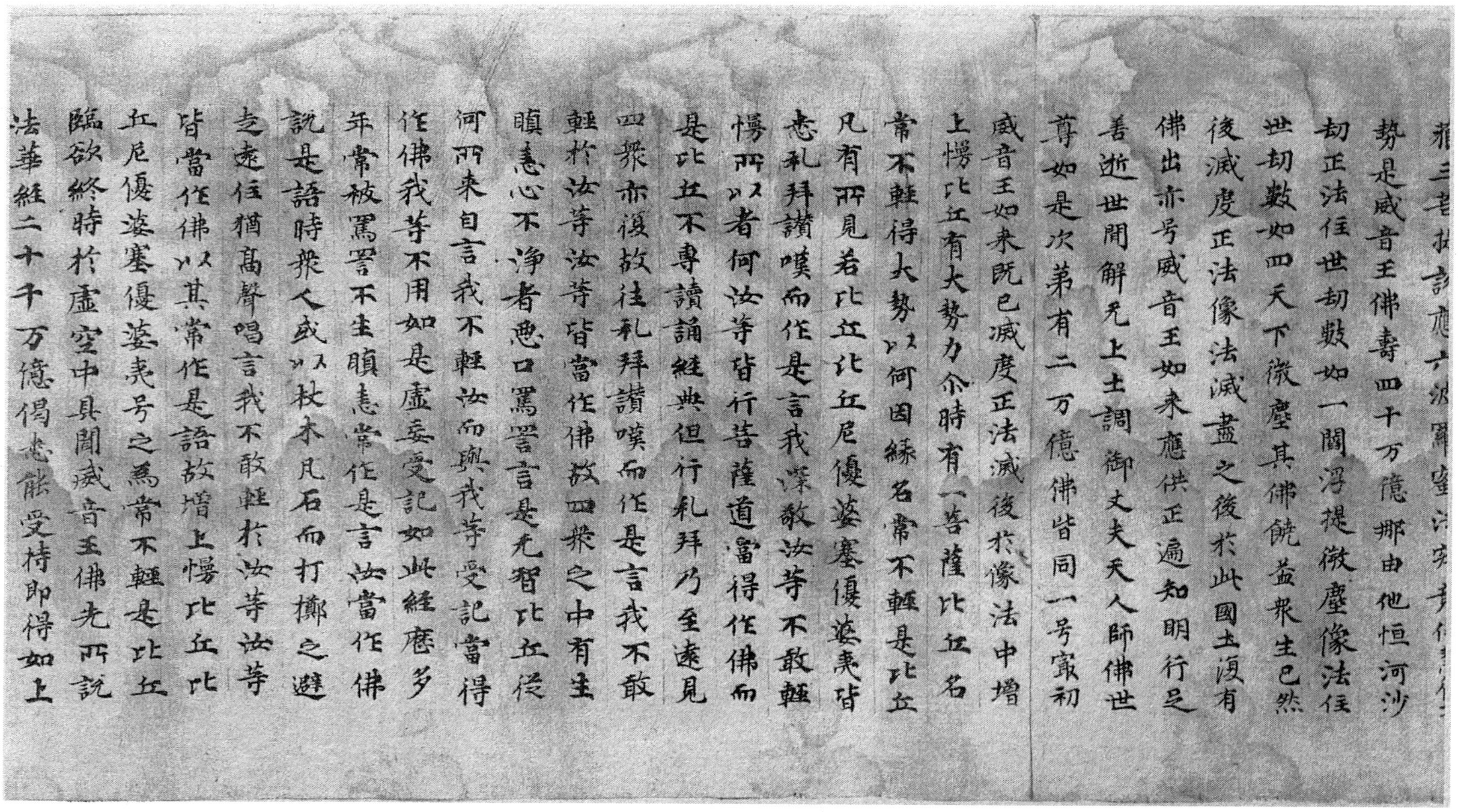
藐三菩提說應六波羅蜜法究竟佛慧得大
勢是威音王佛壽四十万億那由他恒河沙
劫正法住世劫數如一閻浮提微塵像法住
世劫數如四天下微塵其佛饒益衆生已然
後滅度正法像法滅盡之後於此國土復有
佛出亦号威音王如來應供正遍知明行足
善逝世間解无上士調御丈夫天人師佛世
尊如是次第有二万億佛皆同一号最初
威音王如來既已滅度正法滅後於像法中增
上慢比丘有大勢力尒時有一菩薩比丘名
常不輕得大勢以何因緣名常不輕是比丘
凡有所見若比丘比丘尼優婆塞優婆夷皆
悉礼拜讚嘆而作是言我深敬汝等不敢輕
慢所以者何汝等皆行菩薩道當得作佛而
是比丘不專讀誦經典但行礼拜乃至遠見
四衆亦復故往礼拜讚嘆而作是言我不敢
輕於汝等汝等皆當作佛故四衆之中有生
瞋恚心不淨者惡口罵詈言是无智比丘從
何所來自言我不輕汝而與我等受記當得
作佛我等不用如是虛妄受記如此經歷多
年常被罵詈不生瞋恚常作是言汝當作佛
說是語時衆人或以杖木瓦石而打擲之避
走遠住猶高聲唱言我不敢輕於汝等汝等
皆當作佛以其常作是語故增上慢比丘比
丘尼優婆塞優婆夷号之為常不輕是比丘
臨欲終時於虛空中具聞威音王佛先所說
法華經二十千万億偈悉能受持即得如上

BD04798 號　妙法蓮華經卷六　　（18–2）

説是語時衆人或以杖木瓦石而打擲之避
走遠住猶高聲唱言我不敢輕於汝等汝等
皆當作佛以其常作是語故增上慢比丘比
丘尼優婆塞優婆夷号之為常不輕是比丘
臨欲終時於虚空中具聞威音王佛先所説
法華經二十千万億偈悉能受持即得如上
眼根清淨耳鼻舌身意根清淨得是六根清
淨已更增壽命二百万億那由他歲廣為人
説是法華經於時增上慢四衆比丘比丘尼
優婆塞優婆夷輕賤是人為作不輕名者見
其得大神通力樂説辯力大善寂力聞其所
説皆信伏隨從是菩薩復化千万億衆令住
阿耨多羅三藐三菩提命終之後得值二千
億佛皆号日月燈明於其法中説是法華經
以是因緣復值二千億佛同号雲自在燈王
於此諸佛法中受持讀誦為諸四衆説此經
典故得是常眼清淨耳鼻舌身意諸根清淨
於四衆中説法心无所畏得大勢是常不輕
菩薩摩訶薩供養如是若干諸佛恭敬尊重
讃嘆種諸善根於後復值千万億佛亦於諸
佛法中説是經典功德成就當得作佛得大
勢於意云何尒時常不輕菩薩豈異人乎則
我身是若我於宿世不受持讀誦此經為他
人説者不能疾得阿耨多羅三藐三菩提我
於先佛所受持讀誦此經為人説故疾得阿
耨多羅三藐三菩提得大勢彼時四衆比丘

BD04798號　妙法蓮華經卷六　（18–3）

[illegible]
佛法中説是經典功德成就當得作佛得大
勢於意云何尒時常不輕菩薩豈異人乎則
我身是若我於宿世不受持讀誦此經為他
人説者不能疾得阿耨多羅三藐三菩提我
於先佛所受持讀誦此經為人説故疾得阿
耨多羅三藐三菩提得大勢彼時四衆比丘
比丘尼優婆塞優婆夷以瞋恚意輕賤我故
二百億劫常不值佛不聞法不見僧千劫於
阿鼻地獄受大苦惱畢是罪已復遇常不輕
菩薩教化阿耨多羅三藐三菩提得大勢於
汝意云何尒時四衆常輕是菩薩者豈異人
乎今此會中跋陀婆羅等五百菩薩師子月
等五百比丘尼思佛等五百優婆塞皆於阿
耨多羅三藐三菩提不退轉者是得大勢當
知是法華經大饒益諸菩薩摩訶薩能令至
於阿耨多羅三藐三菩提是故諸菩薩摩訶
薩於如來滅後常應受持讀誦解説書寫是
經尒時世尊欲重宣此義而説偈言
過去有佛　号威音王　神智无量　將導一切
天人龍神　所共供養　是佛滅後　法欲盡時
有一菩薩　名常不輕　時諸四衆　計著於法
不輕菩薩　往到其所　而語之言　我不輕汝
汝等行道　皆當作佛　諸人聞已　輕毀罵詈
不輕菩薩　能忍受之　其罪畢已　臨命終時
得聞此經　六根清淨　神通力故　增益壽命
復為諸人　廣説是經　諸著法衆　皆蒙菩薩

BD04798號　妙法蓮華經卷六　（18–4）

不輕菩薩　往到其所　而語之言　我不輕汝
汝等行道　皆當作佛　諸人聞已　輕毀罵詈
不輕菩薩　能忍受之　其罪畢已　臨命終時
得聞此經　六根清淨　神通力故　增益壽命
復為諸人　廣說是經　諸著法眾　皆蒙菩薩
教化成就　令住佛道　不輕命終　值无數佛
說是經故　得无量福　漸具功德　疾成佛道
彼時不輕　則我身是　時四部眾　著法之者
聞不輕言　汝當作佛　以是因緣　值无數佛
此會菩薩　五百之眾　并及四部　清信士女
今於我前　聽法者是　我於前世　勸是諸人
聽受斯經　第一之者　開示教人　令住涅槃
世世受持　如是經典　億億万劫　至不可議
時乃得聞　是法華經　億億万劫　至不可議
諸佛世尊　時說是經　是故行者　於佛滅後
聞如是經　勿生疑惑　應當一心　廣說此經
世世值佛　疾成佛道

妙法蓮華經如來神力品第二十一

尒時千世界微塵等菩薩摩訶薩從地踊出
者皆於佛前一心合掌瞻仰尊顏而白佛言
世尊我等於佛滅後世尊分身所在國土滅
度之處當廣說此經所以者何我等亦自欲
得是真淨大法受持讀誦解說書寫而供養
之尒時世尊於文殊師利等无量百千万億
舊住娑婆世界菩薩摩訶薩及諸比丘比丘
尼優婆塞優婆夷天龍夜叉乾闥婆阿脩羅

BD04798號　妙法蓮華經卷六　(18–5)

度之處當廣說此經所以者何我等亦自欲
得是真淨大法受持讀誦解說書寫而供養
之尒時世尊於文殊師利等无量百千万億
舊住娑婆世界菩薩摩訶薩及諸比丘比丘
尼優婆塞優婆夷天龍夜叉乾闥婆阿脩羅
迦樓羅緊那羅摩睺羅伽人非人等一切眾
前現大神力出廣長舌上至梵世一切毛孔
放於无量无數色光皆悉遍照十方世界眾
寶樹下師子座上諸佛亦復如是出廣長舌
放无量光釋迦牟尼佛及寶樹下諸佛現神
力時滿百千歲然後還攝舌相一時謦欬俱
共彈指是二音聲遍至十方諸佛世界地皆
六種震動其中眾生天龍夜叉乾闥婆阿脩
羅迦樓羅緊那羅摩睺羅伽人非人等以佛
神力故皆見此娑婆世界无量无邊百千万
億眾寶樹下師子座上諸佛及見釋迦牟尼
佛共多寶如來在寶塔中坐師子座又見无
量无邊百千万億菩薩摩訶薩及諸四眾恭
敬圍繞釋迦牟尼佛既見是已皆大歡喜得
未曾有即時諸天於虛空中高聲唱言過此
无量无邊百千万億阿僧祇世界有國名娑
婆是中有佛名釋迦牟尼今為諸菩薩摩訶
薩說大乘經名妙法蓮華教菩薩法佛所護
念汝等當深心隨喜亦當礼拜供養釋迦牟
尼佛彼諸眾生聞虛空中聲已合掌向娑婆
世界作如是言南无釋迦牟尼佛南无釋迦

BD04798號　妙法蓮華經卷六　(18–6)

[illegible]
婆是中有佛名釋迦牟尼今為諸菩薩摩訶
薩說大乘經名妙法蓮華教菩薩法佛所護
念汝等當深心隨喜亦當礼拜供養釋迦牟
尼佛彼諸衆生聞虛空中聲已合掌向娑婆
世界作如是言南无釋迦牟尼佛南无釋迦
牟尼佛以種種華香瓔珞幡蓋及諸嚴身之
具珎寶妙物皆共遥散娑婆世界所散諸物
從十方来譬如雲集變成寶帳遍覆此間諸
佛之上于時十方世界通達无礙如一佛土
尒時佛告上行等菩薩大衆諸佛神力如是
无量无邊不可思議若我以是神力於无量
无邊百千万億阿僧祇劫為囑累故說此經
功德猶不能盡以要言之如來一切所有之
法如來一切自在神力如來一切秘要之藏
如來一切甚深之事皆於此經宣示顯說是
故汝等於如來滅後應一心受持讀誦解說
書寫如說脩行所在國土若有受持讀誦解
說書寫如說脩行若經卷所住之處若於園
中若於林中若於樹下若於僧坊若白衣舍
若在殿堂若山谷曠野是中皆應起塔供養
所以者何當知是處即是道場諸佛於此得
阿耨多羅三藐三菩提諸佛於此轉于法輪
諸佛於此而般涅槃尒時世尊欲重宣此義
而說偈言
諸佛救世者　住於大神通　為悅衆生故　現无量神力
舌相至梵天　身放无數光　為求佛道者　現此希有事

BD04798號　妙法蓮華經卷六　（18–7）

阿耨多羅三藐三菩提諸佛於此轉于法輪
諸佛於此而般涅槃尒時世尊欲重宣此義
而說偈言
諸佛救世者　住於大神通　為悅衆生故　現无量神力
舌相至梵天　身放无數光　為求佛道者　現此希有事
諸佛謦欬聲　及彈指之聲　周聞十方國　地皆六種動
以佛滅度後　能持是經故　諸佛皆歡喜　現无量神力
囑累是經故　讃美受持者　於无量劫中　猶故不能盡
是人之功德　无邊无有窮　如十方虛空　不可得邊際
能持是經者　則為已見我　亦見多寶佛　及諸分身者
又見我今日　教化諸菩薩　能持是經者　令我及分身
滅度多寶佛　一切皆歡喜　十方現在佛　并過去未來
亦見亦供養　亦令得歡喜　諸佛坐道場　所得秘要法
能持是經者　不久亦當得　能持是經者　於諸法之義
名字及言辭　樂說无窮盡　如風於空中　一切无障礙
於如來滅後　知佛所說經　因緣及次第　隨義如實說
如日月光明　能除諸幽冥　斯人行世間　能滅衆生闇
教无量菩薩　畢竟住一乘　是故有智者　聞此功德利
於我滅度後　應受持斯經　是人於佛道　决定无有疑
妙法蓮華經囑累品第二十二
尒時釋迦牟尼佛從法座起現大神力以右
手摩无量菩薩摩訶薩頂而作是言我於无
量百千万億阿僧祇劫脩習是難得阿耨多
羅三藐三菩提法今以付囑汝等汝等應當
一心流布此法廣令增益如是三摩諸菩薩
摩訶薩頂而作是言我於无量百千万億阿
[illegible]

BD04798號　妙法蓮華經卷六　（18–8）

量百千万億阿僧祇劫脩習是難得阿耨多
羅三藐三菩提法今以付囑汝等汝等應當
一心流布此法廣令增益如是三摩諸菩薩
摩訶薩頂而作是言我於无量百千万億阿
僧祇劫脩習是難得阿耨多羅三藐三菩提
法今以付屬汝等汝等當受持讀誦廣宣此
法令一切衆生普得聞知所以者何如來有
大慈悲无諸慳恡亦无所畏能與衆生佛之
智慧如來智慧自然智慧如來是一切衆生
之大施主汝等亦應隨學如來之法勿生慳
恡於未來世若有善男子善女人信如來智
慧者當爲演說此法華經使得聞知爲令其
人得佛慧故若有衆生不信受者當於如來
餘深法中示教利喜汝等若能如是則爲已
報諸佛之恩時諸菩薩摩訶薩聞佛作是說
已皆大歡喜遍滿其身益加恭敬曲躬低頭
合掌向佛俱發聲言如世尊勅當具奉行唯
然世尊願不有慮諸菩薩摩訶薩衆如是三
反俱發聲言如世尊勅當具奉行唯然世尊
願不有慮尒時釋迦牟尼佛令十方來諸分
身佛各還本土而作是言諸佛各隨所安多
寶佛塔還可如故說是語時十方无量分身
諸佛坐寶樹下師子座上者及多寶佛并上
行等无邊阿僧祇菩薩大衆舍利弗等聲聞
四衆及一切世間天人阿脩羅等聞佛所說
皆大歡喜
妙法蓮華經藥王菩薩本事品第二十三

BD04798 號　妙法蓮華經卷六　（18–9）

寶佛塔還可如故說是語時十方无量分身
諸佛坐寶樹下師子座上者及多寶佛并上
行等无邊阿僧祇菩薩大衆舍利弗等聲聞
四衆及一切世間天人阿脩羅等聞佛所說
皆大歡喜
妙法蓮華經藥王菩薩本事品第二十三
尒時宿王華菩薩白佛言世尊藥王菩薩云
何遊於娑婆世界世尊是藥王菩薩有若干
百千万億那由他難行苦行善哉世尊願少
解說諸天龍神夜叉乾闥婆阿脩羅迦樓羅
緊那羅摩睺羅伽人非人等又他國土諸來
菩薩及此聲聞衆皆歡喜尒時佛告宿王
華菩薩乃往過去无量恒河沙劫有佛号日
月淨明德如來應供正遍知明行足善逝世
間解无上士調御丈夫天人師佛世尊其佛
有八十億大菩薩摩訶薩七十二恒河沙大
聲聞衆佛壽四万二千劫菩薩壽命亦等彼
國无有女人地獄餓鬼畜生阿脩羅等及以
諸難地平如掌琉璃所成寶樹莊嚴寶帳覆
上垂寶華幡寶瓶香爐周遍國界七寶樹臺
一樹一臺其樹去臺盡一箭道此諸寶樹皆
有菩薩聲聞而坐其下諸寶臺上各有百億
諸天作天伎樂歌嘆於佛以爲供養尒時彼
佛爲一切衆生憙見菩薩及衆菩薩諸聲聞
衆說法華經是一切衆生憙見菩薩樂習苦
行於日月淨明德佛法中精進經行一心求

BD04798 號　妙法蓮華經卷六　（18–10）

有菩薩聲聞而坐其下諸寶臺上各有百億
諸天作天伎樂歌嘆於佛以為供養尒時彼
佛為一切衆生憙見菩薩及衆菩薩諸聲聞
衆說法華經是一切衆生憙見菩薩樂習苦
行於日月淨明德佛法中精進經行一心求
佛滿万二千歲已得現一切色身三昧得此
三昧已心大歡喜即作念言我得現一切色
身三昧皆是得聞法華經力我今當供養日
月淨明德佛及法華經即時入是三昧於虛
空中雨曼陁羅華摩訶曼陁羅華細末堅黑
栴檀滿虛空中如雲而下又雨海此岸栴檀
之香此香六銖價直娑婆世界以供養佛作
是供養已從三昧起而自念言我雖以神力
供養於佛不如以身供養即服諸香栴檀薰
陸兜樓婆畢力迦沈水膠香又飲瞻蔔諸華
香油滿千二百歲已香油塗身於日月淨明
德佛前以天寶衣而自纏身灌諸香油以神
通力願而自然身光明遍照八十億恒河沙
世界其中諸佛同時讚言善哉善哉善男子
是真精進是名真法供養如來若以華香瓔
珞燒香末香塗香天繒幡蓋及海此岸栴檀
之香如是等種種諸物供養所不能及假使
國城妻子布施亦所不及善男子是名第一
之施於諸施中最尊最上以法供養諸如來
故作是語已而各嘿然其身火然千二百歲
過是已後其身乃盡一切衆生憙見菩薩作

BD04798號　妙法蓮華經卷六

(18–11)

之香如是等種種諸物供養所不能及假使
國城妻子布施亦所不及善男子是名第一
之施於諸施中最尊最上以法供養諸如來
故作是語已而各嘿然其身火然千二百歲
過是已後其身乃盡一切衆生憙見菩薩作
如是法供養已命終之後復生日月淨明德
佛國中於淨德王家結加趺坐忽然化生即
為其父而說偈言
大王今當知　我經行彼處　即時得一切　現諸身三昧
勤行大精進　捨所愛之身
說是偈已而白父言日月淨明德佛今故現
在我先供養佛已得解一切衆生語言陁羅
尼復聞是法華經八百千万億那由他甄迦
羅頻婆羅阿閦婆等偈大王我今當還供養
此佛白已即坐七寶之臺上升虛空高七多
羅樹往到佛所頭面禮足合十指爪以偈讚
佛
容顏甚奇妙　光明照十方　我適曾供養　今復還親近
尒時一切衆生憙見菩薩說是偈已而白佛
言世尊世尊猶故在世尒時日月淨明德佛
告一切衆生憙見菩薩善男子我涅槃時到
滅盡時至汝可安施床座我於今夜當入涅
槃又勑一切衆生憙見菩薩善男子我以佛
法囑累於汝及諸菩薩大弟子并阿耨多羅
三藐三菩提法亦以三千大千七寶世界諸
寶樹寶臺及給侍諸天悉付於汝我滅度後

BD04798號　妙法蓮華經卷六

(18–12)

告一切衆生憙見菩薩善男子我涅槃時到
滅盡時至汝可安施床座我於今夜當般涅
槃又勅一切衆生憙見菩薩善男子我以佛
法囑累於汝及諸菩薩大弟子并阿耨多羅
三藐三菩提法亦以三千大千七寶世界諸
寶樹寶臺及給侍諸天悉付於汝我滅度後
所有舍利亦付囑汝當令流布廣設供養應
起若干千塔如是日月淨明德佛勅一切衆
生憙見菩薩已於夜後分入於涅槃尒時一
切衆生憙見菩薩見佛滅度悲感懊惱戀慕
於佛即以海此岸栴檀爲積供養佛身而以
燒之火滅已後収取舍利作八万四千寶瓶
以起八万四千塔高三世界表剎莊嚴垂諸
幡蓋懸衆寶鈴尒時一切衆生憙見菩薩復
自念言我雖作是供養心猶未足我今當更
供養舍利便語諸菩薩大弟子及天龍夜叉
等一切大衆汝等當一心念我今供養日月
淨明德佛舍利作是語已即於八万四千塔
前然百福莊嚴臂七万二千歲而以供養令
无數求聲聞衆无量阿僧祇人發阿耨多羅
三藐三菩提心皆使得住現一切色身三昧
尒時諸菩薩天人阿脩羅等見其无臂憂惱
悲哀而作是言此一切衆生憙見菩薩是我
等師教化我者而今燒臂身不具足于時一
切衆生憙見菩薩於大衆中立此誓言我捨
兩臂必當得佛金色之身若實不虛令我兩

BD04798號　妙法蓮華經卷六　（18–13）

尒時諸菩薩天人阿脩羅等
悲哀而作是言此一切衆生憙見菩薩是我
等師教化我者而今燒臂身不具足于時一
切衆生憙見菩薩於大衆中立此誓言我捨
兩臂必當得佛金色之身若實不虛令我兩
臂還復如故作是誓已自然還復由斯菩薩
福德智慧淳厚所致當尒之時三千大千世
界六種震動天雨寶華一切人天得未曾有
佛告宿王華菩薩於汝意云何一切衆生憙
見菩薩豈異人乎今藥王菩薩是也其所捨
身布施如是无量百千万億那由他數宿王
華若有發心欲得阿耨多羅三藐三菩提者
能然手指乃至足一指供養佛塔勝以國城
妻子及三千大千國土山林河池諸珎寶物
而供養者若復有人以七寶滿三千大千世
界供養於佛及大菩薩辟支佛阿羅漢是人
所得功德不如受持此法華經乃至一四句
偈其福最多宿王華譬如一切川流江河諸
水之中海爲第一此法華經亦復如是於諸
如來所說經中最爲深大又如土山黑山小
鐵圍山大鐵圍山及十寶山衆山之中須弥
山爲第一此法華經亦復如是於諸經中最
爲其上又如衆星之中月天子最爲第一此
法華經亦復如是於千万億種諸經法中最
爲照明又如日天子能除諸闇此經亦復如
是能破一切不善之闇又如諸小王中轉輪

BD04798號　妙法蓮華經卷六　（18–14）

山為第一此法華經亦復如是於諸經中最
為其上又如衆星之中月天子最為第一此
法華經亦復如是於千万億種諸經法中最
為照明又如日天子能除諸闇此經亦復如
是能破一切不善之闇又如諸小王中轉輪
聖王最為第一此經亦復如是於衆經中最
為其尊又如帝釋於三十三天中王此經亦
復如是諸經中王又如大梵天王一切衆生
之父此經亦復如是一切賢聖學无學及發
菩薩心者之父又如一切凡夫人中須陁洹
斯陁含阿那含阿羅漢辟支佛為第一此經
亦復如是一切如來所說若菩薩所說若聲
聞所說諸經法中最為第一有能受持是經
典者亦復如是於一切衆生中亦為第一一
切聲聞辟支佛中菩薩為第一此經亦復如
是於一切諸經法中最為第一如佛為諸法
王此經亦復如是諸經中王宿王華此經能
救一切衆生者此經能令一切衆生離諸苦
惱此經能大饒益一切衆生充滿其願如清
涼池能滿一切諸渴之者如寒者得火如裸
者得衣如商人得主如子得母如渡得船如
病得醫如暗得燈如貧得寶如民得王如賈
客得海如炬除暗此法華經亦復如是能令
衆生離一切苦一切病痛能解一切生死之
縛若人得聞此法華經若自書若使人書所
得功德以佛智慧籌量多少不得其邊若書

BD04798號　妙法蓮華經卷六　（18–15）

者得衣如商人得主如子得母如渡得船如
病得醫如暗得燈如貧得寶如民得王如賈
客得海如炬除暗此法華經亦復如是能令
衆生離一切苦一切病痛能解一切生死之
縛若人得聞此法華經若自書若使人書所
得功德以佛智慧籌量多少不得其邊若書
是經卷華香瓔珞燒香末香塗香幡蓋衣服
種種之燈蘇燈油燈諸香油燈瞻蔔油燈須
曼油燈波羅羅油燈婆利師迦油燈那婆摩
利油燈供養所得功德亦復无量宿王華若
有人聞是藥王菩薩本事品者亦得无量无
邊功德若有女人聞是藥王菩薩本事品能
受持者盡是女身後不復受若如來滅後後
五百歲中若有女人聞是經典如說脩行於
此命終即往安樂世界阿弥陁佛大菩薩衆
圍繞住處生蓮華中寶座之上不復為貪欲
所惱亦復不為瞋恚愚癡所惱亦復不為憍
慢嫉妬諸垢所惱得菩薩神通无生法忍得
是忍已眼根清淨以是清淨眼根見七百万
二千億那由他恒河沙等諸佛如來是時諸
佛遥共讚言善哉善哉善男子汝能於釋迦
牟尼佛法中受持讀誦思惟是經為他人說
所得福德无量无邊火不能燒水不能漂汝
之功德千佛共說不能令盡汝今已能破諸
魔賊壞生死軍諸餘怨敵皆悉摧滅善男子
百千諸佛以神通力共守護汝於一切世間天

BD04798號　妙法蓮華經卷六　（18–16）

牟尼佛法中受持讀誦思惟是經為他人說
所得福德无量无邊火不能燒水不能漂汝
之功德千佛共說不能令盡汝今已能破諸
魔賊壞生死軍諸餘怨敵皆悉摧滅善男子
百千諸佛以神通力共守護汝於一切世間天
人之中无如汝者唯除如來其諸聲聞辟支
佛乃至菩薩智慧禪定无有與等者宿
王華此菩薩成就如是功德智慧之力若有
人聞是藥王菩薩本事品能隨喜讚善者是
人現世口中常出青蓮華香身毛孔中常出
牛頭栴檀香所得功德如上所說是故宿王
華以此藥王菩薩本事品囑累於汝我滅度
後後五百歲中廣宣流布於閻浮提无令斷
絕惡魔魔民諸天龍夜叉鳩槃荼等得其便
也宿王華汝當以神通之力守護是經所以
者何此經則為閻浮提人病之良藥若人有
病得聞是經病即消滅不老不死宿王華汝
若見有受持是經者應以青蓮華盛滿末香
供散其上散已作是念言此人不久必當取
草坐於道場破諸魔軍當吹法螺擊大法鼓
度脫一切眾生老病死海是故求佛道者見
有受持是經典人應當如是生恭敬心說是
藥王菩薩本事品時八万四千菩薩得解一
切眾生語言陀羅尼多寶如來於寶塔中讚
宿王華菩薩言善哉善哉宿王華汝成就不
可思議功德乃能問釋迦牟尼佛如此之事

BD04798號　妙法蓮華經卷六　（18–17）

華以此藥王菩薩本事品囑累於汝我滅度
後後五百歲中廣宣流布於閻浮提无令斷
絕惡魔魔民諸天龍夜叉鳩槃荼等得其便
也宿王華汝當以神通之力守護是經所以
者何此經則為閻浮提人病之良藥若人有
病得聞是經病即消滅不老不死宿王華汝
若見有受持是經者應以青蓮華盛滿末香
供散其上散已作是念言此人不久必當取
草坐於道場破諸魔軍當吹法螺擊大法鼓
度脫一切眾生老病死海是故求佛道者見
有受持是經典人應當如是生恭敬心說是
藥王菩薩本事品時八万四千菩薩得解一
切眾生語言陀羅尼多寶如來於寶塔中讚
宿王華菩薩言善哉善哉宿王華汝成就不
可思議功德乃能問釋迦牟尼佛如此之事
利益无量一切眾生

妙法蓮華經卷第六

BD04798號　妙法蓮華經卷六　（18–18）

南无无邊功德□
南无光明雞兜
南无光作邊功德
南无成就一切勝功
南无住持炬佛
南无勝王佛
南无无邊山佛
南无无邊聲佛
南无寶弥留佛
南无拘脩摩㲉　南
南无无垢離垢發脩行光明
南无金色華佛　南无
南无種種華成就佛　南无於
南无成就華佛　南无華
南无不空發脩行佛　南无勝力王
南无淨聲王佛　南无无邊上王佛
南无无障眼佛　南无破諸趣佛

BD04799號　佛名經（十六卷本）卷一五　（31–1）

南无種種華成就佛　南无於
南无成就華佛　南无華
南无不空發脩行佛　南无勝力王佛
南无淨聲王佛　南无无邊上王佛
南无无障眼佛　南无破諸趣佛
南无離疑佛　南无无相聲佛
南无畢竟成就无邊功德佛
南无寶成就勝佛
南无波頭摩得勝功德佛
南无寶妙佛　南无三世无导發脩行佛
南无无邊照佛　南无寶弥留佛
南无然燈勝王佛　南无成就智德佛
南无炬然燈佛　南无无上光明佛
南无功德王光明佛　南无弗沙佛
南无梵聲佛
從此以上二万一千五百佛十二部經一切賢聖
南无功德輪佛　南无十方燈佛
南无佛華成就德佛　南无娑羅自在王佛
南无華鬚佛　南无寶積佛
南无見種種佛　南无藥王佛
南无最上佛　南无賢勝佛
南无香妙佛　南无香勝雞兜佛

BD04799號　佛名經（十六卷本）卷一五　（31–2）

南无佛華成就德佛　南无婆羅自在王佛
南无華鬚佛　南无寶積佛
南无見種種佛　南无藥王佛
南无最上佛　南无賢勝佛
南无香妙佛　南无香勝雞兜佛
南无旃檀屋佛　南无香雞兜佛
南无无邊精進佛　南无過十光佛
南无佛波頭摩妙佛　南无无邊境界佛
南无鷲怖波頭摩成就勝王佛
南无寶羅網佛　南无善住王佛
南无最勝香王佛　南无能与一切樂佛
南无能現一切念佛　南无不空名稱佛
南无寶光明佛
南无安隱与一切衆生樂佛
南无无邊虛空莊嚴勝佛
南无善莊嚴佛　南无虛空雞兜佛
南无普華成就勝佛　南无可樂勝佛
南无多寶佛　南无聲相佛
南无无邊境界來佛　南无淨眼佛
南无高佛　南无不可降伏幢佛
南无可詣佛　南无无邊无際諸山佛
南无月輪莊嚴王佛　南无最勝弥留佛

南无普華成就勝佛　南无可樂勝佛
南无多寶佛　南无聲相佛
南无无邊境界來佛　南无淨眼佛
南无高佛　南无不可降伏幢佛
南无可詣佛　南无无邊无際諸山佛
南无月輪莊嚴王佛　南无最勝弥留佛
南无樂成就德佛　南无清淨諸弥留佛
南无安樂德佛　南无梵德佛
南无无量目佛　南无作无邊功德佛
南无善思惟成就頂佛
南无清淨輪王佛
南无智高佛　南无勇猛仙佛
南无智積佛　南无作方佛
南无能忍佛　南无離諸有佛
南无智護佛　南无妙功德佛
南无隨衆生心現境界佛
南无鏡佛　南无无邊寶佛
南无離一切受境界无畏佛
南无无量寶光明佛　南无无量照佛
南无念一切佛境界佛　南无能現一切佛像佛
南无无相體佛　南无化聲佛
南无化聲善聲佛　南无寶成就勝功德佛

南无无㝵寶光明佛　南无无畏照佛
南无念一切佛境界佛　南无能現一切佛像佛
南无无相體佛　南无化聲佛
南无化聲善聲佛　南无寶成就勝功德佛
南无海弥留佛　南无无垢意佛
南无智華成就佛　南无高威德山佛
南无寂佛　南无離恨佛
南无斷一切諸道佛
南无成就不可量功德德佛
南无樂成就勝境界佛
南无求无畏香佛
南无僔尋香光明佛　南无雲妙鼓聲佛
南无須弥山堅佛　南无勝香須弥佛
南无无邊光佛　南无普見佛
南无得无畏佛　南无月燈佛
南无火燈佛　南无勢燈佛
南无高脩佛　南无金剛生佛
南无智自在王佛　南无智力稱佛
南无无畏上佛　南无功德王佛
南无波婆娑佛　南无善眼佛
南无妙莊嚴佛　南无寶蓋佛
從此以上一万一千六百佛十二部經一切賢聖

南无智自在王佛　南无智力稱佛
南无无畏上佛　南无功德王佛
南无波婆娑佛　南无善眼佛
南无妙莊嚴佛　南无寶蓋佛
從此以上一万一千六百佛十二部經一切賢聖
南无香爲佛
南无无邊境界不空稱佛
南无不可思議功德王光明佛
南无種種華佛
南无无畏王佛　南无常歡香佛
南无妙藥樹王佛　南无常求安樂佛
南无无邊意行佛　南无无邊境界佛
南无无邊光佛　南无无邊目佛
南无无邊虛空境界佛
南无聲色境界佛　南无香上勝佛
南无虛空勝佛　南无勝功德佛
南无現諸方佛　南无妙弥留佛
南无无障眼佛　南无沙伽羅佛
南无庭燎佛　南无然難兜佛
南无无垢月威德光佛　南无功德王光明佛
南无稱力王佛　南无智山佛
南无智見佛　南无波頭勝成就佛

南无[illegible]明佛　南无[illegible]佛
南无庭燎佛　南无然難勝佛
南无无垢月威德光佛　南无智山佛
南无稱力王佛　南无切德王光明佛
南无智見佛　南无波頭勝成就佛
南无寶火佛　南无寶蓮華勝佛
南无斷諸疑佛　南无領勝衆佛
南无難勝王佛　南无華勝佛
南无放光明佛　南无照波頭摩光明佛
南无方主法難勝佛　南无无邊步佛
南无娑伽羅山佛　南无阿荷見佛
南无无障导吼聲佛
南无无邊切德稱光明佛
南无世間涅槃无差別脩行佛
南无无邊照佛　南无善眼佛
南无一蓋藏佛　南无放光明佛
南无過去未来現在發脩行佛
南无无邊華佛　南无无邊淨佛
南无无邊光佛　南无无邊照佛
南无无邊明佛　南无妙明佛
南无无邊境界佛　南无无邊步佛
南无等蓋行佛　南无寶蓋佛

BD04799 號　佛名經（十六卷本）卷一五　（31–7）

南无无邊光佛　南无无邊照佛
南无无邊明佛　南无妙明佛
南无无邊境界佛　南无无邊步佛
南无等蓋行佛　南无寶蓋佛
南无星宿王佛　南无蓋星宿佛
南无光明輪佛　南无光明王佛
南无勝光明切德佛　南无不可量光佛
南无勝佛　南无不可量境界步佛
南无无导聲吼佛　南无大雲光佛
南无闍梨尼山佛　南无佛華光明佛
南无波頭摩勝華山王佛
南无星宿上首佛　南无放光明佛
南无三周單耶堅佛
南无不空見佛　南无須勝切德佛
南无波頭須勝切德佛　南无无癡佛
南无能度佛　南无无迷步佛
南无離愚境界佛　南无无闇光明佛
南无无邊精進佛　南无娑羅自在王佛
南无寶娑羅佛　南无一蓋佛
南无蓋莊嚴佛　南无寶聚佛
南无旃聚香佛　南无旃檀屋佛
南无无邊光月佛　南无[illegible]光[illegible]輪佛

BD04799 號　佛名經（十六卷本）卷一五　（31–8）

南无无邊精進佛　南无娑羅自在王佛
南无寶娑羅佛　南无一蓋佛
南无蓋莊嚴佛　南无寶聚佛
南无栴聚香佛　南无栴檀屋佛
南无无邊光明佛　南无光輪佛
南无山莊嚴佛　南无无障㝵眼佛
南无善眼佛　南无寶成佛
從此以上一万一千七百佛十三部經一切賢聖
南无一切功德勝佛　南无成就佛華功德佛
南无善住意佛　南无无邊方便佛
南无不空功德佛　南无寶勢佛
南无无邊脩行佛　南无嚴无邊功德佛
南无虛空輪光佛　南无无相聲佛
南无藥王佛　南无不怯弱佛
南无離諸畏毛竪佛　南无功德王光明佛
南无觀智契義佛　南无虛空家佛
南无虛空聲佛　南无虛空莊嚴佛
南无大眼佛　南无勝功德佛
南无成佛　南无俱波頭摩德佛
南无成功德佛　南无師子勝佛
南无成就義佛　南无師子護佛
南无善住王佛　南无梵山佛

BD04799號　佛名經（十六卷本）卷一五　（31–9）

南无成佛　南无俱波頭摩德佛
南无成功德佛　南无師子勝佛
南无成就義佛　南无師子護佛
南无善住王佛　南无梵山佛
南无淨目佛　南无不空跡步佛
南无香烏佛　南无香德佛
南无香弥留佛　南无无邊眼佛
南无財屋佛　南无香山佛
南无寶師子佛　南无堅固衆生佛
南无妙勝住王佛　南无无邊境界勝王佛
南无勝精進王佛　南无无疑佛
南无善星宿王佛　南无然燈佛
南无能作光明佛　南无光明山佛
南无光明輪佛　南无妙蓋佛
南无香蓋佛　南无寶蓋佛
南无香去蓋佛　南无栴檀勝佛
南无須弥山積聚佛　南无種種寶光明佛
南无堅固自在王佛　南无淨勝佛
南无淨眼佛　南无不弱佛
南无寶勝佛　南无施羅王佛
南无發脩行輕難佛　南无无邊脩行佛

BD04799號　佛名經（十六卷本）卷一五　（31–10）

南无堅固自在王佛　南无淨勝佛
南无淨眼佛　南无不弱佛
南无寶勝佛　南无施羅王佛
南无發脩行轉根佛　南无无邊脩行佛
南无眾妙光佛　南无閻梨尼光明山佛
南无因王佛　南无梵勝佛
南无稱身佛　南无華山佛
南无轉胎佛　南无轉難佛
南无斷諸念佛　南无發起諸念佛
南无常脩行佛　南无善住佛
南无一藏佛　南无一山佛
南无无邊身佛　南无无邊精進佛
南无光明輪佛　南无无邊功德王光佛
南无降伏一切諸怨佛　南无過一切魔境界佛
南无不可量華佛　南无不可量香佛
南无不可量聲佛　南无光明頂佛
南无光明勝佛　南无不離二佛
次礼十二部尊經大藏法輪
南无梵聲經　南无須陁洹四切德經
南无持戒而入槃王經　南无蓮華女經
南无國王薩經　南无阿毗曇經

BD04799 號　佛名經（十六卷本）卷一五　（31–11）

南无光明勝佛　南无不離二佛
次礼十二部尊經大藏法輪
南无梵聲經　南无須陁洹四切德經
南无持戒而入槃王經　南无蓮華女經
南无國王薩經　南无阿毗曇經
南无金剛簦經　南无持世經
南无阿那律八念經　南无等集經
南无迦羅越經　南无阿難問緣持戒經
從此以上一万一千八百佛十二部經一切賢聖
南无薩和達王經　南无阿難邠邸四諦經
南无阿闍世王經　南无阿閦佛經
南无德光太子經　南无小阿闍經
南无阿陁三昧經　南无胞藏經
南无阿鳩留經　南无漸備一切智經
次礼十方諸大菩薩
南无滅惡世界儀意菩薩
南无普樂世界莊嚴菩薩
南无普樂世界大智菩薩
南无安樂世界賢日光明菩薩
南无安樂世界師子吼身菩薩
南无蓮華樹世界寶首菩薩
南无安樂世界大勢至菩薩

BD04799 號　佛名經（十六卷本）卷一五　（31–12）

南无普樂世界大智菩薩
南无安樂世界賢日光明菩薩
南无安樂世界師子吼身菩薩
南无蓮華樹世界寶首菩薩
南无安樂世界大勢至菩薩
南无炎氣世界法首菩薩
南无炎氣世界法英菩薩
南无妙樂世界香首菩薩
南无妙樂世界衆香首菩薩
南无照明世界師子意菩薩
南无照明世界師子菩薩
南无不眴世界導御菩薩
南无光曜世界寶場菩薩
南无樂御世界慧步菩薩
南无樂御世界慧見菩薩
南无光察世界雨王菩薩
南无光察世界法王菩薩
南无愛見世界退魔菩薩
南无愛見世界右魔王菩薩
南无照曜世界顯音勢王菩薩
南无寶燈須弥山幢世界无上普妙德王菩薩
南无一切香集世界虛空藏菩薩

BD04799 號　佛名經（十六卷本）卷一五　（31–13）

南无愛見世界右魔王菩薩
南无照曜世界顯音勢王菩薩
南无寶燈須弥山幢世界无上普妙德王菩薩
南无一切香集世界虛空藏菩薩
次礼聲聞緣覺一切賢聖
南无優波羅辟支佛　南无波頭辟支佛
南无善賢辟支佛　南无賢德辟支佛
南无須摩辟支佛　南无輸耶辟支佛
南无留闍辟支佛　南无優留闍辟支佛
南无弗沙辟支佛　南无牛齒辟支佛
南无漏盡辟支佛　南无最後身辟支佛
歸命如是等无量无邊辟支佛
礼三寶已次復懺悔
衆等相與即今身心寂靜无諂无障正是生
善滅惡之時復應各起四種觀行以爲滅
罪作前方便何等爲四一者觀於因緣二
者觀於果報三者觀我自身四者觀如來身
第一觀因緣者知我此罪藉以无明不善思
惟无正觀力不識其過遠離善友諸佛菩
薩隨逐魔道行耶嶮逕如魚吞鉤不知其
患如蠶作繭自纏自縛如蛾赴火自燒自

BD04799 號　佛名經（十六卷本）卷一五　（31–14）

第一觀因緣者知我此罪藉以无明不善惡
惟无正觀力不識其過遠離善友諸佛菩
薩隨逐魔道行耶嶮逕如魚吞鈎不知其
患如蚕作繭自縈自縛如蛾赴火自燒自
爛以是因緣不能自出
第二觀於果報者所有諸惡不善之業三世
流轉苦果无窮沈溺无邊巨夜不悔為諸煩
惱羅刹所食未來生死宜然无崖設使報
得轉輪聖王王四天下飛行自在七寶具足命
終之後不勉惡趣四空果報三界尊極福盡
還作牛領中虫況復其餘无福德者而復
懈怠不勤懺悔此亦辟如抱石沈淵求出良難
第三觀我自身雖有正因靈覺之性而為煩
惱黑暗叢林之所覆蔽无了因力不能得
顯我今應當發起勝心破裂无明顛倒鄣
斷滅生死虛偽苦因顯發如來大明覺慧
建立无上涅槃妙果
第四觀如來身无為無照離四句絶百非衆
德具足湛然常住雖復方便入於滅度慈悲
救接未曾暫捨如是等心可謂滅罪之良津除
障之要行是故弟子今日至到稽首歸依佛

BD04799號　佛名經（十六卷本）卷一五　（31-15）

第四觀如來身无為無照離四句絶百非衆
德具足湛然常住雖復方便入於滅度慈悲
救接未曾暫捨如是等心可謂滅罪之良津除
障之要行是故弟子今日至到稽首歸依佛
障學十明十行之煩惱障學十迴向十願之
煩惱障初地二地三地四地明解之煩惱障
五地六地七地諸知見煩惱障學八地九地
十地雙照之煩惱障如是乃至障學佛果百
万阿僧祇諸行上煩惱如是行障无量无邊
弟子今日到稽顙向十方佛尊法聖衆慚
愧懺悔願皆消滅至心歸命常住三寶
願藉此懺悔障於諸行一切煩惱願弟子在
在處處自在受生不為結業之所迴轉以如
意通於一念頃遍至十方淨諸佛土攝化衆
生於諸禪定甚深境界及諸知見通達无
㝵心能普周一切諸法樂說无窮而不染著
得心自在得法自在智慧自在方便自在令
此煩惱及无智結習畢竟永斷不復相續
无漏聖道朗然如日至心歸命常住三寶
佛說罪業報應教化地獄經
復有衆生吃噉瘖瘂口不能言若有所說

BD04799號　佛名經（十六卷本）卷一五　（31-16）

此煩惱及无智結習畢竟永断不復相續
无漏聖道朗然如日至心歸命常住三寶
佛說罪業報應教化地獄經
復有衆生吃啞瘖瘂口不能言若有所說
不能明了何罪所致佛言已前世時坐誹謗
三尊輕毀聖道論他好惡求人長短彊誣
良善憎疾賢人故獲斯罪
復有衆生腹大頸細不能下食若有所食
變為膿血何罪所致佛言已前世時偷
盜僧食或為大會施設餚饍故取麻米屑
處食之慳惜已物但貪他有常行惡心与
人毒藥氣息不通故獲斯罪
復有衆生常為獄卒燒熱鐵丁釘之百
節釘之以訖自然火生焚燒其身悉皆燋
爛何罪所致佛言以前世時坐為針師傷
人身體不能差病誑他取物徒令辛苦故獲
斯罪
南无輪佛 南无不可量佛華光明
南无不可量聲佛 南无光明山佛
南无娑羅自在王佛 南无日面佛
南无善目佛 南无虛空佛

BD04799號　佛名經（十六卷本）卷一五　（31–17）

南无輪佛 南无不可量佛華光明
南无不可量聲佛 南无光明山佛
南无娑羅自在王佛 南无日面佛
南无善目佛 南无虛空佛
南无寶華佛 南无寶成佛
南无月華佛 南无發諸行佛
南无断諸世間佛 南无无邊樂說佛
南无離諸覺畏佛 南无樂說一切境界佛
南无普香光明佛 南无香光佛
南无香称留佛 南无香勝佛
南无香烏佛 南无香林佛
南无香王佛 南无波頭摩勝王佛
南无佛境界佛 南无軍妙佛
南无妙勝佛 南无散華佛
南无華蓋蹋佛 南无華尼佛
南无金色華佛 南无香華佛
南无称留王佛 南无導師佛
南无勝諸衆生佛 南无断阿叉那佛
南无發善行佛 南无善華佛
南无无邊香佛 南无普散香光明佛
南无普散香佛 南无普散佛
從此以上一万二千九百卅十二部經一切賢聖

BD04799號　佛名經（十六卷本）卷一五　（31–18）

南无……佛　南无……佛
南无勝諸衆生佛　南无斷阿叉那佛
南无發善行佛　南无善華佛
南无无邊香佛　南无普散香光明佛
南无普散香佛　南无普散佛
從此以上二万一千九百佛十二部經一切賢聖
南无普散波頭摩勝佛　南无寶闍梨尼手佛
南无起王佛　南无普佛國土一蓋佛
南无善住王佛　南无妙香佛
南无无邊智境界佛　南无不空發佛
南无不空見佛　南无无障目佛
南无不動佛　南无發生菩提佛
南无无量眼佛　南无有燈佛
南无普照佛　南无光明佛
南无一切佛國土佛　南无不斷惡一切衆生樂說佛
南无无垢步佛　南无无跡步佛
南无離一切憂佛　南无能離一切衆生有佛
南无勝山佛　南无香面佛
南无俱隣佛　南无大力勝佛
南无寶優波頭羅勝佛　南无拘牟頭成佛
南无高聲眼佛　南无上首佛
南无華成佛　南无无邊光明佛

BD04799號　佛名經（十六卷本）卷一五　（31–19）

南无俱隣佛　南无大力勝佛
南无寶優波頭羅勝佛　南无拘牟頭成佛
南无高聲眼佛　南无上首佛
南无華成佛　南无无邊光明佛
南无月出光佛　南无十方稱佛
南无多羅歌王增上佛　南无无邊光明佛
南无最勝香山佛　南无无畏佛
南无成就无畏德佛　南无成就見邊顛切德佛
南无一切德莊嚴佛　南无華王佛
南无不可降伏幢佛　南无增上護光佛
南无驚怖波頭摩勝佛　南无不異心成就勝佛
南无一切上佛　南无虛空輪清淨王佛
南无无相聲吼佛　南无寶起功德佛
南无梵勝佛　南无障尋香手佛
南无弥留山光明佛　南无波頭摩勝光佛
南无能作稱名佛　南无稱親佛
南无堅固自在王佛
南无過去如是等无量无邊佛
南无現在精聚无畏佛　南无寶功德光明佛
南无普護佛　南无寶光明佛
南无月莊嚴寶光明智威德聲王佛

BD04799號　佛名經（十六卷本）卷一五　（31–20）

南无[illegible]佛
南无過去如是等无量无邊佛
南无現在精聚无畏佛 南无寶功德光明佛
南无普護佛 南无寶光明佛
南无月莊嚴寶光明智威德聲王佛
南无拘蘇摩樹提不謀王通佛
南无清淨月輪佛 南无寂靜月聲佛
南无阿僧祇住功德精進勝佛
南无善稱名勝佛 南无因陀羅雞兜幢星宿王佛
南无普光明莊嚴勝佛 南无降伏敵對步佛
南无无畏藥王樹勝佛
南无普功德光明莊嚴勝佛
南无波頭摩步佛 南无師子 佛
南无寶波頭摩善住娑羅王佛
南无日光佛 南无大光佛
南无无邊光佛 南无波頭摩王佛
南无阿偶多羅佛 南无波頭摩勝佛
南无善華佛 南无寶心佛
南无无畏光佛 南无山幢佛
南无寶幢佛 南无寶炎佛
南无大炎聚佛 南无旃檀香佛
南无善利光佛 南无波頭摩敷身佛

南无无畏光佛 南无山幢佛
南无寶幢佛 南无寶炎佛
南无大炎聚佛 南无旃檀香佛
南无善利光佛 南无波頭摩敷身佛
南无依止无邊功德佛 南无寶體法決定聲佛
南无阿僧精進聚集勝佛
南无智通佛 南无弥留山積佛
南无然燈佛 南无大威德力佛
南无日月佛
從此以上一万二千佛十二部經一切賢聖
南无旃檀佛 南无須弥劫佛
南无月色佛 南无不涤佛
南无降伏龍佛 南无龍天佛
南无金色鏡像佛 南无山聲自在王佛
南无山積佛 南无須弥藏佛
南无供養光佛 南无勝覺佛
南无地山佛 南无瑠璃華佛
南无妙瑠璃金形像佛
南无降伏月佛 南无日聲佛
南无散華莊嚴佛
南无海山智奮迅通佛
南无水光佛 南无大香鏡象佛

南无妙瑠璃金形像佛
南无降伏月佛　南无日聲佛
南无散華莊嚴佛
南无海山智奮迅通佛
南无水光佛　南无大香鏡象佛
南无不動山佛　南无寶集佛
南无勝山佛　南无勇猛山佛
南无多功德法住持得通佛
南无月瑠璃光佛　南无勝瑠璃光佛
南无心聞智多拘蘇摩勝佛
南无栴檀月光佛　南无破无明闇佛
南无普盖波婆羅佛　南无星宿佛
南无弗沙佛　南无法慧增長佛
南无師子驍王山吼佛
南无梵聲龍奮迅佛
南无世間因陁羅佛　南无世間自在王佛
南无可得稱佛　南无甘露聲佛
南无樹提光佛　南无那延首龍佛
南无力天佛　南无師子佛
南无毗羅闍光佛　南无世間冣上佛
南无山岳佛　南无人自在王佛
南无寶勝威德王劫佛

BD04799 號　佛名經（十六卷本）卷一五　（31–23）

南无力天佛　南无師子佛
南无毗羅闍光佛　南无世間冣上佛
南无山岳佛　南无人自在王佛
南无寶勝威德王劫佛
南无不可嬈身佛　南无稱護佛
南无稱威德佛　南无稱名聲佛
南无稱聲供養佛　南无勇猛稱佛
南无聲分清淨佛　南无智勝善藍慧佛
南无智勝成就佛　南无散華王拘蘇通佛
南无智炎佛　南无妙智佛
南无智炎聚佛　南无智勇猛佛
南无梵聲佛　南无梵勝佛
南无淨天佛　南无善辟佛
南无華勝佛　南无得四无畏佛
南无善淨天佛　南无梵聲佛
南无淨自在佛　南无淨善眼佛
南无淨聲自在王佛　南无善淨德佛
南无威德力增上佛　南无善勢自在佛
南无威德大勢力佛　南无勝威德佛
南无毗摩勝佛　南无毗摩意佛
南无善毗摩佛　南无毗摩面佛
南无毗摩成就佛　南无毗摩沙佛

BD04799 號　佛名經（十六卷本）卷一五　（31–24）

南无威德大勢力佛　南无勝威德佛
南无毗摩勝佛　南无毗摩意佛
南无善毗摩佛　南无毗摩面佛
南无毗摩成就佛　南无毗摩妙佛
南无見寶佛　南无須尼多佛
南无善眼清淨佛　南无无邊眼佛
南无普眼佛　南无无等眼佛
南无勝眼佛　南无不可降伏眼佛
南无不動眼佛　南无寂勝佛
南无善寂佛　南无善寂諸根佛
從此以上二万二千一百佛十二部經一切賢聖
南无寂勝佛　南无寂功德佛
南无寂彼岸佛　南无善住佛
南无寂心佛　南无寂意佛
南无寂靜然佛　南无自在王佛
南无衆勝佛　南无寂王佛
南无大衆自在勇猛佛　南无衆勝解脫佛
南无法幢佛　南无法難究佛
南无法起佛　南无法體勝佛
南无法自在勝佛　南无法勇猛佛
南无樂說山佛　南无寶火佛

BD04799號　佛名經（十六卷本）卷一五　（31–25）

南无法起佛　南无法體勝佛
南无法自在勝佛　南无法勇猛佛
南无樂說山佛　南无寶火佛
南无樂說莊嚴雲吼佛　南无勝聲佛
南无妙眼佛　南无成就意佛
南无清淨面勝藏威德佛
南无滿足心佛　南无无比慧佛
南无淨迦羅迦汰定威德佛
南无无邊精進佛　南无甘露光佛
南无大威德佛　南无月光佛
南无栴檀香佛　南无須弥劫佛
南无山積佛　南无无垢色佛
南无无染佛　南无龍勝佛
南无金色佛　南无吼自在王佛
南无金藏佛　南无火光佛
南无火自在佛　南无瑠璃華佛
南无月勝佛　南无月聲佛
南无散華莊嚴光佛　南无大香去照明佛
南无離一切染意佛　南无聚集寶佛
南无德山佛　南无勇猛山佛
南无梵聲龍奮迅佛　南无世間勝上佛

BD04799號　佛名經（十六卷本）卷一五　（31–26）

南无散華莊嚴光佛　南无大香去照明佛
南无離一切染意佛　南无衆集寶佛
南无德山佛　南无勇猛山佛
南无梵聲龍奮迅佛　南无世間勝上佛
南无師子奮迅吼佛　南无華勝佛
南无山勝佛　南无成就娑羅自在王佛
南无吼聲佛　南无普光明佛
南无等蓋佛　南无无憂佛
南无智王佛　南无智山佛
南无月光佛　南无普光佛
南无聲德佛　南无无勿成就佛
南无火幢佛　南无智自在佛
南无大自在佛　南无梵聲佛
次礼十二部尊經大藏法輪
南无菩薩悔過經　南无阿闍世女經
南无曉了諍不離義經　南无菩薩十涵和經
南无阿拔經　南无惡人經
南无菩薩等行分然國經
南无阿毗曇九十八結經
南无趣度世道經　南无推權經
南无五十五法式經　南无受欲聲經
南无惟明經　南无五蓋離疑經

BD04799號　佛名經（十六卷本）卷一五　（31–27）

南无阿毗曇九十八結經
南无趣度世道經　南无推權經
南无五十五法式經　南无受欲聲經
南无惟明經　南无五蓋離疑經
南无一切義要經　南无慧行經
南无五陰喻經　南无思道經
南无舍城靈鷲山經　南无賢劫五百佛經
南无五百弟子本起經　南无權變經
次礼十方諸大菩薩
南无寶燈須彌山幢世界蓋海天子菩薩
南无光明莊世界淨眼菩薩
南无光明世界淨藏菩薩
南无光莊嚴世界妙莊嚴王菩薩
從此以上二万二千二百佛十二部經一切賢聖
南无淨華光頂菩薩　南无淨世界慧聚菩薩
南无淨世界具足四无閡智菩薩
南无金色世界文殊師利菩薩
南无樂色世界覺首菩薩
南无華色世界財首菩薩
南无青蓮華色世界德菩薩
南无瞻蔔華色世界寶首菩薩

BD04799號　佛名經（十六卷本）卷一五　（31–28）

南无金色世界文殊師利菩薩
南无樂色世界覺首菩薩
南无華色世界財首菩薩
南无青蓮華色世界德首菩薩
南无瞻蔔華色世界寶首菩薩
南无金色世界目首菩薩
南无寶色世界進首菩薩
南无金剛色世界法首菩薩
南无頗梨色世界智首菩薩
南无如寶色世界賢首菩薩
南无无量慧世界切德林菩薩
南无幢慧世界林慧菩薩
南无地慧世界勝林菩薩
南无勝慧世界无畏林菩薩
南无燈慧世界慚愧林菩薩
南无金剛慧世界精進林菩薩
南无安樂世界力成就林菩薩
次礼聲聞緣覺一切賢聖
南无阿利多辟支佛　南无婆梨多辟支佛
南无多伽樓辟支佛　南无稱辟支佛
南无見辟支佛　南无愛見辟支佛
南无覺辟支佛　南无乾他羅辟支佛

BD04799號　佛名經（十六卷本）卷一五　（31–29）

次礼聲聞緣覺一切賢聖
南无阿利多辟支佛　南无婆梨多辟支佛
南无多伽樓辟支佛　南无稱辟支佛
南无見辟支佛　南无愛見辟支佛
南无覺辟支佛　南无乾他羅辟支佛
南无閻辟支佛　南无身辟支佛
南无无妻辟支佛　南无梨沙娑辟支佛
南无毗耶梨辟支佛　南无俱薩羅辟支佛
南无波藪他羅辟支佛　南无无垢淨心辟支佛
南无寶无垢辟支佛　南无福德辟支佛
南无黑辟支佛　南无唯黑辟支佛
南无直福德辟支佛　南无識辟支佛
礼三寶已次復懺悔
弟子等略懺煩惱障竟今當次第懺悔業
障夫業能莊飾世趣在在處處是以思惟
求離世解脫所以六道果報種種不同形類
各異當知皆是業力所作所以佛十力中業
力甚深凡夫之人多於此中好起疑惑何以
故尒現見世間行善之者觸向轗軻為惡之
者是事諧偶謂言天下善惡无分如此計者
皆是不能深達業理何以故尒經中說言
有三種業何等為三一者現報二者生報三者

BD04799號　佛名經（十六卷本）卷一五　（31–30）

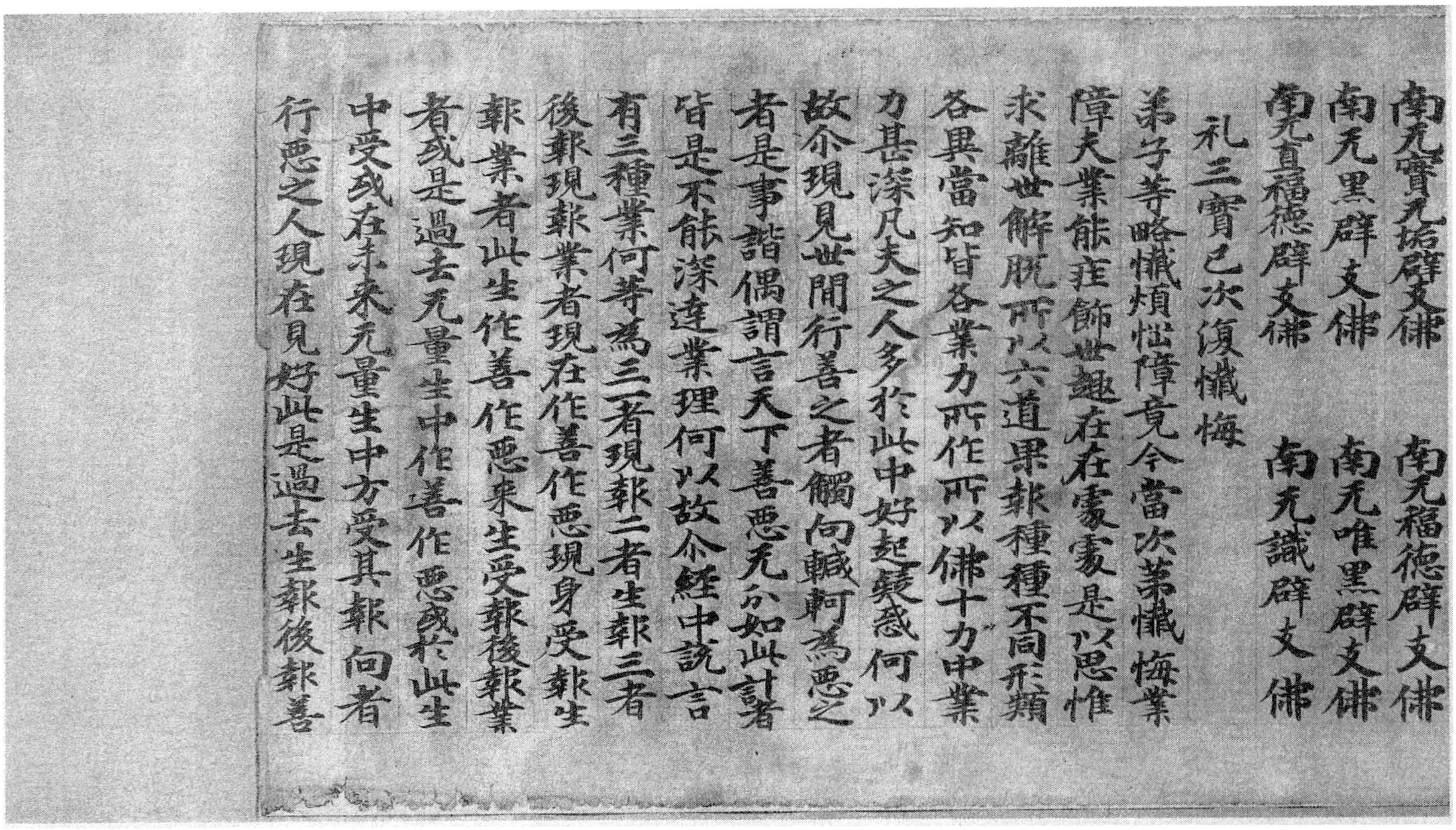

南无寶无垢辟支佛　南无福德辟支佛
南无黑辟支佛　南无唯黑辟支佛
南无直福德辟支佛　南无識辟支佛
礼三寶已次復懺悔
弟子等略懺煩惱障竟今當次第懺悔業
障夫業能莊飾世趣在在處處是以思惟
求離世解脫所以六道果報種種不同形類
各異當知皆各業力所作所以佛十力中業
力甚深凡夫之人多於此中好起疑惑何以
故尒現見世間行善之者觸向轗軻為惡之
者是事諧偶謂言天下善惡无分如此計者
皆是不能深達業理何以故尒經中說言
有三種業何等為三一者現報二者生報三者
後報現報業者現在作善作惡現身受報生
報業者此生作善作惡來生受報後報業
者或是過去无量生中作善作惡或於此生
中受或在未來无量生中方受其報向者
行惡之人現在見好此是過去生報後報善

BD04799號　佛名經（十六卷本）卷一五　　（31–31）

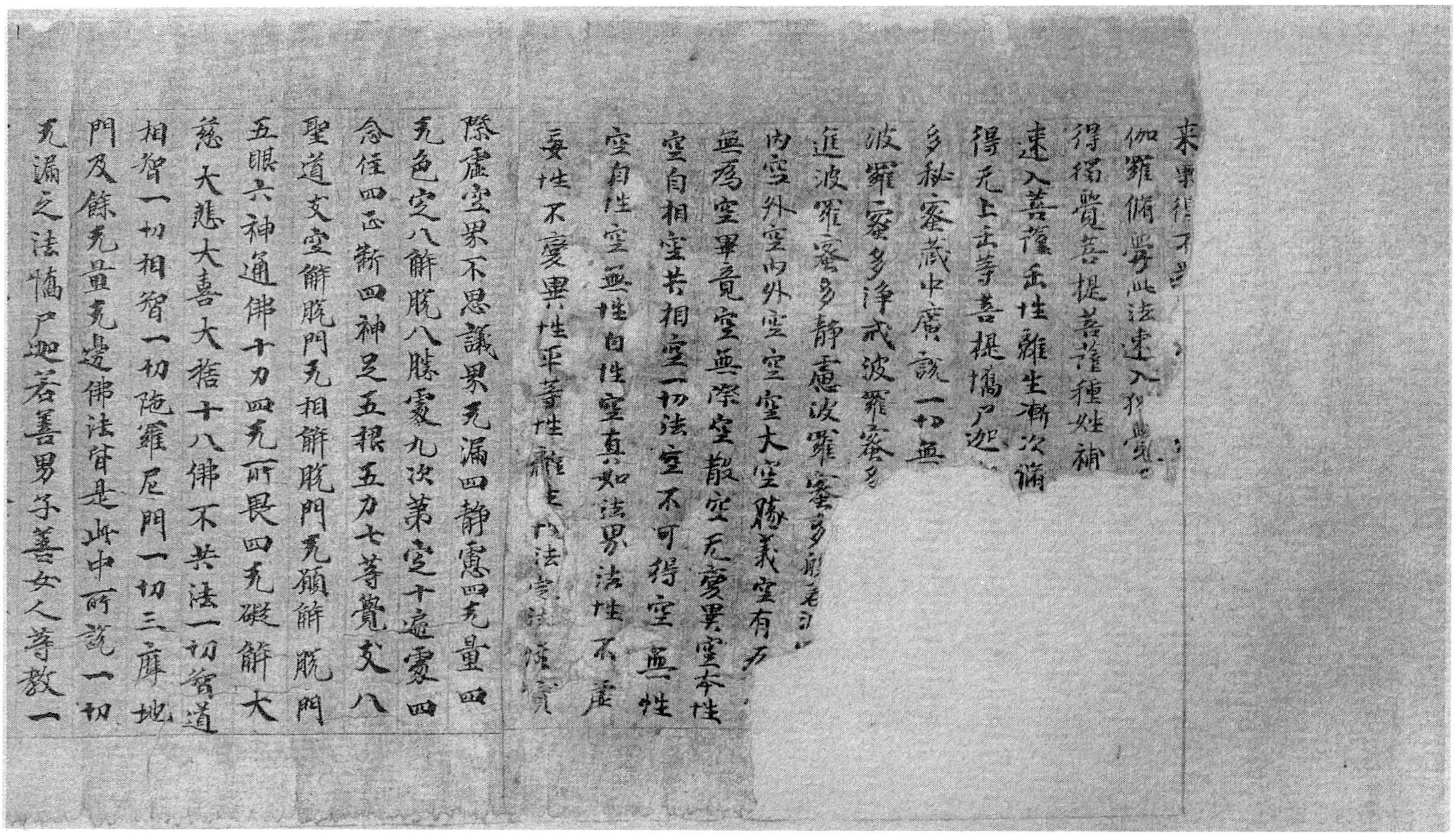

來果得不
伽羅脩學此法速入獨覺
得獨覺菩提菩薩種姓補
速入菩薩正性離生漸次脩
得无上正等菩提憍尸迦
多秘密藏中廣說一切無
波羅蜜多淨戒波羅蜜多
進波羅蜜多靜慮波羅蜜多般若波
内空外空内外空空空大空勝義空有為
無為空畢竟空無際空散空无變異空本性
空自相空共相空一切法空不可得空無性
空自性空無性自性空真如法界法性不虛
妄性不變異性平等性離生性法定法住實
際虛空界不思議界无漏四靜慮四无量四
无色定八解脫八勝處九次第定十遍處四
念住四正斷四神足五根五力七等覺支八
聖道支空解脫門无相解脫門无願解脫門
五眼六神通佛十力四无所畏四无礙解大
慈大悲大喜大捨十八佛不共法一切智道
相智一切相智一切陁羅尼門一切三摩地
門及餘无量无邊佛法皆是此中所說一切
无漏之法憍尸迦若善男子善女人等教一

BD04800號　大般若波羅蜜多經卷一三三　　（4–1）

五眼六神通佛十力四无所畏四无礙解大
慈大悲大喜大捨十八佛不共法一切智道
相智一切相智一切陁羅尼門一切三摩地
門及餘无量无邊佛法皆是此中所說一切
无漏之法憍尸迦若善男子善女人等教一
有情住預流果所獲福聚猶勝教化南贍部
洲東勝身洲諸有情類皆令脩學四靜慮四
无量四无色定五神通何以故憍尸迦諸有
脩行四靜慮四无量四无色定五神通不免
地獄傍生鬼趣若諸有情住預流果便得永脫
三惡趣故況教令住一來不還阿羅漢果所獲
福聚而不勝彼憍尸迦若善男子善女人
等教贍部洲東勝身洲諸有情類皆住預
流一來不還阿羅漢果所獲福聚不如有人
教一有情令其安住獨覺菩提何以故憍尸
迦獨覺菩提所有功德勝預流等百千倍故
憍尸迦若善男子善女人等教贍部洲東勝
身洲諸有情類皆令安住獨覺菩提所獲福
聚不如有人教一有情令趣无上正等菩提
何以故憍尸迦若教有情令趣无上正等菩
提則令世間佛眼不斷所以者何由有菩薩
摩訶薩故便有預流一來不還阿羅漢果獨
覺菩提由有菩薩摩訶薩故便有如來應正
等覺證得无上正等菩提由有菩薩摩訶
薩故便有佛寶法寶僧寶一切世間歸依供養
以是故憍尸迦一切世間若天若魔若梵若
沙門若婆羅門及阿素洛人非人等應以无

BD04800 號　大般若波羅蜜多經卷一三三　（4–2）

覺菩提由有菩薩摩訶薩故便有如來應
等覺證得无上正等菩提由有菩薩摩訶
薩故便有佛寶法寶僧寶一切世間歸依供養
以是故憍尸迦一切世間若天若魔若梵若
沙門若婆羅門及阿素洛人非人等應以无
量上妙花鬘塗散等香衣服瓔珞寶幢幡蓋
衆妙珎奇伎樂燈明盡諸所有供養恭敬尊
重讚歎菩薩摩訶薩憍尸迦由此當知若善
男子善女人等書寫如是甚深般若波羅蜜
多施他讀誦若轉書寫廣令流布所獲福聚
勝前福聚无量无邊何以故如是般若波羅
蜜多秘密藏中廣說一切世出世間勝善法
故由此般若波羅蜜多秘密藏中所說法故
世間便有刹帝利大族婆羅門大族長者大
族居士大族施設可得由此般若波羅蜜多
秘密藏中所說法故世便有四大王衆天
三十三天夜摩天覩史多天樂變化天他化
自在天施設可得由此般若波羅蜜多秘密
藏中所說法故世間便有梵衆天梵輔天梵
會天大梵天施設可得由此般若波羅蜜多
秘密藏中所說法故世間便有光天少光天
无量光天極光淨天施設可得由此般若波
羅蜜多秘密藏中所說法故世間便有淨天
少淨天无量淨天遍淨天施設可得由此般
若波羅蜜多秘密藏中所說法故世間便有
廣天少廣天无量廣天廣果天施設可得由
此般若波羅蜜多秘密藏中所說法故世間

BD04800 號　大般若波羅蜜多經卷一三三　（4–3）

蜜多秘密藏中廣說一切世出世間勝善法
故由此般若波羅蜜多秘密藏中所說法故
世間便有刹帝利大族婆羅門大族長者大
族居士大族施設可得由此般若波羅蜜多
秘密藏中所說法故世便有四大王衆天
三十三天夜魔天覩史多天樂變化天他化
自在天施設可得由此般若波羅蜜多秘密
藏中所說法故世間便有梵衆天梵輔天梵
會天大梵天施設可得由此般若波羅蜜多
秘密藏中所說法故世間便有光天少光天
无量光天極光淨天施設可得由此般若波
羅蜜多秘密藏中所說法故世間便有淨天
少淨天无量淨天遍淨天施設可得由此般
若波羅蜜多秘密藏中所說法故世間便有
廣天少廣天无量廣天廣果天施設可得由
此般若波羅蜜多秘密藏中所說法故世間
便有无繁天无熱天善現天善見天色究竟
天施設可得由此般若波羅蜜多秘密藏中
所說法故世間便有空无邊處天識无邊處

BD04800 號　大般若波羅蜜多經卷一三三　（4–4）

一百卅三

BD04800 號背　勘記　（1–1）

入無願三摩地云何習近四念住云何脩四
念住云何習近四正斷四神足五根五力七
等覺支八聖道支云何脩四正斷乃至八聖
道支云何習近佛十力云何脩佛十力云何
習近四無所畏四無礙觧大慈大悲大喜大
捨十八佛不共法云何脩四無所畏乃至十
八佛不共法佛言善現行深般若波羅蜜多
諸菩薩摩訶薩應觀色空應觀受想行識空
應觀眼處空應觀耳鼻舌身意處空應觀色
處空應觀聲香味觸法處空應觀眼界空應
觀耳鼻舌身意界空應觀色界空應觀聲香
味觸法界空應觀眼識界空應觀耳鼻舌身
意識界空應觀眼觸空應觀耳鼻舌身意
觸空應觀眼觸為緣所生諸受空應觀耳鼻舌
身意觸為緣所生諸受空應觀地界空應觀
水火風空識界空應觀無明空應觀行識名
色六處觸受愛取有生老死空應觀布施波

BD04801 號　大般若波羅蜜多經卷三三一　（5–1）

味觸法界空應觀眼識界空應觀耳鼻舌身
意識界空應觀眼觸空應觀耳鼻舌身意
觸空應觀眼觸為緣所生諸受空應觀耳鼻舌
身意觸為緣所生諸受空應觀地界空應觀
水火風空識界空應觀無明空應觀行識名
色六處觸受愛取有生老死空應觀布施波
羅蜜多空應觀淨戒安忍精進靜慮般若波
羅蜜多空應觀內空應觀外空內外空空
空大空勝義空有為空無為空畢竟空無際
空散空無變異空本性空自相空共相空一
切法空不可得空無性空自性空無性自性
空空應觀真如空應觀法界法性不虛妄性
性不變異性平等性離生性法定法住實際
虛空界不思議界空應觀苦聖諦空應觀集
滅道聖諦空應觀四靜慮空應觀四無量四
無色定空應觀八解脫空應觀八勝處九次
第定十遍處空應觀四念住空應觀四正斷
四神足五根五力七等覺支八聖道支空應
觀空解脫門空應觀無相無願解脫門空應
觀三乘菩薩十地空應觀五眼空應觀六神
通空應觀佛十力空應觀四無所畏四無礙
解大慈大悲大喜大捨十八佛不共法空應
觀無忘失法空應觀恒住捨性空應觀一切
智空應觀道相智一切相智空應觀一切陀
羅尼門空應觀一切三摩地門空應觀預流
果空應觀一來不還阿羅漢果空應觀獨

BD04801 號　大般若波羅蜜多經卷三三一　（5–2）

通空應觀佛十力空應觀四無所畏四無礙
解大慈大悲大喜大捨十八佛不共法空應
觀無忘失法空應觀恒住捨性空應觀一切
智空應觀道相智一切相智空應觀一切陀
羅尼門空應觀一切三摩地門空應觀預流
果空應觀一來不還阿羅漢果空應觀獨
覺菩提空應觀一切菩薩摩訶薩行空應觀諸
佛無上正等菩提空應觀有漏法空應觀無
漏法空應觀世間法空應觀出世間法空應
觀有為法空應觀無為法空應觀過去法空
應觀未來現在法空應觀善法空應觀不善
無記法空應觀欲界法空應觀色無色界法
空
善現是菩薩摩訶薩作是觀時不令心亂若
心不亂則不見法若不見法則不作證所以
者何善現是菩薩摩訶薩善學諸法自相皆
空無法可增無法可滅故於諸法不見不證
何以故善現於一切法勝義諦中能證所證
證處證時及由此證若合若離皆不可得不
可見故時具壽善現白佛言世尊如佛所言
諸菩薩摩訶薩於諸法空不應作證世尊云
何諸菩薩摩訶薩住諸法空而不作證佛言
善現諸菩薩摩訶薩觀法空時先作是念我
應觀法諸相皆空不應作證我為學故觀諸
法空不為證故觀諸法空今是學時非為證
時善現是菩薩摩訶薩未入定位繫心於所

BD04801號　大般若波羅蜜多經卷三三一　（5–3）

何諸菩薩摩訶薩住諸法空而不作證佛言
善現諸菩薩摩訶薩觀法空時先作是念我
應觀法諸相皆空不應作證我為學故觀諸
法空不為證故觀諸法空今是學時非為證
時善現是菩薩摩訶薩未入定位繫心於所
緣已入定時不繫心於境善現是菩薩摩訶
薩於此時中不退布施波羅蜜多不證漏盡
不退淨戒安忍精進靜慮般若波羅蜜多不
證漏盡不退內空不證漏盡不退外空內外
空空空大空勝義空有為空無為空畢竟空
無際空散空無變異空本性空自相空共相
空一切法空不可得空無性空自性空無性
自性空不證漏盡不退真如不證漏盡不退
法界法性不虛妄性不變異性平等性離生
性法定法住實際虛空界不思議界不證漏
盡不退苦聖諦不證漏盡不退集滅道聖諦
不證漏盡不退四靜慮不證漏盡不退四無
量四無色定不證漏盡不退八解脫不證漏
盡不退八勝處九次第定十遍處不證漏盡
不退四念住不證漏盡不退四正斷四神足
五根五力七等覺支八聖道支不證漏盡不
退空解脫門不證漏盡不退無相無願解脫
門不證漏盡不退五眼不證漏盡不退六神
通不證漏盡不退佛十力不證漏盡不退四
無所畏四無礙解大慈大悲大喜大捨十八
佛不共法不證漏盡不退無忘失法不證漏

BD04801號　大般若波羅蜜多經卷三三一　（5–4）

性法定法住實際虛空界不思議界不證漏
盡不退苦聖諦不證漏盡不退集滅道聖諦
不證漏盡不退四靜慮不證漏盡不退四無
量四無色定不證漏盡不退八解脫不證漏
盡不退八勝處九次第定十遍處不證漏盡
不退四念住不證漏盡不退四正斷四神足
五根五力七等覺支八聖道支不證漏盡不
退空解脫門不證漏盡不退無相無願解脫
門不證漏盡不退五眼不證漏盡不退六神
通不證漏盡不退佛十力不證漏盡不退四
無所畏四無礙解大慈大悲大喜大捨十八
佛不共法不證漏盡不退無忘失法不證漏
盡不退恒住捨性不證漏盡不退一切智不
證漏盡不退道相智一切相智不證漏盡不
退一切陁羅尼門不證漏盡不退一切三摩
地門不證漏盡不退菩薩摩訶薩行不證漏
盡不退無上正等菩提不證漏盡
何以故善現是菩薩摩訶薩成就如是殊妙

BD04801 號　大般若波羅蜜多經卷三三一　（5–5）

界鼻
為緣所生
受自性空
乃至鼻觸為
性若非自性即是
精進波羅蜜多於此精進波羅蜜多鼻界不
可得彼我無我亦不可得香界乃至鼻觸為
緣所生諸受皆不可得彼我無我亦不可得所
以者何此中尚無鼻界等可得何況有彼
我與無我汝若能脩如是精進是能精進波
羅蜜多復作是言汝善男子應脩精進波羅
蜜多不應觀鼻界若淨若不淨不應觀香界
鼻識界及鼻觸鼻觸為緣所生諸受若淨若
不淨何以故鼻界鼻界自性空香界鼻識界
及鼻觸鼻觸為緣所生諸受香界乃至鼻觸
為緣所生諸受自性空是鼻界自性即非自
性是香界乃至鼻觸為緣所生諸受自性亦
非自性若非自性即是精進波羅蜜多於此
精進波羅蜜多鼻界不可得彼淨不淨亦不

BD04802 號　大般若波羅蜜多經卷一五三　（4–1）

不淨何以故鼻界鼻界自性空香界鼻識界
及鼻觸鼻觸為緣所生諸受香界乃至鼻觸
為緣所生諸受自性空是鼻界自性即非自
性是香界乃至鼻觸為緣所生諸受自性亦
非自性若非自性即是精進波羅蜜多於此
精進波羅蜜多鼻界不可得彼淨不淨亦不
可得香界乃至鼻觸為緣所生諸受皆不可
得彼淨不淨亦不可得所以者何此中尚無
鼻界等可得何況有彼淨與不淨汝若能脩
如是精進是脩精進波羅蜜多憍尸迦是善
男子善女人等作此等說是為宣說真正精
進波羅蜜多
復次憍尸迦若善男子善女人等為發無上
菩提心者宣說精進波羅蜜多作如是言汝
善男子應脩精進波羅蜜多不應觀舌界若
常若無常不應觀味界舌識界及舌觸舌觸
為緣所生諸受若常若無常何以故舌界舌
界自性空味界舌識界及舌觸舌觸為緣所
生諸受味界乃至舌觸為緣所生諸受自性
空是舌界自性即非自性是味界乃至舌觸
為緣所生諸受自性亦非自性若非自性即
是精進波羅蜜多於此精進波羅蜜多舌界
不可得彼常無常亦不可得味界乃至舌觸
為緣所生諸受皆不可得彼常無常亦不可
得所以者何此中尚無舌界等可得何況有
彼常與無常汝若能脩如是精進是脩精進
波羅蜜多復作是言汝善男子應脩精進波

BD04802 號　大般若波羅蜜多經卷一五三　（4–2）

不可得彼常無常亦不可得味界乃至舌觸
為緣所生諸受皆不可得彼常無常亦不可
得所以者何此中尚無舌界等可得何況有
彼常與無常汝若能脩如是精進是脩精進
波羅蜜多復作是言汝善男子應脩精進波
羅蜜多不應觀舌界若樂若苦不應觀味界
舌識界及舌觸舌觸為緣所生諸受若樂若
苦何以故舌界舌界自性空味界舌識界及
舌觸舌觸為緣所生諸受味界乃至舌觸為
緣所生諸受自性空是舌界自性即非自性
是味界乃至舌觸為緣所生諸受自性亦非
自性若非自性即是精進波羅蜜多於此精
進波羅蜜多舌界不可得彼樂與苦亦不可
得味界乃至舌觸為緣所生諸受皆不可得
彼樂與苦亦不可得所以者何此中尚無舌
界等可得何況有彼樂之與苦汝若能脩如
是精進是脩精進波羅蜜多復作是言汝善
男子應脩精進波羅蜜多不應觀舌界若我
若無我不應觀味界舌識界及舌觸舌觸為
緣所生諸受若我若無我何以故舌界舌界
自性空味界舌識界及舌觸舌觸為緣所生
諸受味界乃至舌觸為緣所生諸受自性空
是舌界自性即非自性是味界乃至舌觸為
緣所生諸受自性亦非自性若非自性即是
精進波羅蜜多於此精進波羅蜜多舌界不
可得彼我無我亦不可得味界乃至舌觸為
所生諸受皆不可得彼我無我亦不可得

BD04802 號　大般若波羅蜜多經卷一五三　（4–3）

自性空味界舌識界及舌觸舌觸為緣所生
諸受味界乃至舌觸為緣所生諸受自性空
是舌界自性即非自性是味界乃至舌觸為
緣所生諸受自性亦非自性若非自性即是
精進波羅蜜多於此精進波羅蜜多舌界不
可得彼我無我亦不可得味界乃至舌觸為
緣所生諸受皆不可得彼我無我亦不可得
所以者何此中尚無舌界等可得何況有彼
我與無我汝若能脩如是精進是脩精進波
羅蜜多復作是言汝善男子應脩精進波羅
蜜多不應觀舌界若淨若不淨不應觀味界
舌識界及舌觸舌觸為緣所生諸受若淨若
不淨何以故舌界舌界自性空味界舌識界
及舌觸舌觸為緣所生諸受味界乃至舌觸
為緣所生諸受自性空是舌界自性即非自
性是味界乃至舌觸為緣所生諸受自性亦
非自性若非自性即是精進波羅蜜多於此
精進波羅蜜多舌界不可得彼淨不淨亦不
可得味界乃至舌觸為緣所生諸受皆不可
得彼淨不淨亦不可得所以者何此中尚無
舌界等可得何況有彼淨與不淨汝若能脩
如是精進是脩精進波羅蜜多憍尸迦是善
男子善女人等作此等說是為宣說真正精
進波羅蜜多

BD04802號　大般若波羅蜜多經卷一五三　（4–4）

子見父有大力勢即懷恐怖悔來至此竊作
是念此或是王或是王等非我傭力得物之
處不如往至貧里肆力有地衣食易得若久
住此或見逼迫強使我作作是念已疾走而
去時富長者於師子座見子便識心大歡喜
即作是念我財物庫藏今有所付我常思念
此子无由見之而忽自來甚適我願我雖年
朽猶故貪惜即遣傍人急追將還尒時使者
疾走往捉窮子驚愕稱怨大喚我不相犯何
為見捉使者執之愈急強牽將還于時窮子
自念无罪而被囚執此必定死轉更惶怖悶
絕躃地父遙見之而語使言不須此人勿強將
來以冷水灑面令得醒悟莫復與語所以
者何父知其子志意下劣自知豪貴為子所
難審知是子而以方便不語他人云是我子
使者語之我今放汝隨意所趣窮子歡喜得
[illegible]

BD04803號　妙法蓮華經卷二　（4–1）

絶躃地父遥見之而語使言不須此人勿強將
来以冷水灑面令得醒悟莫復與語所以
者何父知其子志意下劣自知豪貴為子所
難審知是子而以方便不語他人云是我子
使者語之我今放汝随意所趣窮子歡喜得
未曽有従地而起往至貧里以求衣食尒時
長者将欲誘引其子而設方便密遣二人形
色憔悴无威徳者汝可詣彼徐語窮子此有
作處倍與汝直窮子若許将来使作若言欲
何所作便可語之雇汝除糞我等二人亦共
汝作時二使人即求窮子既已得之具陳上
事尒時窮子先取其價尋與除糞其父見
子愍而怪之又以他日於窓牖中遥見子身羸
瘦憔悴糞土塵坌汙穢不浄即脱瓔珞細軟
上服嚴飾之具更著麁弊垢膩之衣塵土坌
身右手執持除糞之器状有所畏語諸作人
汝等勤作勿得懈息以方便故得近其子後
復告言咄男子汝常此作勿復餘去當加汝
價諸有所須瓮器米麪塩酢之屬莫自疑難
亦有老弊使人須者相給好自安意我如汝
父勿復憂慮所以者何我年老大而汝少壯
汝常作時无有欺怠瞋恨怨言都不見汝有
此諸悪如餘作人自今已後如所生子即時
長者更與作字名之為兒尒時窮子雖欣
此遇猶故自謂客作賤人由是之故於二十年

BD04803號　妙法蓮華經卷二　（4–2）

汝常作時无有欺怠瞋恨怨言都不見汝有
此諸悪如餘作人自今已後如所生子即時
長者更與作字名之為兒尒時窮子雖欣
此遇猶故自謂客作賤人由是之故於二十年
中常令除糞過是已後心相體信入出无難
然其所止猶在本處世尊尒時長者有疾自
知将死不久語窮子言我今多有金銀珎寶
倉庫盈溢其中多少所應取與汝悉知之我
心如是當體此意所以者何今我與汝便為不
異宜加用心无令漏失尒時窮子即受教
勅令知衆物金銀珎寶及諸庫藏而无悕取
一飡之意然其所止故在本處下劣之心亦
未能捨復經少時父知子意漸已通泰成就
大志自鄙先心臨欲終時而命其子并會親
族國王大臣刹利居士皆悉已集即自宣言
諸君當知此是我子我之所生於某城中捨
吾逃走跉跰辛苦五十餘年其本字某我名
某甲昔在本城懷憂推覓忽於此間遇會
得之此實我子我實其父今我所有一切財
物皆是子有先所出内是子所知世尊是時窮
子聞父此言即大歡喜得未曽有而作是念
我本无心有所悕求今此寶藏自然而至世
尊大富長者則是如来我等皆似佛子如来
常説我等為子世尊我等以三苦故於生死
中受諸熱悩迷惑无知樂著小法今日世尊

BD04803號　妙法蓮華經卷二　（4–3）

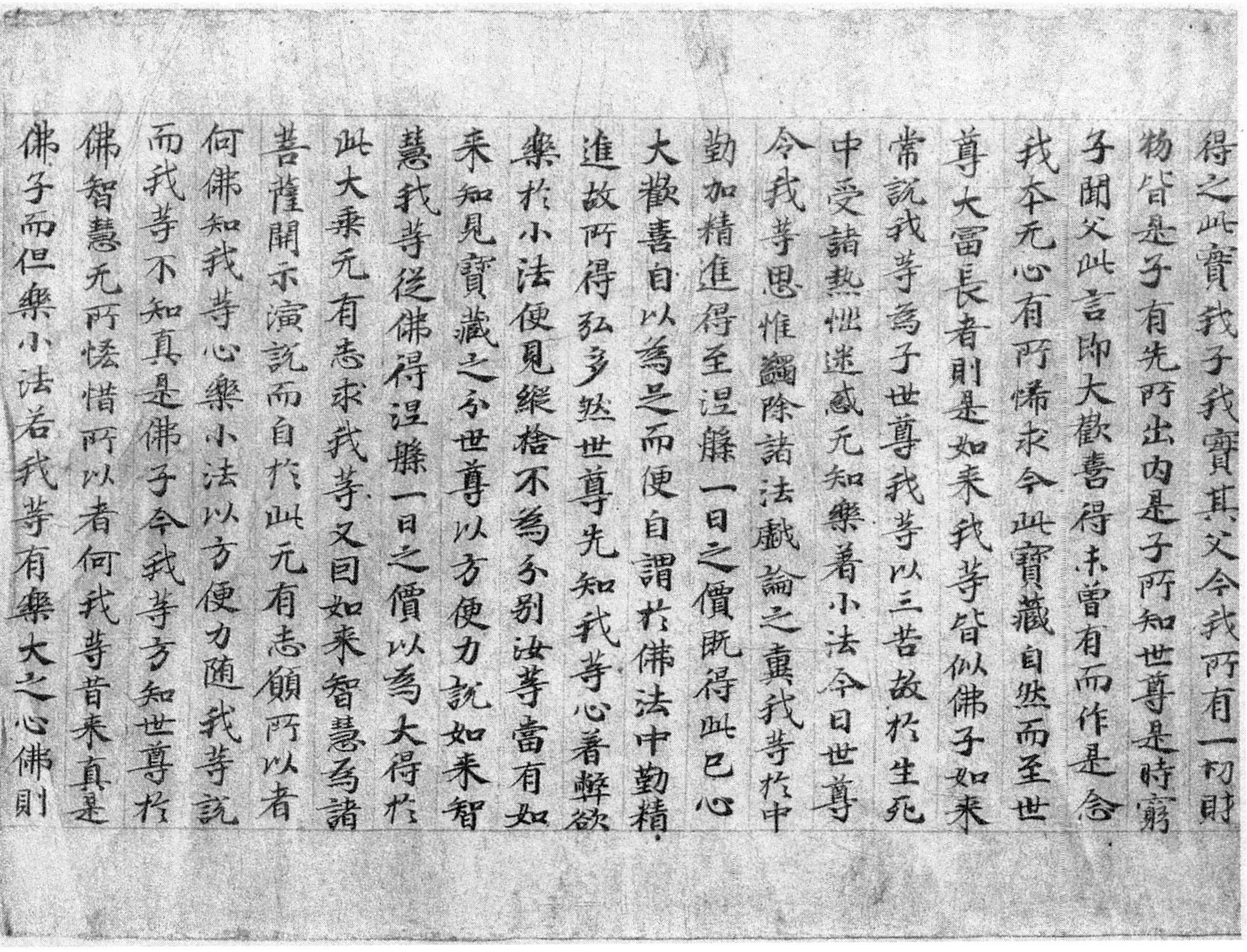
得之此寶我子我寶其父今我所有一切財
物皆是子有先所出内是子所知世尊是時窮
子聞父此言即大歡喜得未曾有而作是念
我本无心有所悕求今此寶藏自然而至世
尊大富長者則是如來我等皆似佛子如來
常說我等爲子世尊我等以三苦故於生死
中受諸熱惱迷惑无知樂着小法今日世尊
令我等思惟蠲除諸法戲論之糞我等於中
勤加精進得至涅槃一日之價既得此已心
大歡喜自以爲足而便自謂於佛法中勤精
進故所得弘多然世尊先知我等心着弊欲
樂於小法便見縱捨不爲分别汝等當有如
來知見寶藏之分世尊以方便力說如來智
慧我等從佛得涅槃一日之價以爲大得於
此大乘无有志求我等又因如來智慧爲諸
菩薩開示演說而自於此无有志願所以者
何佛知我等心樂小法以方便力隨我等說
而我等不知真是佛子今我等方知世尊於
佛智慧无所悋惜所以者何我等昔來真是
佛子而但樂小法若我等有樂大之心佛則

BD04803號　妙法蓮華經卷二　（4–4）

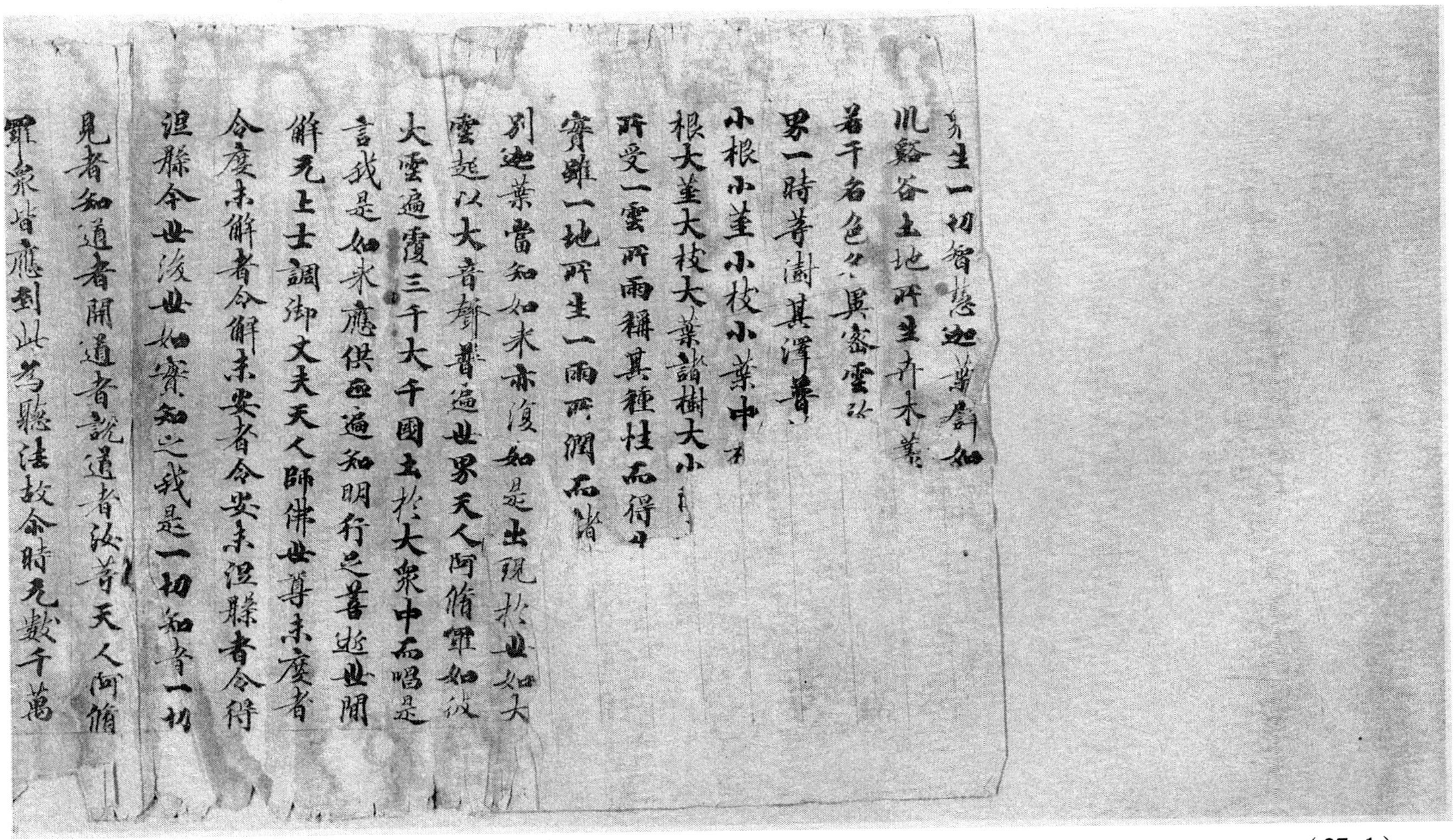
[illegible]生一切智慧迦葉譬如
川谿谷土地所生卉木叢
若干名色各異密雲彌
界一時等澍其澤普
小根小莖小枝小葉中
根大莖大枝大葉諸樹大小
所受一雲所雨稱其種性而得生
實雖一地所生一雨所潤而諸
别迦葉當知如來亦復如是出現於世如大
雲起以大音聲普遍世界天人阿脩羅如彼
大雲遍覆三千大千國土於大衆中而唱是
言我是如來應供正遍知明行足善逝世間
解无上士調御丈夫天人師佛世尊未度者
令度未解者令解未安者令安未涅槃者令得
涅槃今世後世如實知之我是一切知者一切
見者知道者開道者說道者汝等天人阿脩
羅衆皆應到此爲聽法故介時无數千萬

BD04804號　妙法蓮華經卷三　（27–1）

令度未解者令解未安者令安未涅槃者令得
涅槃今世後世如實知之我是一切知者一切
見者知道者開道者說道者汝等天人阿脩
羅眾皆應到此為聽法故爾時無數千萬
億種眾生來至佛所而聽法如來于時觀是
眾生諸根利鈍精進懈怠隨其所堪而為說
法種種無量皆令歡喜快得善利是諸眾生
聞是法已現世安隱後生善處以道受樂亦
得聞法既聞法已離諸障礙於諸法中任力
所能漸得入道如彼大雲雨於一切卉木叢
林及諸藥草如其種性具足蒙潤各得生
長如來說法一相一味所謂解脫相離相滅相
究竟至於一切種智其有眾生聞如來法若
持讀誦如說修行所得功德不自覺知所以
者何唯有如來知此眾生種相體性念何事
思何事修何事云何念云何思云何修以何
法念以何法思以何法修以何法得何法眾
生住於種種之地唯有如來如實見之明了
無礙如彼卉木叢林諸藥草等而不自知上
中下性如來知是一相一味之法所謂解脫
相離相滅相究竟涅槃常寂滅相終歸於空
佛知是已觀眾生心欲而將護之是故不即
為說一切種智汝等迦葉甚為希有能知
如來隨宜說法能信能受所以者何諸佛世
尊隨宜說法難解難知爾時世尊欲重宣此

BD04804號　妙法蓮華經卷三　（27–2）

相離相滅相究竟涅槃常寂滅相終歸於空
佛知是已觀眾生心欲而將護之是故不即
為說一切種智汝等迦葉甚為希有能知
如來隨宜說法能信能受所以者何諸佛世
尊隨宜說法難解難知爾時世尊欲重宣此
義而說偈言
破有法王　出現世間　隨眾生欲　種種說法
如來尊重　智慧深遠　久默斯要　不務速說
有智若聞　則能信解　無智疑悔　則為永失
是故迦葉　隨力為說　以種種緣　令得正見
迦葉當知　譬如大雲　起於世間　遍覆一切
慧雲含潤　電光晃曜　雷聲遠震　令眾悅豫
日光掩蔽　地上清涼　靉靆垂布　如可承攬
其雨普等　四方俱下　流澍無量　率土充洽
山川險谷　幽邃所生　卉木藥草　大小諸樹
百穀苗稼　甘蔗蒲萄　雨之所潤　無不豐足
乾地普洽　藥木並茂　其雲所出　一味之水
草木叢林　隨分受潤　一切諸樹　上中下等
稱其大小　各得生長　根莖枝葉　華菓光色
一雨所及　皆得鮮澤　如其體相　性分大小
所潤是一　而各滋茂　佛亦如是　出現於世
譬如大雲　普覆一切　既出于世　為諸眾生
分別演說　諸法之實　大聖世尊　於諸天人
一切眾中　而宣是言　我為如來　兩足之尊
出于世間　猶如大雲　充潤一切　枯槁眾生
皆令離苦　得安隱樂　世間之樂　及涅槃樂

BD04804號　妙法蓮華經卷三　（27–3）

譬如大雲 普覆一切 既出于世 為諸衆生
分別演說 諸法之實 大聖世尊 於諸天人
一切衆中 而宣是言 我為如來 兩足之尊
出于世間 猶如大雲 充潤一切 枯槁衆生
皆令離苦 得安隱樂 世間之樂 及涅槃樂
諸天人衆 一心善聽 皆應到此 覲无上尊
我為世尊 无能及者 安隱衆生 故現於世
為大衆說 甘露淨法 其法一味 解脫涅槃
以一妙音 演暢斯義 常為大乘 而作因緣
我觀一切 普皆平等 无有彼此 愛憎之心
我无貪著 亦无限礙 恒為一切 平等說法
如為一人 衆多亦然 常演說法 曾無他事
去來坐立 終不疲猒 充足世間 如雨普潤
貴賤上下 持戒毀戒 威儀具足 及不具足
正見耶見 利根鈍根 等雨法雨 而無懈倦
一切衆生 聞我法者 隨力所受 住於諸地
或處人天 轉輪聖王 釋梵諸王 是小藥草
知無漏法 能得涅槃 起六神通 及得三明
獨處山林 常行禪定 得緣覺證 是中藥草
求世尊處 我當作佛 行精進定 是上藥草
又諸佛子 專心佛道 常行慈悲 自知作佛
決定无疑 是名小樹 安住神通 轉不退輪
度无量億 百千衆生 如是菩薩 名為大樹
佛平等說 如一味雨 隨衆生性 所受不同
如彼草木 所稟各異 佛以此喻 方便開示

BD04804號　妙法蓮華經卷三　（27–4）

又諸佛子 專心佛道 常行慈悲 自知作佛
決定无疑 是名小樹 安住神通 轉不退輪
度无量億 百千衆生 如是菩薩 名為大樹
佛平等說 如一味雨 隨衆生性 所受不同
如彼草木 所稟各異 佛以此喻 方便開示
種種言辭 演說一法 於佛智慧 如海一渧
我雨法雨 充滿世間 一味之法 隨力脩行
如彼叢林 藥草諸樹 隨其大小 漸增茂好
諸佛之法 常以一味 令諸世間 普得具足
漸次脩行 皆得道果 聲聞緣覺 處於山林
住㝡後身 聞法得果 是名藥草 各得增長
若諸菩薩 智慧堅固 了達三界 求㝡上乘
是名小樹 而得增長 復有住禪 得神通力
聞諸法空 心大歡喜 放无數光 度諸衆生
是名大樹 而得增長 如是迦葉 佛所說法
譬如大雲 以一味雨 潤於人華 各得成實
迦葉當知 以諸因緣 種種譬喻 開示佛道
是我方便 諸佛亦然 今為汝等 說㝡實事
諸聲聞衆 皆非滅度 汝等所行 是菩薩道
漸漸脩學 悉當成佛
妙法蓮華經授記品第六
尒時世尊 說是偈已 告諸大衆 唱如是言 我
此弟子摩訶迦葉 於未來世 當得奉覲三百
萬億諸佛世尊 供養恭敬 尊重讚歎 廣宣諸
佛无量大法 於㝡後身 得成為佛 名曰光明
如來應供正遍知明行足善逝世間解无上

BD04804號　妙法蓮華經卷三　（27–5）

尒時世尊說是偈已告諸大衆唱如是言我
此弟子摩訶迦葉於未來世當得奉覲三百
萬億諸佛世尊供養恭敬尊重讚歎廣宣諸
佛无量大法於㝡後身得成爲佛名曰光明
如來應供正遍知明行足善逝世間解无上
士調御丈夫天人師佛世尊國名光德劫名
大莊嚴佛壽十二小劫正法住世二十小劫
像法亦住二十小劫國界嚴飾无諸穢惡瓦
礫荊棘便利不淨其土平正无有高下坑坎
堆阜瑠璃爲地寶樹行列黄金爲繩以界道
側散諸寶華周遍清淨其國菩薩无量千億
諸聲聞衆亦復无數无有魔事雖有魔及魔
民皆護佛法尒時世尊欲重宣此義而說偈
言

告諸比丘　我以佛眼　見是迦葉　於未來世
過无數劫　當得作佛　而於來世　供養奉覲
三百萬億　諸佛世尊　爲佛智慧　淨脩梵行
供養㝡上　二足尊已　脩習一切　无上之慧
於㝡後身　得成爲佛　其土清淨　瑠璃爲地
多諸寶樹　行列道側　金繩界道　見者歡喜
常出好香　散衆名花　種種奇妙　以爲莊嚴
其地平正　无有丘坑　諸菩薩衆　不可稱計
其心調柔　逮大神通　奉持諸佛　大乘經典
諸聲聞衆　无漏後身　法王之子　亦不可計
乃以天眼　不能數知　其佛當壽　十二小劫
正法住世　二十小劫　像法亦住　二十小劫

BD04804號　妙法蓮華經卷三　　（27–6）

其地平正　无有丘坑　諸菩薩衆　不可稱計
其心調柔　逮大神通　奉持諸佛　大乘經典
諸聲聞衆　无漏後身　法王之子　亦不可計
乃以天眼　不能數知　其佛當壽　十二小劫
正法住世　二十小劫　像法亦住　二十小劫
光明世尊　其事如是

尒時大目揵連須菩提摩訶迦旃延等皆
悉悚慄一心合掌瞻仰尊顏目不暫捨即共
同聲而說偈言

大雄猛世尊　諸釋之法王　哀愍我等故　而賜佛音聲
若知我深心　見爲授記者　如以甘露灑　除熱得清涼
如從飢國來　忽遇大王饍　心猶懷疑懼　未敢即便食
若復得王教　然後乃敢食　我等亦如是　每惟小乘過
不知當云何　得佛无上慧　雖聞佛音聲　言我等作佛
心尚懷憂懼　如未敢便食　若蒙佛授記　尒乃快安樂
大雄猛世尊　常欲安世間　願賜我等記　如飢須教食

尒時世尊知諸大弟子心之所念告諸比丘
是須菩提於當來世奉覲三百萬億那由他
佛供養恭敬尊重讚歎常脩梵行具菩薩道
於㝡後身得成爲佛号曰名相如來應供正
遍知明行足善逝世間解无上士調御丈夫
天人師佛世尊劫名有寶國名寶生其土平
正頗梨爲地寶樹莊嚴无諸丘坑沙礫荊棘
便利之穢寶華覆地周遍清淨其土人民皆
處寶臺珍妙樓閣聲聞弟子无量无邊筭數

BD04804號　妙法蓮華經卷三　　（27–7）

天人師佛世尊劫名有寶國名寶生其土平
正頗梨為地寶樹莊嚴无諸丘坑沙礫荊棘
便利之穢寶華覆地周遍清淨其土人民皆
處寶臺珍妙樓閣聲聞弟子无量无邊筭數
譬喻所不能知諸菩薩衆无數千萬億那由
他佛壽十二小劫正法住世二十小劫像法
亦住二十小劫其佛常處虛空為衆說法度
脫无量菩薩及聲聞衆爾時世尊欲重宣此
義而說偈言
諸比丘衆 今告汝等 皆當一心 聽我所說
我大弟子 須菩提者 當得作佛 號曰名相
當供无數 萬億諸佛 隨佛所行 漸具大道
最後身得 三十二相 端正姝妙 猶如寶山
其佛國土 嚴淨第一 衆生見者 无不愛樂
佛於其中 度无量衆 其佛法中 多諸菩薩
皆悉利根 轉不退輪 彼國常以 菩薩莊嚴
諸聲聞衆 不可稱數 皆得三明 具六神通
住八解脫 有大威德 其佛說法 現於无量
神通變化 不可思議 諸天人民 數如恒沙
皆共合掌 聽受佛語 其佛當壽 十二小劫
正法住世 二十小劫 像法亦住 二十小劫
爾時世尊復告諸比丘衆我今語汝是大迦
旃延於當來世以諸供具供養奉事八千億
佛恭敬尊重諸佛滅後各起塔廟高千由旬
縱廣正等五百由旬以金銀瑠璃車𤦲馬瑙

BD04804號　妙法蓮華經卷三　（27-8）

正法住世二十小劫像法亦住二十小劫
爾時世尊復告諸比丘衆我今語汝是大迦
旃延於當來世以諸供具供養奉事八千億
佛恭敬尊重諸佛滅後各起塔廟高千由旬
縱廣正等五百由旬以金銀瑠璃車𤦲馬瑙
真珠玫瑰七寶合成衆華瓔珞塗香末香燒
香繒蓋幢幡供養塔廟過是已後當復供養
二萬億佛亦復如是供養是諸佛已具菩薩
道當得作佛號曰閻浮那提金光如來應供
正遍知明行足善逝世間解无上士調御丈
夫天人師佛世尊其土平正頗梨為地寶樹
莊嚴黃金為繩以界道側妙華覆地周遍清
淨見者歡喜无四惡道地獄餓鬼畜生阿脩
羅道多有天人諸聲聞衆及諸菩薩无量萬
億莊嚴其國佛壽十二小劫正法住世二十
小劫像法亦住二十小劫爾時世尊欲重宣
此義而說偈言
諸比丘衆 皆一心聽 如我所說 真實无異
是迦旃延 當以種種 妙好供具 供養諸佛
諸佛滅後 起七寶塔 亦以花香 供養舍利
其最後身 得佛智慧 成等正覺 國土清淨
度脫无量 萬億衆生 皆為十方 之所供養
佛之光明 无能勝者 其佛號曰 閻浮金光
菩薩聲聞 斷一切有 无量无數 莊嚴其國
爾時世尊復告大衆我今語汝是大目揵連

BD04804號　妙法蓮華經卷三　（27-9）

其最後身得佛智慧成等正覺國土清淨
度脫无量萬億衆生皆為十方之所供養
佛之光明无能勝者其佛号曰閻浮金光
菩薩聲聞斷一切有无量无數莊嚴其國
尒時世尊復告大衆我今語汝是大目揵連
當以種種供具供養八千諸佛恭敬尊重諸
佛滅後各起塔廟高千由旬縱廣正等五百
由旬以金銀瑠璃車𤦲馬瑙真珠玫瑰七寶
合成衆華瓔珞塗香抹香燒香繒蓋幢幡以
用供養過是已後當復供養二百萬億諸佛
亦復如是當得成佛号曰多摩羅跋栴檀香
如來應供正遍知明行足善逝世間解无上
士調御丈夫天人師佛世尊劫名喜滿國名
意樂其土平正頗梨為地寶樹莊嚴散真
珠華周遍清淨見者歡喜多諸天人菩薩聲
聞其數无量佛壽二十四小劫正法住世四十
小劫像法亦住四十小劫尒時世尊欲重宣
此義而說偈言
我此弟子大目揵連　捨是身已　得見八千
二百萬億諸佛世尊　為佛道故　供養恭敬
於諸佛所常脩梵行　於无量劫　奉持佛法
諸佛滅後起七寶塔　長表金剎　花香伎樂
而以供養諸佛塔廟　漸漸具足　菩薩道已
於意樂國而得作佛　号多摩羅　栴檀之香
其佛壽命二十四劫　常為天人　演說佛道
聲聞无量如恒河沙　三明六通　有大威德

BD04804號　妙法蓮華經卷三　（27–10）

於諸佛所常脩梵行　於无量劫　奉持佛法
諸佛滅後起七寶塔　長表金剎　花香伎樂
而以供養諸佛塔廟　漸漸具足　菩薩道已
於意樂國而得作佛　号多摩羅　栴檀之香
其佛壽命二十四劫　常為天人　演說佛道
聲聞无量如恒河沙　三明六通　有大威德
菩薩无數志固精進　於佛智慧　皆不退轉
佛滅度後正法當住　四十小劫　像法亦尒
我諸弟子威德具足　其數五百　皆當授記
於未來世咸得成佛
我及汝等宿世因緣　吾今當說　汝等善聽

妙法蓮華經化城喻品第七

佛告諸比丘乃往過去无量无邊不可思議
阿僧祇劫尒時有佛名大通智勝如來應供
正遍知明行足善逝世間解无上士調御丈
夫天人師佛世尊其國名好成劫名大相諸
比丘彼佛滅度已來甚大久遠譬如三千大
千世界所有地種假使有人磨以為墨過於
東方千國土乃下一點大如微塵又過千國
土復下一點如是展轉盡地種墨於汝等意
云何是諸國土若筭師若筭師弟子能得邊
際知其數不不也世尊諸比丘是人所經國
土若點不點盡末為塵一塵一劫彼佛滅度
已來復過是數无量无邊百千萬億阿僧祇
劫我以如來知見力故觀彼久遠猶若今日
尒時世尊欲重宣此義而說偈言

BD04804號　妙法蓮華經卷三　（27–11）

云何是諸國土若筭師若筭師弟子能得邊
際知其數不不也世尊諸比丘是人所經國
土若點不點盡末為塵一塵一劫彼佛滅度
已來復過是數无量无邊百千萬億阿僧祇
劫我以如來知見力故觀彼久遠猶若今日
尒時世尊欲重宣此義而說偈言
我念過去世　无量无邊劫　有佛兩足尊　名大通智勝
如人以力磨　三千大千土　盡此諸地種　皆悉以為墨
過於千國土　乃下一塵點　如是展轉點　盡此諸塵墨
如是諸國土　點與不點等　復盡末為塵　一塵為一劫
此諸微塵數　其劫復過是　彼佛滅度來　如是无量劫
如來无礙智　知彼佛滅度　及聲聞菩薩　如見今滅度
諸比丘當知　佛智淨微妙　无漏无所礙　通達无量劫
佛告諸比丘大通智勝佛壽五百四十萬億
那由他劫其佛本坐道場破魔軍已垂得阿
耨多羅三藐三菩提而諸佛法不現在前如
是一小劫乃至十小劫結加趺坐身心不動
而諸佛法猶不在前尒時忉利諸天先為彼
佛於菩提樹下敷師子座高一由旬佛於此
當坐得阿耨多羅三藐三菩提適坐此座時
諸梵天王雨衆天花面百由旬香風時來吹
去萎花更雨新者如是不絕滿十小劫供養
於佛乃至滅度常雨此花四王諸天為供養
佛常擊天鼓其餘諸天作天伎樂滿十小劫
至于滅度亦復如是諸比丘大通智勝佛過

BD04804號　妙法蓮華經卷三　(27–12)

去萎花更雨新者如是不絕滿十小劫供養
於佛乃至滅度常雨此花四王諸天為供養
佛常擊天鼓其餘諸天作天伎樂滿十小劫
至于滅度亦復如是諸比丘大通智勝佛過
十小劫諸佛之法乃現在前成阿耨多羅三
藐三菩提其佛未出家時有十六子其第一
者名曰智積諸子各有種種珍異玩好之具
聞父得成阿耨多羅三藐三菩提皆捨所珍
往詣佛所諸母涕泣而隨送之其祖轉輪聖
王與一百大臣及餘百千萬億人民皆共圍
繞隨至道場咸欲親近大通智勝如來供養
恭敬尊重讚歎到已頭面禮足繞佛畢已一
心合掌瞻仰世尊以偈頌曰
大威德世尊　為度衆生故　於无量億歲　尒乃得成佛
諸願已具足　善哉吉无上　世尊甚希有　一坐十小劫
身體及手足　靜然安不動　其心常惔怕　未曾有散亂
究竟永寂滅　安住无漏法　今者見世尊　安隱成佛道
我等得善利　稱慶大歡喜　衆生常苦惱　盲瞑无導師
不識苦盡道　不知求解脫　長夜增惡趣　減損諸天衆
從瞑入於瞑　永不聞佛名　今佛得最上　安隱无漏道
我等及天人　為得最大利　是故咸稽首　歸命无上尊
尒時十六王子偈讚佛已勸請世尊轉於法
輪咸作是言世尊說法多所安隱憐愍饒益
諸天人民重說偈言
世雄无等倫　百福自莊嚴　得无上智慧　願為世間說

BD04804號　妙法蓮華經卷三　(27–13)

尒時十六王子偈讚佛已勸請世尊轉於法
輪咸作是言世尊說法多所安隱憐愍饒益
諸天人民重說偈言
世雄无等倫　百福自莊嚴　得无上智慧　願為世間說
度脫於我等　及諸衆生類　為分別顯示　令得是智慧
若我等得佛　衆生亦復然　世尊知衆生　深心之所念
亦知所行道　又知智慧力　欲樂及脩福　宿命所行業
世尊悉知已　當轉无上輪
佛告諸比丘大通智勝佛得阿耨多羅三藐
三菩提時十方各五百萬億諸佛世界六種
震動其國中間幽冥之處日月威光所不能
照而皆大明其中衆生各得相見咸作是言
此中云何忽生衆生又其國界諸天宮殿乃
至梵宮六種震動大光普照遍滿世界勝諸
天光尒時東方五百萬億諸國土中梵天宮
殿光明照曜倍於常明諸梵天王各作是念
今者宮殿光明昔所未有以何因緣而現此
相是時諸梵天王即各相詣共議此事時彼衆
中有一大梵天王名救一切為諸梵衆而說
偈言
我等諸宮殿　光明昔未有　此是何因緣　宜各共求之
為大德天生　為佛出世間　而此大光明　遍照於十方
尒時五百萬億國土諸梵天王與宮殿俱各
以衣裓盛諸天花共詣西方推尋是相見大
通智勝如來處于道場菩提樹下坐師子座
諸天龍王乾闥婆緊那羅摩睺羅伽人非人

BD04804號　妙法蓮華經卷三　（27–14）

為大德天生　為佛出世間　而此大光明　遍照於十方
尒時五百萬億國土諸梵天王與宮殿俱各
以衣裓盛諸天花共詣西方推尋是相見大
通智勝如來處于道場菩提樹下坐師子座
諸天龍王乾闥婆緊那羅摩睺羅伽人非人
等恭敬圍遶及見十六王子請佛轉法輪即
時諸梵天王頭面礼佛遶百千帀即以天華
而散佛上其所散花如須弥山幷以供養佛
菩提樹其菩提樹高十由旬華供養已各以
宮殿奉上彼佛而作是言唯見哀愍饒益我
等所獻宮殿願垂納受時諸梵天王即於佛
前一心同聲以偈頌曰
世尊甚希有　難可得值遇　具無量功德　能救護一切
天人之大師　哀愍於世間　十方諸衆生　普皆蒙饒益
我等所從來　五百萬億國　捨深禪定樂　為供養佛故
我等先世福　宮殿甚嚴飾　今以奉世尊　唯願哀納受
尒時諸梵天王偈讚佛已各作是言唯願世
尊轉於法輪度脫衆生開涅槃道時諸梵天
王一心同聲而說偈言
世雄兩足尊　唯願演說法　以大慈悲力　度苦惱衆生
尒時大通智勝如來默然許之又諸比丘東
南方五百萬億國土諸大梵王各自見宮殿
光明照曜昔所未有歡喜踊躍生希有心即
各相詣共議此事時彼衆中有一大梵天王
名曰大悲為諸梵衆而說偈言

BD04804號　妙法蓮華經卷三　（27–15）

南方五百萬億國土諸大梵王各自見宮殿
光明照曜昔所未有歡喜踊躍生希有心即
各相詣共議此事時彼衆中有一大梵天王
名曰大悲爲諸梵衆而說偈言
是事何因緣　而現如此相　我等諸宮殿　光明昔未有
爲大德天生　爲佛出世間　未曾見此相　當共一心求
過千萬億土　尋光共推之　多是佛出世　度脫苦衆生
尒時五百萬億諸梵天王與宮殿俱各以衣
裓盛諸天華共詣西北方推尋是相見大通
智勝如來處于道場菩提樹下坐師子座諸
天龍王乾闥婆緊那羅摩睺羅伽人非人等
恭敬圍繞及見十六王子請佛轉法輪時諸
梵天王頭面禮佛繞百千帀即以天花而散
佛上所散之花如須弥山并以供養佛菩提
樹花供養已各以宮殿奉上彼佛而作是言
唯見哀愍饒益我等所獻宮殿願垂納受
尒時諸梵天王即於佛前一心同聲以偈頌
曰
聖主天中王　迦陵頻伽聲　哀愍衆生者　我等今敬禮
世尊甚希有　久遠乃一現　一百八十劫　空過无有佛
三惡道充滿　諸天衆減少　今佛出於世　爲衆生作眼
世間所歸趣　救護於一切　爲衆生之父　哀愍饒益者
我等宿福慶　今得值世尊
尒時諸梵天王偈讚佛已各作是言唯願世
尊哀愍一切轉於法輪度脫衆生時諸梵天

BD04804號　妙法蓮華經卷三　（27–16）

三惡道充滿　諸天衆減少　今佛出於世　爲衆生作眼
世間所歸趣　救護於一切　爲衆生之父　哀愍饒益者
我等宿福慶　今得值世尊
尒時諸梵天王偈讚佛已各作是言唯願世
尊哀愍一切轉於法輪度脫衆生時諸梵天
王一心同聲而說偈言
大聖轉法輪　顯示諸法相　度苦惱衆生　令得大歡喜
衆生聞此法　得道若生天　諸惡道減少　忍善者增益
尒時大通智勝如來默然許之又諸比丘南
方五百萬億國土諸大梵王各自見宮殿光
明照曜昔所未有歡喜踊躍生希有心即各
相詣共議此事以何因緣我等宮殿有此光
曜而彼衆中有一大梵天王名曰妙法爲諸
梵衆而說偈言
我等諸宮殿　光明甚威曜　此非无因緣　是相宜求之
過於百千劫　未曾見是相　爲大德天生　爲佛出世間
尒時五百萬億諸梵天王與宮殿俱各以衣
裓盛諸天花共詣北方推尋是相見大通智
勝如來處于道場菩提樹下坐師子座諸天
龍王乾闥婆緊那羅摩睺羅伽人非人等恭
敬圍繞及見十六王子請佛轉法輪時諸梵
天王頭面禮佛繞百千帀即以天花而散佛
上所散之花如須弥山并以供養佛菩提樹
華供養已各以宮殿奉上彼佛而作是言唯
見哀愍饒益我等所獻宮殿願垂納受尒時
諸梵天王即於佛前一心同聲以偈頌曰

BD04804號　妙法蓮華經卷三　（27–17）

敬圍遶及見十六王子請佛轉法輪時諸梵
天王頭面礼佛遶百千帀即以天花而散佛
上所散之花如須弥山并以供養佛菩提樹
華供養已各以宮殿奉上彼佛而作是言唯
見哀愍饒益我等所獻宮殿願垂納受尒時
諸梵天王即於佛前一心同聲以偈頌曰
世尊甚難見　破諸煩惱者　過百三十劫　今乃得一見
諸飢渴衆生　以法雨充滿　昔所未曾見　无量智慧者
如優曇鉢羅　今日乃值遇　我等諸宮殿　蒙光故嚴飾
世尊大慈愍　唯願垂納受
尒時諸梵天王偈讚佛已各作是言唯願世
尊轉於法輪令一切世間諸天魔梵沙門婆
羅門皆獲安隱而得度脫時諸梵天王一心
同聲以偈頌曰
唯願天人尊　轉无上法輪　擊于大法鼓　而吹大法螺
普雨大法雨　度无量衆生　我等咸歸請　當演深遠音
尒時大通智勝如來黙然許之西南方乃至
下方亦復如是尒時上方五百萬億國土諸大
梵王皆悉自覩所止宮殿光明威曜昔所未
有歡喜踊躍生希有心即各相詣共議此事
以何因緣我等宮殿有斯光明時彼衆中
有一大梵天王名曰尸棄為諸梵衆而說
偈言
今以何因緣　我等諸宮殿　威德光明曜　嚴飾未曾有
如是之妙相　昔所未聞見　為大德天生　為佛出世間
尒時五百萬億諸梵天王與宮殿俱各以衣

BD04804 號　妙法蓮華經卷三

（27–18）

偈言
今以何因緣　我等諸宮殿　威德光明曜　嚴飾未曾有
如是之妙相　昔所未聞見　為大德天生　為佛出世間
尒時五百萬億諸梵天王與宮殿俱各以衣
裓盛諸天華共詣下方推尋是相見大通智
勝如來處于道場菩提樹下坐師子座諸天
龍王乾闥婆緊那羅摩睺羅伽人非人等恭
敬圍遶及見十六王子請佛轉法輪時諸梵
天王頭面礼佛遶百千帀即以天花而散佛
上所散之花如須弥山并以供養佛菩提樹
花供養已各以宮殿奉上彼佛而作是言唯
見哀愍饒益我等所獻宮殿願垂納受時諸
梵天王即於佛前一心同聲以偈頌曰
善哉見諸佛　救世之聖尊　能於三界獄　勉出諸衆生
普智天人尊　哀愍群萌類　能開甘露門　廣度於一切
於昔无量劫　空過无有佛　世尊未出時　十方常闇暝
三惡道增長　阿脩羅亦盛　諸天衆轉減　死多墮惡道
不從佛聞法　常行不善事　色力及智慧　斯等皆減少
罪業因緣故　失樂及樂想　住於邪見法　不識善儀則
不蒙佛所化　常墮於惡道　佛為世間眼　久遠時乃出
哀愍諸衆生　故現於世間　超出成正覺　我等甚欣慶
及餘一切衆　喜歎未曾有　我等諸宮殿　蒙光故嚴飾
今以奉世尊　唯垂哀納受　願以此功德　普及於一切
我等與衆生　皆共成佛道
尒時五百萬億諸梵天王偈讚佛已各白佛
言唯願世尊轉於法輪多所安隱多所度脫

BD04804 號　妙法蓮華經卷三

（27–19）

尒時五百萬億諸梵天王偈讚佛已各白佛
言唯願世尊轉於法輪多所安隱多所度脫
時諸梵天王而說偈言
世尊轉法輪 擊甘露法鼓 度苦惱衆生 開示涅槃道
唯願受我請 以大微妙音 哀愍而敷演 无量劫習法
尒時大通智勝如來受十方諸梵天王及十
六王子請即時三轉十二行法輪若沙門婆
羅門若天魔梵及餘世間所不能轉謂是苦
是苦集是苦滅是苦滅道及廣說十二因緣
法无明緣行行緣識識緣名色名色緣六入
六入緣觸觸緣受受緣愛愛緣取取緣有有
緣生生緣老死憂悲苦惱无明滅則行滅行
滅則識滅識滅則名色滅名色滅則六入滅六
入滅則觸滅觸滅則受滅受滅則愛滅愛
滅則取滅取滅則有滅有滅則生滅生滅則
老死憂悲苦惱滅佛於天人大衆之中說是
法時六百萬億那由他人以不受一切法故
而於諸漏心得解脫皆得深妙禪定三明六
通具八解脫第二第三第四說法時千萬億
恒河沙那由他等衆生亦以不受一切法故
而於諸漏心得解脫從是已後諸聲聞衆无
量无邊不可稱數尒時十六王子皆以童子
出家而為沙彌諸根通利智慧明了已曾供
養百千萬億諸佛淨脩梵行求阿耨多羅
三藐三菩提俱白佛言世尊是諸无量千萬億

BD04804號　妙法蓮華經卷三　（27–20）

……諸聲聞衆无
量无邊不可稱數尒時十六王子皆以童子
出家而為沙彌諸根通利智慧明了已曾供
養百千萬億諸佛淨脩梵行求阿耨多羅
三藐三菩提俱白佛言世尊是諸无量千萬億
大德聲聞皆已成就世尊亦當為我等說阿
耨多羅三藐三菩提法我等聞已皆共脩學
世尊我等志願如來知見深心所念佛自證
知尒時轉輪聖王所將衆中八萬億人見十
六王子出家亦求出家王即聽許尒時彼佛
受沙彌請過二萬劫已乃於四衆之中說是
大乘經名妙法蓮花教菩薩法佛所護念說
是經已十六沙彌為阿耨多羅三藐三菩提
故皆共受持諷誦通利說是經時十六菩薩
沙彌皆悉信受聲聞衆中亦有信解其餘衆
生千萬億種皆生疑惑佛說是經於八千劫
未曾休廢說此經已即入靜室住於禪定八
萬四千劫是時十六菩薩沙彌知佛入室寂
然禪定各昇法座亦於八萬四千劫為四部
衆廣說分別妙法華經一一皆度六百萬億
那由他恒河沙等衆生示教利喜令發阿耨
多羅三藐三菩提心大通智勝佛過八万四
千劫已從三昧起往詣法座安詳而坐普告
大衆是十六菩薩沙彌甚為希有諸根通
利智慧明了已曾供養無量千萬億數諸佛
於諸佛所常脩梵行受持佛智開示衆生令

BD04804號　妙法蓮華經卷三　（27–21）

多羅三藐三菩提心大通智勝佛過八万四
千劫已從三昧起往詣法座安詳而坐普告
大眾是十六菩薩沙弥甚爲希有諸根通
利智慧明了已曾供養無量千萬億數諸佛
於諸佛所常修梵行受持佛智開示眾生令
入其中汝等皆當數數親近而供養之所以者
何若聲聞辟支佛及諸菩薩能信是十六菩
薩所說經法受持不毀者是人皆當得阿耨
多羅三藐三菩提如來之慧佛告諸比丘是
十六菩薩常樂說是妙法蓮華經一一菩薩
所化六百萬億那由他恒河沙等眾生世世
所生與菩薩俱從其聞法悉皆信解以此因
緣得值四萬億諸佛世尊于今不盡諸比丘
我今語汝彼佛弟子十六沙弥今皆得阿耨
多羅三藐三菩提於十方國土現在說法
有無量百千萬億菩薩聲聞以爲眷屬其二
沙弥東方作佛一名阿閦在歡喜國二名須弥
頂東南方二佛一名師子音二名師子相南
方二佛一名虛空住二名常滅西南方二佛
一名帝相二名梵相西方二佛一名阿弥陀
二名度一切世間苦惱西北方二佛一名多
摩羅跋栴檀香神通二名須弥相北方二佛
一名雲自在二名雲自在王東北方佛名壞
一切世間怖畏第十六我釋迦牟尼佛於娑
婆國土成阿耨多羅三藐三菩提諸比丘我

BD04804號　妙法蓮華經卷三　（27–22）

摩羅跋栴檀香神通二名須弥相北方二佛
一名雲自在二名雲自在王東北方佛名壞
一切世間怖畏第十六我釋迦牟尼佛於娑
婆國土成阿耨多羅三藐三菩提諸比丘我
等爲沙弥時各教化無量百千萬億恒河沙
等眾生從我聞法爲阿耨多羅三藐三菩
提此諸眾生于今有住聲聞地者我常教化
阿耨多羅三藐三菩提是諸人等應以是法
漸入佛道所以者何如來智慧難信難解尒
時所化無量恒河沙等眾生者汝等諸比丘
及我滅度後未來世中聲聞弟子是也我滅
度後復有弟子不聞是經不知不覺菩薩
所行自於所得功德生滅度想當入涅槃我於
餘國作佛更有異名是人雖生滅度之想入
於涅槃而於彼土求佛智慧得聞是經唯
以佛乘而得滅度更無餘乘除諸如來方便
說法諸比丘若如來自知涅槃時到眾又清淨
信解堅固了達空法深入禪定便集諸菩薩
及聲聞眾爲說是經世間無有二乘而得滅
度唯一佛乘得滅度耳比丘當知如來方便
深入眾生之性知其志樂小法深著五欲爲
是等故說於涅槃是人若聞則便信受譬如
五百由旬險難惡道曠絕無人怖畏之處若
有多眾欲過此道至珍寶處有一導師聰慧
明達善知險道通塞之相將導眾人欲過此

BD04804號　妙法蓮華經卷三　（27–23）

度唯一佛乘得滅度耳比丘當知如來方便
深入衆生之性知其志樂小法深著五欲為
是等故說於涅槃是人若聞則便信受譬如
五百由旬險難惡道曠絕無人怖畏之處若
有多衆欲過此道至珍寶處有一導師聰慧
明達善知險道通塞之相將導衆人欲過此
難所將人衆中路懈退白導師言我等疲極
而復怖畏不能復進前路猶遠今欲退還導
師多諸方便而作是念此等可愍云何捨大
珍寶而欲退還作是念已以方便力於險道
中過三百由旬化作一城告衆人言汝等勿
怖莫得退還今此大城可於中止隨意所作
若入是城快得安隱若能前至寶所亦可得
去是時疲極之衆心大歡喜歎未曾有我等
今者免斯惡道快得安隱於是衆人前入化
城生已度想生安隱想尒時導師知此人衆
既得止息無復疲惓即滅化城語衆人言汝
等去來寶處在近向者大城我所化作為止
息耳諸比丘如來亦復如是今為汝等作大
導師知諸生死煩惱惡道險難長遠應去應
度若衆生但聞一佛乘者則不欲見佛不欲
親近便作是念佛道長遠久受勤苦乃可得
成佛知是心怯弱下劣以方便力而於中道為
止息故說二涅槃若衆生住於二地如來尒
時即便為說汝等所作未辦汝所住地近
於佛慧當觀察……

BD04804號　妙法蓮華經卷三　（27–24）

親近便作是念佛道長遠久受勤苦乃可得
成佛知是心怯弱下劣以方便力而於中道為
止息故說二涅槃若衆生住於二地如來尒
時即便為說汝等所作未辦汝所住地近
於佛慧當觀察籌量所得涅槃非真實也
但是如來方便之力於一佛乘分別說三如彼
導師為止息故化作大城既知息已而告之
言寶處在近此城非實我化作耳尒時世尊
欲重宣此義而說偈言
大通智勝佛　十劫坐道場　佛法不現前　不得成佛道
諸天神龍王　阿脩羅衆等　常雨於天華　以供養彼佛
諸天擊天鼓　并作衆伎樂　香風吹萎華　更雨新好者
過十小劫已　乃得成佛道　諸天及世人　心皆懷踊躍
彼佛十六子　皆與其眷屬　千萬億圍繞　俱行至佛所
頭面禮佛足　而請轉法輪　聖師子法雨　充我及一切
世尊甚難值　久遠時一現　為覺悟群生　震動於一切
東方諸世界　五百萬億國　梵宮殿光曜　昔所未曾有
諸梵見此相　尋來至佛所　散花以供養　并奉上宮殿
請佛轉法輪　以偈而讚歎　佛知時未至　受請默然坐
三方及四維　上下亦復尒　散花奉宮殿　請佛轉法輪
世尊甚難值　願以大慈悲　廣開甘露門　轉无上法輪
无量慧世尊　受彼衆人請　為宣種種法　四諦十二緣
无明至老死　皆從生緣有　如是衆過患　汝等應當知
宣暢是法時　六百萬億姟　得盡諸苦際　皆成阿羅漢
第二說法時　千萬恒沙衆　於諸法不受　亦得阿羅漢
從是後得道……

BD04804號　妙法蓮華經卷三　（27–25）

无量慧世尊 受彼衆人請 為宣種種法 四諦十二緣
无明至老死 皆從生緣有 如是衆過患 汝等應當知
宣暢是法時 六百萬億姟 得盡諸苦際 皆成阿羅漢
弟二說法時 千萬恒沙衆 於諸法不受 亦得阿羅漢
從是後得道 其數无有量 萬億劫筭數 不能得其邊
時十六王子 出家作沙弥 皆共請彼佛 演說大乘法
我等及營從 皆當成佛道 願得如世尊 慧眼弟一淨
佛知童子心 宿世之所行 以无量因緣 種種諸譬喻
說六波羅蜜 及諸神通事 分別真實法 菩薩所行道
說是法花經 如恒河沙偈 彼佛說經已 靜室入禪定
一心一處坐 八萬四千劫 是諸沙弥等 知佛禪未出
為无量億衆 說佛无上慧 各各坐法座 說是大乘經
於佛宴寂後 宣揚助法化 一一沙弥等 所度諸衆生
有六百萬億 恒河沙等衆 彼佛滅度後 是諸聞法者
在在諸佛土 常與師俱生 是十六沙弥 具足行佛道
今現在十方 各得成正覺 爾時聞法者 各在諸佛所
其有住聲聞 漸教以佛道 我在十六數 曾亦為汝說
是故以方便 引汝趣佛慧 以是本因緣 今說法花經
令汝入佛道 慎勿懷驚懼 譬如險惡道 迥絕多毒獸
又復无水草 人所怖畏處 无數千萬衆 欲過此險道
其路甚曠遠 經五百由旬 時有一導師 強識有智慧
明了心決定 在險濟衆難 衆人皆疲惓 而白導師言
我等今頓乏 於此欲退還 導師作是念 此輩甚可愍
如何欲退還 而失大珍寶 尋時思方便 當設神通力
化作大城郭 莊嚴諸舍宅 周帀有園林 渠流及浴池

BD04804號　妙法蓮華經卷三　（27–26）

明了心決定 在險濟衆難 衆人皆疲惓 而白導師言
我等今頓乏 於此欲退還 導師作是念 此輩甚可愍
如何欲退還 而失大珍寶 尋時思方便 當設神通力
化作大城郭 莊嚴諸舍宅 周帀有園林 渠流及浴池
重門高樓閣 男女皆充滿 即作是化已 慰衆言勿懼
汝等入此城 各可隨所樂 諸人既入城 心皆大歡喜
皆生安隱想 自謂已得度 導師知息已 集衆而告言
汝等當前進 此是化城耳 我見汝疲極 中路欲退還
故以方便力 權化作此城 汝今勤精進 當共至寶所
我亦復如是 為一切導師 見諸求道者 中路而懈廢
不能度生死 煩惱諸險道 故以方便力 為息說涅槃
言汝等苦滅 所作皆已辦 既知到涅槃 皆得阿羅漢
爾乃集大衆 為說真實法 諸佛方便力 分別說三乘
唯有一佛乘 息處故說二 今為汝說實 汝所得非滅
為佛一切智 當發大精進 汝證一切智 十力等佛法
具三十二相 乃是真實滅 諸佛之導師 為息說涅槃
既知是息已 引入於佛慧

妙法蓮華經卷弟三

BD04804號　妙法蓮華經卷三　（27–27）

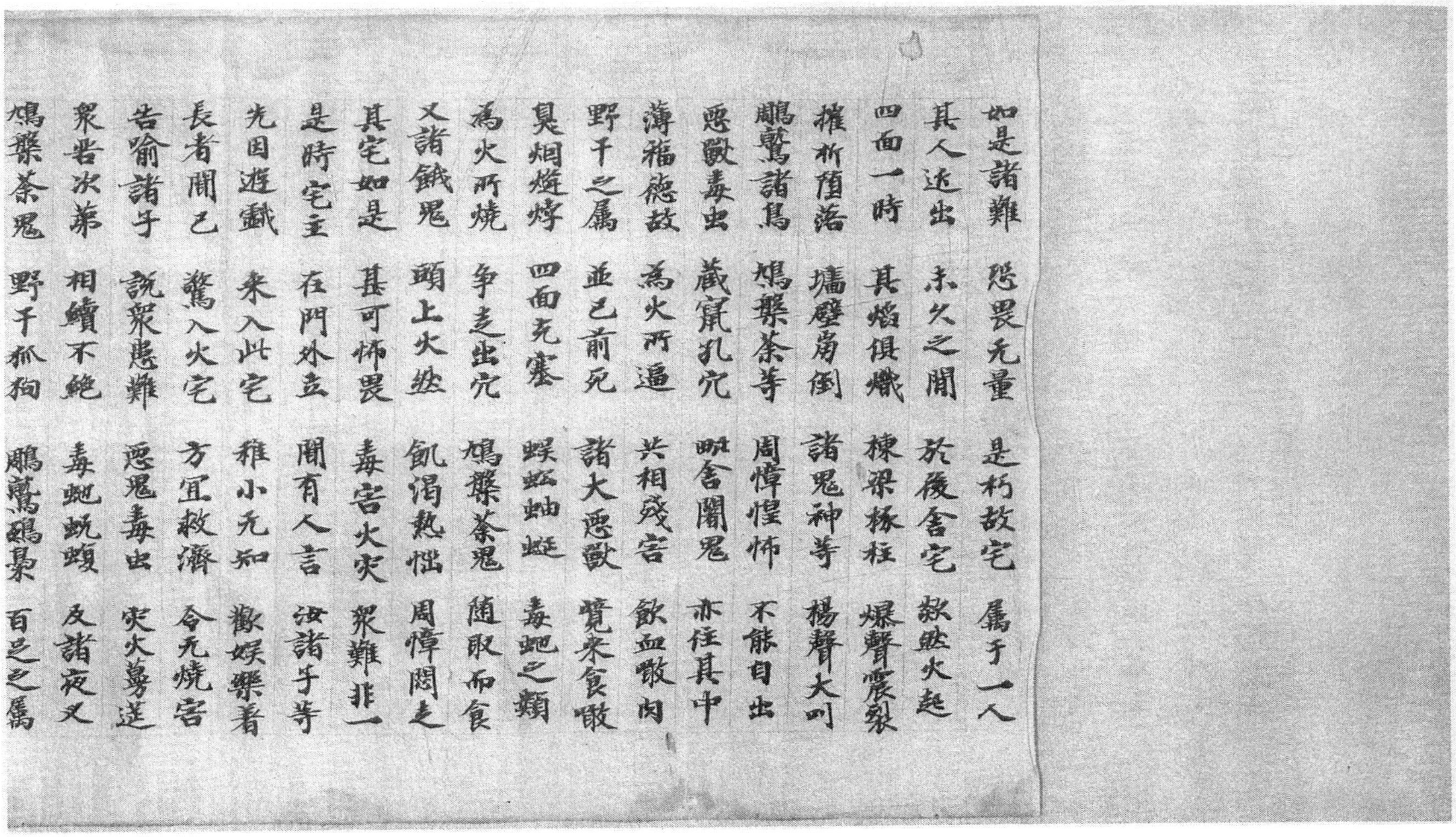

如是諸難　恐畏无量　是朽故宅　屬于一人
其人近出　未久之間　於後舍宅　忽然火起
四面一時　其焰俱熾　棟梁椽柱　爆聲震裂
摧折墮落　墻壁崩倒　諸鬼神等　揚聲大叫
鵰鷲諸鳥　鳩槃荼等　周慞惶怖　不能自出
惡獸毒虫　藏竄孔穴　毗舍闍鬼　亦住其中
薄福德故　為火所逼　共相殘害　飲血噉肉
野干之屬　並已前死　諸大惡獸　競來食噉
臭烟𤈦㶿　四面充塞　蜈蚣蚰蜒　毒蛇之類
為火所燒　爭走出穴　鳩槃荼鬼　隨取而食
又諸餓鬼　頭上火然　飢渴熱惱　周慞悶走
其宅如是　甚可怖畏　毒害火災　衆難非一
是時宅主　在門外立　聞有人言　汝諸子等
先因遊戲　來入此宅　稚小无知　歡娛樂着
長者聞已　驚入火宅　方宜救濟　令无燒害
告喻諸子　說衆患難　惡鬼毒虫　災火蔓莚
衆苦次第　相續不絶　毒蛇蚖蝮　及諸夜叉
鳩槃荼鬼　野干狐狗　鵰鷲鵄梟　百足之屬

BD04805 號　妙法蓮華經卷二　（3–1）

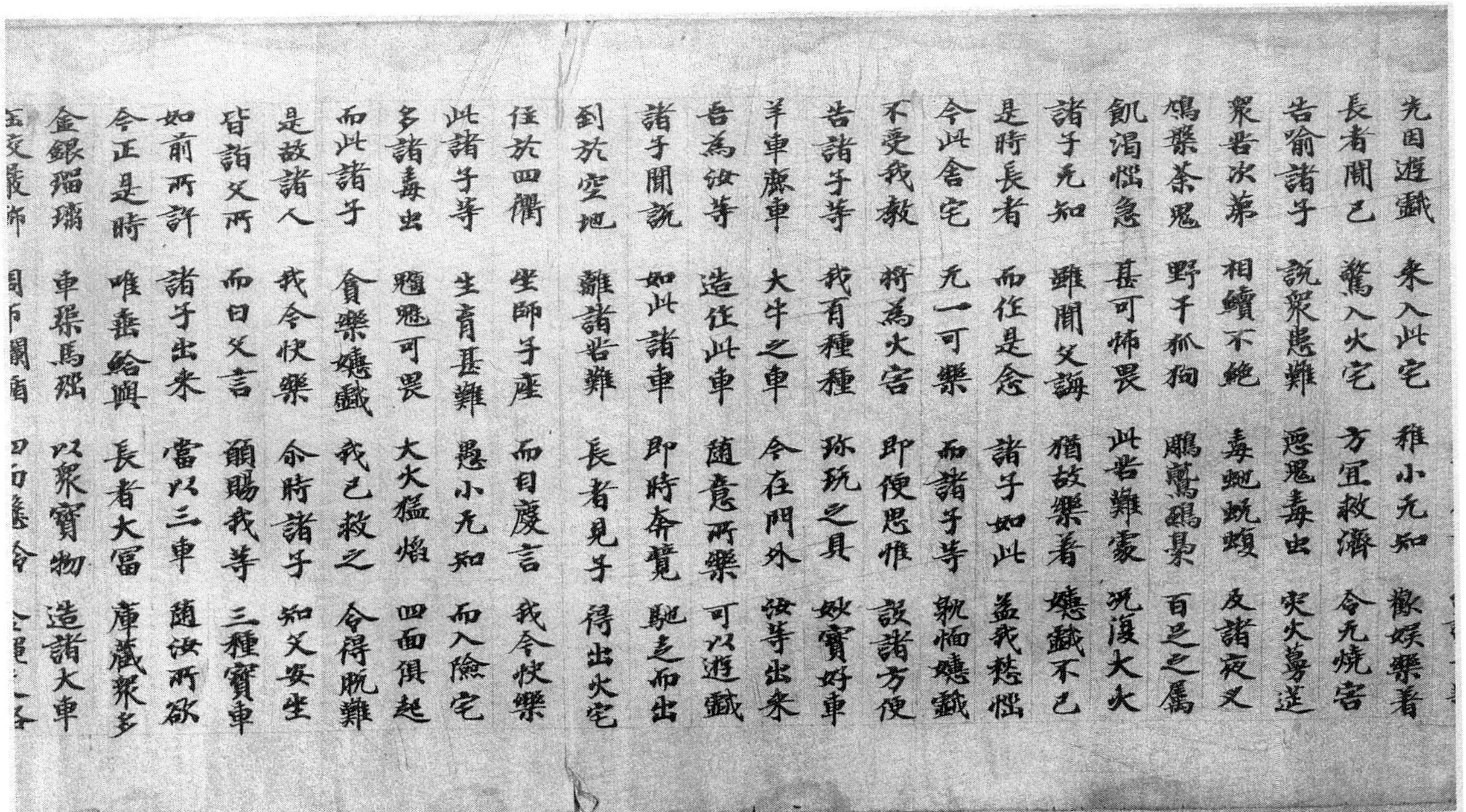

先因遊戲　來入此宅　稚小无知　歡娛樂着
長者聞已　驚入火宅　方宜救濟　令无燒害
告喻諸子　說衆患難　惡鬼毒虫　災火蔓莚
衆苦次第　相續不絶　毒蛇蚖蝮　及諸夜叉
鳩槃荼鬼　野干狐狗　鵰鷲鵄梟　百足之屬
飢渴惱急　甚可怖畏　此苦難處　况復大火
諸子无知　雖聞父誨　猶故樂着　嬉戲不已
是時長者　而作是念　諸子如此　益我愁惱
今此舍宅　无一可樂　而諸子等　耽湎嬉戲
不受我教　將為火害　即便思惟　設諸方便
告諸子等　我有種種　珍玩之具　妙寶好車
羊車鹿車　大牛之車　今在門外　汝等出來
吾為汝等　造作此車　隨意所樂　可以遊戲
諸子聞說　如此諸車　即時奔競　馳走而出
到於空地　離諸苦難　長者見子　得出火宅
住於四衢　坐師子座　而自慶言　我今快樂
此諸子等　生育甚難　愚小无知　而入險宅
多諸毒虫　魑魅可畏　大火猛焰　四面俱起
而此諸子　貪樂嬉戲　我已救之　令得脫難
是故諸人　我今快樂　爾時諸子　知父安坐
皆詣父所　而白父言　願賜我等　三種寶車
如前所許　諸子出來　當以三車　隨汝所欲
今正是時　唯垂給與　長者大富　庫藏衆多
金銀瑠璃　車𤦲馬瑙　以衆寶物　造諸大車
莊校嚴飾　周帀欄楯　四面懸鈴　金繩交絡

BD04805 號　妙法蓮華經卷二　（3–2）

如前所許　諸子出來　當以三車　隨汝所欲
今正是時　唯垂給與　長者大富　庫藏衆多
金銀琉璃　車𤦲馬瑙　以衆寶物　造諸大車
莊校嚴飾　周帀欄楯　四面懸鈴　金繩交絡
真珠羅網　張施其上　金華諸瓔　處處垂下
衆綵雜飾　周帀圍繞　柔軟繒纊　以為茵蓐
上妙細㲲　價直千億　鮮白淨潔　以覆其上
有大白牛　肥壯多力　形體姝好　以駕寶車
多諸儐從　而侍衛之　以是妙車　等賜諸子
諸子是時　歡喜踊躍　乘是寶車　遊於四方
嬉戲快樂　自在无礙　告舍利弗　我亦如是
衆聖中尊　世間之父　一切衆生　皆是吾子
深著世樂　无有慧心　三界无安　猶如火宅
衆苦充滿　甚可怖畏　常有生老　病死憂患
如是等火　熾然不息　如來已離　三界火宅
寂然閑居　安處林野　今此三界　皆是我有
其中衆生　悉是吾子　而今此處　多諸患難
唯我一人　能為救護　雖復教詔　而不信受
於諸欲染　貪著深故　是以方便　為說三乘
令諸衆生　知三界苦　開示演說　出世間道
是諸子等　若心決定　具足三明　及六神通
有得緣覺　不退菩薩　汝舍利弗　我為衆生

BD04805 號　妙法蓮華經卷二　（3–3）

聖諦若能如是修習滅者是我弟子若有不
能任如是修是名空修非滅聖諦道聖諦者
所謂佛法僧寶及正解脫有諸衆生顛倒
心言无佛法僧及正解脫生死流轉猶如幻化
修集是見以此因緣輪轉三有久受大苦若
能發心見於如來常住无變法僧解脫亦復
如是乘此一念於无量世自在果報隨意而
得何以故我於往昔以四倒故非法見法受
於无量惡業果報我今已滅如是見故成佛
正覺是名道聖諦若有人言三寶无常修集
是見是虛妄修非道聖諦若修是法為常住
者是我弟子真見修習四聖諦法是名四聖
諦迦葉菩薩復白佛言世尊我今始知修習
甚深四聖諦法
大般涅槃經四倒品第十一
佛告迦葉善男子謂四倒者於非苦中生於
苦想名曰顛倒非苦者名為如來生苦想者
謂於如來无常變異若說如來是无常者名
大罪苦若言如來捨此苦身入於涅槃如薪
盡火滅是名非苦而生苦想是名顛倒我若

BD04806 號　大般涅槃經（南本　異卷）卷八　（15–1）

佛告迦葉善男子謂四倒者於非苦中生於
苦想名曰顛倒非苦者名為如來生苦想者
謂於如來无常變異若說如來是无常者名
大罪苦若言如來捨此苦身入於涅槃如薪
盡火滅是名非苦而生苦想是名顛倒我若
說言如來常者即是我見以我見故有无量
罪是故應說如來无常如是說者我則受樂
如來无常即為是苦若是苦者云何生樂以
於苦中生樂想故名為顛倒樂生苦想名為
顛倒樂者即是如來苦者如來无常若說如
來是无常者是名樂中生於苦想如來常住
是名為樂若我說言如來是常云何復得入
於涅槃若言如來非是苦者云何捨身而取
滅度以於樂中生苦想故名為顛倒是名初
倒无常常想常无常想是名顛倒无常者
名不脩空不脩空故壽命短促若有說言不脩
空寂得長壽者是名顛倒是名第二顛倒无
我我想我无我想是名顛倒世間之人亦說
有我佛法之中亦說有我世間之人雖說有
我无有佛性是則名為於无我中而生我想
是名顛倒佛法有我即是佛性世間之人說
佛法无我是名我中生无我想若言佛法必
定无我是故如來勑諸弟子脩集无我名為
顛倒是名第三顛倒淨不淨想不淨淨想是
名顛倒淨者即是如來常住非雜食身非煩

BD04806號　大般涅槃經（南本　異卷）卷八　（15–2）

是名顛倒佛法有我即是佛性世間之人說
佛法无我是名我中生无我想若言佛法必
定无我是故如來勑諸弟子脩集无我名為
顛倒是名第三顛倒淨不淨想不淨淨想是
名顛倒淨者即是如來常住非雜食身非煩
惱身非是肉身非是筋骨繫縛之身若有說
言如來无常是雜食身乃至筋骨繫縛之
身法僧解脫是滅盡者是名顛倒不淨淨想
名顛倒者若有說言我此身中无有一法是不
淨者以无不淨定當得入清淨之處如來所
說脩不淨觀如是之言是虛妄說是名顛倒
是則名為第四顛倒迦葉菩薩白佛言世尊
我從今日始得正見世尊自是之前我等悉
名耶見之人
大般涅槃經如來性品第十二
迦葉白佛言世尊二十五有有我不耶佛言
善男子我者即是如來藏義一切衆生悉有
佛性即是我義如是我義從本已來常為无
量煩惱所覆是故衆生不能得見善男子如
貧女人舍內多有真金之藏家人大小无有
知者時有異人善知方便語貧女人我今雇
汝汝可為我芸除草穢女即答言我不能也
汝若能示我子金藏然後乃當速為汝作是
人復言我知方便能示汝子女人答言我家
大小尚自不知況汝能知是人復言我今審

BD04806號　大般涅槃經（南本　異卷）卷八　（15–3）

知者時有異人善知方便語貧女人我今雇
汝汝可為我芸除草穢女即答言我不能也
汝若能示我子金藏然後乃當速為汝作是
人復言我知方便能示汝子女人答言我家
大小尚自不知況汝能知是人復言我今審
能女人答言我亦欲見并可示我是人即於
其家掘出真金之藏女人見已心生歡喜生
奇特想宗仰是人善男子衆生佛性亦復如
是一切衆生不能得見如彼寶藏貧女不知
善男子我今普示一切衆生所有佛性為諸
煩惱之所覆弊如彼貧女有真金藏不能得
見如來今日普示衆生諸覺寶藏所謂佛性
而諸衆生見是事已心生歡喜歸仰如來善
方便者即是如來貧女人者即是一切无量
衆生真金藏者即佛性也復次善男子譬
如女人生育一子嬰孩得病是女愁惱求覓醫
師醫師既來合三種藥蘇乳石蜜與之令服
因告女人兒服藥已且莫與乳須藥消已尒
乃與之是時女人即以苦味用塗其乳語
兒言我乳毒塗不可復觸小兒渴之欲得母
乳聞乳毒氣便遠捨去遂至藥消母人以水
淨洗其乳喚其子言來與汝乳是時小兒雖
復飢渴先聞毒氣是故不來母復語言為汝
服藥故以毒塗汝藥已消我已洗竟汝便可
來飲乳无苦是兒聞已漸漸還飲善男子如

BD04806 號　大般涅槃經（南本　異卷）卷八　　（15–4）

淨洗其乳喚其子言來與汝乳是時小兒雖
復飢渴先聞毒氣是故不來母復語言為汝
服藥故以毒塗汝藥已消我已洗竟汝便可
來飲乳无苦是兒聞已漸漸還飲善男子如
來亦尒為度一切教諸衆生修无我法如是修
已永斷我心入於涅槃為除世間諸妄見故
示現出過世間法故復示世間計我虛妄
非真實故修无我法清淨身故喻如女人為
其子故以苦味塗乳如來亦尒為修空故說
言諸法悉无有我如彼女人淨洗乳已而喚
其子欲令還服我今亦尒說如來藏是故比
丘不應生怖如彼小兒聞母喚已漸還飲乳
比丘亦尒應自分別如來秘藏不得不有迦
葉菩薩白佛言世尊實无有我何以故嬰兒
生時无所知曉若有我者即生之日尋應有
知以是義故定知无我若定有我受生已後
應无終沒若使一切皆有佛性是常住者應
无壞相若无壞相云何而有剎利婆羅門毗
舍首陁及旃陁羅畜生差別今見業緣種種
不同諸趣各異若定有我一切衆生應无勝
負以是義故定知佛性非是常法若言佛性
定是常者何緣復說有煞盜婬兩舌惡口妄
言綺語貪恚耶見若我性常何故酒後迷荒
醉亂若我性常盲應見色聾應聞聲瘂應
能語拘癖能行若我性常不應避於火坑大水

BD04806 號　大般涅槃經（南本　異卷）卷八　　（15–5）

負以是義故定知佛性非是常法若言佛性
定是常者何緣復說有煞盜婬兩舌惡口妄
言綺語貪恚耶見若我性常何故酒後迷荒
醉亂若我性常盲應見色聾應聞聲瘂應
能語拘癖能行若我性常不應避於火坑大水
毒藥刀劒惡人禽獸若我者本所更事不
應妄失若不妄失何緣復言我曾何處見是
人耶若我常者則不應有少壯老等衰盛
力勢憶念往事若我常者止住何處為在涕
唾青黃赤白諸色中耶若我常者應遍身中如
胡麻油間无空處若斷身時我亦應斷佛告
迦葉善男子譬如王家有大力士其人眉間
有金剛珠與餘力士桷力相撲而彼力士以
頭抵觸其額上珠尋沒膚中都不自知是珠
所在其處有瘡即命良醫欲自療治時有明
醫善知方藥即知是瘡因珠入體是珠入皮
即便停住是時良醫尋問力士卿額上珠為
何所在力士驚荅大師醫王我額上珠乃无
去耶是珠今者為何所在將非幻化憂愁啼
哭是時良醫慰喻力士汝今不應生大愁苦
汝因鬪時寶珠入體今在皮裏影現於外汝
當鬪時瞋恚毒盛珠陷入體故不自知是時
力士不信醫言若在皮裏膿血不淨何緣不
出若在筋裏不應可見汝今云何欺誑於我
時醫執鏡以照其面珠在鏡中明了顯現力

BD04806號　大般涅槃經（南本　異卷）卷八　（15–6）

當鬪時瞋恚毒盛珠陷入體故不自知是時
力士不信醫言若在皮裏膿血不淨何緣不
出若在筋裏不應可見汝今云何欺誑於我
時醫執鏡以照其面珠在鏡中明了顯現力
士見已心懷驚怪生奇特想善男子一切眾
生亦復如是不能親近善知識故雖有佛性
皆不能見而為貪欲瞋恚愚癡之所覆弊故
墮地獄畜生餓鬼阿脩羅旃陀羅剎利婆羅
門毗舍首陀生如是等種種家中因心所起
種種業緣雖受人身聾盲瘖瘂拘癖癃跛於
二十五有受諸果報貪婬瞋恚愚癡覆心不
知佛性如彼力士寶珠在體謂呼失去眾生
亦尒不知親近善知識故不識如來微密寶
藏修學无我喻如非聖雖說有我亦復不知
我之真性我諸弟子亦復如是不知親近善
知識故修學无我亦復不知无我之處尚自
不知无我真性況復能知有我真性善男子
如來如是說諸眾生皆有佛性喻如良醫示
彼力士金剛寶珠是諸眾生為諸无量億煩
惱等之所覆弊不識佛性若盡煩惱尒時乃
得證知了了如彼力士於明鏡中見其寶珠
善男子如來祕藏如是无量不可思議復次
善男子譬如雪山有一味藥名曰樂味其味
極甜在深叢下人无能見有人聞香即知其
地當有是藥過去往世有轉輪王於此雪山

BD04806號　大般涅槃經（南本　異卷）卷八　（15–7）

得證知了了如彼力士於明鏡中見其寶珠
善男子如來秘藏如是无量不可思議復次
善男子辟如雪山有一味藥名曰樂味其味
極甜在深叢下人无能見有人聞香即知其
地當有是藥過去往世有轉輪王於此雪山
為此藥故在在處處造作木筩以接是藥是
藥熟時從地流出集木筩中其味真正王既
沒已其後是藥或酢或醎或甜或苦或辛或
淡如是一味隨其流處有種種異是藥真味
停留在山猶如滿月凡人薄福雖以钁斲加
功用而不能得復有聖王出現於世以福
因緣即得是藥真正之味善男子如來秘藏
其味亦尒為諸煩惱叢林所覆无明衆生不
能得見一味藥者喻如佛性以煩惱故出種
種味所謂地獄畜生餓鬼天人男女非男非
女剎利婆羅門毗舍首陁佛性雄猛難可沮
壞是故无有能煞害者若有煞者則斷佛
性如是佛性終不可斷性若可斷无有是處如
我性者即是如來秘密之藏如是秘藏一切
无能沮壞燒滅雖不可壞然不可見若得成
就阿耨多羅三藐三菩提尒乃證知以是因
緣无能煞者迦葉菩薩復白佛言世尊若无
煞者應當无有不善之業佛告迦葉實有
煞生何以故善男子衆生佛性住五陰中若壞
五陰名曰煞生若有煞生即墮惡道以業因

BD04806號　大般涅槃經（南本　異卷）卷八　　（15–8）

緣无能煞者迦葉菩薩復白佛言世尊若无
煞者應當无有不善之業佛告迦葉實有
煞生何以故善男子衆生佛性住五陰中若壞
五陰名曰煞生若有煞生即墮惡道以業因
緣而有剎利婆羅門等毗舍首陁及旃陁羅
若男若女非男非女二十五有差別之相流
轉生死非聖之人横計於我大小諸相猶如
稗子或如米豆乃至拇指如是種種妄生憶
想妄想之相无有真實出世我相名為佛性
如是計我是名最善復次善男子辟如有人
善知伏藏即以利钁斲地直下槃石沙礫直
過无難唯至金剛不能穿徹夫金剛者所有
刀斧不能沮壞善男子衆生佛性亦復如是
一切論者天魔波旬及諸人天所不能壞五
陰之相即是起作起作之相喻如石沙可穿
可壞佛性者喻如金剛不可沮壞以是義故
壞五陰者名為煞生善男子必定當知佛法
如是不可思議善男子方等經者猶如甘露亦
如毒藥迦葉菩薩復白佛言如來何緣說方
等經辟如甘露亦如毒藥佛言善男子汝今
欲知如來秘藏真實義不迦葉言尒我今實
欲得知如來秘藏之義尒時世尊而說偈言
或有服甘露　傷命而早夭　或復服甘露　壽命得長存
或有服毒生　無緣服毒死　无閡智甘露　所謂大乘典
如是大乘典　亦名雜毒藥　如蘇醍醐等　及以諸石蜜

BD04806號　大般涅槃經（南本　異卷）卷八　　（15–9）

欲知如來祕藏真實義不迦葉言尒我今實
欲得知如來祕藏之義尒時世尊而說偈言
或有服甘露　傷命而早夭　或復服甘露　壽命得長存
或有服毒生　無緣服毒死　无閡智甘露　所謂大乘典
如是大乘典　亦名雜毒藥　如穌醍醐等　及以諸石蜜
服消則為藥　不消則為毒　方等亦如是　智者為甘露
愚不知佛性　服之則成毒　聲聞及緣覺　大乘為甘露
猶如諸味中　乳最為第一　如是勤精進　依因於大乘
得至於涅槃　成人中象王　衆生知佛性　猶如迦葉等
无上甘露味　不生亦不死　迦葉汝今當　善分別三歸
如是三歸性　則是我之性　若能諦觀察　我性有佛性
當知如是人　得入祕密藏　知我及我所　是人已出世
佛法三寶性　无上第一尊　如我所說偈　其性義如是
尒時迦葉復說偈言
我今都不知　歸依三寶處　云何當歸趣　无上无所畏
不知三寶處　云何作无我　云何歸佛者　而得於安慰
云何歸依法　唯願為我說　云何得自在　云何不自在
云何歸依僧　轉得无上利　云何真實說　未來成佛道
未來若不成　云何歸三寶　我今无豫知　當行次第依
云何未懷妊　而作生子想　若必處胎中　則名為有子
子若處胎中　定當生不久　是名為子義　衆生業亦尒
如佛之所說　愚者不能知　以其不知故　輪迴生死趣
假名優婆塞　不知真實義　唯願廣分別　除斷我疑網
如來大智慧　唯垂哀分別　願說於如來　祕密之寶藏
迦葉汝當知　我今當為汝　善開微密藏　令汝疑得斷

BD04806號　大般涅槃經（南本　異卷）卷八　（15–10）

如佛之所說　愚者不能知　以其不知故　輪迴生死趣
假名優婆塞　不知真實義　唯願廣分別　除斷我疑網
如來大智慧　唯垂哀分別　願說於如來　祕密之寶藏
迦葉汝當知　我今當為汝　善開微密藏　令汝疑得斷
今當至心聽　汝於諸菩薩　則與第七佛　同共一名号
歸依於佛者　真名優婆塞　終不更歸依　其餘諸天神
歸依於法者　則離於煞害　歸依聖僧者　不求於外道
如是歸三寶　則得无所畏　迦葉白佛言　我亦歸三寶
是名為正路　諸佛之境界　三寶平等相　常有大智性
我性及佛性　无二无差別　是道佛所讚　正進安隱處
亦名正遍知　故為佛所讚　我亦趣善逝　所讚无上道
是最為甘露　諸有所无有
尒時佛告迦葉菩薩善男子汝今不應如諸
聲聞凡夫之人分別三寶於此大乘无有三
歸分別之相所以者何於佛性中即有法僧
為欲化度聲聞凡夫故分別說三歸異相善
男子若欲隨順世間法者則應分別有三歸
依善男子菩薩應作如是思惟我今此身歸
依於佛若即此身得成佛道既成佛已不應
恭敬礼拜供養於諸世尊何以故諸佛平等
等為衆生作歸依故若欲尊重法身舍利便
應礼敬諸佛塔廟所以者何為欲化度諸衆
生故亦令衆生於我身中起塔廟想礼拜供
養如是衆生以我法身為歸依處一切衆生
皆依非真耶偽之法我當次第為說真法又

BD04806號　大般涅槃經（南本　異卷）卷八　（15–11）

應礼敬諸佛塔廟所以者何為欲化度諸衆
生故亦令衆生於我身中起塔廟想礼拜供
養如是衆生以我法身為歸依處一切衆生
皆依非真耶偽之法我當次第為說真法又
有歸依非真僧者我當為作依真僧處若有
分別三歸依者我當為作一歸依處无三差
別於生盲衆為作眼目復當為諸聲聞緣覺
作真歸處善男子如是菩薩為无量惡諸衆
生等及諸智者而作佛事善男子譬如有人
臨陣戰時即生心念我於是中最為第一一
切兵衆悉依恃我亦如王子如是思惟我當
調伏其餘王子紹繼大王霸王之業而得自
在令諸王子悉見歸依是故不應生下劣心
如王王子大臣亦尒善男子菩薩摩訶薩亦
復如是作是思惟云何三事與我一體善男
子我示三事即是涅槃如來者名无上士譬
如人身頭最為上非餘支節手足等也佛亦
如是最為尊上非法僧也為欲化度諸世間
故種種示現差別之相如彼梯橙是故汝今
不應受持如凡愚人所知三歸差別之相汝於
大乘猛利决斷應如剛刀迦葉菩薩白佛
言世尊我知故問非為不知我為菩薩大勇
猛者問於无垢清淨行處欲令如來為諸菩
薩廣宣分別奇特之事稱楊大乘方等經典
如來大悲今已善說我亦如是安住其中所

大乘猛利决斷應如剛刀迦葉菩薩白佛
言世尊我知故問非為不知我為菩薩大勇
猛者問於无垢清淨行處欲令如來為諸菩
薩廣宣分別奇特之事稱楊大乘方等經典
如來大悲今已善說我亦如是安住其中所
說菩薩清淨行處即是宣說大涅槃經世尊
我今亦當廣為衆生顯楊如是如來秘藏亦
當證知真三歸處若有衆生能信如是大涅
槃經其人則能自然乃達三歸依處何以故
如來秘藏有佛性故其有宣說是經典者皆
言身中盡有佛性如是之人則不遠求三歸
依處何以故於未來世我身即當成就三寶
是故聲聞緣覺之人及餘衆生皆依於我恭
敬礼拜善男子以是義故應當正學大乘經
典迦葉復言佛性如是不可思議三十二相
八十種好亦不可思議尒時佛讚迦葉菩薩
善哉善哉善男子汝已成就深利智慧我
今當更善為汝說入如來藏若我住者即是常
法不離於苦若无我者脩行淨行无所利益
若言諸法皆无有我是即斷見若言我住即
是常見若言一切行无常者即是斷見諸行
常者復是常見若言苦者即是斷見若言樂
者復是常見脩一切法常者墮於斷見脩一
切法斷者墮於常見如步屈虫要因前腳得
移後足脩斷常者亦復如是要依斷常以是

若言諸法皆无有我是即斷見若言我住即
是常見若言一切行无常者即是斷見諸行
常者復是常見若言苦者即是斷見若言樂
者復是常見修一切法常者墮於斷見修一
切法斷者墮於常見如步屈虫要因前脚得
移後足修斷常者亦復如是要依斷常以是
義故修餘法苦者皆名不善修餘法樂者
則名為善修餘法无我者是諸煩惱修餘
法常者是則名曰如來秘藏所謂涅槃无有
窟宅修餘法无常法者即是財物修餘常法
者謂佛法僧及正解脫當知如是佛法中道
遠離二邊而說真法凡夫愚人於中无疑如
羸病人服食穌已氣力輕便有无之法體性
不定譬如四大其性不同各相違反良醫善
知隨其偏發而消息之善男子如來亦尒於
諸衆生猶如良醫知諸煩惱體相差別而為
除斷開示如來秘密之藏清淨佛性常住不變
若言有者智不應染若言无者即是妄語
若言有者不應默然亦復不應戲論諍訟但
求了知諸法真性凡夫之人戲論諍訟不解
如來微密藏故若說於苦愚人便謂身是无
常說一切苦復不能知身有樂性說无常者
凡夫之人計一切身皆是无常譬如凡坏有智
之人應當分別不應盡言一切无常何以
故我身即有佛性種子若說无我凡夫當謂
一切佛法悉无有我智者應當分別无我假

BD04806號　大般涅槃經（南本　異卷）卷八　（15–14）

羸病人服食穌已氣力輕便有无之法體性
不定譬如四大其性不同各相違反良醫善
知隨其偏發而消息之善男子如來亦尒於
諸衆生猶如良醫知諸煩惱體相差別而為
除斷開示如來秘密之藏清淨佛性常住不變
若言有者智不應染若言无者即是妄語
若言有者不應默然亦復不應戲論諍訟但
求了知諸法真性凡夫之人戲論諍訟不解
如來微密藏故若說於苦愚人便謂身是无
常說一切苦復不能知身有樂性說无常者
凡夫之人計一切身皆是无常譬如凡坏有智
之人應當分別不應盡言一切无常何以
故我身即有佛性種子若說无我凡夫當謂
一切佛法悉无有我智者應當分別无我假
名非實如是智已不應生疑若言如來秘藏
空寂凡夫聞之生斷滅見有智之人應當分
別如來是常无有變易若言解脫喻如幻化

BD04806號　大般涅槃經（南本　異卷）卷八　（15–15）

須菩提於意云何若人滿三千大千世界七
寶以用布施是人所得福德寧為多不須
菩提言甚多世尊何以故是福德即非福德
性是故如來說得福德多須菩提於意云何若
復有人於此經中受持乃至四句偈等為他
人說其福勝彼何以故須菩提一切諸佛及
諸佛阿耨多羅三藐三菩提法皆從此經出
須菩提所謂佛法者即非佛法
須菩提於意云何須陁洹能作是念我得須
陁洹果不須菩提言不也世尊何以故須陁
洹名為入流而无所入不入色聲香味觸法
是名須陁洹須菩提於意云何斯陁含能作
是念我得斯陁含果不須菩提言不也世尊
何以故斯陁含名一往來而實无往來是名
斯陁含須菩提於意云何阿那含能作是念
我得阿那含果不須菩提言不也世尊何以
故阿那含名為不來而實无來是故名阿那
含須菩提於意云何阿羅漢能作是念我
得阿羅漢道不須菩提言不也世尊何以故

BD04807號　金剛般若波羅蜜經　　（10–1）

何以故斯陁含名一往來而實无往來是名
斯陁含須菩提於意云何阿那含能作是念
我得阿那含果不須菩提言不也世尊何以
故阿那含名為不來而實无來是故名阿那
含須菩提於意云何阿羅漢能作是念我
得阿羅漢道不須菩提言不也世尊何以故
實无有法名阿羅漢世尊若阿羅漢作是念
我得阿羅漢道即為著我人衆生壽者世尊
佛說我得无諍三昧人中最為第一是第一
離欲阿羅漢我不作是念我是離欲阿羅漢
世尊我若作是念我得阿羅漢道世尊則不
說須菩提是樂阿蘭那行者以須菩提實无
所行而名須菩提是樂阿蘭那行
佛告須菩提於意云何如來昔在然燈佛所
於法有所得不世尊如來在然燈佛所於法
實无所得須菩提於意云何菩薩莊嚴佛土
不不也世尊何以故莊嚴佛土者則非莊嚴
是名莊嚴是故須菩提諸菩薩摩訶薩應如
是生清淨心不應住色生心不應住聲香味
觸法生心應无所住而生其心須菩提譬如
有人身如須弥山王於意云何是身為大不
須菩提言甚大世尊何以故佛說非身是名
大身須菩提如恒河中所有沙數如是沙等
恒河於意云何是諸恒河沙寧為多不須菩
提言甚多世尊但諸恒河尚多无數何況其
沙須菩提我今實言告汝若有善男子善女
人以七寶滿尒所恒河沙數三千大千世界
以用布施得福多不須菩提言甚多世尊佛

BD04807號　金剛般若波羅蜜經　　（10–2）

大身須菩提如恒河中所有沙數如是沙等
恒河於意云何是諸恒河沙寧為多不須菩
提言甚多世尊但諸恒河尚多无數何況其
沙須菩提我今實言告汝若有善男子善女
人以七寶滿尒所恒河沙數三千大千世界
以用布施得福多不須菩提言甚多世尊佛
告須菩提若善男子善女人於此經中乃至
受持四句偈等為他人說而此福德勝前福
德復次須菩提隨說是經乃至四句偈等當
知此處一切世間天人阿脩羅皆應供養如
佛塔廟何況有人盡能受持讀誦須菩提當
知是人成就最上第一希有之法若是經典
所在之處則為有佛若尊重弟子
尒時須菩提白佛言世尊當何名此經我等
云何奉持佛告須菩提是經名為金剛般若
波羅蜜以是名字汝當奉持所以者何須菩
提佛說般若波羅蜜則非般若波羅蜜須菩
提於意云何如來有所說法不須菩提白佛
言世尊如來无所說須菩提於意云何三千
大千世界所有微塵是為多不須菩提言甚
多世尊須菩提諸微塵如來說非微塵是名
微塵如來說世界非世界是名世界須菩提
於意云何可以三十二相見如來不不也世
尊不可以三十二相得見如來何以故如來
說三十二相即是非相是名三十二相須菩
提若有善男子善女人以恒河沙等身命布
施若復有人於此經中乃至受持四句偈等
為他人說其福甚多

BD04807 號　金剛般若波羅蜜經　（10-3）

於意云何可以三十二相見如來不不也世
尊不可以三十二相得見如來何以故如來
說三十二相即是非相是名三十二相須菩
提若有善男子善女人以恒河沙等身命布
施若復有人於此經中乃至受持四句偈等
為他人說其福甚多
尒時須菩提聞說是經深解義趣涕淚悲泣
而白佛言希有世尊佛說如是甚深經典我
從昔來所得慧眼未曾得聞如是之經世尊
若復有人得聞是經信心清淨則生實相當
知是人成就第一希有功德世尊是實相者
則是非相是故如來說名實相世尊我今得
聞如是經典信解受持不足為難若當來世
後五百歲其有眾生得聞是經信解受持是
人則為第一希有何以故此人无我相人相
眾生相壽者相所以者何我相即是非相人
相眾生相壽者相即是非相何以故離一切
諸相則名諸佛佛告須菩提如是如是若復
有人得聞是經不驚不怖不畏當知是人甚
為希有何以故須菩提如來說第一波羅蜜
非第一波羅蜜是名第一波羅蜜
須菩提忍辱波羅蜜如來說非忍辱波羅蜜
何以故須菩提如我昔為歌利王割截身體
我於尒時无我相无人相无眾生相无壽者
相何以故我於往昔節節支解時若有我相
人相眾生相壽者相應生瞋恨須菩提又念
過去於五百世作忍辱仙人於尒所世无我

BD04807 號　金剛般若波羅蜜經　（10-4）

何以故須菩提如我昔為歌利王割截身體
我於尒時无我相无人相无衆生相无壽者
相何以故我於往昔節節支解時若有我相
人相衆生相壽者相應生瞋恨須菩提又念
過去於五百世作忍辱仙人於尒所世无我
相无人相无衆生相无壽者相是故須菩提
菩薩應離一切相發阿耨多羅三藐三菩提
心不應住色生心不應住聲香味觸法生心
應生无所住心若心有住則為非住是故佛
說菩薩心不應住色布施須菩提菩薩為利
益一切衆生應如是布施如來說一切諸相
即是非相又說一切衆生則非衆生須菩提
如來是真語者實語者如語者不誑語者不
異語者須菩提如來所得法此法无實无虛
須菩提若菩薩心住於法而行布施如人入
闇則无所見若菩薩心不住法而行布施如
人有目日光明照見種種色須菩提當來之
世若有善男子善女人能於此經受持讀誦
則為如來以佛智慧悉知是人悉見是人皆
得成就无量无邊功德
須菩提若有善男子善女人初日分以恒河
沙等身布施中日分復以恒河沙等身布施
後日分亦以恒河沙等身布施如是无量百
千万億劫以身布施若復有人聞此經典信
心不逆其福勝彼何況書寫受持讀誦為人
解說須菩提以要言之是經有不可思議不
可稱量无邊功德如來為發大乘者說為發
最上乘者說若有人能受持讀誦廣為人說

BD04807 號　金剛般若波羅蜜經　（10–5）

千万億劫以身布施若復有人聞此經典信
心不逆其福勝彼何況書寫受持讀誦為人
解說須菩提以要言之是經有不可思議不
可稱量无邊功德如來為發大乘者說為發
最上乘者說若有人能受持讀誦廣為人說
如來悉知是人悉見是人皆得成就不可量
不可稱无有邊不可思議功德如是人等則
為荷擔如來阿耨多羅三藐三菩提何以故
須菩提若樂小法者著我見人見衆生見壽
者見則於此經不能聽受讀誦為人解說須
菩提在在處處若有此經一切世間天人阿
脩羅所應供養當知此處則為是塔皆應恭
敬作礼圍繞以諸華香而散其處
復次須菩提若善男子善女人受持讀誦此
經若為人輕賤是人先世罪業應墮惡道以
今世人輕賤故先世罪業則為消滅當得阿
耨多羅三藐三菩提須菩提我念過去无量
阿僧祇劫於然燈佛前得值八百四千万億
那由他諸佛悉皆供養承事无空過者若復
有人於後末世能受持讀誦此經所得功德
於我所供養諸佛功德百分不及一千万億
分乃至筭數譬喻所不能及須菩提若善男
子善女人於後末世有受持讀誦此經所得
功德我若具說者或有人聞心則狂亂狐疑
不信須菩提當知是經義不可思議果報亦
不可思議
尒時須菩提白佛言世尊善男子善女人發

BD04807 號　金剛般若波羅蜜經　（10–6）

子善女人於後末世有受持讀誦此經所得
功德我若具說者或有人聞心則狂亂狐疑
不信須菩提當知是經義不可思議果報亦
不可思議
尒時須菩提白佛言世尊善男子善女人發
阿耨多羅三藐三菩提心云何應住云何降
伏其心佛告須菩提善男子善女人發阿耨
多羅三藐三菩提者當生如是心我應滅度
一切眾生滅度一切眾生已而无有一眾生
實滅度者何以故若菩薩有我相人相眾生
相壽者相則非菩薩所以者何須菩提實无
有法發阿耨多羅三藐三菩提者須菩提於
意云何如來於然燈佛所有法得阿耨多羅
三藐三菩提不不也世尊如我解佛所說義
佛於然燈佛所无有法得阿耨多羅三藐三
菩提佛言如是如是須菩提實无有法如來
得阿耨多羅三藐三菩提
須菩提若有法如來得阿耨多羅三藐三菩
提者然燈佛則不與我受記汝於來世當
得作佛号釋迦牟尼以實无有法得阿耨多
羅三藐三菩提是故然燈佛與我受記作是
言汝於來世當得作佛号釋迦牟尼何以故
如來者即諸法如義若有人言如來得阿耨
多羅三藐三菩提須菩提實无有法佛得阿
耨多羅三藐三菩提須菩提如來所得阿耨
多羅三藐三菩提於是中无實无虛是故如
來說一切法皆是佛法須菩提所言一切法
者即非一切法是故名一切法須菩提譬如

BD04807 號　金剛般若波羅蜜經　（10–7）

如來者即諸法如義若有人言如來得阿耨
多羅三藐三菩提須菩提實无有法佛得阿
耨多羅三藐三菩提須菩提如來所得阿耨
多羅三藐三菩提於是中无實无虛是故如
來說一切法皆是佛法須菩提所言一切法
者即非一切法是故名一切法須菩提譬如
人身長大須菩提言世尊如來說人身長大
則非大身是名大身須菩提菩薩亦如是若
作是言我當滅度无量眾生則不名菩薩何
以故須菩提實无有法名為菩薩是故佛
說一切法无我无人无眾生无壽者須菩提
若菩薩作是言我當莊嚴佛土是不名菩薩
何以故如來說莊嚴佛土者即非莊嚴是名
莊嚴須菩提若菩薩通達无我法者如來
說名真是菩薩
須菩提於意云何如來有肉眼不如是世尊
如來有肉眼須菩提於意云何如來有天眼
不如是世尊如來有天眼須菩提於意云何
如來有慧眼不如是世尊如來有慧眼須菩
提於意云何如來有法眼不如是世尊如來
有法眼須菩提於意云何如來有佛眼不如
是世尊如來有佛眼須菩提於意云何恒河
中所有沙佛說是沙不如是世尊如來說是
沙須菩提於意云何如一恒河中所有沙有
如是等恒河是諸恒河所有沙數佛世界如
是寧為多不甚多世尊佛告須菩提尒所國
土中所有眾生若干種心如來悉知何以故
如來說諸心皆為非心是名為心所以者何

BD04807 號　金剛般若波羅蜜經　（10–8）

沙須菩提於意云何如一恒河中所有沙有
如是等恒河是諸恒河所有沙數佛世界如
是寧為多不甚多世尊佛告須菩提尒所國
土中所有衆生若干種心如來悉知何以故
如來說諸心皆為非心是名為心所以者何
須菩提過去心不可得現在心不可得未來
心不可得須菩提於意云何若有人滿三千
大千世界七寶以用布施是人以是因緣得
福多不如是世尊此人以是因緣得福甚多
須菩提若福德有實如來不說得福德多以
福德无故如來說得福德多
須菩提於意云何佛可以具足色身見不不也
世尊如來不應以具足色身見何以故如來說
具足色身即非具足色身是名具足色身須
菩提於意云何如來可以具足諸相見不不
也世尊如來不應以具足諸相見何以故如
來說諸相具足即非具足是名諸相具足須
菩提汝等勿謂如來作是念我當有所說法
莫作是念何以故若人言如來有所說法即
為謗佛不能解我所說故須菩提說法者无
法可說是名說法須菩提白佛言世尊佛得
阿耨多羅三藐三菩提為无所得耶如是如
是須菩提我於阿耨多羅三藐三菩提乃至
无有少法可得是名阿耨多羅三藐三菩提
復次須菩提是法平等无有高下是名阿耨
多羅三藐三菩提以无我无人无衆生无壽
者脩一切善法則得阿耨多羅三藐三菩提

BD04807 號　金剛般若波羅蜜經　（10–9）

福多不如是世尊此人以是因緣得福甚多
須菩提若福德有實如來不說得福德多以
福德无故如來說得福德多
須菩提於意云何佛可以具足色身見不不也
世尊如來不應以具足色身見何以故如來說
具足色身即非具足色身是名具足色身須
菩提於意云何如來可以具足諸相見不不
也世尊如來不應以具足諸相見何以故如
來說諸相具足即非具足是名諸相具足須
菩提汝等勿謂如來作是念我當有所說法
莫作是念何以故若人言如來有所說法即
為謗佛不能解我所說故須菩提說法者无
法可說是名說法須菩提白佛言世尊佛得
阿耨多羅三藐三菩提為无所得耶如是如
是須菩提我於阿耨多羅三藐三菩提乃至
无有少法可得是名阿耨多羅三藐三菩提
復次須菩提是法平等无有高下是名阿耨
多羅三藐三菩提以无我无人无衆生无壽
者脩一切善法則得阿耨多羅三藐三菩提

BD04807 號　金剛般若波羅蜜經　（10–10）

BD04808號背　護首　（1–1）

大般若波羅蜜多經卷第百卅四
初分校量功德品第卅之卅二　三藏法師玄奘奉　詔譯
復次憍尸迦置四大洲諸有情類若善男子
善女人等教小千界諸有情類皆令脩學四

BD04808號　大般若波羅蜜多經卷一三四　（4–1）

大般若波羅蜜多經卷第一百卅四
初分校量功德品第卅之卅二　　三藏法師玄奘奉　詔譯
復次憍尸迦置四大洲諸有情類若善男子
善女人等教小千界諸有情類皆令脩學四
靜慮四无量四无色定五神通於意云何是
善男子善女人等由此因緣得福多不天帝
釋言甚多世尊甚多善逝佛言憍尸迦若善
男子善女人等書寫如是甚深般若波羅蜜
多施他讀誦若轉書寫廣令流布是善男
子善女人等所獲福聚甚多於前何以故憍尸
迦如是般若波羅蜜多秘密藏中廣說一切
无漏之法聲聞種姓補特伽羅脩學此法速
入聲聞正性離生得預流果得一來果得不
還果得阿羅漢果獨覺種姓補特伽羅脩學
此法速入獨覺正性離生漸次證得獨覺菩
提菩薩種姓補特伽羅脩學此法速入菩薩
正性離生漸次脩行諸菩薩行證得无上
正等菩提憍尸迦是般若波羅蜜多秘密藏
中廣說一切无漏法者所謂布施波羅蜜多
淨戒波羅蜜多安忍波羅蜜多精進波羅蜜
多靜慮波羅蜜多般若波羅蜜多內空外空
內外空空空大空勝義空有為空无為空
畢竟空无際空散空无變異空本性空自相空
共相空一切法空不可得空无性空自性空
无性自性空真如法界法性不虛妄性不變

BD04808號　大般若波羅蜜多經卷一三四　（4–2）

多靜慮波羅蜜多般若波羅蜜多內空外空
內外空空空大空勝義空有為空无為空
畢竟空无際空散空无變異空本性空自相空
共相空一切法空不可得空无性空自性空
无性自性空真如法界法性不虛妄性不變
異性平等性離生性法定法住實際虛空界
不思議界无漏四靜慮四无量四无色定八
解脫八勝處九次第定十遍處四念住四正斷
四神足五根五力七等覺支八聖道支空
解脫門无相解脫門无願解脫門五眼六神
通佛十力四无所畏四无礙解大慈大悲大
喜大捨十八佛不共法一切智道相智一切
相智一切陁羅尼門一切三摩地門及餘无
量无邊佛法皆是此中所說一切无漏之法
憍尸迦若善男子善女人等教一有情住預
流果所獲福聚猶勝教化小千世界諸有情
類皆令脩學四靜慮四无量四无色定五神
通何以故憍尸迦諸有脩行四靜慮四无量
四无色定五神通不免地獄傍生鬼趣若諸
有情住預流果便得永脫三惡趣故況教令
住一來不還阿羅漢果所獲福聚而不勝彼憍
尸迦若善男子善女人等教小千界諸有
情類皆住預流一來不還阿羅漢果所獲福
聚不如有人教一有情令其安住獨覺菩提
何以故憍尸迦獨覺菩提所有功德勝預流
等百千倍故憍尸迦若善男子善女人等教
小千界皆[illegible]獨覺菩提是[illegible]

BD04808號　大般若波羅蜜多經卷一三四　（4–3）

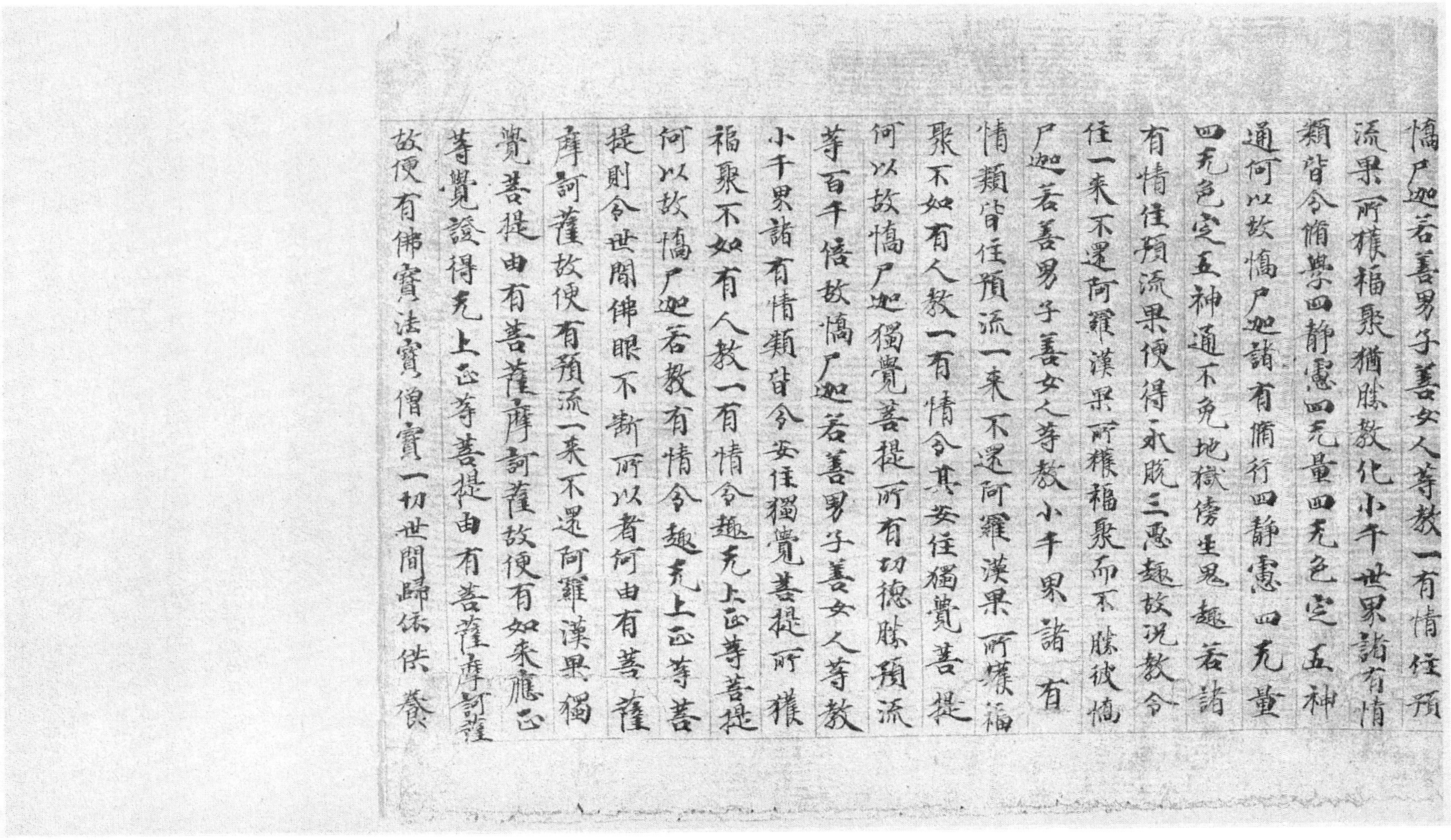
憍尸迦若善男子善女人等教一有情住預
流果所穫福聚猶勝教化小千世界諸有情
類皆令脩學四靜慮四无量四无色定五神
通何以故憍尸迦諸有脩行四靜慮四无量
四无色定五神通不免地獄傍生鬼趣若諸
有情住預流果便得永脫三惡趣故況教令
住一來不還阿羅漢果所穫福聚而不勝彼憍
尸迦若善男子善女人等教小千界諸有
情類皆住預流一來不還阿羅漢果所穫福
聚不如有人教一有情令其安住獨覺菩提
何以故憍尸迦獨覺菩提所有功德勝預流
等百千倍故憍尸迦若善男子善女人等教
小千界諸有情類皆令安住獨覺菩提所穫
福聚不如有人教一有情令趣无上正等菩提
何以故憍尸迦若教有情令趣无上正等菩
提則令世間佛眼不斷所以者何由有菩薩
摩訶薩故便有預流一來不還阿羅漢果獨
覺菩提由有菩薩摩訶薩故便有如來應正
等覺證得无上正等菩提由有菩薩摩訶薩
故便有佛寶法寶僧寶一切世間歸依供養

BD04808號　大般若波羅蜜多經卷一三四　（4–4）

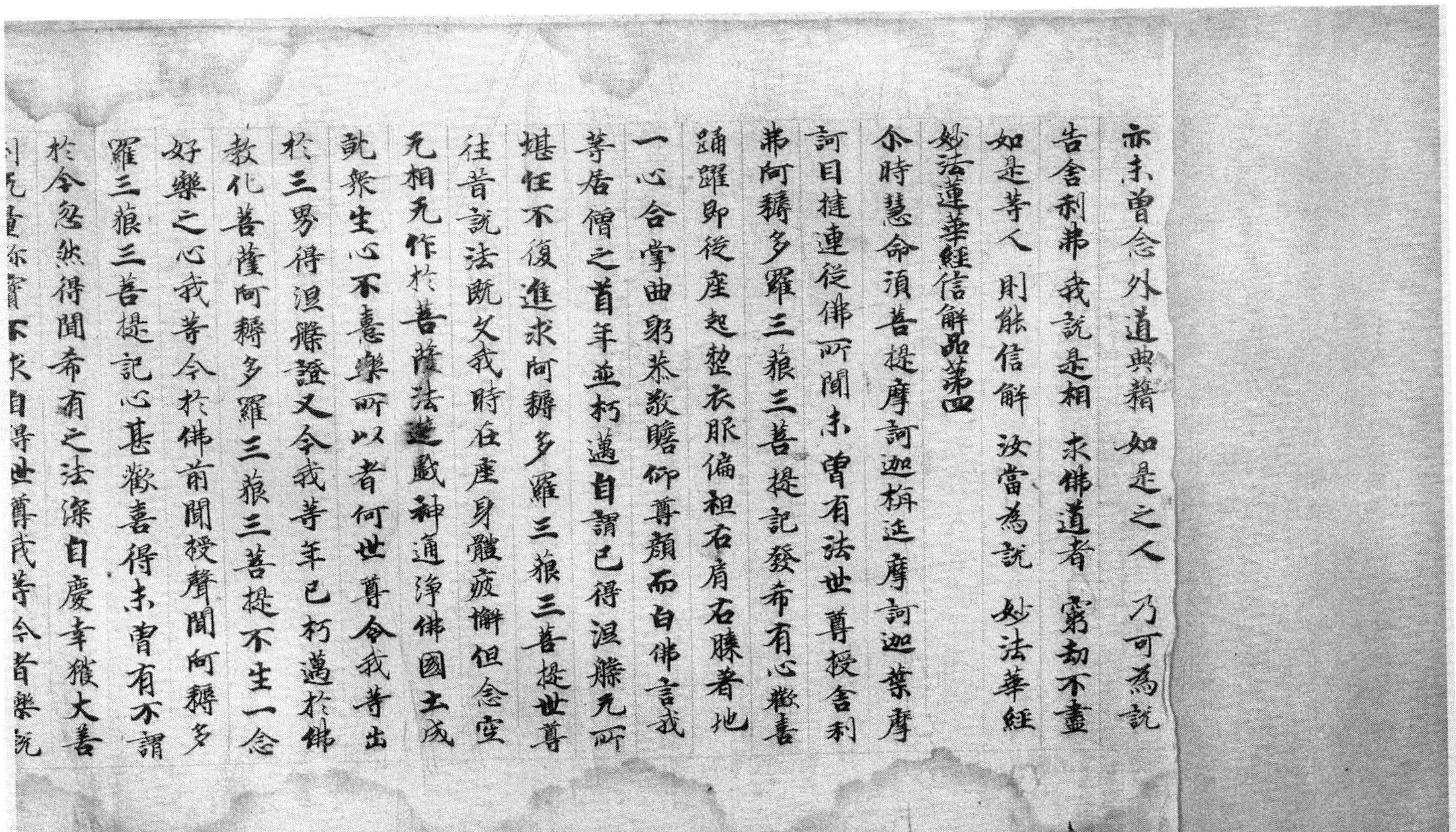
亦未曾念外道典籍 如是之人 乃可為說
告舍利弗 我說是相 求佛道者 窮劫不盡
如是等人 則能信解 汝當為說 妙法華經
妙法蓮華經信解品第四
尒時慧命須菩提摩訶迦旃延摩訶迦葉摩
訶目揵連從佛所聞未曾有法世尊授舍利
弗阿耨多羅三藐三菩提記發希有心歡喜
踊躍即從座起整衣服偏袒右肩右膝著地
一心合掌曲躬恭敬瞻仰尊顏而白佛言我
等居僧之首年並朽邁自謂已得涅槃无所
堪任不復進求阿耨多羅三藐三菩提世尊
往昔說法既久我時在座身體疲懈但念空
无相无作於菩薩法遊戲神通淨佛國土成
就眾生心不憙樂所以者何世尊令我等出
於三界得涅槃證又今我等年已朽邁於佛
教化菩薩阿耨多羅三藐三菩提不生一念
好樂之心我等今於佛前聞授聲聞阿耨多
羅三藐三菩提記心甚歡喜得未曾有不謂
於今忽然得聞希有之法深自慶幸獲大善
利无量珍寶不求自得世尊我等今者樂說

BD04809號　妙法蓮華經卷二　（5–1）

就衆生心不喜樂所以者何世尊令我等出
於三界得涅槃證又今我等年已朽邁於佛
教化菩薩阿耨多羅三藐三菩提不生一念
好樂之心我等今於佛前聞授聲聞阿耨多
羅三藐三菩提記心甚歡喜得未曾有不謂
於今忽然得聞希有之法深自慶幸獲大善
利无量珎寶不求自得世尊我等今者樂說
譬喻以明斯義譬若有人年既幼稚捨父逃
逝久住他國或十二十至五十歲年既長大
加復窮困馳騁四方以求衣食漸漸遊行遇
向本國其父先來求子不得中止一城其家
大富財寶无量金銀琉璃珊瑚虎珀頗梨珠
等其諸倉庫悉皆盈溢多有僮僕臣佐吏民
象馬車乘牛羊无數出入息利乃遍他國商
估賈客亦甚衆多時貧窮子遊諸聚落經歷
國邑遂到其父所止之城父每念子與子離
別五十餘年而未曾向人說如此事但自思
惟心懷悔恨自念老朽多有財物金銀珎寶
倉庫盈溢无有子息一旦終沒財物散失无
所委付是以慇懃每憶其子復作是念我若
得子委付財物坦然快樂无復憂慮世尊介
時窮子傭賃展轉遇到父舍住立門側遙見
其父踞師子床寶几承足諸婆羅門剎利居
士皆恭敬圍繞以真珠瓔珞價直千万莊嚴
其身吏民僮僕手執白拂侍立左右覆以寶

BD04809 號　妙法蓮華經卷二　（5–2）

所委付是以慇懃每憶其子復作是念我若
得子委付財物坦然快樂无復憂慮世尊介
時窮子傭賃展轉遇到父舍住立門側遙見
其父踞師子床寶几承足諸婆羅門剎利居
士皆恭敬圍繞以真珠瓔珞價直千万莊嚴
其身吏民僮僕手執白拂侍立左右覆以寶
帳垂諸華幡香水灑地散衆名華羅列寶物
出內取與有如是等種種嚴飾威德特尊窮
子見父有大力勢即懷恐怖悔來至此竊作
是念此或是王或是王等非我傭力得物之
處不如往至貧里肆力有地衣食易得若久
住此或見逼迫強使我作作是念已疾走而
去時富長者於師子座見子便識心大歡喜
即作是念我財物庫藏今有所付我常思念
此子无由見之而忽自來甚適我願我雖年
朽猶故貪惜即遣傍人急追將還介時使者
疾走往捉窮子驚愕稱怨大喚我不相犯何
為見捉使者執之逾急強牽將還于時窮子
自念无罪而被囚執此必定死轉更惶怖悶
絕躃地父遙見之而語使言不須此人勿強
將來以冷水灑面令得醒悟莫復與語所以
者何父知其子志意下劣自知豪貴為子所
難審知是子而以方便不語他人云是我子
使者語之我今放汝隨意所趣窮子歡喜得

BD04809 號　妙法蓮華經卷二　（5–3）

絶躃地父遣見之而語使言不須此人勿強
將来以冷水灑面令得醒悟莫復與語所以
者何父知其子志意下劣自知豪貴為子所
難審知是子而以方便不語他人云是我子
使者語之今放汝隨意所趣窮子歡喜得
未曾有從地而起往至貧里以求衣食尒時
長者將欲誘引其子而設方便密遣二人形
色憔悴无威德者汝可詣彼徐語窮子此有
作處倍與汝直窮子若許將来使作若言欲
何所作便可語之雇汝除糞我等二人亦共
汝作時二使人即求窮子既已得之具陳上
事尒時窮子先取其價尋與除糞其父見子
愍而怪之又以他日於窓牖中遙見子身羸
瘦憔悴糞土塵坌汙穢不淨即脫瓔珞細軟
上服嚴飾之具更著麁弊垢膩之衣塵土坌
身右手執持除糞之器狀有所畏語諸作人
汝等勤作勿得懈息以方便故得近其子後
復告言咄男子汝常此作勿復餘去當加汝
價諸有所須瓫器米麪塩酢之屬莫自疑難
亦有老弊使人須者相給好自安意我如汝
父勿復憂慮所以者何我年老大而汝少壯
汝常作時无有欺怠瞋恨怨言都不見汝有
此諸惡如餘作人自今已後如所生子即時
長者更與作字名之為兒尒時窮子雖欣此

BD04809號　妙法蓮華經卷二　（5–4）

汝等勤作勿得懈息以方便故得近其子後
復告言咄男子汝常此作勿復餘去當加汝
價諸有所須瓫器米麪塩酢之屬莫自疑難
亦有老弊使人須者相給好自安意我如汝
父勿復憂慮所以者何我年老大而汝少壯
汝常作時无有欺怠瞋恨怨言都不見汝有
此諸惡如餘作人自今已後如所生子即時
長者更與作字名之為兒尒時窮子雖欣此
遇猶故自謂客作賤人由是之故於二十年
中常令除糞過是已後心相體信入出无難
然其所止猶在本處世尊尒時長者有疾自
知將死不久語窮子言我今多有金銀珎寶
倉庫盈溢其中多少所應取與汝悉知之我
心如是當體此意所以者何今我與汝便為
不異宜加用心无令漏失尒時窮子即受教
勅領知衆物金銀珎寶及諸庫藏而无悕取
一飡之意然其所止故在本處下劣之心亦

BD04809號　妙法蓮華經卷二　（5–5）

亦如野人名為長者以是義故定知无
次善男子若諸外道以生已求乳知有
善男子若有我者一切嬰兒不應執持畨
火蛇毒藥以是義故定知无我復次善男子
一切衆生於三法中悉有等智所謂婬欲飲
食恐怖是故无我復次善男子若諸外道以
相貌故知有我者善男子相故无我无相故
亦无我若人眠時不能進止俯仰視眴不覺
苦樂不應有我若以進止俯仰視眴知有我
者機關木人亦應有我善男子如來亦不進
不止不俯不仰不視不眴不苦不樂不貪不
恚不癡不行如來如是真實有我復次善男
子若諸外道以見他食菓口中生涎知有我
者善男子以憶念故見則生涎涎非我也我
亦非涎非喜非悲非久非咲非臥非起非飢
非飽以是義故定知无我善男子是諸外道
癡如小兒无慧方便不能了達常與无常苦

BD04810號　大般涅槃經（北本）卷一四　（19–1）

恚不癡不行如來如是真實有我復次善男
子若諸外道以見他食菓口中生涎知有我
者善男子以憶念故見則生涎涎非我也我
亦非涎非喜非悲非久非咲非臥非起非飢
非飽以是義故定知无我善男子是諸外道
癡如小兒无慧方便不能了達常與无常苦
樂淨不淨我无我壽命非壽命衆生非衆生
實非實有非有於佛法中取少許分虛妄計
有常樂我淨而實不知常樂淨我如生盲人
不識乳色便問他言乳色何似他人荅言色
白如貝盲人復問是乳色者如貝聲耶荅言
不也復問貝色為何似也荅言猶如稻米末
人復問乳色柔耎如稻米末耶稻米末者復
何所似荅言猶如雨雪盲人復言彼稻米末
泠如雪耶雪復何似荅言猶如白鶴是生盲
人雖聞如是四種譬喻終不能得識乳真色
是諸外道亦復如是終不能識常樂淨我善
男子以是義故我佛法中有真實諦非於外
道文殊師利白佛言希有世尊如來今臨
般涅槃方便轉於无上法輪乃作如是分別真
諦佛告文殊師利汝今云何於如來生涅
槃想善男子如來實是常住不變不般涅槃
善男子若有計我是佛我成阿耨多羅三藐
三菩提我即是法法是我所我即是道道是

BD04810號　大般涅槃經（北本）卷一四　（19–2）

般涅槃方便轉於无上法輪乃作如是分別真
諦佛告文殊師利汝今云何故於如來生涅
槃想善男子如來實是常住不變不般涅槃
善男子若有計我是佛我成阿耨多羅三藐
三菩提我即是法法是我所我即是道道是
我所我即世尊世尊即是我所我即是聲聞
聲聞即是我所我能說法令他聽受我轉法
轉餘人不能如來終不作如是計是故如來
不轉法輪善男子若有人作如是妄計我即
是眼眼即是我所耳鼻舌身意亦復如是我
即是色色即是我所乃至法亦如是我即是
地地即我所水火風等亦復如是善男子若
有人言我即是信信是我所我是多聞多聞
即是我所我是檀波羅蜜檀波羅蜜即是
我所我是尸波羅蜜尸波羅蜜即是我所我
是羼提波羅蜜羼提波羅蜜即是我所我
是毗梨耶波羅蜜毗梨耶波羅蜜即是我所
我是禪波羅蜜禪波羅蜜即是我所我是般
若波羅蜜般若波羅蜜即是我所我四念處
四念處即是我所四正懃四如意足五根五力
七覺分八聖道分亦復如是善男子如來終
不作如是計是故如來不轉法輪善男子若
言常住无有變易云何說言佛轉法輪是故汝
今不應說言如來方便轉於法輪善男子辟

BD04810號　大般涅槃經（北本）卷一四　（19-3）

四念處即是我所四正懃四如意足五根五力
七覺分八聖道分亦復如是善男子如來終
不作如是計是故如來不轉法輪善男子若
言常住无有變易云何說言佛轉法輪是故汝
今不應說言如來方便轉於法輪善男子辟
如因眼緣色緣明緣思惟因緣和合得生眼
識善男子眼不念言我能生識色乃至思惟
終不念言我生眼識眼識亦復不作念言我
能自生善男子如是等法因緣和合得名為
見善男子如來亦尒因六波羅蜜三十七助
菩提之法覺了諸法復因咽喉舌齒脣口言
語音聲為憍陳如初說法名轉法輪以是
義故如來不名轉法輪也善男子若不轉者
即名為法法即如來善男子辟如因燧因鑽因
手因乾牛糞而得生火燧亦不言我能生火
鑽手牛糞各不念言我能生火火亦不言我
能自生如來亦尒因六波羅蜜乃至憍陳如
名轉法輪如來亦復不生念言我轉法輪善
男子若不生者是則名為轉正法輪是轉法
輪即名如來善男子辟如因酪因水因鑽因瓶
因繩因人手捉而得出蘇酪不念言我能出
蘇乃至人手亦不念言我能出蘇蘇亦不言
我能自出衆緣和合故得出蘇如來亦尒終

BD04810號　大般涅槃經（北本）卷一四　（19-4）

輪即名如来善男子辟如因酪因水因攅因瓶
因繩因人手捉而得出蘇酪不念言我能出
蘇乃至人手亦不念言我能出蘇蘇亦不言
我能自出衆緣和合故得出蘇如来亦介終
不念言我轉法輪善男子若不出者是則名
為轉正法輪是轉法輪即是如来善男子辟
如因子因地因水因火因風因糞因時因人
作業而牙得生善男子子亦不言我能生牙
乃至作業亦不念言我能生牙牙亦不言我
能自生如来亦介終不念言我轉法輪善男
子若不作者是則名為轉正法輪是轉法輪
即是如来善男子辟如因鼓因空因皮因人
因桴和合出聲鼓不念言我能出聲乃至桴
亦如是聲亦不言我能自生善男子如来亦
介終不念言我轉法輪善男子轉法輪者名
為不作不作者即轉法輪轉法輪者即是如
来善男子轉法輪者乃是諸佛世尊境界
非諸聲聞緣覺所知善男子虚空非生非出
非作非造非有為法如来亦介非生非出非作
非造非有為法如如来性佛性亦介非生非
出非作非造非有為法善男子諸佛世尊語
有二種一者世語二者出世語善男子如来
為諸聲聞緣覺說於世語為語菩薩說出

BD04810號　大般涅槃經（北本）卷一四　　（19–5）

非造非有為法如如来性佛性亦介非生非
出非作非造非有為法善男子諸佛世尊語
有二種一者世語二者出世語善男子如来
為諸聲聞緣覺說於世語為語菩薩說出
世語善男子是諸大衆復有二種一者求小
乘二者求大乘我於昔日波羅㮈城為諸聲聞
轉于法輪今始於此拘尸那城為諸菩薩轉
大法輪復次善男子復有二人中根上根為
中根人於波羅㮈轉於法輪為上根人人中
象王迦葉菩薩等今於此拘尸那城轉大
法輪善男子極下根者如来終不為轉法輪
極下根者即一闡提復次善男子求佛道者
復有二種一中精進二上精進於波羅㮈為
中精進轉於法輪今於此拘尸那城為上
精進轉大法輪復次善男子我昔於彼波羅
㮈城初轉法輪八万天人得須陁洹果今於此
拘尸那城八十万億人不退轉於阿耨多羅
三藐三菩提復次善男子波羅㮈城大梵天
王稽首請我轉於法輪今於此拘尸那城
迦葉菩薩稽首請我轉大法輪復次善男子
我昔於彼波羅㮈城轉法輪時說無常苦
空无我今於此拘尸那城轉法輪時說常
樂我淨復次善男子我昔於彼波羅㮈城轉
法輪時所出音聲聞于梵天如来今於拘尸

BD04810號　大般涅槃經（北本）卷一四　　（19–6）

迦葉菩薩稽首請我轉大法輪復次善男子
我昔於彼波羅捺城轉法輪時說於无常苦
空无我今於此間拘尸那城轉法輪時說常
樂我淨復次善男子我昔於彼波羅捺城轉
法輪時所出音聲聞于梵天如來今於拘尸
那城轉法輪時所出音聲遍於東方廿恒河
沙等諸佛世界南西北方四維上下亦復如
是復次善男子諸佛世尊凡有所說皆悉名
為轉法輪也善男子譬如聖王所有輪寶未
降伏者能令降伏已降伏者能令安穩善男
子諸佛世尊凡所說法亦復如是无量煩惱未
調伏者能令調伏已調伏者令生善根善男
子譬如聖王所有輪寶則能消滅一切怨
賊如來演法亦復如是能令一切諸煩惱賊
皆悉寂靜復次善男子譬如聖王所有輪寶
下上迴轉如來說法亦復如是能令下趣諸
惡衆生上生人天乃至佛道男子是故汝今
不應讃言如來於此更轉法輪尒時文殊師
利白佛言世尊我於此義非為不知所以問
者為欲利益諸衆生故世尊我已久知轉法
樂天有得赤色三昧能斷他化自在天有得
白色三昧能斷初禪有得種種三昧能斷大
梵王有得雙三昧能斷二禪有得雷音三昧
能斷三禪有得注雨三昧能斷四禪有得如

者為欲利益諸衆生故世尊我已久知轉法
樂天有得赤色三昧能斷他化自在天有得
白色三昧能斷初禪有得種種三昧能斷大
梵王有得雙三昧能斷二禪有得雷音三昧
能斷三禪有得注雨三昧能斷四禪有得如
虛空三昧能斷无想有得照鏡三昧能斷淨
居阿那含有得无㝵三昧能斷空處有得常
三昧能斷識處有得樂三昧能斷不用處有
得我三昧能斷非想非非想處有善男子有
名菩薩得廿五三昧斷廿五有善男子如是廿
五三昧名諸三昧王善男子諸菩薩摩訶薩
入如是等諸三昧王若欲吹壞須弥山王隨
意即能欲知三千大千世界所有衆生心之
所念亦悉能知欲以三千大千世界所有衆
生內於己身一毛孔中隨意即能亦令衆生
无迫迮想若欲化作无量衆生悉令充滿三
千大千世界中者亦能隨意欲分一身以為多
身復合多身以為一身雖作如是心无所著
猶如蓮華善男子菩薩摩訶薩得入如是
三昧王已即得住於自在之地菩薩得住是
自在地得自在力隨欲生處即得往生善男
子譬如聖王領四天下隨意所行无能鄣㝵
菩薩摩訶薩亦復如是一切生處若欲生者
隨意往生善男子菩薩摩訶薩若見地獄一
切衆生有可得令住善根者菩薩即往而生

等

自在地得自在力隨欲生處即得往生善男
子譬如聖王領四天下隨意所行无能鄣㝵
菩薩摩訶薩亦復如是一切生處若欲生者
隨意往生善男子菩薩摩訶薩若見地獄一
切衆生有可得令住善根者菩薩即往而生
其中菩薩雖生非本業果菩薩摩訶薩住自
在地力因緣故而生其中善男子菩薩摩訶
薩雖在地獄不受熾然碎身等苦善男子菩
薩摩訶薩所可成就如是功德无量无邊百
千万億尚不可說何况諸佛所有功德而當
可說尒時衆中有一菩薩名住无垢藏王有
大威德成就神通得大揔持三昧具足得无
所畏即從坐起偏袒右肩右膝著地長跪合
掌白佛言世尊如佛所說諸佛菩薩所可成
就功德智慧无量无邊百千万億實不可說
我意猶謂故不如是大乘經典何以故因是大
乘方等經力故能出生諸佛世尊阿耨多
羅三藐三菩提時佛讚言善哉善哉善男子
如是如是如汝所說是諸大乘方等經典雖
復成就无量功德欲比是經不可為喻百倍
千倍百千万億乃至筭數譬喻所不能及善
男子譬如從牛出乳從乳出酪從酪出生蘇從
生蘇出熟蘇從熟蘇出醍醐醍醐最上若有
服者衆病皆除所有諸藥悉入其中善男子

BD04810號　大般涅槃經（北本）卷一四　（19–9）

復成就无量功德欲比是經不可為喻百倍
千倍百千万億乃至筭數譬喻所不能及善
男子譬如從牛出乳從乳出酪從酪出生蘇從
生蘇出熟蘇從熟蘇出醍醐醍醐最上若有
服者衆病皆除所有諸藥悉入其中善男子
佛亦如是從佛出於十二部經從十二部經出
脩多羅從脩多羅出方等經從方等經出
般若波羅蜜從般若波羅蜜出大般涅槃猶
如醍醐言醍醐者喻於佛性佛性者即是如
來善男子以是義故說言如來所有功德
无量无邊不可稱計迦葉菩薩白佛言世尊
如佛所讚大涅槃經猶如醍醐最上最妙若有
能服衆病悉除一切諸藥悉入其中我聞是
已竊復思念若有不能聽受是經當知是人
為大愚癡无有善心世尊我於今者實能堪
忍剝皮為紙刺血為墨以髓為水析骨為筆
書寫如是大涅槃經書已讀誦令其通利然後
為人廣說其義世尊若有衆生貪著財物
我當施財然後以是大涅槃經勸之令讀若
尊貴者先以愛語而隨其意然後漸當以是大
乘大涅槃經勸之令讀若凡庶者當以威勢
逼之令讀若憍慢者我當為其而作僕使隨
順其意令其歡喜然後復當以大涅槃而教

BD04810號　大般涅槃經（北本）卷一四　（19–10）

等貴者先以愛語而隨其意然後漸當以是大
乘大涅槃經勸之令讀若凡庶者當以威勢
逼之令讀若憍慢者我當爲其而作僕使隨
順其意令其歡喜然後復當以大涅槃而教
導之若有誹謗方等經者當以勢力摧之令
伏既摧伏已然後勸令讀大涅槃若有愛樂
大乘經者我躬當往恭敬供養尊重讚嘆介
時佛讚迦葉菩薩善哉善哉汝甚愛樂大乘
經典貪大乘經愛大乘經味大乘經信敬尊
重供養大乘善男子汝今以此善心因緣當
得超越无量无邊恒河沙等諸大菩薩在前
得成阿耨多羅三藐三菩提汝亦不久復當
如我廣爲大衆演說如是大般涅槃如來佛
性諸佛所說秘密之藏善男子過去之世佛
日未出我於介時作婆羅門脩菩薩行悉能
通達一切外道所有經論脩寂滅行具足威
儀其心清淨不爲外來能生欲想之所破壞
滅瞋恚火受持常樂我淨之法周遍求索大
乘經典乃至不聞方等名字我於介時住於
雪山其山清淨流泉浴池樹林藥木充滿其
地處處石澗有清淨流水多諸香華周遍嚴
飾衆鳥禽獸不可稱計甘菓滋繁種別難計
復有无量藕根甘根青木香根我於介時獨處
其中唯食諸菓食已繫心思惟坐禪逕无
量歲亦不聞有如來出世大乘經名善男子

BD04810 號　大般涅槃經（北本）卷一四　（19–11）

地處處石澗有清淨流水多諸香華周遍嚴
飾衆鳥禽獸不可稱計甘菓滋繁種別難計
復有无量藕根甘根青木香根我於介時獨處
其中唯食諸菓食已繫心思惟坐禪逕无
量歲亦不聞有如來出世大乘經名善男子
我脩如是苦難行時釋提桓因及諸天人心
大驚怖即共集會各各相謂而說偈言
各各相指示　清淨雪山中　寂靜離欲主　功德莊嚴王
已離貪瞋慢　永斷諸愚癡　口初未曾說　麁惡等語言
介時衆中有一天子名曰歡喜復說偈言
如是離欲人　清淨懃精進　將不求帝釋　及以諸天耶
若是外道者　脩行諸苦行　是人多欲求　帝釋所坐處
介時復有一仙天子即爲帝釋而說偈言
天主憍尸迦　不應生是慮　外道脩苦行　何秘求帝處
說是偈已復作是言憍尸迦世有大士爲衆生
故不貪己身爲欲利益諸衆生故而脩種
種无量苦行如是之人見生死中諸過咎故
設見珎寶滿此大地諸山大海不生貪著如
視涕唾如是大士棄捨財寶所愛妻子頭目
髓腦手足支節所居舍宅象馬車乘奴婢僮
僕亦不願求生於天上唯求欲令一切衆生
得受快樂如我所解如是大士清淨无染衆
結永盡唯欲求於阿耨多羅三藐三菩提釋
提桓因復作是言如汝言者是人則爲攝取

BD04810 號　大般涅槃經（北本）卷一四　（19–12）

𠈵亦不願求生於天上唯求疾令一切衆生
得受快樂如我所解如是大士清淨无涤衆
結永盡唯欲求於阿耨多羅三藐三菩提釋
提桓因復作是言如汝言者是人則為攝取
一切世間所有衆生大仙若此世間有佛樹者
能除一切諸天世人及阿脩羅煩惱毒蛇是
諸衆生住是佛樹蔭涼中者煩惱諸毒悉得消
滅大仙是人若當未來世中作善逝者我等
悉當得滅无量熾然煩惱如是之事實為難
信何以故无量百千諸衆生等發於阿耨多
羅三藐三菩提心見少微緣於阿耨多羅三
藐三菩提即便動轉如水中月水動則動猶
如畫像難成易壞菩提之心亦復如是難
發易壞大仙如有多人以諸鎧杖牢自莊嚴
欲前討賊臨陣恐怖則便退散无量衆生亦復
如是發菩提心牢自莊嚴見生死過心生恐
怖即便退散大仙我見如是无量衆生發心
之後皆生動轉是故我今雖見是人脩於苦
行无惱无熱住於道撿其行清淨未能信也
我今要當自往試之知其實能堪任荷負阿
耨多羅三藐三菩提大重擔不大仙猶如車
有二輪則有載用鳥有二翼堪任飛行是苦
行者亦復如是我雖見其堅持禁戒未知其
人有深智不若有深智當知則能堪任荷負
阿耨多羅三藐三菩提之重擔也大仙譬如

耨多羅三藐三菩提大重擔不大仙猶如車
有二輪則有載用鳥有二翼堪任飛行是苦
行者亦復如是我雖見其堅持禁戒未知其
人有深智不若有深智當知則能堪任荷負
阿耨多羅三藐三菩提之重擔也大仙譬如
魚母多有胎子成就者少如菴羅樹華多果
少衆生發心乃有无量及其成就少不足言大
仙我當與汝俱往試之大仙譬如真金三種
試已乃知其真謂燒打磨試彼苦行亦當
如是尒時釋提桓因自變其身作羅剎像形
甚可畏下至雪山去其不遠而便立住是時
羅剎心无所畏勇健難當辯才次第其聲
清雅宣去佛所說半偈
諸行无常　是生滅法
說半偈已便住其前所現形狠甚可怖畏顧
眄遍視觀於四方是苦行者聞是半偈心生
歡喜譬如估客於嶮難處夜行失伴恐怖推
索還遇同侶心生歡喜踊躍无量亦如久病
未遇良醫瞻病好藥後卒得之如人沒海卒遇
船舫如渴之人遇清冷水如為怨逐忽然得
脫如久繫人卒聞得出亦如農夫炎旱值雨亦
如行人還得歸家家人見已生大歡喜善
男子我於尒時聞是半偈心中歡喜亦復如
是即從坐起以手舉髮四向顧視而說是言向

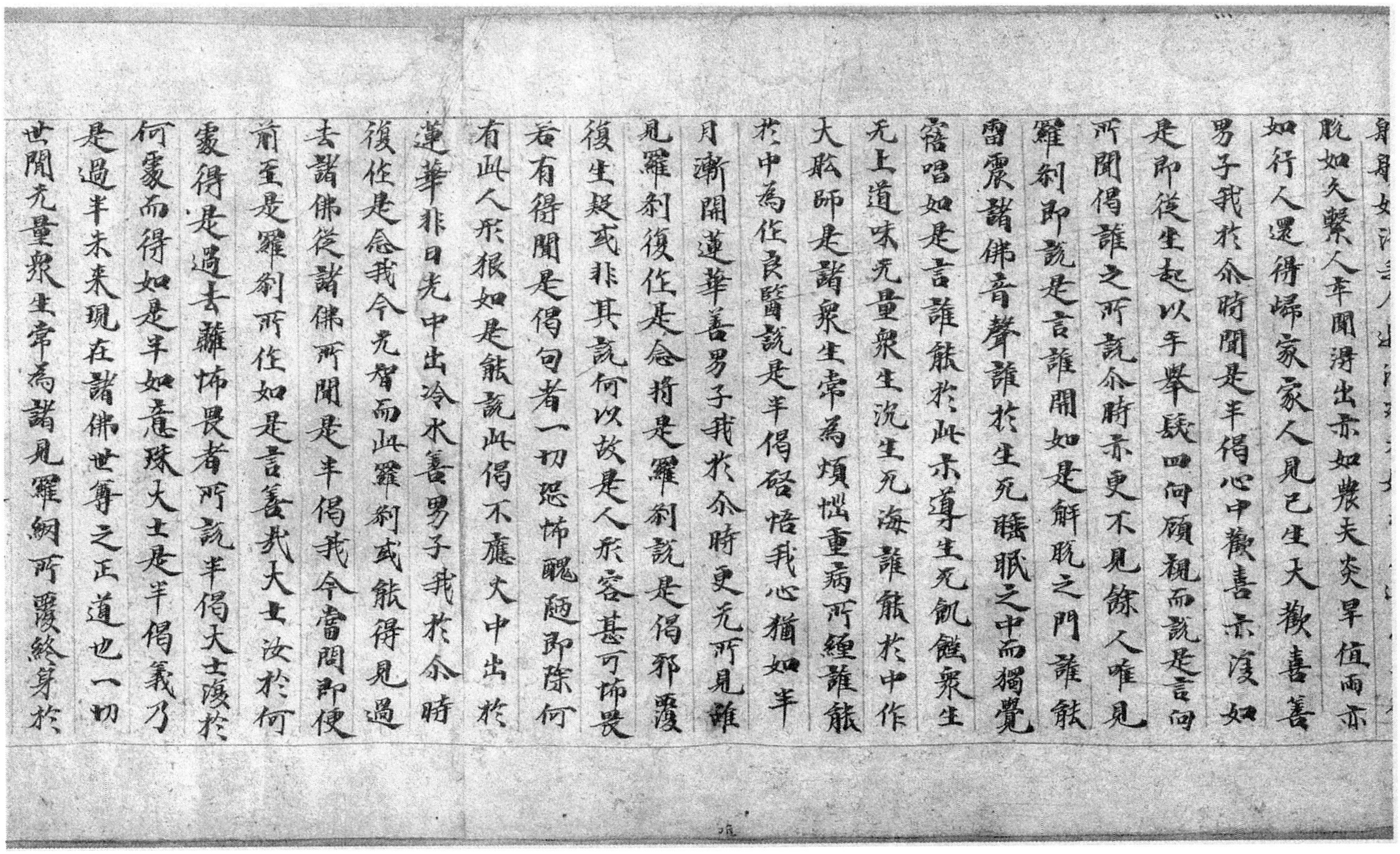

[illegible]
脫如久繫人卒聞得出亦如農夫炎旱值雨亦
如行人還得歸家家人見已生大歡喜善
男子我於尒時聞是半偈心中歡喜亦復如
是即從坐起以手擧髮四向顧視而說是言向
所聞偈誰之所說尒時亦更不見餘人唯見
羅刹即說是言誰開如是解脫之門誰能
雷震諸佛音聲誰於生死睡眠之中而獨覺
寤唱如是言誰能於此示導生死飢饉衆生
无上道味无量衆生沈生死海誰能於中作
大船師是諸衆生常為煩惱重病所纏誰能
於中為作良醫說是半偈啓悟我心猶如半
月漸開蓮華善男子我於尒時更无所見唯
見羅刹復作是念將是羅刹說是偈耶覆
復生疑或非其說何以故是人形容甚可怖畏
若有得聞是偈句者一切恐怖醜陋即除何
有此人形貌如是能說此偈不應火中出於
蓮華非日光中出冷水善男子我於尒時
復作是念我今无智而此羅刹或能得見過
去諸佛從諸佛所聞是半偈我今當問即便
前至是羅刹所作如是言善哉大士汝於何
處得是過去離怖畏者所說半偈大士復於
何處而得如是半如意珠大士是半偈義乃
是過去未來現在諸佛世尊之正道也一切
世間无量衆生常為諸見羅網所覆終身於

BD04810號　大般涅槃經（北本）卷一四　（19–15）

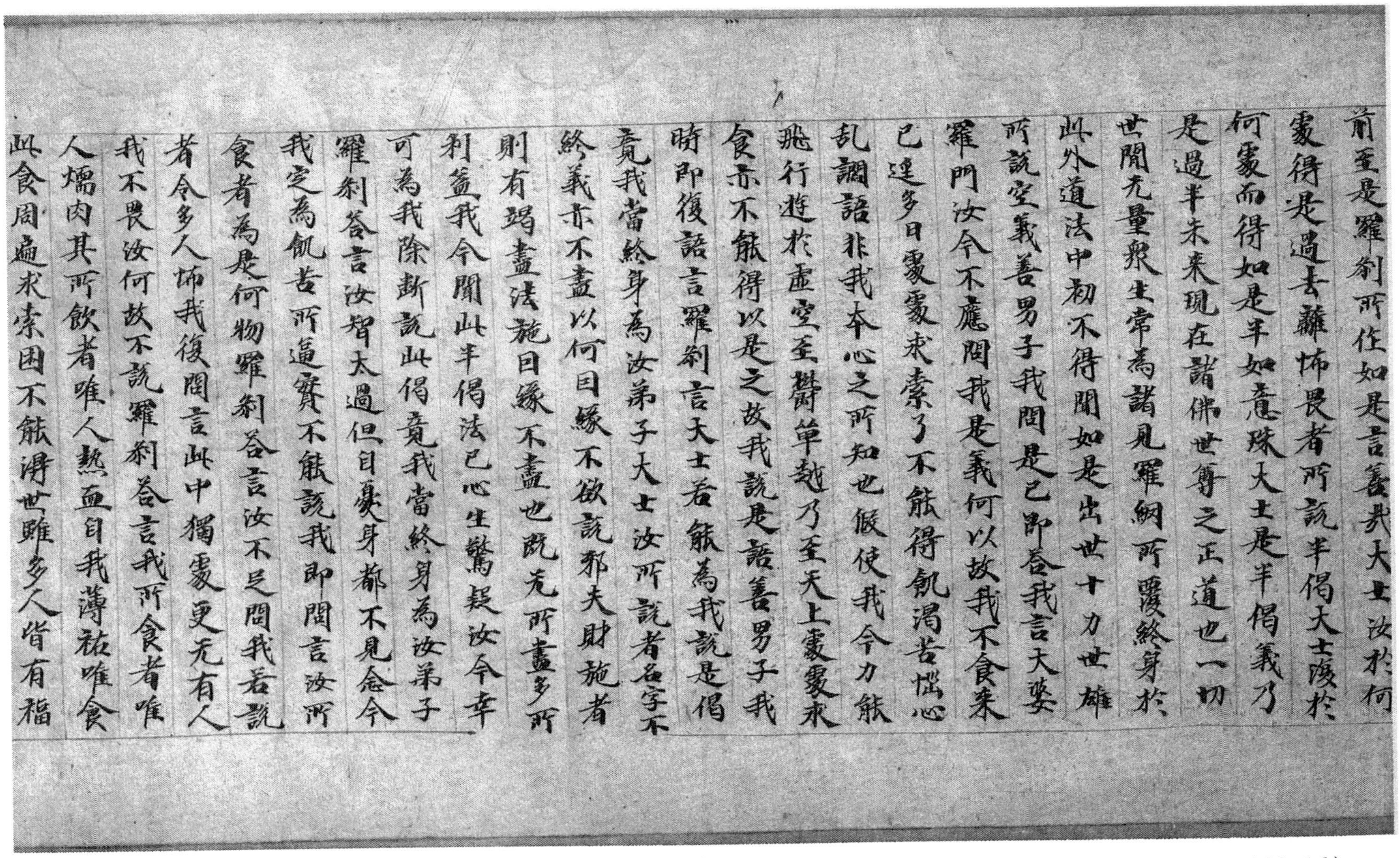

前至是羅刹所作如是言善哉大士汝於何
處得是過去離怖畏者所說半偈大士復於
何處而得如是半如意珠大士是半偈義乃
是過去未來現在諸佛世尊之正道也一切
世間无量衆生常為諸見羅網所覆終身於
此外道法中初不得聞如是出世十力世雄
所說空義善男子我問是已即荅我言大婆
羅門汝今不應問我是義何以故我不食來
已逕多日處處求索了不能得飢渴苦惱心
乱譫語非我本心之所知也假使我今力能
飛行遊於虛空至欝單越乃至天上處處求
食亦不能得以是之故我說是語善男子我
時即復語羅刹言大士若能為我說是偈
竟我當終身為汝弟子大士汝所說者名字不
終義亦不盡以何因緣不欲說耶夫財施者
則有竭盡法施因緣不盡也既无所盡多所
利益我今聞此半偈法已心生驚疑汝今幸
可為我除斷說此偈竟我當終身為汝弟子
羅刹荅言汝智太過但自憂身都不見念今
我定為飢苦所逼實不能說我即問言汝所
食者為是何物羅刹荅言汝不足問我若說
者令多人怖我復問言此中獨處更无有人
我不畏汝何故不說羅刹荅言我所食者唯
人煖肉其所飲者唯人熱血自我薄祐唯食
此食周遍求索困不能得世雖多人皆有福

BD04810號　大般涅槃經（北本）卷一四　（19–16）

食者為是何物羅剎荅言汝不足問我若說
者令多人怖我復問言此中獨處更无有人
我不畏汝何故不說羅剎荅言我所食者唯
人煖肉其所飲者唯人熱血自我薄祐唯食
此食周遍求索困不能得世雖多人皆有福
德兼為諸天之所守護而我无力不能得煞
善男子我復語言汝但具足說是半偈我聞
偈以當以此身奉施供養大士我設命終如
此之身无所復用當為虎狼鵄梟鵰鷲之所
噉食然復不得一毫之福我今為求阿耨多
羅三藐三菩提捨不堅身以易堅身羅剎荅
言誰當信汝如是之言為八字故棄所愛身
善男子我即荅言汝真无智譬如有人施他
瓦器得七寶器我亦如是捨不堅身得金剛
身汝言誰當信者我今有證大梵天王釋提
桓因及四天王能證是事復有天眼諸菩薩
等為欲利益无量眾生脩行大乘具六度者
亦能證知復有十方諸佛世尊利眾生者亦
能證我為八字故捨於身命羅剎復言汝若
如是能捨身者諦聽諦聽當為汝說其餘半
偈善男子我於尒時聞是語已心中歡喜即
解己身所著鹿皮為此羅剎敷置法座白言
和上願坐此座我即於前叉手長跪而作是
言唯願和上善為我說其餘半偈令得具足

如是能捨身者諦聽諦聽當為汝說其餘半
偈善男子我於尒時聞是語已心中歡喜即
解己身所著鹿皮為此羅剎敷置法座白言
和上願坐此座我即於前叉手長跪而作是
言唯願和上善為我說其餘半偈令得具足
羅剎即說
生滅滅已　寂滅為樂
尒時羅剎說是偈已復作是言菩薩摩訶薩
汝今已聞具足偈義汝之所願為悉滿足若
必欲利諸眾生者時施我身善男子我於尒
時深思此義然後處處若石若壁若樹若道
書寫此偈即便更繫所著衣裳恐其死後身
體露現即上高樹尒時樹神復問我言善哉
仁者欲作何事善男子我時荅言我欲捨身
以報偈價樹神問言如是偈者何所利益菩
薩荅言如是偈句乃至是過去未來現在諸佛
所說開空法者我為此法棄捨身命不為利
養名聞財寶轉輪聖王四大天王釋提桓因
大梵天王人天中樂為欲利益一切眾生故捨
此身善男子我捨身時復作是言願令一
切慳惜之人悉來見我捨離此身若有少施
起貢高者亦令得見我為一偈捨此身命如
棄草木菩薩尒時說是語已尋即放身自投
樹下未至地時虛空之中出種種聲其聲乃
至阿迦尼吒尒時羅剎還復釋身即於空中

切慳悋之人悉來見我捨離此身若有少施
起貢高者亦令得見我為一偈捨此身命如
棄草木菩薩尒時説是語已尋即放身自投
樹下未至地時虛空之中出種種聲其聲乃
至阿迦尼吒尒時羅剎還復釋身即於空中
接取菩薩安置平地尒時釋提桓因及諸天
人大梵天王稽首頂礼菩薩足下讚言善哉
善哉真是菩薩能大利益无量衆生欲於无
明黑闇之中然大法炬由我愛惜如來大
法故相嬈惱唯願聽我懺悔罪咎汝於未
來必定成就阿耨多羅三藐三菩提願見濟
度尒時釋提桓因及諸天衆礼菩薩足於是
辭去忽然不現善男子如我往昔為半偈故
捨棄此身以是因緣便得超越足十二劫在
弥勒前成阿耨多羅三藐三菩提善男子我
得如是无量功德皆由供養如來正法善男
子汝今亦尒發阿耨多羅三藐三菩提心則
已超過无量无邊恒河沙等諸菩薩上善
男子是名菩薩住於大乘大般涅槃脩於聖
行

大般涅槃經卷第十四

BD04810號　大般涅槃經（北本）卷一四　（19–19）

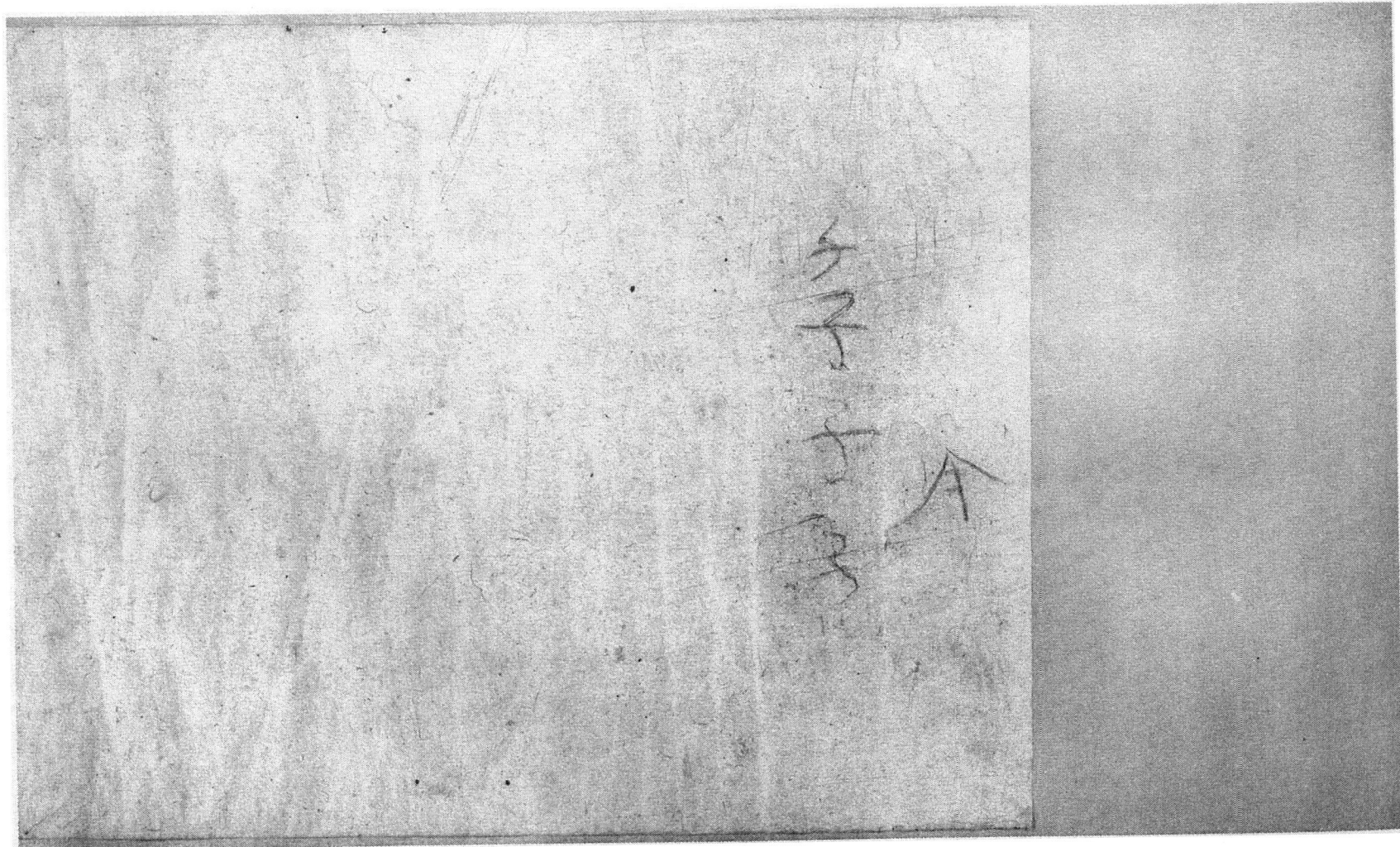

BD04810號背　雜寫　（1–1）

…聲佛
…重眼佛　南无快脩行佛
…妙高光佛　南无集功德佛
南无可樂佛　南无大心佛
南无天信佛　南无思惟甘露佛
南无黠慧佛　南无勝燈佛
南无堅意佛　南无力步佛
南无蓮華葉眼佛　南无菩提光明佛
南无妙吼聲佛　南无六通聲佛
南无威德力佛　南无人稱佛
…佛　南无大髻佛
…他佛　南无畏行佛
…不怯弱佛　南无離憂闇佛
南无過瀾佛　南无月光佛
南无心勇猛佛　南无解脫慧佛
南无不取捨佛　南无詹蔔燈佛
南…佛　南…佛

BD04811 號　佛名經（十二卷本）卷五　（7–1）

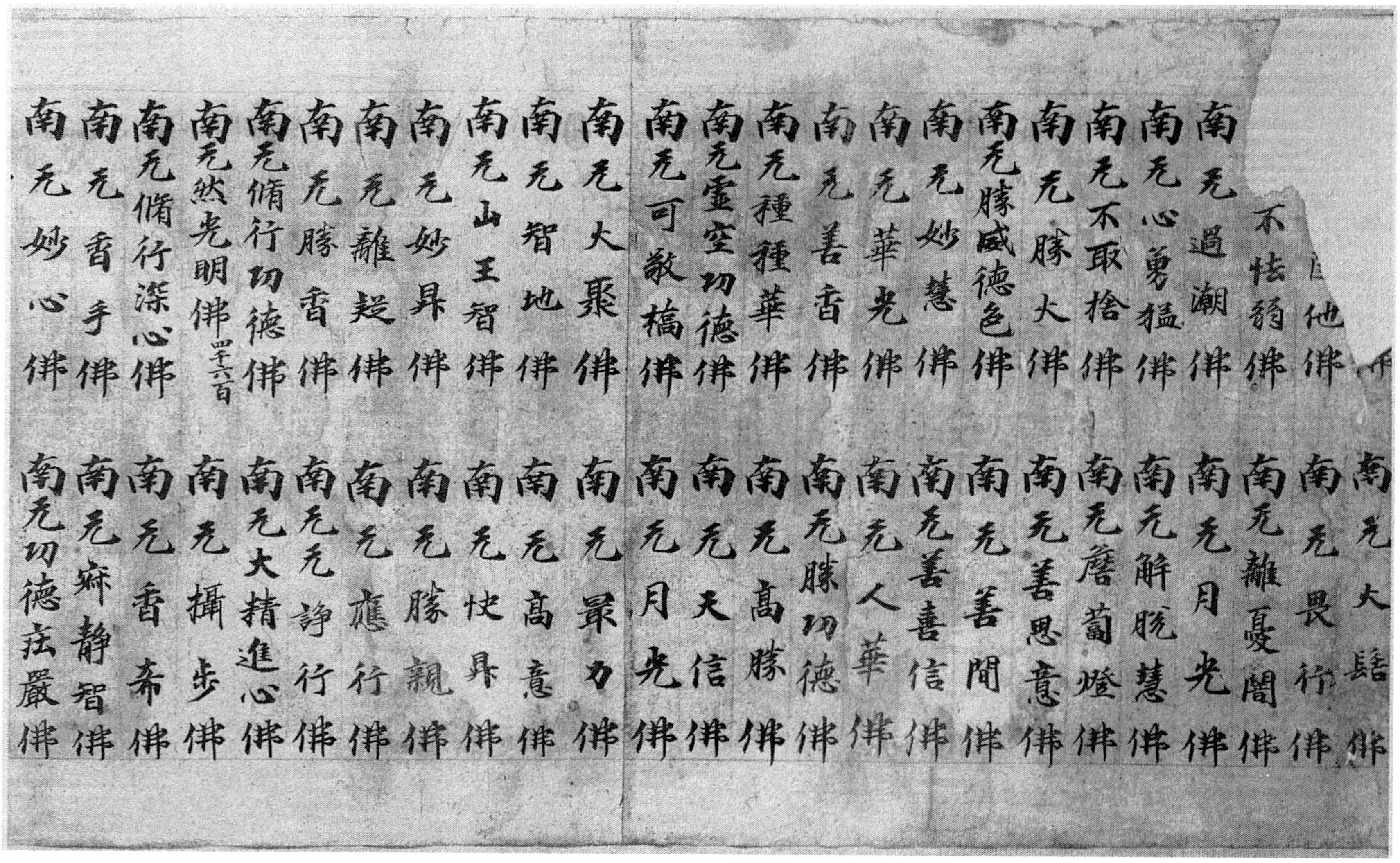
…佛　南无大髻佛
自他佛　南无畏行佛
不怯弱佛　南无離憂闇佛
南无過瀾佛　南无月光佛
南无心勇猛佛　南无解脫慧佛
南无不取捨佛　南无詹蔔燈佛
南无勝大佛　南无善思意佛
南无勝威德色佛　南无善聞佛
南无妙慧佛　南无善喜信佛
南无華光佛　南无人華佛
南无善香佛　南无勝功德佛
南无種種華佛　南无高勝佛
南无虛空功德佛　南无天信佛
南无可敬橋佛　南无月光佛
南无大聚佛　南无最力佛
南无智地佛　南无高意佛
南无山王智佛　南无快昇佛
南无妙昇佛　南无勝親佛
南无離疑佛　南无應行佛
南无勝香佛　南无无諍行佛
南无脩行功德佛　南无大精進心佛
南无然光明佛四千六百　南无攝步佛
南无脩行滌心佛　南无香希佛
南无香手佛　南无寂靜智佛
南无妙心佛　南无功德莊嚴佛

BD04811 號　佛名經（十二卷本）卷五　（7–2）

南无然光明佛 四千六百　南无攝步佛
南无脩行深心佛　南无香希佛
南无香手佛　南无寂静智佛
南无妙心佛　南无功德莊嚴佛
南无增上行佛　南无智意佛
南无功德山清淨聲佛　南无攝集佛
南无妙信佛　南无月見佛
南无功德王光明佛　南无法不可力佛
南无離諸疑奮迅佛　南无稱王佛
南无攝諸根佛　南无上去佛
南无甘露光佛　南无甘露心佛
南无諸衆上佛　南无鷲佛
南无不可降伏色佛　南无普信佛
南无莊嚴王佛　南无甘露日佛
南无勝燈佛　南无波頭上佛
南无寶藏佛　南无普光佛
南无最勝王佛　南无普明上勝積王佛
南无普現佛　南无普賢佛
南无還華勝佛　南无自在轉法王佛
南无千世自在聲佛　南无千善无垢聲自在王佛
南无離千光畏聲自在佛　南无千无垢威德自在王佛
南无五百日聲自在王佛　南无五百樂自在聲佛
南无日龍歡喜佛　南无離畏稱王佛
南无妙光幢佛　南无離光聲佛
南无羅自在聲佛　南无沙去羅聲佛

BD04811號　佛名經（十二卷本）卷五　（7–3）

南无離千光畏聲自在佛　南无千无垢威德自在王佛
南无五百日聲自在王佛　南无五百樂自在聲佛
南无日龍歡喜佛　南无離畏稱王佛
南无妙光幢佛　南无離光聲佛
南无稱自在聲佛　南无妙法稱聲佛
南无勝藏稱王佛　南无不可思議意王佛
南无寶幢佛　南无大自在佛
南无聖智自在幢勇猛王佛　南无不可思慧佛
南无智藏佛　南无智高幢佛
南无智海王佛　南无大精進聲自在王佛
南无弥留勝劫佛　南无智顯脩自在種子善无垢吼自在王佛
南无降伏功德海王佛　南无智成就力王佛
南无勝道自在王佛　南无勝闇積自在佛
南无華勝智積佛　南无金剛師子佛
南无戒勝佛　南无賢勝佛
南无邊光佛　南无賢勝佛
南无无盡智積佛　南无寶行佛
南无智波羅婆佛　南无師子稱佛
南无智功德王佛　南无法華雨佛
南无能作光佛　南无高山佛
南无法妙王无垢佛　南无香自在无垢眼佛
南无集大身佛　南无无鄣身力王佛
南无自智福德力佛　南无智衣佛
南无自在佛　南无无量安隱佛
南无智集佛　南无大弥留佛

BD04811號　佛名經（十二卷本）卷五　（7–4）

南无[illegible]如王无垢佛　南无香自在无垢明佛
南无集大尋佛　南无无鄣尋力王佛
南无自智福德力佛　南无智衣佛
南无自在佛　南无无量安隱佛
南无智集佛　南无大弥留佛
南无日藏佛　南无作功德莊嚴佛
南无華幢佛　南无功德光明佛
南无離功德闇王佛　南无功德王佛
南无法幢佛　南无聲自在王佛
南无自讙佛　南无金剛齊迹佛
南无寶自在佛　南无妙幢佛
南无山劫佛　南无樂雲佛
南无法作佛　南无莎羅王佛
南无普功德堅固王佛　南无栴檀佛
南无善住佛　南无善聖佛
南无幢勝燈佛　南无智步佛
南无堅幢佛　南无散法稱佛
南无降伏憍慢佛　南无功德炎佛
南无智光明佛　南无智然燈佛
南无无畏王佛　南无智聲幢攝佛
南无金剛燈佛　南无莊嚴王佛
南无勝數佛　南无善住意佛
南无月王佛　南无次第降伏王佛
南无堅自在王佛　南无師子步佛
南无那羅延勝藏佛　南无集寶藏佛

BD04811號　佛名經（十二卷本）卷五　（7-5）

南无勝數佛　南无善住意佛
南无月王佛　南无次第降伏王佛
南无堅自在王佛　南无師子步佛
南无那羅延勝藏佛　南无集寶藏佛
南无樹提藏佛　南无妙聲佛
南无功德力堅王佛　南无星宿差別稱佛
南无梵聲佛　南无勝梵佛
南无堅固主佛　南无千香佛
南无波頭摩勝王佛　南无光輪光佛
南无火光明王佛　南无香波頭摩王佛
南无疾无邊功德海智上佛　南无閻浮影佛
南无功德山幢佛　南无師子幢佛
南无龍吼佛　南无華威德王佛
南无善香種子佛　南无我甘露功德威德王劫佛
南无復有八千同名无我甘露功德威德王劫佛
南无法智佛　南无龍自在解脫佛
南无金華佛　南无龍吼自在聲佛
南无寶積佛　南无花照佛
南无火香佛　南无須摩那華佛
南无山王佛　南无世眼佛
南无淨上佛　南无閻浮影佛
南无根本上佛　南无寶山佛
南无海藏佛　南无堅力佛
南无上聖佛　南无師子步佛
南无自在聖佛　南无拘隣佛

BD04811號　佛名經（十二卷本）卷五　（7-6）

南无山王佛　南无世眼佛
南无淨上佛　南无閻浮聚佛
南无根本上佛　南无寶山佛
南无海藏佛　南无堅力佛
南无上聖佛　南无師子步佛
南无自在聖佛　南无拘隣佛
南无智幢佛　南无佛聞聲佛
南无廣勝佛　南无安佛
南无智光佛　南无大自在佛
南无稱世佛　南无年喜佛
南无尼拘律王佛　南无金眼佛
南无供養佛　南无日喜佛
南无寶炎佛　南无善眼佛
南无高淨佛　南无淨聖佛
南无吼聲佛　南无見義佛
南无稱喜佛　南无稱勝佛
南无可喜佛　南无善香佛

BD04811 號　佛名經（十二卷本）卷五　（7–7）

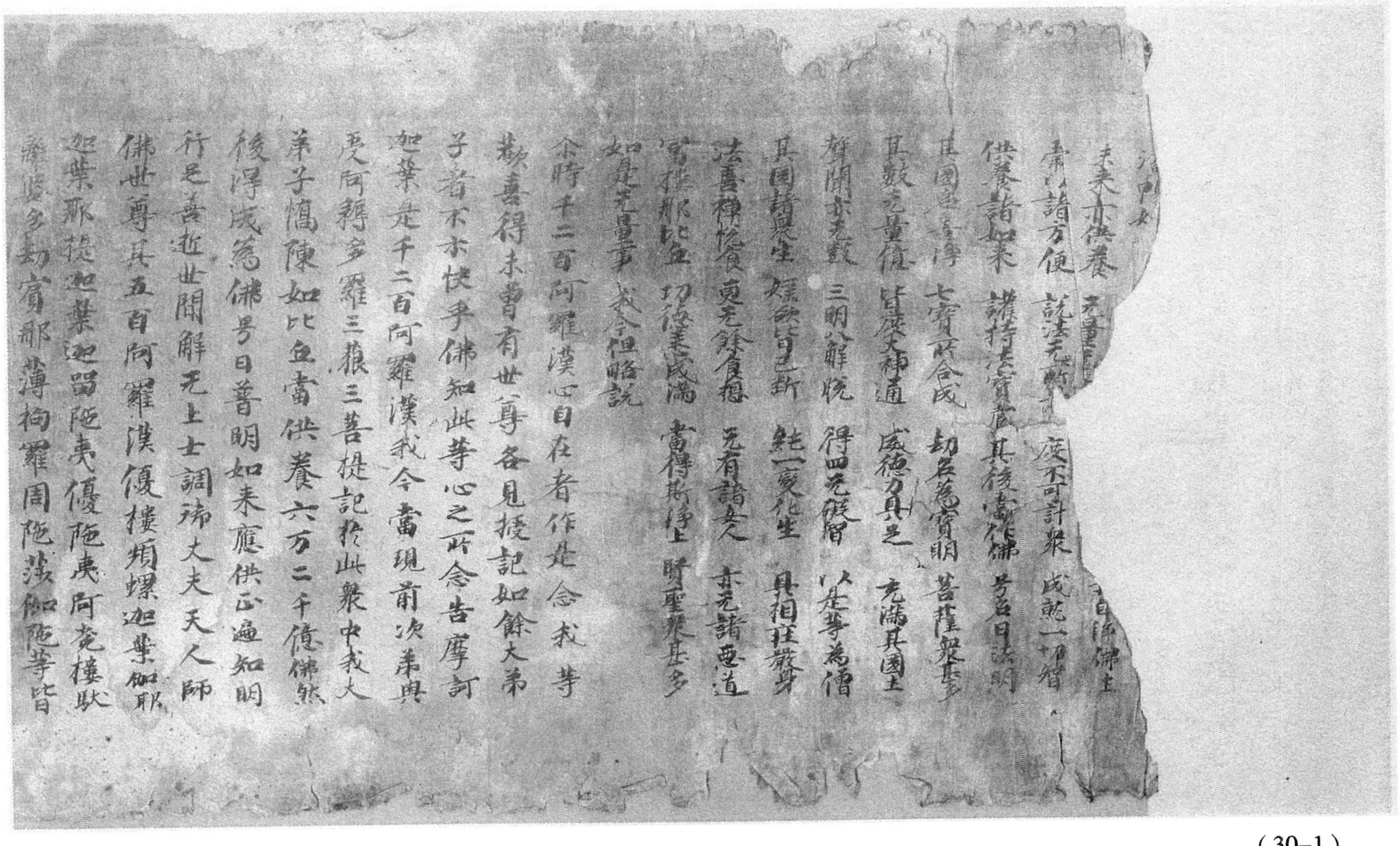
未來亦供養　无量……自淨佛土
常以諸方便　說法无所畏　度不可計衆　成就一切智
供養諸如來　護持法寶藏　其後得成佛　号名曰法明
其國名善淨　七寶所合成　劫名爲寶明　菩薩衆甚多
其數无量億　皆度大神通　威德力具足　充滿其國土
聲聞亦无數　三明八解脫　得四无礙智　以是等爲僧
其國諸衆生　婬欲皆已斷　純一變化生　具相莊嚴身
法喜禪悅食　更无餘食想　无有諸女人　亦无諸惡道
富樓那比丘　功德悉成滿　當得斯淨土　賢聖衆甚多
如是无量事　我今但略說
尒時千二百阿羅漢心自在者作是念我等
歡喜得未曾有世尊各見授記如餘大弟
子者不亦快乎佛知此等心之所念告摩訶
迦葉是千二百阿羅漢我今當現前次第與
授阿耨多羅三藐三菩提記於此衆中我大
弟子憍陳如比丘當供養六万二千億佛然
後得成爲佛号曰普明如來應供正遍知明
行足善逝世間解无上士調御丈夫天人師
佛世尊其五百阿羅漢優樓頻螺迦葉伽耶
迦葉那提迦葉迦留陀夷優陀夷阿㝹樓䭾
離婆多劫賓那薄拘羅周陀莎伽陀等皆

BD04812 號　妙法蓮華經卷四　（30–1）

[illegible]不亦快乎佛知此等心之所念告摩訶
迦葉是千二百阿羅漢我今當現前次第與
受阿耨多羅三藐三菩提記於此衆中我大
弟子憍陳如比丘當供養六万二千億佛然
後得成為佛号曰普明如來應供正遍知明
行足善逝世間解无上士調御丈夫天人師
佛世尊其五百阿羅漢優樓頻螺迦葉伽耶
迦葉那提迦葉迦留陁夷優陁夷阿㝹樓馱
離婆多劫賓那薄拘羅周陁莎伽陁等皆
當得阿耨多羅三藐三菩提盡同一号名曰
普明尒時世尊欲重宣此義而說偈言
憍陳如比丘　當見无量佛　過阿僧祇劫　乃成等正覺
常放大光明　具足諸神通　名聞遍十方　一切之所敬
常說无上道　故号為普明　其國土清淨　菩薩皆勇猛
咸昇妙樓閣　遊諸十方國　以无上供具　奉獻於諸佛
作是供養已　心懷大歡喜　須臾還本國　有如是神力
佛壽六万劫　正法住倍壽　像法復倍是　法滅天人憂
其五百比丘　次第當作佛　同号曰普明　轉次而授記
我滅度之後　某甲當作佛　其所化世間　亦如我今日
國土之嚴淨　及諸神通力　菩薩聲聞衆　正法及像法
壽命劫多少　皆如上所說　迦葉汝已知　五百自在者
餘諸聲聞衆　亦當復如是　其不在此會　汝當為宣說
尒時五百阿羅漢於佛前得受記已歡喜踊
躍即從座起到於佛前頭面礼足悔過自
責世尊我等常作是念自謂已得究竟滅
度今乃知之如无智者所以者何我等應得如

BD04812號　妙法蓮華經卷四　（30–2）

壽命劫多少　皆如上所說　迦葉汝已知　五百自在者
餘諸聲聞衆　亦當復如是　其不在此會　汝當為宣說
尒時五百阿羅漢於佛前得受記已歡喜踊
躍即從座起到於佛前頭面礼足悔過自
責世尊我等常作是念自謂已得究竟滅
度今乃知之如无智者所以者何我等應得如
來智慧而便自以小智為足世尊譬如有人至
親友家醉酒而臥是時親友官事當行以无
價寶珠繫其衣裏與之而去其人醉臥都不
覺知起已遊行到於他國為衣食故勤力求
索甚大艱難若少有所得便以為足於後親
友會遇見之而作是言咄哉丈夫何為衣食
乃至如是我昔欲令汝得安樂五欲自恣於
某年日月以无價寶珠繫汝衣裏今故現在
而汝不知勤苦憂惱以求自活甚為癡也汝
今可以此寶貿易所須常可如意无所乏短
佛亦如是為菩薩時教化我等令發一切智
心而尋廢忘不知不覺既得阿羅漢道自謂
滅度資生艱難得少為足一切智願猶在不
失今者世尊覺悟我等作如是言諸比丘汝
等所得非究竟滅我久令汝等種佛善根以
方便故示涅槃相而汝謂為實得滅度世尊
我今乃知實是菩薩得受阿耨多羅三藐三
菩提記以是因緣甚大歡喜得未曾有尒時
阿若憍陳如等欲重宣此義而說偈言
我等聞无上　安隱授記聲　歡喜未曾有　礼无量智佛

BD04812號　妙法蓮華經卷四　（30–3）

等所得非究竟滅久令汝等種佛善根以
方便故示涅槃相而汝謂為實得滅度世尊
我今乃知實是菩薩得受阿耨多羅三藐三
菩提記以是因緣甚大歡喜得未曾有尒時
阿若憍陳如等欲重宣此義而說偈言
我等聞无上　安隱授記聲　歡喜未曾有　礼无量智佛
今於世尊前　自悔諸過咎　於无量佛寶　得少涅槃分
如无智愚人　便自以為足　譬如貧窮人　往至親友家
其家甚大富　具設諸餚饍　以无價寶珠　繫著內衣裏
嘿與而捨去　時卧不覺知　是人既已起　遊行詣他國
求衣食自濟　資生甚艱難　得少便為足　更不願好者
不覺內衣裏　有无價寶珠　與珠之親友　後見此貧人
苦切責之已　示以所繫珠　貧人見此珠　其心大歡喜
富有諸財物　五欲而自恣　我等亦如是　世尊於長夜
常愍見教化　令種无上願　我等无智故　不覺亦不知
得少涅槃分　自足不求餘　今佛覺悟我　言非實滅度
得佛无上慧　尒乃為真滅　我今從佛聞　授記莊嚴事
及轉次受決　身心遍歡喜
妙法蓮華經授學无學人記品第九
尒時阿難羅睺羅而作是念我等每自思惟
設得受記不亦快乎即從座起到於佛前頭
面礼足俱白佛言世尊我等於此亦應有分
唯有如來我等所歸又我等為一切世間天
人阿脩羅所見知識阿難常為侍者護持法
藏羅睺羅是佛之子若佛見授阿耨多羅三
藐三菩提記者我願既滿眾望亦足尒時學

BD04812號　妙法蓮華經卷四　（30–4）

設得受記不亦快乎即從座起到於佛前頭
面礼足俱白佛言世尊我等於此亦應有分
唯有如來我等所歸又我等為一切世間天
人阿脩羅所見知識阿難常為侍者護持法
藏羅睺羅是佛之子若佛見授阿耨多羅三
藐三菩提記者我願既滿眾望亦足尒時學
无學聲聞弟子二千人皆從座起偏袒右肩
到於佛前一心合掌瞻仰世尊如阿難羅睺
羅所願住立一面尒時佛告阿難汝於來世
當得作佛號山海慧自在通王如來應供正
遍知明行足善逝世間解无上士調御丈夫
天人師佛世尊當供養六十二億諸佛護持
法藏然後得阿耨多羅三藐三菩提教化二
十千万億恒河沙諸菩薩等令成阿耨多羅
三藐三菩提國名常立勝幡其土清淨瑠璃
為地劫名妙音遍滿其佛壽命无量千万億
阿僧祇劫若人於千万億无量阿僧祇劫中
筭數校計不能得知正法住世倍於壽命像
法住世復倍正法阿難是山海自在通王
佛為十方无量千万億恒河沙等諸佛如來
所共讚歎稱其功德尒時世尊欲重宣此義
而說偈言
我今僧中說　阿難持法者　當供養諸佛　然後成正覺
号曰山海慧　自在通王佛　其國土清淨　名常立勝幡
教化諸菩薩　其數如恒沙　佛有大威德　名聞滿十方
壽命无有量　以愍眾生故　正法倍壽命　像法復倍是

BD04812號　妙法蓮華經卷四　（30–5）

而自說其功德尒時世尊欲重宣此義
而說偈言
我今僧中說　阿難持法者　當供養諸佛　然後成正覺
号曰山海慧　自在通王佛　其國土清淨　名常立勝幡
教化諸菩薩　其數如恒沙　佛有大威德　名聞滿十方
壽命无有量　以愍衆生故　正法倍壽命　像法復倍是
如恒河沙等　无數諸衆生　於此佛法中　種佛道因緣
尒時會中新發意菩薩八千人咸作是念我
等尚不聞諸大菩薩得如是記有何因緣而
諸聲聞得如是決尒時世尊知諸菩薩心之
所念而告之曰諸善男子我與阿難等於空王
佛所同時發阿耨多羅三藐三菩提心阿
難常樂多聞我常勤精進是故我已得成阿
耨多羅三藐三菩提而阿難護持我法亦護
將來諸佛法藏教化成就諸菩薩衆其本願
如是故獲斯記阿難面於佛前自聞授記及
國土莊嚴所願具足心大歡喜得未曾有即
時憶念過去无量千万億諸佛法藏通達无
礙如今所聞亦識本願尒時阿難而說偈言
世尊甚希有　令我念過去　无量諸佛法　如今日所聞
我今无復疑　安住於佛道　方便爲侍者　護持諸佛法
尒時佛告羅睺羅汝於來世當得作佛号蹈
七寶華如來應供正遍知明行足善逝世間
解无上士調御丈夫天人師佛世尊當供養
十世界微塵等數諸佛如來常爲諸佛而作
長子猶如今也是蹈七寶華佛國土莊嚴壽

尒時佛告羅睺羅汝於來世當得作佛号蹈
七寶華如來應供正遍知明行足善逝世間
解无上士調御丈夫天人師佛世尊當供養
十世界微塵等數諸佛如來常爲諸佛而作
長子猶如今也是蹈七寶華佛國土莊嚴壽
命劫數所化弟子正法像法亦如山海慧自
在通王如來无異亦爲此佛而作長子過是
已後當得阿耨多羅三藐三菩提尒時世尊
欲重宣此義而說偈言
我爲太子時　羅睺爲長子　我今成佛道　受法爲法子
於未來世中　見无量億佛　皆爲其長子　一心求佛道
羅睺羅密行　唯我能知之　現爲我長子　以示諸衆生
无量億千万　功德不可數　安住於佛法　以求无上道
尒時世尊見學无學二千人其意柔軟寂然
清淨一心觀佛佛告阿難汝見是學无學二
千人不唯然已見阿難是諸人等當供養五
十世界微塵數諸佛如來恭敬尊重護持法
藏末後同時於十方國各得成佛皆同一号
名曰寶相如來應供正遍知明行足善逝世
間解无上士調御丈夫天人師佛世尊壽命
一劫國土莊嚴聲聞菩薩正法像法皆悉同
等尒時世尊欲重宣此義而說偈言
是二千聲聞　今於我前住　悉皆與授記　未來當成佛
所供養諸佛　如上說塵數　護持其法藏　後當成正覺
各於十方國　悉同一名号　俱時坐道場　以證无上慧
皆名爲寶相　國土及弟子　正法與像法　悉等无有異
咸以諸神通　度十方衆生　名聞普周遍　漸入於涅槃

等爾時世尊欲重宣此義而說偈言

是二千聲聞　今於我前住　悉皆與授記　未來當成佛
所供養諸佛　如上說塵數　護持其法藏　後當成正覺
各於十方國　悉同一名号　俱時坐道場　以證无上慧
皆名為寶相　國土及弟子　正法與像法　悉等无有異
咸以諸神通　度十方衆生　名聞普周遍　漸入於涅槃

爾時學无學二千人聞佛授記歡喜踊躍而
說偈言

世尊慧燈明　我聞授記音　心歡喜充滿　如甘露見灌

妙法蓮華經師品第十

爾時世尊因藥王菩薩告八万大士藥王汝
見是大衆中无量諸天龍王夜叉乾闥婆阿
脩羅迦樓羅緊那羅摩睺羅伽人與非人及
比丘比丘尼優婆塞優婆夷求聲聞者求辟
支佛者求佛道者如是等類咸於佛前聞妙
法華經一偈一句乃至一念隨喜者我皆與
授記當得阿耨多羅三藐三菩提佛告藥王
又如來滅度之後若有人聞妙法華經乃至
一偈一句一念隨喜者我亦與授阿耨多羅
三藐三菩提記若復有人受持讀誦解說書
寫妙法華經乃至一偈於此經卷敬視如佛
種種供養華香瓔珞末香塗香燒香繒蓋幢
幡衣服伎樂乃至合掌恭敬藥王當知是諸
人等已曾供養十万億佛於諸佛所成就大
願愍衆生故生此人間藥王若有人問何等
衆生於未來世當得作佛應示是諸人等於

BD04812 號　妙法蓮華經卷四　（30–8）

種種供養華香瓔珞末香塗香燒香繒蓋幢
幡衣服伎樂乃至合掌恭敬藥王當知是諸
人等已曾供養十万億佛於諸佛所成就大
願愍衆生故生此人間藥王若有人問何等
衆生於未來世當得作佛應示是諸人等於
未來世必得作佛何以故若善男子善女人
於法華經乃至一句受持讀誦解說書寫種
種供養經卷華香瓔珞末香塗香燒香繒蓋
幢幡衣服伎樂合掌恭敬是人一切世間所
應瞻奉應以如來供養而供養之當知此人
是大菩薩成就阿耨多羅三藐三菩提哀愍
衆生願生此間廣演分別妙法華經何況盡
能受持種種供養者藥王當知是人自捨清
淨業報於我滅度後愍衆生故生於惡世廣
演此經若是善男子善女人我滅度後能竊
為一人說法華經乃至一句當知是人則如
來使如來所遣行如來事何況於大衆中廣
為人說藥王若有惡人以不善心於一劫中
現於佛前常毀罵佛其罪尚輕若人以一惡
言毀呰在家出家讀誦法華經者其罪甚重
藥王其有讀誦法華經者當知是人以佛莊
嚴而自莊嚴則為如來肩所荷擔其所至方
應隨向礼一心合掌恭敬供養尊重讚歎華
香瓔珞末香塗香燒香繒蓋幢幡衣服餚饌
作諸伎樂人中上供而供養之應持天寶而

BD04812 號　妙法蓮華經卷四　（30–9）

現於佛前常毀罵佛其罪尚輕若人以一惡
言毀呰在家出家讀誦法華經者其罪甚重
藥王其有讀誦法華經者當知是人以佛莊
嚴而自莊嚴則為如來肩所荷擔其所至方
應隨向礼一心合掌恭敬供養尊重讚歎華
香瓔珞末香塗香燒香繒蓋幢幡衣服餚饌
作諸伎樂人中上供而供養之應持天寶而
以散之天上寶聚應以奉獻所以者何是人
歡喜說法須臾聞之即得究竟阿耨多羅三
藐三菩提故尒時世尊欲重宣此義而說偈言
若欲住佛道　成就自然智　常當勤供養　受持法華者
其有欲疾得　一切種智慧　當受持是經　并供養持者
若有能受持　妙法華經者　當知佛所使　愍念諸眾生
諸有能受持　妙法華經者　捨於清淨土　愍眾故生此
當知如是人　自在所欲生　能於此惡世　廣說無上法
應以天華香　及天寶衣服　天上妙寶聚　供養說法者
吾滅後惡世　能持是經者　當合掌礼敬　如供養世尊
上饌眾甘美　及種種衣服　供養是佛子　兾得須臾聞
若能於後世　受持是經者　我遣在人中　行於如來事
若於一劫中　常懷不善心　作色而罵佛　獲無量重罪
其有誦讀持　是法華經者　須臾加惡言　其罪復過彼
有人求佛道　而於一劫中　合掌在我前　以無數偈讚
由是讚佛故　得無量功德　歎美持經者　其福復過彼
於十八億劫　以最妙色聲　及與香味觸　供養持經者
如是供養已　若得須臾聞　則應自欣慶　我今獲大利
藥王今告汝　我所說諸經　而於此經中　法華最第一

BD04812號　妙法蓮華經卷四　（30–10）

其有誦讀持　是法華經者　須臾加惡言　其罪復過彼
有人求佛道　而於一劫中　合掌在我前　以無數偈讚
由是讚佛故　得無量功德　歎美持經者　其福復過彼
於十八億劫　以最妙色聲　及與香味觸　供養持經者
如是供養已　若得須臾聞　則應自欣慶　我今獲大利
藥王今告汝　我所說諸經　而於此經中　法華最第一
尒時佛復告藥王菩薩摩訶薩我所說經典
無量千億已說今說當說而於其中此法華
經最為難信難解藥王此經是諸佛祕要之
藏不可分布妄授與人諸佛世尊之所守護
從昔已來未曾顯說而此經者如來現在猶
多怨嫉況滅度後藥王當知如來滅後其能
書持讀誦供養為他人說者如來則為以衣
覆之又為他方現在諸佛之所護念是人有
大信力及志願力諸善根力當知是人與如
來共宿則為如來手摩其頭藥王在在處處
若說若讀若誦若書若經卷所住處皆應起
七寶塔極令高廣嚴飾不須復安舍利所以
者何此中已有如來全身此塔應以一切華
香瓔珞繒蓋幢幡伎樂歌頌供養恭敬尊重
讚歎若有人得見此塔礼拜供養當知是等
皆近阿耨多羅三藐三菩提藥王多有人在
家出家行菩薩道若不能得見聞讀誦書持
供養是法華經者當知是人未善行菩薩道
若有得聞是經典者乃能善行菩薩之道其

BD04812號　妙法蓮華經卷四　（30–11）

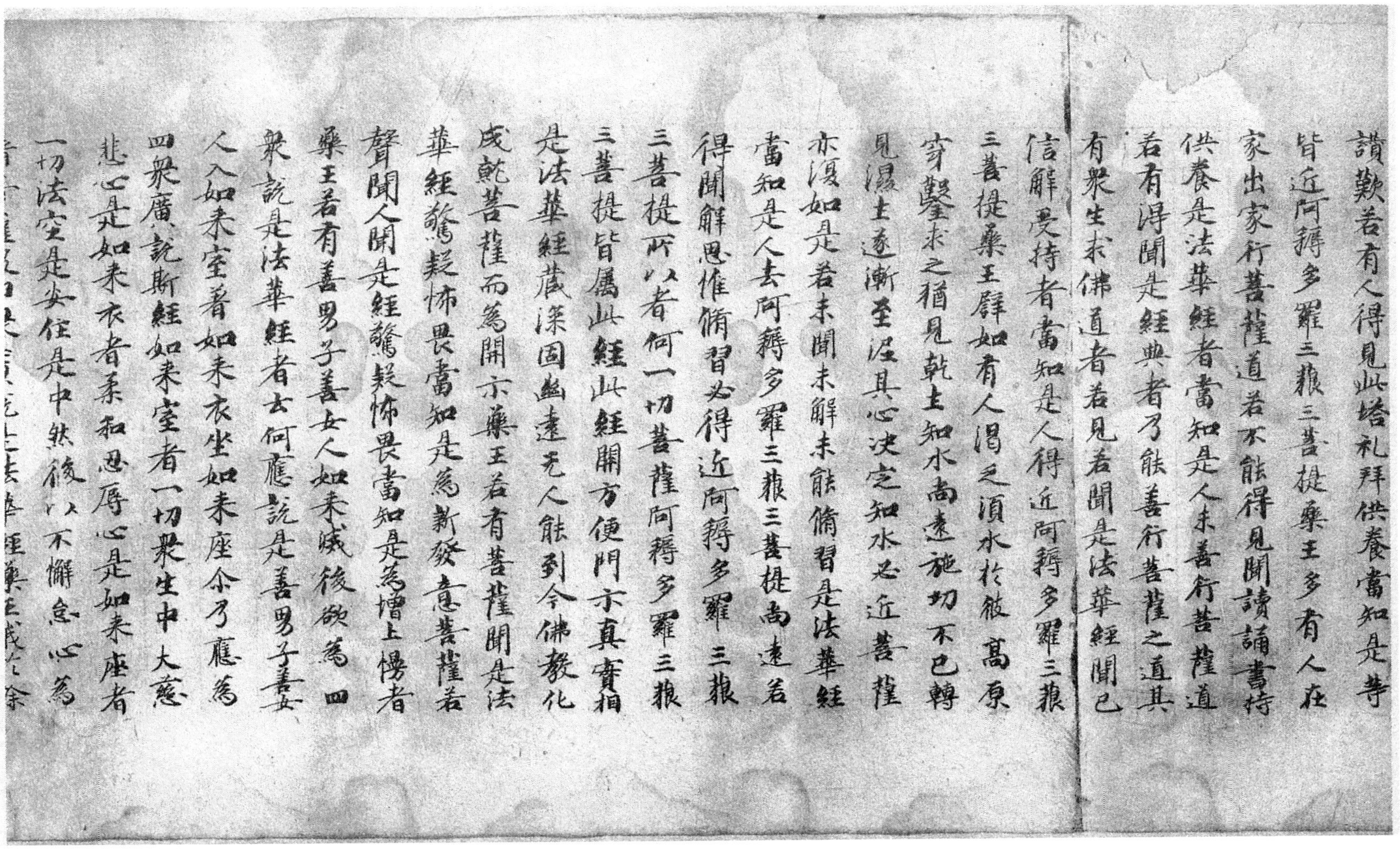

讚歎若有人得見此塔礼拜供養當知是等
皆近阿耨多羅三藐三菩提藥王多有人在
家出家行菩薩道若不能得見聞讀誦書持
供養是法華經者當知是人未善行菩薩道
若有得聞是經典者乃能善行菩薩之道其
有眾生求佛道者若見若聞是法華經聞已
信解受持者當知是人得近阿耨多羅三藐
三菩提藥王譬如有人渴乏須水於彼高原
穿鑿求之猶見乾土知水尚遠施功不已轉
見濕土遂漸至泥其心決定知水必近菩薩
亦復如是若未聞未解未能修習是法華經
當知是人去阿耨多羅三藐三菩提尚遠若
得聞解思惟修習必得近阿耨多羅三藐三
菩提所以者何一切菩薩阿耨多羅三藐
三菩提皆屬此經此經開方便門示真實相
是法華經藏深固幽遠无人能到今佛教化
成就菩薩而為開示藥王若有菩薩聞是法
華經驚疑怖畏當知是為新發意菩薩若
聲聞人聞是經驚疑怖畏當知是為增上慢者
藥王若有善男子善女人如來滅後欲為四
眾說是法華經者云何應說是善男子善女
人入如來室著如來衣坐如來座尒乃應為
四眾廣說斯經如來室者一切眾生中大慈
悲心是如來衣者柔和忍辱心是如來座者
一切法空是安住是中然後以不懈怠心為
[illegible]

BD04812 號　妙法蓮華經卷四　　（30–12）

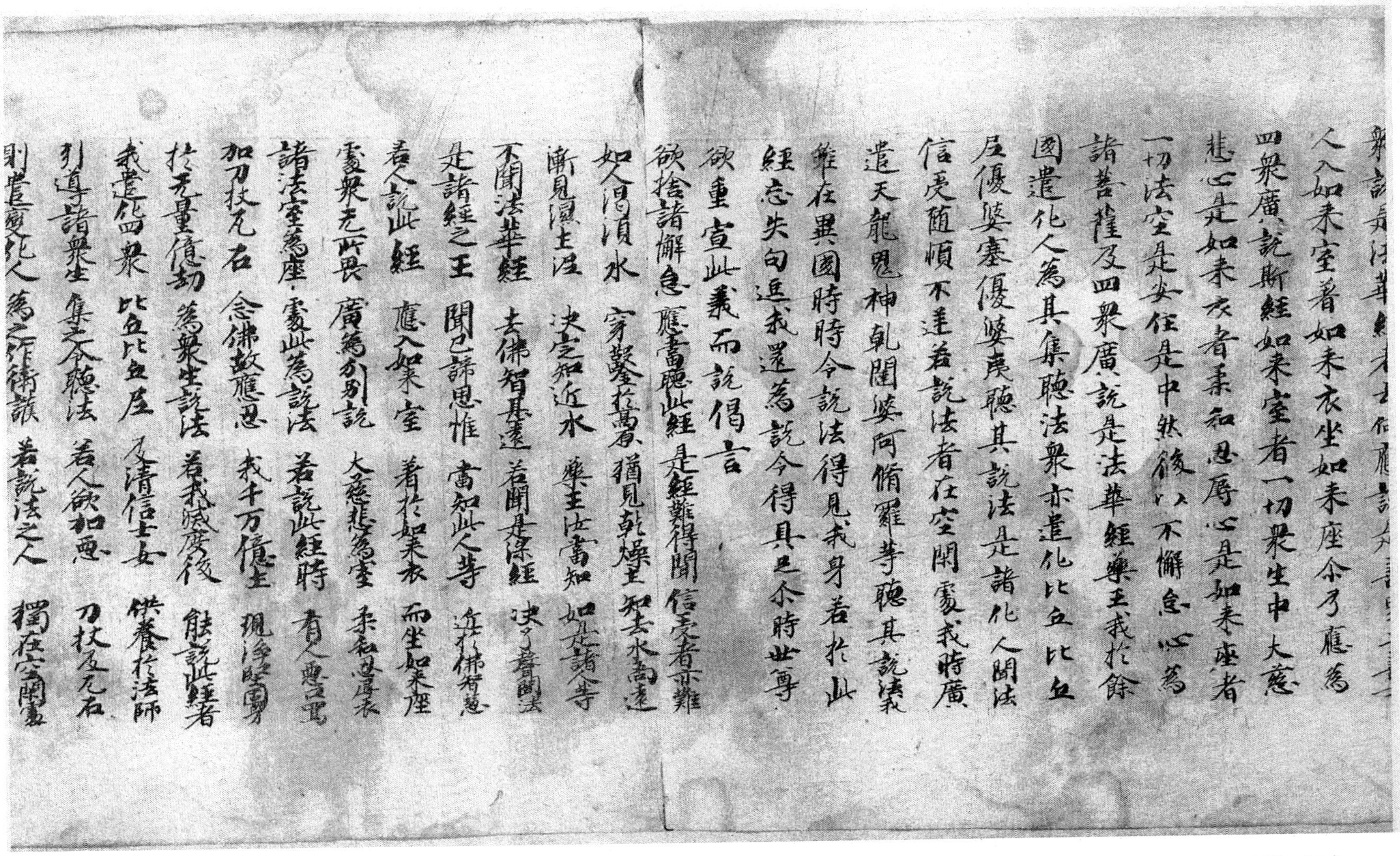

[illegible]
人入如來室著如來衣坐如來座尒乃應為
四眾廣說斯經如來室者一切眾生中大慈
悲心是如來衣者柔和忍辱心是如來座者
一切法空是安住是中然後以不懈怠心為
諸菩薩及四眾廣說是法華經藥王我於餘
國遣化人為其集聽法眾亦遣化比丘比丘
尼優婆塞優婆夷聽其說法是諸化人聞法
信受隨順不逆若說法者在空閑處我時廣
遣天龍鬼神乾闥婆阿修羅等聽其說法我
雖在異國時時令說法者得見我身若於此
經忘失句逗我還為說令得具足尒時世尊
欲重宣此義而說偈言
欲捨諸懈怠　應當聽此經　是經難得聞　信受者亦難
如人渴須水　穿鑿於高原　猶見乾燥土　知去水尚遠
漸見濕土泥　決定知近水　藥王汝當知　如是諸人等
不聞法華經　去佛智甚遠　若聞是深經　決了聲聞法
是諸經之王　聞已諦思惟　當知此人等　近於佛智慧
若人說此經　應入如來室　著於如來衣　而坐如來座
處眾无所畏　廣為分別說　大慈悲為室　柔和忍辱衣
諸法空為座　處此為說法　若說此經時　有人惡口罵
加刀杖瓦石　念佛故應忍　我千萬億土　現淨堅固身
於无量億劫　為眾生說法　若我滅度後　能說此經者
我遣化四眾　比丘比丘尼　及清信士女　供養於法師
引導諸眾生　集之令聽法　若人欲加惡　刀杖及瓦石
則遣變化人　為之作衛護　若說法之人　獨在空閑處

BD04812 號　妙法蓮華經卷四　　（30–13）

加刀杖瓦石　念佛故應忍　我千万億土　現淨堅固身
於无量億劫　為衆生說法　若我滅度後　能說此經者
我遣化四衆　比丘比丘尼　及清信士女　供養於法師
引導諸衆生　集之令聽法　若人欲加惡　刀杖及瓦石
則遣變化人　為之作衛護　若說法之人　獨在空閑處
寂漠无人聞　誦讀此經典　我尒時為現　清淨光明身
若忘失章句　為說令通利　若人具是德　或為四衆說
空處誦讀經　皆得見我身　若人在空閑　我遣天龍王
夜叉鬼神等　為作聽法衆　是人樂說法　分別无罣礙
諸佛護念故　能令大衆喜　若親近法師　速得菩薩道
隨順是師學　得見恒沙佛
妙法蓮華經見寶塔品第十一
尒時佛前有七寶塔高五百由旬縱廣二百
五十由旬從地踊出住在空中種種寶物而
莊校之五千欄楯龕室千万无數幢幡以為
嚴飾垂寶瓔珞寶鈴万億而懸其上四面皆
出多摩羅跋栴檀之香充遍世界其諸幡蓋
以金銀瑠璃車𤦲馬瑙真珠玫瑰七寶合成
高至四天王宮三十三天雨天曼陁羅華供
養寶塔餘諸天龍夜叉乾闥婆阿脩羅迦樓
羅緊那羅摩睺羅伽人非人等千万億衆以
一切華香瓔珞幡蓋伎樂供養寶塔恭敬尊
重讚歎尒時寶塔中出大音聲歎言善哉善
哉釋迦牟尼世尊能以平等大慧教菩薩法
佛所護念妙法華經為大衆說如是如是釋

BD04812 號　妙法蓮華經卷四

（30–14）

羅緊那羅摩睺羅伽人非人等千万億衆以
一切華香瓔珞幡蓋伎樂供養寶塔恭敬尊
重讚歎尒時寶塔中出大音聲歎言善哉善
哉釋迦牟尼世尊能以平等大慧教菩薩法
佛所護念妙法華經為大衆說如是如是釋
迦牟尼世尊如所說者皆是真實尒時四衆
見大寶塔住在空中又聞塔中所出音聲皆
得法喜恠未曾有從座而起恭敬合掌却住
一面尒時有菩薩摩訶薩名大樂說知一切
世間天人阿脩羅等心之所疑而白佛言世
尊以何因緣有此寶塔從地踊出又於其中
發是音聲尒時佛告大樂說菩薩此寶塔中
有如來全身乃往過去東方无量千万億阿
僧祇世界國名寶淨彼中有佛号曰多寶其
佛行菩薩道時作大誓願若我成佛滅度之
後於十方國土有說法華經處我之塔廟為
聽是經故踊現其前為作證明讚言善哉彼
佛成道已臨滅度時於天人大衆中告諸比
丘我滅度後欲供養我全身者應起一大塔
其佛神通願力十方世界在在處處若有說
法華經者後之寶塔皆踊出其前全身在於
塔中讚言善哉善哉大樂說今多寶如來塔
聞說法華經故從地踊出讚言善哉善哉是
時大樂說菩薩以如來神力故白佛言世尊
我等願欲見此佛身告大樂說菩薩摩訶

BD04812 號　妙法蓮華經卷四

（30–15）

法華經者後之寶塔皆踊出其前全身在於
塔中讚言善哉善哉大樂說今多寶如來塔
聞說法華經故從地踊出讚言善哉善哉是
時大樂說菩薩以如來神力故白佛言世尊
我等願欲見此佛身告大樂說菩薩摩訶
薩是多寶佛有深重願若我寶塔爲聽法華
經故出於諸佛前時其有欲以我身示四衆
者彼佛分身諸佛在於十方世界說法盡還
集一處然後我身乃出現耳大樂說我分身
諸佛在於十方世界說法者今應當集大樂
說白佛言世尊我等亦願欲見世尊分身諸
佛禮拜供養尒時佛放白毫一光即見東方
五百万億那由他恒河沙等國土諸佛彼諸
國土皆以頗梨爲地寶樹寶衣以爲莊嚴無
數千万億菩薩充滿其中遍張寶幔寶網羅
上彼國諸佛以大妙音而說諸法及見無量
万億菩薩遍滿諸國爲衆說法南西北方四
維上下白毫相光所照之處亦復如是尒時
十方諸佛各告衆菩薩言善男子我今應往
娑婆世界釋迦牟尼佛所并供養多寶如來
寶塔時娑婆世界即變清淨瑠璃爲地寶樹
莊嚴黃金爲繩以界八道无諸聚落村營城
邑大海江河山川林藪燒大寶香曼陀羅華
遍布其地以寶網幔羅覆其上懸諸寶鈴唯
留此會衆移諸天人置於他土是時諸佛各

BD04812 號　妙法蓮華經卷四　（30–16）

寶塔時娑婆世界即變清淨瑠璃爲地寶樹
莊嚴黃金爲繩以界八道无諸聚落村營城
邑大海江河山川林藪燒大寶香曼陀羅華
遍布其地以寶網幔羅覆其上懸諸寶鈴唯
留此會衆移諸天人置於他土是時諸佛各
將一大菩薩以爲侍者至娑婆世界各到寶
樹下一一寶樹高五百由旬枝葉華菓次第
莊嚴諸寶下皆有師子之座高五由旬亦
以大寶而校飾之尒時諸佛各於此座結加
趺坐如是展轉遍滿三千大千世界而於釋迦
牟尼佛一方所分之身猶故未盡時釋迦
牟尼佛欲容受所分身諸佛故八方各更變
二百万億那由他國皆令清淨无有地獄餓
鬼畜生及阿脩羅又移諸天人置於他土所
化之國亦以瑠璃爲地寶樹莊嚴樹高五百
由旬枝葉華菓次第嚴飾樹下皆有寶師子
座高五由旬種種諸寶以爲莊校亦无大海
江河及目真隣陁山摩訶目真隣陁山鐵圍
山大鐵圍山須弥山等諸山王通爲一佛國
土寶地平正寶交露幔遍覆其上懸諸幡
蓋燒大寶香諸天寶華遍布其地釋迦牟尼
佛爲諸佛當來坐故復於八方變二百万
億那由他國皆令清淨无有地獄餓鬼畜生
及阿脩羅又移諸天人置於他土所化之國
亦以瑠璃爲地寶樹莊嚴樹高五百由旬枝
葉華菓次第莊嚴樹下皆有寶師子座高五

BD04812 號　妙法蓮華經卷四　（30–17）

佛為諸佛當來坐故復於八方變二百万
億那由他國皆令清淨无有地獄餓鬼畜生
及阿脩羅又移諸天人置於他土所化之國
亦以瑠璃為地寶樹莊嚴樹高五百由旬枝
葉華菓次第莊嚴樹下皆有寶師子座高五
由旬亦以大寶而校飾之亦无大海江河及
目真隣陁山摩訶目真隣陁山鐵圍山大鐵
圍山須弥山等諸山王通為一佛國土寶地平
正寶交露幔遍覆其上懸諸幡蓋燒大寶香
諸天寶花遍布其地尒時東方釋迦牟尼所
分之身百千万億那由他恒河沙等國土中
諸佛各各說法來集於此如是次第十方諸
佛皆悉來集坐於八方尒時一一方四百万
億那由他國土諸佛如來遍滿其中是時諸
佛各在寶樹下坐師子座皆遣侍者問訊釋
迦牟尼佛各賫重寶華滿掬而告之言善男
子汝往詣耆闍崛山釋迦牟尼佛所如我辭曰
少病少惱氣力安樂及菩薩聲聞衆悉安隱
不以此寶華散佛供養而作是言彼某甲佛
與欲開此寶塔諸佛遣使亦復如是尒時釋
迦牟尼佛見所分身佛悉已來集各各坐於
師子之座皆聞諸佛與欲同開寶塔即從座
起住虛空中一切四衆起立合掌一心觀佛
於是釋迦牟尼佛以右指開七寶塔戶出大
音聲如却關鑰開大城門即時一切衆會皆

BD04812號　妙法蓮華經卷四　(30–18)

迦牟尼佛見所分身佛悉已來集各各坐於
師子之座皆聞諸佛與欲同開寶塔即從座
起住虛空中一切四衆起立合掌一心觀佛
於是釋迦牟尼佛以右指開七寶塔戶出大
音聲如却關鑰開大城門即時一切衆會皆
見多寶如來於寶塔中坐師子座全身不散
如入禪定又聞其言善哉善哉釋迦牟尼佛快
說是法華經我為聽是經故而來至此尒
時四衆等見過去无量千万億劫滅度佛說
如是言歎未曾有以天寶華聚散多寶佛及
釋迦牟尼佛上尒時多寶佛於寶塔中分半
座與釋迦牟尼佛而作是言釋迦牟尼佛可
就此座即時釋迦牟尼佛入其塔中坐其半
座結跏趺坐尒時大衆見二如來在七寶塔
中師子座上結跏趺坐各作是念佛座高遠
唯願如來以神通力令我等輩俱處虛空即
時釋迦牟尼佛以神通力接諸大衆皆在虛
空以大音聲普告四衆誰能於此娑婆國土
廣說妙法華經今正是時如來不久當入涅
槃佛欲以此妙法華經付囑有在尒時世尊
欲重宣此義而說偈言
聖主世尊　雖久滅度　在寶塔中　尚為法來
諸人云何　不勤為法　此佛滅度　无鞅數劫
處處聽法　以難遇故　彼佛本願　我滅度後
在在所往　常為聽法　又我分身　无量諸佛

BD04812號　妙法蓮華經卷四　(30–19)

欲重宣此義而說偈言
聖主世尊 雖久滅度 在寶塔中 尚為法來
諸人云何 不勤為法 此佛滅度 无央數劫
處處聽法 以難遇故 彼佛本願 我滅度後
在在所往 常為聽法 又我分身 无量諸佛
如恒沙等 來欲聽法 及見滅度 多寶如來
各捨妙土 及弟子眾 天人龍神 諸供養事
令法久住 故來至此 為坐諸佛 以神通力
移无量眾 令國清淨 諸佛各各 詣寶樹下
如清淨池 蓮華莊嚴 其寶樹下 諸師子座
佛坐其上 光明嚴飾 如夜闇中 然大炬火
身出妙香 遍十方國 眾生蒙薰 喜不自勝
譬如大風 吹小樹枝 以是方便 令法久住
告諸大眾 我滅度後 誰能護持 讀說斯經
今於佛前 自說誓言 其多寶佛 雖久滅度
以大誓願 而師子吼 多寶如來 及與我身
所集化佛 當知此意 諸佛子等 誰能護法
當發大願 令得久住 其有能護 此經法者
則為供養 我及多寶 此多寶佛 處於寶塔
常遊十方 為是經故 亦復供養 諸來化佛
莊嚴光飾 諸世界者 若說此經 則為見我
多寶如來 及諸化佛 諸善男子 各諦思惟
此為難事 宜發大願 諸餘經典 數如恒沙
雖說此等 未足為難 若接須彌 擲置他方
无數佛土 亦未為難 若以足指 動大千界

BD04812號　妙法蓮華經卷四　（30–20）

多寶如來 及諸化佛 諸善男子 各諦思惟
此為難事 宜發大願 諸餘經典 數如恒沙
雖說此等 未足為難 若接須彌 擲置他方
无數佛土 亦未為難 若以足指 動大千界
遠擲他國 亦未為難 若立有頂 為眾演說
无量餘經 亦未為難 若佛滅度 於惡世中
能說此經 是則為難 假使有人 手把虛空
而以遊行 亦未為難 於我滅後 若自書持
若使人書 是則為難 若以大地 置足甲上
昇於梵天 亦未為難 佛滅度後 於惡世中
暫讀此經 是則為難 假使劫燒 擔負乾草
入中不燒 亦未為難 我滅度後 若持此經
為一人說 是則為難 若持八万 四千法藏
十二部經 為人演說 令諸聽者 得六神通
雖能如是 亦未為難 於我滅後 聽受此經
問其義趣 是則為難 若人說法 令千万億
无量无數 恒沙眾生 得阿羅漢 具六神通
雖有是益 亦未為難 於我滅後 若能奉持
如斯經典 是則為難 我為佛道 於无量土
從始至今 廣說諸經 而於其中 此經第一
若有能持 則持佛身 諸善男子 於我滅後
誰能護持 讀誦此經 今於佛前 自說誓言
此經難持 若暫持者 我則歡喜 諸佛亦然
如是之人 諸佛所歎 是則勇猛 是則精進
是名持戒 行頭陀者 則為疾得 无上佛道
能於來世 讀持此經 是真佛子 住淳善地

BD04812號　妙法蓮華經卷四　（30–21）

誰能護持　讀誦此經　今於佛前　自說誓言
此經難持　若暫持者　我則歡喜　諸佛亦然
如是之人　諸佛所歎　是則勇猛　是則精進
是名持戒　行頭陀者　則為疾得　无上佛道
能於來世　讀持此經　是真佛子　住淳善地
佛滅度後　能解其義　是諸天人　世間之眼
於恐畏世　能須臾說　一切天人　皆應供養

妙法蓮華經提婆達多品第十二

尒時佛告諸菩薩及天人四衆吾於過去无
量劫中求法華經无有懈惓於多劫中常作
國王發願求於无上菩提心不退轉為欲滿
足六波羅蜜勤行布施心无悋惜象馬七珎
國城妻子奴婢僕從頭目髓腦身肉手足不
惜軀命時世人民壽命无量為於法故捐捨
國位委政太子擊鼓宣令四方求法誰能為
我說大乘者吾當終身供給走使時有仙人
來白王言我有大乘名妙法華若不違我當
為宣說王聞仙言歡喜踊躍即隨仙人供給
所須採菓汲水拾薪設食乃至以身而為床
座身心无惓于時奉事經於千歲為法故
精勤給侍令无所乏尒時世尊欲重宣此義
而說偈言
我念過去劫　為求大法故　雖作世國王　不貪五欲樂
槌鍾告四方　誰有大法者　若為我解說　身當為奴僕
時有阿私仙　來白於大王　我有微妙法　世間所希有
若能脩行者　吾當為汝說　時王聞仙言　心生大喜悅

BD04812 號　妙法蓮華經卷四　（30–22）

而說偈言
我念過去劫　為求大法故　雖作世國王　不貪五欲樂
槌鍾告四方　誰有大法者　若為我解說　身當為奴僕
時有阿私仙　來白於大王　我有微妙法　世間所希有
若能脩行者　吾當為汝說　時王聞仙言　心生大喜悅
即便隨仙人　供給於所須　採薪及菓蓏　隨時恭敬與
情存妙法故　身心无懈惓　普為諸衆生　勤求於大法
亦不為己身　及以五欲樂　故為大國王　勤求獲此法
遂致得成佛　今故為汝說
佛告諸比丘尒時王者則我身是時仙人者
今提婆達多是由提婆達多善知識故令我
具足六波羅蜜慈悲喜捨三十二相八十種
好紫磨金色十力四无所畏四攝法十八不
共神通道力成等正覺廣度衆生皆因提婆
達多善知識故告諸四衆提婆達多却後過
无量劫當得成佛号曰天王如來應供正遍
知明行足善逝世間解无上士調御丈夫天
十中劫廣為衆生說於妙法恒河沙衆生得
阿羅漢果无量衆生發緣覺心恒河沙衆生
發无上道心得无生忍至不退轉時天王佛
般涅槃後正法住世二十中劫全身舍利起
七寶塔高六十由旬縱廣四十由旬諸天人
民悉以雜華末香燒香塗香衣服瓔珞幢
幡寶蓋伎樂歌頌礼拜供養七寶妙塔无量
衆生得阿羅漢无量衆生悟辟支佛不可思議

BD04812 號　妙法蓮華經卷四　（30–23）

發无上道心得无生忍至不退轉時天王佛
般涅槃後正法住世二十中劫全身舍利起
七寶塔高六十由旬縱廣四十由旬諸天人
民悉以雜華末香燒香塗香衣服瓔珞幢
幡寶蓋伎樂歌頌礼拜供養七寶妙塔无量
眾生得阿羅漢无量眾生悟辟支佛不可思議
眾生發菩提心至不退轉佛告諸比丘未來
世中若有善男子善女人聞妙法華經提婆
達多品淨心信敬不生疑惑者不墮地獄餓
鬼畜生生十方佛前所生之處常聞此經若
生人天中受勝妙樂若在佛前蓮華化生於
時下方多寶世尊所從菩薩名曰智積白多
寶佛當還本土釋迦牟尼佛告智積曰善男
子且待須臾此有菩薩名文殊師利可與相
見論說妙法可還本土尒時文殊師利坐千
葉蓮華大如車輪俱來菩薩亦坐寶華從於
大海娑竭龍宮自然踊出住虛空中詣靈鷲
山從蓮華下至於佛所頭面敬礼二世尊足
脩敬已畢往智積所共相慰問却坐一面智
積菩薩問文殊師利仁往龍宮所化眾生其
數幾何文殊師利言其數无量不可稱計非
口所宣非心所測且待須臾自當有證所言
未竟无數菩薩坐寶蓮華從海踊出詣靈
鷲山住在虛空此諸菩薩皆是文殊師利之所
化度具菩薩行皆共論說六波羅蜜本聲聞
[illegible]

BD04812號　妙法蓮華經卷四

[illegible]
口所宣非心所測且待須臾自當有證所言
未竟无數菩薩坐寶蓮華從海踊出詣靈
鷲山住在虛空此諸菩薩皆是文殊師利之所
化度具菩薩行皆共論說六波羅蜜本聲聞
人在虛空中說聲聞行今皆脩行大乘空義
文殊師利謂智積曰於海教化其事如是尒
時智積菩薩以偈讚曰
大智德勇健　化度无量眾　今此諸大會　及我皆已見
演暢實相義　開闡一乘法　廣導諸群生　令速成菩提
文殊師利言我於海中唯常宣說妙法華經
智積問文殊師利言此經甚深微妙諸經中
寶世所希有頗有眾生勤加精進脩行此經
速得佛不文殊師利言有娑竭羅龍王女年
始八歲智慧利根善知眾生諸根行業得陁
羅尼諸佛所說甚深秘藏悉能受持深入禪
定了達諸法於剎那頃發菩提心得不退轉
辯才无礙慈念眾生猶如赤子功德具足心
念口演微妙廣大慈悲仁讓志意和雅能至
菩提智積菩薩言我見釋迦牟尼佛於无量劫
難行苦行積功累德求菩薩道未曾止息觀
三千大千世界乃至无有如芥子許非是菩
薩捨身命處為眾生故然後乃得成菩提道
不信此女於須臾頃便成正覺言論未訖時
龍王女忽現於前頭面礼敬却住一面以偈
讚曰

BD04812號　妙法蓮華經卷四

難行苦行積功累德求菩提道未曾止息觀
三千大千世界乃至无有如芥子許非是菩
薩捨身命處為衆生故然後乃得成菩提道
不信此女於須臾頃便成正覺言論未訖時
龍王女忽現於前頭面礼敬却住一面以偈
讚曰
深達罪福相　遍照於十方　微妙淨法身　具相三十二
以八十種好　用莊嚴法身　天人所戴仰　龍神咸恭敬
一切衆生類　无不宗奉者　又聞成菩提　唯佛當證知
我闡大乘教　度脫苦衆生
時舍利弗語龍女言汝謂不久得无上道是
事難信所以者何女身垢穢非是法器云何
能得无上菩提佛道懸曠經无量劫勤苦積
行具脩諸度然後乃成又女人身猶有五障
一者不得作梵天王二者帝釋三者魔王四
者轉輪聖王五者佛身云何女身速得成佛
尒時龍女有一寶珠價直三千世界持
以上佛佛即受之龍女謂智積菩薩尊者舍
利弗言我獻寶珠世尊納受是事疾不答言
甚疾女言以汝神力觀我成佛復速於此當
時衆會皆見龍女忽然之間變成男子具菩
薩行即往南方无垢世界坐寶蓮華成等正
覺三十二相八十種好普為十方一切衆生
演說妙法尒時娑婆世界菩薩聲聞天龍八
部人與非人皆遙見彼龍女成佛普為時會
人天說法心大歡喜悉遙敬礼无量衆生聞

BD04812 號　妙法蓮華經卷四　（30–26）

時衆會皆見龍女忽然之間變成男子具菩
薩行即往南方无垢世界坐寶蓮華成等正
覺三十二相八十種好普為十方一切衆生
演說妙法尒時娑婆世界菩薩聲聞天龍八
部人與非人皆遙見彼龍女成佛普為時會
人天說法心大歡喜悉遙敬礼无量衆生聞
法解悟得不退轉无量衆生得受道記无垢
世界六反震動娑婆世界三千衆生住不退
地三千衆生發菩提心而得受記智積菩薩
及舍利弗一切衆會嘿然信受

妙法蓮華經持品第十三

尒時藥王菩薩摩訶薩及大樂說菩薩摩訶
薩與二万菩薩眷屬俱皆於佛前作是誓言
唯願世尊不以為慮我等於佛滅後當奉持
讀誦說此經典後惡世衆生善根轉少多增
上慢貪利供養增不善根遠離解脫雖難
可教化我等當起大忍力讀誦此經持說書寫
種種供養不惜身命尒時衆中五百阿羅漢
得受記者白佛言世尊我等亦自誓願於異
國土廣說此經復有學无學八千人得受記
者從座而起合掌向佛作是誓言世尊我等
亦當於他國土廣說此經所以者何是娑婆
國中人多弊惡懷增上慢功德淺薄瞋濁諂
曲心不實故尒時佛姨母摩訶波闍波提比
丘尼與學无學比丘尼六千人俱從座而起
一心合掌瞻仰尊顏目不暫捨於時世尊告

BD04812 號　妙法蓮華經卷四　（30–27）

亦當於他國土廣說此經所以者何是娑婆
國中人多弊惡懷增上慢功德淺薄瞋濁諂
曲心不實故尒時佛姨母摩訶波闍波提比
丘尼與學无學比丘尼六千人俱從座而起
一心合掌瞻仰尊顏目不暫捨於時世尊告
憍曇弥何故憂色而視如來汝心將无謂我
不說汝名授阿耨多羅三藐三菩提記耶憍
曇弥我先摠說一切聲聞皆已授記今汝欲
知記者將來之世當於六万八千億諸佛法
中為大法師及六千學无學比丘尼俱為法
師如是漸漸具菩薩道當得作佛号一切
眾生憙見如來應供正遍知明行足善逝世
間解无上士調御丈夫天人師佛世尊憍曇
弥是一切眾生憙見佛及六千菩薩轉次授
記得阿耨多羅三藐三菩提尒時羅睺羅母
耶輸陀羅比丘尼作是念世尊於授記中獨
不說我名佛告耶輸陀羅汝於來世百万億
諸佛法中脩菩薩行為大法師漸具佛道於
善國中當得作佛号具足千万光相如來應
供正遍知明行足善逝世間解无上士調御
丈夫天人師佛世尊佛壽无量阿僧祇劫尒
時摩訶波闍波提比丘尼及耶輸陀羅比丘
尼并其眷屬皆大歡喜得未曾有即於佛前
而說偈言
世尊道師 安隱天人 我等聞記 心安具足

BD04812 號　妙法蓮華經卷四　（30–28）

丈夫天人師佛世尊佛壽无量阿僧祇劫尒
時摩訶波闍波提比丘尼及耶輸陀羅比丘
尼并其眷屬皆大歡喜得未曾有即於佛前
而說偈言
世尊道師 安隱天人 我等聞記 心安具足
諸比丘尼說是偈已白佛言世尊我等亦能
於他方國土廣宣此經尒時世尊視八十万
億那由他諸菩薩摩訶薩是諸菩薩皆是阿
惟越致轉不退法輪得諸陀羅尼即從座起
至於佛前一心合掌而作是念若世尊告勑
我等持說此經者當如佛教廣宣斯法復作
是念佛今默然不見告勑我當云何時諸菩
薩敬順佛意并欲自滿本願便於佛前作師
子吼而發誓言世尊我等於如來滅後周旋
往反十方世界能令眾生書寫此經受持讀
誦解說其義如法脩行正憶念皆是佛之威
力唯願世尊在於他方遙見守護即時諸菩
薩俱同發聲而說偈言
唯願不為慮 於佛滅度後 恐怖惡世中 我等當廣說
有諸无智人 惡口罵詈等 及加刀杖者 我等皆當忍
惡世中比丘 邪智心諂曲 未得謂為得 我慢心充滿
或有阿練若 納衣在空閑 自謂行真道 輕賤人間者
貪著利養故 與白衣說法 為世所恭敬 如六通羅漢
是人懷惡心 常念世俗事 假名阿練若 好出我等過
而作如是言 此諸比丘等 為貪利養故 說外道論議
自作此經典 誑惑世間人 為求名聞故 分別於是經

BD04812 號　妙法蓮華經卷四　（30–29）

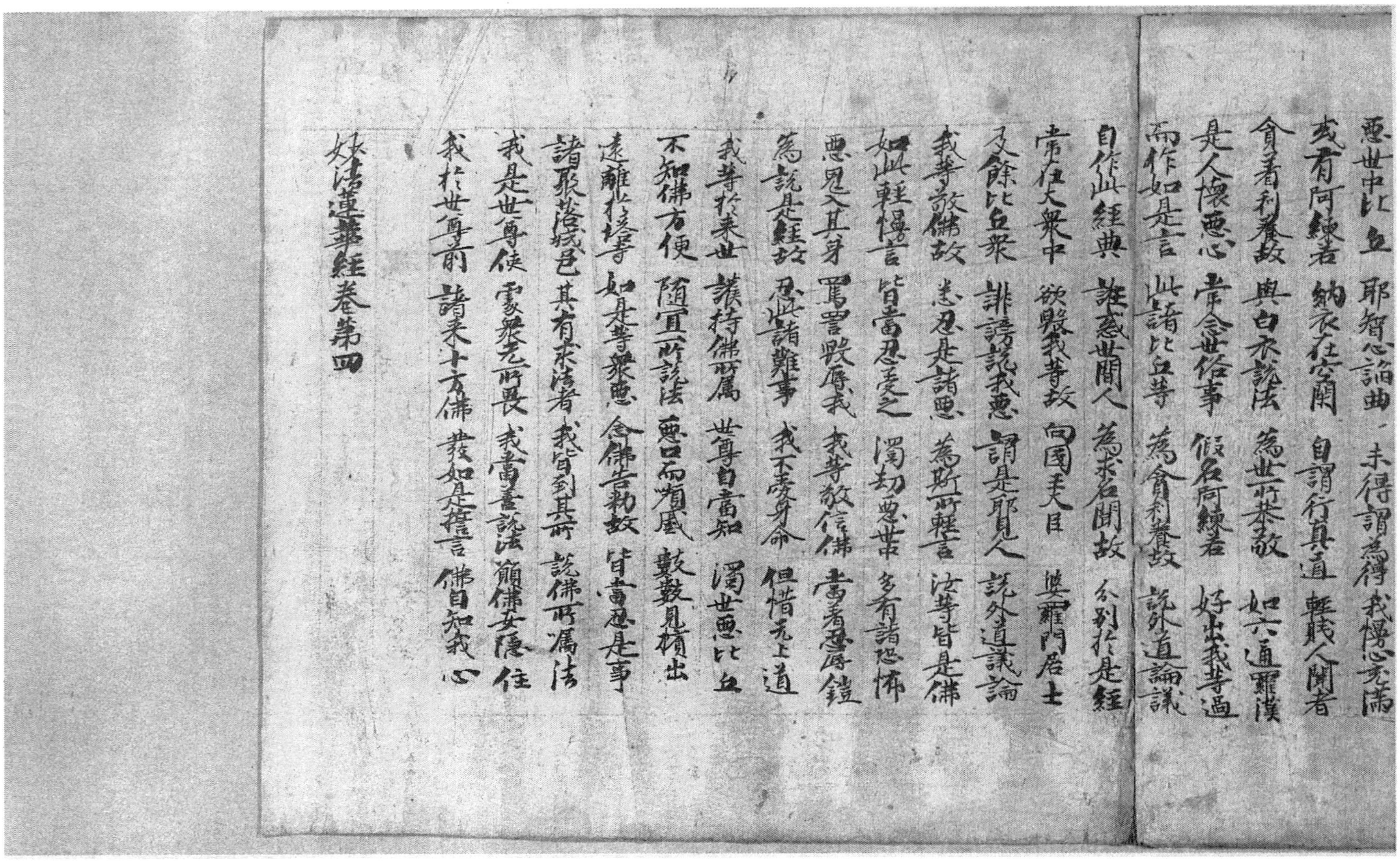

惡世中比丘　邪智心諂曲　未得謂為得　我慢心充滿
或有阿練若　納衣在空閑　自謂行真道　輕賤人間者
貪著利養故　與白衣說法　為世所恭敬　如六通羅漢
是人懷惡心　常念世俗事　假名阿練若　好出我等過
而作如是言　此諸比丘等　為貪利養故　說外道論議
自作此經典　誑惑世間人　為求名聞故　分別於是經
常在大眾中　欲毀我等故　向國王大臣　婆羅門居士
及餘比丘眾　誹謗說我惡　謂是邪見人　說外道論議
我等敬佛故　悉忍是諸惡　為斯所輕言　汝等皆是佛
如此輕慢言　皆當忍受之　濁劫惡世中　多有諸恐怖
惡鬼入其身　罵詈毀辱我　我等敬信佛　當著忍辱鎧
為說是經故　忍此諸難事　我不愛身命　但惜無上道
我等於來世　護持佛所囑　世尊自當知　濁世惡比丘
不知佛方便　隨宜所說法　惡口而顰蹙　數數見擯出
遠離於塔寺　如是等眾惡　念佛告勅故　皆當忍是事
諸聚落城邑　其有求法者　我皆到其所　說佛所囑法
我是世尊使　處眾無所畏　我當善說法　願佛安隱住
我於世尊前　諸來十方佛　發如是誓言　佛自知我心
妙法蓮華經卷第四

BD04812 號　妙法蓮華經卷四　　（30–30）

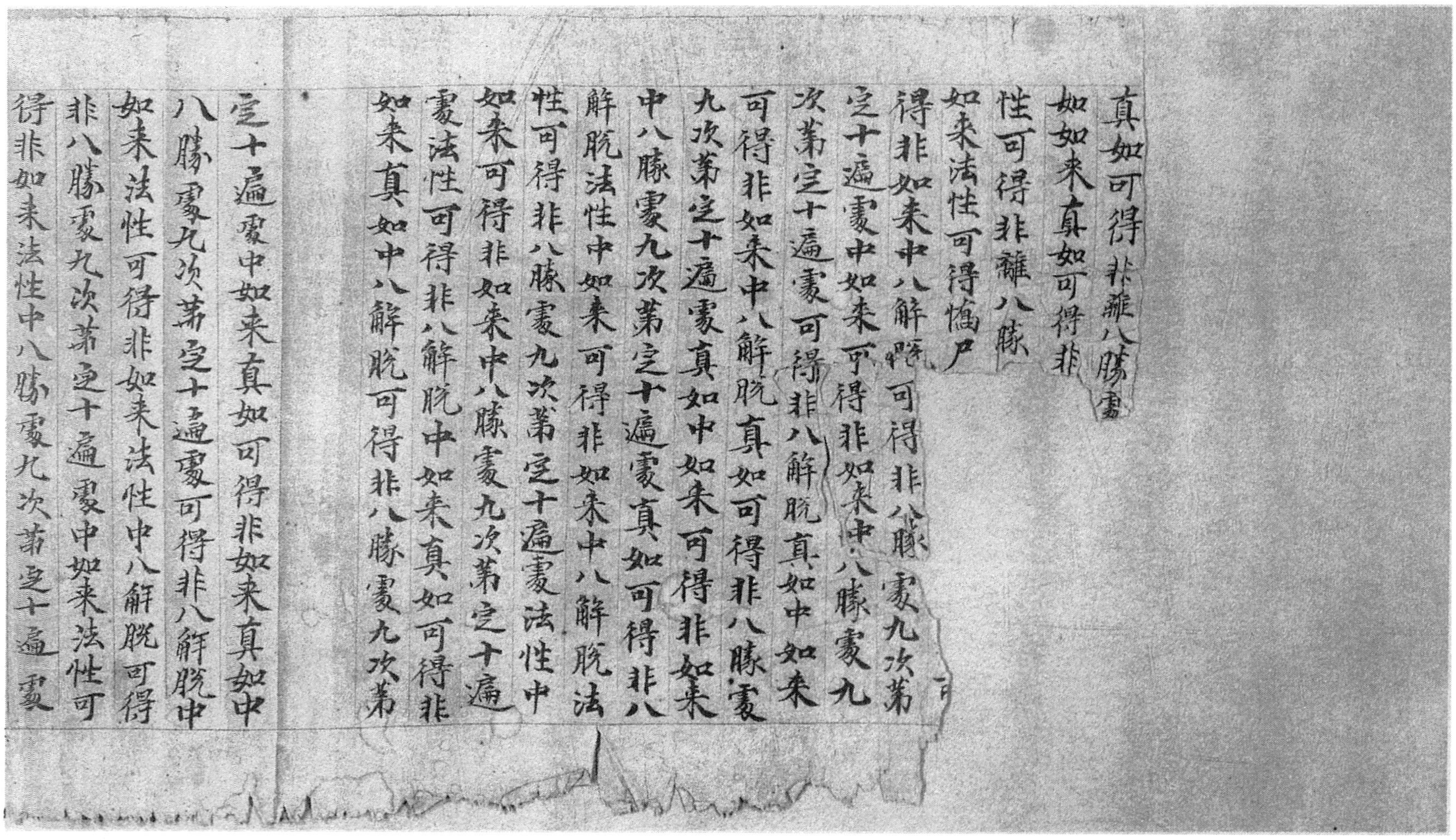

真如可得非離八勝處
如如來真如可得非
性可得非離八勝
如來法性可得憍尸
得非如來中八解脫可得非八勝處九次第
定十遍處中如來中八勝處九
次第定十遍處可得非八解脫真如中如來
可得非如來中八解脫真如可得非八勝處
九次第定十遍處真如中如來可得非如來
中八勝處九次第定十遍處真如可得非八
解脫法性中如來可得非如來中八解脫法
性可得非八勝處九次第定十遍處法性中
如來可得非如來中八勝處九次第定十遍
處法性可得非八解脫中如來真如可得非
如來真如中八解脫可得非八勝處九次第
定十遍處中如來真如可得非如來真如中
八勝處九次第定十遍處可得非八解脫中
如來法性可得非如來法性中八解脫可得
非八勝處九次第定十遍處中如來法性可
得非如來法性中八勝處九次第定十遍處

BD04813 號　大般若波羅蜜多經卷九一　　（8–1）

定十遍處中如來真如可得非如來真如中
八勝處九次第定十遍處可得非八解脫中
如來法性可得非如來法性中八解脫可得
非八勝處九次第定十遍處中如來法性可
得非如來法性中八勝處九次第定十遍處
可得非八解脫真如中如來真如可得非如
來真如中八解脫真如可得非八勝處九次
第定十遍處真如中如來真如可得非如來
真如中八勝處九次第定十遍處真如可得
非八解脫法性中如來法性可得非如來法
性中八解脫法性可得非八勝處九次第定
十遍處法性中如來法性可得非如來法性
中八勝處九次第定十遍處法性可得
憍尸迦非離四念住如來可得非離四正斷
四神足五根五力七等覺支八聖道支如
來可得非離四念住真如如來可得非離四正
斷乃至八聖道支真如如來可得非離四念
住法性如來可得非離四正斷乃至八聖道
支法性如來可得非離四念住如來真如可
得非離四正斷乃至八聖道支如來真如可
得非離四念住如來法性可得非離四正斷
乃至八聖道支如來法性可得非離四念住
真如如來真如可得非離四正斷乃至八聖
道支真如如來真如可得非離四念住法性
如來法性可得非離四正斷乃至八聖道支
法性如來法性可得憍尸迦非四念住中如來

BD04813號　大般若波羅蜜多經卷九一　（8–2）

得非離四念住如來法性可得非離四正斷
乃至八聖道支如來法性可得非離四念住
真如如來真如可得非離四正斷乃至八聖
道支真如如來真如可得非離四念住法性
如來法性可得非離四正斷乃至八聖道支
法性如來法性可得憍尸迦非四念住中如來
可得非如來中四念住可得非四正斷四
神足五根五力七等覺支八聖道支中如來
可得非如來中四正斷乃至八聖道支可得
非四念住真如中如來可得非如來中四念
住真如可得非四正斷乃至聖道支真如
中如來可得非如來中四正斷乃至八聖道
支真如可得非四念住法性中如來可得非如
來中四念住法性可得非四正斷乃至八
聖道支法性中如來可得非如來中四正斷
乃至八聖道支法性可得非四念住中如來
真如可得非如來真如中四念住可得非四
正斷乃至八聖道支中如來真如可得非如
來真如中四正斷乃至八聖道支可得非四
念住中如來法性可得非如來法性中四念
住可得非四正斷乃至八聖道支中如來法
性可得非如來法性中四正斷乃至八聖道
支可得非四念住真如中如來真如可得非
如來真如中四念住真如可得非四正斷乃
至八聖道支真如中如來真如可得非如來
真如中四正斷乃至八聖道支真如可得非

BD04813號　大般若波羅蜜多經卷九一　（8–3）

性可得非如來法性中四正斷乃至八聖道
支可得非四念住真如中如來真如可得非
如來真如中四念住真如可得非四正斷乃
至八聖道支真如中如來真如可得非如來
真如中四正斷乃至八聖道支真如可得非
四念住法性中如來法性可得非如來法性
中四念住法性可得非四正斷乃至八聖道
支法性中如來法性可得非如法性中四正
斷乃至八聖道支法性可得
憍尸迦非離空解脫門如來可得非離無相
無願解脫門如來可得非離空解脫門真
如如來可得非離無相無願解脫門真如如
來可得非離空解脫門法性如來可得非離
相無願解脫門法性如來可得非離空解脫
門如來真如可得非離無相無願解脫門如
來真如可得非離空解脫門如來法性可得
非離無相無願解脫門如來法性可得非離
空解脫門真如如來真如可得非離無相無
願解脫門真如如來真如可得非離空解脫
門法性如來法性可得非離無相無願解脫
門法性如來法性可得憍尸迦非空解脫門
中如來可得非如來中空解脫門可得非無
相無願解脫門中如來可得非如來中無
相無解脫門可得非空解脫門真如中如
來可得非如來中空解脫門真如可得非無相
無願解脫門真如中如來可得非如來中無
相無願解脫門真如可得非空解脫門法性

中如來可得非如來中空解脫門可得非無
相無願解脫門中如來可得非如來中無
相無解脫門可得非空解脫門真如中如
來可得非如來中空解脫門真如可得非無相
無願解脫門真如中如來可得非如來中無
相無願解脫門真如可得非空解脫門法性
中如來可得非如來中空解脫門法性可得
非無相無願解脫門法性中如來可得非如
來中無相無願解脫門法性可得非空解脫
門中如來真如可得非如來真如中空解脫
門可得非無相無願解脫門中如來真如可
得非如來真如中無相無願解脫門可得非
空解脫門中如來法性可得非如來法性中
空解脫門可得非無相無願解脫門中如來
法性可得非如來法性中無相無願解脫門
可得非空解脫門真如中如來真如可得非
如來真如中空解脫門真如可得非無相無
願解脫門真如中如來真如可得非如來真
如中無相無願解脫門真如可得非空解
脫門法中如來法性可得非如來法性中空
解脫門法性可得非無相無願解脫門法
性中如來法性可得非如來法性中無相無
願解脫門法性可得
憍尸迦非離五眼如來可得非離六神通如
來可得非離五眼真如如來可得非離六神
通真如如來可得非離五眼法性如來可得
非離六神通法性如來可得非離五眼如來

性中如來法性可得非如來法性中無相無
願解脫門法性可得
憍尸迦非離五眼如來可得非離六神通如
來可得非離五眼真如如來可得非離六神
通真如如來可得非離五眼法性如來可得
非離六神通法性如來可得非離五眼如來
真如可得非離六神通如來真如可得非離
五眼如來法性可得非離六神通如來法性
可得非離五眼真如如來真如可得非離六
神通真如如來真如可得非離五眼法性如
來法性可得非離六神通法性如來法性可
得憍尸迦非五眼中如來可得非如來中五
眼可得非六神通中如來可得非如來中六
神通可得非五眼真如中如來可得非如來
中五眼真如可得非六神通真如中如來可
得非如來中六神通真如可得非五眼法性
中如來可得非如來中五眼法性可得非六
神通法性中如來可得非如來中六神通法
性可得非五眼中如來真如可得非如來真
如中五眼可得非六神通中如來真如可得
非如來真如中六神通可得非五眼中如來
法性可得非如來法性中五眼可得非六神
通中如來法性可得非如來法性中六神通
可得非五眼真如中如來真如可得非如來
真如中五眼真如可得非六神通真如中如
來真如可得非如來真如中六神通真如可
得非五眼法性中如來法性可得非如來法

BD04813號　大般若波羅蜜多經卷九一　（8-6）

通中如來法性可得非如來法性中六神通
可得非五眼真如中如來真如可得非如來
真如中五眼真如可得非六神通真如中如
來真如可得非如來真如中六神通真如可
得非五眼法性中如來法性可得非如來法
性中五眼法性可得非六神通法性中如來
法性可得非如來法性中六神通法性可得
憍尸迦非離佛十力如來可得非離四無所
畏四無礙解大慈大悲大喜大捨十八佛不
共法如來可得非離佛十力真如如來可得
非離四無所畏乃至十八佛不共法真如如
來可得非離佛十力法性如來可得非離四
無所畏乃至十八佛不共法法性如來可得
非離佛十力如來真如可得非離四無所畏
乃至十八佛不共法如來真如可得非離佛
十力如來法性可得非離四無所畏乃至十
八佛不共法如來法性可得非離佛十力真
如如來真如可得非離四無所畏乃至十八
佛不共法真如如來真如可得非離佛十力
法性如來法性可得非離四無所畏乃至十
八佛不共法法性如來法性可得憍尸迦非
佛十力中如來可得非如來中佛十力可得
非四無所畏四無礙解大慈大悲大喜大
捨十八佛不共法中如來可得非如來中四無
所畏乃至十八佛不共法可得非佛十力真
如中如來可得非如來中佛十力真如可得

BD04813號　大般若波羅蜜多經卷九一　（8-7）

八佛不共法如來法性可得非離佛十力真
如如來真如可得非離四無所畏乃至十八
佛不共法真如如來真如可得非離佛十力
法性如來法性可得非離四無所畏乃至十
八佛不共法法性如來法性可得憍尸迦非
佛十力中如來可得非如來中佛十力可得
非四無所畏四無礙解大慈大悲大喜大
捨十八佛不共法中如來可得非如來中四無
所畏乃至十八佛不共法可得非佛十力真
如中如來可得非如來中佛十力真如可得
非四無所畏乃至十八佛不共法真如中如
來可得非如來中四無所畏乃至十八佛不
共法真如可得非佛十力法性中如來可得
非如來中佛十力法性可得非四無所畏乃
至十八佛不共法法性中如來可得非如來
中四無所畏乃至十八佛不共法法性可得
非佛十力中如來真如可得非如來真如中
佛十力可得非四無所畏乃至十八佛不共
法中如來真如可得非如來真如中四無所

BD04813 號　大般若波羅蜜多經卷九一　（8–8）

解善男
佛名知諸佛世尊善知五陰故名
又世間者名爲五欲解名不著不
名世間解又世間者者東方无量
一切聲聞緣覺不知不見不解諸佛悉知悉
見悉解南西北方四維上下亦復如是是故
号佛爲世間解又世間者一切凡夫解者知
諸凡夫善惡因果非是聲聞緣覺所知唯
佛能知是故号佛爲世間解又世間者名曰
蓮華解名不汙善男子是名世間義蓮華者
即是如來不汙者如來不爲世間八法之所
染汙是故号佛爲世間解又世間解者諸佛
菩薩名世間解何以故諸佛菩薩見世間故
故名世間解善男子如因食得命名食爲命
諸佛菩薩亦復如是見世間故故名世間解
云何无上士上士者名之爲斷无所斷者名
无上士諸佛世尊无有煩惱故无所斷是故
号佛爲无上士又上士者名爲諍訟无上士者
无有諍訟如來无諍是故号佛爲无上士又
上士者名語可壞无上士者語不可壞如來
所言一切衆生所不能壞是故号佛爲无上
士又上士者名爲上坐无上士者名无上坐

BD04814 號　大般涅槃經（北本）卷一八　（24–1）

无上士諸佛世尊无有煩惱故无所斷是故
号佛爲无上士又上士者名爲諍訟无上士者
无有諍訟如来无諍是故号佛爲无上士又
上士者名語可壊无上士者語不可壊如来
所言一切衆生所不能壊是故号佛爲无上
士又上士者名爲上坐无上士者名无上坐
三世諸佛更无過者是故号之爲无上士上
者名新士者名故諸佛世尊體大涅槃无
新无故是故号佛爲无上士云何調御丈夫
自既丈夫復調丈夫善男子言如来者實非
丈夫非不丈夫因調丈夫故名如来爲丈夫
也善男子一切男女若具四法則名丈夫何
等爲四一善知識二能聽法三思惟義四如
説脩行善男子若男若女具是四法則名丈
夫善男子若有男子无此四法則不得名爲
丈夫也何以故身雖丈夫行同畜生如来調
伏若男若女是故号佛調御丈夫復次善男
子如御馬者凡有四種一者觸毛二者觸皮
三者觸肉四者觸骨随其所觸稱御者意如
来亦尒以四種法調伏衆生一爲説生令受佛
語如觸其毛随御者意二説生老便受佛
語如觸毛皮随御者意三者説生及以老病
便受佛語如觸毛皮肉随御者意四者説生
及老病死便受佛語如觸毛皮肉骨随御者
意善男子御者調馬无有決定如来世尊調

BD04814號　大般涅槃經（北本）卷一八　　（24–2）

来亦尒以四種法調伏衆生一爲説生令受佛
語如觸其毛随御者意二説生老便受佛
語如觸毛皮随御者意三者説生及以老病
便受佛語如觸毛皮肉随御者意四者説生
及老病死便受佛語如觸毛皮肉骨随御者
意善男子御者調馬无有決定如来世尊調
伏衆生必定不虚是故号佛調御丈夫云何
天人師師有二種一者善教二者悪教諸佛
菩薩常以善法教諸衆生何等善法謂身
口意善諸佛菩薩教諸衆生作如是言善男
子汝當遠離身不善業何以故以身悪業是可遠
離得解脱故是故我以此法教汝若是悪業
不可遠離得解脱者終不教汝令遠離也若
諸衆生離悪業已堕三悪者无有是處以遠
離故咸阿耨多羅三藐三菩提得大涅槃是
故諸佛菩薩常以此法教化衆生口意亦尒
是故号佛爲无上師復次昔未得道今已
得之以所得道爲衆生説從本以来未脩梵
行今已脩竟以已所脩爲衆生説自破无明
復爲衆生破壊无明自得浄目復爲衆生破
除盲冥令得浄眼自知二諦復爲衆生演説
二諦既自解脱復爲衆生説解脱法自度无
邊生死大河復令衆生皆悉得度自得无畏
復教衆生令得无畏自既涅槃復爲衆生演
大涅槃是故号佛爲无上師天者名晝天上
晝長夜短是故名天又復天者名无愁惱常

BD04814號　大般涅槃經（北本）卷一八　　（24–3）

除盲冥令得淨眼自知二諦復爲衆生演說
二諦既自解脫復爲衆生說解脫法自度无
邊生死大河復令衆生皆悉得度自得无畏
復教衆生令得无畏自既涅槃復爲衆生演
大涅槃是故号佛爲无上師天者名晝天上
晝長夜短是故名天又復天者名无愁惱常
受快樂是故名天又復天者名爲燈明能破
黑闇而爲大明是故名天亦以能破惡業黑闇
得於善業而生天上是故名天又復天者名
吉以吉祥故得名爲天又復天者名曰日有
光明故名曰爲天以是義故名爲天也人者
名曰能多恩義又復人者身口柔濡又復人
者名有憍慢又復人者能破憍慢善男子
諸佛雖爲一切衆生无上大師然經中說爲
天人師何以故善男子諸衆生中唯天與人
能發阿耨多羅三藐三菩提心能脩十善業
道能得須陁洹果斯陁含果阿那含果阿羅
漢果辟支佛道得阿耨多羅三藐三菩提是故
号佛爲天人師云何爲佛佛者名覺既自覺
悟復能覺他善男子譬如有人覺知有賊
賊无能爲菩薩摩訶薩能覺一切无量煩惱
既覺了已令諸煩惱无所能爲是故名佛以
是覺故不生不老不病不死是故名佛婆伽
婆者婆伽名破婆名煩惱能破煩惱故名婆
伽婆又能成就諸善法故又能善解諸法義
故有大功德无能勝故有大名聞遍十方故

既覺了已令諸煩惱无所能爲是故名佛以
是覺故不生不老不病不死是故名佛婆伽
婆者婆伽名破婆名煩惱能破煩惱故名婆
伽婆又能成就諸善法故又能善解諸法義
故有大功德无能勝故有大名聞遍十方故
又能種種大惠施故又於无量阿僧祇劫吐
女根故善男子若男若女能如是念佛者若
行若住若坐若卧若晝若夜若明若闇常得
不離見佛世尊善男子何故名爲如來應正
遍知乃至婆伽婆而有如是无量功德大名
稱耶善男子菩薩摩訶薩於昔无量阿僧祇
劫恭敬父母和上諸師上坐長老於无量劫常
爲衆生而行布施堅持禁戒脩習忍辱勤行
精進禪定智慧大慈大悲大喜大捨是故
今得卅二相八十種好金剛之身又復菩薩
於昔无量阿僧祇劫脩習信念進定慧根於
諸師長恭敬供養常爲法利不爲食利菩薩
若持十二部經若讀若誦常爲衆生令得解
脫安隱快樂終不自爲何以故菩薩常脩出
世間心及出家心无爲之心无諍訟心无垢
穢心无繫縛心无取着心无覆蓋心无无記
心无生死心无疑网心无貪欲心无瞋恚心
无愚癡心无憍慢心无濁穢心无煩惱心无苦
心无量心廣大心虛空心无心无无心調心
不藏心无覆藏心无世間心常[illegible]

无上士諸佛世尊无有煩惱故无所斷是故
号佛為无上士又上士者名為諍訟无上士者
无有諍訟如来无諍是故号佛為无上士又
上士者名語可壞无上士者語不可壞如来
所言一切衆生所不能壞是故号佛為无上
士又上士者名為上坐无上士者名无上坐
三世諸佛更无過者是故号之為无上士上
者名新士者名故諸佛世尊體大涅槃无
新无故是故号佛為无上士云何調御丈夫
自既丈夫復調丈夫善男子言如来者實非
丈夫非不丈夫因調丈夫故名如来為丈夫
也善男子一切男女若具四法則名丈夫何
等為四一善知識二能聽法三思惟義四如
說脩行善男子若男若女具是四法則名丈
夫善男子若有男子无此四法則不得名為
丈夫也何以故身雖丈夫行同畜生如来調
伏若男若女是故号佛調御丈夫復次善男
子如御馬者凡有四種一者觸毛二者觸皮
三者觸肉四者觸骨隨其所觸稱御者意如
来亦尒以四種法調伏衆生一為說生令受佛
語如觸其毛隨御者意二說生老便受佛
語如觸毛皮隨御者意三者說生及以老病
便受佛語如觸毛皮肉隨御者意四者說生
及老病死便受佛語如觸毛皮肉骨隨御者
意善男子御者調馬无有決定如来世尊調

BD04814號　大般涅槃經（北本）卷一八　（24–2）

来亦尒以四種法調伏衆生一為說生令受佛
語如觸其毛隨御者意二說生老便受佛
語如觸毛皮隨御者意三者說生及以老病
便受佛語如觸毛皮肉隨御者意四者說生
及老病死便受佛語如觸毛皮肉骨隨御者
意善男子御者調馬无有決定如来世尊調
伏衆生必定不虛是故号佛調御丈夫云何
天人師師有二種一者善教二者惡教諸佛
菩薩常以善法教諸衆生何等善法謂身
口意善諸佛菩薩教諸衆生作如是言善男
子汝當遠離身不善業何以故以身惡業是可遠
離得解脫故是故我以此法教汝若是惡業
不可遠離得解脫者終不教汝令遠離也若
諸衆生離惡業已墮三惡者无有是處以遠
離故咸阿耨多羅三藐三菩提得大涅槃是
故諸佛菩薩常以此法教化衆生口意亦尒
是故号佛為无上師復次昔未得道令已
得之以所得道為衆生說從本以来未脩梵
行令已脩竟以已所脩為衆生說自破无明
復為衆生破壞无明自得淨目復為衆生破
除盲冥令得淨眼自知二諦復為衆生演說
二諦既自解脫復為衆生說解脫法自度无
邊生死大河復令衆生皆悉得度自得无畏
復教衆生令得无畏自既涅槃復為衆生演
大涅槃是故号佛為无上師天者名晝天上
晝長夜短是故名天又復天者名无愁惱常

BD04814號　大般涅槃經（北本）卷一八　（24–3）

除盲冥令得淨眼自知二諦復爲衆生演說
二諦既自解脫復爲衆生說解脫法自度无
邊生死大河復令衆生皆悉得度自得无畏
復教衆生令得无畏自既涅槃復爲衆生演
大涅槃是故号佛爲无上師天者名晝天上
晝長夜短是故名天又復天者名无愁惱常
受快樂是故名天又復天者名爲燈明能破
黑闇而爲大明是故名天亦以能破惡業黑闇
得於善業而生天上是故名天又復天者名
吉以吉祥故得名爲天又復天者名曰日有
光明故名曰爲天以是義故名爲天也人者
名曰能多思義又復人者身口柔濡又復人
者名有憍慢又復人者能破憍慢善男子
諸佛雖爲一切衆生无上大師然經中說爲
天人師何以故善男子諸衆生中唯天與人
能發阿耨多羅三藐三菩提心能脩十善業
道能得須陁洹果斯陁含果阿那含果阿羅
漢果辟支佛道得阿耨多羅三藐三菩提是故
号佛爲天人師云何爲佛佛者名覺既自覺
悟復能覺他善男子譬如有人覺知有賊
賊无能爲菩薩摩訶薩能覺一切无量煩惱
既覺了已令諸煩惱无所能爲是故名佛以
是覺故不生不老不病不死是故名佛婆伽
婆者婆伽名破婆名煩惱能破煩惱故名婆
伽婆又能成就諸善法故又能善解諸法義
故有大功德无能勝故有大名聞遍十方故

BD04814 號　大般涅槃經（北本）卷一八　　（24–4）

既覺了已令諸煩惱无所能爲是故名佛以
是覺故不生不老不病不死是故名佛婆伽
婆者婆伽名破婆名煩惱能破煩惱故名婆
伽婆又能成就諸善法故又能善解諸法義
故有大功德无能勝故有大名聞遍十方故
又能種種大惠施故又於无量阿僧祇劫吐
女根故善男子若男若女能如是念佛者若
行若住若坐若臥若晝若夜若明若闇常得
不離見佛世尊善男子何故名爲如來應正
遍知乃至婆伽婆而有如是无量功德大名
稱耶善男子菩薩摩訶薩於昔无量阿僧祇
劫恭敬父母和上諸師上坐長老於无量劫常
爲衆生而行布施堅持禁戒脩習忍辱勤行
精進禪定智慧大慈大悲大喜大捨是故
今得卅二相八十種好金剛之身又復菩薩
於昔无量阿僧祇劫脩習信念進定慧根於
諸師長恭敬供養常爲法利不爲食利菩薩
若持十二部經若讀若誦常爲衆生令得解
脫安隱快樂終不自爲何以故菩薩常脩出
世間心及出家心无爲之心无諍訟心无垢
穢心无繫縛心无取着心无覆蓋心无无記
心无生死心无疑网心无貪欲心无瞋恚心
无愚癡心无憍慢心无濁穢心无煩惱心无苦
心无量心廣大心虛空心无心无无心調心
不獲心无覆藏心无世間心常[illegible]

BD04814 號　大般涅槃經（北本）卷一八　　（24–5）

世間心及出家心无爲之心无諍訟心无垢
穢心无繫縛心无取著心无覆蓋心无无記
心无生死心无提因心无貪欲心无瞋恚心
无愚癡心无憍慢心无濁穢心无煩惱心无苦
心无量心廣大心虛空心无心无无心調心
不護心无覆藏心无世間心常定心常脩心
常解脫心无報心无願心善願心无語心柔
濡心不住心自在心无漏心第一義心不退
心无常心正直心无諂曲心純善心无多少
心无鄣心无凡夫心无聲聞心无緣覺心善
知心界知心生界知心住界知心自在界心
是故今得十力四无所畏大悲三念處常樂
我淨是故得稱如來乃至婆伽婆是名菩薩
摩訶薩念佛云何菩薩摩訶薩念法善男
子菩薩摩訶薩思惟諸佛所可說法最妙最上
因是法故能令衆生得現在果唯此正法无
有時節法眼所見非肉眼見然不可以譬喻
爲比不生不出不住不滅不始不終无爲无數
无舍宅者爲作舍宅无歸作歸无明作明未
到彼岸令到彼岸爲无香處作无㝵香不
可見見不動不轉不長不短永斷諸樂而安
隱樂畢竟微妙非色斷色而亦是色乃至非
識斷識而亦是識非業斷業非結斷結非物
斷物而亦是物非界斷界而亦是界非有斷

BD04814號　大般涅槃經（北本）卷一八　（24-6）

可見見不動不轉不長不短永斷諸樂而安
隱樂畢竟微妙非色斷色而亦是色乃至非
識斷識而亦是識非業斷業非結斷結非物
斷物而亦是物非界斷界而亦是界非有斷
有而亦是有非入斷入而亦是入非因斷因而
亦是因非果斷果而亦是果非虛非實斷一
切實而亦是實非生非滅永斷生滅而亦是
滅非相非非相斷一切相而亦是相非教非不
教而亦是教非師非怖非安斷一切怖而亦是
安非忍非不忍永斷不忍而亦是忍非止
非不止斷一切止而亦是止一切法頂悉能
永斷一切煩惱清淨无相永脫諸相无量衆
生畢竟住處能滅一切生死熾火乃是諸佛
所遊居處常不變易是名菩薩念法云何
念僧諸佛聖僧如法而住受正直法隨順脩行
不可覩見不可捉持不可破壞无能嬈害不
可思議一切衆生良祐福田雖爲福田无所
受取清淨无穢无漏无爲廣普无邊其心調
柔平等无二无有嬈濁常不變易是名念僧
云何念戒菩薩思惟有戒不破不漏不壞不
雜雖无形色而可護持雖无觸對善脩方便
可得具足无有過咎諸佛菩薩之所讚歎是
大方等大涅槃因善男子譬如大地船舫瓔
珞大姓大海灰汁舍宅刀劒橋梁良醫妙

BD04814號　大般涅槃經（北本）卷一八　（24-7）

雜雖无形色而可讃持雖无觸對善脩方便
可得具足无有過咎諸佛菩薩之所讃歎是
大方等大涅槃因善男子譬如大地舩舫瓔
珞大姓大海庆汁舍宅刀劒橋梁良醫妙
藥阿伽陁藥如意寶珠脚足眼目父母蔭涼无
能劫盜不可焼害火不能焚水不能漂大山梯
蹬諸佛菩薩妙寶幢若住是戒得須陁洹
果我亦有分然我不須何以故若我得是須
陁洹果不能廣度一切衆生若住是戒則得
阿耨多羅三藐三菩提我亦有分是我所欲
何以故若得阿耨多羅三藐三菩提當爲衆
生廣說妙法而作救護是名菩薩摩訶薩念
戒云何念施菩薩摩訶薩深觀此施乃是阿
耨多羅三藐三菩提因諸佛菩薩親近脩習
如是布施我亦如是親近脩習若不惠施不
能莊嚴四部之衆施雖不能畢竟斷結而
能除破現在煩惱以施因緣故常爲十方无
量无邊恒河沙等世界衆生之所稱歎菩薩
摩訶薩施衆生食則施其命以是果報成佛
之時常不變易以施藥故成佛之時則得安
樂菩薩施時如法求財不侵彼施此是故成
佛得清淨涅槃菩薩施時令諸衆生不求而
得是故成佛得自在我以施因緣令他得力是
故成佛獲得十力以施因緣令他得語是故
成佛得四无导諸佛菩薩脩習是施爲涅槃

樂菩薩施時如法求財不侵彼施此是故成
佛得清淨涅槃菩薩施時令諸衆生不求而
得是故成佛得自在我以施因緣令他得力是
故成佛獲得十力以施因緣令他得語是故
成佛得四无导諸佛菩薩脩習是施爲涅槃
因我亦如是脩習布施爲涅槃因廣說如雜
華中云何念天有四天王處乃至非想非
非想處若有信心得四天王處我亦有分若
戒多聞布施智慧得四天王處乃至得非想
非非想處我亦有分然非我欲何以故四天
王處乃至非想非非想處皆是无常以无常
故生老病死以是義故非我所欲譬如幻化
誑於愚夫智慧之人所不惑著如幻化者即
是四天王處乃至非想非非想處愚者即是
一切凡夫我則不同凡夫愚人我曽聞有第一
義天謂諸佛菩薩常不變易以常住故不
生不老不病不死我爲衆生精懃求於第一
義天何以故第一義天能令衆生除斷煩惱
猶如意樹若我有信乃至有慧則能得是第
一義天當爲衆生廣分別說第一義天是名
菩薩摩訶薩念天善男子是名菩薩非世間
也是爲世間不知見覺而是菩薩所知見覺
善男子若我弟子謂受持讀誦書寫演說十
二部經及以受持讀誦書寫敷演解說大涅
槃經等无差別者是義不然何以故善男子
大涅槃[illegible]

也是為世間不知見覺而是菩薩所知見覺
善男子若我弟子讀受持讀誦書寫演說十
二部經及以受持讀誦書寫敷演解說大涅
槃經等无差別者是義不然何以故善男子
大涅槃者即是一切諸佛世尊甚深秘藏以
是諸佛甚深秘藏是則為勝善男子以是義
故大涅槃經甚奇甚特不可思議迦葉菩薩
白佛言世尊我亦知是大涅槃經甚奇甚特
不可思議佛法衆僧不可思議菩薩菩提大
般涅槃亦不可思議世尊以何義故復言菩
薩不可思議善男子菩薩摩訶薩无有教者
而能自發菩提之心既發心已勤脩精進正
使大火焚燒身首終不求救捨念法心何以
故菩薩摩訶薩常自思惟我於无量阿僧祇
劫或在地獄餓鬼畜生人中天上為諸結火之
所燒燃初不曾得一決定法決定法者即是
阿耨多羅三藐三菩提若我為於阿耨多羅
三藐三菩提終不護惜身心與命我為阿耨
多羅三藐三菩提正使碎身猶如微塵終不
放捨勤精進也何以故勤進之心即是阿耨
多羅三藐三菩提善男子如是菩薩未見
阿耨多羅三藐三菩提乃能如是不惜身命
況復見已是故菩薩不可思議又復不可
思議菩薩摩訶薩所見生死无量過患非是
聲聞緣覺所及雖知生死无量過患為衆生

BD04814號　大般涅槃經（北本）卷一八　（24–10）

放捨勤精進也何以故勤進之心即是阿耨
多羅三藐三菩提善男子如是菩薩未見
阿耨多羅三藐三菩提乃能如是不惜身命
況復見已是故菩薩不可思議又復不可
思議菩薩摩訶薩所見生死无量過患非是
聲聞緣覺所及雖知生死无量過患為衆生
故於中受苦不生猒離是故復名不可思議
菩薩摩訶薩為衆生故雖在地獄受諸苦惱
如三禪樂是故復名不可思議善男子譬如長
者其家失火長者見已從舍而出諸子在後
未脫火難長者尒時定知火害為諸子故還
旋赴救不顧其難菩薩摩訶薩亦復如是雖
知生死多諸過惡為衆生故處之不猒是故
復名不可思議善男子无量衆生發菩提心
見生死中多諸過惡心即退沒或為聲聞或
為緣覺若有菩薩聞是經者終不退失菩
提之心而為聲聞辟支佛也如是菩薩雖復未
階初不動地而心堅固无有退沒是故復名
不可思議善男子若有人言我能浮渡大海
之水如是之言可思議不世尊如是之言或
可思議或不可思議何以故若人渡者則不
可思議阿脩羅渡則可思議善男子我亦不
說阿脩羅也正說人耳世尊人中亦有可思
議者不可思議者世尊人亦二種一者聖人
二者凡夫凡夫之人則不可思議賢聖之人
則可思議善男子我說凡夫不說聖人世尊

BD04814號　大般涅槃經（北本）卷一八　（24–11）

可思議阿脩羅渡則可思議善男子我亦不
說阿脩羅也亦說人見世尊人中亦有可思
議者不可思議者世尊人亦二種一者聖人
二者凡夫凡夫之人則不可思議賢聖之人
則可思議善男子我說凡夫不說聖人世尊
若凡夫人實不可思議善男子凡夫之人實
不能渡大海水也如是菩薩實能渡於生死
大海是故復名不可思議善男子若有人能
以藕根絲懸須弥山可思議不不也世尊善
男子菩薩摩訶薩於一念頃悉能稱量一切
生死是故復名不可思議善男子菩薩摩訶
薩已於无量阿僧祇劫常觀生死无常无我
无樂无淨而為衆生分別演說常樂我淨雖
如是說然非耶見是故復名不可思議善男
子如人入水水不能溺入大猛火火不能燒
如是之事不可思議菩薩摩訶薩亦復如是
雖處生死不為生死之所惱害是故復名不
可思議善男子人有三品謂上中下下品之
人初入胎時作是念言我今處廁衆穢歸處
如死屍間衆棘刺中大闇黑處初出胎時復
作是念我今出廁出衆穢處乃至出於大闇黑
處中品之人作是念言我今入於衆樹林中清
淨河中房屋舍宅出時亦尒上品之人作
是念言我昇殿堂在華林間乘馬乘象登
涉高山出時亦尒菩薩摩訶薩初入胎時自

作是念我今出廁出衆穢處乃至出於大闇黑
處中品之人作是念言我今入於衆樹林中清
淨河中房屋舍宅出時亦尒上品之人作
是念言我昇殿堂在華林間乘馬乘象登
涉高山出時亦尒菩薩摩訶薩初入胎時自
知入胎住時知住出時知出終不生於貪瞋
之心而未得階初住地也是故復名不可思
議善男子阿耨多羅三藐三菩提實不可以
譬喻為比善男子心亦不可以方喻為比而
皆可說菩薩摩訶薩无有師諮受學之處而
能得於阿耨多羅三藐三菩提得是法已心无
慳悋常為衆生而演說之是故復名不可
思議善男子菩薩摩訶薩有身遠離非口有
口遠離非身有非身非口而亦遠離身遠離
者謂離殺盜婬是名身遠離非口口遠離者
謂離妄語兩舌惡口无義語是名口遠離非
身非身非口是遠離者所謂遠離貪嫉瞋恚
耶見善男子是名非身非口而是遠離善男
子菩薩摩訶薩不見一法是身是業及與離
主而亦有離是故復名不可思議口亦如是善
男子從身離身從口離口從慧遠離非身非
口善男子實有此慧然不能令菩薩遠離何
以故善男子无有一法能壞能作有為法性
異生異滅是故此慧不能遠離善男子慧不

主而亦有離是故復名不可思議口亦如是善
男子從身離身從口離口從慧遠離非身非
口善男子實有此慧然不能令菩薩遠離何
以故善男子无有一法能壞能作有為法性
異生異滅是故此慧不能遠離善男子慧不
能破火不能燒水不能爛風不能動地不能
持生不能生老不能老住不能住壞不能壞
貪不能貪瞋不能瞋癡不能癡以有為性異
生異滅故菩薩摩訶薩終不生念我以此慧
破諸煩惱而自說言我破煩惱雖作是說非
是虛妄是故復名不可思議迦葉復言世尊
我今始知菩薩摩訶薩不可思議佛法衆僧
大涅槃經及受持者菩提涅槃不可思議世
尊无上佛法當久近住幾時而滅善男子若大
涅槃經乃至有是五行所謂聖行梵行天行
病行嬰兒行若我弟子有能受持讀誦書
寫演說其義為諸衆生之所恭敬尊重讚嘆
種種供養當知尒時佛法未滅善男子若大
涅槃經具足流布當尒之時我諸弟子多犯
禁戒造作衆惡不能敬信如是經典以不信
故不能受持讀誦書寫解說其義不為衆人
之所恭敬乃至供養見受持者輕毀誹謗汝
是六師非佛弟子當知佛法將滅不久迦葉
菩薩復白佛言世尊我親從佛聞如是義迦
葉佛法住世七日然後滅盡世尊迦葉如來

BD04814號　大般涅槃經（北本）卷一八　（24–14）

之所恭敬乃至供養見受持者輕毀誹謗汝
是六師非佛弟子當知佛法將滅不久迦葉
菩薩復白佛言世尊我親從佛聞如是義迦
葉佛法住世七日然後滅盡世尊迦葉如來
有是經不如其有者云何言滅如其无者云
何說言大涅槃經是諸如來秘密之藏佛言
善男子我先說言唯有文殊乃解是義今當
重說至心諦聽善男子諸佛世尊有二種法
一者世法二者第一義法世法者則有壞滅第
一義者則不壞滅復有二種一者无常无我
无樂无淨二者常樂我淨无常无我无樂
无淨則有壞滅常樂我淨則无壞滅復有二
種一者二乘所持二者菩薩所持二乘所持
則有壞滅菩薩所持則无壞滅復有二種一
者外二者內外法者則有壞滅內法者則无
壞滅復有二種一者有為二者无為有為之
法則有壞滅无為之法无有壞滅復有二種
一者可得二者不可得可得之法則有壞滅不
可得者无有壞滅復有二種一者共法二者
不共共法壞滅不共之法无有壞滅復有二
種一者人中二者天中人中壞滅天无壞滅
復有二種一者十一部經二者方等經十一
部經則有壞滅方等經典无有壞滅善男子
若我弟子受持讀誦書寫解說方等經典恭
敬供養尊重讚嘆當知尒時佛法不滅善男

BD04814號　大般涅槃經（北本）卷一八　（24–15）

不共共法壞滅不共之法无有壞滅復有二
種一者人中二者天中人中壞滅天无壞滅
復有二種一者十一部經二者方等經十一
部經則有壞滅方等經典无有壞滅善男子
若我弟子受持讀誦書寫解說方等經典恭
敬供養尊重讚嘆當知尒時佛法不滅善男
子汝向所問迦葉如來有是經不者善男子
大涅槃經悲是一切諸佛祕藏何以故諸佛
雖有十一部經不說佛性不說如來常樂我
淨諸佛世尊永不畢竟入於涅槃是故此經
名為如來祕密之藏十一部經所不說故故
名為藏如人七寶不出外用名之為藏善男
子是人所以藏積此物為未來事故何等未
來事所謂穀貴賊來侵國值遇惡王為用贖
命道路嶮難財難得時乃當出用善男子諸
佛如來祕密之藏亦復如是為未來世諸惡
比丘畜不淨物為四眾說如來畢竟入於涅
槃讀誦世典不敬佛經如是等惡現於世時
如來為欲滅是諸惡令得遠離邪命利養如
來則為演說是經若是經典祕密之藏滅不
現時當知尒時佛法則滅善男子大涅槃經
常不變易云何難言迦葉佛時有是經不善
男子迦葉佛時所有眾生貪欲微薄智慧滋
多諸菩薩摩訶薩等調柔易化有大威德惣
持不忘如大象王世界清淨一切眾生悉知

BD04814號　大般涅槃經（北本）卷一八　（24–16）

現時當知尒時佛法則滅善男子大涅槃經
常不變易云何難言迦葉佛時有是經不善
男子迦葉佛時所有眾生貪欲微薄智慧滋
多諸菩薩摩訶薩等調柔易化有大威德惣
持不忘如大象王世界清淨一切眾生悉知
如來終不畢竟入於涅槃常住不變雖有是
典不須演說善男子今世眾生多諸煩惱愚
癡喜忘无有智慧多諸疑网信根不立世界
不淨一切眾生咸謂如來无常遷變畢竟入
於大般涅槃是故如來演說是典善男子迦
葉佛法實亦不滅何以故常不變故善男子
若有眾生我見无我无我見我常見无常无
常見常樂見无樂无樂見樂淨見不淨不淨
見淨滅見不滅不滅見滅罪見非罪非罪見
罪輕罪見重重罪見輕乘見非乘非乘見乘
道見非道非道見道實是菩提見非菩提
實非菩提謬見菩提苦見非苦集見非集滅見
非滅實見非實實是世諦見第一義諦第一
義諦見是世諦歸見非歸非歸見歸以真佛
語名為魔語實是魔語以為佛語如是之時
諸佛乃說大般涅槃經善男子寧說蚉嘴盡
大海底不可說言如來法滅寧說口吹須弥
散壞不可說言如來法滅寧言以索繫縛猛
風不可說言如來法滅寧言佉陁羅火中生蓮
華不可說言如來法滅寧說阿伽陁藥而為

BD04814號　大般涅槃經（北本）卷一八　（24–17）

語名為魔語實是魔語以為佛語如是之時
諸佛乃說大般涅槃經善男子寧說蚉嘴盡
大海底不可說言如來法滅寧說須弥
散壞不可說言如來法滅寧言以索繫縛猛
風不可說言如來法滅寧言佉陁羅火中生蓮
華不可說言如來法滅寧說阿伽陁藥而為
毒藥不可說言如來法滅寧說月可令熱日
可令冷不可說言如來法滅寧說四大各捨
已性不可說言如來法滅善男子若佛初出
得阿耨多羅三藐三菩提已未有弟子解甚
深義彼佛世尊便涅槃者當知是法不久住
世復次善男子若佛初出得阿耨多羅三藐
三菩提已有諸弟子解甚深義佛雖涅槃當
知是法久住於世復次善男子若佛初出得
阿耨多羅三藐三菩提已雖有弟子解甚深
義无有篤信白衣檀越敬重佛法佛便涅槃
當知是法不久住世復次善男子若佛初出
得阿耨多羅三藐三菩提已有諸弟子解甚
深義多有篤信白衣檀越敬重佛法佛雖涅
槃當知佛法久住於世復次善男子若佛初
出得阿耨多羅三藐三菩提已有諸弟子解
甚深義雖有篤信白衣檀越敬重佛法而諸
弟子演說經法貪為利養不為涅槃佛復滅
度當知是法不久住世復次善男子若佛初
出得阿耨多羅三藐三菩提已有諸弟子解

BD04814 號　大般涅槃經（北本）卷一八　（24–18）

出得阿耨多羅三藐三菩提已有諸弟子解
甚深義雖有篤信白衣檀越敬重佛法而諸
弟子演說經法貪為利養不為涅槃佛復滅
度當知是法不久住世復次善男子若佛初
出得阿耨多羅三藐三菩提已有諸弟子解
甚深義雖有篤信白衣檀越敬重佛法彼諸
弟子凡所演說不貪利養為求涅槃佛雖滅
度當知是法久住於世復次善男子若佛初
出得阿耨多羅三藐三菩提已雖有弟子解
甚深義復有篤信白衣檀越敬重佛法而諸
弟子多起諍訟互相是非佛復涅槃當知是
法不久住世復次善男子若佛初出得阿耨
多羅三藐三菩提已有諸弟子解甚深義復
有篤信白衣檀越敬重佛法彼諸弟子脩和
敬法不相是非互相尊重佛雖涅槃當知是
法久住不滅復次善男子若佛初出得阿耨
多羅三藐三菩提已雖有弟子解甚深義復
有篤信白衣檀越敬重佛法彼諸弟子為大
涅槃而演說法互相恭敬不起諍訟然畜一
切不淨之物復自讚言我得須陁洹果乃至
阿羅漢果佛復涅槃當知是法不久住世復
次善男子若佛初出得阿耨多羅三藐三菩
提已有諸弟子解甚深義復有篤信白衣檀
越敬重佛法彼諸弟子為大涅槃演說經法
善脩和敬互相尊重不畜一切不淨之物亦

BD04814 號　大般涅槃經（北本）卷一八　（24–19）

次善男子若佛初出得阿耨多羅三藐三菩
提已有諸弟子解甚深義復有篤信白衣檀
越敬重佛法彼諸弟子為大涅槃演說經法
善脩和敬手相尊重不畜一切不淨之物亦
不自言得須陁洹乃至得阿羅漢彼佛世尊
雖復滅度當知是法久住於世復次善男子
若佛初出得阿耨多羅三藐三菩提已有諸
弟子乃至不畜不淨之物又不自言得須陁
洹乃至阿羅漢各執所見種種異說而作是
言長老諸佛所制四重之法乃至七滅諍法
為衆生故或遮或開十二部經亦復如是何
以故佛知國土時節各異衆生不同利鈍差
別是故如來或遮或開有輕重說善男子辟
如良醫為病服乳為病遮乳熱病聽服冷病
則遮如來亦尒觀諸衆生煩惱病根亦開亦
遮長老我親從佛聞如是義唯我知義汝不
能知唯我解律汝不能解我知諸經汝不能
知彼佛復滅當知是法不久住世善男子若
佛初出得阿耨多羅三藐三菩提有諸弟子
乃至不言我得須陁洹果乃至阿羅漢亦不
說言諸佛世尊為衆生故或遮或開長老我
親從佛聞如是義如是法如是律長老當依
如來十二部經此義若是我當受持如其非
者我當棄捨彼佛世尊雖復涅槃當知是法

乃至不言我得須陁洹果乃至阿羅漢亦不
說言諸佛世尊為衆生故或遮或開長老我
親從佛聞如是義如是法如是律長老當依
如來十二部經此義若是我當受持如其非
者我當棄捨彼佛世尊雖復涅槃當知是法
久住於世善男子我法滅時有聲聞弟子或
說有神或說神空或說有中陰或說无中陰
或說有三世或說无三世或說有三乘或說
无三乘或言一切有或言一切无或言衆生
有始有終或言衆生无始无終或言十二因
緣是有為法或言因緣是无為法或言如來
有病苦行或言如來无病苦行或言如來不
聽比丘食十種肉何等為十人虵鳥馬驢狗
師子豬狐獼猴其餘悉聽或言一切不聽或
言比丘不作五事何等為五不賣生口刀酒
洛沙胡麻油其餘悉聽或言不聽入五種舍
何等為五屠兒婬女酒家王宮旃陁羅舍餘
舍悉聽或言不聽（着）憍奢耶衣餘一切聽或言
如來聽諸比丘畜衣服卧具其價各直十万
兩金或言不聽或言涅槃常樂我淨或言涅
槃直是結盡更无別法名為涅槃譬如織縷
名之為衣衣既壞已名之无衣實无別法名
无衣也涅槃之體亦復如是善男子當尒之
時我諸弟子正說者少耶說者多受正法少

而金戒言不聽戒言涅槃常樂我淨戒言涅
槃直是結盡更无别法名爲涅槃譬如織縷
名之爲衣衣既壞已名之无衣實无别法名
无衣也涅槃之體亦復如是善男子當尒之
時我諸弟子正說者少耶說者多受正法少
受耶法多受佛語少受魔語多善男子尒時
拘睒彌國有二弟子一者羅漢二者破戒破戒
徒衆凡有五百羅漢徒衆其數一百破戒者
說如來畢竟入於涅槃我親從佛聞如是
義如來所制四重之法若持亦可犯亦无罪
我今亦得阿羅漢四无导智而阿羅漢亦
犯如是四重之法四重之法若是實罪阿羅
漢者終不應犯如來在世制言堅持臨涅槃
時皆悉放捨阿羅漢比丘言長老汝不應說
如來畢竟入於涅槃我知如來常不變易如
來在世及涅槃後犯四重禁罪无差别若言
羅漢犯四重禁是義不然何以故須陁洹人
尚不犯禁況阿羅漢若長老言我是羅漢阿
羅漢者終不生想我得羅漢阿羅漢者唯說
善法不說不善長老所說純是非法若有得
見十二部經定知長老非阿羅漢善男子尒
時破戒比丘徒衆即共斷是阿羅漢命善男
子是時魔王因是二衆忿恚之心悉共害是
六百比丘尒時凡夫各共說言衰哉佛法於
是滅盡而我正法實不滅也尒時其國有十

BD04814 號　大般涅槃經（北本）卷一八　（24–22）

見十二部經定知長老非阿羅漢善男子尒
時破戒比丘徒衆即共斷是阿羅漢命善男
子是時魔王因是二衆忿恚之心悉共害是
六百比丘尒時凡夫各共說言衰哉佛法於
是滅盡而我正法實不滅也尒時其國有十
二万諸大菩薩善持我法云何當言我法滅
耶當乎尒時閻浮提内无一比丘爲我弟子
尒時波旬悉以大火焚燒一切所有經典其中
或有遺餘在者諸婆羅門即共偷取處處
採拾安置己典以是義故諸小菩薩佛未出
時率共信受婆羅門語諸婆羅門雖作是說
我有齋戒而諸外道真實无也諸外道等雖
復說言有我樂淨而實不解我樂淨義直以
佛法一字二字一句二句說言我典有如是
義尒時拘尸那城娑羅雙樹間无量无邊阿
僧祇衆聞是語已悉共唱言世間虚空世間
虚空迦葉菩薩告諸大衆汝等且莫憂愁啼
哭世間不空如來常住无有變易法僧亦尒
尒時大衆聞是語已啼哭即止悉發阿耨多
羅三藐三菩提

大般涅槃經卷第十八

BD04814 號　大般涅槃經（北本）卷一八　（24–23）

復說言有我樂淨而實不解我樂淨義直以
佛法一字二字一句二句說言我典有如是
義尒時拘尸那城娑羅雙樹間无量无邊阿
僧祇衆聞是語已悲共唱言世間虛空世間
虛空迦葉菩薩告諸大衆汝等且莫憂愁啼
哭世間不空如來常住无有變易法僧亦尒
尒時大衆聞是語已啼哭即止悉發阿耨多
羅三藐三菩提

大般涅槃經卷第十八

BD04814 號　大般涅槃經（北本）卷一八　（24–24）

罪之人為王所縛无罪之人
菩薩摩訶薩亦復如是有繫著者
縛无繫着者魔不能縛以是義故菩
薩摩訶薩而无所着復次善男子法无导者
菩薩摩訶薩善知字持而不忘失所謂持者
如地如山如眼如雲如人如母一切諸法亦復
如是義无导者菩薩雖知諸法名字而不知
義无导則知於義云何知義謂地持者
也普持一切衆生及非衆生以是義故名
為地持善男子謂山持者菩薩摩訶薩作是
思惟何故名山而為持耶山能持地令无傾
動是故名持何故復名眼為持也眼能持光
故名為持何故復名雲為持耶雲名龍氣龍
水故名雲持何故復名人為持耶人能
法及以非法故名人持何故復名母為持
也母能持子故名母持菩薩摩訶薩知一切
法名字句義亦復如是辞无导者菩薩摩訶
薩以種種辞演說一義亦无有義猶如男女
舍宅車乘衆生等名何故无義善男子夫義

BD04815 號　大般涅槃經（北本）卷一七　（20–1）

法及以非法故名人持何故復名父爲持
也以能持子故名父持菩薩摩訶薩知一切
法名字句義亦復如是辭无导者菩薩摩訶
薩以種種辭演說一義亦无有義猶如男女
舍宅車乘衆生等名何故无義善男子夫義
是菩薩諸佛境界辭者凡夫境界以
義故得辭无导樂說无导者菩薩摩訶薩
知辭知義故於无量阿僧祇劫說辭說義而
不可盡是名樂說无导善男子菩薩摩訶薩
於无量无邊阿僧祇劫脩行世諦以脩行故
知法无导復於无量阿僧祇劫脩第一義諦
義无导亦於无量阿僧祇劫習毗伽羅
那論故得辭无导亦於无量阿僧祇劫脩集
世論故得樂說无量善男子聲聞緣覺若有
得是四无导者无有是處善男子九部經中
我說聲聞緣覺之人有四无导聲聞緣覺真
實无有何以故菩薩摩訶薩爲度衆生故脩
四无导知緣覺之人脩寂滅法志樂獨
處若化衆生但現神通終日嘿然无所宣說
云何當有四无导智何故嘿然而无所說緣
覺不能說法度人得煗法頂法世第一法須
陁洹斯陁含阿那含阿羅漢辟支佛菩薩摩
訶薩不能令人發阿耨多羅三藐三菩提心
以故善男子緣覺出世世間无有九部經

覺不能說法度人得煗法頂法世第一法須
陁洹斯陁含阿那含阿羅漢辟支佛菩薩摩
訶薩不能令人發阿耨多羅三藐三菩提心
以故善男子緣覺出世世間无有九部經
典是故緣覺无辭无导樂說无导善男子緣
之人雖知諸法无法无导何以故法无导者
名爲知字緣覺之人雖知文字无字无导何
以故不知常住二字故是故緣覺不得辭无
雖知於義无義无导真知義者知諸衆生
有佛性佛性義者名爲阿耨多羅三藐三
菩提以是義故緣覺之人不得義无导是故
緣覺一切无有四无导智云何聲聞无四无
导聲聞之人无有三種善巧方便何等爲三
一者必須濡語然後受法二者必須麁語然
後受化三者不濡不麁然後受化聲聞之人
此三者不濡不麁然後受化聲聞之人无
此三故无导復次聲聞緣覺不能畢竟知辭
知義无自在智知於境界无有十力四无所
畏不能畢竟度於十二因緣大河不能善知
衆生諸根利鈍差別未能永斷二諦疑心不
衆生種種諸心所緣境界不能善說第一
義空是故二乘无四无导迦葉菩薩白佛言
世尊若諸聲聞緣覺之人一切无有四无导
者云何世尊說舍利弗智慧第一大目揵連

衆生諸根利鈍差別未能永斷二諦觀心不
□衆生種種諸心所緣境界不能善說第一
義空是故二乘无四无导迦葉菩薩白佛言
世尊若諸聲聞緣覺之人一切无有四无导
者云何世尊說舍利弗智慧第一大目揵連
神足第一摩訶拘絺羅四无导第一如其无
者何故如來作如是說尒時世尊讚迦葉言
□哉善哉善男子辟如恒河沙有无量水辛
頭大河水亦无量博叉大河水亦无量悉陁大
河水亦无量阿耨大池水亦无量大海之中
水亦无量如是諸水雖同无量然其多少其
實不等聲聞緣覺及諸菩薩四无导智亦復
如是
□男子若說等者无有是處善男子我為凡
夫說摩訶拘絺羅四无导智為最第一汝所
問者其義如是善男子聲聞之人或有得一
或有得二若具足四无有是處迦葉菩薩白
佛言世尊如佛先說梵行品中菩薩知見得
四无导者菩薩知見則无所得亦无有心言
□所得世尊是菩薩摩訶薩實无所得若使
菩薩心有得者則非菩薩名為凡夫云何如
來說言菩薩而有所得佛言善男子善哉善
哉我將欲說而汝復問善男子菩薩摩訶薩
實无所得无所得者名四无导善男子以何
義故无所得者名為无导若有得者則名為

BD04815 號　大般涅槃經（北本）卷一七　（20–4）

菩薩心有得者則非菩薩名為凡夫云何如
來說言菩薩而有所得佛言善男子善哉善
哉我將欲說而汝復問善男子菩薩摩訶薩
實无所得无所得者名四无导善男子以何
義故无所得者名為无导若有得者則名為
□有鄣导者名四顛倒善男子菩薩摩訶薩
无四倒故故得无导是故菩薩名无所得復
次善男子无所得者則名為慧菩薩摩訶薩
得是慧故名无所得有所得者名為无明菩
薩永斷无明闇故故无所得是故菩薩名无
所得復次善男子无所得者名大涅槃菩薩
摩訶薩安住如是大涅槃中不見一切諸法
性相是故菩薩名无所得有所得者名廿五
有菩薩永斷廿五有得大涅槃是故菩薩名
无所得復次善男子无所得者名為大乘菩
薩摩訶薩不住諸法故得大乘是故菩薩名
□所得有所得有所得者名為聲聞辟支佛
道菩薩永斷二乘道故得於佛道是故菩薩
名无所得復次善男子无所得者名方等
經菩薩讀誦如是經故得大涅槃是故菩薩
名无所得有所得者名十一部經菩薩不脩
純說方等大乘經典是故菩薩名无所得復
□善男子无所得者名為虛空世間无物名
為虛空菩薩得是虛空三昧无所見故是故
菩薩名无所得有所得者名生死輪一切凡

BD04815 號　大般涅槃經（北本）卷一七　（20–5）

名无所得有所得者名十一部經菩薩不𢘥
毗說方等大乘經典是故菩薩名无所得復
善男子无所得者名為虛空世間无物名
為虛空菩薩得是虛空三昧无所見故是故
菩薩名无所得有所得者名生死輪一切凡
夫輪迴生死故有所得菩薩永斷一切生死
是故菩薩名无所得復次善男子菩薩摩訶
无所得者名常樂我淨菩薩摩訶薩見佛
性故得常樂我淨是故菩薩名无所得有所
得者名无常无樂无我无淨菩薩摩訶薩斷
是无常无樂无我无淨是名菩薩名无所得
復次善男子无所得者名第一義空菩薩摩
訶薩觀第一義空悉无所見是故菩薩名无
所得有所得者名為五見菩薩永斷是五見
故得第一義空是故菩薩名无所得復次善
男子无所得者名為阿耨多羅三藐三菩提
菩薩摩訶薩得阿耨多羅三藐三菩提時悉
无所見是故菩薩名无所得有所得者名為
聲聞緣覺菩提菩薩永斷二乘菩提是故菩
薩名无所得善男子汝之所問亦无所得我
之所說亦无所得若說有得是魔眷屬非我
弟子迦葉菩薩白佛言世尊為我說是菩薩
无所得時无量衆生斷有相心以是事故我
敢諮啓无上得義令如是等无量衆生離魔
眷屬為佛弟子迦葉菩薩白佛言世尊如來

BD04815號　大般涅槃經（北本）卷一七　（20–6）

薩名无所得善男子汝之所問亦无所得我
之所說亦无所得若說有得是魔眷屬非我
弟子迦葉菩薩白佛言世尊為我說是菩薩
无所得時无量衆生斷有相心以是事故我
敢諮啓无上得義令如是等无量衆生離魔
屬為佛弟子迦葉菩薩白佛言世尊如來
先為純陁說偈
本有今无　本无今有　三世有法　无有是處
世尊是義云何佛言善男子我為化度諸衆
生故而作是說亦為聲聞辟支佛故而作是
亦為文殊師利法王子故而作是說不但
正為純陁一人說是偈也時文殊師利將欲
問我我知其心而為說之我既說已文殊師
利即得解了迦葉菩薩言世尊如文殊等
有幾人能了是義唯願如來更為大衆廣分
別說善男子諦聽諦聽今當為汝重敷演之
言本有者我昔本有无量煩惱以煩惱故現
在无有大般涅槃言本无者本无般若波羅
蜜以无般若波羅蜜故現在具有諸煩惱結
若有沙門若婆羅門若天若魔若梵若人說
言如來去來現在有煩惱者无有是處復次
善男子言本有者我本有父母和合之身是
故現在无有金剛微妙法身言本无者我身
本无卅二相八十種好以本无有卅二相八
十種好故現在具有四百四病若有沙門若

BD04815號　大般涅槃經（北本）卷一七　（20–7）

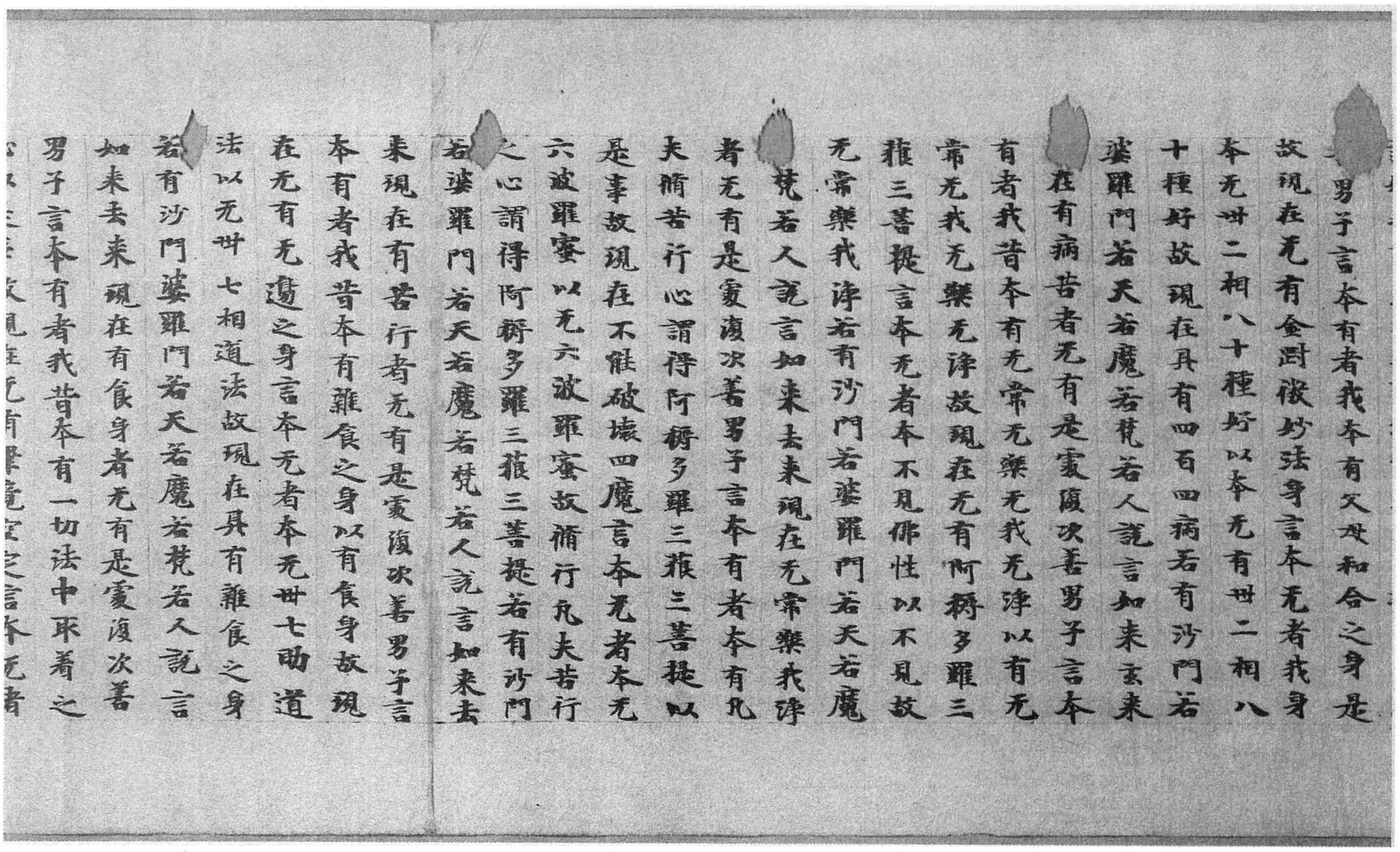

男子言本有者我本有父母和合之身是
故現在无有金剛微妙法身言本无者我身
本无卅二相八十種好以本无有卅二相八
十種好故現在具有四百四病若有沙門若
婆羅門若天若魔若梵若人說言如來去來
在有病苦者无有是處復次善男子言本
有者我昔本有无常无樂无我无淨以有无
常无我无樂无淨故現在无有阿耨多羅三
藐三菩提言本无者本不見佛性以不見故
无常樂我淨若有沙門若婆羅門若天若魔
梵若人說言如來去來現在无常樂我淨
者无有是處復次善男子言本有者本有凡
夫脩苦行心謂得阿耨多羅三藐三菩提以
是事故現在不能破壞四魔言本无者本无
六波羅蜜以无六波羅蜜故脩行凡夫苦行
之心謂得阿耨多羅三藐三菩提若有沙門
若婆羅門若天若魔若梵若人說言如來去
來現在有苦行者无有是處復次善男子言
本有者我昔本有雜食之身以有食身故現
在无有无邊之身言本无者本无卅七助道
法以无卅七相道法故現在具有雜食之身
若有沙門婆羅門若天若魔若梵若人說言
如來去來現在有食身者无有是處復次善
男子言本有者我昔本有一切法中取着之
故現在无有畢竟空定言本无者

BD04815號　大般涅槃經（北本）卷一七　（20–8）

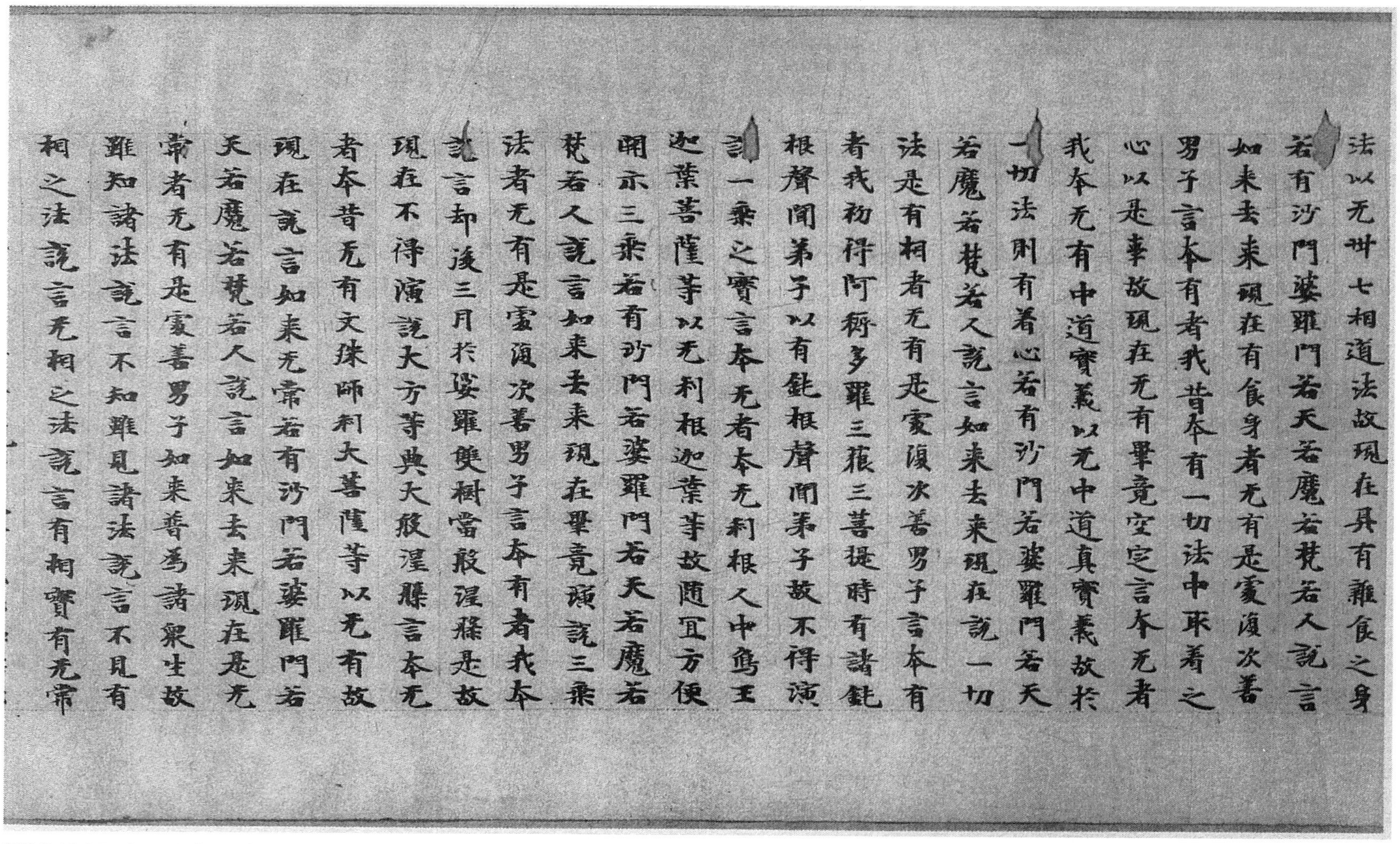

法以无卅七相道法故現在具有雜食之身
若有沙門婆羅門若天若魔若梵若人說言
如來去來現在有食身者无有是處復次善
男子言本有者我昔本有一切法中取着之
心以是事故現在无有畢竟空定言本无者
我本无有中道實義以无中道真實義故於
一切法則有着心若有沙門若婆羅門若天
若魔若梵若人說言如來去來現在說一切
法是有相者无有是處復次善男子言本有
者我初得阿耨多羅三藐三菩提時有諸鈍
根聲聞弟子以有鈍根聲聞弟子故不得演
說一乘之實言本无者本无利根人中象王
迦葉菩薩等以无利根迦葉等故隨宜方便
開示三乘若有沙門若婆羅門若天若魔若
梵若人說言如來去來現在畢竟演說三乘
法者无有是處復次善男子言本有者我本
說言却後三月於娑羅雙樹當般涅槃是故
現在不得演說大方等典大般涅槃言本无
者本昔无有文殊師利大菩薩等以无有故
現在說言如來无常若有沙門若婆羅門若
天若魔若梵若人說言如來去來現在是无
常者无有是處善男子如來普為諸眾生故
雖知諸法說言不知雖見諸法說言不見有
相之法說言无相之法說言有相實有无常

BD04815號　大般涅槃經（北本）卷一七　（20–9）

常者无有是處善男子如來普為諸衆生故
雖知諸法說言不知雖見諸法說言不見有
相之法說言无相无相之法說言有相實有无常
說言有常實有有常說言无常我樂淨等亦
復如是三乘之法說言一乘一乘之法隨宜
說三略相說廣廣相說略四重之法說偷羅
遮偷羅遮法說為四重犯說非犯非犯說犯
輕罪說重重罪說輕何以故如來明見衆生
根故善男子如來雖作是說終不虛妄何以
故虛妄之語即是罪過如來悉斷一切罪過
云何當有虛妄語也善男子如來雖无虛妄
之言若知衆生因虛妄說得法利者隨宜方
便則為說之善男子一切世諦若於如來即
是第一義諦何以故諸佛世尊為第一義故
說於世諦亦令衆生得第一義諦若使衆生
不得如是第一義者諸佛終不宣說世諦善
男子如來有時演說世諦衆生謂佛說第一
義諦有時說於第一義諦衆生謂佛說於世
諦是則諸佛甚深境界非是聲聞緣覺所知
善男子是故汝先不應難言菩薩摩訶薩无
所得也菩薩常得第一義諦云何難言无所
得也迦葉復言世尊第一義諦亦名為道亦
名菩提亦名涅槃若有菩薩言有得道菩提
涅槃即是无常何以故法若常者則不可得

BD04815號　大般涅槃經（北本）卷一七　（20–10）

善男子是故汝先不應難言菩薩摩訶薩无
所得也菩薩常得第一義諦云何難言无所
得也迦葉復言世尊第一義諦亦名為道亦
名菩提亦名涅槃若有菩薩言有得道菩提
涅槃即是无常何以故法若常者則不可得
猶如虛空誰有得者世尊如世間物本无今
有名為无常道亦如是道若可得則名无常
法若常者无得无生猶如佛性无得无生世
尊夫道者非色非不色不長不短非高非下
非生非滅非赤非白非青非黃非有非无云
何如來說言可得菩提涅槃亦復如是佛言
如是如是善男子道有二種一者常二者无
常菩提之相亦有二種一者常二者无常涅
槃亦尒外道道者名為无常內道道者名之
為常聲聞緣覺所有菩提名為无常菩薩諸
佛所有菩提名之為常外解脫者名為无常
內解脫者名之為常善男子道與菩提及以
涅槃悉名為常一切衆生常為无量煩惱所
覆无慧眼故不能得見而諸衆生為欲見故
脩戒定慧以脩行故見道菩提及以涅槃是
名菩薩得道菩提大涅槃也道之性相實不
生滅以是義故不可捉持善男子道者雖无
色像可見稱量可知而實有用善男子如衆
生心雖非是色非長非短非麁非細非縛非
解非是見法而亦是有以是義故我為須達

BD04815號　大般涅槃經（北本）卷一七　（20–11）

生藏以是義故不可捉持善男子道者雖无
色像可見稱量可知而實有用善男子如衆
生心雖非是色非長非短非麁非細非縛非
解非是見法而亦是有以是義故我為須達
說言長者心為城主長者若不護心則不護
身口若護心者則護身口以不善護是身口
故令諸衆生到三惡趣護身口者則令衆生
得人天涅槃得名真實不得者名不真實善
男子道與菩提及以涅槃亦復如是亦有亦
常如其无者云何能斷一切煩惱以其有故
一切菩薩了了見知善男子見有二種一相
貌見二了了見云何相貌見如遠見烟名
為見火實不見火雖不見火亦非虛妄見空
中鶴便言見水雖不見水亦非虛妄如見華
葉便言見根雖不見根亦非虛妄如人遙見
籬間牛角便言見牛雖非見牛亦非虛妄如
見女人懷任便言見欲雖不見欲亦非虛妄
如見樹生葉便言見水雖不見水亦非虛妄
又如見雲便言見雨雖不見雨亦非虛妄如
見身業及以口業便言見心雖不見心亦非
虛妄是名相貌見云何了了見如眼見色善
男子如人眼根清淨不壞自觀掌中阿摩
勒菓菩薩摩[illegible]薩了了見道菩提涅槃亦
復如是雖如是見初无見相善男子以是因
緣我於往昔告舍利弗一切世間若有沙門

BD04815號　大般涅槃經（北本）卷一七　（20-12）

虛妄是名相貌見云何了了見如眼見色善
男子如人眼根清淨不壞自觀掌中阿摩
勒菓菩薩摩[illegible]薩了了見道菩提涅槃亦
復如是雖如是見初无見相善男子以是因
緣我於往昔告舍利弗一切世間若有沙門
若婆羅門若天若魔若梵若人所不知不見
不覺唯有如來悉知見覺及諸菩薩亦復如
是舍利弗若諸世間所知見覺我與菩薩亦
知見覺世間衆生之所不知不見不覺亦不
自知不知見覺世間衆生所知見覺便自說
言我知見覺舍利弗如來一切悉知見覺亦
不自言我知見覺一切菩薩亦復如是何以
故若使如來作知見覺相當知是則非佛世
尊名為凡夫菩薩亦尒迦葉菩薩言如佛世
尊為舍利弗說世間知者我亦得知世間不
知我亦悉知其義云何善男子一切世間不
知不見不覺佛性若有知見覺佛性者不名
世間名為菩薩世間之人亦復不知不見不
覺十二部經十二因緣四倒四諦卅七品阿
耨多羅三藐三菩提大般涅槃若知見覺者
不名世間當名菩薩善男子是名世間不知
見覺云何世間所知見覺所謂梵天自在天
八臂天性時微塵法及非法是造化主世界
終始斷常二見說言初禪至非非想名為涅
槃善男子是名世間所知見覺菩薩摩訶薩

BD04815號　大般涅槃經（北本）卷一七　（20-13）

不名世間當名菩薩善男子是名世間不知
見覺云何世間所知見覺所謂梵天自在天
八臂天性時微塵法及非法是造化主世界
終始斷常二見說言初禪至非非想名為涅
槃善男子是名世間所知見覺菩薩摩訶薩
於如是事亦知見覺菩薩如是所知見覺若
言不知不見不覺是為虛妄虛妄之法則為
是罪以是事罪故墮於地獄善男子若男若
女若沙門若婆羅門說言無道菩提涅槃當
知是輩名一闡提魔之眷屬名為謗法如是
謗法名謗諸佛如是之人不名世間不名非
世間尒時迦葉聞是事已即以偈頌而讚嘆
佛
大悲愍衆生　故令我歸依　善拔衆毒箭　故稱大醫王
世醫所療治　雖差還復生　如來所治者　畢竟不復發
世尊甘露藥　以施諸衆生　衆生既服已　不死亦不生
如來今為我　演說大涅槃　衆生聞秘密　即得不生滅
迦葉菩薩說是偈已即白佛言世尊如佛所
說一切世間不知見覺菩薩悉能知見覺者
若使菩薩是世間者不得說言世間不知不
見不覺而是菩薩能知見覺若非世間有何
異相佛言善男子言菩薩者亦是世間亦非
世間不知見覺者名為世間知見覺者不名
世間汝言有何異者我今當說善男子若男
若女若有初聞是涅槃經即生敬信發阿耨

若使菩薩是世間者不得說言世間不知不
見不覺而是菩薩能知見覺若非世間有何
異相佛言善男子言菩薩者亦是世間亦非
世間不知見覺者名為世間知見覺者不名
世間汝言有何異者我今當說善男子若男
若女若有初聞是涅槃經即生敬信發阿耨
多羅三藐三菩提心者是則名為世間菩薩
一切世間不知見覺菩薩亦同世間不
知見覺菩薩聞是涅槃經已知有世間不知
見覺應是菩薩所知見覺知是事已即自思
惟我當云何方便修集得知見覺復念言
惟當深心修持淨戒善男子菩薩尒時以是
因緣於未來世在在生處戒常清淨善男子
菩薩摩訶薩以淨戒故在在生處常無憍慢
邪見疑網終不說言如來畢竟入於涅槃是
名菩薩修持淨戒戒既清淨次修禪定以修
定故在在生處正念不忘所謂一切衆生悉
有佛性十二部經諸佛世尊常樂我淨一切
菩薩安住方等大般涅槃悉見佛性如是等
事憶而不忘因修定故得十一空是名菩薩
修清淨定戒定已備次修淨慧以修慧故
初不計著身中有我我中有身是身是我非
身非我是名菩薩修集淨慧以修慧故所受

幸憶而不忘因循定故得十一空是名菩薩
循清淨定戒定已備次循淨慧以循慧故
初不計著身中有我我中有身是身是我非
身非我是名菩薩循集淨慧以循慧故所受
持戒牢固不動善男子譬如須彌不為四風
之所傾動菩薩摩訶薩亦復如是不為四倒
之所傾動善男子菩薩尒時自知見覺所受
持戒无有傾動是名菩薩所知見覺非世間
也善男子菩薩見所持戒牢固不動心无悔
恨无悔恨故心得歡喜得歡喜故心得悅樂
得悅樂故心則安隱心安隱故得无動定得
无動定故得實知見得實知見故猒離生死
猒離生死故便得解脫得解脫故明見佛性
是名菩薩所知見覺非世間也善男子是名
世間不知見覺而是菩薩所知見覺迦葉復
言云何菩薩循持淨戒心无悔恨乃至明了
見於佛性佛言善男子世間戒者不名清淨
何以故世間戒者為於有故性不定故非畢
竟故不能廣為一切衆生以是義故名為不
淨以不淨故有悔恨心以悔恨故心无歡喜
无歡喜故則无悅樂无悅樂故則无安隱无
安隱故无不動定无不動定故无實知見无
實知見故則无猒離无猒離故則无解脫无
解脫故不見佛性不見佛性故終不能得大

竟故不能廣為一切衆生以是義故名為不
淨以不淨故有悔恨心以悔恨故心无歡喜
无歡喜故則无悅樂无悅樂故則无安隱无
安隱故无不動定无不動定故无實知見无
實知見故則无猒離无猒離故則无解脫无
解脫故不見佛性不見佛性故終不能得大
般涅槃是名世間戒不淨清善男子菩薩摩
訶薩清淨戒者戒非戒故非為有故定畢竟
故為衆生故是名菩薩戒清淨也善男子菩
薩摩訶薩於淨戒中雖不欲生无悔恨心无
悔恨心自然而生善男子譬如有人執持明
鏡不期見面面像自現亦如農夫種之良田
不期生牙而牙自生亦如然燈不期滅闇而
闇自滅善男子菩薩摩訶薩堅持淨戒无悔
恨心自然而生亦復如是以淨戒故心得歡
喜善男子如端政人自見面貌心生歡喜持
淨戒者亦復如是善男子破戒之人見戒不
淨心不歡喜如形殘者自見面貌不生喜悅
破戒之人亦復如是善男子譬如牧牛有二
女人一持酪瓶一持漿瓶俱共至城而欲賣
之於路脚跌二瓶俱破一則歡喜一則愁惱
持戒破戒亦復如是持淨戒者心則歡喜心
歡喜故則便思惟諸佛如來於涅槃中說有
能持清淨戒者則得涅槃我今循集如是淨

破戒之人亦復如是善男子譬如牧牛
女人一時擠瓶一時發瓶俱共至城而欲賣
之於路腳跌二瓶俱破一則歡喜一則愁惱
持戒破戒亦復如是持淨戒者心則歡喜心
歡喜故則便思惟諸佛如來於涅槃中說有
能持清淨戒者則得涅槃我今脩集如是淨
戒亦應得之以是因緣心則悅樂迦葉復言
喜之與樂有何差別善男子菩薩摩訶薩不
作惡時名為歡喜心淨持戒名之為樂善男
子菩薩摩訶薩觀於生死名為喜見大涅
槃名之為樂下名為喜上名為樂離世共法
名之為喜得不共法名之為樂以戒淨故身
體輕柔口无麤過菩薩尒時若見若聞若嗅
若嘗若觸若知悉无諸惡以无惡故心得安
隱以安隱故則得淨定得淨定故得實知見
實知見故猒離生死猒生死故則得解脫得
解脫故得見佛性見佛性故得大涅槃是名
菩薩清淨持戒非世間戒何以故善男子菩
薩摩訶薩所受淨戒五法佐助云何為五一
信二慚三愧四善知識五宗敬戒離五蓋故
所見清淨離五見故心无疑網離五疑故一
者疑佛二者疑法三者疑僧四者疑戒五者
疑不放逸菩薩尒時即得五根所謂信念精
進定慧得五根故得五種涅槃謂色解脫乃

所見清淨離五見故心无疑網離五疑故一
者疑佛二者疑法三者疑僧四者疑戒五者
疑不放逸菩薩尒時即得五根所謂信念精
進定慧得五根故得五種涅槃謂色解脫乃
至識解脫是名菩薩清淨持戒非世間也善
男子是名世間之所不知不見不覺而是菩
薩所知見覺善男子若我弟子受持讀誦書
寫演說大涅槃經有破戒者有人呵責輕賤
毀辱而作是言若佛祕藏大涅槃經有威力
者云何令汝毀所受戒若人受持是涅槃經
毀禁戒者當知是經為无威力若无威力雖
復讀誦為无利益緣是輕毀涅槃經故復令
无量无邊眾生墮於地獄受持是經而毀戒
者則是眾生惡知識也非我弟子是魔眷屬
如是之人我亦不聽受持是典寧使不受不
持不脩不以毀戒受持脩集善男子若我弟
子受持讀誦書寫演說涅槃經者當正身心
慎无悕戲輕躁舉動身為悕戲心為輕動求
有之人名為輕動身造諸業名為悕戲若我
弟子求有造業不應受持是大乘典大涅槃
經若有如是受持經者人當輕呵而作是言
若佛祕藏大涅槃經有威力者云何令汝求
有造業若持經者求有造業當知是經為无
威力若无威力雖復受持為无利益緣是輕

毀辱而作是言若佛秘藏大涅槃經有威力
者云何令汝毀所受戒若人受持是涅槃經
毀禁戒者當知是經為无威力若无威力雖
復讀誦為无利益緣是輕毀涅槃經故復令
无量无邊衆生墮於地獄受持是經而毀戒
者則是衆生惡知識也非我弟子是魔眷屬
如是之人我亦不聽受持是典寧使不受不
持不脩不以毀戒受持脩集善男子若我弟
子受持讀誦書寫演說涅槃經者當政身心
慎无悕戲輕躁舉動身為悕戲心為輕動求
有之人名為輕動身造諸業名為悕戲若我
弟子求有造業不應受持是大乘典大涅槃
經若有如是受持經者人當輕呵而作是言
若佛祕藏大涅槃經有威力者云何令汝求
有造業若持經者求有造業當知是經為无
威力若无威力雖復受持為无利益緣是輕
毀涅槃經故復令无量无邊衆生墮於地獄
受持是經求有造業則是衆生惡知識也非
我弟子是魔眷屬復次善男子若我弟子受
持讀誦書寫演說是涅槃經莫非時說莫非
國說莫不請說莫輕心說莫處處說莫自

BD04815號　大般涅槃經（北本）卷一七　（20–20）

安隱豐樂天人熾盛瑠璃為地有八交道黄
金為繩以界其側其傍各有七寶行樹常有
華果華光如來亦以三乘教化衆生舍利弗
彼佛出時雖非惡世以本願故說三乘法其
劫名大寶莊嚴何故名曰大寶莊嚴其國中
以菩薩為大寶故彼諸菩薩无量无邊不可
思議筭數譬喻所不能及非佛智力无能知
者若欲行時寶華承足此諸菩薩非初發意
皆久殖德本於无量百千萬億佛所淨脩梵
行恒為諸佛之所稱嘆常脩佛慧具大神
通善知一切諸法之門質直无偽志念堅固
如是菩薩充滿其國舍利弗華光佛壽十二
小劫除為王子未作佛時其國人民壽八小
劫華光如來過十二小劫授堅滿菩薩阿耨多
羅三藐三菩提記告諸比丘是堅滿菩薩次
當作佛号曰華足安行多陀阿伽度阿羅訶三
藐三佛陀其佛國土亦復如是舍利弗是華
光佛滅度之後正法住世三十二小劫像法
住世亦三十二小劫尒時世尊欲重宣此義
而說偈言
舍利弗來世　成佛普智尊　号名曰華光　當度无量衆

BD04816號　妙法蓮華經卷二　（5–1）

當作佛号曰華足安行多陁阿伽度阿羅訶三
藐三佛陁其佛國土亦復如是舍利弗是華
光佛滅度之後正法住世三十二小劫像法
住世亦三十二小劫尒時世尊欲重宣此義
而說偈言
舍利弗來世　成佛普智尊　号名曰華光　當度无量衆
供養无數佛　具足菩薩道　十力等功德　證於无上道
過无量劫已　劫名大寶嚴　世界名離垢　清淨无瑕穢
以瑠璃為地　金繩界其道　七寶雜色樹　常有華菓實
彼國諸菩薩　志念常堅固　神通波羅蜜　皆已悉具足
於无數佛所　善學菩薩道　如是等大士　華光佛所化
佛為王子時　棄國捨世榮　於最末後身　出家成佛道
華光佛住世　壽十二小劫　其國人民衆　壽命八小劫
佛滅度之後　正法住於世　三十二小劫　廣度諸衆生
正法滅盡已　像法三十二　舍利廣流布　天人普供養
華光佛所為　其事皆如是　其兩足聖尊　最勝无倫匹
彼即是汝身　宜應自欣慶
尒時四部衆比丘比丘尼優婆塞優婆夷天
龍夜叉乹闥婆阿脩羅迦樓羅緊那羅摩睺
羅伽等大衆見舍利弗於佛前受阿耨多
羅三藐三菩提記心大歡喜踊躍无量各各脫
身所著上衣以供養佛釋提桓因梵天王等
與无數天子亦以天妙衣天曼陁羅華摩訶
曼陁羅華等供養於佛所散天衣住虛空中
而自迴轉諸天伎樂百千萬種於虛空中一

BD04816 號　妙法蓮華經卷二　（5–2）

羅三藐三菩提記心大歡喜踊躍无量各各脫
身所著上衣以供養佛釋提桓因梵天王等
與无數天子亦以天妙衣天曼陁羅華摩訶
曼陁羅華等供養於佛所散天衣住虛空中
而自迴轉諸天伎樂百千萬種於虛空中一
時俱作雨衆天華而作是言佛昔於波羅柰
初轉法輪今乃復轉无上最大法輪尒時
諸天子欲重宣此義而說偈言
昔於波羅柰　轉四諦法輪　分別說諸法　五衆之生滅
今復轉最妙　无上大法輪　是法甚深奧　少有能信者
我等從昔來　數聞世尊說　未曾聞如是　深妙之上法
世尊說是法　我等皆隨喜　大智舍利弗　今得受尊記
我等亦如是　必當得作佛　於一切世間　最尊无有上
佛道叵思議　方便隨宜說
我所有福業　今世若過世　及見佛功德　盡迴向佛道
尒時舍利弗白佛言世尊我今无復疑悔親
於佛前得受阿耨多羅三藐三菩提記是諸
千二百心自在者昔住學地佛常教化言我
法能離生老病死究竟涅槃是學无學人
亦各自以離我見及有无見等謂得涅槃而
今於世尊前聞所未聞皆墮疑惑善哉世尊
願為四衆說其因緣令離疑悔尒時佛告舍
利弗我先不言諸佛世尊以種種因緣譬喻
言辭方便說法皆為阿耨多羅三藐三菩提

BD04816 號　妙法蓮華經卷二　（5–3）

亦各自以離我見及有无見等謂得涅槃而
今於世尊前聞所未聞皆墮疑惑善哉世尊
願為四衆說其因緣令離疑悔尒時佛告舍
利弗我先不言諸佛世尊以種種因緣譬喻
言辭方便說法皆為阿耨多羅三藐三菩提
是諸所說皆為化菩薩故然舍利弗今當復
以譬喻更明此義諸有智者以譬喻得解舍
利弗若國邑聚落有大長者其年衰邁財富
无量多有田宅及諸童僕其家廣大唯有一
門多諸人衆一百二百乃至五百人止住其
中堂閣朽故墻壁頹落柱根腐敗梁棟傾危
周帀俱時欻然火起焚燒舍宅長者諸子若
十二十或至三十在此宅中長者見是大火
從四面起即大驚怖而作是念我雖能於此
所燒之門安隱得出而諸子等於火宅内樂
著嬉戲不覺不知不驚不怖火來逼身苦
痛切己心不猒患无求出意舍利弗是長者
作是思惟我身手有力當以衣裓若以几案
從舍出之復更思惟是舍唯有一門而復狹
小諸子幼稚未有所識戀著戲處或當墮落
為火所燒我當為說怖畏之事此舍以燒宜
時疾出无令為火之所燒害作是念已如所思
惟具告諸子汝等速出父雖憐愍善言誘喻
而諸子等樂著嬉戲不肯信受不驚不畏了

BD04816號　妙法蓮華經卷二　（5–4）

從四面起即大驚怖而作是念我雖能於此
所燒之門安隱得出而諸子等於火宅内樂
著嬉戲不覺不知不驚不怖火來逼身苦
痛切己心不猒患无求出意舍利弗是長者
作是思惟我身手有力當以衣裓若以几案
從舍出之復更思惟是舍唯有一門而復狹
小諸子幼稚未有所識戀著戲處或當墮落
為火所燒我當為說怖畏之事此舍以燒宜
時疾出无令為火之所燒害作是念已如所思
惟具告諸子汝等速出父雖憐愍善言誘喻
而諸子等樂著嬉戲不肯信受不驚不畏了
无出心亦復不知何者是火何者為舍云何
為失但東西走戲視父而已尒時長者即作
是念此舍已為大火所燒我及諸子若不時
出必為所焚我今當設方便令諸子等得免
斯害父知諸子先心各有所好種種珍玩奇
異之物情必樂著而告之言汝等所可玩好

BD04816號　妙法蓮華經卷二　（5–5）

提不退轉
轉不退轉法輪供養无量百千諸佛於諸
所植衆徳本常為諸佛之所稱歎以慈脩身
善入佛慧通達大智到於彼岸名稱普聞无
量世界能度无數百千衆生
其名曰文殊師利菩薩觀世音菩薩得大勢
菩薩常精進菩薩不休息菩薩寶掌菩薩
藥王菩薩勇施菩薩寶月菩薩月光菩薩滿月
菩薩大力菩薩无量力菩薩越三界菩薩跋
陁婆羅菩薩弥勒菩薩寶積菩薩導師菩薩
如是等菩薩摩訶薩八萬人俱
尒時釋提桓因與其眷屬二万天子俱復有
名月天子普香天子寶光天子四大天王與
其眷屬萬天子俱自在天子大自在天子與
其眷屬三萬天子俱娑婆世界主梵天王尸
棄大梵光明大梵等與其眷屬萬二千天子
俱有八龍王難陁龍王跋難陁龍王娑伽羅
龍王和脩吉龍王德叉迦龍王阿那婆達多
龍王摩那斯龍王優鉢羅龍王等各與若干

BD04817號　妙法蓮華經卷一　（26–1）

其眷屬三萬天子俱娑婆世界主梵天王尸
棄大梵光明大梵等與其眷屬萬二千天子
俱有八龍王難陁龍王跋難陁龍王娑伽羅
龍王和脩吉龍王德叉迦龍王阿那婆達多
龍王摩那斯龍王優鉢羅龍王等各與若干
百千眷屬俱有四緊那羅王法緊那羅王妙
法緊那羅王大法緊那羅王持法緊那羅王
各與若干百千眷屬俱有四乾闥婆王樂乾
闥婆王樂音乾闥婆王美乾闥婆王美音乾
闥婆王各與若干百千眷屬俱有四阿脩羅
王婆稚阿脩羅王佉羅騫大阿脩羅王毗摩
質多羅阿脩羅王羅睺阿脩羅王各與若干
百千眷屬俱有四迦樓羅王大威德迦樓羅
王大身迦樓羅王大滿迦樓羅王如意迦樓
羅王各與若干百千眷屬俱韋提希子阿闍
世王與若干百千眷屬俱各礼佛足退坐一
面
尒時世尊四衆圍遶供養恭敬尊重讚歎為
諸菩薩說大乘經名无量義教菩薩法佛所
護念佛說此經已結加趺坐入於无量義處
三昧身心不動是時天雨曼陁羅華摩訶曼
陁羅華曼殊沙華摩訶曼殊沙華而散佛上
及諸大衆普佛世界六種震動尒時會中比
丘比丘尼優婆塞優婆夷天龍夜叉乾闥婆
阿脩羅迦樓羅緊那羅摩睺羅伽人非人等
及諸小王轉輪聖王是諸大衆得未曾有歡

BD04817號　妙法蓮華經卷一　（26–2）

三昧身心不動是時天雨曼陁羅華摩訶曼
陁羅華曼殊沙華摩訶曼殊沙華而散佛上
及諸大眾普佛世界六種震動尒時會中比
丘比丘尼優婆塞優婆夷天龍夜叉乾闥婆
阿脩羅迦樓羅緊那羅摩睺羅伽人非人等
及諸小王轉輪聖王是諸大眾得未曾有歡
喜合掌一心觀佛尒時佛放眉間白毫相光
照于東方萬八千世界靡不周遍下至阿鼻
地獄上至阿迦尼吒天於此世界盡見彼土
六趣眾生又見彼土現在諸佛及聞諸佛所
說經法并見彼諸比丘比丘尼優婆塞優婆
夷諸脩行得道者復見諸菩薩摩訶薩種種
因緣種種信解種種相貌行菩薩道復見諸
佛般涅槃者復見諸佛般涅槃後以佛舍利
起七寶塔
尒時弥勒菩薩作是念今者世尊現神變相
以何因緣而有此瑞今佛世尊入于三昧是
不可思議現希有事當以問誰誰能荅者復
作此念是文殊師利法王之子已曾親覲供
養過去无量諸佛必應見此希有之相我今
當問尒時比丘比丘尼優婆塞優婆夷及諸
天龍鬼神等咸作此念是佛光明神通之相
今當問誰尒時弥勒菩薩欲自決疑又觀四
眾比丘比丘尼優婆塞優婆夷及諸天龍鬼
神等眾會之心而問文殊師利言以何因緣

養過去无量諸佛必應見此希有之相我今
當問尒時比丘比丘尼優婆塞優婆夷及諸
天龍鬼神等咸作此念是佛光明神通之相
今當問誰尒時弥勒菩薩欲自決疑又觀四
眾比丘比丘尼優婆塞優婆夷及諸天龍鬼
神等眾會之心而問文殊師利言以何因緣
而有此瑞神通之相放大光明照于東方萬
八千土悉見彼佛國界莊嚴
於是弥勒菩薩欲重宣此義以偈問曰
文殊師利　導師何故　眉間白毫　大光普照
雨曼陁羅　曼殊沙華　栴檀香風　悅可眾心
以是因緣　地皆嚴淨　而此世界　六種震動
時四部眾　咸皆歡喜　身意快然　得未曾有
眉間光明　照于東方　萬八千土　皆如金色
從阿鼻獄　上至有頂　諸世界中　六道眾生
生死所趣　善惡業緣　受報好醜　於此悉見
又覩諸佛　聖主師子　演說經典　微妙第一
其聲清淨　出柔耎音　教諸菩薩　无數億萬
梵音深妙　令人樂聞　各於世界　講說正法
種種因緣　以无量喻　照明佛法　開悟眾生
若人遭苦　猒老病死　為說涅槃　盡諸苦際
若人有福　曾供養佛　志求勝法　為說緣覺
若有佛子　脩種種行　求无上慧　為說淨道
文殊師利　我住於此　見聞若斯　及千億事
如是眾多　今當略說

種種因緣　以无量喻　照明佛法　開悟衆生
若人遭苦　厭老病死　為說涅槃　盡諸苦際
若人有福　曾供養佛　志求勝法　為說緣覺
若有佛子　脩種種行　求无上慧　為說淨道
文殊師利　我住於此　見聞若斯　及千億事
如是衆多　今當略說
我見彼土　恒沙菩薩　種種因緣　而求佛道
或有行施　金銀珊瑚　真珠摩尼　車璖馬瑙
金剛諸珍　奴婢車乘　寶飾輦輿　歡喜布施
迴向佛道　願得是乘　三界第一　諸佛所歎
或有菩薩　駟馬寶車　欄楯華蓋　軒飾布施
復見菩薩　身肉手足　及妻子施　求无上道
又見菩薩　頭目身體　欣樂施與　求佛智慧
文殊師利　我見諸王　往詣佛所　問无上道
便捨樂土　宮殿臣妾　剃除鬚髮　而被法服
或見菩薩　而作比丘　獨處閑靜　樂誦經典
又見菩薩　勇猛精進　入於深山　思惟佛道
又見離欲　常處空閑　深脩禪定　得五神通
又見菩薩　安禪合掌　以千萬偈　讚諸法王
復見菩薩　智深志固　能問諸佛　聞悉受持
又見佛子　定慧具足　以无量喻　為衆講法
欣樂說法　化諸菩薩　破魔兵衆　而擊法鼓
又見菩薩　寂然宴默　天龍恭敬　不以為喜
又見菩薩　處林放光　濟地獄苦　令入佛道
又見佛子　未嘗睡眠　經行林中　勤求佛道
又見具戒　威儀无缺　淨如寶珠　以求佛道

BD04817號　妙法蓮華經卷一　（26–5）

又見佛子　定慧具足　以无量喻　為衆講法
欣樂說法　化諸菩薩　破魔兵衆　而擊法鼓
又見菩薩　寂然宴默　天龍恭敬　不以為喜
又見菩薩　處林放光　濟地獄苦　令入佛道
又見佛子　未嘗睡眠　經行林中　勤求佛道
又見具戒　威儀无缺　淨如寶珠　以求佛道
又見佛子　住忍辱力　增上慢人　惡罵捶打
皆悉能忍　以求佛道
又見菩薩　離諸戲笑　及癡眷屬　親近智者
一心除亂　攝念山林　億千萬歲　以求佛道
或見菩薩　餚膳飲食　百種湯藥　施佛及僧
名衣上服　價直千萬　或无價衣　施佛及僧
千萬億種　旃檀寶舍　衆妙臥具　施佛及僧
清淨園林　華菓茂盛　流泉浴池　施佛及僧
如是等施　種種微妙　歡喜无猒　求无上道
或有菩薩　說寂滅法　種種教詔　无數衆生
或見菩薩　觀諸法性　无有二相　猶如虛空
又見佛子　心无所著　以此妙慧　求无上道
文殊師利　又有菩薩　佛滅度後　供養舍利
又見佛子　造諸塔廟　无數恒沙　嚴飾國界
寶塔高妙　五千由旬　縱廣正等　二千由旬
一一塔廟　各千幢幡　珠交露幔　寶鈴和鳴
諸天龍神　人及非人　香華伎樂　常以供養
文殊師利　諸佛子等　為供舍利　嚴飾塔廟
國界自然　殊特妙好　如天樹王　其華開敷
佛放一光　我及衆會　見此國界　種種殊妙

BD04817號　妙法蓮華經卷一　（26–6）

寶塔高妙　五千由旬　縱廣正等　二千由旬
一一塔廟　各千幢幡　珠交露幔　寶鈴和鳴
諸天龍神　人及非人　香華伎樂　常以供養
文殊師利　諸佛子等　為供舍利　嚴飾塔廟
國界自然　殊特妙好　如天樹王　其華開敷
佛放一光　我及衆會　見此國界　種種殊妙
諸佛神力　智慧希有　放一淨光　照无量國
我等見此　得未曾有　佛子文殊　願決衆疑
四衆欣仰　瞻仁及我　世尊何故　放斯光明
佛子時荅　決疑令喜　何所饒益　演斯光明
佛坐道場　所得妙法　為欲說此　為當授記
示諸佛土　衆寶嚴淨　及見諸佛　此非小緣
文殊當知　四衆龍神　瞻察仁者　為說何等
是時文殊師利語彌勒菩薩摩訶薩及諸大
士善男子等如我惟忖今佛世尊欲說大法
雨大法雨吹大法螺擊大法鼓演大法義諸
善男子我於過去諸佛曾見此瑞放斯光已
即說大法是故當知今佛現光亦復如是欲
令衆生咸得聞知一切世間難信之法故現斯
瑞諸善男子如是過去无量无邊不可思議
阿僧祇劫尒時有佛号日月燈明如來應供
正遍知明行足善逝世間解无上士調御丈
夫天人師佛世尊演說正法初善中善後善
其義深遠其語巧妙純一无雜具足清白梵
行之相為求聲聞者說應四諦法度生老病
死究竟涅槃為求辟支佛者說應十二因緣
法為諸菩薩說應六波羅蜜令得阿耨多羅

BD04817 號　妙法蓮華經卷一　（26–7）

正遍知明行足善逝世間解无上士調御丈
夫天人師佛世尊演說正法初善中善後善
其義深遠其語巧妙純一无雜具足清白梵
行之相為求聲聞者說應四諦法度生老病
死究竟涅槃為求辟支佛者說應十二因緣
法為諸菩薩說應六波羅蜜令得阿耨多羅
三藐三菩提成一切種智
次復有佛亦名日月燈明次復有佛亦名日
月燈明如是二萬佛皆同一字号日月燈明
又同一姓姓頗羅墮彌勒當知初佛後佛皆
同一字名日月燈明十号具足所可說法初
中後善其最後佛未出家時有八王子一名
有意二名善意三名无量意四名寶意五名
增意六名除疑意七名嚮意八名法意是八
王子威德自在各領四天下是諸王子聞父
出家得阿耨多羅三藐三菩提悉捨王位亦
隨出家發大乘意常脩梵行皆為法師已於
千萬佛所植諸善本是時日月燈明佛說大
乘經名无量義教菩薩法佛所護念說是經
已即於大衆中結加趺坐入於无量義處三
昧身心不動是時天雨曼陁羅華摩訶曼陁
羅華曼殊沙華摩訶曼殊沙華而散佛上及
諸大衆普佛世界六種震動尒時會中比丘
比丘尼優婆塞優婆夷天龍夜叉乾闥婆阿
脩羅迦樓羅緊那羅摩睺羅伽人非人等及

BD04817 號　妙法蓮華經卷一　（26–8）

羅華曼殊沙華摩訶曼殊沙華而散佛上及
諸大衆普佛世界六種震動尒時會中比丘
比丘尼優婆塞優婆夷天龍夜叉乾闥婆阿
脩羅迦樓羅緊那羅摩睺羅伽人非人等及
諸小王轉輪聖王等是諸大衆得未曾有歡
喜合掌一心觀佛
尒時如來放眉間白毫相光照于東方萬八
千佛土靡不周遍如今所見是諸佛土弥勒
當知尒時會中有二十億菩薩樂欲聽法是
諸菩薩見此光明普照佛土得未曾有欲知
此光所為因緣時有菩薩名曰妙光有八百
弟子是時日月燈明佛從三昧起因妙光菩
薩說大乘經名妙法蓮華教菩薩法佛所護
念六十小劫不起于座時會聽者亦坐一處
六十小劫身心不動聽佛所說謂如食頃是
時衆中无有一人若身若心而生懈倦日月
燈明佛於六十小劫說是經已即於梵魔沙
門婆羅門及天人阿脩羅衆中而宣此言如
來於今日中夜當入无餘涅槃時有菩薩名
曰德藏日月燈明佛即授其記告諸比丘是
德藏菩薩次當作佛号曰淨身多陁阿伽度
阿羅訶三藐三佛陁佛授記已便於中夜入
无餘涅槃
佛滅度後妙光菩薩持妙法蓮華經滿八十
小劫為人演說日月燈明佛八子皆師妙光

BD04817號　妙法蓮華經卷一　（26–9）

德藏菩薩次當作佛号曰淨身多陁阿伽度
阿羅訶三藐三佛陁佛授記已便於中夜入
无餘涅槃
佛滅度後妙光菩薩持妙法蓮華經滿八十
小劫為人演說日月燈明佛八子皆師妙光
妙光教化令其堅固阿耨多羅三藐三菩提
是諸王子供養无量百千萬億佛已皆成佛
道其最後成佛者名曰然燈八百弟子中有
一人号曰求名貪着利養雖復讀誦衆經
而不通利多所忘失故号求名是人亦以種
諸善根因緣故得值无量百千萬億諸佛供
養恭敬尊重讚歎弥勒當知尒時妙光菩薩
豈異人乎我身是也求名菩薩汝身是也今
見此瑞與本无異是故惟忖今日如來當說
大乘經名妙法蓮華教菩薩法佛所護念
尒時文殊師利於大衆中欲重宣此義而說
偈言
我念過去世　无量无數劫　有佛人中尊　号日月燈明
世尊演說法　度无量衆生　无數億菩薩　令入佛智慧
佛未出家時　所生八王子　見大聖出家　亦隨脩梵行
時佛說大乘　經名无量義　於諸大衆中　而為廣分別
佛說此經已　即於法座上　跏趺坐三昧　名无量義處
天雨曼陁華　天鼓自然鳴　諸天龍鬼神　供養人中尊
一切諸佛土　即時大震動　佛放眉間光　現諸希有事
此光照東方　萬八千佛土　示一切衆生　生死業報處

BD04817號　妙法蓮華經卷一　（26–10）

時佛說大乘 經名无量義 於諸大衆中 而為廣分別
佛說此經已 即於法座上 跏趺坐三昧 名无量義處
天雨曼陀華 天鼓自然鳴 諸天龍鬼神 供養人中尊
一切諸佛土 即時大震動 佛放眉間光 現諸希有事
此光照東方 萬八千佛土 示一切衆生 生死業報處
有見諸佛土 以衆寶莊嚴 瑠璃頗梨色 斯由佛光照
及見諸天人 龍神夜叉衆 乾闥緊那羅 各供養其佛
又見諸如來 自然成佛道 身色如金山 端嚴甚微妙
如淨瑠璃中 內現真金像 世尊在大衆 敷演深法義
一一諸佛土 聲聞衆无數 因佛光所照 悉見彼大衆
或有諸比丘 在於山林中 精進持淨戒 猶如護明珠
又見諸菩薩 行施忍辱等 其數如恒沙 斯由佛光照
又見諸菩薩 深入諸禪定 身心寂不動 以求无上道
又見諸菩薩 知法寂滅相 各於其國土 說法求佛道
尒時四部衆 見日月燈佛 現大神通力 其心皆歡喜
各各自相問 是事何因緣
天人所奉尊 適從三昧起 讚妙光菩薩 汝為世間眼
一切所歸信 能奉持法藏 如我所說法 惟汝能證知
世尊既讚歎 令妙光歡喜 說是法華經 滿六十小劫
不起於此座 所說上妙法 是妙光法師 悉皆能受持
佛說是法花 令衆歡喜已 尋即於是日 告於天人衆
諸法實相義 已為汝等說 我今於中夜 當入於涅槃
汝一心精進 當離於放逸 諸佛甚難值 億劫時一遇
世尊諸子等 聞佛入涅槃 各各懷悲惱 佛滅一何速
聖主法之王 安慰无量衆 我若滅度時 汝等勿憂怖

BD04817號　妙法蓮華經卷一　（26–11）

不起於此座 所說上妙法 是妙光法師 悉皆能受持
佛說是法花 令衆歡喜已 尋即於是日 告於天人衆
諸法實相義 已為汝等說 我今於中夜 當入於涅槃
汝一心精進 當離於放逸 諸佛甚難值 億劫時一遇
世尊諸子等 聞佛入涅槃 各各懷悲惱 佛滅一何速
聖主法之王 安慰无量衆 我若滅度時 汝等勿憂怖
是德藏菩薩 於无漏實相 心已得通達 其次當作佛
号曰為淨身 亦度无量衆
佛此夜滅度 如薪盡火滅 分布諸舍利 而起无量塔
比丘比丘尼 其數如恒沙 倍復加精進 以求无上道
是妙光法師 奉持佛法藏 八十小劫中 廣宣法華經
是諸八王子 妙光所開化 堅固无上道 當見无數佛
供養諸佛已 隨順行大道 相繼得成佛 轉次而授記
最後天中天 号曰然燈佛 諸仙之導師 度脫无量衆
是妙光法師 時有一弟子 心常懷懈怠 貪著於名利
求名利无猒 多遊族姓家 棄捨所習誦 廢忘不通利
以是因緣故 号之為求名 亦行衆善業 得見无數佛
供養於諸佛 隨順行大道 具六波羅蜜 今見釋師子
其後當作佛 号名曰弥勒 廣度諸衆生 其數无有量
彼佛滅度後 懈怠者汝是 妙光法師者 今則我身是
我見燈明佛 本光瑞如此 以是知今佛 欲說法華經
今相如本瑞 是諸佛方便 今佛放光明 助發實相義
諸人今當知 合掌一心待 佛當雨法雨 充足求道者
諸求三乘人 若有疑悔者 佛當為除斷 令盡无有餘

妙法蓮華經方便品第二

尒時世尊從三昧安庠而起告舍利弗 諸佛

BD04817號　妙法蓮華經卷一　（26–12）

今相如本瑞　是諸佛方便　今佛放光明　助發實相義
諸人今當知　合掌一心待　佛當雨法雨　充足求道者
諸求三乘人　若有疑悔者　佛當為除斷　令盡无有餘

妙法蓮華經方便品第二

尒時世尊從三昧安庠而起告舍利弗諸佛
智慧甚深无量其智慧門難解難入一切聲
聞辟支佛所不能知所以者何佛曾親近百
千萬億无數諸佛盡行諸佛无量道法勇猛
精進名稱普聞成就甚深未曾有法隨宜所
說意趣難解舍利弗吾從成佛已來種種因
緣種種譬喻廣演言教无數方便引導衆生
令離諸著所以者何如來方便知見波羅蜜
皆以具足舍利弗如來知見廣大深遠无量
无礙力无所畏禪定解脫三昧深入无際成就
一切未曾有法舍利弗如來能種種分別巧
說諸法言辭柔軟悅可衆心舍利弗取要言
之无量无邊未曾有法佛悉成就止舍利弗
不須復說所以者何佛所成就第一希有難
解之法唯佛與佛乃能究盡諸法實相所謂
諸法如是相如是性如是體如是力如是作
如是因如是緣如是果如是報如是本末究
竟等尒時世尊欲重宣此義而說偈言
世雄不可量　諸天及世人　一切衆生類　无能知佛者
佛力无所畏　解脫諸三昧　及佛諸餘法　无能測量者
本從无數佛　具足行諸道　甚深微妙法　難見難可了
於无量億劫　行此諸道已　道場得成果　我已悉知見

BD04817號　妙法蓮華經卷一　（26–13）

竟等尒時世尊欲重宣此義而說偈言
世雄不可量　諸天及世人　一切衆生類　无能知佛者
佛力无所畏　解脫諸三昧　及佛諸餘法　无能測量者
本從无數佛　具足行諸道　甚深微妙法　難見難可了
於无量億劫　行此諸道已　道場得成果　我已悉知見
如是大果報　種種性相義　我及十方佛　乃能知是事
是法不可示　言詞相寂滅　諸餘衆生類　无有能得解
除諸菩薩衆　信力堅固者　諸佛弟子衆　曾供養諸佛
一切漏已盡　住是最後身　如是諸人等　其力所不堪
假使滿世間　皆如舍利弗　盡思共度量　不能測佛智
正使滿十方　皆如舍利弗　及餘諸弟子　亦滿十方刹
盡思共度量　亦復不能知　辟支佛利智　无漏最後身
亦滿十方界　其數如竹林　斯等共一心　於億无量劫
欲思佛實智　莫能知少分　新發意菩薩　供養无數佛
了達諸義趣　又能善說法　如稻麻竹葦　充滿十方刹
一心以妙智　於恒河沙劫　咸皆共思量　不能知佛智
不退諸菩薩　其數如恒沙　一心共思求　亦復不能知
又告舍利弗　无漏不思議　甚深微妙法　我今已具得
唯我知是相　十方佛亦然　舍利弗當知　諸佛語无異
於佛所說法　當生大信力　世尊法久後　要當說真實
告諸聲聞衆　及求緣覺乘　我令脫苦縛　逮得涅槃者
佛以方便力　示以三乘教　衆生處處著　引之令得出
尒時大衆中有諸聲聞漏盡阿羅漢阿若憍
陳如等千二百人及發聲聞辟支佛心比丘
比丘尼優婆塞優婆夷各作是念今者世尊

BD04817號　妙法蓮華經卷一　（26–14）

告諸聲聞衆 及求緣覺乘 我令脫苦縛 逮得涅槃者
佛以方便力 示以三乘教 衆生處處著 引之令得出
尒時大衆中有諸聲聞漏盡阿羅漢阿若憍
陳如等千二百人及發聲聞辟支佛心比丘
比丘尼優婆塞優婆夷各作是念今者世尊
何故殷勤稱歎方便而作是言佛所得法甚
深難解有所言說意趣難知一切聲聞辟支
佛所不能及佛說一解脫義我等亦得此法
到於涅槃而今不知是義所趣尒時舍利弗
知四衆心疑自亦未了而白佛言世尊何因
何緣殷勤稱歎諸佛第一方便甚深微妙難
解之法我自昔來未曾從佛聞如是說今者
四衆咸皆有疑惟願世尊敷演斯事世尊何
故殷勤稱歎甚深微妙難解之法尒時舍利
弗欲重宣此義而說偈言
慧日大聖尊 久乃說是法 自說得如是 力无畏三昧
禪定解脫等 不可思議法 道場所得法 无能發問者
我意難可測 亦无能問者 无問而自說 稱歎所行道
智慧甚深妙 諸佛之所得 无漏諸羅漢 及求涅槃者
今皆墮疑網 佛何故說是 其求緣覺者 比丘比丘尼
諸天龍鬼神 及乾闥婆等 相視懷猶豫 瞻仰兩足尊
是事為云何 願佛為解說 於諸聲聞衆 佛說我第一
我今自於智 疑惑不能了 為是究竟法 為是所行道
佛口所生子 合掌瞻仰待 願出微妙音 時為如實說
諸天龍神等 其數如恒沙 求佛諸菩薩 大數有八萬

是事為云何 願佛為解說 於諸聲聞衆 佛說我第一
我今自於智 疑惑不能了 為是究竟法 為是所行道
佛口所生子 合掌瞻仰待 願出微妙音 時為如實說
諸天龍神等 其數如恒沙 求佛諸菩薩 大數有八萬
又諸萬億國 轉輪聖王至 合掌以敬心 欲聞具足道
尒時佛告舍利弗止止不須復說若說是事
一切世間諸天及人皆當驚疑舍利弗重白
佛言世尊惟願說之惟願說之所以者何是
會无數百千萬億阿僧祇衆生曾見諸佛諸
根猛利智慧明了聞佛所說則能敬信尒時
舍利弗欲重宣此義而說偈言
法王无上尊 惟說願勿慮 是會无量衆 有能敬信者
佛復止舍利弗若說是事一切世間天人阿
脩羅皆當驚疑增上慢比丘將墜於大坑尒
時世尊重說偈言
止止不須說 我法妙難思 諸增上慢者 聞必不敬信
尒時舍利弗重白佛言世尊惟願說之惟願
說之今此會中如我等比百千萬億世世已
曾從佛受化如此人等必能敬信長夜安隱
多所饒益尒時舍利弗欲重宣此義而說偈
言
無上兩足尊 願說第一法 我為佛長子 惟垂分別說
是會无量衆 能敬信此法 佛已曾世世 教化如是等
皆一心合掌 欲聽受佛語 我等千二百 及餘求佛者
願為此衆故 惟垂分別說 是等聞此法 則生大歡喜
尒時世尊告舍利弗汝已殷勤三請豈得不

多所饒益尒時舍利弗欲重宣此義而說偈
言
無上兩足尊　願說第一法　我為佛長子　惟垂分別說
是會无量衆　能敬信此法　佛已曾世世　教化如是等
皆一心合掌　欲聽受佛語　我等千二百　及餘求佛者
願為此衆故　惟垂分別說　是等聞此法　則生大歡喜
尒時世尊告舍利弗汝已慇勤三請豈得不
說汝今諦聽善思念之吾當為汝分別解說
說此語時會中有比丘比丘尼優婆塞優婆
夷五千人等即從座起礼佛而退所以者何
此輩罪根深重及增上慢未得謂得未證謂
證有如此失是以不住世尊默然而不制止
尒時佛告舍利弗我今此衆无復枝葉純有
貞實舍利弗如是增上慢人退亦佳矣汝今
善聽當為汝說舍利弗言唯然世尊願樂欲
聞佛告舍利弗如是妙法諸佛如來時乃說
之如優曇鉢華時一現耳舍利弗汝等當信
佛之所說言不虛妄舍利弗諸佛隨宜說法
意趣難解所以者何我以无數方便種種因
緣譬喻言詞演說諸法是法非思量分別之
所能解唯有諸佛乃能知之所以者何諸佛
世尊唯以一大事因緣故出現於世舍利弗
云何名諸佛世尊唯以一大事因緣故出現
於世諸佛世尊欲令衆生開佛知見使得清
淨故出現於世欲示衆生佛之知見故出現於
世欲令衆生悟佛知見故出現於世欲令衆生

BD04817號　妙法蓮華經卷一　（26–17）

世尊唯以一大事因緣故出現於世舍利弗
云何名諸佛世尊唯以一大事因緣故出現
於世諸佛世尊欲令衆生開佛知見使得清
淨故出現於世欲示衆生佛之知見故出現於
世欲令衆生悟佛知見故出現於世欲令衆生
入佛知見道故出現於世舍利弗是為諸佛
唯以一大事因緣故出現於世
佛告舍利弗諸佛如來但教化菩薩諸有所
作常為一事唯以佛之知見示悟衆生舍利
弗如來但以一佛乘故為衆生說法无有餘
乘若二若三舍利弗一切十方諸佛法亦如是
舍利弗過去諸佛以无量无數方便種種因
緣譬喻言詞而為衆生演說諸法是法皆
為一佛乘故是諸衆生從諸佛聞法究竟皆
得一切種智舍利弗未來諸佛當出於世亦
以无量无數方便種種因緣譬喻言詞而為
衆生演說諸法是法皆為一佛乘故是諸衆
生從佛聞法究竟皆得一切種智舍利弗現
在十方无量百千萬億佛土中諸佛世尊多
所饒益安樂衆生是諸佛亦以无量无數方
便種種因緣譬喻言詞而為衆生演說諸法
是法皆為一佛乘故是諸衆生從佛聞法究
竟皆得一切種智舍利弗是諸佛但教化菩
薩欲以佛之知見示衆生故欲以佛之知見
悟衆生故欲令衆生入佛知見道故舍利弗

BD04817號　妙法蓮華經卷一　（26–18）

便種種因緣譬喻言詞而為衆生演說諸法
是法皆為一佛乘故是諸衆生從佛聞法究
竟皆得一切種智舍利弗是諸佛但教化菩
薩欲以佛之知見示衆生故欲以佛之知見
悟衆生故欲令衆生入佛知見道故舍利弗
我今亦復如是知諸衆生有種種欲深心所
著隨其本性以種種因緣譬喻言詞方便力
故而為說法舍利弗如此皆為得一佛乘一
切種智故舍利弗十方世界中尚無二乘何
况有三
舍利弗諸佛出於五濁惡世所謂劫濁煩惱
濁衆生濁見濁命濁如是舍利弗劫濁亂時
衆生垢重慳貪嫉妬成就諸不善根故諸佛
以方便力於一佛乘分別說三舍利弗若我
弟子自謂阿羅漢辟支佛者不聞不知諸佛
如來但教化菩薩事此非佛弟子非阿羅漢
非辟支佛又舍利弗是諸比丘比丘尼自謂
已得阿羅漢是最後身究竟涅槃便不復志
求阿耨多羅三藐三菩提當知此輩皆是增
上慢人所以者何若有比丘實得阿羅漢若
不信此法無有是處除佛滅度後現前无佛
所以者何佛滅度後如是等經受持讀誦解
其義者是人難得若遇餘佛於此法中便得
決了舍利弗汝等當一心信解受持佛語諸
佛如來言无虛妄无有餘乘唯一佛乘尒時

所以者何佛滅度後如是等經受持讀誦解
其義者是人難得若遇餘佛於此法中便得
決了舍利弗汝等當一心信解受持佛語諸
佛如來言无虛妄无有餘乘唯一佛乘尒時
世尊重宣此義而說偈言
比丘比丘尼　有懷增上慢　優婆塞我慢　優婆夷不信
如是四衆等　其數有五千　不自見其過　於戒有缺漏
護惜其瑕疵　是小智已出　衆中之糟糠　佛威德故去
斯人尠福德　不堪受是法　此衆无枝葉　唯有諸貞實
舍利弗善聽　諸佛所得法　无量方便力　而為衆生說
衆生心所念　種種所行道　若干諸欲性　先世善惡業
佛悉知是已　以諸緣譬喻　言詞方便力　令一切歡喜
或說脩多羅　伽陁及本事　本生未曾有　亦說於因緣
譬喻并祇夜　優波提舍經　鈍根樂小法　貪著於生死
於諸无量佛　不行深妙道　衆苦所惱亂　為是說涅槃
我設是方便　令得入佛慧　未曾說汝等　當得成佛道
所以未曾說　說時未至故　今正是其時　決定說大乘
我此九部法　隨順衆生說　入大乘為本　以故說是經
有佛子心淨　柔軟亦利根　无量諸佛所　而行深妙道
為此諸佛子　說是大乘經　我記如是人　來世成佛道
以深心念佛　脩持淨戒故　此等聞得佛　大喜充遍身
佛知彼心行　故為說大乘　聲聞若菩薩　聞我所說法
乃至於一偈　皆成佛无疑　十方佛土中　唯有一乘法
无二亦无三　除佛方便說　但以假名字　引導於衆生
說佛智慧故　諸佛出於世

為此諸佛子　説是大乘經
我記如是人　來世成佛道　以深心念佛　脩持淨戒故
此等聞得佛　大喜充遍身　佛知彼心行　故為説大乘
聲聞若菩薩　聞我所説法　乃至於一偈　皆成佛无疑
十方佛土中　唯有一乘法　无二亦无三　除佛方便説
但以假名字　引導於衆生　説佛智慧故　諸佛出於世
唯此一事實　餘二則非真　終不以小乘　濟度於衆生
佛自住大乘　如其所得法　定慧力莊嚴　以此度衆生
自證无上道　大乘平等法　若以小乘化　乃至於一人
我則墮慳貪　此事為不可　若人信歸佛　如來不欺誑
亦无貪嫉意　斷諸法中惡　故佛於十方　而獨无所畏
我以相嚴身　光明照世間　无量衆所尊　為説實相印
舍利弗當知　我本立誓願　欲令一切衆　如我等无異
如我昔所願　今者已滿足　化一切衆生　皆令入佛道
若我遇衆生　盡教以佛道　无智者錯亂　迷惑不受教
我知此衆生　未曾脩善本　堅著於五欲　癡愛故生惱
以諸欲因緣　墜墮三惡道　輪迴六趣中　備受諸苦毒
受胎之微形　世世常增長　薄德少福人　衆苦所逼迫
入邪見稠林　若有若无等　依止此諸見　具足六十二
深著虚妄法　堅受不可捨　我慢自矜高　諂曲心不實
於千萬億劫　不聞佛名字　亦不聞正法　如是人難度
是故舍利弗　我為設方便　説諸盡苦道　示之以涅槃
我雖説涅槃　是亦非真滅　諸法從本來　常自寂滅相
佛子行道已　來世得作佛
我有方便力　開示三乘法　一切諸世尊　皆説一乘道

BD04817 號　妙法蓮華經卷一　（26–21）

是故舍利弗　我為設方便　説諸盡苦道　示之以涅槃
我雖説涅槃　是亦非真滅　諸法從本來　常自寂滅相
佛子行道已　來世得作佛
我有方便力　開示三乘法　一切諸世尊　皆説一乘道
今此諸大衆　皆應除疑惑　諸佛語无異　唯一无二乘
過去无數劫　无量滅度佛　百千萬億種　其數不可量
如是諸世尊　種種緣譬喻　无數方便力　演説諸法相
是諸世尊等　皆説一乘法　化无量衆生　令入於佛道
又諸大聖主　知一切世間　天人群生類　深心之所欲
更以異方便　助顯第一義　若有衆生類　值諸過去佛
若聞法布施　或持戒忍辱　精進禪智等　種種脩福德
如是諸人等　皆已成佛道　諸佛滅度已　若人善軟心
如是諸衆生　皆已成佛道　諸佛滅度已　供養舍利者
起萬億種塔　金銀及頗梨　車璖與馬瑙　玫瑰瑠璃珠
清淨廣嚴飾　莊挍於諸塔　或有起石廟　栴檀及沉水
木櫁并餘材　甎瓦泥土等　若於曠野中　積土成佛廟
乃至童子戲　聚沙為佛塔　如是諸人等　皆已成佛道
若人為佛故　建立諸形像　刻彫成衆相　皆已成佛道
或以七寶成　鍮石赤白銅　白鑞及鉛錫　鐵木及與泥
或以膠漆布　嚴飾作佛像　如是諸人等　皆已成佛道
綵畫作佛像　百福莊嚴相　自作若使人　皆已成佛道
乃至童子戲　若草木及筆　或以指爪甲　而畫作佛像
如是諸人等　漸漸積功德　具足大悲心　皆已成佛道
但化諸菩薩　度脱无量衆　若人於塔廟　寶像及畫像
以華香幡蓋　敬心而供養　若使人作樂　擊鼓吹角貝

BD04817 號　妙法蓮華經卷一　（26–22）

乃至童子戲　若草木及筆　或以指爪甲　而畫作佛像
如是諸人等　漸漸積功德　具足大悲心　皆已成佛道
但化諸菩薩　度脫无量衆　若人於塔廟　寶像及畫像
以華香幡蓋　敬心而供養　若使人作樂　擊鼓吹角貝
簫笛琴箜篌　琵琶鐃銅鈸　如是衆妙音　盡持以供養
或以歡喜心　乃至以一華　供養於畫像　漸見无數佛
或有人礼拜　或復但合掌　乃至舉一手　或復小低頭
以此供養像　漸見无量佛　自成无上道　廣度无數衆
入无餘涅槃　如薪盡火滅
若人散亂心　入於塔廟中　一稱南无佛　皆已成佛道
於諸過去佛　現世或滅後　若有聞是法　皆已成佛道
未來諸世尊　其數无有量　是諸如來等　亦方便說法
一切諸如來　以无量方便　度脫諸衆生　入佛无漏智
若有聞法者　无一不成佛　諸佛本誓願　我所行佛道
普欲令衆生　亦同得此道　未來世諸佛　雖說百千億
无數諸法門　其實爲一乘　諸佛兩足尊　知法常无性
佛種從緣起　是故說一乘　是法住法位　世間相常住
於道場知已　導師方便說　天人所供養　現在十方佛
其數如恒沙　出現於世間　安隱衆生故　亦說如是法
知第一寂滅　以方便力故　雖示種種道　其實爲佛乘
知衆生諸行　深心之所念　過去所習業　欲性精進力
及諸根利鈍　以種種因緣　譬喻亦言詞　隨應方便說
我今亦如是　安隱衆生故　以種種法門　宣示於佛道
我以智慧力　知衆生性欲　方便說諸法　皆令得歡喜
舍利弗當知　我以佛眼觀　見六道衆生　貧窮无福慧

BD04817號　妙法蓮華經卷一　（26–23）

知衆生諸行　深心之所念　過去所習業　欲性精進力
及諸根利鈍　以種種因緣　譬喻亦言詞　隨應方便說
我今亦如是　安隱衆生故　以種種法門　宣示於佛道
我以智慧力　知衆生性欲　方便說諸法　皆令得歡喜
舍利弗當知　我以佛眼觀　見六道衆生　貧窮无福慧
入生死險道　相續苦不斷　深著於五欲　如犛牛愛尾
以貪愛自蔽　盲瞑无所見　不求大勢佛　及與斷苦法
深入諸邪見　以苦欲捨苦　爲是衆生故　而起大悲心
我始坐道場　觀樹亦經行　於三七日中　思惟如是事
我所得智慧　微妙最第一　衆生諸根鈍　著樂癡所盲
如斯之等類　云何而可度
尒時諸梵王　及諸天帝釋　護世四天王　及大自在天
并餘諸天衆　眷屬百千萬　恭敬合掌礼　請我轉法輪
我即自思惟　若但讚佛乘　衆生沒在苦　不能信是法
破法不信故　墜於三惡道　我寧不說法　疾入於涅槃
尋念過去佛　所行方便力　我今所得道　亦應說三乘
作是思惟時　十方佛皆現　梵音慰喻我　善哉釋迦文
第一之導師　得是无上法　隨諸一切佛　而用方便力
我等亦皆得　最妙第一法　爲諸衆生類　分別說三乘
少智樂小法　不自信作佛　是故以方便　分別說諸果
雖復說三乘　但爲教菩薩
舍利弗當知　我聞聖師子　深淨微妙音　稱南无諸佛
復作如是念　我出濁惡世　如諸佛所說　我亦隨順行
思惟是事已　即趣波羅柰　諸法寂滅相　不可以言宣
以方便力故　爲五比丘說　是名轉法輪　便有涅槃音
及以阿羅漢　法僧差別名　從久遠劫來　讚示涅槃法

BD04817號　妙法蓮華經卷一　（26–24）

雖復說三乘　但為教菩薩
舍利弗當知　我聞聖師子　深淨微妙音　稱南无諸佛
復作如是念　我出濁惡世　如諸佛所說　我亦隨順行
思惟是事已　即趣波羅奈　諸法寂滅相　不可以言宣
以方便力故　為五比丘說　是名轉法輪　便有涅槃音
及以阿羅漢　法僧差別名　從久遠劫來　讚示涅槃法
生死苦永盡　我常如是說
舍利弗當知　我見佛子等　志求佛道者　无量千萬億
咸以恭敬心　皆來至佛所　曾從諸佛聞　方便所說法
我即作是念　如來所以出　為說佛慧故　今正是其時
舍利弗當知　鈍根小智人　著相憍慢者　不能信是法
今我喜无畏　於諸菩薩中　正直捨方便　但說无上道
菩薩聞是法　疑網皆已除　千二百羅漢　悉亦當作佛
如三世諸佛　說法之儀式　我今亦如是　說无分別法
諸佛興出世　懸遠值遇難　正使出于世　說是法復難
无量无數劫　聞是法亦難　能聽是法者　斯人亦復難
譬如優曇花　一切皆愛樂　天人所希有　時時乃一出
聞法歡喜讚　乃至發一言　則為已供養　一切三世佛
是人甚希有　過於優曇花　汝等勿有疑　我為諸法王
普告諸大眾　但以一乘道　教化諸菩薩　无聲聞弟子
汝等舍利弗　聲聞及菩薩　當知是妙法　諸佛之祕要
以五濁惡世　但樂著諸欲　如是等眾生　終不求佛道
當來世惡人　聞佛說一乘　迷惑不信受　破法墮惡道
有慚愧清淨　志求佛道者　當為如是等　廣讚一乘道
舍利弗當知　諸佛法如是　以萬億方便　隨宜而說法
其不習學者　不能曉了此

BD04817號　妙法蓮華經卷一　（26–25）

當來世惡人　聞佛說一乘　迷惑不信受　破法墮惡道
有慚愧清淨　志求佛道者　當為如是等　廣讚一乘道
舍利弗當知　諸佛法如是　以萬億方便　隨宜而說法
其不習學者　不能曉了此
汝等既已知　諸佛世之師　隨宜方便事　无復諸疑惑
心生大歡喜　自知當作佛

妙法蓮華經卷第一

BD04817號　妙法蓮華經卷一　（26–26）

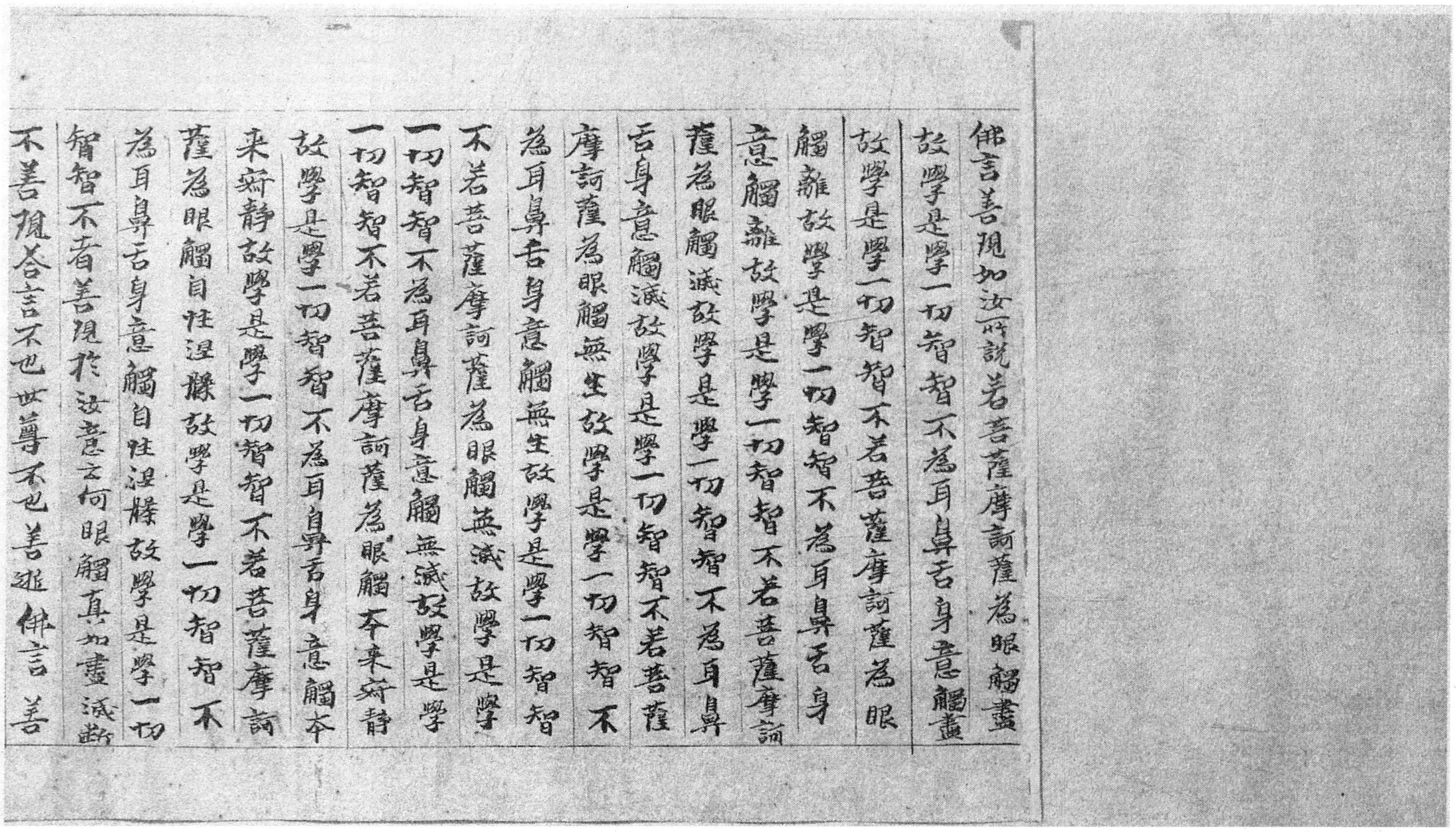
佛言善現如汝所説若菩薩摩訶薩爲眼觸盡
故學是學一切智智不爲耳鼻舌身意觸盡
故學是學一切智智不若菩薩摩訶薩爲眼
觸離故學是學一切智智不爲耳鼻舌身
意觸離故學是學一切智智不若菩薩摩訶
薩爲眼觸滅故學是學一切智智不爲耳鼻
舌身意觸滅故學是學一切智智不若菩薩
摩訶薩爲眼觸無生故學是學一切智智不
爲耳鼻舌身意觸無生故學是學一切智智
不若菩薩摩訶薩爲眼觸無滅故學是學
一切智智不爲耳鼻舌身意觸無滅故學是學
一切智智不若菩薩摩訶薩爲眼觸本來寂靜
故學是學一切智智不爲耳鼻舌身意觸本
来寂靜故學是學一切智智不若菩薩摩訶
薩爲眼觸自性涅槃故學是學一切智智不
爲耳鼻舌身意觸自性涅槃故學是學一切
智智不吾善現於汝意云何眼觸真如盡滅斷
不善現荅言不也世尊不也善逝佛言善

BD04818 號　大般若波羅蜜多經卷三三九　（6–1）

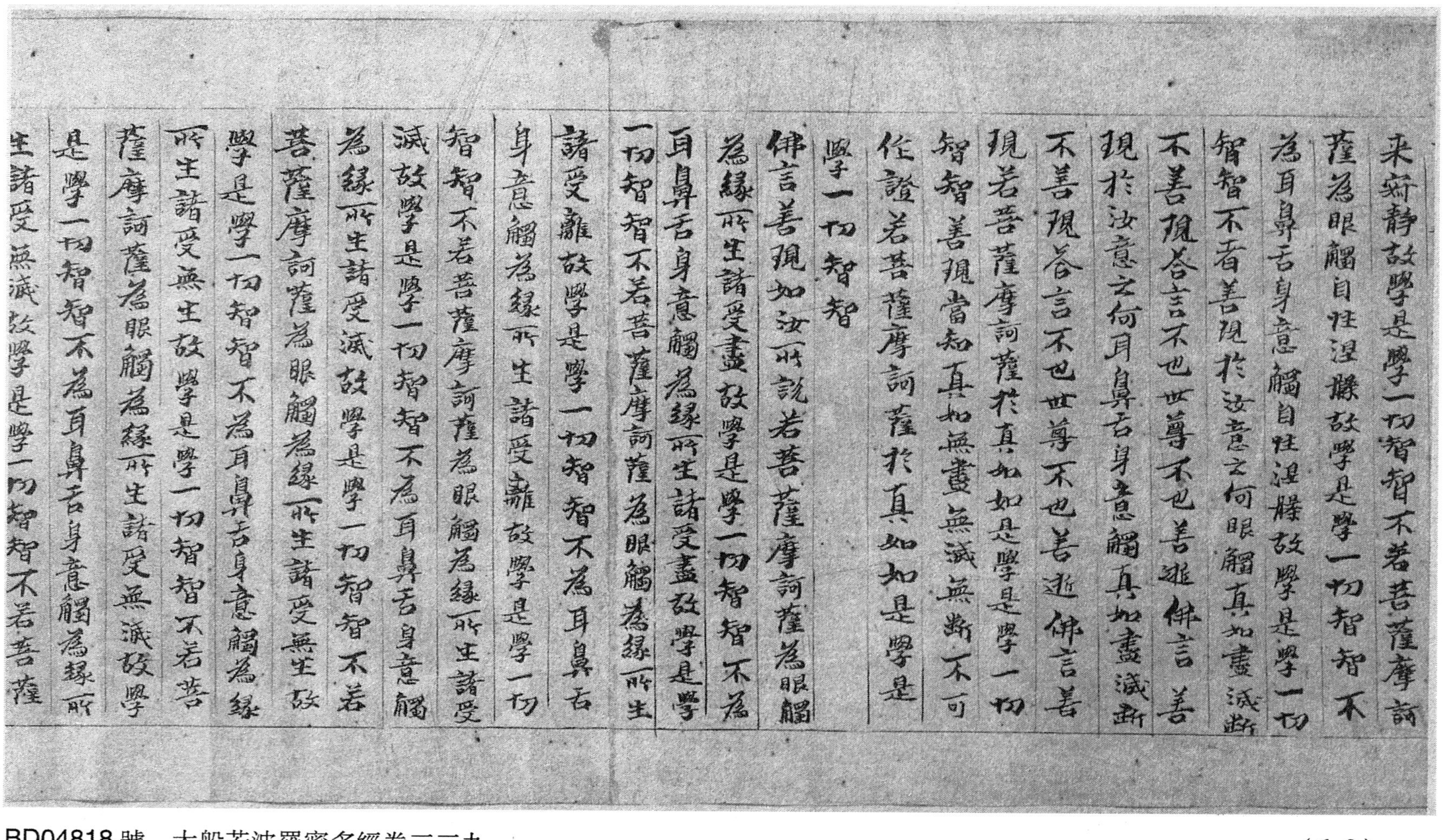
来寂靜故學是學一切智智不若菩薩摩訶
薩爲眼觸自性涅槃故學是學一切智智不
爲耳鼻舌身意觸自性涅槃故學是學一切
智智不吾善現於汝意云何眼觸真如盡滅斷
不善現荅言不也世尊不也善逝佛言善
現於汝意云何耳鼻舌身意觸真如盡滅斷
不善現荅言不也世尊不也善逝佛言善
現若菩薩摩訶薩於真如如是學是學一切
智智善現當知真如無盡無滅無斷不可
作證若菩薩摩訶薩於真如如是學是
學一切智智
佛言善現如汝所説若菩薩摩訶薩爲眼觸
爲緣所生諸受盡故學是學一切智智不爲
耳鼻舌身意觸爲緣所生諸受盡故學是學
一切智智不若菩薩摩訶薩爲眼觸爲緣所生
諸受離故學是學一切智智不爲耳鼻舌
身意觸爲緣所生諸受離故學是學一切
智智不若菩薩摩訶薩爲眼觸爲緣所生諸受
滅故學是學一切智智不爲耳鼻舌身意觸
爲緣所生諸受滅故學是學一切智智不若
菩薩摩訶薩爲眼觸爲緣所生諸受無生故
學是學一切智智不爲耳鼻舌身意觸爲緣
所生諸受無生故學是學一切智智不若菩
薩摩訶薩爲眼觸爲緣所生諸受無滅故學
是學一切智智不爲耳鼻舌身意觸爲緣所
生諸受無滅故學是學一切智智不若菩薩

BD04818 號　大般若波羅蜜多經卷三三九　（6–2）

學是學一切智智不為耳鼻舌身意觸為緣
所生諸受無生故學是學一切智智不若菩
薩摩訶薩為眼觸為緣所生諸受無滅故學
是學一切智智不為耳鼻舌身意觸為緣所
生諸受無滅故學是學一切智智不若菩薩
摩訶薩為眼觸為緣所生諸受本來寂靜故
學是學一切智智不為耳鼻舌身意觸為
緣所生諸受本來寂靜故學是學一切智智
不若菩薩摩訶薩為眼觸緣所生諸受自性
涅槃故學是學一切智智不為耳鼻舌身意
觸為緣所生諸受自性涅槃故學是學一切
智智不着善現於汝意云何眼觸為緣所生
諸受真如盡滅斷不善現荅言不也世尊不
也善逝佛言善現於汝意云何耳鼻舌身
意觸為緣所生諸受真如盡滅斷不善現
荅言不也世尊不也善逝佛言善現若菩薩摩
訶薩於真如如是學是學一切智智善現當知
真如無盡無滅無斷不可作證若菩薩摩訶
薩於真如如是學是學一切智智
佛言善現如汝所說若菩薩摩訶薩為地界
盡故學是學一切智智不為水火風空識界
盡故學是學一切智智不若菩薩摩訶薩為
地界離故學是學一切智智不為水火風空
識界離故學是學一切智智不若菩薩摩
訶薩為地界滅故學是學一切智智不為水

BD04818號　大般若波羅蜜多經卷三三九　（6-3）

盡故學是學一切智智不若菩薩摩訶薩為
地界離故學是學一切智智不為水火風空
識界離故學是學一切智智不若菩薩摩
訶薩為地界滅故學是學一切智智不為水
火風空識界滅故學是學一切智智不若菩薩
摩薩訶為地界無生故學是學一切智智不為
水火風空識界無生故學是學一切智智不
若菩薩摩訶薩為地界無滅故學是學一
切智智不為水火風空識界無滅故學是學
一切智智不若菩薩摩訶薩為地界本來寂
靜故學是學一切智智不為水火風空識界
本來寂靜故學是學一切智智不若菩薩摩
訶薩為地界自性涅槃故學是學一切智智
不為水火風空識界自性涅槃故學是學一
切智智不着善現於汝意云何地界真如盡
滅斷不善現荅言不也世尊不也善逝佛言
善現於汝意云何水火風空識界真如盡滅
斷不善現荅言不也世尊不也善逝佛言善
現若菩薩摩訶薩於真如如是學是學一切
智智善現當知真如無盡無滅無斷不可
作證若菩薩摩訶薩於真如如是學是
學一切智智
佛言善現如汝所說若菩薩摩訶薩為無
明盡故學是學一切智智不為行識名色六
處觸受愛取有生老死盡故學是學一切
智智不若菩薩摩訶薩為無明離故學是學

BD04818號　大般若波羅蜜多經卷三三九　（6-4）

學一切智智
佛言善現如汝所說若菩薩摩訶薩為無
明盡故學是學一切智智不為行識名色六
處觸受愛取有生老死盡故學是學一切
智智不若菩薩摩訶薩為無明離故學是學
一切智智不為行識名色六處觸受愛取有生老
死離故學是學一切智智不若菩薩摩訶薩為
無明滅故學是學一切智智不為行識名色
六處觸受愛取有生老死滅故學是學一
切智智不若菩薩摩訶薩為無明無生故學
是學一切智智不為行識名色六處觸受愛
取有生老死無生故學是學一切智智不若
菩薩摩訶薩為無明無滅故學是學一切智
智不為行識名色六處觸受愛取有生老死
無滅故學是學一切智智不若菩薩摩訶薩
為無明本來寂靜故學是學一切智智不為
行識名色六處觸受愛取有生老死本來寂
靜故學是學一切智智不若菩薩摩訶薩
為無明自性涅槃故學是學一切智智不為行
識名色六處觸受愛取有生老死自性涅槃
故學是學一切智智不者善現於汝意云何
無明真如盡滅斷不善現荅言不也世尊不
也善逝佛言善現於汝意云何行識名色六
處觸受愛取有生老死真如盡滅斷不善現
荅言不也世尊不也善逝佛言善現若菩
薩摩訶薩於真如如是學是學一切智智善

BD04818號　大般若波羅蜜多經卷三三九　（6–5）

為無明本來寂靜故學是學一切智智不為
行識名色六處觸受愛取有生老死本來寂
靜故學是學一切智智不若菩薩摩訶薩
為無明自性涅槃故學是學一切智智不為行
識名色六處觸受愛取有生老死自性涅槃
故學是學一切智智不者善現於汝意云何
無明真如盡滅斷不善現荅言不也世尊不
也善逝佛言善現於汝意云何行識名色六
處觸受愛取有生老死真如盡滅斷不善現
荅言不也世尊不也善逝佛言善現若菩
薩摩訶薩於真如如是學是學一切智智善
現當知真如無盡無滅無斷不可作證若菩
薩摩訶薩於真如如是學是學一切智智

大般若波羅蜜多經卷第三百卅九

BD04818號　大般若波羅蜜多經卷三三九　（6–6）

无斷故色處清淨
色處清淨何以故是
无二无二分无別无斷故聲處清淨故
清淨香處清淨故聲處清淨何以故是聲處
清淨與香處清淨无二无二分无別无斷故
香處清淨故味處清淨味處清淨故香處
清淨何以故是香處清淨與味處清淨无二无
二分无別无斷故味處清淨故觸處清淨觸
處清淨故味處清淨何以故是味處清淨與
觸處清淨无二无二分无別无斷故觸處清
淨故法處清淨法處清淨故觸處清淨何以
故是觸處清淨與法處清淨无二无二分无
別无斷故法處清淨故眼界清淨眼界清淨
故法處清淨何以故是法處清淨與眼界清
淨无二无二分无別无斷故眼界清淨故色
界清淨色界清淨故眼界清淨何以故是眼
界清淨與色界清淨无二无二分无別无斷
故色界清淨故眼識界清淨眼識界清淨故
色界清淨何以故是色界清淨與眼識界清
淨无二无二分无別无斷故眼識界清淨故
眼觸清淨眼觸清淨故眼識界清淨何以故
是眼識界清淨與眼觸清淨无二无二分无
別无斷故眼觸清淨故眼觸為緣所生諸受

BD04819號　大般若波羅蜜多經卷二〇四　（18–1）

故色界清淨故眼識界清淨眼識界清淨故
色界清淨何以故是色界清淨與眼識界清
淨无二无二分无別无斷故眼識界清淨故
眼觸清淨眼觸清淨故眼識界清淨何以故
是眼識界清淨與眼觸清淨无二无二分无
別无斷故眼觸清淨故眼觸為緣所生諸受
清淨眼觸為緣所生諸受清淨故眼觸清淨
何以故是眼觸清淨與眼觸為緣所生諸受
清淨无二无二分无別无斷故眼觸為緣所
生諸受清淨故耳界清淨耳界清淨故眼觸
為緣所生諸受清淨何以故是眼觸為緣所
生諸受清淨與耳界清淨无二无二分无別
无斷故耳界清淨故聲界清淨聲界清淨故
耳界清淨何以故是耳界清淨與聲界清淨
无二无二分无別无斷故聲界清淨故耳識
界清淨耳識界清淨故聲界清淨何以故是
聲界清淨與耳識界清淨无二无二分无別
无斷故耳識界清淨故耳觸清淨耳觸清淨
故耳識界清淨何以故是耳識界清淨與耳
觸清淨无二无二分无別无斷故耳觸清淨
故耳觸為緣所生諸受清淨耳觸為緣所生
諸受清淨故耳觸清淨何以故是耳觸清淨
與耳觸為緣所生諸受清淨无二无二分无
別无斷故耳觸為緣所生諸受清淨故鼻界
清淨鼻界清淨故耳觸為緣所生諸受清淨
何以故是耳觸為緣所生諸受清淨與鼻界
清淨无二无二分无別无斷故鼻界清淨故
香界清淨香界清淨故鼻界清淨何以故是
[illegible]

BD04819號　大般若波羅蜜多經卷二〇四　（18–2）

別无斷故耳觸爲緣所生諸受清淨故鼻界
清淨鼻界清淨故耳觸爲緣所生諸受清淨
何以故是耳觸爲緣所生諸受清淨與鼻界
清淨无二无二分无別无斷故鼻界清淨故
香界清淨香界清淨故鼻界清淨何以故是
鼻界清淨與香界清淨无二无二分无別无
斷故香界清淨故鼻識界清淨鼻識界清淨
故香界清淨何以故是香界清淨與鼻識界
清淨无二无二分无別无斷故鼻識界清淨故
鼻觸清淨鼻觸清淨故鼻識界清淨何以故
是鼻識界清淨與鼻觸清淨无二无二分无別
无斷故鼻觸清淨故鼻觸爲緣所生諸受
清淨鼻觸爲緣所生諸受清淨故鼻觸清淨
何以故是鼻觸清淨與鼻觸爲緣所生諸受
清淨无二无二分无別无斷故鼻觸爲緣所
生諸受清淨故舌界清淨舌界清淨故鼻觸
爲緣所生諸受清淨何以故是鼻觸爲緣所
生諸受清淨與舌界清淨无二无二分无別
无斷故舌界清淨故味界清淨味界清淨故
舌界清淨何以故是舌界清淨與味界清淨
无二无二分无別无斷故味界清淨故舌識
界清淨舌識界清淨故味界清淨何以故是
味界清淨與舌識界清淨无二无二分无別
无斷故舌識界清淨故舌觸清淨舌觸清淨
故舌識界清淨何以故是舌識界清淨與舌
觸清淨无二无二分无別无斷故舌觸清淨
故舌觸爲緣所生諸受清淨舌觸爲緣所生
諸受清淨故舌觸清淨何以故是舌觸清淨
與舌觸爲緣所生諸受清淨无二无二分无

BD04819號　大般若波羅蜜多經卷二〇四　（18–3）

味界清淨與舌識界清淨无二无二分无別
无斷故舌識界清淨故舌觸清淨舌觸清淨
故舌識界清淨何以故是舌識界清淨與舌
觸清淨无二无二分无別无斷故舌觸清淨
故舌觸爲緣所生諸受清淨舌觸爲緣所生
諸受清淨故舌觸清淨何以故是舌觸清淨
與舌觸爲緣所生諸受清淨无二无二分无
別无斷舌觸爲緣所生諸受清淨故身界
清淨身界清淨故舌觸爲緣所生諸受清淨
何以故是舌觸爲緣所生諸受清淨與身界
清淨无二无二分无別无斷故身界清淨故
觸界清淨觸界清淨故身界清淨何以故是
身界清淨與觸界清淨无二无二分无別无
斷故觸界清淨故身識界清淨身識界清淨
故觸界清淨何以故是觸界清淨與身識界
清淨无二无二分无別无斷故身識界清淨
故身觸清淨身觸清淨故身識界清淨何以
故是身識界清淨與身觸清淨无二无二分
无別无斷故身觸清淨故身觸爲緣所生諸
受清淨身觸爲緣所生諸受清淨故身觸清
淨何以故是身觸清淨與身觸爲緣所生諸
受清淨无二无二分无別无斷故身觸爲緣
所生諸受清淨故意界清淨意界清淨故身
觸爲緣所生諸受清淨何以故是身觸爲緣
所生諸受清淨與意界清淨无二无二分无
別无斷故意界清淨故法界清淨法界清淨
故意界清淨何以故是意界清淨與法界清
淨无二无二分无別无斷故法界清淨故意
識界清淨意識界清淨故法界清淨何以故

BD04819號　大般若波羅蜜多經卷二〇四　（18–4）

所生諸受清淨故意界清淨意界清淨故身
觸為緣所生諸受清淨何以故是身觸為緣
所生諸受清淨與意界清淨无二无二分无
別无斷故意界清淨故法界清淨法界清淨
故意界清淨何以故是意界清淨與法界清
淨无二无二分无別无斷故法界清淨故意
識界清淨意識界清淨故法界清淨何以故
是法界清淨與意識界清淨无二无二分无
別无斷故意識界清淨故意觸清淨意觸清
淨故意識界清淨何以故是意識界清淨與
意觸清淨无二无二分无別无斷故意觸清
淨故意觸為緣所生諸受清淨意觸為緣
所生諸受清淨故意觸清淨何以故是意觸
清淨與意觸為緣所生諸受清淨无二无二分
无別无斷故意觸為緣所生諸受清淨故地
界清淨地界清淨故意觸為緣所生諸受清
淨何以故是意觸為緣所生諸受清淨與地
界清淨无二无二分无別无斷故地界清淨
故水界清淨水界清淨故地界清淨何以故
是地界清淨與水界清淨无二无二分无別
无斷故水界清淨故火界清淨火界清淨故
水界清淨何以故是水界清淨與火界清淨
无二无二分无別无斷故火界清淨故風界
清淨風界清淨故火界清淨何以故是火界
清淨與風界清淨无二无二分无別无斷故
風界清淨故空界清淨空界清淨故風界清
淨何以故是風界清淨與空界清淨无二无
二分无別无斷故空界清淨故識界清淨識
界清淨故空界清淨何以故是空界清淨與

清淨風界清淨故火界清淨何以故是火界
清淨與風界清淨无二无二分无別无斷故
風界清淨故空界清淨空界清淨故風界清
淨何以故是風界清淨與空界清淨无二无
二分无別无斷故空界清淨故識界清淨識
界清淨故空界清淨何以故是空界清淨與
識界清淨无二无二分无別无斷故識界清
淨故无明清淨无明清淨故識界清淨何以
故是識界清淨與无明清淨无二无二分无
別无斷故无明清淨故行清淨行清淨故无
明清淨何以故是无明清淨與行清淨无二
无二分无別无斷故行清淨故識清淨識清
淨故行清淨何以故是行清淨與識清淨无
二无二分无別无斷故識清淨故名色清淨
名色清淨故識清淨何以故是識清淨與名
色清淨无二无二分无別无斷故名色清淨
故六處清淨六處清淨故名色清淨何以故
是名色清淨與六處清淨无二无二分无別
无斷故六處清淨故觸清淨觸清淨故六處
清淨何以故是六處清淨與觸清淨无二无
二分无別无斷故觸清淨故受清淨受清淨
故觸清淨何以故是觸清淨與受清淨无二
无二分无別无斷故受清淨故愛清淨愛
清淨故受清淨何以故是受清淨與愛清淨无
二无二分无別无斷故愛清淨故取清淨取
清淨故愛清淨何以故是愛清淨與取清淨
无二无二分无別无斷故取清淨故有清淨
有清淨故取清淨何以故是取清淨與有清淨
无二无二分无別无斷故有清淨故生清淨生

清淨故受清淨何以故是受清淨與愛清淨无
二无二分无別无斷故愛清淨故取清淨取
清淨故愛清淨何以故是愛清淨與取清淨
无二无二分无別无斷故取清淨故有清淨
有清淨故取清淨何以故是取清淨與有清淨
无二无二分无別无斷故有清淨故生清淨生
清淨故有清淨何以故是有清淨與生清淨
无二无二分无別无斷故生清淨故老死愁
歎苦憂惱清淨老死愁歎苦憂惱清淨故
生清淨何以故是生清淨與老死愁歎苦憂惱
清淨无二无二分无別无斷故老死愁歎苦
憂惱清淨故布施波羅蜜多清淨布施波羅
蜜多清淨故老死愁歎苦憂惱清淨何以故
是老死愁歎苦憂惱清淨與布施波羅蜜多
清淨无二无二分无別无斷故布施波羅蜜
多清淨故淨戒波羅蜜多清淨淨戒波羅
蜜多清淨故布施波羅蜜多清淨何以故是
布施波羅蜜多清淨與淨戒波羅蜜多清淨
无二无二分无別无斷故淨戒波羅蜜多清淨
故安忍波羅蜜多清淨安忍波羅蜜多清淨
故淨戒波羅蜜多清淨何以故是淨戒波羅
蜜多清淨與安忍波羅蜜多清淨无二无二
分无別无斷故安忍波羅蜜多清淨故精進
波羅蜜多清淨精進波羅蜜多清淨故安忍
波羅蜜多清淨何以故是安忍波羅蜜多清
淨與精進波羅蜜多清淨无二无二分无別无
斷故精進波羅蜜多清淨故靜慮波羅蜜
多清淨靜慮波羅蜜多清淨故精進羅蜜

BD04819號　大般若波羅蜜多經卷二〇四　（18–7）

蜜多清淨與安忍波羅蜜多清淨无二无二
分无別无斷故安忍波羅蜜多清淨故精進
波羅蜜多清淨精進波羅蜜多清淨故安忍
波羅蜜多清淨何以故是安忍波羅蜜多清
淨與精進波羅蜜多清淨无二无二分无別无
斷故精進波羅蜜多清淨故靜慮波羅蜜
多清淨靜慮波羅蜜多清淨故精進羅蜜
多清淨何以故是精進波羅蜜多清淨與靜
慮波羅蜜多清淨无二无二分无別无斷故
靜慮波羅蜜多清淨故般若波羅蜜多清淨
般若波羅蜜多清淨故靜慮波羅蜜多清淨
何以故是靜慮波羅蜜多清淨與般若波羅
蜜多清淨无二无二分无別无斷故般若波
羅蜜多清淨故內空清淨內空清淨故般
若波羅蜜多清淨何以故是般若波羅蜜多清
淨與內空清淨无二无二分无別无斷故內
空清淨故外空清淨外空清淨故內空清淨
何以故是內空清淨與外空清淨无二无二
分无別无斷故外空清淨故內外空清淨內
外空清淨故外空清淨何以故是外空清淨
與內外空清淨无二无二分无別无斷故內
外空清淨故空空清淨空空清淨故內外空
清淨何以故是內外空清淨與空空清淨无二
无二分无別无斷故空空清淨故大空清
淨大空清淨故空空清淨何以故是空空清
淨與大空清淨无二无二分无別无斷故大空
清淨故勝義空清淨勝義空清淨故大空
清淨何以故是大空清淨與勝義空清淨无
二无二分无別无斷故勝義空清淨故有為

BD04819號　大般若波羅蜜多經卷二〇四　（18–8）

无二分无別无斷故空空清淨故大空清
淨大空清淨故空空清淨何以故是空空清
淨與大空清淨无二无二分无別无斷故大空
清淨故勝義空清淨勝義空清淨故大空
清淨何以故是大空清淨與勝義空清淨无
二无二分无別无斷故勝義空清淨故有為
空清淨有為空清淨故勝義空清淨何以故
是勝義空清淨與有為空清淨无二无二分
无別无斷故有為空清淨故无為空清淨无
為空清淨故有為空清淨何以故是有為空
清淨與无為空清淨无二无二分无別无斷
故无為空清淨故畢竟空清淨畢竟空清
淨故无為空清淨何以故是无為空清淨无畢
竟空清淨无二无二分无別无斷故畢竟空
清淨故无際空清淨无際空清淨故畢竟空
清淨何以故是畢竟空清淨與无際空清淨
无二无二分无別无斷故際空清淨故散空
清淨散空清淨故无際空清淨何以故是
无際空清淨與散空清淨无二无二分无別
无斷故散空清淨故无變異空清淨无變
異空清淨故散空清淨何以故是散空清淨與
无變異空清淨无二无二分无別无斷故无
變異空清淨故本性空清淨本性空清淨故
无變異空清淨何以故是无變異空清淨與
本性空清淨无二无二分无別无斷故本性
空清淨故自相空清淨自相空清淨故本性
空清淨何以故是本性空清淨與自相空清
淨无二无二分无別无斷故自相空清淨故共

變異空清淨故本性空清淨本性空清淨故
无變異空清淨何以故是无變異空清淨與
本性空清淨无二无二分无別无斷故本性
空清淨故自相空清淨自相空清淨故本性
空清淨何以故是本性空清淨與自相空清
淨无二无二分无別无斷故自相空清淨故共
相空清淨共相空清淨故自相空清淨何
以故是自相空清淨與共相空清淨无二无
二分无別无斷故共相空清淨故一切法空
清淨一切法空清淨故共相空清淨何以故
是共相空清淨與一切法空清淨无二无二
分无別无斷故一切法空清淨故不可得空
清淨不可得空清淨故一切法空清淨何以故
是一切法空清淨與不可得空清淨无二无
二分无別无斷故不可得空清淨故无性空
清淨无性空清淨故不可得空清淨何以故
是不可得空清淨與无性空清淨无二无二
分无別无斷故无性空清淨故自性空清淨
自性空清淨故无性空清淨何以故是无性
空清淨與自性空清淨无二无二分无別
无斷故自性空清淨故无性自性空清淨无性
自性空清淨故自性空清淨何以故是自性
空清淨與无性自性空清淨无二无二分无
別无斷故无性自性空清淨故真如清淨真
如清淨故无性自性空清淨何以故是无性
自性空清淨與真如清淨无二无二分无別
无斷故真如清淨故法界清淨法界清淨故
真如清淨何以故是真如清淨與法界清淨

別无斷故无性自性空清淨故真如清淨真
如清淨故无性自性空清淨何以故是无性
自性空清淨與真如清淨无二无二分无別
无斷故真如清淨故法界清淨法界清淨故
真如清淨何以故是真如清淨與法界清淨
无二无二分无別无斷故法界清淨故法性
清淨法性清淨故法界清淨何以故是法界
清淨與法性清淨无二无二分无別无斷故
法性清淨故不虛妄性清淨不虛妄性清淨
故法性清淨何以故是法性清淨與不虛妄
性清淨无二无二分无別无斷故不虛妄性
清淨故不變異性清淨不變異性清淨故不
虛妄性清淨何以故是不虛妄性清淨與不
變異性清淨无二无二分无別无斷故不變
異性清淨故平等性清淨平等性清淨故不
變異性清淨何以故是不變異性清淨與平
等性清淨无二无二分无別无斷故平等性
清淨故離生性清淨離生性清淨故平等性
清淨何以故是平等性清淨與離生性清淨
无二无二分无別无斷故離生性清淨故法
定清淨法定清淨故離生性清淨何以故是
離生性清淨與法定清淨无二无二分无別
无斷故法定清淨故法住清淨法住清淨故
法定清淨何以故是法定清淨與法住清淨
无二无二分无別无斷故法住清淨故實際
清淨實際清淨故法住清淨何以故是法住
清淨與實際清淨无二无二分无別无斷故
實際清淨故虛空界清淨虛空界清淨故實

BD04819 號　大般若波羅蜜多經卷二〇四　（18–11）

无斷故法定清淨故法住清淨故
法定清淨何以故是法定清淨與法住清淨
无二无二分无別无斷故法住清淨故實際
清淨實際清淨故法住清淨何以故是法住
清淨與實際清淨无二无二分无別无斷故
實際清淨故虛空界清淨虛空界清淨故實
際清淨何以故是實際清淨與虛空界清淨
无二无二分无別无斷故虛空界清淨故不
思議界清淨不思議界清淨故虛空界清淨
何以故是虛空界清淨與不思議界清淨无
二无二分无別无斷故不思議界清淨故苦聖
諦清淨苦聖諦清淨故不思議界清淨何
以故是不思議界清淨與苦聖諦清淨无二
无二分无別无斷故苦聖諦清淨故集聖
諦清淨集聖諦清淨故苦聖諦清淨何以故
是苦聖諦清淨與集聖諦清淨无二无二分无
別无斷故集聖諦清淨故滅聖諦清淨滅聖
諦清淨故集聖諦清淨何以故是集聖諦
淨與滅聖諦清淨无二无二分无別无斷故
滅聖諦清淨故道聖諦清淨道聖諦清淨
滅聖諦清淨何以故是滅聖諦清淨與道聖
諦清淨无二无二分无別无斷故道聖諦清
淨故四靜慮清淨四靜慮清淨故道聖諦清
淨何以故是道聖諦清淨與四靜慮清淨无
二无二分无別无斷故四靜慮清淨故四无量
清淨四无量清淨故四靜慮清淨何以故是
四靜慮清淨與四无量清淨无二无二分无
別无斷故四无量清淨故四无色定清淨四
无色定清淨故四无量清淨何以故是四无

BD04819 號　大般若波羅蜜多經卷二〇四　（18–12）

淨故四靜慮清淨故道聖諦清
淨何以故是道聖諦清淨與四靜慮清淨无
二无二分无別无斷故四靜慮清淨故四无量
清淨四无量清淨故四靜慮清淨何以故是
四靜慮清淨與四无量清淨无二无二分无
別无斷故四无量清淨故四无色定清淨四
无色定清淨故四无量清淨何以故是四无
量清淨與四无色定清淨无二无二分无別
无斷故四无色定清淨故八解脫清淨八解
脫清淨故四无色定清淨何以故是四无色
定清淨與八解脫清淨无二无二分无別无
斷故八解脫清淨故八勝處清淨八勝處清
淨故八解脫清淨何以故是八解脫清淨與
八勝處清淨无二无二分无別无斷故八勝
處清淨故九次第定清淨九次第定清淨故
八勝處清淨何以故是八勝處清淨與九次
第定清淨无二无二分无別无斷故九次第
定清淨故十遍處清淨十遍處清淨故九次
第定清淨何以故是九次第定清淨與十遍
處清淨无二无二分无別无斷故十遍處清
淨故四念住清淨四念住清淨故十遍處清
淨何以故是十遍處清淨與四念住清淨无
二无二分无別无斷故四念住清淨故四正
斷清淨四正斷清淨故四念住清淨何以故
是四念住清淨與四正斷清淨无二无二分
无別无斷故四正斷清淨故四神足清淨四
神足清淨故四正斷清淨何以故是四正斷
清淨與四神足清淨无二无二分无別无斷
故四神足清淨故五根清淨五根清淨故四

无別无斷故四念住清淨故四正
斷清淨四正斷清淨故四念住清淨何以故
是四念住清淨與四正斷清淨无二无二分
无別无斷故四正斷清淨故四神足清淨四
神足清淨故四正斷清淨何以故是四正斷
清淨與四神足清淨无二无二分无別无斷
故四神足清淨故五根清淨五根清淨故四
神足清淨何以故是四神足清淨與五根清
淨无二无二分无別无斷故五根清淨故五
力清淨五力清淨故五根清淨何以故是五
根清淨與五力清淨无二无二分无別无斷
故五力清淨故七等覺支清淨七等覺支清
淨故五力清淨何以故是五力清淨與七等
覺支清淨无二无二分无別无斷故七等
覺支清淨故八聖道支清淨八聖道支清淨
故七等覺支清淨何以故是七等覺支清淨與
八聖道支清淨无二无二分无別无斷故八
聖道支清淨故空解脫門清淨空解脫門清
淨故八聖道支清淨何以故是八聖道支清淨
與空解脫門清淨无二无二分无別无斷故
空解脫門清淨故无相解脫門清淨无相解
脫門清淨故空解脫門清淨何以故是空
解脫門清淨與无相解脫門清淨无二无二
分无別无斷故无相解脫門清淨故无願解
脫門清淨无願解脫門清淨故无想解脫門
清淨何以故是无相解脫門清淨與无願解
脫門清淨无二无二分无別无斷故无願解
脫門清淨故菩薩十地清淨菩薩十地清淨
故无願解脫門清淨何以故是无願解脫門

分无別无斷故无相解脫門清淨故无願解
脫門清淨无願解脫門清淨故无想解脫門
清淨何以故是无相解脫門清淨與无願解
脫門清淨无二无二分无別无斷故无願解
脫門清淨故菩薩十地清淨菩薩十地清淨
故无願解脫門清淨何以故是无願解脫門
清淨與菩薩十地清淨无二无二分无別无
斷故菩薩十地清淨故五眼清淨五眼清淨
故菩薩十地清淨何以故是菩薩十地清淨
與五眼清淨无二无二分无別无斷故五眼
清淨故六神通清淨六神通清淨故五眼清
淨何以故是五眼清淨與六神通清淨无二
无二分无別无斷故六神通清淨故佛十力
清淨佛十力清淨故六神通清淨何以故是
六神通清淨與佛十力清淨无二无二分无
別无斷故佛十力清淨故四无所畏清淨四
无所畏清淨故佛十力清淨何以故是佛十
力清淨與四无所畏清淨无二无二分无別
无斷故四无所畏清淨故四无礙解清淨四
无礙解清淨故四无所畏清淨何以故是四
无所畏清淨與四无礙解清淨无二无二分
无別无斷故四无礙解清淨故大慈清淨大
慈清淨故四无礙解清淨何以故是四无礙
解清淨與大慈清淨无二无二分无別无斷
故大慈清淨故大悲清淨大悲清淨故大慈
清淨何以故是大慈清淨與大悲清淨无二
无二分无別无斷故大悲清淨故大喜清淨
大喜清淨故大悲清淨何以故是大悲清淨

慈清淨故四无礙解清淨何以故是四无礙
解清淨與大慈清淨无二无二分无別无斷
故大慈清淨故大悲清淨大悲清淨故大慈
清淨何以故是大慈清淨與大悲清淨无二
无二分无別无斷故大悲清淨故大喜清淨
大喜清淨故大悲清淨何以故是大悲清淨
與大喜清淨无二无二分无別无斷故大喜
清淨故大捨清淨大捨清淨故大喜清淨何
以故是大喜清淨與大捨清淨无二无二分
无別无斷故大捨清淨故十八佛不共法清
淨十八佛不共法清淨故大捨清淨何以故
是大捨清淨與十八佛不共法清淨无二无二
分无別无斷故十八佛不共法清淨故无
忘失法清淨无忘失法清淨故十八佛不共
法清淨何以故是十八佛不共法清淨與无
忘失法清淨无二无二分无別无斷故无忘
失法清淨故恒住捨性清淨恒住捨性清淨
故无忘失法清淨何以故是无忘失法清淨
與恒住捨性清淨无二无二分无別无斷故
恒住捨性清淨故一切智清淨一切智清淨
故恒住捨性清淨何以故是恒住捨性清淨
與一切智清淨无二无二分无別无斷故一切
智清淨故道相智清淨道相智清淨故一
切智清淨何以故是一切智清淨與道相智
清淨无二无二分无別无斷故道相智清淨
故一切相智清淨一切相智清淨故道相智
清淨何以故是道相智清淨與一切相智清
淨无二无二分无別无斷故一切相智清淨
故一切陁羅尼門清淨一切陁羅尼門清

智清淨故道相智清淨道相智清淨故一
切智清淨何以故是一切智清淨與道相智
清淨无二无二分无別无斷故道相智清淨
故一切相智清淨一切相智清淨故道相智
清淨何以故是道相智清淨與一切相智清
淨无二无二分无別无斷故一切相智清淨
故一切陁羅尼門清淨一切陁羅尼門清淨
故一切相智清淨何以故是一切相智清淨
與一切陁羅尼門清淨无二无二分无別无
斷故一切陁羅尼門清淨故一切三摩地門清
淨一切三摩地門清淨故一切陁羅尼門
清淨何以故是一切陁羅尼門清淨與一切
三摩地門清淨无二无二分无別无斷故一
切三摩地門清淨故預流果清淨預流果清淨
故一切三摩地門清淨何以故是一切三摩
地門清淨與預流果清淨无二无二分无別
无斷故預流果清淨故一來果清淨一來果
清淨故預流果清淨何以故是預流果清淨
與一來果清淨无二无二分无別无斷故一來
果清淨故不還果清淨不還果清淨故一來
果清淨何以故是一來果清淨與不還果清
淨无二无二分无別无斷故不還果清淨
故阿羅漢果清淨阿羅漢果清淨故不還
清淨何以故是不還果清淨與阿羅漢果清
淨无二无二分无別无斷故阿羅漢果清淨
故獨覺菩提清淨獨覺菩提清淨故阿羅漢
果清淨何以故是阿羅漢果清淨與獨覺菩
提清淨无二无二分无別无斷故獨覺菩提

BD04819 號　大般若波羅蜜多經卷二〇四　（18–17）

故阿羅漢果清淨阿羅漢果清淨故不還果清
清淨何以故是不還果清淨與阿羅漢果清
淨无二无二分无別无斷故阿羅漢果清淨
故獨覺菩提清淨獨覺菩提清淨故阿羅漢
果清淨何以故是阿羅漢果清淨與獨覺菩
提清淨无二无二分无別无斷故獨覺菩提
清淨故一切菩薩摩訶薩行清淨一切菩薩
摩訶薩行清淨故獨覺菩提清淨何以故是
獨覺菩提清淨與一切菩薩摩訶薩行清
淨无二无二分无別无斷故一切菩薩摩訶薩
行清淨故諸佛无上正等菩提清淨諸佛
无上正等菩提清淨故一切菩薩摩訶薩行
清淨何以故是一切菩薩摩訶薩行清淨與
諸佛无上正等菩提清淨无二无二分无別无
斷故

大般若波羅蜜多經卷第二百四

BD04819 號　大般若波羅蜜多經卷二〇四　（18–18）

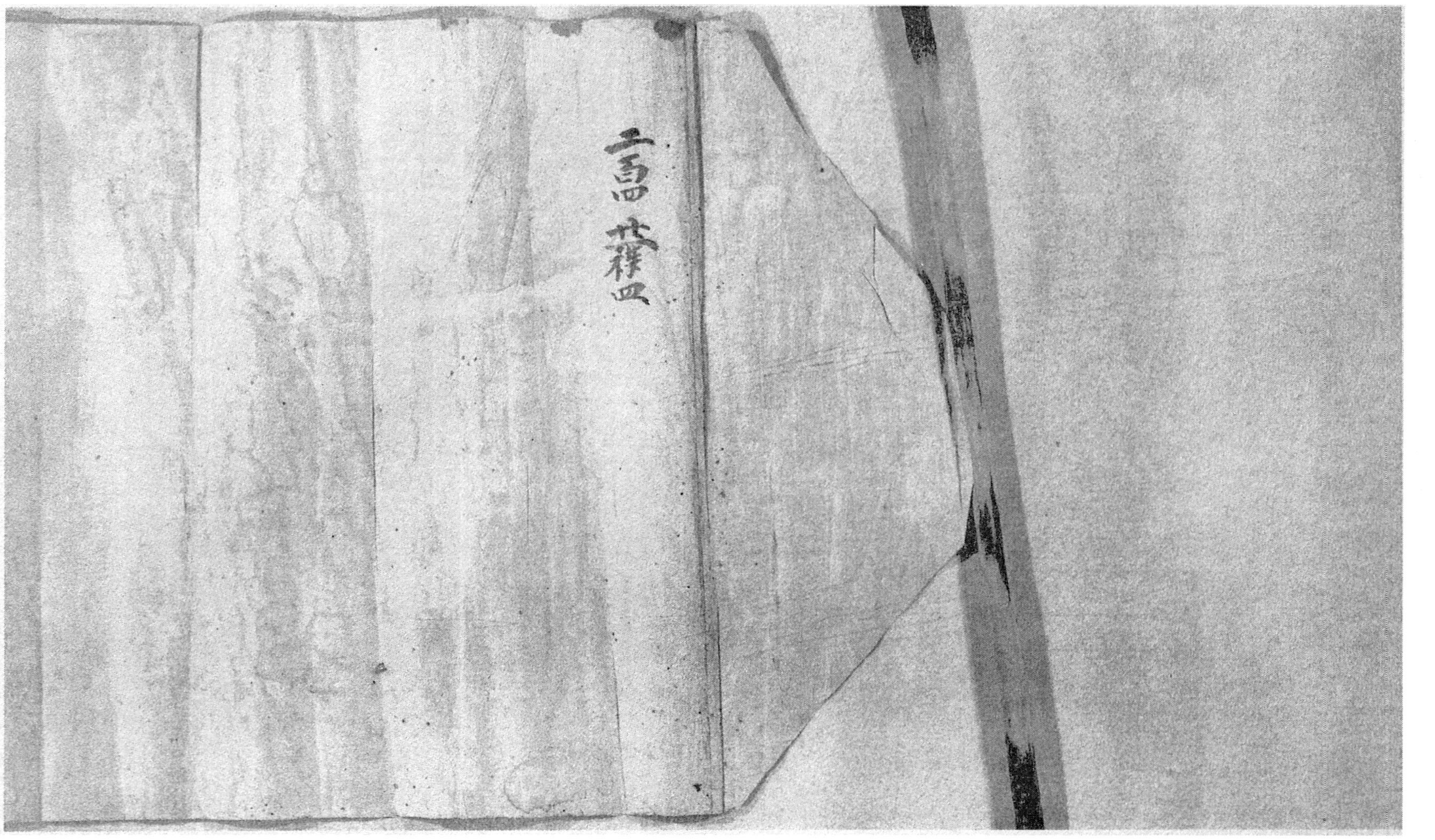

BD04819 號背　勘記　（1–1）

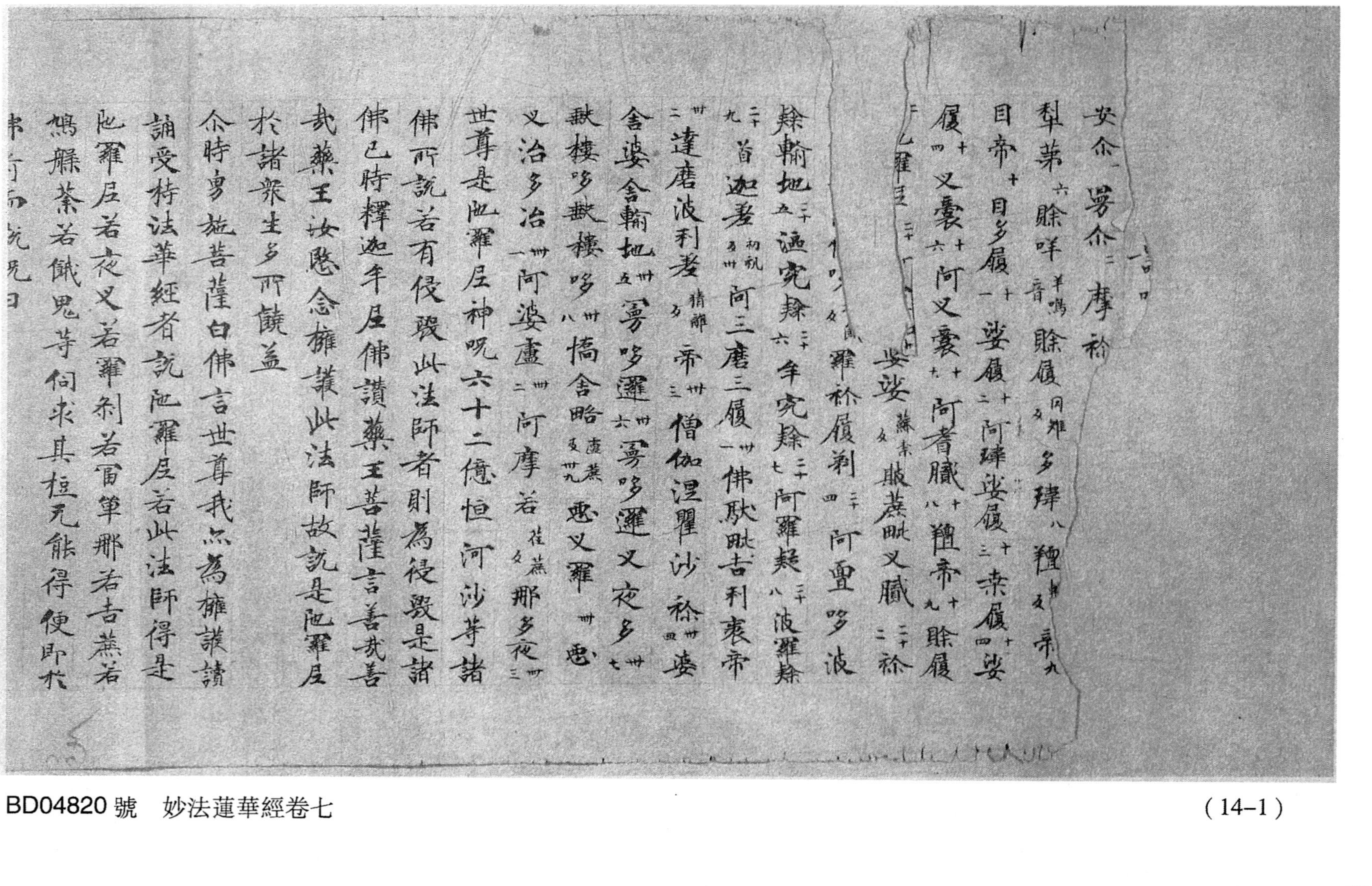

BD04820 號　妙法蓮華經卷七　（14–1）

善哉藥王汝愍念擁護此法師故說是陁羅尼
於諸眾生多所饒益
尒時勇施菩薩白佛言世尊我亦為擁護讀
誦受持法華經者說陁羅尼若此法師得是
陁羅尼若夜叉若羅剎若富單那若吉蔗若
鳩槃茶若餓鬼等伺求其短无能得便即於
佛前而說呪曰
痤（惟蘂反）隸一 摩訶痤隸二 郁枳三 目枳四 阿
隸五 阿羅婆第六 涅隸第七 涅隸多婆第八
伊緻（猪履反）柅九 韋緻柅十 旨緻柅十一 涅隸墀柅十二
涅隸墀婆底十三
世尊是陁羅尼神呪恒河沙等諸佛所說亦
皆隨喜若有侵毀此法師者則為侵毀是諸
佛已
尒時毗沙門天王護世者白佛言世尊我亦
為愍念眾生擁護此法師故說是陁羅尼即
說呪曰
阿梨一 那梨二 㝹那梨三 阿那盧四 那履五
拘那履六
世尊以是神呪擁護法師我亦自當擁護持
是經者令百由旬內无諸衰患
尒時持國天王在此會中與千万億那由他乾
闥婆眾恭敬圍遶前詣佛所合掌白佛言
世尊我亦以陁羅尼神呪擁護持法華經者
即說呪曰

BD04820號　妙法蓮華經卷七

（14–2）

是經者令百由旬內无諸衰患
尒時持國天王在此會中與千万億那由他乾
闥婆眾恭敬圍遶前詣佛所合掌白佛言
世尊我亦以陁羅尼神呪擁護持法華經者
即說呪曰
阿伽祢一 伽祢二 瞿利三 乾陁利四 旃陁利五
摩蹬耆六 常求利七 浮樓莎柅八 頞底九
世尊是陁羅尼神呪卌二億諸佛所說若有
侵毀此法師者則為侵毀是諸佛已
尒時有羅剎女等一名藍婆二名毗藍婆三
名曲齒四名華齒五名黑齒六名多髮七名
无猒足八名持瓔珞九名睾帝十名奪一切
眾生精氣是十羅剎女與鬼子母并其子及
眷屬俱詣佛所同聲白佛言世尊我亦欲擁
護讀誦受持法華經者除其衰患若有伺求
法師短者令不得便即於佛前而說呪曰
伊提履一 伊提泯二 伊提履三 阿提履四 伊提
履五 泥履六 泥履七 泥履八 泥履九 泥履十
樓醯十一 樓醯十二 樓醯十三 樓醯十四 多醯十五 多
醯十六 多醯十七 兜醯十八 㝹醯十九
寧上我頭上莫惱於法師若夜叉若羅剎若
餓鬼若富單那若吉蔗若毗陁羅若犍䭾若
烏摩勒伽若阿䟦摩羅若夜叉吉蔗若人吉
蔗若熱病若一日若二日若三日若四日乃
至七日若常熱病若男形若女形若童男形

BD04820號　妙法蓮華經卷七

（14–3）

寧上我頭上莫惱於法師若夜叉若羅剎若
餓鬼若富單那若吉蔗若毗陁羅若揵䭾若
烏摩勒伽若阿䟦摩羅若夜叉吉蔗若人吉
蔗若熱病若一日若二日若三日若四日乃
至七日若常熱病若男形若女形若童男形
若童女形乃至夢中亦復莫惱即於佛前而
說偈言
若不順我呪　惱亂說法者　頭破作七分　如阿梨樹枝
如煞父母罪　亦如押油殃　斗秤欺誑人　調達破僧罪
犯此法師者　當獲如是殃
諸羅剎女說此偈已白佛言世尊我等亦當
身自擁護受持讀誦脩行是經者令得安隱
離諸衰患消衆毒藥佛告諸羅剎女善哉善
哉汝等但能擁護受持法華名者福不可量
何況擁護具足受持供養經巻華香瓔珞末
香塗香燒香幡蓋伎樂燃種種燈蘇燈油燈
諸香油燈蘇摩那華油燈瞻蔔華油燈婆師
迦華油燈優鉢羅華油燈如是等百千種供
養者睪諦汝等及眷屬應當擁護如是法
師說此陁羅尼呪品時六万八千人得无生
法忍
妙法蓮華經妙莊嚴王本事品第二十七
尒時佛告諸大衆乃往古世過无量无邊不
可思議阿僧祇劫有佛名雲雷音宿王華智
多陁阿伽度阿羅訶三藐三佛陁國名光明
莊嚴劫名憙見彼佛法中有王名妙莊嚴

法忍
妙法蓮華經妙莊嚴王本事品第二十七
尒時佛告諸大衆乃往古世過无量无邊不
可思議阿僧祇劫有佛名雲雷音宿王華智
多陁阿伽度阿羅訶三藐三佛陁國名光明
莊嚴劫名憙見彼佛法中有王名妙莊嚴
其王夫人名曰淨德有二子一名淨藏二名淨
眼是二子有大神力福德智慧久脩菩薩所
行之道所謂檀波羅蜜尸羅波羅蜜羼提波
羅蜜毗梨耶波羅蜜禪波羅蜜般若波羅蜜
方便波羅蜜慈悲喜捨乃卅七助道法皆
悉明了通達又得菩薩淨三昧日星宿三昧
淨光三昧淨色三昧淨照明三昧長莊嚴三
昧大威德藏三昧於此三昧亦悉通達尒時
彼佛欲引導妙莊嚴王及愍念衆生故說是
法華經時淨藏淨眼二子到其母所合十指
爪掌白言願母往詣雲雷音宿王華智佛所
我等亦當侍從親覲供養礼拜所以者何此
佛於一切天人衆中說法華經宜應聽受母
告子言汝父信受外道深著婆羅門法汝等
應往白父與共俱去淨藏淨眼合十指爪掌
白母我等是法王子而生此邪見家母告子言
汝等當憂念汝父爲現神變若得見者心
必清淨或聽我等往至佛所於是二子念其
父故踊在虛空高七多羅樹現種種神變於

白母我等是法王子而生此邪見家母告子言
汝等當憂念汝父為現神變若得見者心
必清淨或聽我等往至佛所於是二子念其
父故踊在虚空高七多羅樹現種種神變於
虚空中行住坐臥身上出水身下出火身下
出水身上出火或現大身滿虚空中而復現
小小復現大於空中滅忽然在地入地如水履
水如地現如是等種種神變令其父王心淨
信解時父見子神力如是心大歡喜得未
曾有合掌向子言汝等師為是誰誰之弟子
二子白言大王彼雲雷音宿王華智佛今在
七寶菩提樹下法座上坐於一切世間天人眾
中廣說法華經是我等師我是弟子父語
子言我今亦欲見汝等師可共俱往於是二
子從空中下到其母所合掌白母父王今已信
解堪任發阿耨多羅三藐三菩提心我等
為父已作佛事願母見聽於彼佛所出家修
道尒時二子欲重宣其意以偈白母
願母放我等　出家作沙門　諸佛甚難值　我等隨佛學
如優曇波羅　值佛復難是　脫諸難亦難　願聽我出家
母即告言聽汝出家所以者何佛難值故於
是二子白父母言善哉父母願時往詣雲雷音
宿王華智佛所親覲供養所以者何佛難
得值如優曇波羅華又如一眼之龜值浮木
孔而我等宿福深厚生值佛法是故父母當

BD04820號　妙法蓮華經卷七　（14–6）

母即告言聽汝出家所以者何佛難值故於
是二子白父母言善哉父母願時往詣雲雷音
宿王華智佛所親覲供養所以者何佛難
得值如優曇波羅華又如一眼之龜值浮木
孔而我等宿福深厚生值佛法是故父母當
聽我等令得出家所以者何諸佛難值時亦
難遇彼時妙莊嚴王後宮八万四千人皆悉
堪任受持是法華經淨眼菩薩於法華三昧
久已通達淨藏菩薩已於无量百千万億劫
通達離諸惡趣三昧欲令一切眾生離諸惡
趣故其王夫人得諸佛集三昧能知諸佛秘
密之藏二子如是以方便力善化其父令心
信解好樂佛法於是妙莊嚴王與群臣眷屬
俱淨德夫人與後宮采女眷屬俱其王二子
與四万二千人俱一時共詣佛所到已頭面
礼足繞佛三帀却住一面尒時彼佛為王說
法示教利喜王大歡悅尒時妙莊嚴王及其
夫人解頸真珠瓔珞價直百千以散佛上於
虚空中化成四柱寶臺臺中有大寶牀敷百
千万天衣其上有佛結跏趺坐放大光明尒
時妙莊嚴王作是念佛身希有端嚴殊特成
就第一微妙之色時雲雷音宿王華智佛告
四眾言汝等見是妙莊嚴王於我前合掌立
不此王於我法中作比丘精懃修習助佛道
法當得作佛號娑羅樹王國名大光劫名大

BD04820號　妙法蓮華經卷七　（14–7）

時妙莊嚴王作是念佛身希有端嚴殊特成
就第一微妙之色時雲雷音宿王華智佛告
四衆言汝等見是妙莊嚴王於我前合掌立
不此王於我法中作比丘精懃脩習助佛道
法當得作佛号娑羅樹王國名大光劫名大
高王其娑羅樹王佛有无量菩薩衆及无量
聲聞其國平正功德如是其王即時以國付
弟與夫人二子并諸眷屬於佛法中出家脩
道王出家已於八万四千歲常精進脩行妙
法華經過是已後得一切淨功德莊嚴三昧
即昇虛空高七多羅樹而白佛言世尊此我
二子已作佛事以神通變化轉我邪心令得安
住於佛法中得見世尊此二子者是我善
知識為欲發起宿世善根饒益我故來生我
家尒時雲雷音宿王華智佛告妙莊嚴王言
如是如是如汝所言若善男子善女人種善
根故世世得善知識其善知識能作佛事示
教利喜令入阿耨多羅三藐三菩提大王當
知善知識者是大因緣所謂化導令得見佛
發阿耨多羅三藐三菩提心大王汝見此二子
不此二子已曾供養六十五百千万億那由他
恒河沙諸佛親覲恭敬於諸佛所受持
法華經愍念邪見衆生令住正見妙莊嚴王
即從虛空中下而白佛言世尊如來甚希有
以功德智慧故頂上肉髻光明顯照其眼長

BD04820號　妙法蓮華經卷七　（14-8）

恒河沙諸佛親覲恭敬於諸佛所受持
法華經愍念邪見衆生令住正見妙莊嚴王
即從虛空中下而白佛言世尊如來甚希有
以功德智慧故頂上肉髻光明顯照其眼長
廣而紺青色眉間毫相白如珂月齒白齊密
常有光明脣色赤好如頻婆菓尒時妙莊嚴
王讚歎佛如是等无量百千万億功德已於
如來前一心合掌復白佛言世尊未曾有也
如來之法具足成就不可思議微妙功德教
戒所行安隱快善我從今日不復自隨心行
不生邪見憍慢瞋恚諸惡之心說是語已礼
佛而出佛告大衆於意云何妙莊嚴王豈異
人乎今華德菩薩是其淨德夫人今佛前光
照莊嚴相菩薩是哀愍妙莊嚴王及諸眷屬
故於彼中生其二子者今藥王菩薩藥上菩
薩是是藥王藥上菩薩成就如此諸大功德
已於无量百千万億諸佛所殖衆德本成就
不可思議諸善功德若有人識是二菩薩
名字者一切世間諸天人民亦應礼拜佛說是
妙莊嚴王本事品時八万四千人遠塵離垢
於諸法中得法眼淨

妙法蓮華經普賢菩薩勸發品第二十八

尒時普賢菩薩以自在神通威德名聞與大
菩薩无量无邊不可稱數從東方來所經諸
國普皆震動雨寶蓮華作无量百千万億種

BD04820號　妙法蓮華經卷七　（14-9）

於諸法中得法眼淨
妙法蓮華經普賢菩薩勸發品第二十八
尒時普賢菩薩以自在神通威德名聞與大
菩薩无量无邊不可稱數從東方來所經諸
國普皆震動雨寶蓮華作无量百千万億種
種伎樂又與无數諸天龍夜叉乹闥婆阿脩
羅迦樓羅緊那羅摩睺羅伽人非人等大衆
圍繞各現威德神通之力到娑婆世界耆闍
崛山中頭面礼釋迦牟尼佛右遶七帀白佛
言世尊我於寶威德上王佛國遥聞此娑婆
世界說法華經與无量无邊百千万億諸菩
薩衆共來聽受唯願世尊當為說之若善男
子善女人於如來滅後云何能得是法華經
佛告普賢菩薩若善男子善女人成就四法
於如來滅後當得是法華經一者為諸佛
護念二者殖諸德本三者入正定聚四者發
救一切衆生之心善男子善女人如是成就
四法於如來滅後必得是經尒時普賢菩薩
白佛言世尊於後五百歲濁惡世中其有受
持是經典者我當守護除其衰患令得安隱
使无伺求得其便者若魔若魔子魔女若
魔民若為魔所著者若夜叉若羅剎若鳩槃
荼若毗舍闍若吉蔗若富單那若韋陁羅等
諸惱人者皆不得便是人若行若立讀誦此
經我尒時乘六牙白象王與大菩薩衆俱詣
其所而自現身供養守護安慰其心亦為供

BD04820號　妙法蓮華經卷七　（14–10）

魔民若為魔所著者若夜叉若羅剎若鳩槃
荼若毗舍闍若吉蔗若富單那若韋陁羅等
諸惱人者皆不得便是人若行若立讀誦此
經我尒時乘六牙白象王與大菩薩衆俱詣
其所而自現身供養守護安慰其心亦為供
養法華經故是人若坐思惟此經尒時我復
乘白象王現其人前其人若於法華經有所
忘失一句一偈我當教之與共讀誦還令通
利尒時受持讀誦法華經者得見我身甚大
歡喜轉復精進以見我故即得三昧及陁羅
尼名為旋陁羅尼百千万億旋陁羅尼法音
方便陁羅尼得如是等陁羅尼世尊若後世
後五百歲濁惡世中比丘比丘尼優婆塞優
婆夷求索者受持者讀誦者書寫者欲脩習
是法華經於三七日中應一心精進滿三七
日已我當乘六牙白象與无量菩薩而自圍
遶以一切衆生所喜見身現其人前而為說
法示教利喜亦復與其陁羅尼呪得是陁羅
尼故无有非人能破壞者亦不為女人之所
惑亂我身亦自常護是人唯願世尊聽我
說此陁羅尼即於佛前而說呪曰
阿檀地 途賣反 一 檀陁婆地 二 檀陁婆帝 三 檀陁九
舍隸 四 檀陁脩陁隸 五 脩陁隸 六 脩陁羅波底
七 佛馱波羶禰 八 薩婆陁羅尼阿婆多尼 九 薩
婆婆沙阿婆多尼 十 脩阿婆多尼 十一 僧伽婆履
叉尼 十二 僧伽涅伽陁尼 十三 阿僧祇 十四 僧伽波伽
地 十五 帝隸阿惰僧伽兜略 盧遮反 阿羅帝婆羅帝 十六 薩
婆僧伽三摩地伽蘭地 十七 薩婆達磨脩波利剎

BD04820號　妙法蓮華經卷七　（14–11）

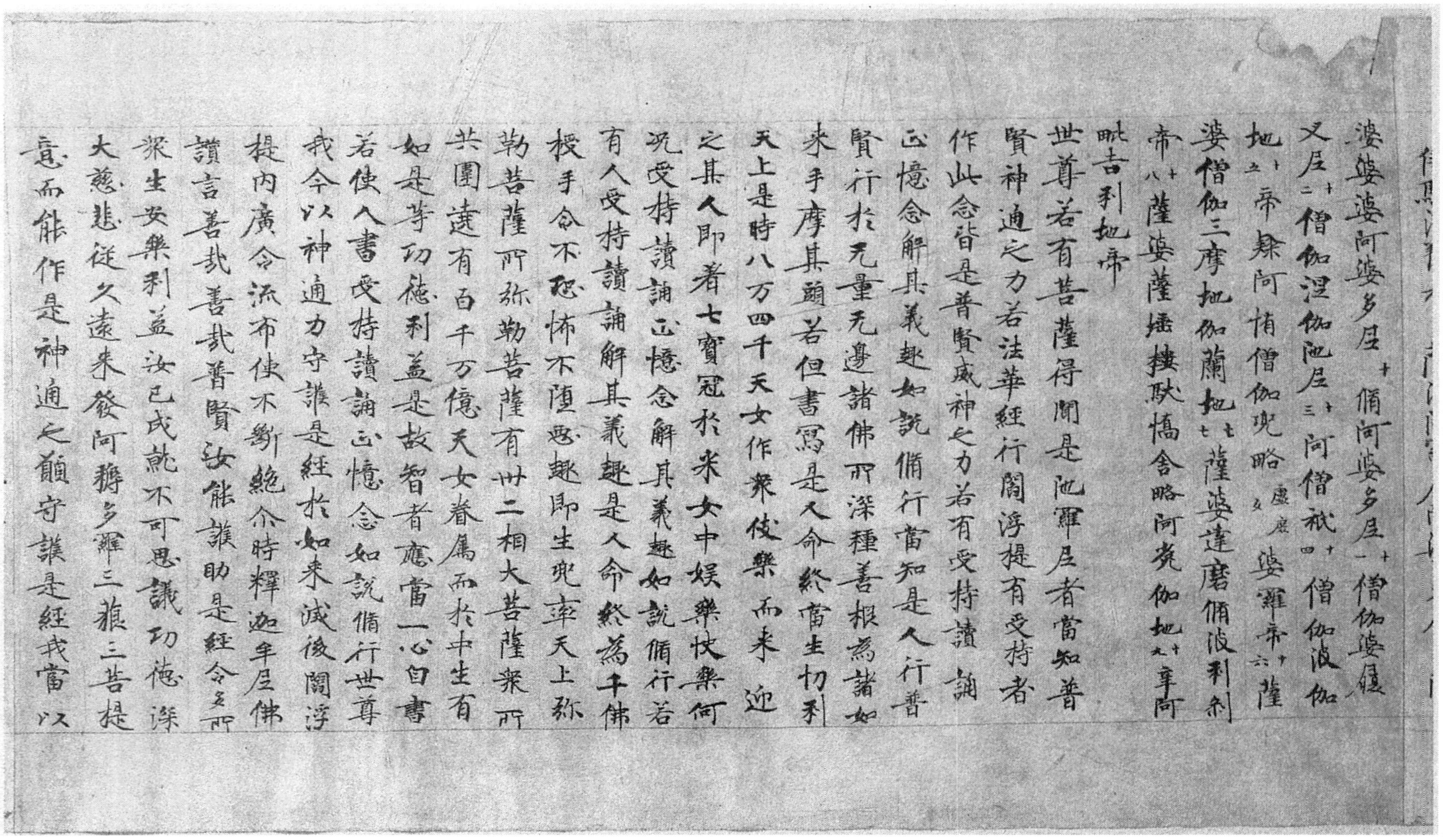

婆婆阿婆多尼十 脩阿婆多尼十一 僧伽婆履
叉尼十二 僧伽涅伽陀尼十三 阿僧祇十四 僧伽波伽
地十五 帝隸阿惰僧伽兜略盧遮反 婆羅帝十六 薩
婆僧伽三摩地伽蘭地十七 薩婆達磨脩波利剎
帝十八 薩婆薩埵樓馱憍舍略阿㝹伽地十九 辛阿
毗吉利地帝
世尊若有菩薩得聞是陀羅尼者當知普
賢神通之力若法華經行閻浮提有受持者
作此念皆是普賢威神之力若有受持讀誦
正憶念解其義趣如說脩行當知是人行普
賢行於无量无邊諸佛所深種善根為諸如
來手摩其頭若但書寫是人命終當生忉利
天上是時八万四千天女作衆伎樂而來迎
之其人即著七寶冠於婇女中娛樂快樂何
況受持讀誦正憶念解其義趣如說脩行若
有人受持讀誦解其義趣是人命終為千佛
授手令不恐怖不墮惡趣即生兜率天上彌
勒菩薩所彌勒菩薩有卅二相大菩薩衆所
共圍遶有百千万億天女眷屬而於中生有
如是等功德利益是故智者應當一心自書
若使人書受持讀誦正憶念如說脩行世尊
我今以神通力守護是經於如來滅後閻浮
提內廣令流布使不斷絕尒時釋迦牟尼佛
讚言善哉善哉普賢汝能護助是經令多所
衆生安樂利益汝已成就不可思議功德深
大慈悲從久遠來發阿耨多羅三藐三菩提
意而能作是神通之願守護是經我當以

BD04820號　妙法蓮華經卷七　（14–12）

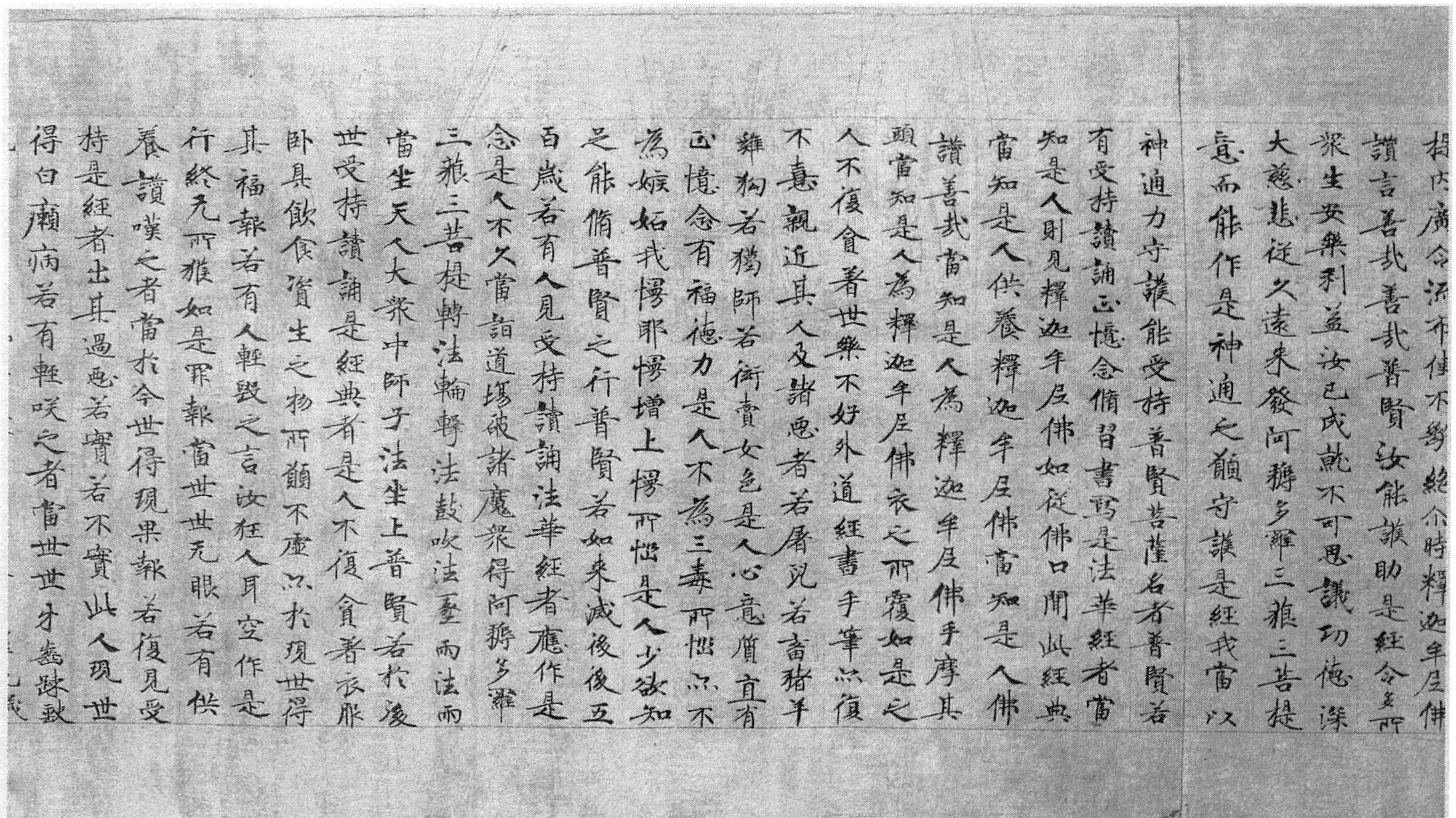

提內廣令流布使不斷絕尒時釋迦牟尼佛
讚言善哉善哉普賢汝能護助是經令多所
衆生安樂利益汝已成就不可思議功德深
大慈悲從久遠來發阿耨多羅三藐三菩提
意而能作是神通之願守護是經我當以
神通力守護能受持普賢菩薩名者普賢若
有受持讀誦正憶念脩習書寫是法華經者當
知是人則見釋迦牟尼佛如從佛口聞此經典
當知是人供養釋迦牟尼佛當知是人佛
讚善哉當知是人為釋迦牟尼佛手摩其
頭當知是人為釋迦牟尼佛衣之所覆如是之
人不復貪著世樂不好外道經書手筆亦復
不憙親近其人及諸惡者若屠兒若畜豬羊
雞狗若獵師若衒賣女色是人心意質直有
正憶念有福德力是人不為三毒所惱亦不
為嫉妬我慢邪慢增上慢所惱是人少欲知
足能脩普賢之行普賢若如來滅後後五
百歲若有人見受持讀誦法華經者應作是
念是人不久當詣道場破諸魔衆得阿耨多羅
三藐三菩提轉法輪擊法鼓吹法蠡雨法雨
當坐天人大衆中師子法坐上普賢若於後
世受持讀誦是經典者是人不復貪著衣服
臥具飲食資生之物所願不虛亦於現世得
其福報若有人輕毀之言汝狂人耳空作是
行終无所獲如是罪報當世世无眼若有供
養讚歎之者當於今世得現果報若復見受
持是經者出其過惡若實若不實此人現世
得白癩病若有輕笑之者當世世牙齒疏缺

BD04820號　妙法蓮華經卷七　（14–13）

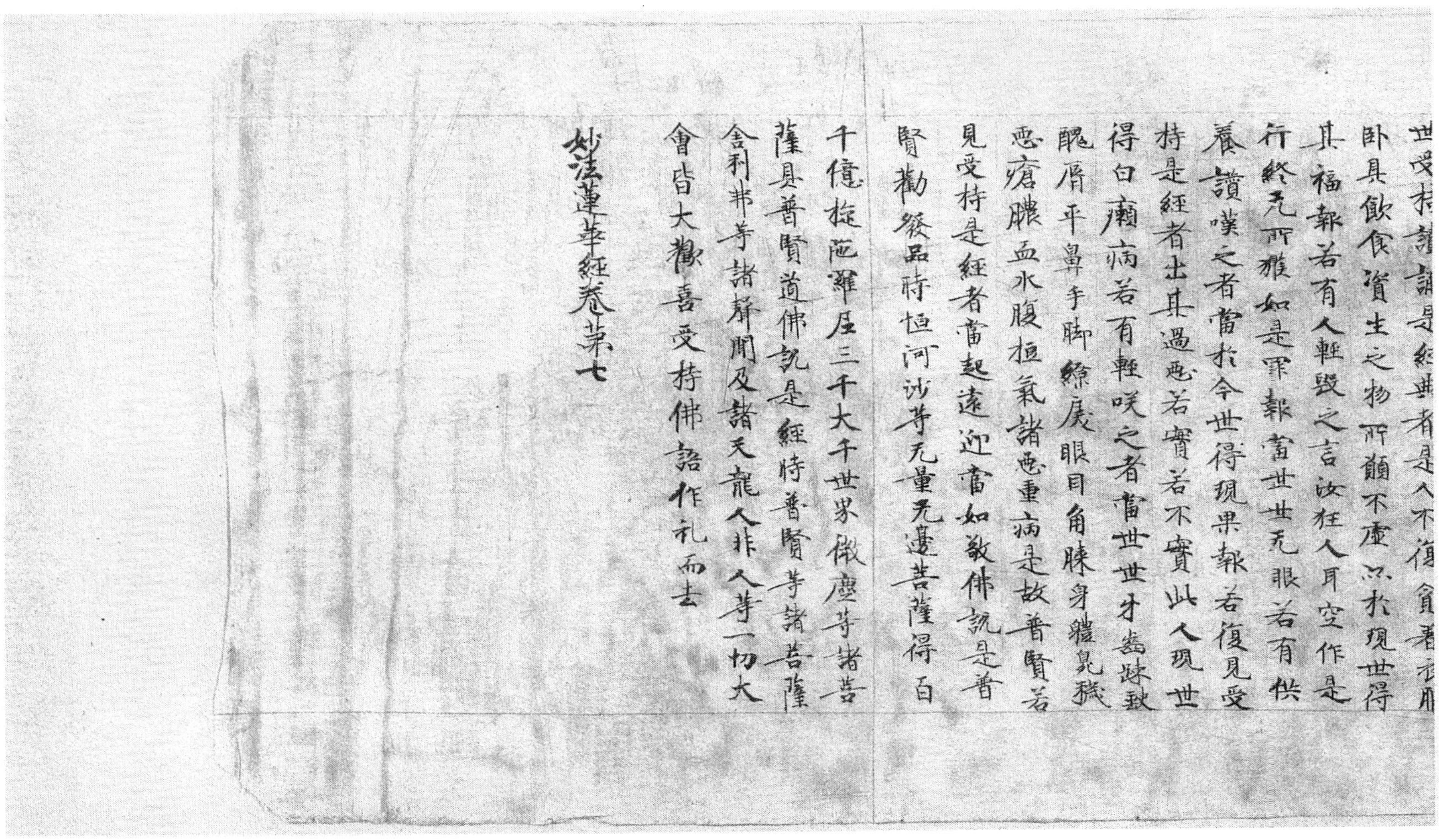
世受持讀誦是經典者是人不復貪著衣服
卧具飲食資生之物所願不虛亦於現世得
其福報若有人輕毀之言汝狂人耳空作是
行終无所獲如是罪報當世世无眼若有供
養讚歎之者當於今世得現果報若復見受
持是經者出其過惡若實若不實此人現世
得白癩病若有輕咲之者當世世牙齒踈缺
醜脣平鼻手脚繚戾眼目角睞身體臭穢
惡瘡膿血水腹短氣諸惡重病是故普賢若
見受持是經者當起遠迎當如敬佛說是普
賢勸發品時恒河沙等无量无邊菩薩得百
千億旋陀羅尼三千大千世界微塵等諸菩
薩具普賢道佛說是經時普賢等諸菩薩
舍利弗等諸聲聞及諸天龍人非人等一切大
會皆大歡喜受持佛語作禮而去

妙法蓮華經卷第七

BD04820號　妙法蓮華經卷七　（14–14）

BD04820號背　藏文雜寫（擬）　（7–1）

BD04820 號背　回鶻文勘記　（7–2）

BD04820 號背　回鶻文勘記　（7–3）

BD04820 號背　回鶻文勘記　（7–4）

BD04820 號背　回鶻文勘記　（7–5）

BD04820 號背　回鶻文勘記　　　　(7–6)

BD04820 號背　回鶻文勘記　　　　(7–7)

將非魔作佛　惱亂我心耶　……巧言說
其心安如海　我聞疑網斷　佛說過去世　无量滅度佛
安住方便中　亦皆說是法　現在未來佛　其數无有量
亦以諸方便　演說如是法　如今者世尊　從生及出家
得道轉法輪　亦以方便說　世尊說實道　波旬无此事
以是我定知　非是魔作佛　我墮疑網故　謂是魔所為
聞佛柔軟音　深遠甚微妙　演暢……　……心大歡喜
疑悔永已盡　安住實智中　……　為天人所敬
轉无上法輪　教化諸菩薩
尒時佛告舍利弗吾……婆羅門
等大眾中說我昔曾於二万億佛所為无上
道故常教化汝汝亦長夜隨我受學我以方
便引導汝故生我法中舍利弗我昔教汝志
願佛道汝今悉忘而便自謂已得滅度我今
還欲令汝憶念本願所行道故為諸聲聞說
是大乘經名妙法蓮華……薩法佛所護念
舍利弗汝於未來世……无量……不可思議
劫供養若干千万……菩薩
所行之道當得作佛号……如來應供正
遍知明行足善逝世間解无上士調御丈夫
天人師佛世尊國名離垢其土平正清淨嚴

BD04821號　妙法蓮華經卷二　（7–1）

還欲令汝憶念本願所行道故為諸聲聞說
是大乘經名妙法蓮華……薩法佛所護念
舍利弗汝於未來世……无量……不可思議
劫供養若干千万……足菩薩
所行之道當得作佛号……如來應供正
遍知明行足善逝世間解无上士調御丈夫
天人師佛世尊國名離垢其土平正清淨嚴
飾安隱豐樂天人熾盛瑠璃為地有八交道
黃金為繩以界其側其傍各有七寶行樹常
有華菓華光如來亦以三乘教化眾生舍利
弗彼佛出時雖非惡世……故說三乘法
其劫名大寶莊嚴何……寶莊嚴其國
中以菩薩為大寶故彼諸菩薩无量无邊不
可思議筭數譬喻所不能及非佛智力无能
知者若欲行時寶華承足此諸菩薩非初發
意皆久殖德本於无量百千万億佛所淨脩
梵行恒為諸佛之所稱歎常脩佛慧具大神
通善知一切諸法之門質直无偽志念堅固
如是菩薩充滿其國舍利弗華光佛壽十二
小劫除為王子未作佛時其國人民壽八小
劫華光如來過十二小劫授堅滿菩薩阿耨
多羅三藐三菩提記告諸比丘是堅滿菩薩
次當作佛号曰華足安行多陁阿伽度阿羅
訶三藐三佛陁其佛國土亦復如是舍利弗
是華光佛滅度之後正法住世三十二小劫
像法住世亦三十二小劫尒時世尊欲重宣
此義而說偈言

BD04821號　妙法蓮華經卷二　（7–2）

華光如來過十二小劫授堅滿菩薩阿耨
多羅三藐三菩提記告諸比丘是堅滿菩薩
次當作佛号曰華足安行多陁阿伽度阿羅
訶三藐三佛陁其佛國土亦復如是舍利弗
是華光佛滅度之後正法住世三十二小劫
像法住世亦三十二小劫尒時世尊欲重宣
此義而說偈言
舍利弗來世　成佛普智尊　号名曰華光　當度无量衆
供養无數佛　具足菩薩行　十力等功德　證於无上道
過无量劫已　劫名大寶嚴　世界名離垢　清淨无瑕穢
以瑠璃為地　金繩界其道　七寶雜色樹　常有華菓實
彼國諸菩薩　志念常堅固　神通波羅蜜　皆已悉具足
於无數佛所　善學菩薩道　如是等大士　華光佛所化
佛為王子時　棄國捨世榮　於最末後身　出家成佛道
華光佛住世　壽十二小劫　其國人民衆　壽命八小劫
佛滅度之後　正法住於世　三十二小劫　廣度諸衆生
正法滅盡已　像法三十二　舍利廣流布　天人普供養
華光佛所為　其事皆如是　其兩足聖尊　最勝无倫匹
彼即是汝身　宜應自欣慶
尒時四部衆比丘比丘尼優婆塞優婆夷天
龍夜叉乾闥婆阿脩羅迦樓羅緊那羅摩睺
羅伽等大衆見舍利弗於佛前受阿耨多羅
三藐三菩提記心大歡喜踊躍无量各各脫
身所著上衣以供養佛釋提桓因梵天王等
與无數天子亦以天妙衣天曼陁羅華摩訶
曼陁羅華等供養於佛所散天衣住虛空中
而自迴轉諸天伎樂百千万種於虛空中一
時俱作雨衆天華而作是言佛昔於波羅柰

BD04821 號　妙法蓮華經卷二　（7–3）

身所著上衣以供養佛釋提桓因梵天王等
與无數天子亦以天妙衣天曼陁羅華摩訶
曼陁羅華等供養於佛所散天衣住虛空中
而自迴轉諸天伎樂百千万種於虛空中一
時俱作雨衆天華而作是言佛昔於波羅柰
初轉法輪今乃復轉无上最大法輪尒時諸
天子欲重宣此義而說偈言
昔於波羅柰　轉四諦法輪　分別說諸法　五衆之生滅
今復轉最妙　无上大法輪　是法甚深奧　少有能信者
我等從昔來　數聞世尊說　未曾聞如是　深妙之上法
世尊說是法　我等皆隨喜　大智舍利弗　今得受尊記
我等亦如是　必當得作佛　於一切世間　最尊无有上
佛道叵思議　方便隨宜說　我所有福業　今世若過世
及見佛功德　盡迴向佛道
尒時舍利弗白佛言世尊我今无復疑悔親
於佛前得受阿耨多羅三藐三菩提記是諸
千二百心自在者昔住學地佛常教化言我
法能離生老病死究竟涅槃是學无學人亦
各自以離我見及有无見等謂得涅槃而今
於世尊前聞所未聞皆墮疑惑善哉世尊願
為四衆說其因緣令離疑悔尒時佛告舍利
弗我先不言諸佛世尊以種種因緣譬喻言
辭方便說法皆為阿耨多羅三藐三菩提耶
是諸所說皆為化菩薩故然舍利弗今當復
以譬喻更明此義諸有智者以譬喻得解舍
利弗若國邑聚落有大長者其年衰邁財富
无量多有田宅及諸僮僕其家廣大唯有一

BD04821 號　妙法蓮華經卷二　（7–4）

[illegible]
是諸所說皆為化菩薩故然舍利弗今當復
以譬喻更明此義諸有智者以譬喻得解舍
利弗若國邑聚落有大長者其年衰邁財富
无量多有田宅及諸僮僕其家廣大唯有一
門多諸人衆一百二百乃至五百人止住其
中堂閣朽故牆壁頹落柱根腐敗梁棟傾危
周帀俱時欻然火起焚燒舍宅長者諸子若
十二十或至三十在此宅中長者見是大火
從四面起即大驚怖而作是念我雖能於此
所燒之門安隱得出而諸子等於火宅內樂
著嬉戲不覺不知不驚不怖火來逼身苦痛
切己心不猒患无求出意舍利弗是長者作
是思惟我手有力當以衣裓若以几案從
舍出之復更思惟是舍唯有一門而復狹小
諸子幼稚未有所識戀著戲處或當墮落為
火所燒我當為說怖畏之事此舍已燒宜時
疾出无令為火之所燒害作是念已如所思
惟具告諸子汝等速出父雖憐愍善言誘喻
而諸子等樂著嬉戲不肯信受不驚不畏了
无出心亦復不知何者是火何者為舍云何
為失但東西走戲視父而已尒時長者即作
是念此舍已為大火所燒我及諸子若不時
出必為所焚我今當設方便令諸子等得免
斯害父知諸子先心各有所好種種珎玩奇
異之物情必樂著而告之言汝等所可玩好
希有難得汝若不取後必憂悔如此種種羊
車鹿車牛車今在門外可以遊戲汝等於此

BD04821號　妙法蓮華經卷二　（7–5）

[illegible]
出必為所焚我今當設方便令諸子等得免
斯害父知諸子先心各有所好種種珎玩奇
異之物情必樂著而告之言汝等所可玩好
希有難得汝若不取後必憂悔如此種種羊
車鹿車牛車今在門外可以遊戲汝等於此
火宅宜速出來隨汝所欲皆當與汝尒時諸
子聞父所說珎玩之物適其願故心各勇銳
互相推排競共馳走爭出火宅是時長者見
諸子等安隱得出皆於四衢道中露地而坐
无復障礙其心泰然歡喜踊躍時諸子等各
白父言父先所許玩好之具羊車鹿車牛車
願時賜與舍利弗尒時長者各賜諸子等一
大車其車高廣衆寶莊校周帀欄楯四面懸
鈴又於其上張設幰蓋亦以珎奇雜寶而嚴
飾之寶繩交絡垂諸華瓔重敷綩綖安置丹
枕駕以白牛膚色充潔形體姝好有大筋力
行步平正其疾如風又多僕從而侍衛之所
以者何是大長者財富无量種種諸藏悉皆
充溢而作是念我財物无極不應以下劣小
車與諸子等今此幼童皆是吾子愛无偏黨
我有如是七寶大車其數无量應當等心各
各與之不宜差別所以者何以我此物周給一
國猶尚不匱何況諸子是時諸子各乘大
車得未曾有非本所望舍利弗於汝意云何
是長者等與諸子珎寶大車寧有虛妄不舍
利弗言不也世尊是長者但令諸子得免火
難全其軀命非為虛妄何以故若全身命便

BD04821號　妙法蓮華經卷二　（7–6）

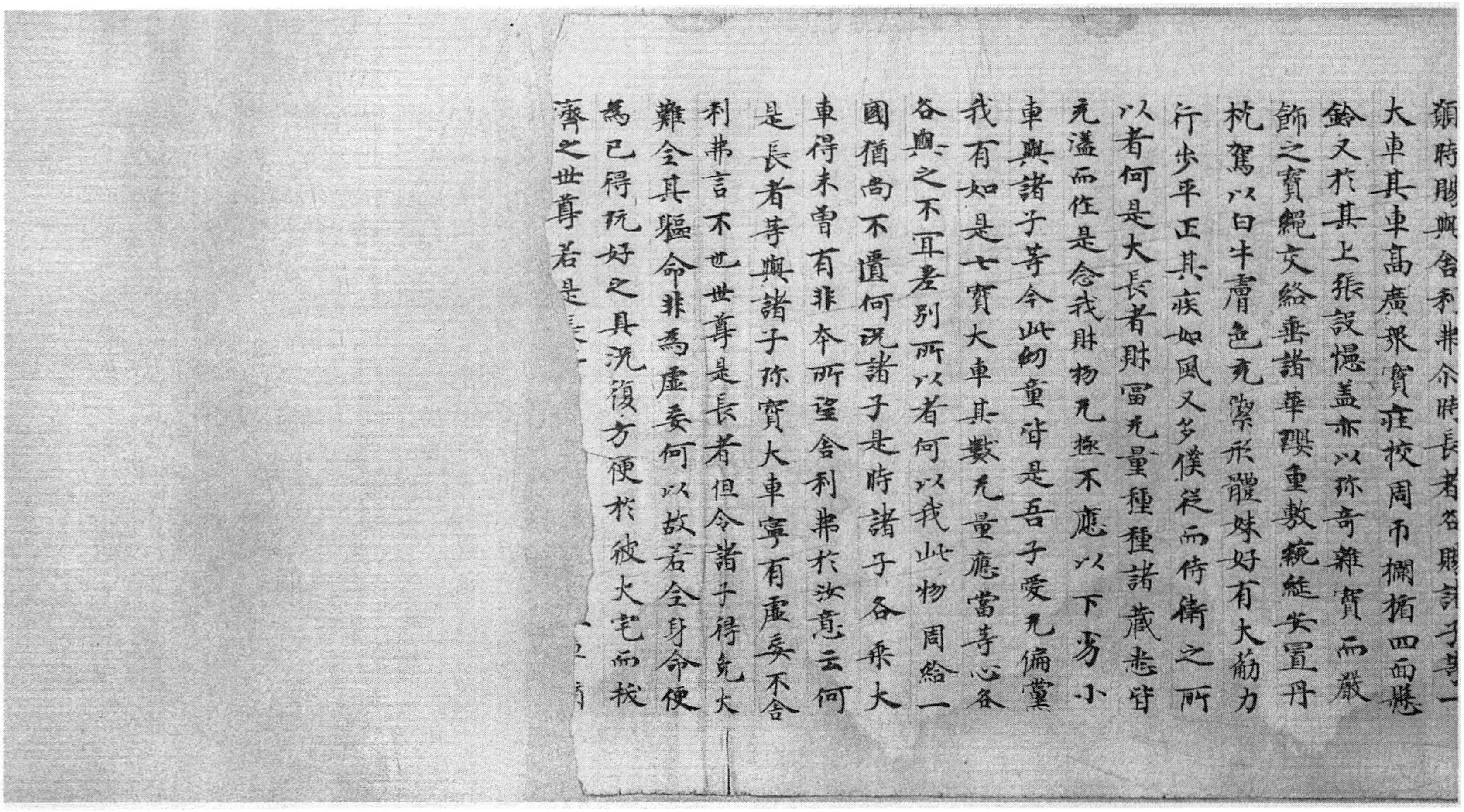

願時賜與舍利弗尒時長者各賜諸子等一
大車其車高廣衆寶莊校周帀欄楯四面懸
鈴又於其上張設幰蓋亦以珎奇雜寶而嚴
飾之寶繩交絡垂諸華瓔重敷綩綖安置丹
枕駕以白牛膚色充潔形體姝好有大筋力
行步平正其疾如風又多僕從而侍衛之所
以者何是大長者財冨无量種種諸藏悉皆
充溢而作是念我財物无極不應以下劣小
車與諸子等今此幼童皆是吾子愛无偏黨
我有如是七寶大車其數无量應當等心各
各與之不冝差別所以者何以我此物周給一
國猶尚不匱何况諸子是時諸子各乘大
車得未曾有非本所望舍利弗於汝意云何
是長者等與諸子珎寶大車寧有虛妄不舍
利弗言不也世尊是長者但令諸子得免火
難全其軀命非為虛妄何以故若全身命便
為已得玩好之具况復方便於彼火宅而拔
濟之世尊若是

BD04821 號　妙法蓮華經卷二　（7–7）

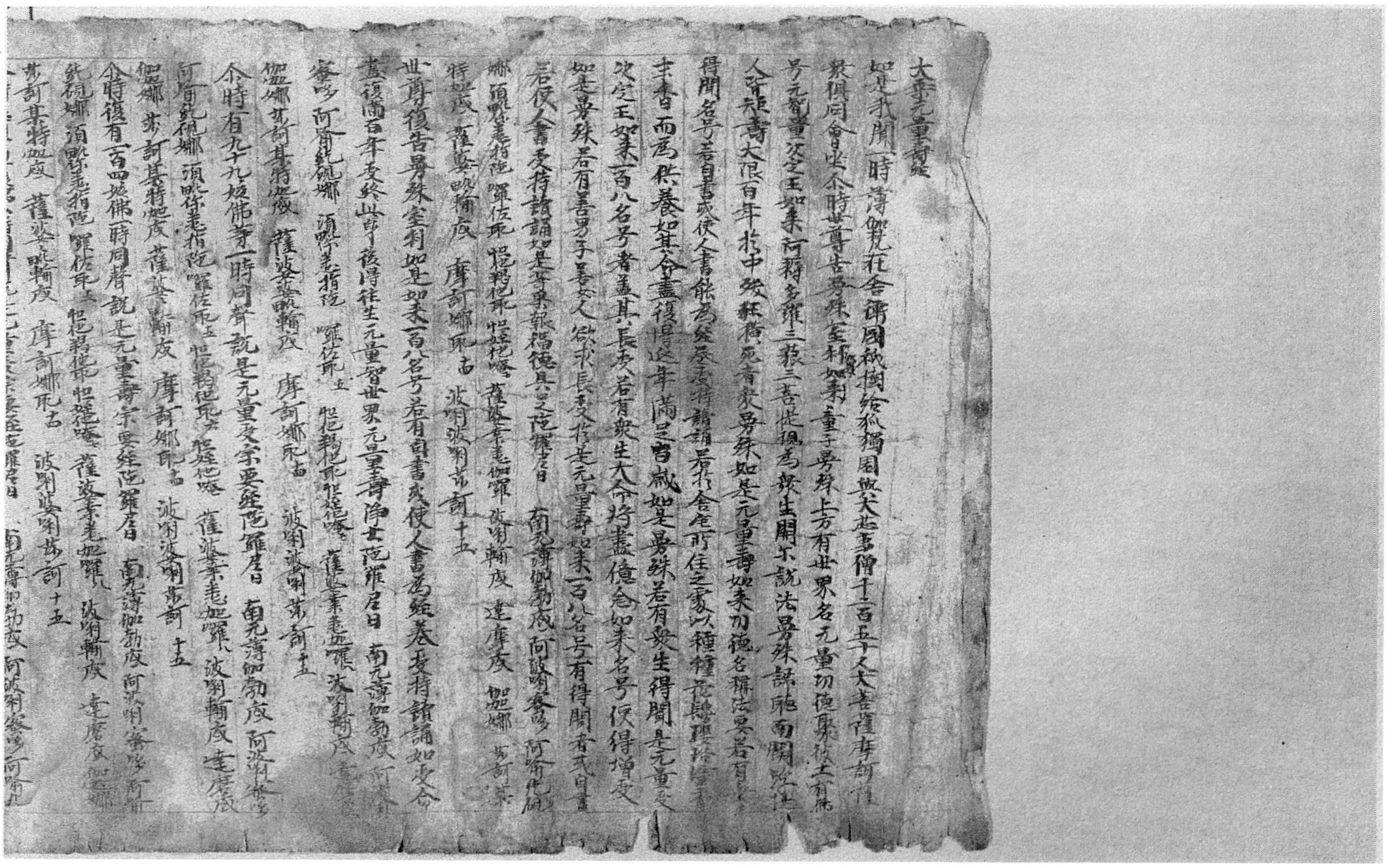

大乘无量壽經

BD04822 號 1　無量壽宗要經　（10–1）

伽娜 莎訶其特迦底 薩婆婆毗輸底 摩訶娜耶十四 波唎婆唎莎訶十五
尒時有九十九姟佛一時同聲說是无量壽宗要經陁羅尼曰 南无薄伽勃底 阿波唎蜜哆
阿喻紇硯娜 須毗你悉指陁 囉佐耶五 怛他羯他耶六 怛姪他唵 薩婆桑悉迦囉八 波唎輸底 達磨底
伽娜 莎訶其特迦底 薩婆婆毗輸底 摩訶娜耶十四 波唎婆唎莎訶十五
尒時復有一百四姟佛一時同聲說是无量壽宗要經陁羅尼曰 南无薄伽勃底 阿波唎蜜哆 阿喻
紇硯娜 須毗你悉指陁 囉佐耶五 怛他羯他耶六 怛姪他唵 薩婆桑悉迦囉八 波唎輸底 達磨底 伽娜
莎訶其特迦底 薩婆婆毗輸底 摩訶娜耶十四 波唎婆唎莎訶十五
尒時復有一百七姟佛一時同聲說是无量壽宗要經陁羅尼曰 南无薄伽勃底 阿波唎蜜哆 阿喻
紇硯娜 須毗你悉指陁 囉佐耶五 怛他羯他耶六 怛姪他唵七 薩婆桑悉迦囉八 波唎輸底 達磨底
伽娜 莎訶其特迦底 薩婆婆毗輸底 摩訶娜耶十四 波唎婆唎莎訶十五
尒時復六十五姟佛一時同聲說是无量壽宗要經陁羅尼曰 南无薄伽勃底 阿波唎蜜哆 阿喻
紇硯娜 須毗你悉指陁 囉佐耶 怛他羯他耶 怛姪他唵七 薩婆桑悉迦囉八 波唎輸底 達磨底 伽娜
莎訶其特迦底 薩婆婆毗輸底 摩訶娜耶十四 波唎婆唎莎訶十五
尒時復有五十五姟佛一時同聲說是无量壽宗要經陁羅尼曰
南无薄伽勃底 阿波唎蜜哆二 阿喻紇硯娜 須毗你悉指陁 囉佐耶 怛他羯他耶 怛姪他唵 薩
婆桑悉迦囉八 波唎輸底 達磨底 伽娜 莎訶其特迦底 薩婆婆毗輸底 摩訶娜
耶十四 波唎婆唎莎訶 十五
尒時復有四十五姟佛一時同聲說是无量壽宗要經陁羅尼曰
南无薄伽勃底 阿波唎蜜哆二 阿喻紇硯娜三 須毗你悉指陁四 囉佐耶 怛他羯他
耶 怛姪他唵七 薩婆桑悉迦囉八 波唎輸底 達磨底 伽娜 莎訶其特迦底
薩婆婆毗輸底 摩訶娜耶十四 波唎婆唎莎訶十五
尒時復有三十五姟佛一時同聲說是无量壽宗要經陁羅尼曰
南无薄伽勃底一 阿波唎蜜哆 阿喻紇硯娜三 須毗你悉指陁 囉佐耶五 怛他羯他耶六 怛
姪他唵七 薩婆桑悉迦囉八 波唎輸底 達磨底 伽娜 莎訶其特迦底 薩婆婆
毗輸底 摩訶娜耶十四 波唎婆唎莎訶十五
尒時復有二十五姟佛一時同聲說是无量壽宗要經陁羅尼曰
南无薄伽勃底 阿波唎蜜哆二 阿喻紇硯娜 須毗你悉指陁 囉佐耶五 怛他羯他耶六 怛姪他
唵 薩婆桑悉迦囉八 波唎輸底 達磨底 伽娜 莎訶其特迦底 薩婆婆毗輸底
摩訶娜耶十四 波唎婆唎莎訶 十五
尒時復有恒河沙姟佛一時同聲說是无量壽宗要經陁羅尼曰
南无薄伽勃底一 阿波唎蜜哆二 阿喻紇硯娜三 須毗你悉指陁 囉佐耶五 怛他羯他耶六 怛姪他唵
薩婆桑悉迦囉八 波唎輸底 達磨底 伽娜 莎訶其特迦底 薩婆婆毗輸底 摩
訶娜耶十四 波唎婆唎莎訶十五 善男子善女人若有自書寫教人書寫是无量

BD04822 號 1　無量壽宗要經　（10–2）

摩訶娜耶十四 波唎婆唎莎訶 十五
尒時復有恒河沙姟佛一時同聲說是无量壽宗要經陁羅尼曰
南无薄伽勃底一 阿波唎蜜哆二 阿喻紇硯娜三 須毗你悉指陁 囉佐耶五 怛他羯他耶六 怛姪他唵
薩婆桑悉迦囉八 波唎輸底 達磨底 伽娜 莎訶其特迦底 薩婆婆毗輸底 摩
訶娜耶十四 波唎婆唎莎訶十五 善男子善女人若有自書寫教人書寫是无量
宗要經如其命盡復得長受而滿年陁羅尼曰 南无薄伽勃底一 阿波唎蜜哆二 阿喻紇硯娜
須毗你悉指陁 囉佐耶五 怛他羯他耶六 怛姪他唵七 薩婆桑悉迦囉八 波唎輸底 達磨底 伽娜
莎訶其特迦底 薩婆婆毗輸底 摩訶娜耶十四 波唎婆唎莎訶十五
若有自書寫教人書寫是无量壽宗要經受持讀誦受持畢竟不墮地獄在在所生得宿智陁羅尼曰
南无薄伽勃底 阿波唎蜜哆二 阿喻紇硯娜 須毗你悉指陁 囉佐耶五 怛他羯他耶六 怛姪他唵七
薩婆桑悉迦囉八 波唎輸底 達磨底 伽娜 莎訶其特迦底 薩婆婆毗輸底 摩訶
娜耶十四 波唎婆唎莎訶 十五
若有自書寫教人書寫是无量壽宗要經受持讀誦如同書寫八万四千一切經典陁羅尼曰
南无薄伽勃底 阿波唎蜜哆 阿喻紇硯娜 須毗你悉指陁 囉佐耶五 怛他羯他耶六 怛姪他唵
薩婆桑悉迦囉八 波唎輸底 達磨底 伽娜 莎訶其特迦底 薩婆婆毗輸底 摩訶
娜耶十四 波唎婆唎莎訶十五
若有自書寫教人書寫是无量壽宗要經即是書寫八万四千部建立塔廟陁羅尼曰
南无薄伽勃底 阿波唎蜜哆 阿喻紇硯娜 須毗你悉指陁 囉佐耶五 怛他羯他耶 怛姪他唵
薩婆桑悉迦囉八 波唎輸底 達磨底 伽娜 莎訶其特迦底 薩婆婆毗輸底 摩
訶娜耶十四 波唎婆唎莎訶十五
若有自書寫教人書寫是无量壽宗要經能消五无間等一切重罪陁羅尼曰
南无薄伽勃底一 阿波唎蜜哆二 阿喻紇硯娜 須毗你悉指陁 囉佐耶五 怛他羯他耶 怛姪他唵 薩
婆桑悉迦囉八 波唎輸底 達磨底 伽娜 莎訶其特迦底 薩婆婆毗輸底 摩訶
娜耶十四 波唎婆唎莎訶 十五
若有自書寫教人書寫是无量壽宗要經受持讀誦設有重罪猶如須弥盡能除滅陁羅尼曰
南无薄伽勃底 阿波唎蜜哆 阿喻紇硯娜 須毗你悉指陁 囉佐耶五 怛他羯他耶六 怛姪他唵
薩婆桑悉迦囉八 波唎輸底 達磨底 伽娜 莎訶其特迦底 薩婆婆毗輸底 摩訶
娜耶十四 波唎婆唎莎訶十五 若有自書寫教人書寫是无量壽宗要經受持讀誦若魔
魔之眷屬夜叉羅刹不得其便終无狂死陁羅尼曰 南无薄伽勃底 阿波唎蜜哆 阿喻紇
硯娜 須毗你悉指陁 囉佐耶五 怛他羯他耶 怛姪他唵七 薩婆桑悉迦囉 波唎輸底 達磨底 伽娜
莎訶其特迦底 薩婆婆毗輸底 摩訶娜耶十四 波唎婆唎莎訶 十五
若有自書寫教人書寫是无量壽宗要經受持讀誦當命終時有九十九姟佛現其前來佛授手能近
一切佛土於此經生於疑惑陁羅尼曰 南无薄伽勃底一 阿波唎蜜哆二 阿喻紇硯娜 須毗你

BD04822 號 1　無量壽宗要經　（10–3）

薩婆桑悉迦羅八 波唎輸底 達磨底 伽伽娜 莎訶其特伽底 薩婆婆娑毗輸底 摩訶
娜耶十四 波唎婆唎莎訶十五 若有自書寫教人書寫是无量壽宗要經受持讀誦若魔
魔之眷屬夜叉羅刹不得其便終无狂死陀羅尼曰 南无薄伽勃底 阿波唎蜜多 阿喻紇
硯娜 須毗你悉指陀 羅佐耶五 怛他羯他耶六 怛姪他唵七 薩婆桑悉迦羅八 波唎輸底 達磨底 伽伽娜
莎訶其特伽底 薩婆婆毗輸底 摩訶娜耶十四 波唎婆唎莎訶十五
若有自書寫教人書寫是无量壽宗要經受持讀誦命欲終時有卆九姟佛現其前來佛授手能遊
一切佛莫於此經生於疑惑陀羅尼曰 南无薄伽勃底一 阿波唎蜜多二 阿喻紇硯娜 須毗你
悉指陀 羅佐耶五 怛他羯他耶六 怛姪他唵七 薩婆桑悉迦羅八 波唎輸底 達磨底 伽伽娜
莎訶其特伽底 薩婆婆毗輸底 摩訶娜耶十四 波唎婆唎莎訶十五
若有自書寫教人書寫是无量壽宗要經受持讀誦常得四天大王隨其衛護陀羅尼曰
南无薄伽勃底 阿波唎蜜多三 阿喻紇硯娜 須毗你悉指陀 羅佐耶五 怛他羯他耶六 怛姪他唵
薩婆桑悉迦羅八 波唎輸底 達磨底 伽伽娜 莎訶其特伽底 薩婆婆毗輸底 摩訶
娜耶十四 波唎婆唎莎訶十五
若有自書寫教人書寫是无量壽宗要經受持讀誦當得往生西方極樂世界阿弥陀淨土陀羅尼曰
南无薄伽勃底 阿波唎蜜多 阿喻紇硯娜 須毗你悉指陀 羅佐耶五 怛他羯他耶六 怛姪他唵
薩婆桑悉迦羅八 波唎輸底 達磨底 伽伽娜 莎訶其特伽底 薩婆婆毗輸底 摩
訶娜耶十四 波唎婆唎莎訶十五
若有方所自書使書寫是无量壽經典之處則為是塔皆應恭敬作禮若是畜生或為鳥獸得聞是經
如是等類皆當不久得成一切種智陀羅尼曰 南无薄伽勃底 阿波唎蜜多二 阿喻紇硯娜
須毗你悉指陀 羅佐耶 怛他羯他耶 怛姪他唵七 薩婆桑悉迦羅八 波唎輸底 達磨底
伽伽娜 莎訶其特伽底 薩婆婆毗輸底 摩訶娜耶十四 波唎婆唎莎訶十五
若有於是无量壽經自書寫若使人書寫畢竟不受女人之身陀羅尼曰
南无薄伽勃底 阿波唎蜜多二 阿喻紇硯娜三 須毗你悉指陀四 羅佐耶五 怛他羯他耶六 怛姪他唵七
薩婆桑悉迦羅八 波唎輸底 達磨底 伽伽娜 莎訶其特伽底 薩婆婆毗輸底 摩訶
娜耶十四 波唎婆唎莎訶十五
若有供養是經者則是供養一切諸經等无有別異陀羅尼曰
南无薄伽勃底一 阿波唎蜜多 阿喻紇硯娜 須毗你悉指陀 羅佐耶五 怛他羯他耶六 怛姪他唵七
薩婆桑悉迦羅八 波唎輸底 達磨底 伽伽娜 莎訶其特伽底 薩婆婆毗輸底 摩訶
娜耶十四 波唎婆唎莎訶十五
如是毗婆尸佛 尸棄佛 毗舍浮佛 俱留孫佛 俱那含牟尼佛 迦葉佛 釋迦牟尼佛
若有人以七寶供養如是等七佛其福有限書寫受持是无量壽經典所有功德不可限量陀羅尼曰
南无薄伽勃底 阿波唎蜜多二 阿喻紇硯娜 須毗你悉指陀 羅佐耶五 怛他羯他耶六 怛姪他唵七
薩婆桑悉迦羅八 波唎輸底 達磨底 伽伽娜 莎訶其特伽底 薩婆婆毗輸底 摩訶
娜耶十四 波唎婆唎莎訶十五

BD04822號1　無量壽宗要經　（10–4）

娜耶十四 波唎婆唎莎訶十五
如是毗婆尸佛 尸棄佛 毗舍浮佛 俱留孫佛 俱那含牟尼佛 迦葉佛 釋迦牟尼佛
若有人以七寶供養如是等七佛其福有限書寫受持是无量壽經典所有功德不可限量陀羅尼曰
南无薄伽勃底 阿波唎蜜多二 阿喻紇硯娜 須毗你悉指陀 羅佐耶五 怛他羯他耶六 怛姪他唵七
薩婆桑悉迦羅八 波唎輸底 達磨底 伽伽娜 莎訶其特伽底 薩婆婆毗輸底 摩訶
娜耶十四 波唎婆唎莎訶十五
若有七寶等於須彌用布施其福亦能知其限量是无量壽經典其福不可知數陀羅尼曰
南无薄伽勃底 阿波唎蜜多 阿喻紇硯娜 須毗你悉指陀 羅佐耶五 怛他羯他耶 怛姪他唵七
薩婆桑悉迦羅八 波唎輸底 達磨底 伽伽娜 莎訶其特伽底 薩婆婆毗輸底 摩
訶娜耶十四 波唎婆唎莎訶十五
如是四大海水可滴數是无量壽宗要經典可知果報不可數量陀羅尼曰
南无薄伽勃底一 阿波唎蜜多二 阿喻紇硯娜 須毗你悉指陀 羅佐耶五 怛他羯他耶 怛姪他唵七
薩婆桑悉迦羅八 波唎輸底 達磨底 伽伽娜 莎訶其特伽底 薩婆婆毗輸底 摩訶
娜耶十四 波唎婆唎莎訶十五
若有自書寫使人書寫是无量壽經典又能持誦持供養亦如恭敬供養一切十方佛土如來无有別異
陀羅尼曰
南无薄伽勃底 阿波唎蜜多 阿喻紇硯娜 須毗你悉指陀 羅佐耶 怛他羯他耶六 怛姪他唵七
薩婆桑悉迦羅八 波唎輸底 達磨底 伽伽娜 莎訶其特伽底 薩婆婆毗輸底
摩訶娜耶十四 波唎婆唎莎訶十五
布施力能成正覺 悟布施力人師子 布施力能聲響聞 慈悲階漸家能入
持戒力能成正覺 悟持戒力人師子 持戒力能聲響聞 慈悲階漸家能入
忍辱力能成正覺 悟忍辱力人師子 忍辱力能聲響聞 慈悲階漸家能入
精進力能成正覺 悟精進力人師子 精進力能聲響聞 慈悲階漸家能入
禪定力能成正覺 悟禪定力人師子 禪定力能聲響聞 慈悲階漸家能入
智慧力能成正覺 悟智慧力人師子 智慧力能聲響聞 慈悲階漸家能入
尒時如來說是經已一切世間天人阿修羅揵闥婆等聞佛所說皆大歡喜信受奉行
佛說无量壽宗要經

BD04822號1　無量壽宗要經　（10–5）

佛說無量壽宗要經

大乘無量壽經
如是我聞一時薄伽梵在舍衛國祇樹給孤獨園與大苾芻僧千二百五十人俱大菩薩摩
訶薩眾俱同會坐爾時世尊告曼殊室利童子曼殊上方有世界名無
量功德聚彼土有佛號無量智決定王如來阿耨多羅三藐三菩提現為眾生開示說法
曼殊諦聽南閻浮提人皆短壽大限百年於中殀枉死者眾曼殊如是無量壽如來功
德名稱法若有眾生得聞名號若自書或使人書能為經卷受持讀誦若於舍宅所住之處
以種種花鬘瓔珞塗香末香而為供養如其命盡復得延年滿足百歲如是曼殊若有眾
生得聞是無量壽決定王如來一百八名號者益其長壽若有眾生大命將盡億念如來名號便
得增壽如是曼殊若有善男子善女人欲求長壽於是無量壽如來一百八名號有得聞者聞
者或自書若使人書受持讀誦如是善果報福德具足陀羅尼曰 南無薄伽勃底
阿波唎蜜哆二 阿喻紇硯娜 須毗你悉指陀 囉佐耶五 怛他羯他耶 怛姪他唵七 薩婆桑悉迦囉 波唎輸底
達磨底 伽伽娜 莎訶某特伽底 薩婆婆毗輸底 摩訶娜耶 波唎婆唎莎訶 十五
世尊復告曼殊室利如是如來一百八名號若有自書或使人書為經卷受持讀誦如受命盡
復滿百年受終此身復得往生無量智世界無量壽淨土陀羅尼曰 南無薄伽勃底 阿波唎
蜜哆二 阿喻紇硯娜 須毗你悉指陀 囉佐耶 怛他羯他耶 怛姪他唵 薩婆桑悉迦囉 波唎輸底 達磨底
伽伽娜 莎訶某特伽底 薩婆婆毗輸底 摩訶娜耶 波唎婆唎莎訶 十五
爾時有九十九姟佛同時同聲說是無量壽宗要經陀羅尼曰 南無薄伽勃底 阿波唎蜜哆二

BD04822 號 2　無量壽宗要經

(10–6)

世尊復告曼殊室利如是如來一百八名號若有自書或使人書為經卷受持讀誦如受命盡
復滿百年受終此身復得往生無量智世界無量壽淨土陀羅尼曰 南無薄伽勃底 阿波唎
蜜哆二 阿喻紇硯娜 須毗你悉指陀 囉佐耶 怛他羯他耶 怛姪他唵七 薩婆桑悉迦囉 波唎輸底 達磨底
伽伽娜 莎訶某特伽底 薩婆婆毗輸底 摩訶娜耶 波唎婆唎莎訶 十五
爾時有九十九姟佛同時同聲說是無量壽宗要經陀羅尼曰 南無薄伽勃底 阿波唎蜜哆二
阿喻紇硯娜 須毗你悉指陀 囉佐耶五 怛他羯他耶六 怛姪他唵七 薩婆桑悉迦囉八 波唎輸底 達磨底
伽伽娜 莎訶某特伽底 薩婆婆毗輸底 摩訶娜耶 波唎婆唎莎訶 十五
爾時復有八十四姟佛一時同聲說是無量壽宗要經陀羅尼曰 南無薄伽勃底 阿波唎蜜哆二 阿喻紇
硯娜 須毗你悉指陀 囉佐耶五 怛他羯他耶六 怛姪他唵七 薩婆桑悉迦囉八 波唎輸底 達磨底 伽伽
娜 莎訶某特伽底 薩婆婆毗輸底 摩訶娜耶 波唎婆唎莎訶 十五
爾時復有七十七姟佛一時同聲說是無量壽宗要經陀羅尼曰 南無薄伽勃底 阿波唎蜜哆二
阿喻紇硯娜 須毗你悉指陀 囉佐耶五 怛他羯他耶六 怛姪他唵七 薩婆桑悉迦囉八 波唎輸底
達磨底 伽伽娜 莎訶某特伽底 薩婆婆毗輸底 摩訶娜耶 波唎婆唎莎訶 十五
爾時復有六十五姟佛一時同聲說是無量壽宗要經陀羅尼曰 南無薄伽勃底 阿波唎蜜哆二
喻紇硯娜 須毗你悉指陀四 囉佐耶 怛他羯他耶六 怛姪他唵七 薩婆桑悉迦囉八 波唎輸底 達磨底
伽伽娜 莎訶某特伽底 薩婆婆毗輸底 摩訶娜耶 波唎婆唎莎訶 十五
爾時復有五十五姟佛一時同聲說是無量壽宗要經陀羅尼曰 南無薄伽勃底 阿波唎蜜哆二 阿喻
紇硯娜 須毗你悉指陀 囉佐耶五 怛他羯他耶六 怛姪他唵七 薩婆桑悉迦囉八 波唎輸底 達磨底 伽伽娜
莎訶某特伽底 薩婆婆毗輸底 摩訶娜耶 波唎婆唎莎訶 十五
爾時復有四十五姟佛一時同聲說是無量壽宗要經陀羅尼曰 南無薄伽勃底 阿波唎蜜哆二
阿喻紇硯娜 須毗你悉指陀 囉佐耶五 怛他羯他耶六 怛姪他唵七 薩婆桑悉迦囉八 波唎輸底 達
磨底 伽伽娜 莎訶某特伽底 薩婆婆毗輸底 摩訶娜耶 波唎婆唎莎訶 十五
爾時復有三十五姟佛一時同說是無量壽宗要經陀羅尼曰 南無薄伽勃底 阿波唎蜜哆二 阿喻紇
娜 須毗你悉指陀四 囉佐耶五 怛他羯他耶六 怛姪他唵七 薩婆桑悉迦囉八 波唎輸底 達磨底 伽伽娜
莎訶某特伽底 薩婆婆毗輸底 摩訶娜耶 波唎婆唎莎訶 十五
爾時復有二十五姟佛一時同聲說是無量壽宗要經陀羅尼曰 南無薄伽勃底 阿波唎蜜哆二
阿喻紇硯娜 須毗你悉指陀 囉佐耶五 怛他羯他耶六 怛姪他唵七 薩婆桑悉迦囉八 波唎輸底
達磨底 伽伽娜 莎訶某特伽底 薩婆婆毗輸底 摩訶娜耶 波唎婆唎莎訶 十五
爾時復有十五姟佛一時同聲說是無量壽宗要經陀羅尼曰 南無薄伽勃底 阿波唎蜜哆二
阿喻紇硯娜 波唎輸底 須毗你悉指陀 囉佐耶五 怛他羯他耶六 怛姪他唵七 薩婆桑悉迦囉八 波唎輸底
達磨底 伽伽娜 莎訶某特伽底 薩婆婆毗輸底 摩訶娜耶 波唎婆唎莎訶 十五
爾時復有恒河沙姟佛一時同聲說是無量壽宗要經陀羅尼曰 南無薄伽勃底 阿波唎蜜哆
阿喻紇硯娜 須毗你悉指陀 囉佐耶 怛他羯他耶 怛姪他唵 薩婆桑悉迦囉八 波唎輸底 達磨底 伽伽娜 莎訶某特伽底 薩婆婆毗輸底
摩訶娜耶 波唎婆唎莎訶 十五

BD04822 號 2　無量壽宗要經

(10–7)

尒時復有二十五殑伽沙佛一時同聲說是无量壽宗要經陁羅尼曰　南謨薄伽勃底　阿波唎蜜多二
阿喻紇硯娜　波唎輸底　須毗你悉指陁　囉佐耶五　怛他羯他耶六　怛姪他唵七　薩婆桑悉迦囉八　波唎輸底
達磨底　伽伽娜　娑謨訶娑特迦底　薩婆婆毗輸底　摩訶娜耶十四　波唎婆唎　娑訶十五
尒時復有恒河沙數佛一時同聲說是无量壽宗要經陁羅尼曰　南謨薄伽勃底　阿波唎蜜多
阿喻紇硯娜　須毗你悉迦囉八　波唎輸底　達摩訶底　伽伽娜　娑謨訶娑特迦底　薩婆婆毗輸底
摩訶娜耶十四　波唎婆唎　娑訶十五
善男子善女人若有自書寫教人書寫是无量壽宗要經如其命盡復得長壽而滿年陁羅尼曰
南謨薄伽勃底　阿波唎蜜多二　阿喻紇硯娜三　須毗你悉指陁四　囉佐耶五　怛他羯他耶六　怛姪他唵七　薩婆桑悉迦
囉八　波唎輸底　達磨底　伽伽娜　娑謨訶娑特迦底　薩婆婆毗輸底　摩訶娜耶十四　波唎
婆唎　娑訶十五　若有自書寫教人書寫是无量壽宗要讀誦受持畢竟不墮地獄
枉枉所生得宿命智陁羅尼曰　南謨薄伽勃底　阿波唎蜜多二　阿喻紇硯娜　須毗你悉
指陁四　囉佐耶五　怛他羯他耶六　怛姪他唵七　薩婆桑悉迦囉八　波唎輸底　達磨底　伽伽娜　娑謨訶娑
特迦底　薩婆婆毗輸底　摩訶娜耶十四　波唎婆唎　娑訶十五
若有自書寫教人書寫是无量壽宗要經受持讀誦如同書寫八萬四千一切經典陁羅尼曰
南謨薄伽勃底　阿波唎蜜多二　阿喻紇硯娜三　須毗你悉指陁四　囉佐耶五　怛他羯他耶六　怛姪他唵七　薩婆桑悉迦
囉八　波唎輸底九　達磨底十　伽伽娜十一　娑謨訶娑特迦底十二　薩婆婆毗輸底十三　摩訶娜耶十四　波唎婆唎　娑訶十五
若有自書寫教人書寫是无量壽宗要經即是書寫八萬四千部建立塔廟陁羅尼曰
南謨薄伽勃底　阿波唎蜜多二　阿喻紇硯娜三　須毗你悉指陁　囉佐耶五　怛他羯他耶六　怛姪他唵七　薩婆桑悉迦
囉八　波唎輸底　達磨底　伽伽娜　娑謨訶娑特迦底　薩婆婆毗輸底　摩訶娜耶十四　波唎婆唎　娑訶十五
若有自書寫教人書寫是无量壽宗要經能消五無間等一切重罪陁羅尼曰　南謨薄伽勃底
阿波唎蜜多二　阿喻紇硯娜三　須毗你悉指陁　囉佐耶五　怛他羯他耶六　怛姪他唵七　薩婆桑悉迦囉八　波唎輸底
達磨底　伽伽娜　娑謨訶娑特迦底　薩婆婆毗輸底　摩訶娜耶十四　波唎婆唎　娑訶十五
若有自書寫教人書寫是无量壽宗要經受持讀誦設有重罪猶如須彌盡能除滅陁羅尼曰
南謨薄伽勃底　阿波唎蜜多二　阿喻紇硯娜三　須毗你悉指陁四　囉佐耶五　怛他羯他耶六　怛姪他唵七　薩婆桑
悉迦囉八　波唎輸底　達磨底　伽伽娜　娑謨訶娑特迦底　薩婆婆毗輸底　摩訶娜耶十四　波唎婆唎　娑訶十五
若有自書寫教人書寫是无量壽宗要經受持讀誦若魔魔之眷屬夜叉羅剎不得
其便終无枉死陁羅尼曰　南謨薄伽勃底　阿波唎蜜多二　阿喻紇硯娜三　須毗你悉指陁
囉佐耶五　怛他羯他耶六　怛姪他唵七　薩婆桑悉迦囉八　波唎輸底　達磨底　伽伽娜　娑謨訶
娑特迦底　阿薩婆婆毗輸底　摩訶娜耶十四　波唎婆唎　娑訶十五
若有自書寫教人書寫是无量壽宗要經受持讀誦當命終時有九十九殑伽沙佛現其前來迎
受手能往一切佛莫於此經生於疑惑陁羅尼曰　南謨薄伽勃底　阿波唎蜜多二

BD04822 號 2　無量壽宗要經　　（10–8）

其便終无枉死陁羅尼曰　南謨薄伽勃底　阿波唎蜜多二　阿喻紇硯娜三　須毗你悉指陁
囉佐耶五　怛他羯他耶六　怛姪他唵七　薩婆桑悉迦囉八　波唎輸底　達磨底　伽伽娜　娑謨訶
娑特迦底　阿薩婆婆毗輸底　摩訶娜耶十四　波唎婆唎　娑訶十五
若有自書寫教人書寫是无量壽宗要經受持讀誦當命終時有九十九殑伽沙佛現其前來迎
受手能遊一切佛莫於此經生於疑惑陁羅尼曰　南謨薄伽勃底　阿波唎蜜多二　阿喻
紇硯娜　須毗你悉指陁　囉佐耶五　怛他羯他耶六　怛姪他唵七　薩婆桑悉迦囉八　波唎輸底　達磨底
伽伽娜　娑謨訶娑特迦底　薩婆婆毗輸底　摩訶娜耶十四　波唎婆唎　娑訶十五
若有自書寫教人書寫是无量壽宗要經受持讀誦常得四天大王隨其衛護陁羅尼曰
南謨薄伽勃底　阿波唎蜜多二　阿喻紇硯娜三　須毗你悉指陁　囉佐耶五　怛他羯他耶六　怛姪他唵七　薩婆桑悉迦
囉八　波唎輸底　達磨底　伽伽娜　娑謨訶娑特迦底　薩婆婆毗輸底　摩訶娜耶十四　波唎婆唎　娑訶十五
若有自書寫教人書寫是无量壽宗要經受持讀誦當得往生西方極樂世界阿彌陁淨土
陁羅尼曰　南謨薄伽勃底　阿波唎蜜多二　阿喻紇硯娜三　須毗你悉指陁　囉佐耶五　怛他羯他耶六
怛姪他唵　薩婆桑悉迦囉八　波唎輸底　達磨底　伽伽娜　娑謨訶娑特迦底　薩婆婆毗輸底　摩訶
娜耶十四　波唎婆唎　娑訶十五　若有方所自書寫使人書寫是无量
壽經典之處則為是塔皆應恭敬作禮若是畜生或為鳥獸得聞是經如是類等皆當不
久得成一切種智陁羅尼曰　南謨薄伽勃底　阿波唎蜜多二　阿喻紇硯娜　須毗你悉指陁　囉佐
耶五　怛他羯他耶六　怛姪他唵七　薩婆桑悉迦囉八　波唎輸底　達磨底　伽伽娜　娑謨訶娑特迦底　薩婆
婆毗輸底　摩訶娜耶十四　波唎婆唎　娑訶十五
若有於是无量壽經自書寫若使人書寫畢竟不受女人之身陁羅尼曰　南謨薄伽勃底　阿波唎
蜜多二　阿喻紇硯娜　須毗你悉指陁　囉佐耶五　怛他羯他耶六　怛姪他唵七　薩婆桑悉迦囉八　波唎輸底　達
磨底　伽伽娜　娑謨訶娑特迦底　薩婆婆毗輸底　摩訶娜耶十四　波唎婆唎　娑訶十五
若有供養是經者則是供養一切諸經等无有別異陁羅尼曰　南謨薄伽勃底　阿波唎
蜜多二　阿喻紇硯娜　須毗你悉指陁　囉佐耶五　怛他羯他耶六　怛姪他唵七　薩婆桑悉迦囉八　波唎輸底
達磨底　伽伽娜　娑謨訶娑特迦底　薩婆婆毗輸底　摩訶娜耶十四　波唎婆唎　娑訶十五
智是毗婆尸佛　尸棄佛　毗舍浮佛　俱留孫佛　俱那含牟尼佛　迦葉佛　釋迦牟尼佛
若有以七寶供養如是等七佛其福有限書寫受持是无量壽經典所有功德不可限量陁羅尼曰
南謨薄伽勃底　阿波唎蜜多二　阿喻紇硯娜　須毗你悉指陁　囉佐耶五　怛他羯他耶六　怛姪他唵七　薩婆桑悉迦囉八　波唎
輸底　達磨底　伽伽娜　娑謨訶娑特迦底　薩婆婆毗輸底　摩訶娜耶十四　波唎婆唎　娑訶十五
若有七寶等於須彌以用布施其福上能知其限量是无量壽經典其福不可知數陁羅尼曰
南謨薄伽勃底　阿波唎蜜多二　阿喻紇硯娜三　須毗你悉指陁四　囉佐耶　怛他羯他耶六　怛姪

BD04822 號 2　無量壽宗要經　　（10–9）

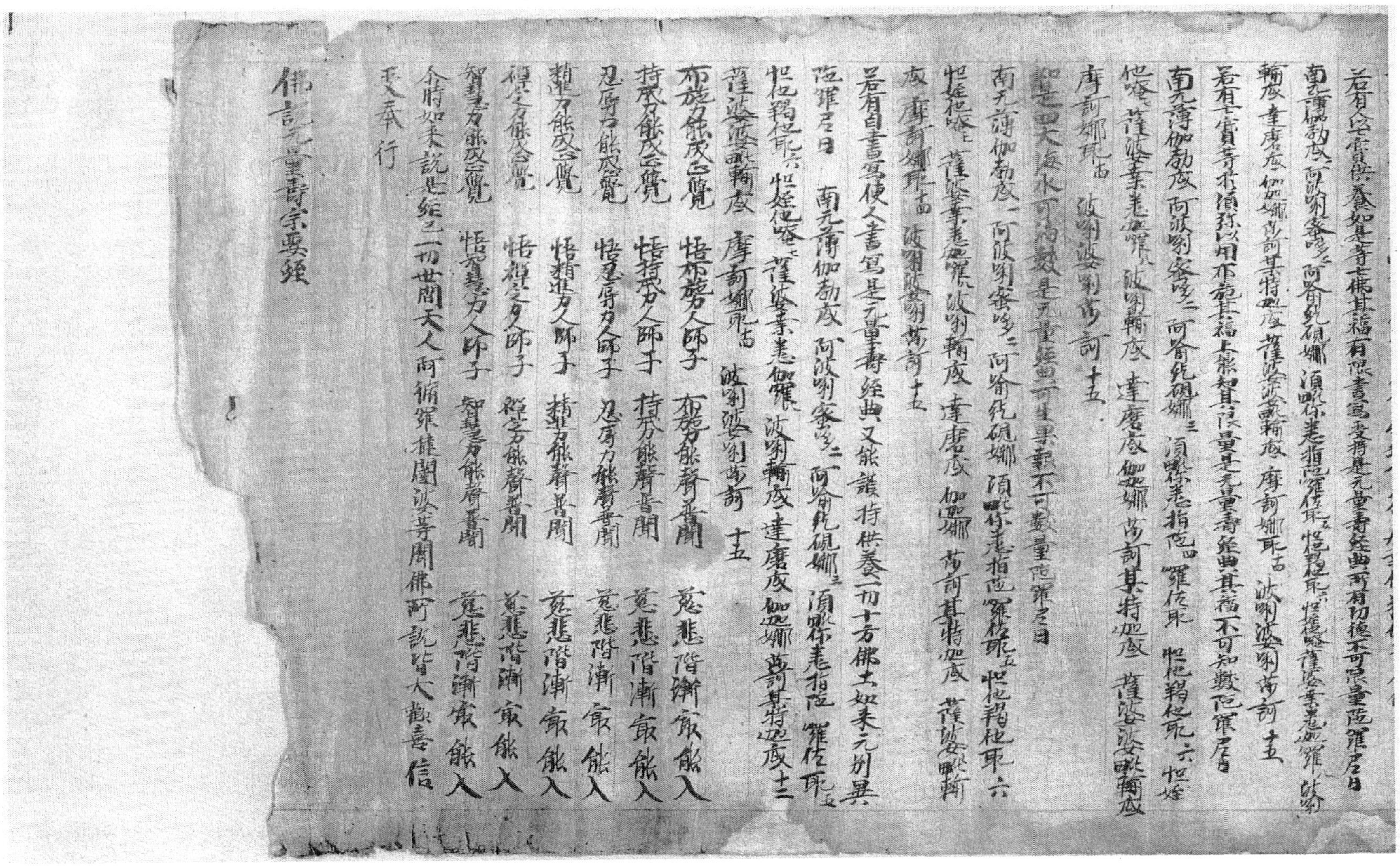

若有以七寶供養如是等七佛其福有限書寫受持是无量壽經典所有功德不可限量陁羅尼曰
南无薄伽勃底一 阿波唎蜜哆二 阿喻紇硯娜 須毗你悉指陁囉佐耶五 怛他羯他耶六 怛侄他唵七 薩婆桑悉迦羅八 波唎
輸底 達磨底 伽伽娜 莎訶某特伽底 薩婆婆毗輸底 摩訶娜耶 波唎婆唎莎訶十五
若有七寶等於須彌以用布施其福上能知其限量是无量壽經典其福不可知數陁羅尼曰
南无薄伽勃底 阿波唎蜜哆二 阿喻紇硯娜三 須毗你悉指陁四 羅佐耶 怛他羯他耶六 怛侄
他唵七 薩婆桑悉迦羅八 波唎輸底 達磨底 伽伽娜 莎訶某特伽底 薩婆婆毗輸底
摩訶娜耶十四 波唎婆唎莎訶十五
如是四大海水可知數是无量壽經典所生果報不可數量陁羅尼曰
南无薄伽勃底一 阿波唎蜜哆二 阿喻紇硯娜 須毗你悉指陁 羅佐耶五 怛他羯他耶六
怛侄他唵七 薩婆桑悉迦羅八 波唎輸底 達磨底 伽伽娜 莎訶某特伽底 薩婆婆毗輸
底 摩訶娜耶十四 波唎婆唎莎訶十五
若有自書寫使人書寫是无量壽經典又能讚持供養一切十方佛土如來无別異
陁羅尼曰 南无薄伽勃底 阿波唎蜜哆二 阿喻紇硯娜三 須毗你悉指陁 羅佐耶五
怛他羯他耶六 怛侄他唵七 薩婆桑悉迦羅八 波唎輸底 達磨底 伽伽娜 莎訶某特伽底十三
薩婆婆毗輸底 摩訶娜耶十四 波唎婆唎莎訶十五
布施力能成正覺 悟布施力人師子 布施力能聲普聞 慈悲階漸寂能入
持戒力能成正覺 悟持戒力人師子 持戒力能聲普聞 慈悲階漸寂能入
忍辱力能成正覺 悟忍辱力人師子 忍辱力能聲普聞 慈悲階漸寂能入
精進力能成正覺 悟精進力人師子 精進力能聲普聞 慈悲階漸寂能入
禪定力能成正覺 悟禪定力人師子 禪定力能聲普聞 慈悲階漸寂能入
智慧力能成正覺 悟智慧力人師子 智慧力能聲普聞 慈悲階漸寂能入
尒時如來說此經已一切世間天人阿脩羅揵闥婆等聞佛所說皆大歡喜信
受奉行
佛說无量壽宗要經

BD04822 號 2　無量壽宗要經　（10–10）

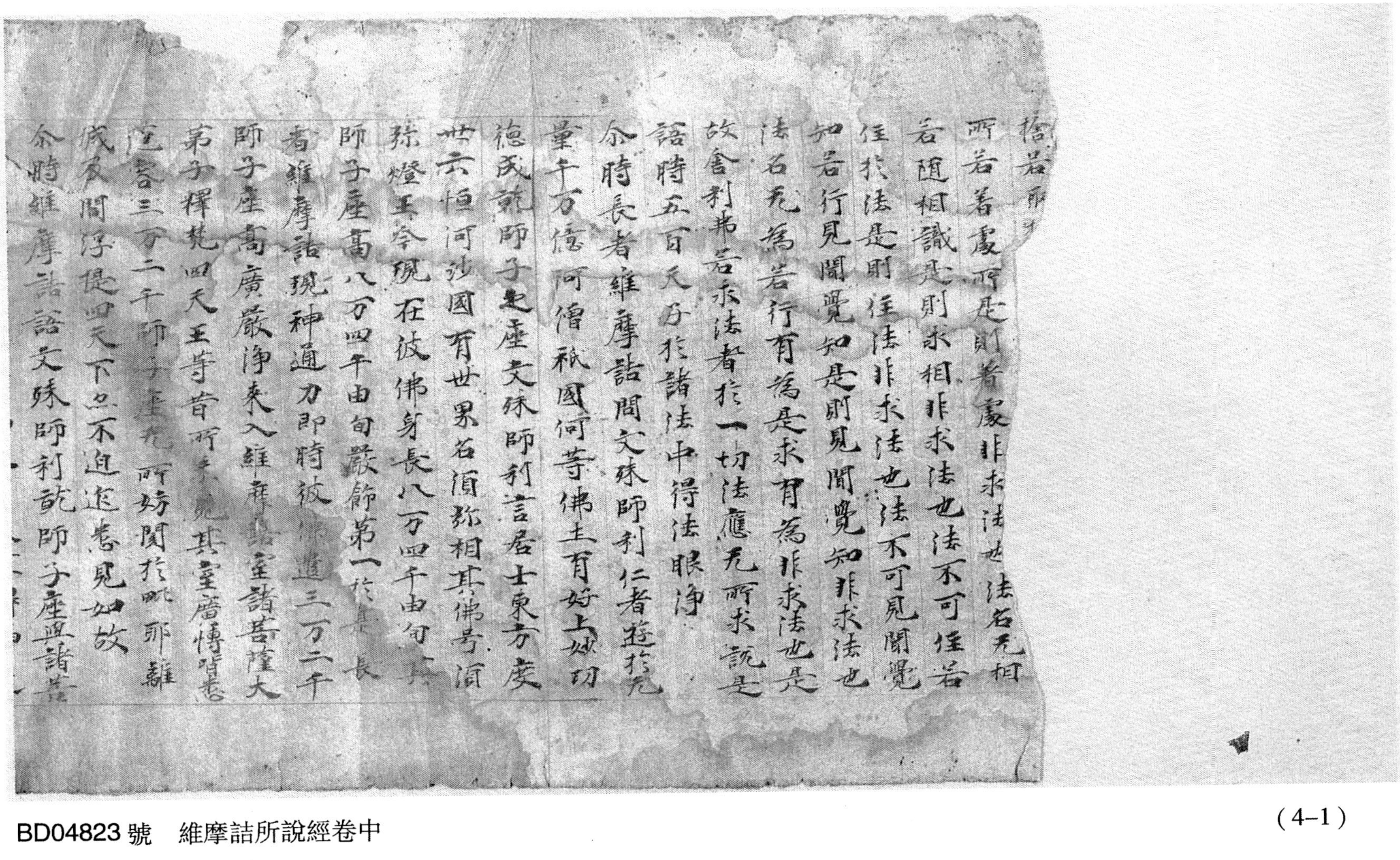

捨若所
所若著處所是則著處非求法也法名无相
若隨相識是則求相非求法也法不可住若
住於法是則住法非求法也法不可見聞覺
知若行見聞覺知是則見聞覺知非求法也
法名无為若行有為是求有為非求法也是
故舍利弗若求法者於一切法應无所求說是
語時五百天子於諸法中得法眼淨
尒時長者維摩詰問文殊師利仁者遊於无
量千万億阿僧祇國何等佛土有好上妙功
德成就師子之座文殊師利言居士東方度
卅六恒河沙國有世界名須弥相其佛號須
弥燈王今現在彼佛身長八万四千由旬其
師子座高八万四千由旬嚴飾第一於是長
者維摩詰現神通力即時彼佛遣三万二千
師子座高廣嚴淨來入維摩詰室諸菩薩大
弟子釋梵四天王等昔所未見其室廣博悉
皆包容三万二千師子座无所妨閡於毗耶離
城及閻浮提四天下亦不迫迮悉見如故
尒時維摩詰語文殊師利就師子座與諸菩

BD04823 號　維摩詰所說經卷中　（4–1）

者維摩詰現神通力即時彼佛遣三万二千
師子座高廣嚴淨來入維摩詰室諸菩薩大
弟子釋梵四天王等昔所未見其室廣博悉
皆包容三万二千師子座无所妨閡於毗耶離
城及閻浮提四天下亦不迫迮悉見如故
尒時維摩詰語文殊師利就師子座與諸菩
薩上人俱坐當自立身如彼座像其得神通
菩薩即自變形為四万二千由旬坐師子座
諸新發意菩薩及大弟子皆不能昇尒時維
摩詰語舍利弗就師子座舍利弗言居士此
座高廣吾不能昇維摩詰言唯舍利弗為須
彌燈王如來作礼乃可得坐於是新發意菩
薩及大弟子即為須彌燈王如來作礼便得
坐師子座
舍利弗言居士未曾有也如是小室乃容受
此高廣之座於毗耶離城无所妨礙又於閻
浮提聚落城邑及四天下諸天龍王鬼神宮
殿亦不迫迮維摩詰言唯舍利弗諸佛菩薩
有解脫名不可思議若菩薩住是解脫者以
須彌之高廣內芥子中无所增減須彌山王
本相如故而四天王忉利諸天不覺不知己
之所入唯應度者乃見須彌入芥子中是名住
不可思議解脫法門又以四大海水入一毛
孔不嬈魚鱉黿鼉水性之屬而彼大海本相
如故諸龍鬼神阿脩羅等不覺不知己之所
入於此衆生亦无所嬈又舍利弗住不可思
議解脫菩薩斷取三千大千世界如陶家輪

不可思議解脫法門又以四大海水入一毛
孔不嬈魚鱉黿鼉水性之屬而彼大海本相
如故諸龍鬼神阿脩羅等不覺不知己之所
入於此衆生亦无所嬈又舍利弗住不可思
議解脫菩薩斷取三千大千世界如陶家輪
著右掌中擲過恒河沙世界之外其中衆生不
覺不知己之所往又復還置本處都不使人
有往來想而此世界本相如故又舍利弗或
有衆生樂久住世而可度者菩薩即演七日
以為一劫令彼衆生謂之一劫或有衆生不
樂久住而可度者菩薩即促一劫以為七日
令彼衆生謂之七日又舍利弗住不可思議
解脫菩薩以一切佛土嚴飾之事集在一國
示於衆生又菩薩以一切佛土衆生置之右
掌飛到十方遍示一切而不動本處又舍利
弗十方衆生供養諸佛之具菩薩於一毛孔
皆令得見又十方國土所有日月星宿於一
毛孔普使見之又舍利弗十方世界所有諸
風菩薩悉能吸著口中而身无損外諸樹木
亦不摧折又十方世界劫盡燒時以一切火
內於腹中火事如故而不為害又於下方過
恒河沙等諸佛世界取一佛土舉著上方過
恒河沙无數世界如持針鋒舉一棗葉而无
所嬈又舍利弗住不可思議解脫菩薩能以
神通現作佛身或現辟支佛身或現聲聞身
或現帝釋身或現梵王身或現世主身或現
轉輪聖王身又十方世界所有衆聲上中下音

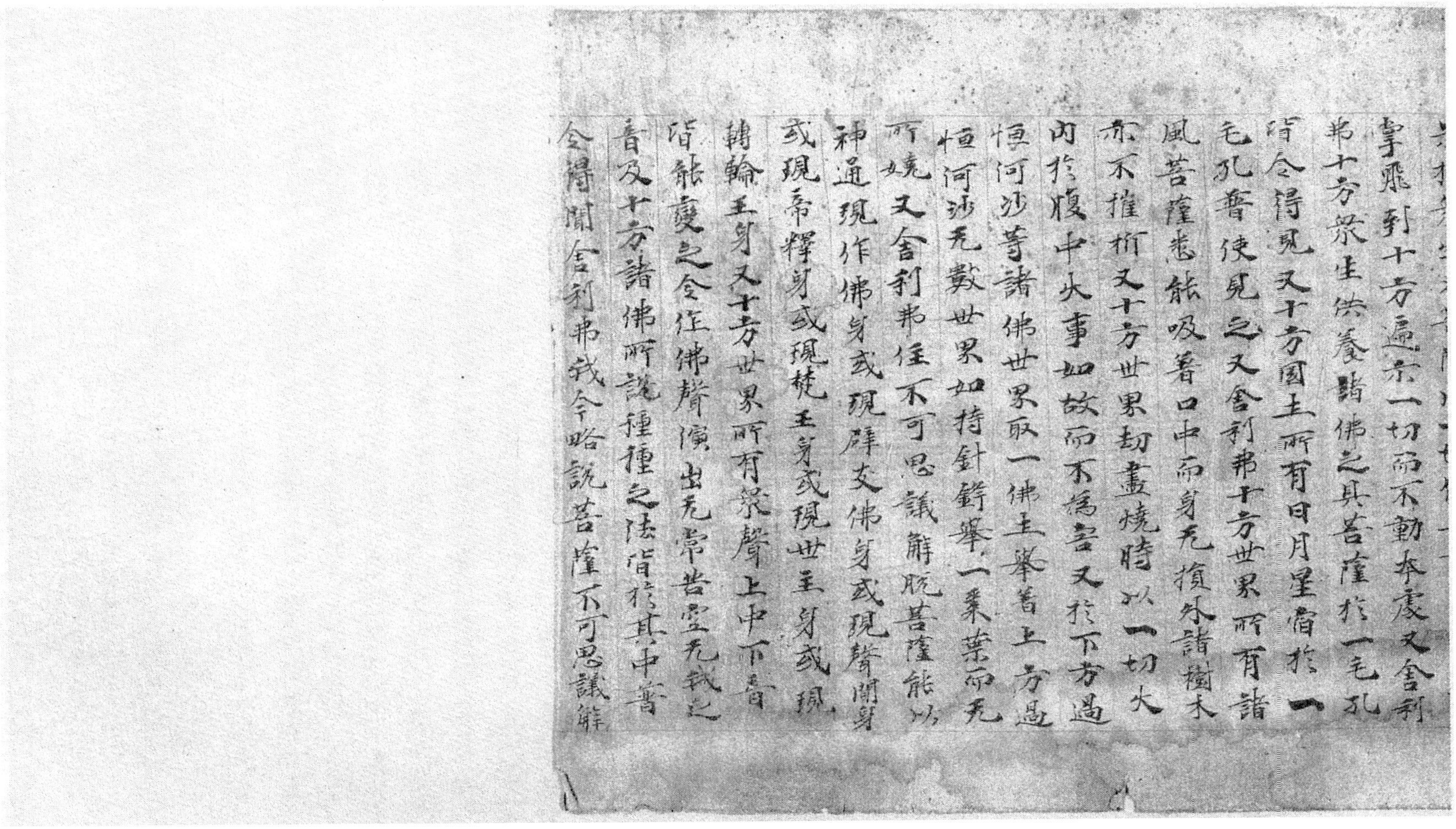

掌飛到十方遍示一切而不動本處又舍利
弗十方衆生供養諸佛之具菩薩於一毛孔
皆令得見又十方國土所有日月星宿於一
毛孔普使見之又舍利弗十方世界所有諸
風菩薩悉能吸著口中而身无損外諸樹木
亦不摧折又十方世界劫盡燒時以一切火
内於腹中火事如故而不為害又於下方過
恒河沙等諸佛世界取一佛土舉著上方過
恒河沙无數世界如持針鋒舉一棗葉而无
所嬈又舍利弗住不可思議解脫菩薩能以
神通現作佛身或現辟支佛身或現聲聞身
或現帝釋身或現梵王身或現世主身或現
轉輪王身又十方世界所有衆聲上中下音
皆能變之令作佛聲演出无常苦空无我之
音及十方諸佛所說種種之法皆於其中普
令得聞舍利弗我今略說菩薩不可思議解

BD04823 號　維摩詰所說經卷中　（4–4）

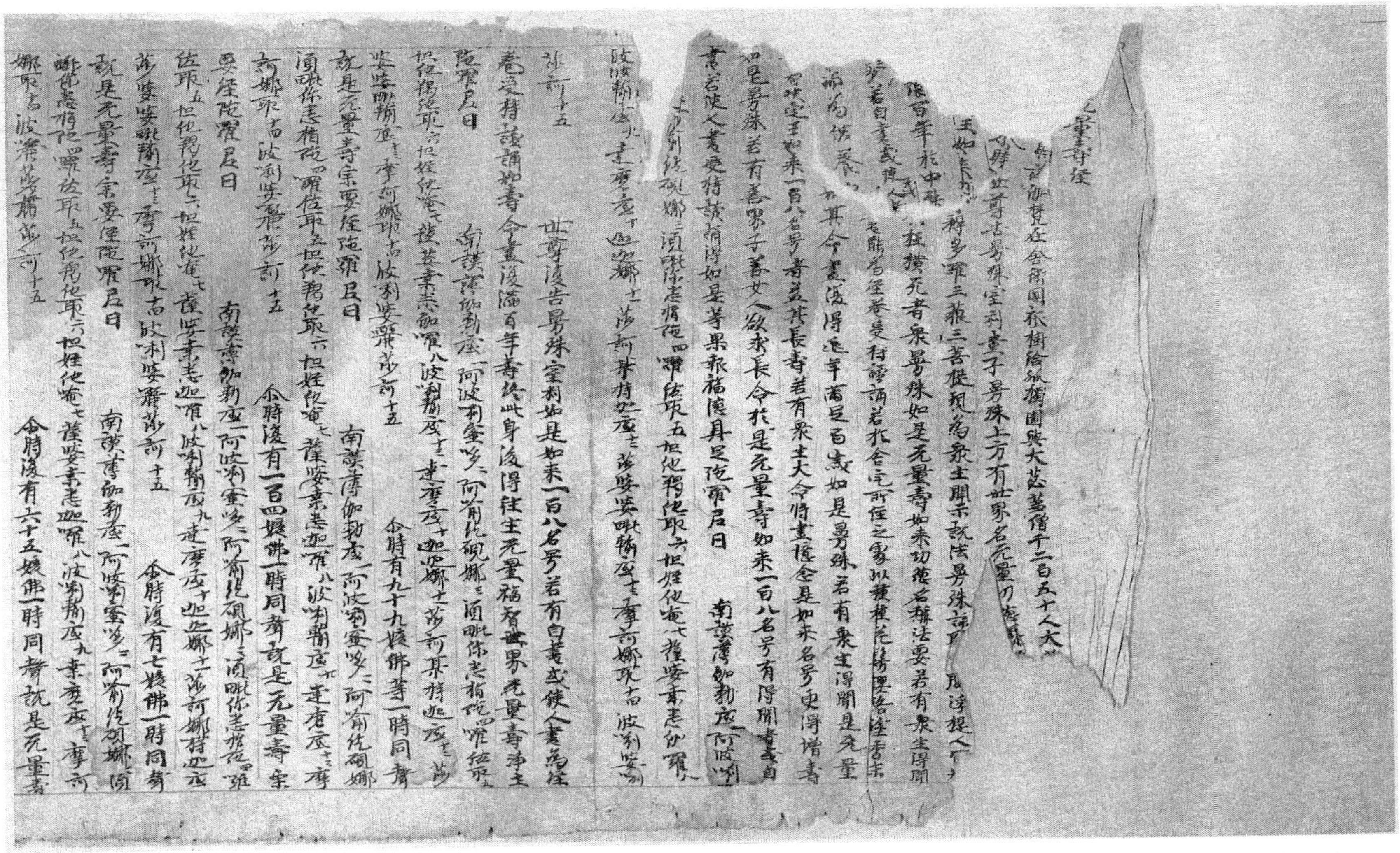

[illegible]量壽經
[illegible]伽梵在舍衛國祇樹給孤獨園與大苾蒭僧千二百五十人大[illegible]
[illegible]爾時世尊告曼殊室利童子曼殊上方有世界名无量功德聚[illegible]
[illegible]王如來[illegible]稱多羅三藐三菩提現為衆生開示說法曼殊諦[illegible]閻浮提人[illegible]
[illegible]命百年於中夭[illegible]枉横死者衆曼殊如是无量壽如來功德名稱法要若有衆生得聞
[illegible]若自書或使人[illegible]能為經卷受持讀誦若於舍宅所住之處以種種花鬘瓔珞塗香末
[illegible]而為供養如其命盡復得延年滿足百歲如是曼殊若有衆生得聞是无量
壽智決定王如來一百八名號者益其長壽若有衆生大命將盡憶念是如來名號更得增壽
如是曼殊若有善男子善女人欲求長命於是无量壽如來一百八名號有得聞者[illegible]自
書若使人書受持讀誦得如是等果報福德具足陀羅尼曰　南謨薄伽勃底阿波唎
[illegible]蜜多阿喻紇硯娜三須毗你悉指陀四囉佐耶五怛他羯他耶六怛姪他唵七薩婆桑悉迦囉八
波唎輸底九達磨底十伽伽娜十一莎訶莎莫訥伽底十二莎婆婆毗輸底十三摩訶娜耶十四波唎婆[illegible]
莎訶十五
世尊復告曼殊室利如是如來一百八名號若有自書或使人書為經
卷受持讀誦如壽命盡復滿百年壽終此身後得往生无量福智世界无量壽淨土
陀羅尼曰　南謨薄伽勃底一阿波唎蜜多二阿喻紇硯娜三須毗你悉指陀四囉佐耶五
怛他羯他耶六怛姪他唵七薩婆桑悉迦囉八波唎輸底九達磨底十伽伽娜十一莎
婆莫訥伽底十二莎婆婆毗輸底十三摩訶娜耶十四波唎婆嚟莎訶十五　爾時有九十九姟佛等一時同聲
說是无量壽宗要經陀羅尼曰　南謨薄伽勃底一阿波唎蜜多二阿喻紇硯娜
須毗你悉指陀四囉佐耶五怛他羯他耶六怛姪他唵七薩婆桑悉迦囉八波唎輸底九達磨底十摩
訶娜耶十一波唎婆嚟莎訶十五　爾時復有一百四姟佛一時同聲說是无量壽宗
要經陀羅尼曰　南謨薄伽勃底一阿波唎蜜多二阿喻紇硯娜三須毗你悉指陀四
佐耶五怛他羯他耶六怛姪他唵七薩婆桑悉迦囉八波唎輸底九達磨底十伽伽娜十一莎訶
莎婆婆毗輸底十三摩訶娜耶十四波唎婆嚟莎訶十五　爾時復有七姟佛一時同聲
說是无量壽宗要經陀羅尼曰　南謨薄伽勃底一阿波唎蜜多二阿喻紇硯娜須
毗你悉指陀四囉佐耶五怛他羯他耶六怛姪他唵七薩婆桑悉迦囉八波唎輸底九達磨底十摩訶
娜耶十一波唎婆嚟莎訶十五　爾時復有六十五姟佛一時同聲說是无量壽

BD04824 號　無量壽宗要經　（5–1）

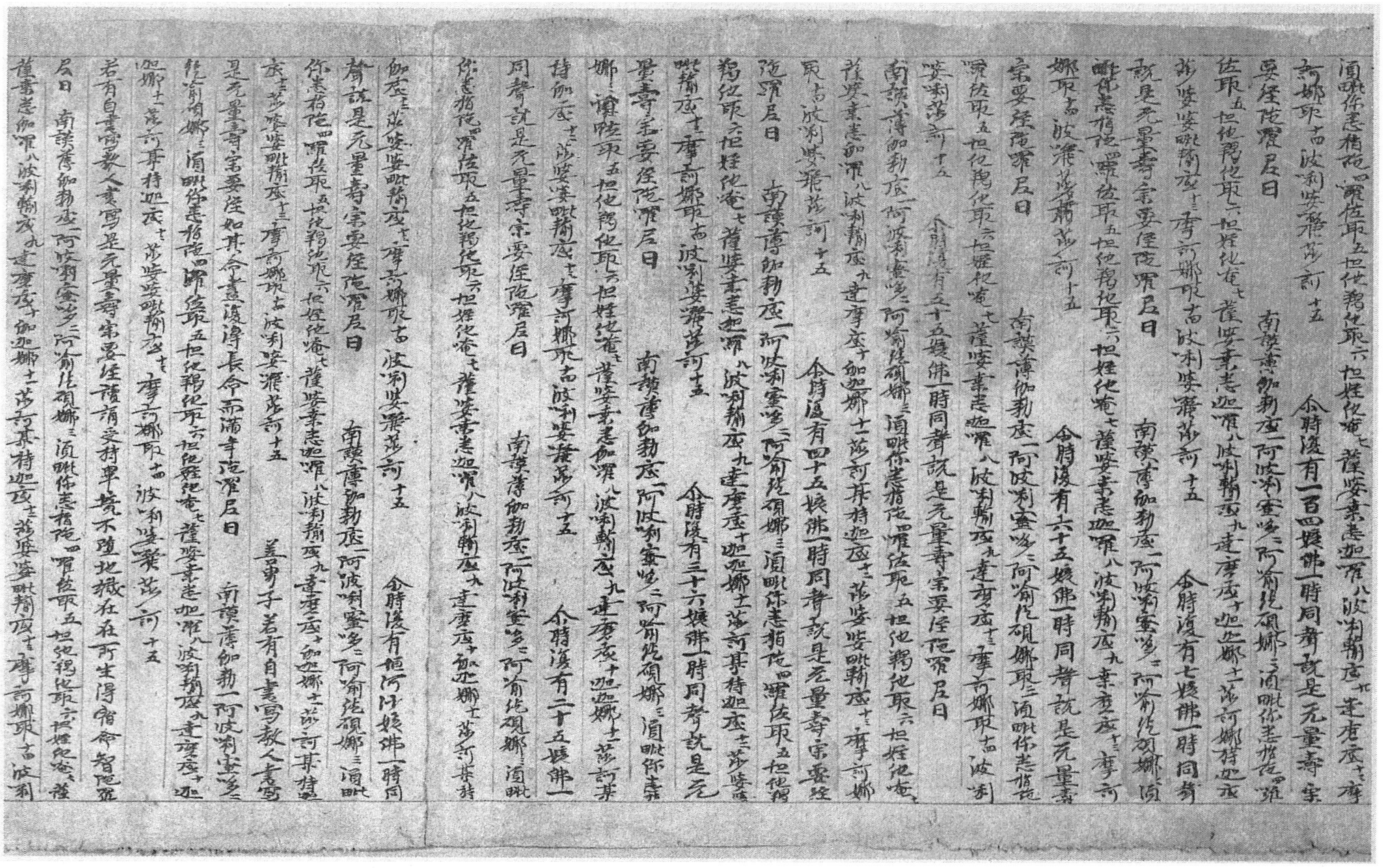
須毗你悉指陁四囉佐耶五怛他羯他耶六怛姪他七薩婆桑悉迦囉八波唎輸底九達摩底十摩
訶娜耶十四波唎婆羅莎訶十五　尒時復有一百四姟佛一時同聲說是无量壽宗
要經陁羅尼曰　南謨薄伽勃底一阿波唎蜜哆二阿喻紇硯娜三須毗你悉指陁四囉
佐耶五怛他羯他耶六怛姪他七薩婆桑悉迦囉八波唎輸底九達摩底十伽迦娜十一莎訶娜持迦底
莎婆婆毗輸底十三摩訶娜耶十四波唎婆羅莎訶十五　尒時復有七姟佛一時同聲
說是无量壽宗要經陁羅尼曰　南謨薄伽勃底一阿波唎蜜哆二阿喻紇硯娜三須
毗你悉指陁四囉佐耶五怛他羯他耶六怛姪他七薩婆桑悉迦囉八波唎輸底九達摩底十三摩訶
娜耶十四波羅婆羅莎訶十五　尒時復有六十五姟佛一時同聲說是无量壽
宗要經陁羅尼曰　南謨薄伽勃底一阿波唎蜜哆二阿喻紇硯娜三須毗你悉指陁
囉佐耶五怛他羯他耶六怛姪他七薩婆桑悉迦囉八波唎輸底九達摩底十三摩訶娜耶十四波唎
婆唎莎訶十五　尒時復有五十五姟佛一時同聲說是无量壽宗要經陁羅尼曰
南謨薄伽勃底一阿波唎蜜哆二阿喻紇硯娜三須毗你悉指陁四囉佐耶五怛他羯他耶六怛姪他七
薩婆桑悉伽囉八波唎輸底九達摩底十伽迦娜十一莎訶某持迦底十二莎婆婆毗輸底十三摩訶娜
耶十四波唎婆羅莎訶十五　尒時復有四十五姟佛一時同聲說是无量壽宗要經
陁羅尼曰　南謨薄伽勃底一阿波唎蜜哆二阿喻紇硯娜三須毗你悉指陁四囉佐耶五怛他羯
羯他耶六怛姪他七薩婆桑悉迦囉八波唎輸底九達摩底十迦迦娜十一莎訶某持迦底十二莎婆婆
毗輸底十三摩訶娜耶十四波唎婆羅莎訶十五　尒時復有三十六姟佛一時同聲說是无
量壽宗要經陁羅尼曰　南謨薄伽勃底一阿波唎蜜哆二阿喻紇硯娜三須毗你悉
指陁四囉佐耶五怛他羯他耶六怛姪他七薩婆桑悉伽囉八波唎輸底九達摩底十迦迦娜十一莎訶某
持伽底十二莎婆婆毗輸底十三摩訶娜耶十四波唎婆羅莎訶十五　尒時復有二十五姟佛一
時同聲說是无量壽宗要經陁羅尼曰　南謨薄伽勃底一阿波唎蜜哆二阿喻紇硯娜三須毗
你悉指陁四囉佐耶五怛他羯他耶六怛姪他七薩婆桑悉迦囉八波唎輸底九達摩底十伽迦娜十一莎訶某持
伽底十二莎婆婆毗輸底十三摩訶娜耶十四波唎婆羅莎訶十五　尒時復有恒河沙姟佛一時同
聲說是无量壽宗要經陁羅尼曰　南謨薄伽勃底一阿波唎蜜哆二阿喻紇硯娜三須毗
你悉指陁四囉佐耶五怛他羯他耶六怛姪他七薩婆桑悉迦囉八波唎輸底九達摩底十伽迦娜十一莎訶某持
底十二莎婆婆毗輸底十三摩訶娜耶十四波唎婆羅莎訶十五　善男子若有自書寫教人書寫
是无量壽宗要經如其命盡復得長命而滿百年陁羅尼曰　南謨薄伽勃底一阿波唎蜜哆二
阿喻紇硯娜三須毗你悉指陁四囉佐耶五怛他羯他耶六怛姪他七薩婆桑悉迦囉八波唎輸底九達摩底十迦
迦娜十一莎訶某持迦底十二莎婆婆毗輸底十三摩訶娜耶十四波唎婆羅莎訶十五
若有自書寫教人書寫是无量壽宗要經讀誦受持畢竟不墮地獄在在所生得宿命智陁羅
尼曰　南謨薄伽勃底一阿波唎蜜哆二阿喻紇硯娜三須毗你悉指陁四囉佐耶五怛他羯他耶六怛姪他七薩
婆桑悉伽囉八波唎輸底九達摩底十伽迦娜十一莎訶某持迦底十二莎婆婆毗輸底十三摩訶娜耶十四波唎

BD04824 號　無量壽宗要經　（5–2）

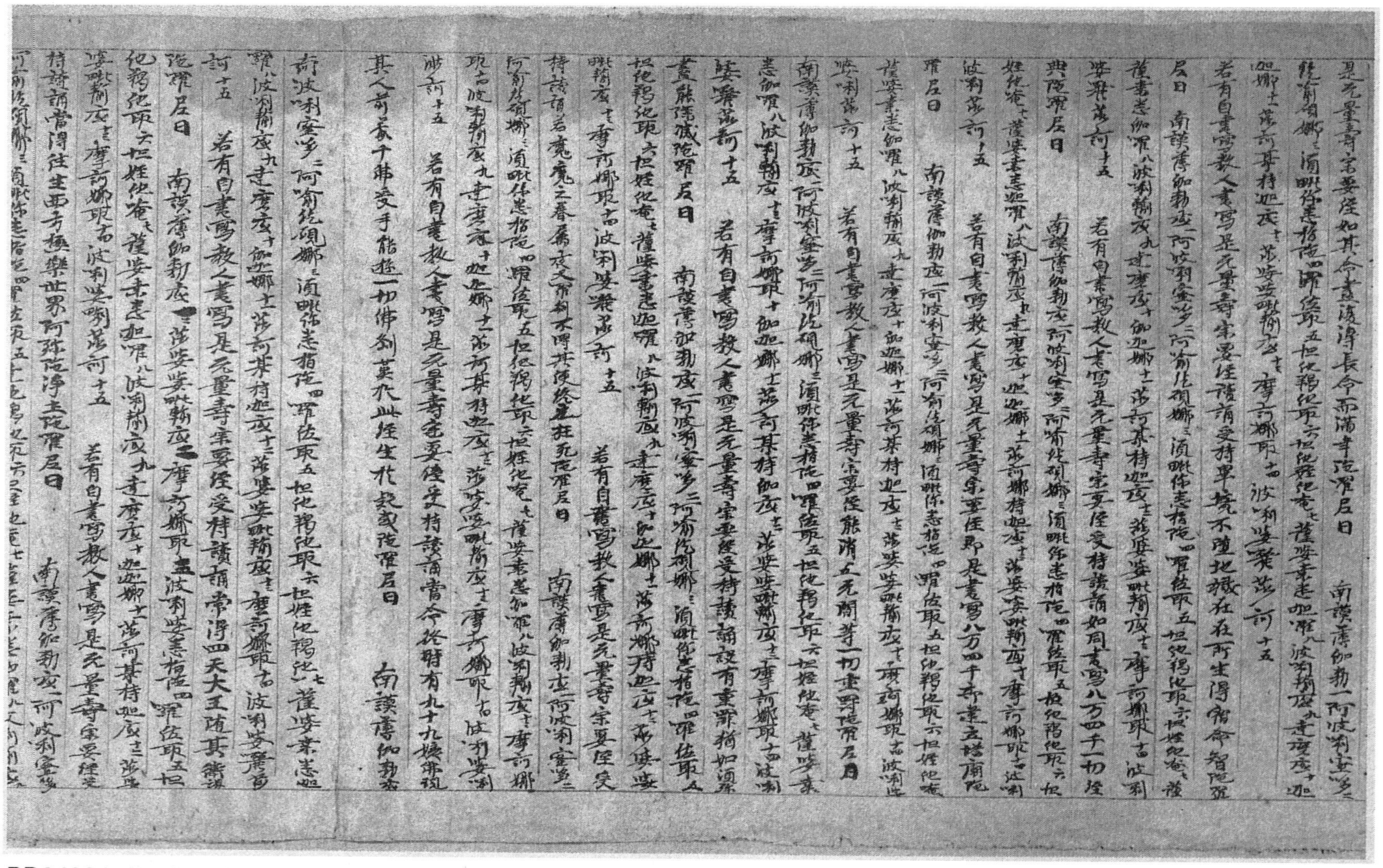
是无量壽宗要經如其命盡復得長命而滿百年陁羅尼曰　南謨薄伽勃底一阿波唎蜜哆二
阿喻紇硯娜三須毗你悉指陁四囉佐耶五怛他羯他耶六怛姪他七薩婆桑悉迦囉八波唎輸底九達摩底十迦
迦娜十一莎訶某持迦底十二莎婆婆毗輸底十三摩訶娜耶十四波唎婆羅莎訶十五
若有自書寫教人書寫是无量壽宗要經讀誦受持畢竟不墮地獄在在所生得宿命智陁羅
尼曰　南謨薄伽勃底一阿波唎蜜哆二阿喻紇硯娜三須毗你悉指陁四囉佐耶五怛他羯他耶六怛姪他七薩
薩婆桑悉伽囉八波唎輸底九達摩底十伽迦娜十一莎訶某持迦底十二莎婆婆毗輸底十三摩訶娜耶十四波唎
婆羅莎訶十五　若有自書寫教人書寫是无量壽宗要經讀誦如同書寫八万四千一切經
典陁羅尼曰　南謨薄伽勃底一阿波唎蜜哆二阿喻紇硯娜三須毗你悉指陁四囉佐耶五怛他羯他耶六怛
姪他七薩婆桑悉迦囉八波唎輸底九達摩底十迦迦娜十一莎訶娜持迦底十二莎婆婆毗輸底十三摩訶娜耶十四波唎
波唎莎訶十五　若有自書寫教人書寫是无量壽宗要經即是書寫八万四千部建立塔廟陁
羅尼曰　南謨薄伽勃底一阿波唎蜜哆二阿喻紇硯娜三須毗你悉指陁四囉佐耶五怛他羯他耶六怛姪他七
薩婆桑悉伽囉八波唎輸底九達摩底十伽迦娜十一莎訶某持迦底十二莎婆婆毗輸底十三摩訶娜耶十四波唎婆
婆唎莎訶十五　若有自書寫教人書寫是无量壽宗要經能消五无間等一切重罪陁羅尼曰
南謨薄伽勃底一阿波唎蜜哆二阿喻紇硯娜三須毗你悉指陁四囉佐耶五怛他羯他耶六怛姪他七薩婆桑
悉伽囉八波唎輸底九達摩底十伽迦娜十一莎訶某持伽底十二莎婆婆毗輸底十三摩訶娜耶十四波唎
婆羅莎訶十五　若有自書寫教人書寫是无量壽宗要經受持讀誦設有重罪猶如須彌
盡能除滅陁羅尼曰　南謨薄伽勃底一阿波唎蜜哆二阿喻紇硯娜三須毗你悉指陁四囉佐耶五
怛他羯他耶六怛姪他七薩婆桑悉迦囉八波唎輸底九達摩底十伽迦娜十一莎訶娜持迦底十二莎婆婆
毗輸底十三摩訶娜耶十四波唎婆羅莎訶十五　若有自書寫教人書寫是无量壽宗要經受
持讀誦者魔魔之眷屬夜叉羅剎不得其便終無枉死陁羅尼曰　南謨薄伽勃底一阿波唎蜜哆二
阿喻紇硯娜三須毗你悉指陁四囉佐耶五怛他羯他耶六怛姪他七薩婆桑悉伽囉八波唎輸底十三摩訶娜
耶十四波唎輸底九達摩底十伽迦娜十一莎訶某持迦底十二莎婆婆毗輸底十三摩訶娜耶十四波唎婆羅
莎訶十五　若有自書寫教人書寫是无量壽宗要經受持讀誦當命終時有九十九姟佛現
其人前來千佛授手能遊一切佛刹莫於此經生於疑惑陁羅尼曰　南謨薄伽勃底
一阿波唎蜜哆二阿喻紇硯娜三須毗你悉指陁四囉佐耶五怛他羯他耶六怛姪他七薩婆桑悉迦
囉八波唎輸底九達摩底十伽迦娜十一莎訶某持迦底十二莎婆婆毗輸底十三摩訶娜耶十四波唎婆羅莎
訶十五　若有自書寫教人書寫是无量壽宗要經受持讀誦常得四天大王隨其衛護
陁羅尼曰　南謨薄伽勃底一阿波唎蜜哆二阿喻紇硯娜三須毗你悉指陁四囉佐耶五怛
他羯他耶六怛姪他七薩婆桑悉迦囉八波唎輸底九達摩底十伽迦娜十一莎訶某持迦底十二莎婆
婆毗輸底十三摩訶娜耶十四波唎婆羅莎訶十五　若有自書寫教人書寫是无量壽宗要經受
持讀誦當得往生西方極樂世界阿彌陁淨土陁羅尼曰　南謨薄伽勃底一阿波唎蜜哆
阿喻紇硯娜三須毗你悉指陁四囉佐耶五怛他羯他耶六怛姪他七薩婆桑悉迦囉八波唎

BD04824 號　無量壽宗要經　（5–3）

阿波唎蜜多二阿喻紇硯娜三須毗你悉指陁四囉佐耶五怛他羯他耶六怛姪他唵七薩婆桑悉迦
囉八波唎輸底九達磨底十伽伽娜十一莎訶娑持迦底十二薩婆婆毗輸底十三摩訶娜耶十四波唎婆嚟莎
訶十五　若有自書寫教人書寫是无量壽宗要經受持讀誦當得四天大王隨其衛護
陁羅尼曰　南謨薄伽勃底■薩婆婆毗輸底■摩訶娜耶■波唎婆悉指陁四囉佐耶五怛
他羯他耶六怛姪他唵七薩婆桑悉迦囉八波唎輸底九達磨底十伽伽娜十一莎訶娑持迦底十二薩婆
婆毗輸底十三摩訶娜耶十四波唎婆嚟莎訶十五　若有自書寫教人書寫是无量壽宗要經受
持讀誦當得往生西方極樂世界阿彌陁淨土陁羅尼曰　南謨薄伽勃底一阿波唎蜜多
阿喻紇硯娜三須毗你悉指陁四囉佐耶五怛他羯他耶六怛姪他唵七薩婆桑悉迦囉八波唎輸底九
達磨底十伽伽娜十一莎訶娑持迦底十二薩婆婆毗輸底十三摩訶娜耶十四波唎婆嚟莎訶十五
若有方所自書寫使人書寫是无量壽宗要經典之處則為是塔皆應恭敬作礼若是畜
生或為鳥獸得聞是經等類皆當不久得成一切種智陁羅尼曰　南謨薄伽勃底
阿波唎蜜多二阿喻紇硯娜三須毗你悉指陁四囉佐耶五怛他羯他耶六怛姪他唵七薩婆桑悉迦囉八波
唎輸底九達磨底十伽伽娜十一莎訶娑持迦底十二薩婆婆毗輸底十三摩訶娜耶十四波唎婆嚟莎訶
若有於是无量壽經自書寫使人書寫畢竟不受女人之身陁羅尼曰　南謨薄伽勃
底一阿波唎蜜多二阿喻紇硯娜三須毗你悉指陁四囉佐耶五怛他羯他耶六怛姪他唵七薩婆桑
悉迦囉八波唎輸底九達磨底十伽伽娜十一莎訶娑持迦底十二薩婆婆毗輸底十三摩訶娜耶十四波唎婆嚟
莎訶十五
若有能於是經少分施者等於三千大千世界滿中七寶布施陁羅尼曰
南謨薄伽勃底一阿波唎蜜多二阿喻紇硯娜三須毗你悉指陁四囉佐耶五怛他羯他耶六怛姪他唵七薩婆
桑悉迦囉八波唎輸底九達磨底十伽伽娜十一莎訶娑持迦底十二薩婆婆毗輸底十三摩訶娜耶十四波唎婆嚟
莎訶十五　若有供養是經者則是供養一切諸經等无有異陁羅尼曰
南謨薄伽勃底一阿波唎蜜多二阿喻紇硯娜三須毗你悉指陁四囉佐耶五怛他羯他耶六怛姪他唵七薩
婆桑悉迦囉八波唎輸底九達磨底十伽伽娜十一莎訶娑持迦底十二薩婆婆毗輸底十三摩訶娜耶十四波唎
婆嚟莎訶十五　如是毗婆尸佛尸棄佛毗舍浮佛拘留孫佛拘那舍牟尼佛迦
葉佛釋迦牟尼佛　若有人以七寶供養如是七佛其福有限書寫受持是无量壽
宗要經典所有功德不可限量陁羅尼曰　南謨薄伽勃底一阿波唎蜜多二阿喻紇硯娜
三須毗你悉指陁四囉佐耶五怛他羯他耶六怛姪他唵七薩婆桑悉迦囉八波唎輸底九達磨底十伽伽娜十一
莎訶娑持迦底十二薩婆婆毗輸底十三摩訶娜耶十四波唎婆嚟莎訶十五
若有七寶等於須弥以用布施其福上能知其限量是无量壽經典其福不可知數
陁羅尼曰　南謨薄伽勃底一阿波唎蜜多二阿喻紇硯娜三須毗你悉指陁四囉佐耶五怛他羯
他耶六怛姪他唵七薩婆桑悉迦囉八波唎輸底九達磨底十伽伽娜十一莎訶娑持迦底十二薩婆
婆毗輸底十三摩訶娜耶十四波唎婆嚟莎訶十五　如是四大海水可知滴數是无
量壽經典所生果不可數量陁羅尼曰　南謨薄伽勃底一阿波唎蜜多二阿喻紇

BD04824號　無量壽宗要經　（5–4）

宗要經典所有功德不可限量陁羅尼曰　南謨薄伽勃底一阿波唎蜜多二阿喻紇硯娜三
須毗你悉指陁四囉佐耶五怛他羯他耶六怛姪他唵七薩婆桑悉迦囉八波唎輸底九達磨底十伽伽娜十一
莎訶娑持迦底十二薩婆婆毗輸底十三摩訶娜耶十四波唎婆嚟莎訶十五
若有七寶等於須弥以用布施其福上能知其限量是无量壽經典其福不可知數
陁羅尼曰　南謨薄伽勃底一阿波唎蜜多二阿喻紇硯娜三須毗你悉指陁四囉佐耶五怛他羯
他耶六怛姪他唵七薩婆桑悉迦囉八波唎輸底九達磨底十伽伽娜十一莎訶娑持迦底十二薩婆
婆毗輸底十三摩訶娜耶十四波唎婆嚟莎訶十五　如是四大海水可知滴數是无
量壽經典所生果不可數量陁羅尼曰　南謨薄伽勃底一阿波唎蜜多二阿喻紇
硯娜三須毗你悉指陁四囉佐耶五怛他羯他耶六怛姪他唵七薩婆桑悉迦囉八波唎輸底九達磨
底十伽伽娜十一莎訶娑持迦底十二薩婆婆毗輸底十三摩訶娜耶十四波唎婆嚟莎訶十五
若有人自書使人書寫是无量壽經典又能讀持供養即是恭敬供養一切十方佛
土如來无有別異陁羅尼曰　南謨薄伽勃底一阿波唎蜜多二阿喻紇硯娜三須毗你悉
指陁四囉佐耶五怛他羯他耶六怛姪他唵七薩婆桑悉迦囉八波唎輸底九達磨底十伽伽娜十一
莎訶娑持迦底十二薩婆婆毗輸底十三摩訶娜耶十四波唎婆嚟莎訶十五
布施力能成正覺　悟布施力人師子　布施力能聲善聞　慈悲階漸最能入
持戒力能成正覺　悟持戒力人師子　持戒力能聲善聞　慈悲階漸最能入
忍辱力能成正覺　悟忍辱力人師子　忍辱力能聲善聞　慈悲階漸最能入
精進力能成正覺　悟精進力人師子　精進力能聲善聞　慈悲階漸最能入
禪定力能成正覺　悟禪定力人師子　禪定力能聲善聞　慈悲階漸最能入
智慧力能成正覺　悟智慧力人師子　智慧力能聲善聞　慈悲階漸最能入
爾時如來說是經已一切世間天人阿脩羅揵闥婆等聞佛所說皆大歡喜信受奉行
佛說无量壽宗要經

張文達

BD04824號　無量壽宗要經　（5–5）

頂礼佛
須菩提在大
右膝著地向佛合掌恭
有世尊如来應供正遍知
善付囑諸菩薩
尊云何菩薩大乘中發阿耨多羅三藐三
菩提心應云何住云何脩行云何降伏其心
尒時佛告須菩提善哉善哉須菩提如汝所
說如来善護念諸菩薩善付囑諸菩薩汝今
諦聽當為汝說如菩薩大乘中發阿耨多羅
三藐三菩提心應如是住如是脩行如是降
伏其心須菩提白佛言世尊如是願樂欲聞
佛告須菩提諸菩薩生如是心所有一切衆
生衆生所攝若卵生若胎生若濕生若化生
若有色若无色若有想若无想若非有想非
想所有衆生界衆生所攝我皆令入无餘
涅槃而滅度之如是滅度无量无邊衆生實

BD04825 號　金剛般若波羅蜜經（菩提留支十二分本）　（20–1）

三藐三菩提心應如是住如是脩行如是降
伏其心須菩提白佛言世尊如是願樂欲聞
佛告須菩提諸菩薩生如是心所有一切衆
生衆生所攝若卵生若胎生若濕生若化生
若有色若无色若有想若无想若非有想非
想所有衆生界衆生所攝我皆令入无餘
涅槃而滅度之如是滅度无量无邊衆生實
无衆生得滅度者何以故須菩提若菩薩有
衆生相即非菩薩何以故非須菩提若菩薩
起衆生相人相壽者相則不名菩薩
如實脩行分第四
復次須菩提菩薩不住於事行於布施无所
住行於布施不住色布施不住聲香味觸法
布施須菩提菩薩應如是布施不住於想相
何以故若菩薩不住相布施其福德聚不可
思量須菩提於汝意云何東方虛空可思量
不須菩提言不也世尊佛言如是須菩提南
西北方四維上下虛空可思量不須菩提言
不也世尊佛言如是如是須菩提菩薩无住
相布施福德聚亦復如是不可思量佛復告
須菩提菩薩但應如是行於布施
如来非有為相分第五
須菩提於意云何可以相成就見如来不須
菩提言不也世尊不可以相成就得見如来
何以故如来所說相即非相佛告須菩提凡

BD04825 號　金剛般若波羅蜜經（菩提留支十二分本）　（20–2）

須菩提菩薩但應如是行於布施
如来非有爲相分第五
須菩提於意云何可以相成就見如来不須
提言不也世尊不可以相成就得見如来
何以故如来所說相即非相佛告須菩提凡
所有相皆是妄語若見諸相非相則非妄語
如是諸相非相則見如来
我空法空分第六
須菩提白佛言世尊頗有衆生於未来世末
世得聞如是脩多羅章句生實相不佛告須
菩提莫作是說頗有衆生於未来世末世得
聞如是脩多羅章句生實相不佛復告須菩
提有未来世末世有菩薩摩訶薩法欲滅時
有持戒脩福德智慧者於此脩多羅章句能
生信心以此爲實佛復告須菩提當知彼菩
薩摩訶薩非於一佛二佛三四五佛所脩行
供養非於一佛二佛三四五佛所而種善根
佛復告須菩提已於无量百千万諸佛所脩
行供養无量百千万諸佛所種諸善根聞是
脩多羅乃至一念能生淨信須菩提如来悉
知是諸衆生如来悉見是諸衆生須菩提是
諸菩薩生如是无量福德聚取如是无量福
德何以故須菩提是諸菩薩无復我相衆生
相人相壽者相須菩提是諸菩薩无法相亦
非无法相无相亦非无相何以故須菩提是

BD04825號　金剛般若波羅蜜經（菩提留支十二分本）　（20–3）

知是諸衆生如来悉見是諸衆生須菩提是
諸菩薩生如是无量福德聚取如是无量福
德何以故須菩提是諸菩薩无復我相衆生
相人相壽者相須菩提是諸菩薩无法相亦
非无法相无相亦非无相何以故須菩提是
諸菩薩若取法相則爲着我人衆生壽者須
菩提若是菩薩有法相即着我相人相衆生
相壽者相何以故須菩提不應取法非不取
法以是義故如来常說筏喻法門是法應捨
非捨法故
復次佛告慧命須菩提須菩提於意云何如
来得阿耨多羅三藐三菩提耶如来有所說
法耶須菩提言如我解佛所說義无有定法
如来得阿耨多羅三藐三菩提亦无有定法
如来可說何以故如来所說法皆不可取不
可說非法非非法何以故一切聖人皆以无
爲法得名
具足功德校量分第七
須菩提於意云何若滿三千大千世界七寶
以用布施須菩提於意云何是善男子善女
人所得福德寧爲多不須菩提言甚多婆伽
婆甚多脩伽陁彼善男子善女人得福甚多
何以故世尊是福德聚即非福德聚是故如
来說福德聚福德聚佛言須菩提若善男子
善女人以滿三千大千世界七寶持用布施

BD04825號　金剛般若波羅蜜經（菩提留支十二分本）　（20–4）

以用布施須菩提於意云何是善男子善女
人所得福德寧為多不須菩提言甚多婆伽
婆甚多脩伽陁彼善男子善女人得福甚多
何以故世尊是福德聚即非福德聚是故如
来說福德聚福德聚佛言須菩提若善男子
善女人以滿三千大千世界七寶持用布施
若復有人於此經中受持乃至四句偈等為
他人說其福勝彼无量不可數何以故須菩
提一切諸佛阿耨多羅三藐三菩提法皆從
此經出一切諸佛如来皆從此經生須菩提
所謂佛法佛法者即非佛法是名佛法
須菩提於意云何須陁洹能作是念我得須
陁洹果不須菩提言不也世尊何以故實无
有法名須陁洹不入色聲香味觸法是名須
陁洹佛言須菩提於意云何斯陁含能作是
念我得斯陁含果不須菩提言不也世尊何
以故實无有法名斯陁含是名斯陁含須菩
提於意云何阿那含能作是念我得阿那含
果不須菩提言不也世尊何以故實无有法
名阿那含是名阿那含須菩提於意云何阿
羅漢能作是念我得阿羅漢果不須菩提言
不也世尊何以故實无有法名阿羅漢世尊
若阿羅漢作是念我得阿羅漢即為著我人
衆生壽者世尊佛說我得无諍三昧最為第
一世尊說我是離欲阿羅漢世尊我不作是

BD04825號　金剛般若波羅蜜經（菩提留支十二分本）　（20–5）

羅漢能作是念我得阿羅漢果不須菩提言
不也世尊何以故實无有法名阿羅漢世尊
若阿羅漢作是念我得阿羅漢即為著我人
衆生壽者世尊佛說我得无諍三昧最為第
一世尊說我是離欲阿羅漢世尊我不作是
念我是離欲阿羅漢世尊我若作是念我得
阿羅漢世尊則不記我无諍行第一以須菩
提實无所行而名須菩提无諍无諍行
佛告須菩提於意云何如来昔在然燈佛所
得阿耨多羅三藐三菩提法不須菩提言不
也世尊如来在然燈佛所於法實无所得阿
耨多羅三藐三菩提
佛言須菩提若菩薩作是言我莊嚴佛國土
彼菩薩不實語何以故須菩提如来所說莊
嚴佛土者則非莊嚴是名莊嚴佛土是故須
菩提諸菩薩摩訶薩應如是生清淨心而无
所住不住色生心不住聲香味觸法生心應
无所住而生其心須菩提譬如有人身如須
弥山王須菩提於意云何是身為大不須菩
提言甚大世尊何以故佛說非身是名大身
彼身非身是名大身
佛言須菩提如恒河中所有沙數如是沙等
恒河於意云何是諸恒河沙寧為多不須菩
提言甚多世尊但諸恒河尚多无數何况其
沙佛言須菩提我今實言告汝若有善男子

BD04825號　金剛般若波羅蜜經（菩提留支十二分本）　（20–6）

彼身非身是名大身
佛言須菩提如恒河中所有沙數如是沙等
恒河於意云何是諸恒河沙寧為多不須菩
提言甚多世尊但諸恒河尚多无數何況其
沙佛言須菩提我今實言告汝若有善男子
善女人以七寶滿尒所恒沙數世界以施諸
佛如来須菩提於意云何彼善男子善女人
得福多不須菩提言甚多世尊彼善男子善
女人得福甚多佛告須菩提以七寶滿尒所
恒河沙世界持用布施若善男子善女人於
此法門乃至受持四句偈等為他人說而此
福德勝前福德无量阿僧祇
復次須菩提隨所有處說是法門乃至四句偈
等當知此處一切世間天人阿脩羅皆應
供養如佛塔廟何況有人盡能受持讀誦此
經須菩提當知是人成就冣上第一希有之
法若是經典所在之處則為有佛若尊重似
佛尒時須菩提白佛言世尊當何名此法門
我等云何奉持佛告須菩提是法門名為金
剛般若波羅蜜以是名字汝當奉持何以故
須菩提佛說般若波羅蜜則非般若波羅蜜
須菩提於意云何如来有所說法不須菩提
言世尊如来无所說法須菩提於意云何三
千大千世界所有微塵是為多不須菩提言

BD04825號　金剛般若波羅蜜經（菩提留支十二分本）　（20–7）

須菩提佛說般若波羅蜜則非般若波羅蜜
須菩提於意云何如来有所說法不須菩提
言世尊如来无所說法須菩提於意云何三
千大千世界所有微塵是為多不須菩提言
彼微塵甚多世尊須菩提是諸微塵如来說
非微塵是名微塵如来說世界非世界是名
世界佛言須菩提於意云何可以三十二大
人相見如来不須菩提言不也世尊何以故
如来說三十二大人相即是非相是名三十
二大人相
佛言須菩提若有善男子善女人以恒河沙
等身命布施若復有人於此法門中乃至受
持四句偈等為他人說其福甚多无量阿僧
祇尒時須菩提聞說是經深解義趣涕淚悲
泣捫淚而白佛言希有婆伽婆希有脩伽陁
佛說如是甚深法門我從昔来所得慧眼未
曾得聞如是法門何以故須菩提佛說般若
波羅蜜即非般若波羅蜜世尊若復有人得
聞是經信心清淨則生實相當知是人成就
第一希有功德世尊是實相者則是非相是
故如来說名實相實相世尊我今得聞如是
法門信解受持不足為難若當来世其有衆
生得聞是法門信解受持是人則為第一希
有何以故此人无我相人相衆生相壽者相
可以故我相即是非相人相衆生相壽者相

BD04825號　金剛般若波羅蜜經（菩提留支十二分本）　（20–8）

第一希有功德世尊是實相者則是非相是
故如来說名實相實相世尊我今得聞如是
法門信解受持不足為難若當来世其有衆
生得聞是法門信解受持是人則為第一希
有何以故此人无我相人相衆生相壽者相
何以故我相即是非相人相衆生相壽者相
即是非相何以故離一切諸相則名諸佛佛
告須菩提如是如是若復有人得聞是經不
驚不怖不畏當知是人甚為希有何以故須
菩提如来說第一波羅蜜非第一波羅蜜如
来說第一波羅蜜者彼无量諸佛亦說波羅
蜜是名第一波羅蜜
須菩提如来說忍辱波羅蜜則非忍辱波羅
蜜何以故須菩提如我昔為歌利王割截身
體我於尒時无我相无衆生相无人相无壽
者相无相亦非无相何以故須菩提我於往
昔節節支解時若有我相衆生相人相壽者
相應生瞋恨須菩提又念過去於五百世作
忍辱仙人於尒所世无我相无衆生相无人
相无壽者相是故須菩提菩薩應離一切相
發阿耨多羅三藐三菩提心何以故若心有
住則為非住不應住色生心不應住聲香味
觸法生心應生无所住心是故佛說菩薩心
不住色布施須菩提菩薩為利益一切衆生
應如是布施須菩提言世尊一切衆生相即

BD04825 號　金剛般若波羅蜜經（菩提留支十二分本）　（20–9）

相无壽者相是故須菩提菩薩應離一切相
發阿耨多羅三藐三菩提心何以故若心有
住則為非住不應住色生心不應住聲香味
觸法生心應生无所住心是故佛說菩薩心
不住色布施須菩提菩薩為利益一切衆生
應如是布施須菩提言世尊一切衆生相即
是非相何以故如来說一切衆生即非衆生
須菩提如来是真語者實語者如語者不異
語者須菩提如来所得法所說法无實无妄
語
真如分第八
須菩提譬如有人入闇則无所見若菩薩心
住於事而行布施亦復如是須菩提譬如人
有目夜分已盡日光明照見種種色若菩薩
不住於事行於布施亦復如是
復次須菩提若有善男子善女人能於此法
門受持讀誦脩行則為如来以佛智慧悉知是
人悉見是人皆得成就无量无
邊功德衆須菩提若有善男子善女人初日
分以恒河沙等身布施中日分復以恒河沙
等身布施後日分復以恒河沙等身布施如
是捨恒河沙等无量身如是百千万億那由
他劫以身布施若復有人聞此法門信心不
謗其福勝彼无量阿僧祇何況書寫受持讀
誦脩行為人廣說
利益分第九

BD04825 號　金剛般若波羅蜜經（菩提留支十二分本）　（20–10）

等身布施後日分復以恒河沙等身布施如
是捨恒河沙等无量身如是百千万億那由
他劫以身布施若復有人聞此法門信心不
謗其福勝彼无量阿僧祇何況書寫受持讀
誦脩行為人廣說
利益分第九
須菩提以要言之是經有不可思議不可稱
量无邊功德此法門如來為發大乘者說為
發最上乘者說若有人能受持讀誦脩行此
經廣為人說如來悉知是人悉見是人皆成
就不可思議不可稱无有邊无量功德聚如
是人等則為荷擔如來阿耨多羅三藐三菩
提何以故須菩提若樂小法者則於此經不
能受持讀誦脩行為人解說若有我見衆生
見人見壽者見於此法門能受持讀誦脩行
為人解說者无有是處須菩提在在處處若
有此經一切世間天人阿脩羅所應供養當
知此處則為是塔皆應恭敬作礼圍遶以諸
華香而散其處復次須菩提若善男子善女
人受持讀誦此經為人輕賤何以故是人先
世罪業應墮惡道以今世人輕賤故先世罪
業則為消滅當得阿耨多羅三藐三菩提須
菩提我念過去无量阿僧祇阿僧祇劫於然
燈佛前得值八十四億那由他百千万諸佛
我皆親承供養无空過者須菩提如是无量
諸佛我皆親承供養无空過者若復有人於

BD04825號　金剛般若波羅蜜經（菩提留支十二分本）　（20–11）

業則為消滅當得阿耨多羅三藐三菩提須
菩提我念過去无量阿僧祇阿僧祇劫於然
燈佛前得值八十四億那由他百千万諸佛
我皆親承供養无空過者須菩提如是无量
諸佛我皆親承供養无空過者若復有人於
後世末世能受持讀誦脩行此經所得功德
我所供養諸佛功德於彼百分不及一千万
億分乃至筭數譬喻所不能及須菩提若有
善男子善女人於後世末世有受持讀誦脩
行此經所得功德若我具說者或有人聞心
則狂乱疑惑不信須菩提當知是法門不可
思議果報亦不可思議
斷疑分第十
尒時須菩提白佛言世尊云何菩薩發阿耨
多羅三藐三菩提心云何住云何脩行云何
降伏其心佛告須菩提菩薩發阿耨多羅三
藐三菩提心者當生如是心我應滅度一切
衆生令入无餘涅槃界如是滅度一切衆生
已而无一衆生實滅度者何以故須菩提若
菩薩有衆生相人相壽者相則非菩薩何以
故須菩提實无有法名為菩薩發阿耨多羅
三藐三菩提心者
須菩提於意云何如來於然燈佛所有法得
阿耨多羅三藐三菩提不須菩提白佛言不
也世尊如我解佛所說義佛於然燈佛所无

BD04825號　金剛般若波羅蜜經（菩提留支十二分本）　（20–12）

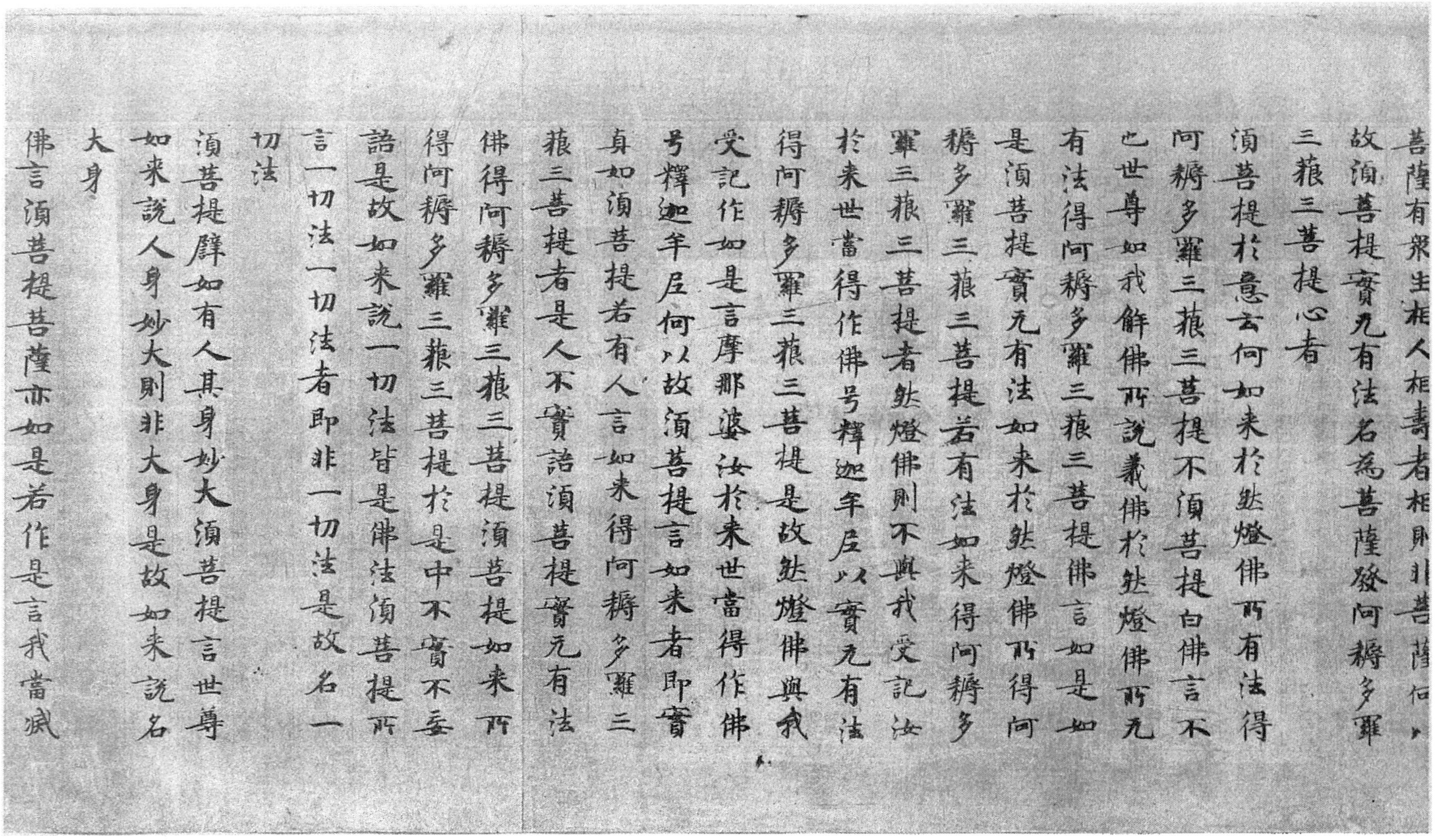
菩薩有衆生相人相壽者相則非菩薩何以
故須菩提實无有法名為菩薩發阿耨多羅
三藐三菩提心者
須菩提於意云何如來於然燈佛所有法得
阿耨多羅三藐三菩提不須菩提白佛言不
也世尊如我解佛所說義佛於然燈佛所无
有法得阿耨多羅三藐三菩提佛言如是如
是須菩提實无有法如來於然燈佛所得阿
耨多羅三藐三菩提須菩提若有法如來得阿耨多
羅三藐三菩提者然燈佛則不與我受記汝
於來世當得作佛号釋迦牟尼以實无有法
得阿耨多羅三藐三菩提是故然燈佛與我
受記作如是言摩那婆汝於來世當得作佛
号釋迦牟尼何以故須菩提言如來者即實
真如須菩提若有人言如來得阿耨多羅三
藐三菩提者是人不實語須菩提實无有法
佛得阿耨多羅三藐三菩提須菩提如來所
得阿耨多羅三藐三菩提於是中不實不妄
語是故如來說一切法皆是佛法須菩提所
言一切法一切法者即非一切法是故名一
切法
須菩提譬如有人其身妙大須菩提言世尊
如來說人身妙大則非大身是故如來說名
大身
佛言須菩提菩薩亦如是若作是言我當滅

BD04825 號　金剛般若波羅蜜經（菩提留支十二分本）　（20–13）

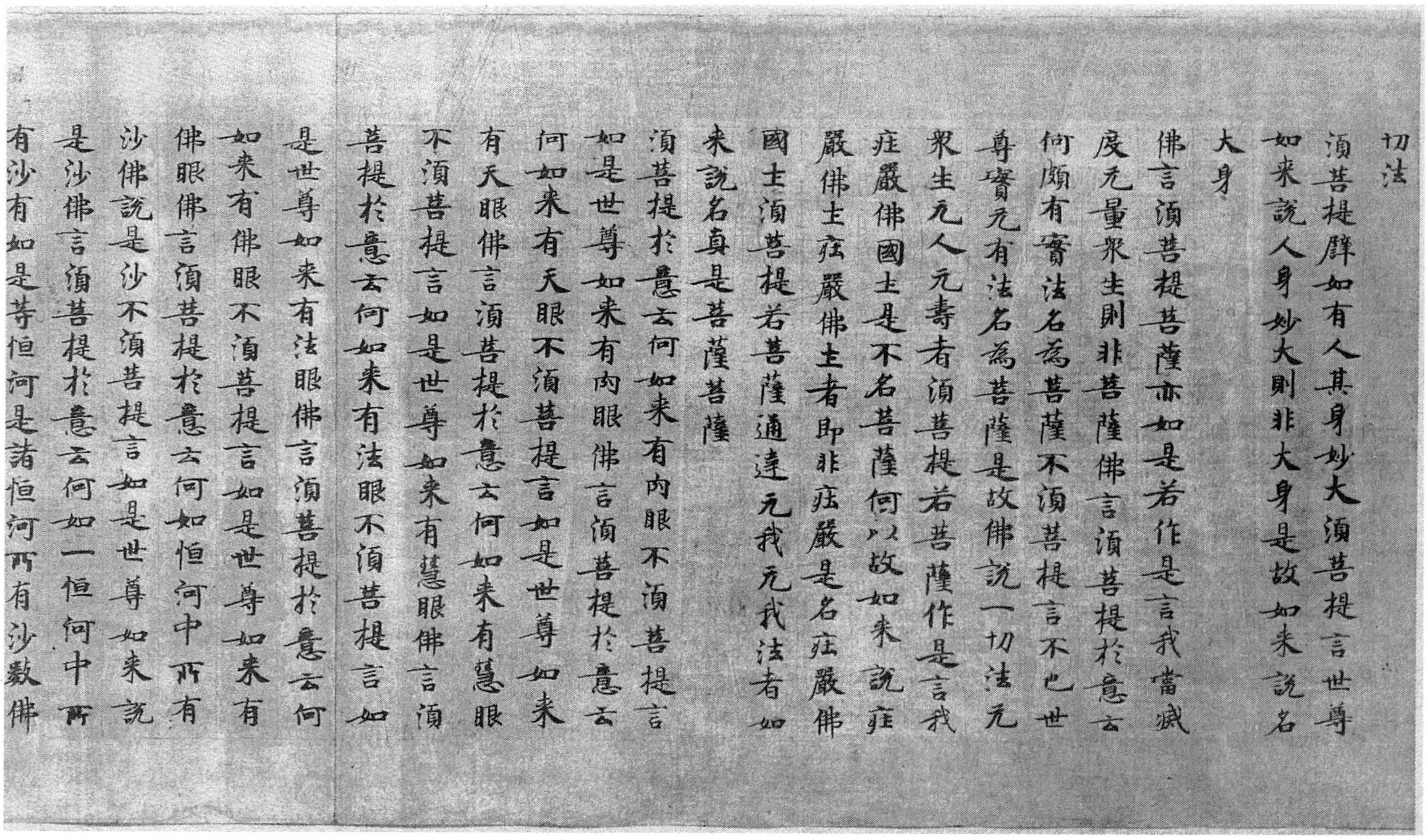
切法
須菩提譬如有人其身妙大須菩提言世尊
如來說人身妙大則非大身是故如來說名
大身
佛言須菩提菩薩亦如是若作是言我當滅
度无量衆生則非菩薩佛言須菩提於意云
何頗有實法名為菩薩不須菩提言不也世
尊實无有法名為菩薩是故佛說一切法无
衆生无人无壽者須菩提若菩薩作是言我
莊嚴佛國土是不名菩薩何以故如來說莊
嚴佛土莊嚴佛土者即非莊嚴是名莊嚴佛
國土須菩提若菩薩通達无我无法者如
來說名真是菩薩菩薩
須菩提於意云何如來有肉眼不須菩提言
如是世尊如來有肉眼佛言須菩提於意云
何如來有天眼不須菩提言如是世尊如來
有天眼佛言須菩提於意云何如來有慧眼
不須菩提言如是世尊如來有慧眼佛言須
菩提於意云何如來有法眼不須菩提言如
是世尊如來有法眼佛言須菩提於意云何
如來有佛眼不須菩提言如是世尊如來有
佛眼佛言須菩提於意云何如恒河中所有
沙佛說是沙不須菩提言如是世尊如來說
是沙佛言須菩提於意云何如一恒河中所
有沙有如是等恒河是諸恒河所有沙數佛

BD04825 號　金剛般若波羅蜜經（菩提留支十二分本）　（20–14）

是世尊如来有法眼佛言須菩提於意云何
如来有佛眼不須菩提言如是世尊如来有
佛眼佛言須菩提於意云何如恒河中所有
沙佛説是沙不須菩提言如是世尊如来説
是沙佛言須菩提於意云何如一恒河中所
有沙有如是等恒河是諸恒河所有沙數佛
世界如是世界寧為多不須菩提言彼世界
甚多世尊佛告須菩提尒所世界中所有衆
生若干種心住如来悉知何以故如来説諸
心住皆為非心住是名為心住何以故須菩
提過去心不可得現在心不可得未来心不
可得須菩提於意云何若有人以滿三千大
千世界七寶持用布施是善男子善女人以
是因緣得福多不須菩提言如是世尊此人
以是因緣得福甚多佛言如是如是須菩提
彼善男子善女人以是因緣得福德聚多須
菩提若福德聚有實如来則不説福德聚福
德聚
須菩提於意云何佛可以具足色身見不須
菩提言不也世尊如来不應以色身見何以
故如来説具足色身即非具足色身是故如
来説名具足色身佛言須菩提於意云何如
来可以具足諸相見不須菩提言不也世尊
如来不應以具足諸相見何以故如来説諸

BD04825 號　金剛般若波羅蜜經（菩提留支十二分本）　（20–15）

菩提言不也世尊如来不應以色身見何以
故如来説名具足色身佛言須菩提於意云何如
来可以具足諸相見不須菩提言不也世尊
如来不應以具足諸相見何以故如来説諸
相具足即非具足是故如来説名諸相具足
佛言須菩提於意云何汝謂如来作是念我
當有所説法耶須菩提莫作是念何以故若
人言如来有所説法則為謗佛不能解我所
説故何以故須菩提如来説法説法者无法
可説是名説法
尒時慧命須菩提白佛言世尊頗有衆生於
未来世聞説是法生信心不佛言須菩提彼
非衆生非不衆生何以故須菩提衆生衆生
者如来説非衆生是名衆生
佛言須菩提於意云何如来得阿耨多羅三
藐三菩提耶須菩提言不也世尊世尊无有
少法如来得阿耨多羅三藐三菩提佛言如
是如是須菩提我於阿耨多羅三藐三菩提
乃至无有少法可得是名阿耨多羅三藐三
菩提復次須菩提是法平等无有高下是名
阿耨多羅三藐三菩提以无衆生无人无壽
者得平等阿耨多羅三藐三菩提一切善法
得阿耨多羅三藐三菩提須菩提所言善法
善法者如来説非善法是名善法

BD04825 號　金剛般若波羅蜜經（菩提留支十二分本）　（20–16）

菩提復次須菩提是法平等无有高下是名
阿耨多羅三藐三菩提以无衆生无人无壽
者得平等阿耨多羅三藐三菩提一切善法
得阿耨多羅三藐三菩提須菩提所言善法
善法者如来說非善法是名善法
須菩提三千大千世界中所有諸須弥山王
如是等七寶聚有人持用布施若人以此般
若波羅蜜經乃至四句偈等受持讀誦爲他
人說於前福德百分不及一千分不及一百
千万分不及一歌羅分不及一數分不及一
優波尼沙陁分不及一乃至筭數譬喻所不
能及
須菩提於意云何汝謂如来作是念我度衆
生耶須菩提莫作是見何以故實无有衆生
如来度者佛言須菩提若有實衆生如来度
者如来則有我人衆生壽者相須菩提如来
說有我者則非有我而毛道凡夫生者以爲
有我須菩提毛道凡夫生者如来說名非生
是故言毛道凡夫生
須菩提於意云何可以相成就得見如来不
須菩提言如我解如来所說義不以相成就
得見如来佛言如是如是須菩提不以相成
就得見如来佛言須菩提若以相成就觀如
来者轉輪聖王應是如来是故非以相成就

BD04825號　金剛般若波羅蜜經（菩提留支十二分本）　（20–17）

須菩提於意云何可以相成就得見如来不
須菩提言如我解如来所說義不以相成就
得見如来佛言如是如是須菩提不以相成
就得見如来佛言須菩提若以相成就觀如
来者轉輪聖王應是如来是故非以相成就
得見如来尒時世尊而說偈言
若以色見我　以音聲求我　是人行耶道　不能見如来
彼如来妙體　即法身諸佛　法體不可見　彼識不能知
須菩提於意云何如来可以相成就得阿耨
多羅三藐三菩提耶須菩提莫作是念如来
以相成就得阿耨多羅三藐三菩提須菩提
汝若作是念菩薩發阿耨多羅三藐三菩提
心者說諸法斷滅相須菩提莫作是念菩薩
發阿耨多羅三藐三菩提心說諸法斷滅相
何以故菩薩發阿耨多羅三藐三菩提心者
於法不說斷滅相故須菩提若善男子善女
人以滿恒河沙等世界七寶持用布施若有
菩薩知一切法无我得无生法忍此功德勝
前所得福德須菩提以諸菩薩不取福德故
須菩提白佛言世尊菩薩不取福德佛
言須菩提菩薩受福德不取福德是故菩薩
取福德
須菩提若有人言如来若去若来若住若坐
若臥是人不解我所說義何以故如来者无
所至去无所從来故名如来

BD04825號　金剛般若波羅蜜經（菩提留支十二分本）　（20–18）

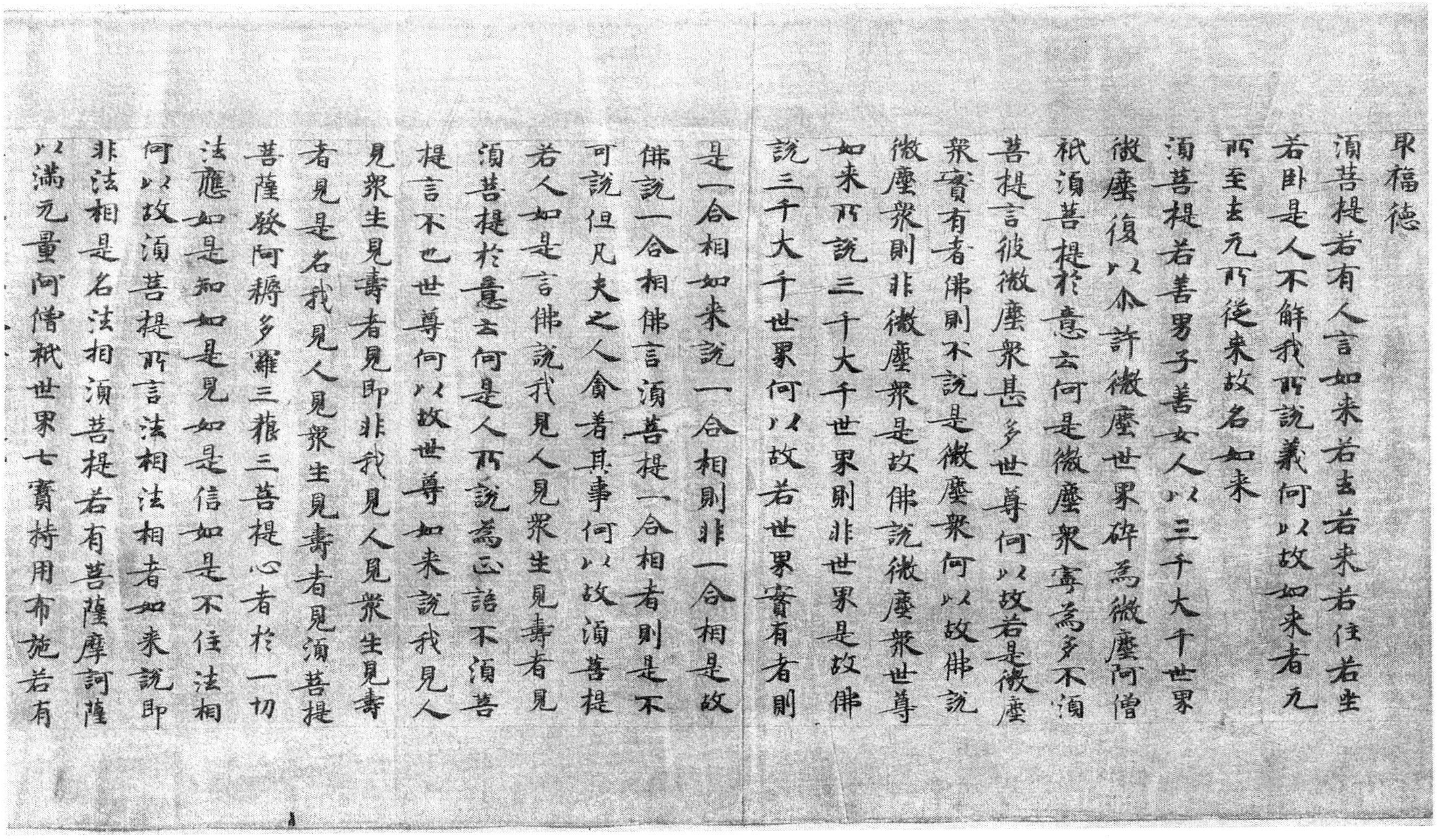
取福德
須菩提若有人言如來若去若來若住若坐
若卧是人不解我所說義何以故如來者无
所至去无所從來故名如來
須菩提若善男子善女人以三千大千世界
微塵復以尒許微塵世界碎為微塵阿僧
祇須菩提於意云何是微塵衆寧為多不須
菩提言彼微塵衆甚多世尊何以故若是微塵
衆實有者佛則不說是微塵衆何以故佛說
微塵衆則非微塵衆是故佛說微塵衆世尊
如來所說三千大千世界則非世界是故佛
說三千大千世界何以故若世界實有者則
是一合相如來說一合相則非一合相是故
佛說一合相佛言須菩提一合相者則是不
可說但凡夫之人貪着其事何以故須菩提
若人如是言佛說我見人見衆生見壽者見
須菩提於意云何是人所說為正語不須菩
提言不也世尊何以故世尊如來說我見人
見衆生見壽者見即非我見人見衆生見壽
者見是名我見人見衆生見壽者見須菩提
菩薩發阿耨多羅三藐三菩提心者於一切
法應如是知如是見如是信如是不住法相
何以故須菩提所言法相法相者如來說即
非法相是名法相須菩提若有菩薩摩訶薩
以滿无量阿僧祇世界七寶持用布施若有

BD04825號　金剛般若波羅蜜經（菩提留支十二分本）　（20–19）

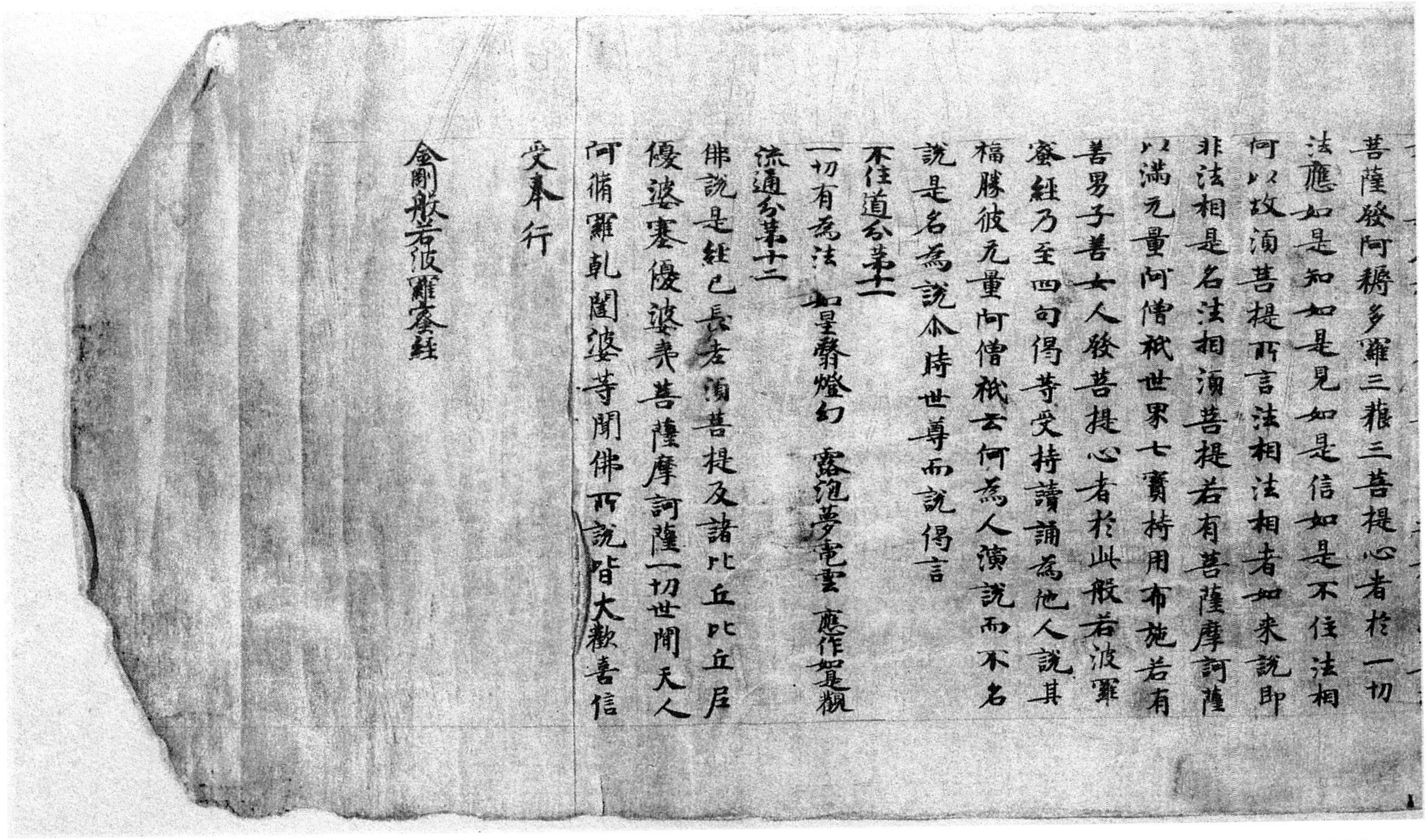
菩薩發阿耨多羅三藐三菩提心者於一切
法應如是知如是見如是信如是不住法相
何以故須菩提所言法相法相者如來說即
非法相是名法相須菩提若有菩薩摩訶薩
以滿无量阿僧祇世界七寶持用布施若有
善男子善女人發菩提心者於此般若波羅
蜜經乃至四句偈等受持讀誦為他人說其
福勝彼无量阿僧祇云何為人演說而不名
說是名為說尒時世尊而說偈言
不住道分第十一
一切有為法　如星翳燈幻　露泡夢電雲　應作如是觀
流通分第十二
佛說是經已長老須菩提及諸比丘比丘尼
優婆塞優婆夷菩薩摩訶薩一切世間天人
阿脩羅乾闥婆等聞佛所說皆大歡喜信
受奉行
金剛般若波羅蜜經

BD04825號　金剛般若波羅蜜經（菩提留支十二分本）　（20–20）

□法皆集
此室十有二年初不聞
聞菩薩大慈大悲不可思議諸佛之法
利弗此室常現八未曾有難得之法何謂為
八此室常以金色光照晝夜无異不以日月
所照為明是為一未曾有難得之法此室入
者不為諸□也是為二未曾有難
得之法此室常有釋梵四天王他□菩薩來
會不絕是為三未曾有難得之法此室常
六波羅蜜不退轉法是為四未曾有難得之
法此室常作天人第一之樂絃出无量法化之
聲是為五未曾有難得之法此室常有四大藏
眾寶積滿賙□濟之求得无盡是為六未曾
有難得之法此室釋迦牟尼佛阿弥陁佛阿閦佛
寶德寶炎寶月寶嚴難勝師子響一切□
如是等十方无量諸佛是上人念時即皆為
來廣說諸佛秘要法藏說已還去是為七未
曾有難得之法此室一切諸天嚴飾宮殿諸佛
淨土皆於中現是為八未曾有難得之法舍
利弗此室常現八未曾有難得之法誰有見□

BD04826 號　維摩詰所說經卷中　（14–1）

如是等十方无量諸佛是上人念時即皆為
來廣說諸佛秘要法藏說已還去是為七未
曾有難得之法此室一切諸天嚴飾宮殿諸佛
淨土皆於中現是為八未曾有難得之法舍
利弗此室常現八未曾有難得之法誰有見斯
不思議事而復樂於聲聞法乎
舍利弗言汝何以不轉女身天曰我從十二年
來求女人相了不可得當何所轉譬如幻師化
作幻女若有人問何以不轉女身是人為正
問不舍利弗言不也幻无定相當何所轉天
曰一切諸法亦復如是无有定相云何乃問
不轉女身即時天女以神通力變舍利弗令
如天女天自化身如舍利弗而問言何以不
轉女身舍利弗以天女像而荅曰我今不知
何轉而變為女身天曰舍利弗若能轉此女
身則一切女人亦當能轉如舍利弗非女而
現女身一切女人亦復如是雖現女身而
女也是故佛說一切諸法非男非女即時天女
還攝神力舍利弗身還復如故天問舍利
弗女身色相今何所在舍利弗言女身色相
无在无不在天曰一切法亦復如是无在无不
在夫无在无不在者佛所說也
舍利弗問天汝於此沒當生何所天曰佛化
所生吾如彼生曰佛化所生非沒生也天曰眾

BD04826 號　維摩詰所說經卷中　（14–2）

无在无不在天日一切法亦復如是无在无不
在夫无在无不在者佛所説也
舍利弗問天汝於此没當生何所天日佛化
所生吾如彼生日佛化所生非没生也天日衆
生猶然無没生也舍利弗天汝久如當得
阿耨多羅三藐三菩提天日如舍利弗還爲
凡夫我乃當成阿耨多羅三藐三菩提舍
利弗言我作凡夫无有是處天日我得阿耨
多羅三藐三菩提亦无是處所以者何菩提
无住處是故无有得者舍利弗言今諸佛
得阿耨多羅三藐三菩提已得當得今得
如恒河沙皆謂何乎天日皆以世俗文字數故
説有三世非謂菩提有去來今天日舍利弗
汝得阿羅漢道耶日无所得故而得天日諸佛菩
薩亦復如是无所得故而得尒時維摩詰語
舍利弗是天女曾已供養九十二億佛已能
遊戲菩薩神通所願具足得无生忍住不退
轉以本願故隨意能現教化衆生
佛道品第八
尒時文殊師利問維摩詰言菩薩云何通達
佛道維摩詰言若菩薩行於非道是爲通達
佛道又問云何菩薩行於非道荅日若菩薩
行五无間而无惱恚至于地獄无諸罪垢至
于畜生无有无明憍慢等過至于餓鬼而具

BD04826號　維摩詰所説經卷中　（14–3）

尒時文殊師利問維摩詰言菩薩云何通達
佛道維摩詰言若菩薩行於非道是爲通達
佛道又問云何菩薩行於非道荅日若菩薩
行五无間而无惱恚至于地獄无諸罪垢至
于畜生无有无明憍慢等過至于餓鬼而具
足功德行色无色界道不以爲勝示行貪
欲離諸染著示行瞋恚於諸衆生无有恚閡
示行愚癡而以智慧調伏其心示行慳貪而捨
内外所有不惜身命示行毁禁而安住淨戒
乃至小罪猶懷大懼示行瞋恚而常慈忍示
行懈怠而懃脩功德示行亂意而常念定示
行愚癡而通達世間出世間慧示行諂僞而
善方便隨諸經義示行憍慢而於衆生猶
如橋梁示行諸煩惱而心常清淨示入於魔而
順佛智慧不隨他教示入聲聞而爲衆生説未
聞法示入辟支佛而成就大悲教化衆生示
入貧窮而有寶手功德无盡示入形殘而具
諸相好以自莊嚴示入下賤而生佛種姓中具
諸功德示入羸劣醜陋而得那羅延身一切
衆生之所樂見示入老病而永斷病根
超越死畏示有資生而恒觀无常實无所
貪示有妻妾婇女而常遠離五欲淤泥現於
訥鈍而成就辯才揔持无失示入邪濟而以正
濟度諸衆生現遍入諸道而斷其因緣現於

BD04826號　維摩詰所説經卷中　（14–4）

諸功德示入羸劣醜陋而得那羅延身一
衆生之所樂見示入老病而永斷病根
超越死畏示有資生而恒觀无常實无所
貪示有妻妾婇女而常遠離五欲淤泥現於
訥鈍而成就辯才惣持无失示入邪濟而以正
濟度諸衆生現遍入諸道而斷其因緣現於
涅槃而不斷生死文殊師利菩薩能如
是行於非道是為通達佛道
於是維摩詰問文殊師利何等為如来種文
殊師利言有身為種无明有愛為種貪恚癡
為種四顛倒為種五蓋為種六入為種七識
處為種八邪法為種九惱處為種十不善法
為種以要言之六十二見及一切煩惱皆是
佛種曰何謂也荅曰若見无為入正位者不
能復發阿耨多羅三藐三菩提心譬如高原
陸地不生蓮華卑濕淤泥乃生此華如是見
无為法入正位者終不復能生於佛法煩
惱泥中乃有衆生起佛法耳又如殖種於空
終不得生糞壤之地乃能滋茂如是入无為正
位者不生佛法起於我見如須弥山猶能發
于阿耨多羅三藐三菩提心生佛法矣是故
當知一切煩惱為如来種譬如不下巨海不
能得无價寶珠如是不入煩惱大海則不能
得一切智寶
尒時大迦葉歎言善哉善哉文殊師利快說

于阿耨多羅三藐三菩提心生佛法矣是故
當知一切煩惱為如来種譬如不下巨海不
能得无價寶珠如是不入煩惱大海則不能
得一切智寶
尒時大迦葉歎言善哉善哉文殊師利快說
此語誠如所言塵勞之疇為如来種我等
今者不復堪任發阿耨多羅三藐三菩提心
乃至五无間罪猶能發意生於佛法而今
我等永不能發譬如根敗之士其於五欲不能
復利如是聲聞諸結斷者於佛法中无所復
益永不志願是故文殊師利凡夫於佛法有
反復而聲聞无也所以者何凡夫聞佛法能
起无上道心不斷三寶正使聲聞終身聞佛
法力无畏等永不能發无上道意
尒時會中有菩薩名普現色身問維摩詰言
居士父母妻子親戚眷屬吏民知識悉為是
誰奴婢僮僕象馬車乘皆何所在於是維摩
詰以偈荅曰
智度菩薩母　方便以為父　一切衆導師　无不由是生
法喜以為妻　慈悲心為女　善心誠實男　畢竟空寂舍
弟子衆塵勞　隨意之所轉　道品善知識　由是成正覺
諸度法等侶　四攝為伎女　歌詠誦法言　以此為音樂
揔持之園苑　无漏法林樹　覺意淨妙花　解脫智慧果
八解之浴池　定水湛然滿　布以七淨華　浴此无垢人

弟子衆塵勞　隨意之所轉　道品善知識　由是成正覺
諸度法等侶　四攝為伎女　歌詠誦法言　以此為音樂
總持之園苑　无漏法林樹　覺意淨妙花　解脫智慧果
八解之浴池　定水湛然滿　布以七淨華　浴此无垢人
象馬五通馳　大乘以為車　調御以一心　遊於八正路
相具以嚴容　衆好飾其姿　慚愧之上服　深心為華鬘
富有七財寶　教授以滋息　如所說修行　迴向為大利
四禪為牀坐　從於淨命生　多聞增智慧　以為自覺音
甘露法之食　解脫味為漿　淨心以澡浴　戒品為塗香
摧滅煩惱賊　勇健无能踰　降伏四種魔　勝幡建道場
雖知无起滅　示彼故有生　悉現諸國土　如日无不見
供養於十方　无量億如來　諸佛及己身　无有分別想
雖知諸佛國　及與衆生空　而常修淨土　教化於群生
諸有衆生類　形聲及威儀　无畏力菩薩　一時能盡現
覺知衆魔事　而示隨其行　以善方便智　隨意皆能現
或示老病死　成就諸群生　了知如幻化　通達无有礙
或現劫盡燒　天地皆洞然　衆人有常想　照令知无常
无數億衆生　俱來請菩薩　一時到其舍　化令向佛道
經書禁咒術　工巧諸伎藝　盡現行此事　饒益諸群生
世間衆道法　悉於中出家　因以解人惑　而不墮邪見
或作日月天　梵王世界主　或時作地水　或復作風火
劫中有疾疫　現作諸藥草　若有服之者　除病消衆毒
劫中有飢饉　現身作飲食　先救彼飢渴　却以法語人
劫中有刀兵　為之起慈悲　化彼諸衆生　令住无諍地

BD04826 號　維摩詰所說經卷中　（14–7）

世間衆道法　悉於中出家　因以解人惑　而不墮邪
或作日月天　梵王世界主　或時作地水　或復作風火
劫中有疾疫　現作諸藥草　若有服之者　除病消衆毒
劫中有飢饉　現身作飲食　先救彼飢渴　却以法語人
劫中有刀兵　為之起慈悲　化彼諸衆生　令住无諍地
若有大戰陣　立之以等力　菩薩現威勢　降伏使和安
一切國土中　諸有地獄處　輒往到于彼　勉濟其苦惱
一切國土中　畜生相食噉　皆現生於彼　為之作利益
示受於五欲　亦復現行禪　令魔心憒亂　不能得其便
火中生蓮花　是可謂希有　在欲而行禪　希有亦如是
或現作婬女　引諸好色者　先以欲鈎牽　後令入佛智
或為邑中主　或作商人導　國師及大臣　以祐利衆生
諸有貧窮者　現作无盡藏　因以勸導之　令發菩提心
我心憍慢者　現為大力士　消伏諸貢高　令住无上道
其有恐懼衆　居前而慰安　先施以无畏　後令發道心
或現離婬欲　為五通仙人　開導諸群生　令住戒忍慈
見須供事者　現為作僮僕　既悅可其意　乃發以道心
隨彼之所須　得入於佛道　以善方便力　皆能給足之
如是道无量　所行无有涯　智慧无邊際　度脫无數衆
假令一切佛　於无數億劫　讚嘆其功德　猶尚不能盡
誰聞如是法　不發菩提心　除彼不肖人　癡冥无智者

入不二法門品第九

爾時維摩詰語衆菩薩言　諸仁者云何菩薩入
不二法門　各隨所樂說之　會中有菩薩名法自
在　說言　諸仁者　生滅為二　法本不生　今則无

BD04826 號　維摩詰所說經卷中　（14–8）

誰聞如是法　不發菩提　除彼不肖人癡冥无智者
入不二法門品第九
尒時維摩詰語衆菩薩言諸仁者云何菩薩入
不二法門各隨所樂說之會中有菩薩名法自
在說言諸仁者生滅爲二法本不生今則无
滅得此无生法忍是爲入不二法門
德守菩薩曰我我所爲二因有我故便有我
所若无有我則无我所是爲入不二法門
不眴菩薩曰受不受爲二若法不受則不可得
以不可得故无取无捨无作无行是爲入不
二法門
德頂菩薩曰垢淨爲二見垢實性則无淨相
順於滅相是爲入不二法門
善宿菩薩曰是動是念爲二不動則无念
无念則无分別通達此者是爲入不二法門
善眼菩薩曰一相无相爲二若知一相即是无相
亦不取无相入於平等是爲入不二法門
妙臂菩薩曰菩薩心聲聞心爲二觀心相空如
幻化者无菩薩心无聲聞心是爲入不二法
門
弗沙菩薩曰善不善爲二若不起善不善入
无相際而通達者是爲入不二法門
師子吼菩薩曰罪福爲二若達罪性則與福
无異以金剛慧決了此相无縛无解者是爲

BD04826號　維摩詰所說經卷中　（14–9）

弗沙菩薩曰善不善爲二若不起善不善入
无相際而通達者是爲入不二法門
師子吼菩薩曰罪福爲二若達罪性則與福
无異以金剛慧決了此相无縛无解者是爲
入不二法門
師子意菩薩曰有漏无漏爲二若得諸法
等則不起漏不漏想不著於相亦不住无
相是爲入不二法門
淨解菩薩曰有爲无爲爲二若離一切數
則心如虛空以清淨慧无所礙者是爲入
不二法門
那羅延菩薩曰世間出世間爲二世間
性空即是出世間於其中不入不出不
溢不散是爲入不二法門
善意菩薩曰生死涅槃爲二若見生死性則
无生死无縛无解不然不滅如是解者
是爲入不二法門
現見菩薩曰盡不盡爲二法若究竟盡
若不盡皆是无盡相无盡相即是空空
則无有盡不盡相如是入者是爲入不二法門
普守菩薩曰我无我爲二我尚不可得非
我何可得見我實性者不復起二是爲
入不二法門
電天菩薩曰明无明爲二无明實性即是

BD04826號　維摩詰所說經卷中　（14–10）

普守菩薩曰我无我爲二我尚不可得非
我何可得見我實性者不復起二是爲
入不二法門
電天菩薩曰明无明爲二无明實性即是
明明亦不可取離一切數於其中平等无
二者是爲入不二法門
喜見菩薩曰色色空爲二色即是空非色滅空
色性自空如是受想行識識空爲二識即
是空非識滅空識性自空於其中而通達
者是爲入不二法門
明相菩薩曰四種異空種異爲二四種性即是
空種性如前際後際空故中際亦空若能
如是知諸種性者是爲入不二法門
妙意菩薩曰眼色爲二若知眼性於色不
貪不恚不癡是名寂滅如是耳聲鼻香舌味
身觸意法爲二若知意性於法不貪不恚不
癡是名寂滅安住其中是爲入不二法門
无盡意菩薩曰布施迴向一切智爲二布施性
即是迴向一切智性如是持戒忍辱精進
禪定智慧迴向一切智爲二者智慧性即
是迴向一切智性於其中入一相者是爲入
不二法門
深慧菩薩曰是空是无相是无作爲二空即
无相无相即无作若空无相无作則无心意

禪定智慧迴向一切智爲二者智慧性即
是迴向一切智性於其中入一相者是爲入
不二法門
深慧菩薩曰是空是无相是无作爲二空即
无相无相即无作若空无相无作則无心意
識於一解脫門即是三解脫門者是爲入不
二法門
寂根菩薩曰佛法衆爲二佛即是法法即是
衆是三寶皆无爲相與虛空等一切法亦尒
能隨此行者是爲入不二法門
心无礙菩薩曰身身滅爲二身即是身滅
所以者何見身實相者不起見身及見滅身
身與滅身无二无分別於其中不驚不懼者
是爲入不二法門
上善菩薩曰身口意善爲二是三業皆无
作相身无作相即口无作相口无作相即意无
作相是三業无作相即一切法无作相能如
是隨无作慧者是爲入不二法門
福田菩薩曰福行罪行不動行爲二三行實
性即是空空則无福行无罪行无不動行
於此三行而不起者是爲入不二法門
華嚴菩薩曰從我起二爲二見我實相者不
起二法若不住二法則无有識无所識者是
爲入不二法門

於此三行而不起者是爲入不二法門
華嚴菩薩曰從我起二爲二見我實相者不
起二法若不住二法則无有識无所識者是
爲入不二法門
德藏菩薩曰有所得相爲二若无所得則无
取捨无取捨者是爲入不二法門
月上菩薩曰闇與明爲二无闇无明則无有
二所以者何如入滅受想定无闇无明一切法
相亦復如是於其中平等入者是爲入不二
法門
寶印手菩薩曰樂涅槃不樂世間爲二若不
樂涅槃不厭世間則无有二所以者何若有縛
則有解若本无縛其誰求解无縛无解則
无樂厭是爲入不二法門
珠頂王菩薩曰正道邪道爲二住正道者則
不分別是邪是正離此二者是爲入不二法門
樂實菩薩曰實不實爲二實見者尚不見
實何况非實所以者何非肉眼所見慧眼乃
能見而此慧眼无見无不見是爲入不二法門
如是諸菩薩各各說已問文殊師利何等
是菩薩入不二法門
文殊師利曰如我意者於一切法无言无說
无示无識離諸問荅是爲入不二法門
於是文殊師利問維摩詰我等各自說已仁
者當說何等是菩薩入不二法門

BD04826 號　維摩詰所說經卷中　（14–13）

能見而此慧眼无見无不見是爲入不二法門
如是諸菩薩各各說已問文殊師利何等
是菩薩入不二法門
文殊師利曰如我意者於一切法无言无說
无示无識離諸問荅是爲入不二法門
於是文殊師利問維摩詰我等各自說已仁
者當說何等是菩薩入不二法門
時維摩詰嘿然无言文殊師利嘆曰善哉
善哉乃至无有文字語言是真入不二法門
說是入不二法門品時於此衆中五千菩薩
皆入不二法門得无生法忍

維摩詰經卷中

BD04826 號　維摩詰所說經卷中　（14–14）

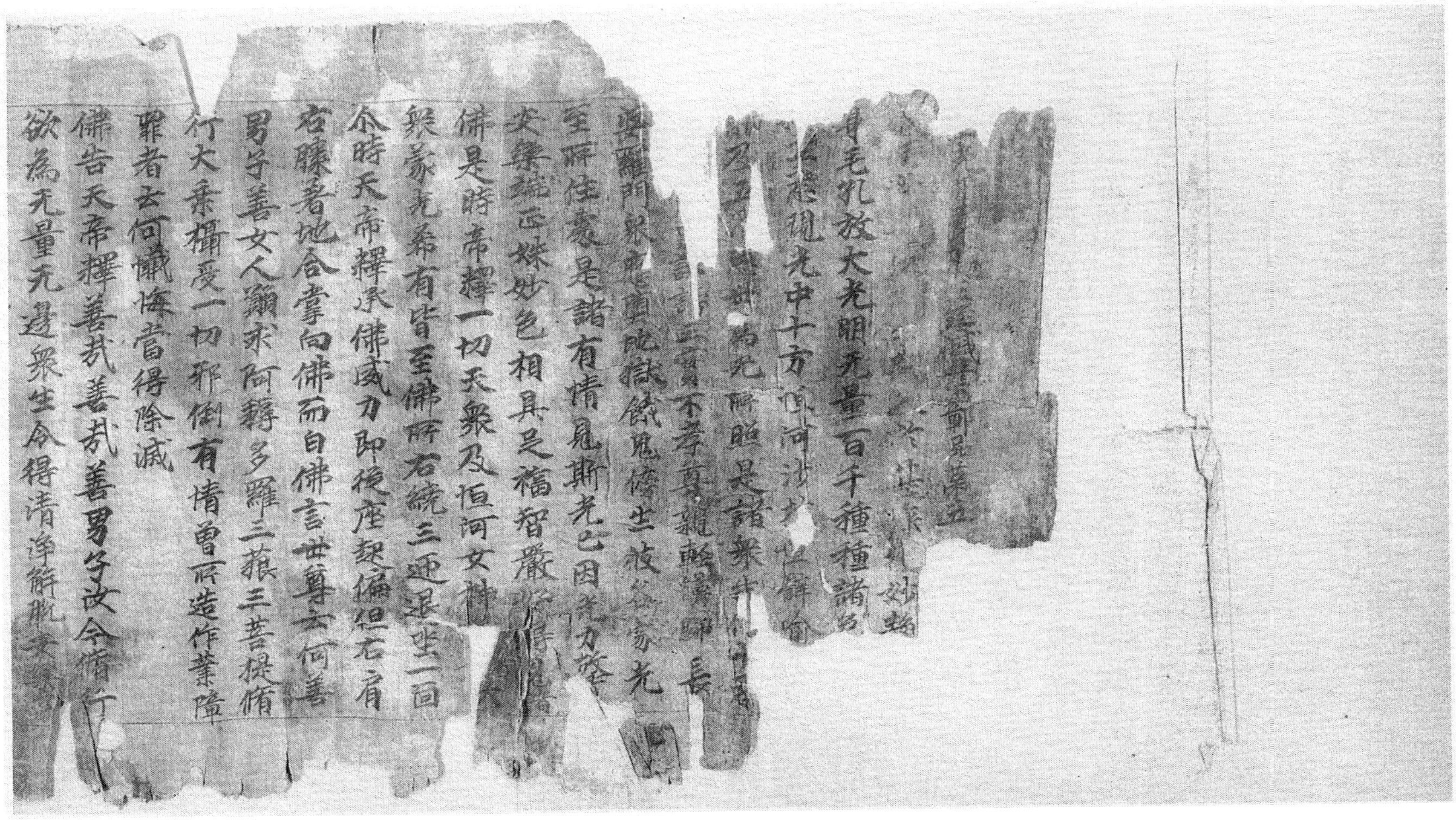

BD04827 號　金光明最勝王經卷三　（5–1）

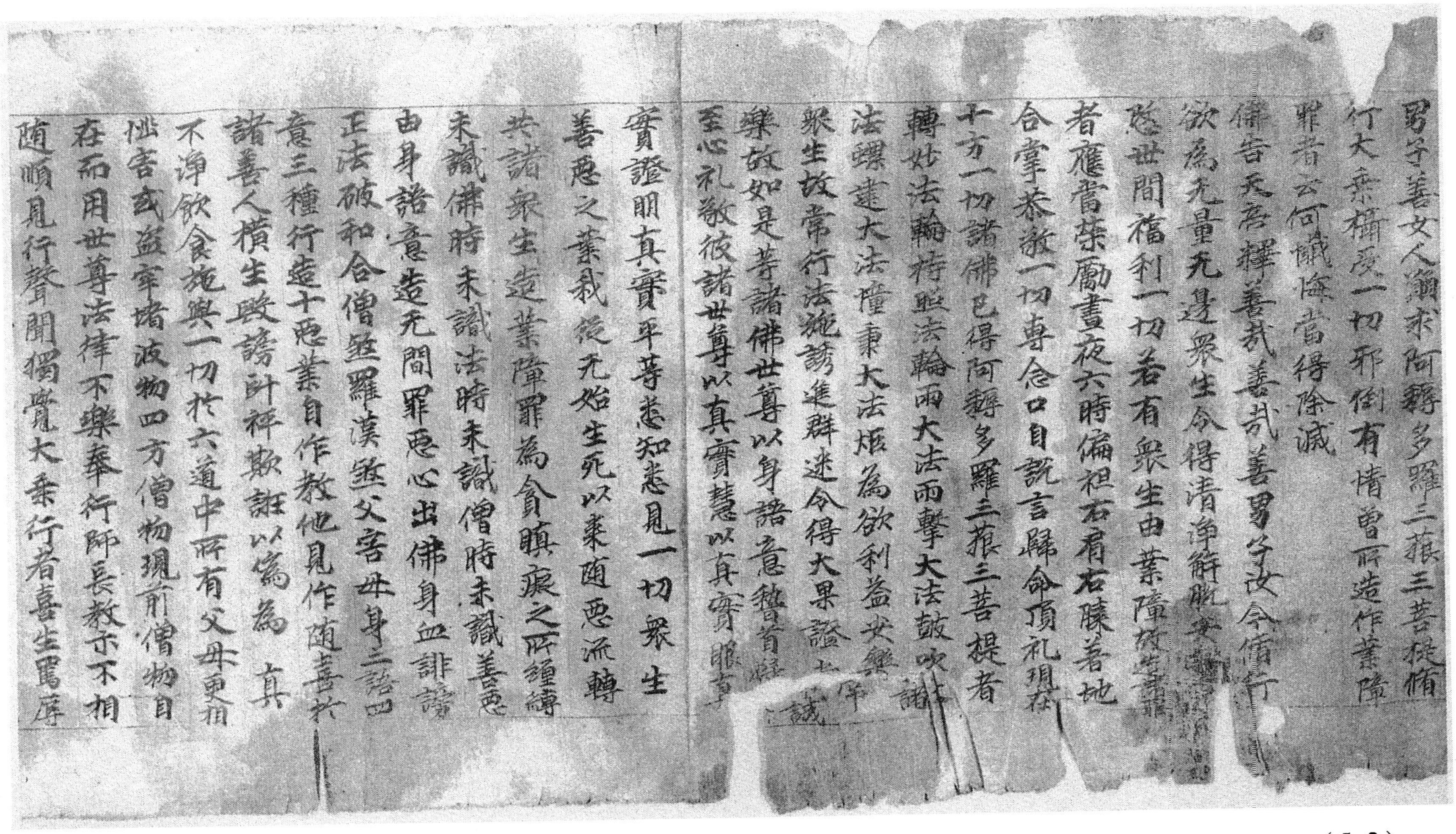

BD04827 號　金光明最勝王經卷三　（5–2）

諸善人橫生毀謗斗秤欺誑以偽為真
不淨飲食施與一切於六道中所有父母更相
惱害或盜窣堵波物四方僧物現前僧物自
在而用世尊法律不樂奉行師長教示不相
隨順見行聲聞獨覺大乘行者喜生罵辱
令諸行人心生悔惱見有勝己便懷嫉妬法施
財施常生慳惜无明所覆邪見惑心不脩善
因令惡增長於諸佛所而起誹謗法說非法非
法說法如是眾罪佛以真慧真眼真
實證明真實平等悉知悉見我今歸命對諸
佛前皆悉發露不敢覆藏未作之罪更不復
作已作之罪今皆懺悔所作業障應墮惡道
地獄傍生餓鬼之中阿蘇羅眾及八難處願我此
生所有業障皆得消滅所有惡報未來不受
亦如過去諸大菩薩脩菩提行所有業障悉已
懺悔我之業障今亦懺悔皆悉發露不敢
覆藏已作之罪願得除滅未來之惡更不敢
造亦如未來諸大菩薩脩菩提行所有業障
悉皆懺悔我之業障皆亦懺悔咸悉發露不
敢覆藏已作之罪願得除滅未來之惡更不
敢造亦如現在十方世界諸大菩薩脩菩提
行所有業障悉亦懺悔我之業障今亦懺悔
皆悉發露不敢覆藏已作之罪願得除滅
未來之惡更不敢造
善男子以是因緣若有造罪一剎那中不得
覆藏何況一日一夜乃至多時若有犯罪欲

BD04827號　金光明最勝王經卷三　（5-3）

敢造亦如現在十方世界諸大菩薩脩菩提
行所有業障悉亦懺悔我之業障今亦懺悔
皆悉發露不敢覆藏已作之罪願得除滅
未來之惡更不敢造
善男子以是因緣若有造罪一剎那中不得
覆藏何況一日一夜乃至多時若有犯罪欲
求清淨心懷慚愧信於未來必有惡報生大
恐怖應如是懺如人被火燒頭燒衣救令速
滅火若未滅心不得安若人犯罪亦復如是
即應懺悔令速除滅若有願生富樂之家多
饒財寶復欲發意脩習大乘亦應懺悔滅除
業障欲生豪貴婆羅門種剎帝利家及轉輪
王七寶具足亦應懺悔滅除業障
善男子若有欲生四天王眾三十三天夜摩
天覩史多天樂變化天他化自在天亦應懺
悔滅除業障若欲生梵眾梵輔大梵天少光
无量光極光淨天少淨无量淨遍淨天无雲
福生廣果无煩无熱善現天善見色究竟
天亦應懺悔滅除業障若欲求預流果一來
果不還果阿羅漢果亦應懺悔滅除業障若
欲願三明六通聲聞獨覺自在菩提至究竟
地求一切智智淨智不思議智不動智三藐
三菩提正遍智者亦應懺悔滅除業障何
以故善男子一切諸法從因緣生如來所說
異相生異相滅因緣異故如是過去諸法皆
已滅盡所有業障无復遺餘是諸行法未得
現生而今得生未來業障更不復起何以故

BD04827號　金光明最勝王經卷三　（5-4）

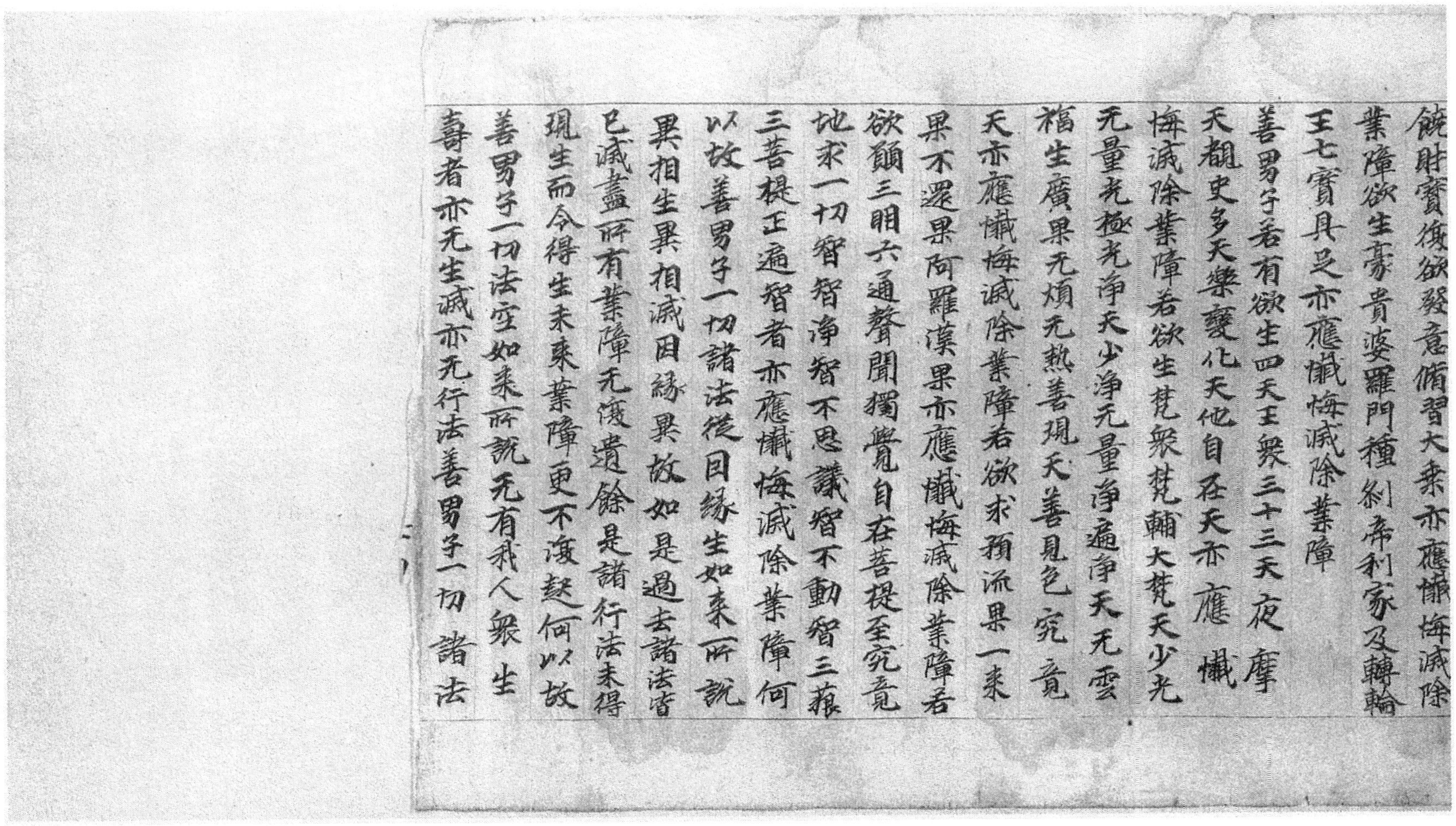
饒財寶復欲發意脩習大乘亦應懺悔滅除
業障欲生豪貴婆羅門種刹帝利家及轉輪
王七寶具足亦應懺悔滅除業障
善男子若有欲生四天王衆三十三天夜摩
天覩史多天樂變化天他自在天亦應懺
悔滅除業障若欲生梵衆梵輔大梵天少光
无量光極光淨天少淨无量淨遍淨天无雲
福生廣果无煩无熱善現天善見色究竟
天亦應懺悔滅除業障若欲求預流果一來
果不還果阿羅漢果亦應懺悔滅除業障若
欲願三明六通聲聞獨覺自在菩提至究竟
地求一切智智淨智不思議智不動智三藐
三菩提正遍智者亦應懺悔滅除業障何
以故善男子一切諸法從因緣生如來所說
異相生異相滅因緣異故如是過去諸法皆
已滅盡所有業障无復遺餘是諸行法未得
現生而今得生未來業障更不復起何以故
善男子一切法空如來所說无有我人衆生
壽者亦无生滅亦无行法善男子一切諸法

BD04827 號　金光明最勝王經卷三　（5–5）

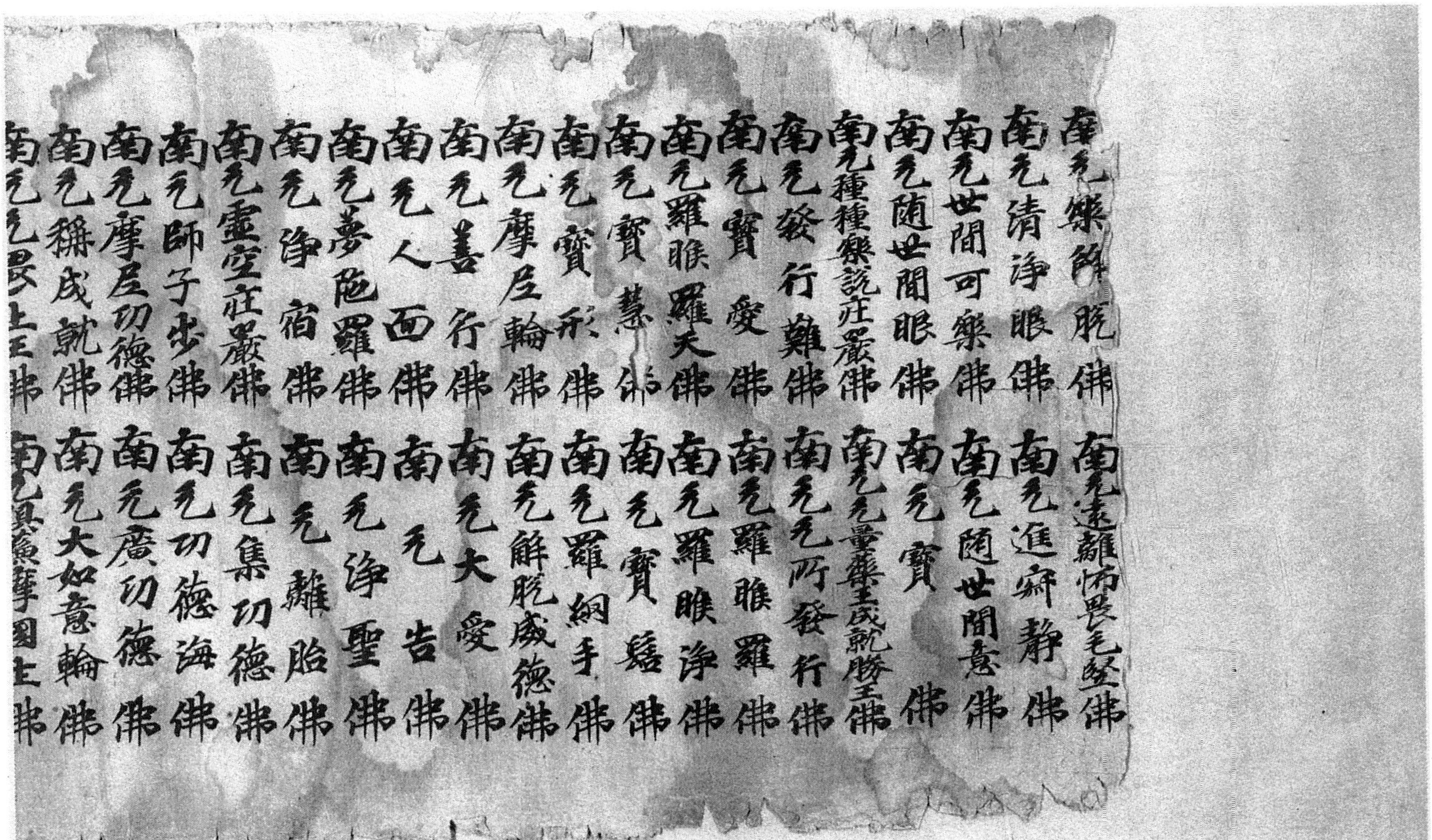
南无樂解脫佛　南无遠離怖畏毛竪佛
南无清淨眼佛　南无進寂靜佛
南无世間可樂佛　南无隨世間意佛
南无隨世間眼佛　南无寶佛
南无種種樂說莊嚴佛　南无无量華王成就勝王佛
南无發行難佛　南无无所發行佛
南无寶愛佛　南无羅睺羅佛
南无羅睺羅天佛　南无羅睺淨佛
南无寶慧佛　南无寶髻佛
南无寶形佛　南无羅網手佛
南无摩尼輪佛　南无解脫威德佛
南无善行佛　南无大愛佛
南无人西佛　南无告佛
南无夢施羅佛　南无淨聖佛
南无淨宿佛　南无離胎佛
南无虛空莊嚴佛　南无集功德佛
南无師子步佛　南无功德海佛
南无摩尼功德佛　南无廣功德佛
南无稱成就佛　南无大如意輪佛
南无最上王佛　南无具足華國土佛

BD04828 號　佛名經（二十卷本）卷二　（23–1）

南无淨宿佛　南无離胎佛
南无虛空莊嚴佛　南无集功德佛
南无師子步佛　南无功德海佛
南无摩尼功德佛　南无廣功德佛
南无稱成就佛　南无大如意輪佛
南无畏上王佛　南无復蘇摩國土佛
南无功德壞佛　南无威德佛
南无華眼佛　南无喜身佛
南无慧國土佛　南无喜威德佛
南无波頭池智慧奮迅佛　南无功德聚佛
南无斷滅慧佛　南无降魔佛
南无上光佛　南无法自在佛
南无得世間功德佛　南无寶諦稱佛
南无智勝佛　南无智愛佛
南无得智佛　南无智幢佛
從次以上七百佛
南无羅網光幢佛
善男子善女人與一切衆生安穩樂
如諸佛當讀誦是諸佛名復作是言
南无離諸无智闇佛　南无虛空平等心佛
南无清淨无垢佛　南无善无垢藏佛
南无堅固行佛　南无精進聲佛
南无不離一切衆生門佛　南无斷續過佛
南无成就觀佛　南无平等須彌面佛

BD04828號　佛名經（二十卷本）卷二　（23–2）

南无清淨无垢佛　南无善无垢藏佛
南无堅固行佛　南无精進聲佛
南无不離一切衆生門佛　南无斷續過佛
南无成就觀佛　南无平等須彌面佛
南无无郭无畏精進堅佛　南无波羅華王佛
南无无量功德王佛　南无称留燈王佛
南无藥王聲王佛　南无梵聲王佛
南无妙鼓聲王佛　南无雲聲王佛
南无龍自在王佛　南无世間自在王佛
南无陀羅尼自在王佛　南无深王佛
南无治諸病王佛　南无藥王佛
南无應王佛　南无燈王佛
南无樹提王佛　南无喜王佛
南无星宿王佛　南无雲王佛
南无雷王佛　南无娑羅王佛
南无堅固自在王佛　南无功德聚佛
南无華聚佛　南无寶聚佛
南无寶住持庭燎佛　南无住持功德佛
南无住持无郭力佛　南无住持地力進去佛
南无住持妙无垢住佛　南无一切寶莊嚴色住持佛
南无自在轉一切法佛　南无轉法輪佛
南无勝威德佛　南无淨德佛
南无聖威德佛　南无大威德佛
南无師子威德佛　南无娑羅威德佛

BD04828號　佛名經（二十卷本）卷二　（23–3）

南无住[illegible]佛　南无住[illegible]佛
南无住持妙无垢位佛　南无一切寶莊嚴色住持佛
南无自在轉一切法佛　南无轉法輪佛
南无勝威德佛　南无淨德佛
南无聖威德佛　南无大威德佛
南无師子威德佛　南无莎羅威德佛
南无悲威德佛　南无地威德佛
南无无垢威德佛　南无无垢瑠璃佛
南无无垢辟佛　南无无垢眼佛
南无无垢面佛　南无波頭摩面佛
南无月面佛　南无日面佛
南无日威德莊嚴佛　南无金色佛
南无金色形佛　南无可樂色佛
南无瞻婆伽色佛　南无能與樂佛
南无能與眼佛　南无難勝佛
南无難降伏佛　南无斷諸惡佛
南无難量佛　南无難成佛
南无俱蘇摩成佛　南无甘露成佛
南无寶成就佛　南无功德成就佛
南无日成就佛　南无華成就佛
南无成就樂佛　南无成就功德佛
南无大勝佛　南无妙佛
南无无垢佛　南无離鄣佛
南无婆樓那佛　南无婆樓那天佛
南无勇猛仙佛　南无精進仙佛

BD04828號　佛名經（二十卷本）卷二　（23–4）

南无成就樂佛　南无成就功德佛
南无大勝佛　南无妙佛
南无无垢佛　南无離鄣佛
南无婆樓那佛　南无婆樓那天佛
南无勇猛仙佛　南无精進仙佛
南无无垢仙佛　南无金剛仙佛
南无觀眼佛　南无无鄣尋佛
南无住虛空佛　南无住清淨佛
南无善住清淨功德寶佛　南无善蹤佛
南无善思義佛　南无善化佛
南无善愛佛
從此已上八百佛
南无善眼佛　南无善親佛
南无善行佛　南无善生佛
南无善華佛　南无善香佛
南无善聲佛　南无善辟佛
南无善光佛　南无善山佛
南无功德山佛　南无寶山佛
南无智山佛　南无勝山佛
南无上山佛　南无光明莊嚴佛
南无大光明莊嚴佛　南无清淨莊嚴佛
南无波頭摩莊嚴佛　南无寶中佛
南无金剛合佛　南无碎金剛佛
南无金剛齊佛　南无破金剛堅佛
南无降伏魔佛　南无不空見佛

BD04828號　佛名經（二十卷本）卷二　（23–5）

南无大光明莊嚴佛 南无清淨莊嚴佛
南无波頭摩莊嚴佛 南无寶中佛
南无金剛合佛 南无碎金剛佛
南无金剛齊佛 南无破金剛堅佛
南无降伏魔佛 南无不空見佛
南无愛見佛 南无現見佛
南无善見佛 南无大善見佛
南无普見佛 南无無垢見佛
南无見平等不平等佛 南无見一切義佛
南无斷一切鄣㝵佛 南无斷一切衆生病佛
南无一切世間愛見佛 南无上妙佛
南无大莊嚴佛 南无一切三昧佛
南无度一切疑佛 南无度一切法佛
南无不取諸法佛 南无一切清淨佛
南无一切義成就佛 南无一切通佛
南无華通佛 南无波頭摩樹提奮迅通佛
南无俱蘇摩通佛
南无海住持勝智慧奮迅通佛
南无多摩羅葉旃檀香通佛
南无常觀佛 南无常圓遶佛
南无常不輕佛 南无常憂佛
南无常喜佛 南无常嘆歡喜根佛
南无常滿足手佛 南无常舉手佛
南无常黠慧佛 南无常脩行佛
南无常……

BD04828號 佛名經（二十卷本）卷二 （23–6）

南无常觀佛 南无常圓遶佛
南无常不輕佛 南无常憂佛
南无常喜佛 南无常嘆歡喜根佛
南无常滿足手佛 南无常舉手佛
南无常黠慧佛 南无常脩行佛
南无常精進佛 南无屈枸律佛
南无阿私伽佛 南无金色佛
南无華開佛 南无善決定佛
南无波頭摩光佛 南无華身佛
南无手脚柔濡鞰身佛 南无日輪佛
南无閻滿足佛 南无相身佛
南无勝威德佛 南无无垢身佛
南无波頭摩華身佛 南无得无㝵佛
南无得頗滿足佛 南无得普照清淨佛
南无得大无㝵佛 南无至大佛
南无至大精進究竟佛 南无大境界佛
南无大海佛 南无大樂說佛
南无大藥王佛 南无大功德佛
南无無量香佛 南无无量精進佛
南无无量行佛 南无无量功德佛
南无寶生佛 南无无邊功德寶作佛
南无法作佛 南无金色作佛
南无勝作佛 南无自在作佛
南无日作佛 南无光作佛
南无大作佛

BD04828號 佛名經（二十卷本）卷二 （23–7）

南无量行佛 南无无量功德佛
南无寶生佛 南无无邊功德寶作佛
南无法作佛 南无金色作佛
南无勝作佛 南无自在作佛
南无日作佛 南无光作佛
南无大作佛
從此已上九百佛
南无畏作佛 南无樂作佛
南无燈作佛 南无賢作佛
南无覺作佛 南无華作佛
南无華勝藏佛 南无俱蘇摩勝藏佛
南无憂波羅勝藏佛 南无波頭摩勝藏佛
南无功德勝藏佛 南无決勝藏佛
南无福德勝藏佛 南无天勝藏佛
南无香勝藏佛 南无大雲藏佛
南无那羅延藏佛 南无如來藏佛
南无功德藏佛 南无根藏佛
南无如意藏佛 南无金剛藏佛
南无香勝藏佛 南无得藏佛
南无勢羅藏佛 南无山藏佛
南无波頭摩藏佛 南无俱蘇摩藏佛
南无香藏佛 南无摩尼藏佛
南无賢藏佛 南无普藏佛
南无月无垢藏佛 南无日藏佛
南无照藏佛 南无光明藏佛

BD04828 號　佛名經（二十卷本）卷二　（23-8）

南无波頭摩藏佛 南无俱蘇摩藏佛
南无香藏佛 南无摩尼藏佛
南无賢藏佛 南无普藏佛
南无月无垢藏佛 南无日藏佛
南无照藏佛 南无光明藏佛
南无月幢佛 南无功德幢佛
南无離世間幢佛 南无華幢佛
南无寶幢佛 南无法幢佛
南无自在幢佛 南无寶幢佛
南无无垢幢佛 南无大幢佛
南无月无垢幢佛 南无普照幢佛
南无稱留幢佛 南无讚妙法幢佛
南无放光明幢佛 南无善清淨无垢照幢佛
南无善清淨光明幢佛
南无善清淨光明幢佛 南无香光明佛
南无虛空光明佛 南无大光明佛
南无寶光明佛 南无火光明佛
南无日光明佛 南无月光明佛
南无日月光明佛 南无无垢光明佛
南无火輪光明佛 南无勝威德香光明佛
南无寶光明佛 南无寶照佛
南无種種多威德王勝光明佛
南无虛空清淨金色莊嚴威德光明佛
南无法幻奮迅威德光明佛 南无清淨光明佛

BD04828 號　佛名經（二十卷本）卷二　（23-9）

南无日尺光明佛　南无无垢光明佛
南无大輪光明佛　南无勝威德香光明佛
南无寶光明佛　南无寶照佛
南无種種威德王勝光明佛
南无虛空清淨金色莊嚴威德光明佛
南无法幻奮迅威德光明佛　南无清淨光明佛
南无切德寶光明佛　南无金光明佛
南无高光明佛　南无放光光明佛
南无俱蘇摩光明佛　南无香光明佛
南无甘露光明佛　南无无量寶化光明佛
南无水月光明佛　南无寶月光明佛
南无弥留光明佛　南无聚集日輪佛
南无雲光明佛　南无槃頭香婆伽華佛
南无无畏光明佛　南无法力光明佛
南无无垢光明佛　南无清淨光明佛
南无月光明佛　南无日光明佛
南无樹提光明佛　南无然大光明佛
南无焚燒光明佛　南无羅網光明佛
南无大光明佛　南无稱光明佛
南无普光明佛　南无无邊光明佛
南无色光明聲佛　已上一千佛
南无虛空聲佛　南无妙鼓聲佛
南无師子聲佛　南无雲聲佛
南无天聲佛　南无妙聲佛
南无梵聲佛　南无雲妙鼓聲佛

BD04828號　佛名經（二十卷本）卷二　（23–10）

南无普光明佛　南无无邊光明佛
南无色光明聲佛　已上一千佛
南无虛空聲佛　南无妙鼓聲佛
南无師子聲佛　南无雲聲佛
南无天聲佛　南无妙聲佛
南无梵聲佛　南无雲妙鼓聲佛
南无法鼓聲佛　南无法鼓出聲佛
南无聲滿法界聲佛　南无地吼聲佛
南无普遍聲佛　南无師子吼聲佛
南无无量吼聲佛　南无無分別吼聲佛
南无驚怖一切魔輪聲佛　南无降伏一切聲佛
南无无鄣导月慧佛　南无法无垢月佛
南无普照月佛　南无放光明月佛
南无盧舍那月佛　南无解脫月佛
南无稱月佛　南无功德月佛
南无寶月佛　南无滿月佛
南无大月佛　南无月輪清淨佛
南无日月佛　南无月慧佛
南无无垢慧佛　南无深慧佛
南无式慧佛　南无難勝慧佛
南无阿僧祇劫脩習慧佛　南无无量功德莊嚴佛
南无无量功德莊嚴行佛　南无離劫佛
南无勝功德王莊嚴威德王劫佛
南无自在藏劫佛　南无弥留劫佛
南无須弥留劫佛　南无不可說劫佛

BD04828號　佛名經（二十卷本）卷二　（23–11）

南无百億稱去術者佛　南无无量功德莊嚴佛
南无无量功德莊嚴佛行　南无離劫佛
南无勝功德王莊嚴威德王劫佛
南无自在滅劫佛　南无稱留劫佛
南无須稱留劫佛　南无不可說劫佛
南无金光明色光上佛　南无龍寂上佛
南无愛上佛　南无慶上佛
南无法上佛　南无无垢上佛
南无威德上佛　南无金剛上佛
南无龍寂上佛　南无寶上佛
南无勝寶上佛　南无莎梨羅上佛
南无天上佛　南无波頭摩上佛
南无香上佛　南无敖香佛
南无樂香佛　南无香奮迅佛
南无香鳥奮迅佛　南无香鳥佛
南无大香鳥佛　南无多羅跋香佛
南无弍香佛　南无无邊香佛
南无普遍香佛　南无董香佛
南无多伽羅香佛　南无旃檀香佛
南无夢隨羅香佛　南无波頭摩香佛
南无波頭摩手佛　南无波頭眼佛
南无波頭摩莊嚴佛　南无被頭摩契佛
南无波頭摩勝佛　南无月勝佛
南无身勝佛　南无鷲怖勝佛
南无驍勝雲佛　南无功德成就雲佛

南无波頭摩手佛　南无波頭眼佛
南无波頭摩莊嚴佛　南无被頭摩契佛
南无波頭摩勝佛　南无月勝佛
南无身勝佛　南无鷲怖勝佛
南无驍勝雲佛　南无功德成就雲佛
南无寶雲佛　南无功德雲佛
南无雲讓佛　南无普讓佛
南无聖讓佛　南无功德讓佛
南无普遍讓佛　南无精進讓佛
南无精進喜佛　南无上喜佛
南无寶喜佛　南无師子喜佛
南无龍喜佛　南无寶喜佛
南无寶智佛一千一百　南无喜去佛
南无善寂靜去佛　南无大勢佛
南无甘露勢佛　南无金剛杵勢佛
南无无垢處勢佛　南无不動處勢佛
南无過三界處勢佛　南无三昧處勢佛
南无定處勢佛　南无不動處勢佛
南无高去佛　南无寂滅去佛
南无師子奮迅佛　南无善步去佛
南无无盡佛　南无海慧佛
南无住慧佛　南无勝慧佛
南无滅諸惡慧佛　南无寂靜慧佛
南无脩行慧佛　南无密慧佛
南无……慧去佛　南……

南无師子奮迅佛　南无善步去佛
南无无盡佛　南无海慧佛
南无住慧佛　南无勝慧佛
南无滅諸惡慧佛　南无寂靜慧佛
南无脩行慧佛　南无密慧佛
南无堅慧佛　南无善清淨慧佛
南无大慧佛　南无普慧佛
南无无邊慧佛　南无威德慧佛
南无世慧佛　南无上慧佛
南无妙慧佛　南无快慧佛
南无觀慧佛　南无稱慧佛
南无廣慧佛　南无栴檀滿慧佛
南无金剛慧佛　南无清淨慧佛
南无覺慧佛　南无法慧佛
南无師子慧佛　南无虛慧佛
南无苦慧佛　南无寶慧佛
南无勝慧佛　南无勝積佛
南无勇猛積佛　南无般若積佛
南无樂說積佛　南无香積佛
南无寶積佛　南无寶髻佛
南无切德髻佛　南无天髻佛
南无龍髻佛　南无大髻佛
南无稱留聚佛　南无大聚佛
南无大炎聚佛　南无寶聚佛
[illegible]

BD04828號　佛名經（二十卷本）卷二　（23–14）

南无切德髻佛　南无天髻佛
南无龍髻佛　南无大髻佛
南无稱留聚佛　南无大聚佛
南无大炎聚佛　南无寶聚佛
南无寶手佛　南无寶手柔濡佛
南无寶印手佛　南无寶光明奮迅思惟佛
南无寶大圍遶佛　南无寶天佛
南无寶勝佛　南无寶高佛
南无寶堅佛　南无寶波頭摩佛
南无寶念佛　南无寶力佛
南无寶山佛　南无寶炎佛
南无寶炎圍遶佛　南无寶照佛
南无放照佛　南无迭共華佛
南无妙說佛　南无月說佛
南无金剛說佛　南无寶說佛
南无寶杖佛　南无无量寶杖佛
南无無垢杖佛　南无無邊杖佛
南无法杖佛　南无寶蓋佛
南无均寶蓋佛　南无摩尼蓋佛
南无金蓋佛　南无奮迅王佛
南无增上大成就王佛　南无增上勇猛佛
南无勇施佛　南无智施佛
南无然燈佛　南无然燈火佛
南无淨然燈佛 一千二百　南无切德然燈佛
[illegible]

BD04828號　佛名經（二十卷本）卷二　（23–15）

南无金盖佛　南无奮迅王佛
南无增上大成就王佛　南无增上勇猛佛
南无勇施佛　南无智施佛
南无然燈佛　南无然燈大佛
南无淨然燈佛一千二百　南无功德然燈佛
南无福德然燈佛　南无寶然燈佛
南无大然燈佛　南无無邊然燈佛
南无火然燈佛　南无普然燈佛
次礼十二部經般若海藏
南无大方等大集經　南无大方等日藏經
南无大方等月藏經　南无大方等大集經
南无大威德陀羅尼經　南无法炬陀羅尼經
南无菩薩見寶三昧經　南无賢劫經
南无華手經　南无大灌頂經
南无菩薩瓔珞經　南无月燈三昧經
南无十住斷結經　南无觀佛三昧經
南无大方廣十輪經　南无大方便報恩經
南无寶雲經　南无金光明經
南无法集經　南无大雲經
次礼諸大菩薩摩訶薩衆
南无解脫月菩薩　南无彌勒菩薩
南无奮迅菩薩　南无無所發菩薩
南无陀羅尼自在王菩薩　南无無盡意菩薩
南无堅意菩薩　南无日藏菩薩
南无法自在王菩薩　南无師子吼菩薩

BD04828號　佛名經（二十卷本）卷二　（23–16）

南无解脫月菩薩　南无彌勒菩薩
南无奮迅菩薩　南无無所發菩薩
南无陀羅尼自在王菩薩　南无無盡意菩薩
南无堅意菩薩　南无日藏菩薩
南无法自在王菩薩　南无師子吼菩薩
南无陀羅尼菩薩　南无寶藏菩薩
南无常精進菩薩　南无不休息菩薩
南无信相菩薩
歸命如是等无量无邊菩薩
南无東方九十九億百千万同名梵勝菩薩
南无南方九十九億百千万同名不聲羅菩薩
南无西方九十九億百千万同名大功德菩薩
南无北方九十九億百千万同名大蘇王菩薩
南无聲聞緣覺一切辟支佛
南无愛見辟支佛　南无覺辟支佛
南无乹陀羅辟支佛　南无無妻辟支佛
南无梨沙婆辟支佛　南无聲聞緣覺一切賢聖
南无過現未來三世諸佛歸命懺悔
夫論懺悔者本是改往修来滅惡興善人
生居世誰能无過學人失念尚起煩惱羅
漢結習動身口業豈况凡夫而當无過但
智者覺便能改悔愚者覆藏遂使滋蔓
所以積集長夜曉悟无有慚愧發露懺悔
豈惟正是滅罪亦復增長无量功德

BD04828號　佛名經（二十卷本）卷二　（23–17）

夫論懺悔者本是改往修來滅惡興善人
生居世誰能無過學人失念尚起煩惱羅
漢結習動身口業豈況凡夫而當無過但
智者覺便能改悔愚者覆藏遂使滋蔓
所以積集長夜曉悟無有慚愧發露懺悔
豈惟正是滅罪而已亦復增長無量功德
樹立如來涅槃妙果若欲行此法者先當外
肅形儀瞻奉尊像內起敬意緣於想法
懇切懇重生二種何等為二一者自念我此
形命難可常保一朝散壞不知此身何時可
復若復不值諸佛賢聖遭遇惡友造衆
罪業復應墮落深坑險趣二者自念我
此生中雖得值遇如來正法為佛弟子之法
紹繼聖種淨身口意善法自居而今我等
私自作惡而復覆藏言他不知謂彼不見隱
匿在心傲無慚愧實凡夫愚惑之甚即今現
有十方諸佛諸大菩薩諸天神仙何故不以
清淨天眼見於我等所作罪惡又復幽顯靈
祇注記罪福纖毫無差夫論作罪之人命欲
終時牛頭獄卒錄其精神在閻羅王所辯覈
是非當爾之時一切怨對皆來證據各言汝
先屠裂我身炮煮蒸炙或言汝先剝奪
於我一切財寶離我眷屬我於今者始得
汝便於時現前證據何得敢諱唯應甘心
分受宿殃如經所明地獄之中不枉治人若其

是非當爾之時一切怨對皆來證據各言汝
先屠裂我身炮煮蒸炙或言汝先剝奪
於我一切財寶離我眷屬我於今者始得
汝便於時現前證據何得敢諱唯應甘心
分受宿殃如經所明地獄之中不枉治人若其
平素所作衆罪心自忘失是其生時造惡
之處一切諸想皆現在前各言汝昔在於
我邊作如是罪今何得諱是為作罪無
藏隱處於是閻魔羅王切齒呵責將付
地獄歷劫窮年求出莫由此事不遠不關
他人正是我身自作自受雖父子至親一
旦對至無代受者衆等今日及其形休體
無衆疾各自努力與性命競大怖至時悔
無所及是故弟子至心歸依十方諸佛
南無東方破疑淨光佛　南無南方無憂功德佛
南無西方華嚴神通佛　南無北方月殿清淨佛
南無東南方破一切闇佛　南無西南方大衰觀衆生佛
南無西北方𤀹鉢華殊勝月王佛
南無東北方金剛堅強自在力王佛
南無上方斷一切疑佛　南無下方離一切憂佛
如是十方盡虛空界一切三寶
弟子等從無始以來至于今日積聚無
明鄣閉心目隨煩惱性造三世罪或耽染愛
著起於貪欲煩惱或瞋恚忿怒懷恨煩惱
或惛懵擴了煩惱或我慢自高輕傲

南无上方斷一切疑佛 南无下方離一切憂佛
如是十方盡虛空界一切三寶
弟子等從無始以來至于今日積聚無
明鄣閇心目隨煩惱性造三世罪或耽染愛
著起於貪欲煩惱或瞋恚忿怒懷恨煩惱
或惛憒瞪瞢不了煩惱或我慢自高輕傲
煩惱疑惑正道猶豫煩惱謗無因果耶見
煩惱不識緣假着我煩惱迷於三世執斷
常煩惱朋狎惡法起見取煩惱僻稟耶師
造戒取煩惱乃至一切四執橫計煩惱今日
至誠皆悉懺悔
又復無始以來至于今日守惜堅著起慳悋
煩惱不攝六情放逸煩惱心行弊惡不忍煩
惱怠墯緩縱不懃煩惱情慮躁動覺觀
煩惱觸境迷惑無知解煩惱隨世八風生彼
我煩惱諂曲面譽不直心煩惱獷𢤱難觸
不調和煩惱易忿難悅多含恨煩惱嫉妬
擊刺佷戾煩惱凶險暴害酷毒煩惱乖背
二諦執相煩惱於苦集滅道生顛倒煩惱
隨從生死十二因緣流轉煩惱乃至無始無
明住地恒沙煩惱起四住地攝於三界苦果
煩惱如是如是諸煩惱無量無邊惱亂賢
聖六道四生今日發露向十方佛尊法聖
衆皆悉懺悔
弟子等承是懺悔貪瞋癡等一切煩惱

BD04828號 佛名經（二十卷本）卷二 （23–20）

隨從生死十二因緣流轉煩惱乃至無始無
明住地恒沙煩惱起四住地攝於三界苦果
煩惱如是如是諸煩惱無量無邊惱亂賢
聖六道四生今日發露向十方佛尊法聖
衆皆悉懺悔
弟子等承是懺悔貪瞋癡等一切煩惱
生生世世折憍慢幢竭愛欲水滅瞋恚火
破愚癡暗拔斷疑根裂諸見網深識三
界猶如牢獄四大毒蛇五陰怨賊六入空聚
愛詐親善脩八聖道斷無明源正向涅
槃不休不息卅七品心心相應十波羅蜜常
現在前
大乘蓮華寶達菩薩問答報應沙門經
寶達即便入地獄中上高樓頭四顧望視見
羅人等各從四門哮吼而入寶達前入鐵車
鐵馬鐵牛鐵驢此四小獄併為一地獄云何名
曰鐵車鐵馬鐵牛鐵驢地獄此地獄方圓縱
廣十五由旬其中鐵城高一由旬猛火輝赫
烟然其車鐵作焱赫熾然中有鐵牛其身
亦然頭角毛尾皆如鋒鋩毛中火然烟炎俱
出其鐵馬者身毛駿尾利如刀鋒毛尾火
然烟炎俱出其鐵驢者亦復如是其地獄
中有鐵鏃鏑利如鋒鋩鐵鉾齊亂遍布其
地其鉾火然猛熾於前尒時北門之中有五
百沙門嗥聲哮吼眼口中火出唱如是言云

BD04828號 佛名經（二十卷本）卷二 （23–21）

出其鐵馬者身毛䯸尾利如刀鋒毛尾大
然烟炎俱出其鐵驢者亦復如是其地獄
中有鐵鏃鏑利如鋒鈚鐵鏘奈亂遍布其
地其鏘火然猛熾於前尒時北門之中有五
百沙門咩聲哮叫眼口中火出唱如是言云
何我今受如此苦獄辛夜叉馬頭羅刹手捉三
鈷鐵叉望背而鏟胷前而出復有鐵索来
繼其脖其索火然燒罪人脖復有鐵枷枷
罪人咽其枷八方利如鋒鈚烟火猛熾燒罪人
頸尒時罪人宛轉倒地而不肯前馬頭羅刹
手捉鐵棒望頭而打罪人身體碎如微塵復
有餓鬼来食其肉復有餓狗来飲其血
馬頭羅刹唸地言活罪人即活尒時鐵牛吼喚
抱地其牛吼喚来向罪人罪人迫迮宛轉於
地馬頭羅刹手捉鐵叉叉著車上罪人跳踉
復墮牛上牛毛仰刺從腹而入背上而出復
跳踉復墮馬上馬毛仰刺亦如鋒鈚馬尾揰
之身即碎爛須臾還活尒時鐵馬舉脚連
蹴身碎如塵須臾還活復騎鐵驢驢即
跳踉罪人墮地驢便大瞋舉脚連蹴須臾
還活一日一夜受罪無量寶達問馬頭羅
刹曰此諸沙門云何如是羅刹荅曰此諸沙門
受佛禁戒不慎將来但取現在違犯淨戒
故作惡業畜不淨財乘車騎馬走驢治

BD04828號　佛名經（二十卷本）卷二　（23–22）

跳踉復墮馬上馬毛仰刺亦如鋒鈚馬尾揰
之身即碎爛須臾還活尒時鐵馬舉脚連
蹴身碎如塵須臾還活復騎鐵驢驢即
跳踉罪人墮地驢便大瞋舉脚連蹴須臾
還活一日一夜受罪無量寶達問馬頭羅
刹曰此諸沙門云何如是羅刹荅曰此諸沙門
受佛禁戒不慎將来但取現在違犯淨戒
故作惡業畜不淨財乘車騎馬走驢治
心無慈善不護威儀受人信施惡因緣故墮
此地獄百千万劫者得為人身不具足聾
盲閉塞不見三寶不聞正法寶達聞之悲
泣嘆曰
云何沙門　應出三界　云何惡業　受如是罪
寶達擗淚　悲泣而去

佛名經卷第二

BD04828號　佛名經（二十卷本）卷二　（23–23）

生從三明生從卅七道品生從止觀生從十力四
无所畏十八不共法生從斷一切不善法集
一切善法生從真實生從不放逸生從如
是无量清淨法生如來身諸仁者欲得佛身
斷一切衆生病者當發阿耨多羅三藐三菩
提心如是長者維摩詰為諸問疾者如應說
法令无數千人皆發阿耨多羅三藐三菩提心

弟子品第三

尒時長者維摩詰自念寢疾于牀世尊大慈
寧不垂愍佛知其意即告舍利弗汝行詣維
摩詰問疾舍利弗白佛言世尊我不堪任詣
彼問疾所以者何憶念我昔曾於林中宴坐
樹下時維摩詰來謂我言唯舍利弗不必是
坐為宴坐也夫宴坐者不於三界現身意是
為宴坐不起滅定而現諸威儀是為宴坐不
捨道法而現凡夫事是為宴坐心不住內亦
不住外是為宴坐於諸見不動而脩行三十
七品是為宴坐不斷煩惱而入涅槃是為宴
坐若能如是坐者佛所印可時我世尊聞是

BD04829 號　維摩詰所說經卷上　（3–1）

樹下時維摩詰來謂我言唯舍利弗不必是
坐為宴坐也夫宴坐者不於三界現身意是
為宴坐不起滅定而現諸威儀是為宴坐不
捨道法而現凡夫事是為宴坐心不住內亦
不住外是為宴坐於諸見不動而脩行三十
七品是為宴坐不斷煩惱而入涅槃是為宴
坐若能如是坐者佛所印可時我世尊聞是
語嘿然而止不能加報故我不任詣彼問疾
佛告大目揵連汝行詣維摩詰問疾目連白
佛言世尊我不堪任詣彼問疾所以者何憶
念我昔入毗耶離大城於里巷中為諸居士
說法時維摩詰來謂我言唯大目連為白衣
居士說法不當如仁者所說夫說法者當如
法說法无衆生離衆生垢故法无有我離我
垢故法无壽命離生死故法无有人前後際
斷故法常寂然滅諸相故法離於相无所緣
故法无名字言語斷故法无有說離覺觀故
法无刑相如虛空故法无戲論畢竟空故法
无我所離我所故法无分別離諸識故法无
有比无相待故法不屬因不在緣故法同法
性入諸法故法隨於如无所隨故法住實際
諸邊不動故法无動搖不依六塵故法无去
來常不住故法順空隨无相應无作法離好
醜法无增損法无生滅法无所歸法過眼耳
鼻舌身心法无高下法常住不動法離一切
觀行唯大目連法相如是豈可說乎夫說法

BD04829 號　維摩詰所說經卷上　（3–2）

性入諸法故法隨於如无所隨故法住實際
諸邊不動故法无動搖不依六塵故法无去
来常不住故法順空隨无相應无作法離好
醜法无增損法无生滅法无所歸法過眼耳
鼻舌身心法无高下法常住不動法離一切
觀行唯大目連法相如是豈可說乎夫說法
者无說无示其聽法者无聞无得譬如幻士
為幻人說法當建是意而為說法當了衆生
根有利鈍善於知見无所罣㝵以大悲心讚于
大乘念報佛恩不斷三寶然後說法維摩詰
說是法時八百居士發阿耨多羅三藐三菩
提心我无此辯是故不任詣彼問疾
佛告大迦葉汝行詣維摩詰問疾迦葉白佛
言世尊我不堪任詣彼問疾所以者何憶念
我昔於貧里而行乞食時維摩詰来謂我言唯
大迦葉有慈悲心而不能普捨豪富從貧乞
迦葉住平等法應次行乞食為不食故應行
乞食為壞和合相故應取揣食為不受故應
受彼食以空聚相入於聚落所見色與盲等
所聞聲與響等所嗅香與風等所食味不分
別受諸觸如智證知諸法如幻相无自性无
他性本自不然今則无滅迦葉若能不捨八
邪入八解脫以邪相入正法以一食施一切供
養諸佛及衆賢聖然後可食如是食者非

BD04829 號　維摩詰所說經卷上　（3–3）

無染着陀羅尼品第十
尒時世尊告具壽舍
着陀羅尼是諸菩
所受持是菩薩母說
佛言世尊陀羅尼者是何
者非方處非非方處作是語
善哉善哉舍利子汝於大乘已
大乘尊重大乘如汝所說陀
非非方處非法非非法非過去
在非事非非事非緣非非緣
有法生亦无法滅然為利益
是說於此陀羅尼功用正道理
即是諸佛功德諸佛禁戒諸佛所
秘意諸佛生處故名无染着陀羅尼最妙
門作是語已舍利子白佛言世尊唯願善逝
我說此陀羅尼法若諸菩薩能安住者於无
上菩提不復退轉成就正願得无所依自性
辯才獲希有事安住聖道皆由得此陀羅尼

BD04830 號　金光明最勝王經卷七　（22–1）

秘意諸佛生處故名无染著陀羅尼㝡妙
門作是語已舍利子白佛言世尊唯願善逝
我說此陀羅尼法若諸菩薩能安住者於无
上菩提不復退轉成就正願得无所依自性
辯才獲希有事安住聖道皆由得此陀羅尼
故佛告舍利子善哉善哉如是如是如汝所
說若有菩薩得此陀羅尼者應知是人与佛
无異若有供養尊重承事供給此菩薩者應
知即是供養於佛舍利子若有餘人聞此陀
羅尼受持讀誦生信解者亦應如是恭敬供
養与佛无異以是因緣獲无上果尒時世尊
即為演說陀羅尼曰
怛姪他　娜陀喇你嗢多喇你
蘇三鉢囉底瑟恥哆　蘇娜麼
蘇鉢喇底瑟恥哆　鼻逝也䟦羅
薩底也鉢喇底慎若　蘇阿嚧訶
慎若娜末底　嗢波彈你
阿伐娜末你　阿毘師彈你
阿鞞毘耶訶囉　輸婆伐底
蘇尼室唎多引　薄虎郡社引
阿毘婆䟦引　莎訶
佛告舍利子此无染著陀羅尼句若有菩薩
能善安住能正受持者當知是人若於一劫
若百劫若千劫若百千劫所發正願无有窮
盡身亦不被刀丈毒藥水火猛獸之所損害

BD04830號　金光明最勝王經卷七　（22–2）

阿毘婆䟦引　莎訶
佛告舍利子此无染著陀羅尼句若有菩薩
能善安住能正受持者當知是人若於一劫
若百劫若千劫若百千劫所發正願无有窮
盡身亦不被刀仗毒藥水火猛獸之所損害
何以故舍利子此无染著陀羅尼是過去諸
佛母未來諸佛母現在諸佛母舍利子若
復有人以十阿僧企耶三千大千世界滿中七
寶奉施諸佛及以上妙衣服飲食種種供養
經无數劫若復有人於此陀羅尼乃至一句能
受持者所生之福倍多於彼何以故舍利子
此无染著陀羅尼甚深法門是諸佛母故時
具壽舍利子及諸大衆聞是法已皆大歡喜
咸願受持
金光明㝡勝王經如意寶珠品第十四
尒時世尊於大衆中告阿難陀曰汝等當知
有陀羅尼名如意寶珠遠離一切灾厄亦能
遮止諸惡雷電過去如來應正等覺所共宣
說我於今時於此經中亦為汝等大衆宣說
能於人天為大利益哀愍世間擁護一切令
得安樂時諸大衆及阿難陀聞佛語已各各
至誠瞻仰世尊聽受神呪佛言汝等諦聽於
此東方有光明電王名阿揭多南方有光明
電王名設羝嚕西方有光明電王名主多光

BD04830號　金光明最勝王經卷七　（22–3）

能於人天為大利益哀愍世間擁護一切令
得安樂時諸大衆及阿難陀聞佛語已各各
至誠瞻仰世尊聽受神呪佛言汝等諦聽於
此東方有光明電王名阿揭多南方有光明
電王名設羝嚕西方有光明電王名主多光
北方有光明電王名蘇多末尼若有善男子
善女人得聞如是電王名字及知方處者此
人即便遠離一切怖畏之事及諸災橫悉皆
消殄若於住處書此四方電王名者於所住
處无雷電怖亦无災厄及諸障非時枉死悉
皆遠離尒時世尊即說呪曰
怛 姪 他 你徦你徦你徦
尼 民 達 哩 窒哩盧迦盧羯你
窒哩輸攞波你 曷喇叉曷喇叉
我某甲及此住處一切恐怖所有苦惱雷
電霹靂乃至枉死悉皆遠離莎訶
尒時觀自在菩薩摩訶薩在大衆中即從
座起偏袒右肩合掌恭敬白佛言世尊我今
亦於佛前略說如意寶珠神呪於諸人天為
大利益哀愍世間擁護一切令得安樂有大
威力所求如願即說呪曰
怛姪他喝 帝 毗喝帝你喝帝
鉢喇窒體 難 鉢喇底丁耶窒窒囉
戍提目羝毗末麗 鉢喇婆莎蘇活囉
安荼入囉 ... 鈧乎賛帝

BD04830號　金光明最勝王經卷七　(22–4)

威力所求如願即說呪曰
怛姪他喝 帝 毗喝帝你喝帝
鉢喇窒體 難 鉢喇底丁耶窒窒囉
戍提目羝毗末麗 鉢喇婆莎蘇活囉
安荼鉢入囉拔荼囉 鈧乎賛 帝
般荼囉婆死你 喝囉羯荼引囉
劫 畢 囉 氷揭羅惡綺
達 地 目 佉 曷喀又曷喀又
我某甲及此住處一切恐怖所有苦惱乃
至枉死悉皆遠離願我莫見罪惡之事常蒙
聖觀自在菩薩大悲威光之所護念莎訶
尒時執金剛秘密主菩薩即從座起合掌恭
敬白佛言世尊我今亦說陀羅尼呪名曰无
勝於諸人天為大利益哀愍世間擁護一切
有大威力所求如願即說呪曰
怛姪他毋你毋你 毋尼囉末底末底
蘇末底莫訶末底 呵呵呵磨婆以
娜恙底帝引波跛 吱析攞波你
惡鉗甘大姪嘌荼上 莎訶
世尊我此神呪名曰无勝擁護若有男女一
心受持書寫讀誦憶念不忘我於晝夜常
護是人於一切恐怖乃至枉死悉皆遠離
尒時索訶世界主梵天王即從座起合掌
恭敬白佛言世尊我亦有陀羅尼微妙法門
於諸人天為大利益哀愍世間擁護一切有

BD04830號　金光明最勝王經卷七　(22–5)

心受持書寫讀誦憶念不忘我於晝夜常
護是人於一切恐怖乃至枉死悉皆遠離
尒時索訶世界主梵天王即從座起合掌
恭敬白佛言世尊我亦有陁羅尼微妙法門
於諸人天為大利益哀愍世間擁護一切有
大威力所求如願即說呪曰
怛　姪　他　嗢里須里地里莎訶
跋囉䫂魔布囇　跋囉䫂末泥
跋囉䫂麼揭鞞　補瑟跋僧悉怛囇莎訶
世尊我此神呪名曰梵治悉能擁護持是
呪者令離憂惱及諸罪業乃至枉死悉皆遠
離尒時帝釋天主即從座起合掌恭敬白佛言
世尊我亦有陁羅尼名跋折囉眉你是大
明呪能除一切恐怖厄難乃至枉死悉皆遠
離拔苦与樂利益人天即說呪曰
怛姪他毗你婆喇你　畔柂磨繹滯
磨臧你㰕㰕尒𠼪哩　健陁哩旃柰哩
摩登耆上卜羯死　薩囉跋喇鞞去
呬娜未住蕃麼嗢多喇你　莫呼刺你達刺你計
斫羯囉婆枳　㧖伐哩奢伐哩莎訶
尒時多聞天王持國天王增長天王廣目天
王俱從座起合掌恭敬白佛言世尊我今亦
有神呪名施一切衆生无畏於諸苦惱常為
擁護令得安樂增益壽命无諸患苦乃至
枉死悉皆遠離即說呪曰

BD04830號　金光明最勝王經卷七　（22–6）

尒時多聞天王持國天王增長天王廣目天
王俱從座起合掌恭敬白佛言世尊我今亦
有神呪名施一切衆生无畏於諸苦惱常為
擁護令得安樂增益壽命无諸患苦乃至
枉死悉皆遠離即說呪曰
怛姪他補澀閉　蘇　補　澀　閉
庋麼鉢喇呵囇　阿難耶鉢喇設悉帝
扇帝溫目帝　忙揭倒窣覩帝
悉　吵　鼻　帝　莎　訶
尒時復有諸大龍王所謂末那斯龍王電光
龍王无熱池龍王電舌龍王妙光龍王俱從
座起合掌恭敬白佛言世尊我亦有如意
寶珠陁羅尼能遮惡電除諸恐怖能於人天為
大利益哀愍世間擁護一切有大威力所求
如願乃至枉死悉皆遠離一切毒藥皆令止
息一切造作蠱道呪術不吉祥事悉令除滅
我今以此神呪奉獻世尊唯願哀愍慈悲納
受當令我等離此龍趣永捨慳貪何以故由
此慳貪於生死中受諸苦惱我等願斷慳貪
種子即說呪曰
怛姪他阿折囇　阿末𭒬阿蜜㗚帝
惡叉㮚阿𡁠㮚　奔尼鉢喇耶法帝
薩婆波跋　鉢喇苫摩尼㮚莎訶
阿　離　㮚　殺豆蘇波尼㮚莎訶
世尊若有善男子善女人口中說此陁羅尼

BD04830號　金光明最勝王經卷七　（22–7）

種子即說呪曰
怛姪他　阿折𠼝　阿末𠼝　阿蜜㗚帝
惡叉㘈　阿弊㘈　奔尼　鉢㘈耶　法帝
薩婆波跋　鉢喇苫摩尼㘈　莎訶
阿　𠼝㘈　般豆蘇波尼㘈　莎訶
世尊若有善男子善女人口中說此陁羅尼
明呪或書經卷受持讀誦恭敬供養者終无
雷電霹靂及諸恐怖苦惱憂患乃至枉死悉
皆遠離所有毒藥蠱魅厭禱害人虎狼師
子毒虵之類乃至蚊虻悉不為害
尒時世尊普告大衆善哉善哉此等神呪皆
有大力能隨衆生心所求事悉令圓滿為
大利益除不至心汝等勿疑時諸大衆聞佛
語已歡喜信受
金光明最勝王經大辯才天女品第十五
尒時大辯才天女於大衆中即從座起頂禮
佛足白佛言世尊若有法師說是金光明最
勝王經者我當益其智慧具足莊嚴言說
之辯若彼法師於此經中文字句義所有忘失
皆令憶持能善開悟復與陁羅尼總持无礙
又此金光明最勝王經為彼有情已於百千
佛所種諸善根當受持者於贍部洲廣行流
布不速隱沒復令无量有情聞是經典皆得
不可思議捷利辯才无盡大慧善解衆論及
諸伎術能出生死速趣无上正等菩提於現

BD04830號　金光明最勝王經卷七　（22–8）

又此金光明最勝王經為彼有情已於百千
佛所種諸善根當受持者於贍部洲廣行流
布不速隱沒復令无量有情聞是經典皆得
不可思議捷利辯才无盡大慧善解衆論及
諸伎術能出生死速趣无上正等菩提於現
世中增益壽命資身之具悉令圓滿世尊我
當為彼持經法師及餘有情於此經典樂
聽聞者說其呪藥洗浴之法彼人所有惡星災
變與初生時星屬相違疫病之苦鬪諍戰陣
惡夢鬼神蠱毒厭魅呪術起屍如是諸惡為
障難者悉令除滅諸有智者應作如是洗
浴之法當取香藥三十二味所謂
昌蒲 跋者　牛黃 瞿盧折娜　苜蓿香 塞畢力迦
麝香 莫訶婆伽　雄黃 末捺眵羅　合昏樹 尸利灑
白及 因達囉喝悉哆　芎藭 闍莫迦　枸杞根 苫弭
松脂 室利薜瑟得迦　桂皮 咄者　香附子 目窣哆
沉香 惡揭嚕　栴檀 栴檀娜　零凌香 多揭羅
丁子 索瞿者　鬱金 茶矩么　婆律膏 曷羅娑
葦香 捺剌柂　竹黃 鵠路戰娜　細豆蔻 蘇泣迷羅
甘松 苫弭哆　藿香 鉢怛羅　茅根香 唱尸羅
叱脂 薩洛計　艾納 世黎也　安息香 窶具攞
芥子 薩利殺跛　馬芹 葉婆你　龍花鬚 那伽雞薩羅
白膠 薩折羅婆　青木 矩瑟侘　皆等分
以布灑星日一處擣篩取其香末當以此呪
一百八遍呪曰

BD04830號　金光明最勝王經卷七　（22–9）

甘松(苫弭迦) 藿香(鉢怛羅) 茅根香(嗢尸羅)
叱脂(薩洛計) 艾納(世黎也) 安息香(寠具攞)
芥子(薩利殺跛) 馬芹(葉婆你) 龍花鬚(那伽雞薩羅)
白膠(薩折羅婆) 青木(矩瑟侘) 皆等分
以布灑星日一處擣篩取其香末當以此呪
一百八遍呪曰
怛姪他蘇訖栗帝 訖栗帝訖栗計
劫摩怛里 結怒羯爛滯
郝羯喇滯 因達羅闍利膩
鑠羯爛滯 鉢設姪囇
阿伐底羯細 計娜矩覩矩覩
脚迦鼻囇 劫鼻囇劫鼻囇
劫毗羅末底(丁里) 尸羅末底
那底度囉末底里 波伐雉畔雉囇
室囇室囇 薩底悉體𣪍 莎訶
若樂如法洗浴時 應作壇場方八肘
可於寂靜安隱處 念所求事不離心
應塗牛糞作其壇 於上普散諸花彩
當以淨潔金銀器 盛滿美味并乳蜜
於彼壇場四門所 四人守護法如常
令四童子好嚴身 各於一角持瓶水
於此常燒安息香 五音之樂聲不絕
幡蓋莊嚴懸繒綵 安在壇場之四邊
復於場內置明鏡 利刀兵箭各四枚
於壇中心埋大盆 應以漏版安其上

於此常燒安息香 五音之樂聲不絕
幡蓋莊嚴懸繒綵 安在壇場之四邊
復於場內置明鏡 利刀兵箭各四枚
於壇中心埋大盆 應以漏版安其上
用前香末以和湯 亦復安在於壇內
既作如斯布置已 然後誦呪結其壇
結界呪曰
怛姪他頞喇計 娜也泥(去)四囇
弭囇祇囇 企企囇 莎訶
如是結界已 方入於壇內 呪水三七遍 散灑於四方
次可呪香湯 滿一百八遍 四邊安幔障 然後洗浴身
呪水呪湯呪曰
怛姪他一 索揭滯(貞勵反下同二) 毗揭滯三
毗揭茶伐底四 莎訶五
若洗浴訖其洗浴湯及壇場中供養飲食棄
河池內餘皆收攝如是浴已方著淨衣既出
壇場入淨室內呪師教其發弘誓願永斷眾
惡常修諸善於諸有情興大悲心以是因緣
當獲無量隨心福報復說頌曰
若有病苦諸眾生 種種方藥治不差
若依如是洗浴法 并復讀誦斯經典
常於日夜念不散 專想慇懃生信心
所有患苦盡消除 解脫貧窮足財寶
四方星辰及日月 威神擁護得延年
吉祥安隱福德增 災變厄難皆除遣

常於日夜念不散　專想慇懃生信心
所有患苦盡消除　解脫貧窮足財寶
四方星辰及日月　威神擁護得延年
吉祥安隱福德增　災變厄難皆除遣
次誦護身呪三七遍呪曰
怛姪他三謎　毗三謎　莎訶
索　揭滯　毗揭滯　莎訶
毗揭荼亭耶反伐底　莎訶
娑　揭　囉　三步多也　莎訶
塞　建　陁　摩多也　莎訶
尼　攞建佗也　莎訶
阿鉢囉市哆　毗唎耶也　莎訶
呬摩䑃哆　三步多也　莎訶
阿你蜜攞　薄怛囉也　莎訶
南无薄伽伐都　跋囉䶒甘反摩寫　莎訶
南无薩囉酸蘇活反底　莫訶提鼻裏　莎訶
悉甸覩湯此云成就我某甲　曷怛囉鉢栬　莎訶
怛喇覩仳姪哆　跋囉䶒甘反摩奴末覩莎訶
尒時大辯才天女說洗浴法壇場呪已前礼
佛足白佛言世尊若有苾芻苾芻尼鄔波索
迦鄔波斯迦受持讀誦書寫流布是妙經王
如說行者若在城邑聚落曠野山林僧尼住
處我為是人將諸眷屬作天伎樂來詣其所
而為擁護除諸病苦流星變怪疫疾鬪諍

BD04830號　金光明最勝王經卷七　（22–12）

佛足白佛言世尊若有苾芻苾芻尼鄔波索
迦鄔波斯迦受持讀誦書寫流布是妙經王
如說行者若在城邑聚落曠野山林僧尼住
處我為是人將諸眷屬作天伎樂來詣其所
而為擁護除諸病苦流星變怪疫疾鬪諍
王法所拘惡夢惡神為障礙者蠱道厭術悉
皆除殄饒益是等持經之人苾芻等衆及諸
聽者皆令速渡生死大海不退菩提
尒時世尊聞是說已讚辯才天女言善哉善
哉天女汝能安樂利益无量无邊有情說此
神呪及以香水壇場法式果報難思汝當
擁護冣勝經王勿令隱沒常得流通尒時大
辯才天女礼佛足已還復本座
尒時法師授記憍陳如婆羅門承佛威力於
大衆前讚請辯才天女曰
聰明勇進辯才天　人天供養悉應受
名聞世間遍充滿　能与一切衆生願
依高山頂勝住處　葺茅為室在中居
恒結耎草以為衣　在處常翹於一足
諸天大衆皆来集　咸同一心申讚請
唯願智慧辯才天　以妙言詞施一切
尒時辯才天女即便受請為說呪曰
怛姪他慕囉只囉　阿伐帝貞勵反阿伐吒伐底丁里下同
薝遇𦗟名具𦗟　名具羅伐底
鴦具師末利三末底　比三末底惡近入利

BD04830號　金光明最勝王經卷七　（22–13）

唯願智慧辯才天　以妙言詞施一切
尒時辯才天女即便受請為說呪曰
怛姪他慕囇只囇　阿伐帝貞勵阿伐吒伐底丁里下同
𧄼遇𢡟名具𢡟　名具羅伐底
鴦具師末唎尸三末底　毗三末底惡近入唎
莫近唎怛囉只　怛囉者伐底
質質哩室里蜜里　末難地曇去
末　唎只　八囉嬃畢唎褭
盧迦逝瑟𪘨丑世反　盧迦失囇瑟恥
盧迦畢唎褭　悉馱跋唎帝
毗麼目企輕利反　輸只折唎
阿鉢唎底喝帝　阿鉢喇底喝哆勃地
南毋只南毋只　莫訶提鼻
鉢喇底近入唎𣅜恨大反上　南摩塞迦囉
我某甲勃地　達哩奢呬
勃地阿鉢喇底喝哆　婆跋覩
市婆謎毗輸姪覩　舍悉怛囉輸路迦
曼怛囉畢薩迦　迦婣耶地數
怛　姪他　莫訶鉢喇婆鼻
呬里蜜里呬里蜜里　毗折喇覩謎勃地
我某甲勃地輸提　薄伽伐點提毗𦦨
薩羅酸蘇活點丁焔引　羯囉魯家滞雞由囇
雞由囉末底　呬里蜜里呬里蜜里
阿婆訶耶珂　莫訶提鼻
勃陁薩帝娜　達摩薩帝娜

我某甲勃地輸提　薄伽伐點提毗𦦨
薩羅酸蘇活點丁焔引　羯囉魯家滞雞由囇
雞由囉末底　呬里蜜里呬里蜜里
阿婆訶耶珂　莫訶提鼻
勃陁薩帝娜　達摩薩帝娜
僧伽薩帝娜　因達囉薩帝娜
跋嘍嬃薩帝娜　褱盧雞薩底婆地娜
紐欽引薩帝娜　薩底伐者泥娜
阿婆訶耶珂　莫訶提鼻
呬里蜜里呬里蜜里　毗折喇覩
我某甲勃地　南无薄伽伐底丁利
莫訶提鼻薩囉酸底　悉甸覩
曼怛囉鉢陁弥　莎訶
尒時辯才天女說是呪已告婆羅門言善
哉大士能為眾生求妙辯才及諸珎寶神通
智慧廣利一切速證菩提如是應知受持法
式即說頌曰
先可誦此陁羅尼　令使純熟无謬失
歸敬三寶諸天眾　請求加護願隨心
敬礼諸佛及法寶　菩薩獨覺聲聞眾
次礼梵王并帝釋　及護世者四天王
一切常修梵行人　悉可至誠慇重敬
可於寂靜蘭若處　大聲誦前呪讚法
應在佛像天龍前　隨其所有脩供養

歸敬三寶諸天衆　請求加護願隨心
敬礼諸佛及法寶　菩薩獨覺聲聞衆
次礼梵王并帝釋　及護世者四天王
一切常修梵行人　悉可至誠慇重敬
可於寂靜蘭若處　大聲誦前呪讃法
應在佛像天龍前　隨其所有修供養
於彼一切衆生類　發起慈悲哀愍心
世尊妙相紫金身　繫想正念心无亂
世尊護念說教法　隨彼根機令習定
於其句義善思惟　復依空性而修習
應在世尊形像前　一心正念而安坐
即得妙智三摩地　并獲最勝陁羅尼
如來金口演說法　妙響調伏諸人天
舌相隨緣現希有　廣長能覆三千界
如是諸佛妙音聲　至誠憶念心无畏
諸佛皆由發弘願　得此舌相不思議
宣說諸法皆非有　譬如虛空无所著
諸佛音聲及舌相　繫念思量願圓滿
若見供養辯才天　或見弟子隨師教
授此秘法令修學　尊重隨心皆得成
若人欲得最上智　應當一心持此法
增長福智諸功德　必定成就勿生疑
若求財者得多財　求名稱者獲名稱
求出離者得解脫　必定成就勿生疑
无量无邊諸功德　隨其內心之所願

BD04830號　金光明最勝王經卷七　（22–16）

若人欲得最上智　應當一心持此法
增長福智諸功德　必定成就勿生疑
若求財者得多財　求名稱者獲名稱
求出離者得解脫　必定成就勿生疑
无量无邊諸功德　隨其內心之所願
若能如是依行者　必得成就勿生疑
當於淨處著淨衣　應作壇場隨大小
以四淨瓶成美味　香花供養可隨時
懸諸繒綵并幡蓋　塗香末香遍嚴飾
供養佛及辯才天　求見天身皆遂願
應三七日誦前呪　可對大辯天神前
若其不見此天神　應更用心經九日
於後夜中猶不見　更求清淨勝妙處
如法應畫辯才天　供養誦持心无捨
晝夜不生於懈怠　自利利他无窮盡
所獲果報施群生　於所求願皆成就
若不遂意經三月　六月九月或一年
慇懃求請心不移　天眼他心皆悉得
尒時憍陳如婆羅門聞是說已歡喜踊躍歎
未曾有告諸大衆作如是言汝等人天一切
大衆如是當知皆一心聽我今更欲依世諦
法讃彼勝妙辯才天女即說頌曰
敬礼天女那羅延　於世界中得自在
我今讃歎彼尊者　皆如往昔仙人說
吉祥成就心安隱　聰明慚愧有名聞

BD04830號　金光明最勝王經卷七　（22–17）

大衆如是當知皆一心聽我今更欲依世諦
法讚彼勝妙辯才天女即說頌曰
敬礼天女那羅延 於世界中得自在
我今讚歎彼尊者 皆如往昔仙人說
吉祥成就心安隱 聡明慚愧有名聞
為母能生於世間 勇猛常行大精進
於軍陣處戰恒勝 長養調伏心慈忍
現為閻羅之長姉 常著青色野蠶衣
好醜容儀皆具有 眼目能令見者怖
无量勝行超世間 歸信之人咸攝受
或在山巖深險處 或居坎窟及河邊
或在大樹諸叢林 天女多依此中住
假使山林野人輩 亦常供養於天女
以孔雀羽作幢旗 於一切時常護世
師子虎狼恒圍繞 牛羊雞等亦相依
振大鈴鐸出音聲 頻陁山衆皆聞響
或執三戟頭圓髻 左右恒持日月旗
黑月九日十一日 於此時中當供養
或現婆蘇大天妹 見有鬪戰心常愍
觀察一切有情中 天女冣勝无過者
權見牧牛歡喜女 与天戰時常得勝
能久安住於世間 亦為和忍及暴惡
大婆羅門四明法 幻化呪等悉皆通
於天仙中得自在 能為種子及大地

觀察一切有情中 天女冣勝无過者
權見牧牛歡喜女 与天戰時常得勝
能久安住於世間 亦為和忍及暴惡
大婆羅門四明法 幻化呪等悉皆通
於天仙中得自在 能為種子及大地
諸天女等集會時 如大海潮必來應
於諸龍神藥叉衆 咸為上首能調伏
於諸女中冣梵行 出言猶如世間主
於王住處如蓮花 若在河津喻橋栰
面貌猶如盛滿月 具足多聞作依處
辯才勝出若高峯 念者皆与為洲渚
阿蘇羅等諸天衆 咸共稱讚其功德
乃至千眼帝釋王 以慇重心而觀察
衆生若有希求事 悉能令彼速得成
亦令聰辯具聞持 於大地中為第一
於此十方世界中 如大燈明常普照
乃至神鬼諸禽獸 咸皆遂彼所求心
於諸女中若山峯 同昔仙人久住世
如少女天常離欲 實語猶如大世主
普見世間差別類 乃至欲界諸天宮
唯有天女獨稱尊 不見有情能勝者
若於戰陣恐怖處 或見墮在火坑中
河津險難賊盜時 悉能令彼除怖畏
或被王法所枷縛 或為怨讎行殺害

普見世間差別類　乃至欲界諸天宮
唯有天女獨稱尊　不見有情能勝者
若於戰陣恐怖處　或見墮在火坑中
河津險難賊盜時　悉能令彼除怖畏
或被王法所枷縛　或爲怨讎行殺害
若能專注心不移　決定解脱諸憂苦
於善惡人皆擁護　慈悲愍念常現前
是故我以至誠心　稽首歸依大天女
尒時婆羅門復以呪讚天女曰
敬礼敬礼世間尊　於諸母中最爲勝
三種世間咸供養　面貌容儀人樂觀
種種妙德以嚴身　目如脩廣青蓮葉
福智光明名稱滿　譬如无價末尼珠
我今讚歎最勝者　悉能成辦所求心
真實功德妙吉祥　譬如蓮花極清淨
身色端嚴皆樂見　衆相希有不思議
能放无垢智光明　於諸念中爲最勝
猶如師子獸中上　常以八臂自莊嚴
各持弓箭刀矟斧　長杵鐵輪并羂索
端正樂觀如滿月　言詞无滯出和音
若有衆生心願求　善士隨念令圓滿
帝釋諸天咸供養　皆共稱讚可歸依
衆德能生不思議　一切時中起恭敬
莎訶 此上呪頌是呪亦是讚 若持呪時必須誦之

BD04830 號　金光明最勝王經卷七　（22–20）

各持弓箭刀矟斧　長杵鐵輪并羂索
端正樂觀如滿月　言詞无滯出和音
若有衆生心願求　善士隨念令圓滿
帝釋諸天咸供養　皆共稱讚可歸依
衆德能生不思議　一切時中起恭敬
莎訶 此上呪頌是呪亦是讚 若持呪時必須誦之
若欲祈請辯才天　依此呪讚言詞句
晨朝清淨至誠誦　於所求事悉隨心
尒時佛告婆羅門善哉善哉汝能如是利益
衆生施与安樂讚彼天女請求加護福无
邊
此品呪法有略有廣或開或合前後不同
梵本既多但依一譯後勘者知之

金光明經卷第七

頗多可 澀色立 蝱麥庚 陵力徵 蹟栗俞 謎迷計 攞羅可 背侵入
蠶作含 叱瞋失反 杞欺已反

BD04830 號　金光明最勝王經卷七　（22–21）

此品呪法有略有廣或開或合前後不同
梵本既多但依一譯後勘者知之

金光明經卷第七

須多可 澀色立 蘊麦庚 陵力徵 蹟乘俞 謎迷計 攞羅可 茸促入
蠡作合 吒瞋夨 杞欺已

BD04830 號　金光明最勝王經卷七　（22–22）

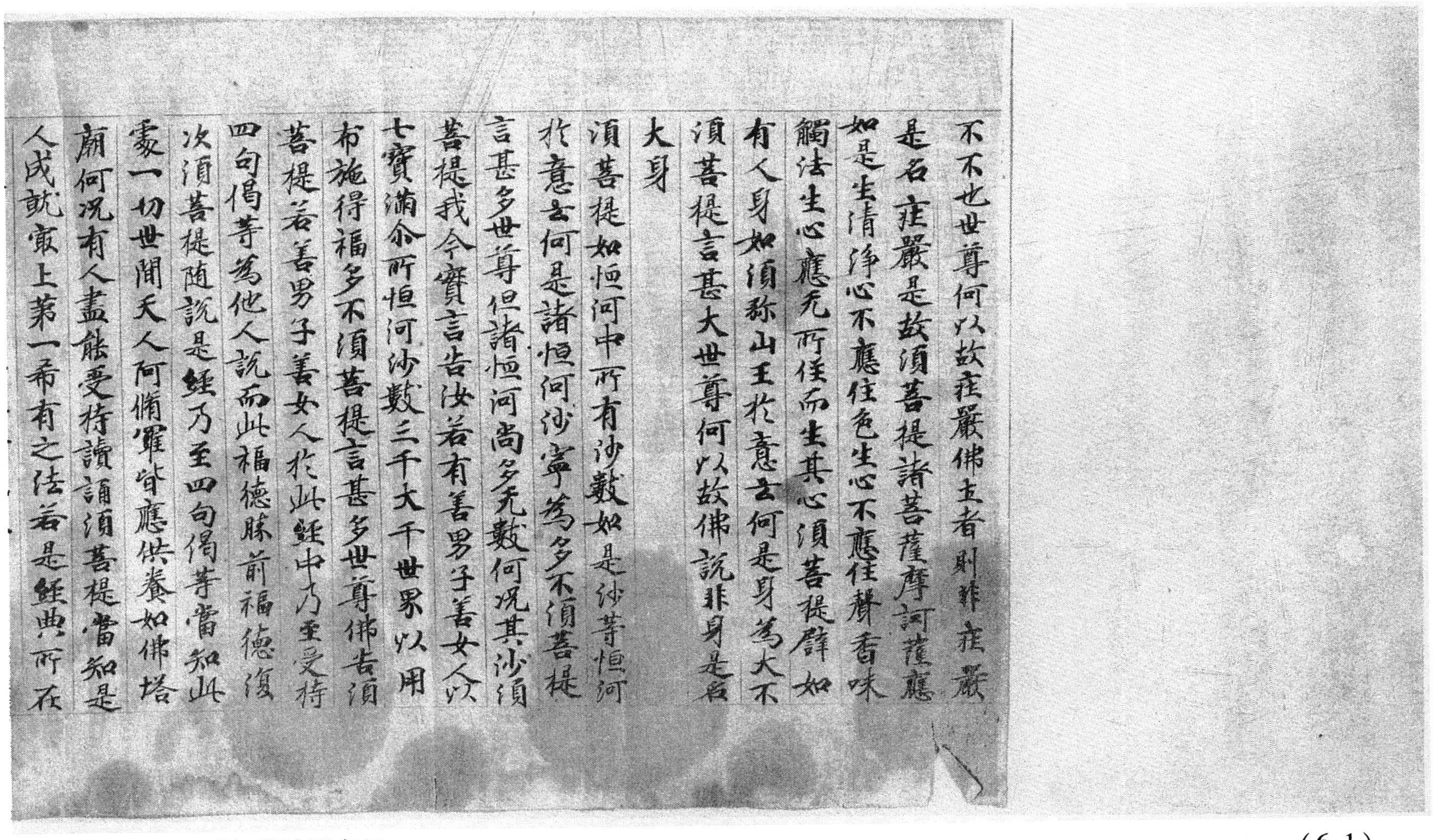

不不也世尊何以故莊嚴佛土者則非莊嚴
是名莊嚴是故須菩提諸菩薩摩訶薩應
如是生清淨心不應住色生心不應住聲香味
觸法生心應无所住而生其心須菩提譬如
有人身如須弥山王於意云何是身為大不
須菩提言甚大世尊何以故佛說非身是名
大身
須菩提如恒河中所有沙數如是沙等恒河
於意云何是諸恒河沙寧為多不須菩提
言甚多世尊但諸恒河尚多无數何況其沙須
菩提我今實言告汝若有善男子善女人以
七寶滿尒所恒河沙數三千大千世界以用
布施得福多不須菩提言甚多世尊佛告須
菩提若善男子善女人於此經中乃至受持
四句偈等為他人說而此福德勝前福德復
次須菩提隨說是經乃至四句偈等當知此
處一切世間天人阿脩羅皆應供養如佛塔
廟何況有人盡能受持讀誦須菩提當知是
人成就最上第一希有之法若是經典所在

BD04831 號　金剛般若波羅蜜經　（6–1）

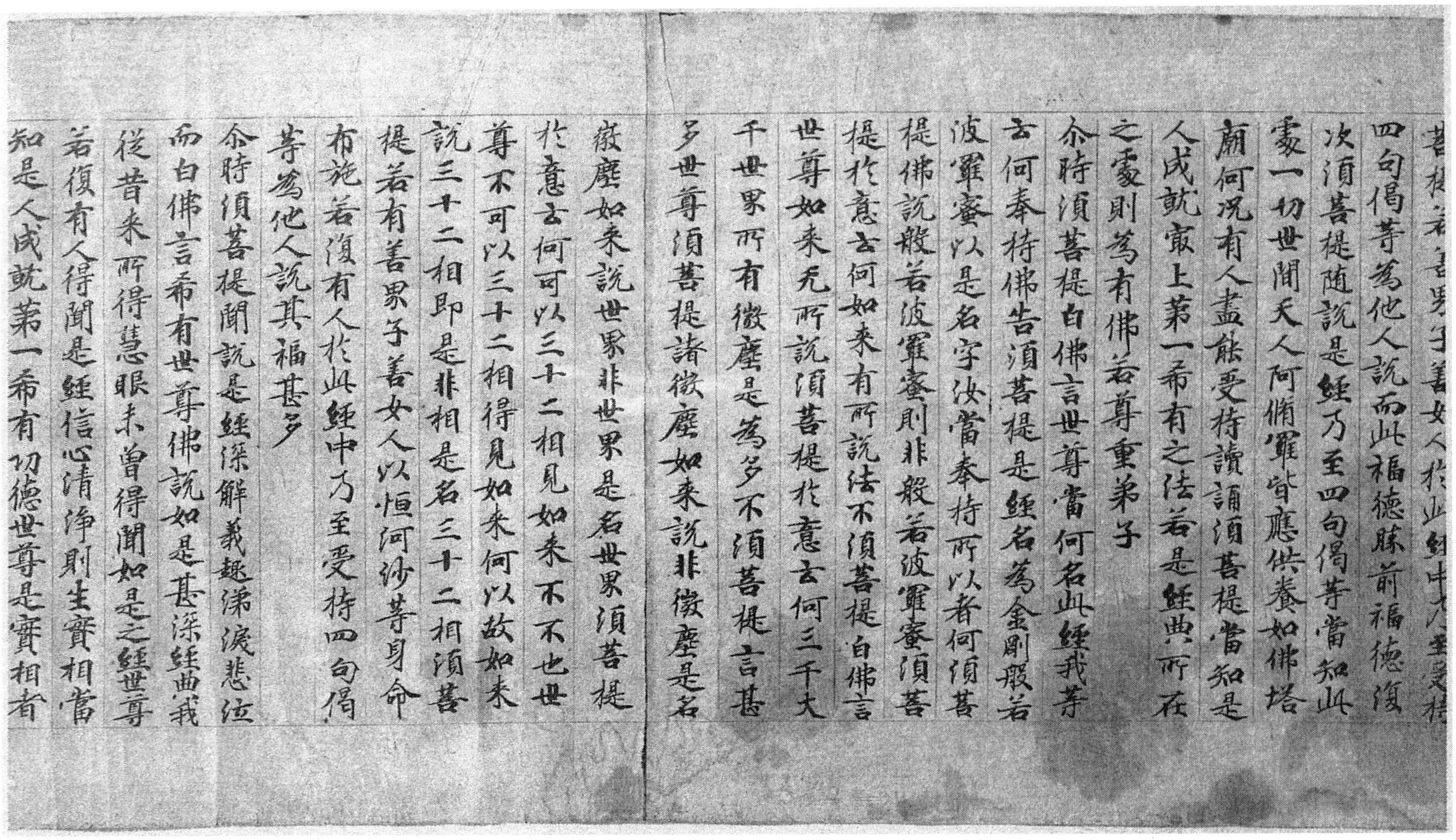

菩提若善男子善女人於此經中乃至受持
四句偈等為他人說而此福德勝前福德復
次須菩提隨說是經乃至四句偈等當知此
處一切世間天人阿脩羅皆應供養如佛塔
廟何況有人盡能受持讀誦須菩提當知是
人成就最上第一希有之法若是經典所在
之處則為有佛若尊重弟子
尒時須菩提白佛言世尊當何名此經我等
云何奉持佛告須菩提是經名為金剛般若
波羅蜜以是名字汝當奉持所以者何須菩
提佛說般若波羅蜜則非般若波羅蜜須菩
提於意云何如來有所說法不須菩提白佛言
世尊如來无所說須菩提於意云何三千大
千世界所有微塵是為多不須菩提言甚
多世尊須菩提諸微塵如來說非微塵是名
微塵如來說世界非世界是名世界須菩提
於意云何可以三十二相見如來不不也世
尊不可以三十二相得見如來何以故如來
說三十二相即是非相是名三十二相須菩
提若有善男子善女人以恒河沙等身命
布施若復有人於此經中乃至受持四句偈
等為他人說其福甚多
尒時須菩提聞說是經深解義趣涕淚悲泣
而白佛言希有世尊佛說如是甚深經典我
從昔來所得慧眼未曾得聞如是之經世尊
若復有人得聞是經信心清淨則生實相當
知是人成就第一希有功德世尊是實相者

BD04831 號　金剛般若波羅蜜經　（6–2）

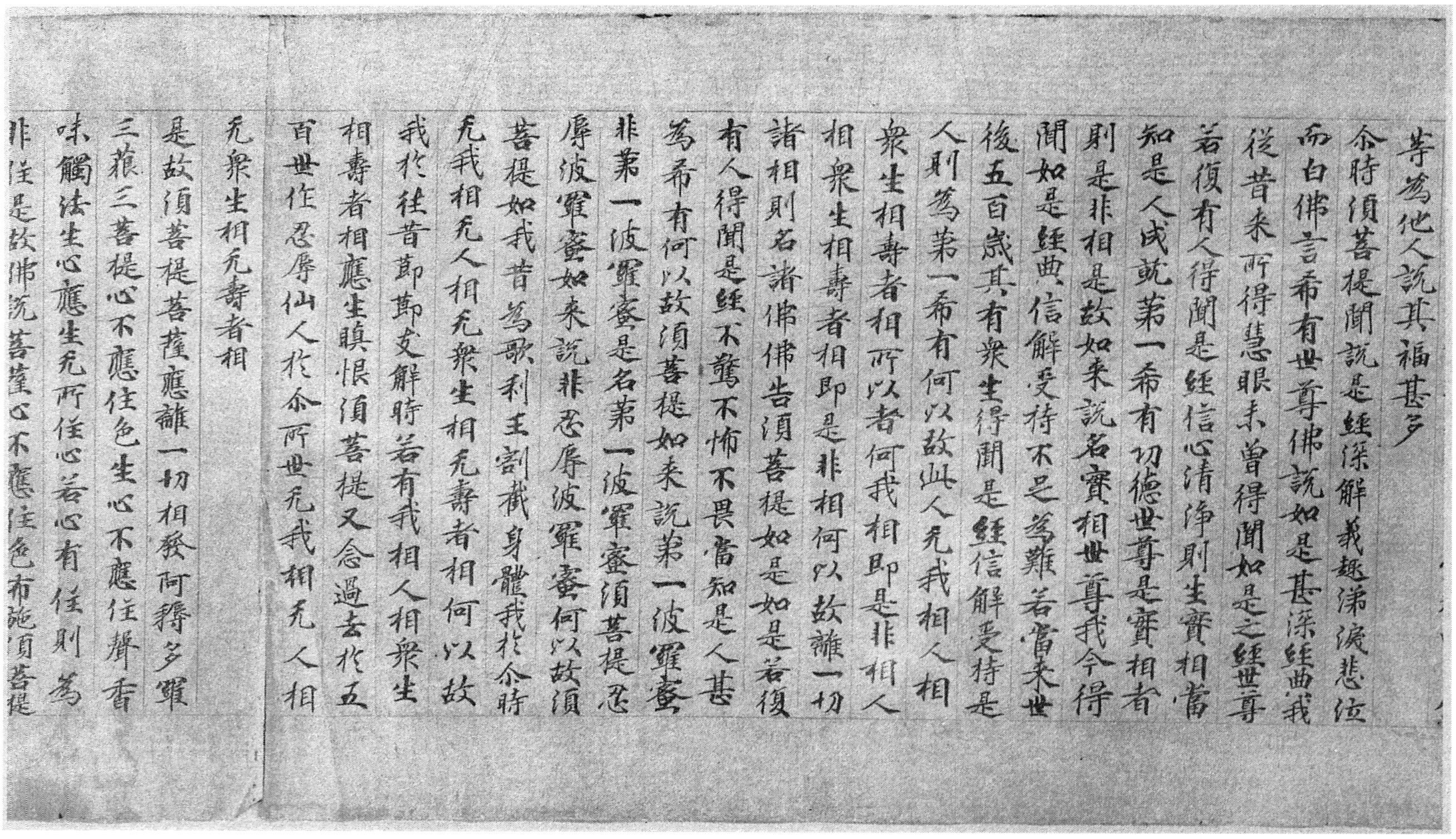

等為他人說其福甚多
尒時須菩提聞說是經深解義趣涕淚悲泣
而白佛言希有世尊佛說如是甚深經典我
從昔來所得慧眼未曾得聞如是之經世尊
若復有人得聞是經信心清淨則生實相當
知是人成就第一希有功德世尊是實相者
則是非相是故如來說名實相世尊我今得
聞如是經典信解受持不足為難若當來世
後五百歲其有衆生得聞是經信解受持是
人則為第一希有何以故此人无我相人相
衆生相壽者相所以者何我相即是非相人
相衆生相壽者相即是非相何以故離一切
諸相則名諸佛佛告須菩提如是如是若復
有人得聞是經不驚不怖不畏當知是人甚
為希有何以故須菩提如來說第一波羅蜜
非第一波羅蜜是名第一波羅蜜須菩提忍
辱波羅蜜如來說非忍辱波羅蜜何以故須
菩提如我昔為歌利王割截身體我於尒時
无我相无人相无衆生相无壽者相何以故
我於往昔節節支解時若有我相人相衆生
相壽者相應生瞋恨須菩提又念過去於五
百世作忍辱仙人於尒所世无我相无人相
无衆生相无壽者相
是故須菩提菩薩應離一切相發阿耨多羅
三藐三菩提心不應住色生心不應住聲香
味觸法生心應生无所住心若心有住則為
非住是故佛說菩薩心不應住色布施須菩提

BD04831 號　金剛般若波羅蜜經　（6–3）

百世作忍辱仙人於尒所世无我相无人相
无衆生相无壽者相
是故須菩提菩薩應離一切相發阿耨多羅
三藐三菩提心不應住色生心不應住聲香
味觸法生心應生无所住心若心有住則爲
非住是故佛說菩薩心不應住色布施須菩提
菩薩爲利益一切衆生應如是布施如來說
一切諸相即是非相又說一切衆生則非衆
生須菩提如來是真語者實語者如語者不
誑語者不異語者須菩提如來所得法此法
无實无虛須菩提若菩薩心住於法而行布
施如人入闇則无所見若菩薩心不住於法
而行布施如人有目日光明照見種種色須
菩提當來之世若有善男子善女人能於此
經受持讀誦則爲如來以佛智慧悉知是人
悉見是人皆得成就无量无邊功德
須菩提若有善男子善女人初日分以恒河
沙等身布施中日分復以恒河沙等身布施
後日分亦以恒河沙等身布施如是无量百
千万億劫以身布施若復有人得聞是經信
心不逆其福勝彼何況書寫受持讀誦爲人
解說須菩提以要言之是經有不可思議不
可稱量无邊功德如來爲發大乘者說爲發
最上乘者說若有人能受持讀誦廣爲人說
如來悉知是人悉見是人皆得成就不可量
不可稱无有邊不可思議功德如是人等則
爲荷擔如來阿耨多羅三藐三菩提何以故

BD04831 號　金剛般若波羅蜜經　（6–4）

心不逆其福勝彼何況書寫受持讀誦爲人
解說須菩提以要言之是經有不可思議不
可稱量无邊功德如來爲發大乘者說爲發
最上乘者說若有人能受持讀誦廣爲人說
如來悉知是人悉見是人皆得成就不可量
不可稱无有邊不可思議功德如是人等則
爲荷擔如來阿耨多羅三藐三菩提何以故
須菩提若樂小法者著我見人見衆生見壽
者見則於此經不能聽受讀誦爲人解說須
菩提在在處處若有此經一切世間天人阿
脩羅所應供養當知此處則爲是塔皆應恭
敬作禮圍遶以諸華香而散其處復次須菩
提若有善男子善女人受持讀誦此經若爲
人輕賤是人先世罪業應墮惡道以今世人
輕賤故先世罪業則爲消滅當得阿耨多羅
三藐三菩提須菩提我念過去无量阿僧祇
劫於然燈佛前得值八百四千万億那由他
諸佛悉皆供養承事无空過者若復有人於
後末世能受持讀誦此經所得功德於我所
供養諸佛功德百分不及一千万億分乃至
筭數譬喻所不能及須菩提若善男子善女
人於後末世有受持讀誦此經所得功德我
若具說者或有人聞心則狂亂狐疑不信須
菩提當知是經義不可思議果報亦不可思
議
尒時須菩提白佛言世尊善男子善女人發
阿耨多羅三藐三菩提心云何應住云何降

BD04831 號　金剛般若波羅蜜經　（6–5）

劫於然燈佛前得值八百四千万億那由他
諸佛悉皆供養承事无空過者若復有人於
後末世能受持讀誦此經所得功德於我所
供養諸佛功德百分不及一千万億分乃至
筭數譬喻所不能及須菩提若善男子善女
人於後末世有受持讀誦此經所得功德我
若具說者或有人聞心則狂亂狐疑不信須
菩提當知是經義不可思議果報亦不可思
議
尒時須菩提白佛言世尊善男子善女人發
阿耨多羅三藐三菩提心云何應住云何降
伏其心佛告須菩提善男子善女人發阿耨
多羅三藐三菩提者當生如是心我應滅度
一切衆生滅度一切衆生已而无有一衆生實
滅度者何以故若菩薩有我相人相衆生
相壽者相則非菩薩所以者何須菩提實无
有法發阿耨多羅三藐三菩提者須菩提於
意云何如來於然燈佛所有法得阿耨多羅
三藐三菩提不不也世尊如我解佛所說義
佛於然燈佛所无有法得阿耨多羅三藐三
菩提佛言如是如是須菩提實无有法如來

BD04831 號　金剛般若波羅蜜經　（6–6）

不不也世尊何以故[illegible]莊嚴佛土者則非莊嚴
是名莊嚴是故須菩提諸菩薩摩訶薩應如
是生清淨心不應[illegible]色生心不應住聲香味
觸法生心應[illegible]而生其心　須菩提譬如
有人身如須弥山王於意云何是身為大不
須菩提言甚大世尊何以故佛說非身是名
大身
須菩提如恒河中所有沙數如是沙等恒河
於意云何是諸恒河沙寧為多不須菩提言
甚多世尊但諸恒河尚多无數何況其沙須
菩提我今實言告汝若有善男子善女人以
七寶滿尒所恒河沙數三千大千世界以用
布施得福多不須菩提言甚多世尊佛告須
菩提若善男子善女人於此經中乃至受持
四句偈等為他人說而此福德勝前福德復
次須菩提隨說是經乃至四句偈等當知此
處一切世間天人阿脩羅皆應供養如佛塔
廟何況有人盡能受持讀誦須菩提當知是
人成就最上第一希有之法若是經典所在
之處則為有佛若尊重弟子
尒時須菩提白佛言世尊當何名此經我等

BD04832 號　金剛般若波羅蜜經　（11–1）

次須菩提隨說是經乃至四句偈等當知此
處一切世間天人阿脩羅皆應供養如佛塔
廟何況有人盡能受持讀誦須菩提當知是
人成就最上第一希有之法若是經典所在
之處則為有佛若尊重弟子
尒時須菩提白佛言世尊當何名此經我等
云何奉持佛告須菩提是經名為金剛般若
波羅蜜以是名字汝當奉持所以者何須菩
提佛說般若波羅蜜則非般若波羅蜜須菩
提於意云何如來有所說法不須菩提白佛
言世尊如來无所說須菩提於意云何三千
大千世界所有微塵是為多不須菩提言甚
多世尊須菩提諸微塵如來說非微塵是名
微塵如來說世界非世界是名世界須菩提
於意云何可以三十二相見如來不不也世
尊何以故如來說三十二相即是非相是名
三十二相須菩提若有善男子善女人以恒
河沙等身命布施若復有人於此經中乃至
受持四句偈等為他人說其福甚多
尒時須菩提聞說是經深解義趣涕淚悲泣
而白佛言希有世尊佛說如是甚深經典我
從昔來所得慧眼未曾得聞如是之經世尊
若復有人得聞是經信心清淨則生實相當
知是人成就第一希有功德世尊是實相者
則是非相是故如來說名實相世尊我今得
聞如是經典信解受持不足為難若當來世
後五百歲其有眾生得聞是經信解受持是
人則為第一希有何以故此人无我相人相

BD04832 號　金剛般若波羅蜜經　（11–2）

若復有人得聞是經信心清淨則生實相當
知是人成就第一希有功德世尊是實相者
則是非相是故如來說名實相世尊我今得
聞如是經典信解受持不足為難若當來世
後五百歲其有眾生得聞是經信解受持是
人則為第一希有何以故此人无我相人相
眾生相壽者相所以者何我相即是非相人
相眾生相壽者相即是非相何以故離一切
諸相則名諸佛
佛告須菩提如是如是若復有人得聞是經
不驚不怖不畏當知是人甚為希有何以故
須菩提如來說第一波羅蜜非第一波羅蜜
是名第一波羅蜜
須菩提忍辱波羅蜜如來說非忍辱波羅蜜
何以故須菩提如我昔為歌利王割截身體
我於尒時无我相无人相无眾生相无壽者
相何以故我於往昔節節支解時若有我相
人相眾生相壽者相應生瞋恨須菩提又念
過去於五百世作忍辱仙人於尒所世无我
相无人相无眾生相无壽者相是故須菩提
菩薩應離一切相發阿耨多羅三藐三菩提
心不應住色生心不應住聲香味觸法生心
應生无所住心若心有住則為非住是故佛
說菩薩心不應住色布施須菩提菩薩為利
益一切眾生應如是布施如來說一切諸相
即是非相又說一切眾生則非眾生須菩提
如來是真語者實語者如語者不誑語者不
異語者須菩提如來所得法此法无實无虛

BD04832 號　金剛般若波羅蜜經　（11–3）

應生无所住心若心有住則為非住是故佛
説菩薩心不應住色布施須菩提菩薩為利
益一切衆生應如是布施如來説一切諸相
即是非相又説一切衆生則非衆生須菩提
如來是真語者實語者如語者不誑語者不
異語者須菩提如來所得法此法无實无虚
須菩提若菩薩心住於法而行布施如人入
闇則无所見若菩薩心不住於法而行布施
如人有目日光明照見種種色須菩提當來
之世若有善男子善女人能於此經受持讀
誦則為如來以佛智慧悉知是人悉見是人
皆得成就无量无邊功德
須菩提若有善男子善女人初日分以恒河
沙等身布施中日分復以恒河沙等身布施
後日分亦以恒河沙等身布施如是无量百
千万億劫以身布施若復有人聞此經典信
心不逆其福勝彼何況書寫受持讀誦為人
解説須菩提以要言之是經有不可思議不
可稱量无邊功德如來為發大乘者説為發
最上乘者説若有人能受持讀誦廣為人説
如來悉知是人悉見是人皆成就不可量不
可稱无有邊不可思議功德如是人等則為
荷擔如來阿耨多羅三藐三菩提何以故須
菩提若樂小法者著我見人見衆生見壽者
見則於此經不能聽受讀誦為人解説須菩
提在在處處若有此經一切世間天人阿修
羅所應供養當知此處則為是塔皆應恭敬
作禮圍遶以諸華香而散其處

BD04832 號　金剛般若波羅蜜經　（11–4）

荷擔如來阿耨多羅三藐三菩提何以故須
菩提若樂小法者著我見人見衆生見壽者
見則於此經不能聽受讀誦為人解説須菩
提在在處處若有此經一切世間天人阿修
羅所應供養當知此處則為是塔皆應恭敬
作禮圍遶以諸華香而散其處
復次須菩提善男子善女人受持讀誦此經
若為人輕賤是人先世罪業應墮惡道以今
世人輕賤故先世罪業則為消滅當得阿耨
多羅三藐三菩提須菩提我念過去无量阿
僧祇劫於然燈佛前得值八百四千万億那
由他諸佛悉皆供養承事无空過者若復有
人於後末世能受持讀誦此經所得功德於
我所供養諸佛功德百分不及一千万億分
乃至筭數譬喻所不能及須菩提若善男子
善女人於後末世有受持讀誦此經所得功
德我若具説者或有人聞心則狂亂狐疑不
信須菩提當知是經義不可思議果報亦不
可思議
尒時須菩提白佛言世尊善男子善女人發
阿耨多羅三藐三菩提心云何應住云何降
伏其心佛告須菩提善男子善女人發阿耨
多羅三藐三菩提者當生如是心我應滅度
一切衆生滅度一切衆生已而无有一衆生
實滅度者何以故若菩薩有我相人相衆生
相壽者相則非菩薩所以者何須菩提實无
有法發阿耨多羅三藐三菩提者須菩提於
意云何如來於然燈佛所有法得阿耨多羅

BD04832 號　金剛般若波羅蜜經　（11–5）

多羅三藐三菩提者當生如是心我應滅度
一切衆生滅度一切衆生已而无有一衆生
實滅度者何以故若菩薩有我相人相衆生
相壽者相則非菩薩所以者何須菩提實无
有法發阿耨多羅三藐三菩提者須菩提於
意云何如來於然燈佛所有法得阿耨多羅
三藐三菩提不不也世尊如我解佛所説義
佛於然燈佛所无有法得阿耨多羅三藐三
菩提佛言如是如是須菩提實无有法如來
得阿耨多羅三藐三菩提須菩提若有法如
來得阿耨多羅三藐三菩提然燈佛則不與
我受記汝於來世當得作佛号釋迦牟尼以
實无有法得阿耨多羅三藐三菩提是故然
燈佛與我受記作是言汝於來世當得作佛
号釋迦牟尼何以故如來者即諸法如義若
有人言如來得阿耨多羅三藐三菩提須菩
提實无有法佛得阿耨多羅三藐三菩提須
菩提如來所得阿耨多羅三藐三菩提於是
中无實无虚是故如來説一切法皆是佛法
須菩提所言一切法者即非一切法是故名
一切法須菩提譬如人身長大須菩提言世
尊如來説人身長大則為非大身是名大身
須菩提菩薩亦如是若作是言我當滅度无
量衆生則不名菩薩何以故須菩提无有法
名為菩薩是故佛説一切法无我无人无衆
生无壽者須菩提若菩薩作是言我當莊嚴
佛土是不名菩薩何以故如來説莊嚴佛土
者即非莊嚴是名莊嚴須菩提若菩薩通達

BD04832號　金剛般若波羅蜜經　（11–6）

須菩提菩薩亦如是若作是言我當滅度无
量衆生則不名菩薩何以故須菩提无有法
名為菩薩是故佛説一切法无我无人无衆
生无壽者須菩提若菩薩作是言我當莊嚴
佛土是不名菩薩何以故如來説莊嚴佛土
者即非莊嚴是名莊嚴須菩提若菩薩通達
无我法者如來説名真是菩薩
須菩提於意云何如來有肉眼不如是世尊
如來有肉眼須菩提於意云何如來有天眼
不如是世尊如來有天眼須菩提於意云何
如來有慧眼不如是世尊如來有慧眼須菩
提於意云何如來有法眼不如是世尊如來
有法眼須菩提於意云何如來有佛眼不如
是世尊如來有佛眼須菩提於意云何恒河
中所有沙佛説是沙不如是世尊如來説是
沙須菩提於意云何如一恒河中所有沙有
如是等恒河是諸恒河所有沙數佛世界如
是寧為多不甚多世尊佛告須菩提尒所國
土中所有衆生若干種心如來悉知何以故
如來説諸心皆為非心是名為心所以者何
須菩提過去心不可得現在心不可得未來
心不可得須菩提於意云何若有人滿三千
大千世界七寶以用布施是人以是因緣得
福多不如是世尊此人以是因緣得福甚多
須菩提若福德有實如來不説得福德多以
福德无故如來説得福德多
須菩提於意云何佛可以具足色身見不不
也世尊如來不應以色身見何以故如來説

BD04832號　金剛般若波羅蜜經　（11–7）

大千世界七寶以用布施是人以是因緣得
福多不如是世尊此人以是因緣得福甚多
須菩提若福德有實如來不說得福德多以
福德无故如來說得福德多
須菩提於意云何佛可以具足色身見不不
也世尊如來不應以色身見何以故如來說
具足色身即非具足色身是名具足色身須
菩提於意云何如來可以具足諸相見不不
也世尊如來不應以具足諸相見何以故如
來說諸相具足即非具足是名諸相具足須
菩提汝勿謂如來作是念我當有所說法莫
作是念何以故若人言如來有所說法即為
謗佛不能解我所說故須菩提說法者无法
可說是名說法須菩提白佛言世尊佛得阿
耨多羅三藐三菩提為无所得耶如是如是
須菩提我於阿耨多羅三藐三菩提乃至无
有少法可得是名阿耨多羅三藐三菩提復
次須菩提是法平等无有高下是名阿耨多
羅三藐三菩提以无我无人无衆生无壽者
脩一切善法則得阿耨多羅三藐三菩提須
菩提所言善法者如來說非善法是名善法
須菩提若三千大千世界中所有諸須弥山
王如是等七寶聚有人持用布施若人以此
般若波羅蜜經乃至四句偈等受持為他人
說於前福德百分不及一百千万億分乃至
筭數譬喻所不能及
須菩提於意云何汝等勿謂如來作是念我
當度衆生須菩提莫作是念何以故實无有

BD04832 號　金剛般若波羅蜜經　（11-8）

須菩提若三千大千世界中所有諸須弥山
王如是等七寶聚有人持用布施若人以此
般若波羅蜜經乃至四句偈等受持為他人
說於前福德百分不及一百千万億分乃至
筭數譬喻所不能及
須菩提於意云何汝等勿謂如來作是念我
當度衆生須菩提莫作是念何以故實无有
衆生如來度者若有衆生如來度者如來則
有我人衆生壽者須菩提如來說有我者則
非有我而凡夫之人以為有我須菩提凡夫
者如來說則非凡夫須菩提於意云何可以
三十二相觀如來不須菩提言如是如是以
三十二相觀如來佛言須菩提若以三十二
相觀如來者轉輪聖王則是如來須菩提白
佛言世尊如我解佛所說義不應以三十二
相觀如來尒時世尊而說偈言
若以色見我　以音聲求我　是人行邪道　不能見如來
須菩提汝若作是念如來不以具足相故得
阿耨多羅三藐三菩提須菩提莫作是念如
來不以具足相故得阿耨多羅三藐三菩提
須菩提汝若作是念發阿耨多羅三藐三菩
提者說諸法斷滅相莫作是念何以故發阿耨
多羅三藐三菩提者於法不說斷滅相須菩
提若菩薩以滿恒河沙等世界七寶布施若
復有人知一切法无我得成於忍此菩薩勝
前菩薩所得功德須菩提以諸菩薩不受福
德故須菩提白佛言世尊云何菩薩不受福
德須菩提菩薩所作福德不應貪著是故說

BD04832 號　金剛般若波羅蜜經　（11-9）

提者說諸法斷滅相莫作是念何以故發阿耨
多羅三藐三菩提者於法不說斷滅相須菩
提若菩薩以滿恒河沙等世界七寶布施若
復有人知一切法无我得成於忍此菩薩勝
前菩薩所得功德須菩提以諸菩薩不受福
德故須菩提白佛言世尊云何菩薩不受福
德須菩提菩薩所作福德不應貪著是故說
不受福德須菩提若有人言如來若來若去
若坐若卧是人不解我所說義何以故如來
者无所從來亦无所去故名如來須菩提若
善男子善女人以三千大千世界碎為微塵
於意云何是微塵衆寧為多不甚多世尊何
以故若是微塵衆實有者佛則不說是微塵
衆所以者何佛說微塵衆則非微塵衆是名
微塵衆世尊如來所說三千大千世界則非
世界是名世界何以故若世界實有則是一
合相如來說一合相則非一合相是名一合
相須菩提一合相者則是不可說但凡夫之
人貪著其事須菩提若人言佛說我見人見
衆生見壽者見須菩提於意云何是人解我
所說義不世尊是人不解如來所說義何以
故世尊說我見人見衆生見壽者見即非我
見人見衆生見壽者見是名我見人見衆生
見壽者見須菩提發阿耨多羅三藐三菩提
心者於一切法應如是知如是見如是信解
不生法相須菩提所言法相者如來說即非
法相是名法相須菩提若有人以滿无量阿
僧祇世界七寶持用布施若有善男子善女

BD04832 號　金剛般若波羅蜜經　（11–10）

微塵衆世尊如來所說三千大千世界則非
世界是名世界何以故若世界實有則是一
合相如來說一合相則非一合相是名一合
相須菩提一合相者則是不可說但凡夫之
人貪著其事須菩提若人言佛說我見人見
衆生見壽者見須菩提於意云何是人解我
所說義不世尊是人不解如來所說義何以
故世尊說我見人見衆生見壽者見即非我
見人見衆生見壽者見是名我見人見衆生
見壽者見須菩提發阿耨多羅三藐三菩提
心者於一切法應如是知如是見如是信解
不生法相須菩提所言法相者如來說即非
法相是名法相須菩提若有人以滿无量阿
僧祇世界七寶持用布施若有善男子善女
人發菩薩心者持於此經乃至四句偈等受
持讀誦為人演說其福勝彼云何為人演說
不取於相如如不動何以故
一切有為法　如夢幻泡影　如露亦如電　應作如是觀
佛說是經已長老須菩提及諸比丘比丘……聞佛
優婆塞優婆夷一切世間天人阿脩……
所說皆大歡喜信受奉行

BD04832 號　金剛般若波羅蜜經　（11–11）

南无東南方迷□□佛　南无西南方金海自在王佛
南无西北方无𢲷清自在佛　南无東北方无导香象王佛
南无下方无导慧幢佛　南无上方甘露上王佛
如是十方盡虛空界一切三寶至心歸命常
住三寶
弟子等无始以來至於今日積惡如恒河沙造
罪滿天地捨身與受身不覺亦不知或作五
逆深厚濁纏无間罪業或造一闡提斷善
根業輕誣佛語謗方等業破滅三寶正法
業不信罪福起十惡業迷真返正癡惑之業
不孝二親反戾之業輕傷師長无礼敬業朋
友无信不義之業或作四重六重八重障聖
道業毀犯五戒破八齋業五篇七聚多缺
犯業優婆塞戒輕重垢業或菩薩戒不能
清淨如說行業前後方便汙梵行業月无六
齋懈怠之業年三長齋不常脩業三千
威儀(不如法業)八万律儀微細罪業不脩身戒心慧
之業春秋八王造衆罪業行十六種惡律
儀業於뿐衆生无慈傷業不愍不念无怜
愍業不拔不濟无救護業心懷嫉忌无度

BD04833號　佛名經（十六卷本）卷一五　（3–1）

齋懈怠之業年三長齋不常脩業三千
威儀(不如法業)八万律儀微細罪業不脩身戒心慧
之業春秋八王造衆罪業行十六種惡律
儀業於뿐衆生无慈傷業不愍不念无怜
愍業不拔不濟无救護業心懷嫉忌无度
彼業於怨親境不平等業耽荒五欲不猒
離業或因衣食園林池沼生蕩逸業或以
盛年(放)恣情欲造衆罪業或善有漏迴向三
有障出世世業如是等業无量无邊今日
發露向十方佛尊法聖衆皆悉懺悔至
心歸命常住三寶
願弟子等承是懺悔无間等諸業所生福
善願生生世世滅五逆罪除一闡提或如是輕
重諸罪從今以去乃至道場誓不更犯恒
脩出世清淨善法精持律行守護威儀如
度海者愛惜浮囊六度四等常檦行首戒
定慧品轉得增明速成如來卅二相八十種好
十力无畏大悲三念常樂妙智八自在我至
心歸命常住三寶
佛說罪業報應教化地獄經
復有衆生常在鑊中牛頭阿傍手捉鐵叉牽
著鑊中湯之令爛還即吹活而復湯之何罪
所致佛言以前世時屠煞衆生湯灌撏毛不可
限量故獲斯罪
復有衆生在之城中唐哀齊心四叫雖聞到

BD04833號　佛名經（十六卷本）卷一五　（3–2）

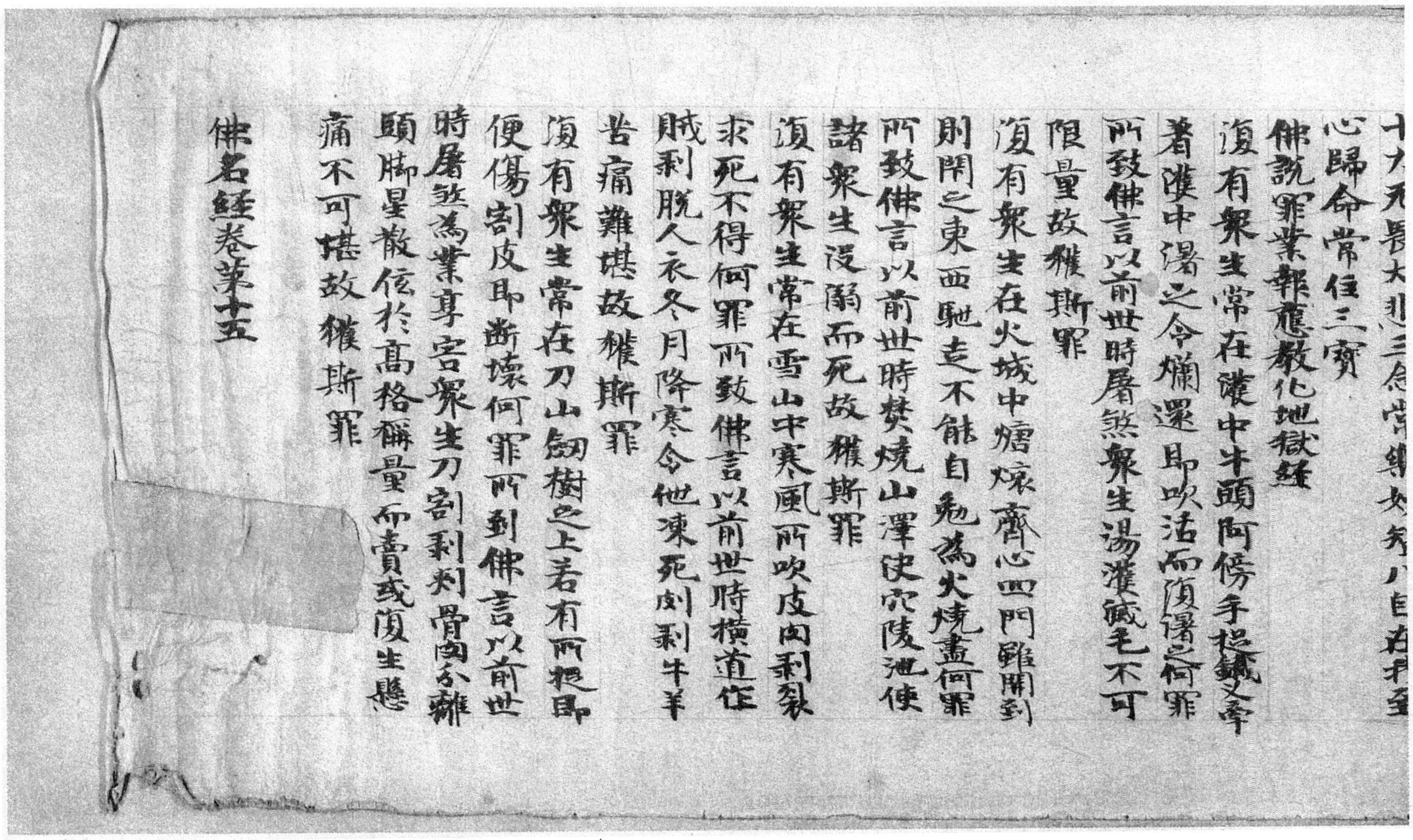
十力无畏大悲三念常樂妙智八自在我至
心歸命常住三寶
佛說罪業報應教化地獄經
復有眾生常在鑊中牛頭阿傍手捉鐵叉
著鑊中湯之令爛還即吹活而復湯之何罪
所致佛言以前世時屠煞眾生湯灌撏毛不可
限量故獲斯罪
復有眾生在火城中𤑯爍齊心四門雖開到
則閉之東西馳走不能自免為火燒盡何罪
所致佛言以前世時焚燒山澤決穴陵池使
諸眾生沒溺而死故獲斯罪
復有眾生常在雪山中寒風所吹皮肉剝裂
求死不得何罪所致佛言以前世時橫道作
賊剝脫人衣冬月降寒令他凍死剝剝牛羊
苦痛難堪故獲斯罪
復有眾生常在刀山劍樹之上若有所捉即
便傷割皮肉斷壞何罪所致佛言以前世
時屠煞為業烹害眾生刀割剝刺骨肉分離
頭脚星散懸於高格稱量而賣或復生懸
痛不可堪故獲斯罪
佛名經卷第十五

BD04833號　佛名經（十六卷本）卷一五　（3–3）

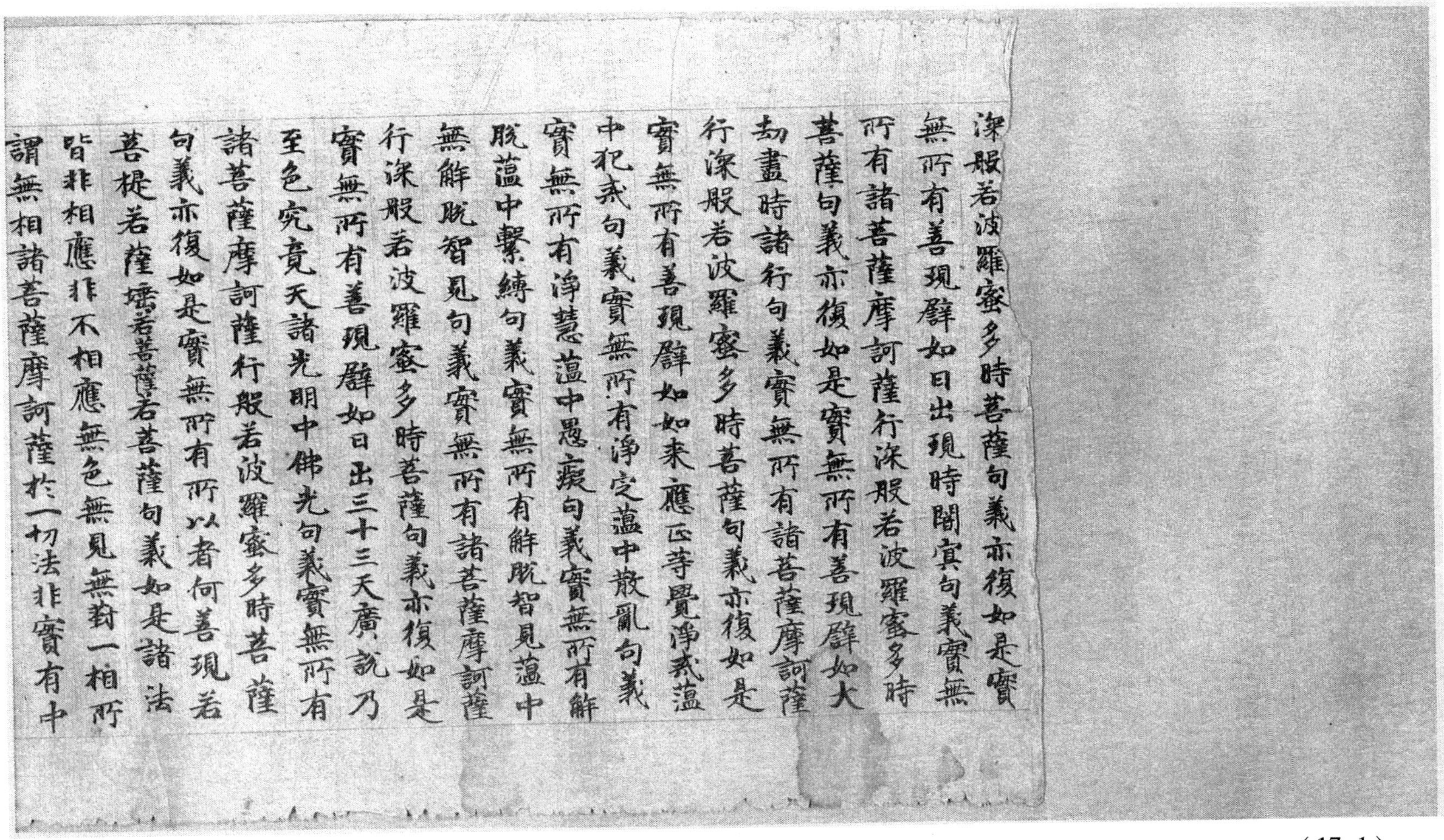
深般若波羅蜜多時菩薩句義亦復如是實
無所有善現譬如日出現時闇冥句義實無
所有諸菩薩摩訶薩行深般若波羅蜜多時
菩薩句義亦復如是實無所有善現譬如大
劫盡時諸行句義實無所有諸菩薩摩訶薩
行深般若波羅蜜多時菩薩句義亦復如是
實無所有善現譬如如來應正等覺淨戒蘊
中犯戒句義實無所有淨定蘊中散亂句義
實無所有淨慧蘊中愚癡句義實無所有解
脫蘊中繫縛句義實無所有解脫智見蘊中
無解脫智見句義實無所有諸菩薩摩訶薩
行深般若波羅蜜多時菩薩句義亦復如是
實無所有善現譬如日出三十三天廣說乃
至色究竟天諸光明中佛光句義實無所有
諸菩薩摩訶薩行般若波羅蜜多時菩薩
句義亦復如是實無所有所以者何善現若
菩提若薩埵若菩薩若菩薩句義如是諸法
皆非相應非不相應無色無見無對一相所
謂無相諸菩薩摩訶薩於一切法非實有中

BD04834號　大般若波羅蜜多經卷四八六　（17–1）

至色究竟天諸光明中佛光句義實無所有
諸菩薩摩訶薩行般若波羅蜜多時菩薩
句義亦復如是實無所有所以者何善現若
菩提若薩埵若菩薩若菩薩句義如是諸法
皆非相應非不相應無色無見無對一相所
謂無相諸菩薩摩訶薩於一切法非實有中
無著無礙應勤脩學應正覺知
尒時具壽善現白佛言世尊云何一切法諸
菩薩摩訶薩云何於一切法非實有中無著
無礙應勤脩學應正覺知佛告善現一切法
者謂善法非善法有記法無記法世間法出
世間法有漏法無漏法有為法無為法共法不
共法諸如是等名一切法諸菩薩摩訶薩
於如是一切法非實有中無著無礙應勤脩
學應正覺知具壽善現復白佛言云何名為
世間善法佛告善現世間善法者謂孝順父
母供養沙門及婆羅門敬事師長若施性福
業事若戒性福業事若供侍病者俱行福業
若方便善巧俱行福業若世間十善業道若
膖脹想若膿爛想若青瘀想若異赤想若破
壞想若啄噉想若離散想若骸骨想若焚燒
想若世間四靜慮四無量四無色定若佛隨
念法隨念僧隨念戒隨念捨隨念天隨念入
出息隨念寂靜隨念身隨念死隨念此等名
為世間善法具壽善現復白佛言云何名為
非善法佛告善現非善法者謂害生命若不
[illegible]

BD04834 號　大般若波羅蜜多經卷四八六　（17–2）

[illegible]想若焚燒
想若世間四靜慮四無量四無色定若佛隨
念法隨念僧隨念戒隨念捨隨念天隨念入
出息隨念寂靜隨念身隨念死隨念此等名
為世間善法具壽善現復白佛言云何名為
非善法佛告善現非善法者謂害生命若不
與取若欲邪行若虛誑語若麁惡語若離間
語若雜穢語若貪欲若瞋恚若邪見若忿若
害若嫉若慳諸如是等名非善法具壽善現
復白佛言云何名為有記法佛告善現一切
善法及不善法名有記法具壽善現復白佛
言云何名為無記法佛告善現若無記身業
語業意業若無記四大種若無記五根若無
記六處若無記無色諸蘊界處若無記異熟
諸如是等名無記法具壽善現復白佛言云
何名為世間法佛告善現謂世間五蘊十二
處十八界十業道四靜慮四無量四無色定
十二緣起諸如是等名世間法具壽善現復
白佛言云何名為出世間法佛告善現謂三
十七菩提分法三解脫門若未知當知根已
知根具知根若有尋有伺三摩地無尋有伺
三摩地無尋無伺三摩地若明解脫若念正
知若如理作意若八解脫九次第定若內空
外空內外空大空空空勝義空有為空無為
空畢竟空無際空無散空本性空相空一切
法空無性空無性自性空若如來十力四無
所畏十八佛不共法此等名為出世間法具

BD04834 號　大般若波羅蜜多經卷四八六　（17–3）

三摩[illegible]
知若如理作意若八解脫九次第定若内空
外空内外空大空空空勝義空有為空無為
空畢竟空無際空無散空本性空相空一切
法空無性空無性自性空若如來十力四無
所畏十八佛不共法此等名為出世間法具
壽善現復白佛言云何名為有漏法佛告善
現謂三界攝若五蘊十二處十八界若四靜
慮四無量四無色定諸如是等名有漏法具
壽善現復白佛言云何名為無漏法佛告善
現謂三十七菩提分法廣說乃至如來十力
四無所畏四無礙解十八佛不共法諸如是等
名無漏法具壽善現復白佛言云何名為有
為法佛告善現若法有生住異滅或三界攝
或三十七菩提分法廣說乃至如來十力四
無所畏四無礙解十八佛不共法諸如是等
名有為法具壽善現復白佛言云何名為無
為法佛告善現若法無生住異滅若貪瞋癡
盡若真如法界法性不虛妄性不變異性平
等性離生性法定法住實際諸如是等名無
為法具壽善現復白佛言云何名為共法佛
告善現謂世間四靜慮四無量四無色定諸
如是等名為共法具壽善現謂三十七菩提分法
名為不共法佛告善現謂三十七菩提分法
三解脫門廣說乃至十八佛不共法諸如是
等名不共法諸菩薩摩訶薩於如是等自相
空法不應執著以一切法無分別故諸菩薩

告善現謂世間四靜慮四無量四無色定諸
如是等名為共法具壽善現復白佛言云何
名為不共法佛告善現謂三十七菩提分法
三解脫門廣說乃至十八佛不共法諸如是
等名不共法諸菩薩摩訶薩於如是等自相
空法不應執著以一切法無分別故諸菩薩
摩訶薩於一切法應以無二而為方便如實
覺知以一切法皆無動故善現當知於一切
法無二無動無分別無執著是菩薩句義以
是故無句義是菩薩句義
尒時具壽善現復白佛言世尊何故菩薩名
摩訶薩佛告善現是諸菩薩於大有情衆中
當為上首故復名摩訶薩具壽善現白言世
尊云何名為大有情衆菩薩於中當為上首
佛告善現若種姓地若第八地若須流若一
來若不還若阿羅漢若獨覺若初發心展轉
乃至不退轉地諸菩薩摩訶薩如是皆名大
有情衆菩薩於中當為上首故復名摩訶薩
謂諸菩薩已發堅固金剛喻心定不退壞是
故能於大有情衆當為上道具壽善現白言
世尊何謂堅固金剛喻心佛告善現若菩薩
摩訶薩發如是心我今當被大功德鎧無邊
生死大曠野中為諸有情破煩惱敵我當普
為一切有情枯竭無邊生死大海我當捨棄
一切所有為諸有情作大饒益我當平等利
益安樂一切有情心無偏黨我當普令諸有
情類遊三乘路趣涅槃城我當雖以三乘濟

生死大曠野中為諸有情破煩惱賊我當普
為一切有情枯竭無邊生死大海我當捨棄
一切所有為諸有情作大饒益我當平等利
益安樂一切有情心無偏黨我當普令諸有
情類遊三乘路趣涅槃城我當雖以三乘濟
度一切有情而曾不見有一有情得涅槃者
我當覺了一切法性無染無淨無生無滅我
當純以一切智智相應作意脩行布施乃至
般若波羅蜜多我當勤學通達一切通達究
竟微妙智門我當通達一切法相一理趣門
我當通達一切法相二理趣門我當通達一
切法相多理趣門無所執著我當脩學種種
妙智達諸法性引勝功德善現是謂菩薩所
發堅固金剛喻心若菩薩摩訶薩以無所得
而為方便安住此心決定能於大有情衆當
為上首復次善現諸菩薩摩訶薩生如是心
一切地獄傍生鬼界及人天中諸有情類所
受苦惱我當代受令彼安樂諸菩薩摩訶薩
生如是心我為饒益一切有情故經於無量
百千俱胝那庾多劫受大地獄種種重苦無
數方便教化令得無餘涅槃如是次第普為
饒益一切有情為彼一一各經無量百千俱
胝那庾多劫受大地獄種種重苦一一各以
無數方便教化令得無餘涅槃作是事已自
種善根復經無量百千俱胝那庾多劫圓滿
脩集菩提資糧然後方證所求無上正等菩
提善現如是廣大誓願亦名菩薩所發堅固

BD04834 號　大般若波羅蜜多經卷四八六　（17–6）

饒益一切有情為彼一一各經無量百千俱
胝那庾多劫受大地獄種種重苦一一各以
無數方便教化令得無餘涅槃作是事已自
種善根復經無量百千俱胝那庾多劫圓滿
脩集菩提資糧然後方證所求無上正等菩
提善現如是廣大誓願亦名菩薩所發堅固
金剛喻心若菩薩摩訶薩以無所得而為方
便安住此心決定能於大有情衆當為上首
復次善現諸菩薩摩訶薩常應發起廣大之
心由此心故決定能於大有情衆當為上首
此中菩薩廣大心者謂諸菩薩生如是心我
從初發大菩提心乃至證得一切智智定當
不起貪欲瞋恚愚癡忿害見慢等心亦定不
起趣求聲聞獨覺地心是為菩薩廣大之心
若菩薩摩訶薩以無所得而為方便安住此
心決定能於大有情衆當為上首復次善現
諸菩薩摩訶薩常應發起不傾動心由此心
故決定能於大有情衆當為上首此中何謂
不傾動心謂諸菩薩生如是心我當常依一
切智智相應作意脩習發起一切所脩所作
事業而無憍慢是謂菩薩不傾動心若菩薩
摩訶薩以無所得而為方便安住此心決定能
於大有情衆當為上首復次善現諸菩薩摩
訶薩於諸有情平等發起利樂之心由此心
故決定能於大有情衆當為上首此中菩薩
利樂心者謂諸菩薩生如是心我當決定窮
未來際利益安樂一切有情為作歸依洲渚

BD04834 號　大般若波羅蜜多經卷四八六　（17–7）

摩訶薩以無所得而為方便安住此心決定能
於大有情衆當為上首復次善現諸菩薩摩
訶薩於諸有情平等發起利樂之心由此心
故決定能於大有情衆當為上首此中菩薩
利樂心者謂諸菩薩生如是心我當決定窮
未來際利益安樂一切有情為作歸依洲渚
舍宅常不捨離是謂菩薩利樂之心若菩薩
摩訶薩以無所得而為方便安住此心決定
能於大有情衆當為上首復次善現諸菩薩
摩訶薩常勤精進愛法樂法欣法憙法由是
因緣決定能於大有情衆當為上首此中法
者謂一切法無差別性是名為法言愛法者
謂於此法起欲希求言樂法者謂於此法稱
讃功德言欣法者謂於此法歡喜信受言憙
法者謂於此法樂多脩習若菩薩摩訶薩以
無所得而為方便常能如是愛樂欣憙無差
別法而無執著決定能於大有情衆當為上
首復次善現若菩薩摩訶薩行深般若波羅
蜜多以無所得而為方便安住內空乃至無
性自性空是菩薩摩訶薩決定能於大有情
衆當為上首復次善現若菩薩摩訶薩行深
般若波羅蜜多以無所得而為方便脩三十
七菩提分法廣說乃至如来十力四無所畏
四無礙解十八佛不共法是菩薩摩訶薩決
定能於大有情衆當為上首復次善現若菩
薩摩訶薩行深般若波羅蜜多以無所得而
為方便住金剛喻三摩地乃至住無著無為

BD04834號　大般若波羅蜜多經卷四八六　（17–8）

般若波羅蜜多以無所得而為方便脩三十
七菩提分法廣說乃至如来十力四無所畏
四無礙解十八佛不共法是菩薩摩訶薩決
定能於大有情衆當為上首復次善現若菩
薩摩訶薩行深般若波羅蜜多以無所得而
為方便住金剛喻三摩地乃至住無著無為
無染解脫如虛空三摩地是菩薩摩訶薩決
定能於大有情衆當為上首善現當知諸菩
薩摩訶薩安住此等微妙勝法行深般若波
羅蜜多決定能於大有情衆當為上首是故
菩薩名摩訶薩
尒時具壽舍利子白佛言世尊我以辯才樂
說菩薩由是義故名摩訶薩唯願聽許佛告
舍利子隨汝意說舍利子言以諸菩薩方便
善巧能為有情宣說法要令斷我見有情見
乃至知者見見者見令斷常見斷見有見無
見蘊處界見諸聖諦見及緣起見令斷三十
七菩提分法見廣說乃至十八佛不共法見
成熟有情見嚴淨佛土見菩薩見如来見菩
提見涅槃見轉法輪見以諸菩薩方便善巧
以無所得而為方便為諸有情宣說永斷此
等見法依如是義名摩訶薩尒時善現便問
具壽舍利子言若菩薩摩訶薩能為有情以
無所得而為方便宣說永斷諸見法要何因
何緣有諸菩薩自有所得而為方便起蘊等
見舍利子言若菩薩摩訶薩行深般若波羅
[illegible]

BD04834號　大般若波羅蜜多經卷四八六　（17–9）

以無所得而為方便為諸有情宣說永斷此
等見法依如是義名摩訶薩尒時善現便問
具壽舍利子言若菩薩摩訶薩能為有情以
無所得而為方便宣說永斷諸見法要何因
何緣有諸菩薩自有所得而為方便起蘊等
見舍利子言若菩薩摩訶薩行深般若波羅
蜜多時無方便善巧者以有所得而為方便
起蘊等見是菩薩摩訶薩無方便善巧故决
定不能為諸有情以無所得而為方便宣說
永斷諸見法要若菩薩摩訶薩行深般若波
羅蜜多時有方便善巧者能為有情以無所
得而為方便宣說永斷諸見法要見菩薩摩
訶薩决定不起蘊等諸見尒時具壽善現白
佛言世尊我以辯才樂說菩薩由是義故名
摩訶薩唯願聽許佛告善現隨汝意說善現
白言以諸菩薩為欲證得一切智智發菩提
心無等等心不共聲聞獨覺等心於如是心
亦不執著依如是義名摩訶薩所以者何以
一切智智心是真無漏不墮三界求一切智
智心亦是真無漏不墮三界於如是心不應
執著是故菩薩名摩訶薩時舍利子問善現
言云何菩薩摩訶薩無等等心不共聲聞獨
覺等心善現荅言諸菩薩摩訶薩從初發心
不見少法有生有滅有增有減有往有來有
染有淨若不見法有生有滅有增有減有往
有來有染有淨亦不見有聲聞獨覺菩薩等
心是名菩薩摩訶薩無等等心不共聲聞獨

BD04834號　大般若波羅蜜多經卷四八六　（17–10）

覺等心善現荅言諸菩薩摩訶薩從初發心
不見少法有生有滅有增有減有往有來有
染有淨若不見法有生有滅有增有減有往
有來有染有淨亦不見有聲聞獨覺菩薩等
心是名菩薩摩訶薩無等等心不共聲聞獨
覺等心諸菩薩摩訶薩於如是心亦不執著
時舍利子問善現言若菩薩摩訶薩於如是
心不應執著則於聲聞獨覺等心亦不應執
著及於一切蘊處界等心并四念住廣說乃
至十八佛不共法心亦不應執著何以故如
是諸心無心性故善現荅言如是如是時舍
利子問善現言若一切心無心性故不應執
著則蘊處界等廣說乃至十八佛不共法亦
無彼性不應執著善現荅言如是如是舍利
子言若一切智智心是真無漏不墮三界則
諸愚夫異生聲聞獨覺等心亦應是真無漏
不墮三界何以故如是諸心皆本性空故善
現荅言如是如是舍利子言若如是心本性
空故是真無漏不墮三界則蘊處界等廣說
乃至十八佛不共法亦應是真無漏不墮三
界何以故蘊處界等皆本性空故善現荅言
如是如是舍利子言若心色等法無心色
等性故不應執著則一切法皆應平等都無
差別善現荅言如是如是舍利子言若一切
法等無差別云何如來說心色等有種種異
善現荅言此是如來隨世俗說非隨勝義舍

BD04834號　大般若波羅蜜多經卷四八六　（17–11）

如是如是舍利子言若心色等法無心色
等性故不應執著則一切法皆應平等都無
差別善現荅言如是如是舍利子言若一切
法等無差別云何如來說心色等有種種異
善現荅言此是如來隨世俗說非隨勝義舍
利子言若諸異生聲聞獨覺菩薩如來心色
等法皆真無漏不墮三界則諸異生聲聞獨
覺菩薩如來應無差別善現荅言如是如是
舍利子言若諸異生聲聞獨覺菩薩如來無
差別者云何佛說凡聖大小有種種異善現
荅言此亦如來依世俗說不依勝義舍利子
諸菩薩摩訶薩行深般若波羅蜜多時以無
所得為方便故於所發起大菩提心無等等
心不共聲聞獨覺等心不恃不執於薀處界
等廣說乃至十八佛不共法無取無著依如
是義名摩訶薩尒時具壽滿慈子白佛言世
尊我以辯才樂說菩薩由是義故名摩訶薩
唯願聽許佛告滿慈子隨汝意說滿慈子言
以諸菩薩普為利樂一切有情被大功德鎧
故發趣大乘故乘大乘故名摩訶薩時舍利
子問滿慈子言云何菩薩摩訶薩普為利樂
一切有情被大功德鎧滿慈子言諸菩薩摩
訶薩脩行布施波羅蜜多時不為利樂少分
有情普為利樂一切有情脩行淨戒安忍精
進靜慮般若波羅蜜多時亦復如是舍利子
是為菩薩摩訶薩普為利樂一切有情被大

一切有情被大功德鎧滿慈子言諸菩薩摩
訶薩脩行布施波羅蜜多時不為利樂少分
有情普為利樂一切有情脩行淨戒安忍精
進靜慮般若波羅蜜多時亦復如是舍利子
是為菩薩摩訶薩普為利樂一切有情被大
功德鎧復次舍利子諸菩薩摩訶薩被大功
德鎧利樂有情不為分限不作是念我當拔
濟尒許有情入無餘依般涅槃界尒許有情
不令其入我當拔濟尒許有情令住無上正
等菩提尒許有情不令其住然諸菩薩摩訶
薩普為拔濟一切有情入無餘依般涅槃界
及住無上正等菩提舍利子是為菩薩摩訶
薩普為利樂一切有情被大功德鎧復次舍
利子諸菩薩摩訶薩作如是念我當自圓滿
布施淨戒安忍精進靜慮般若波羅蜜多亦
令一切有情圓滿復作是念我依六種波羅蜜
多自住內空乃至無性自性空自脩四念住
乃至十八佛不共法亦令有情依此六種波
羅蜜多安住內空乃至無性自性空脩四念
住乃至十八佛不共法復作是念我依六種
波羅蜜多速證無上正等菩提入無餘依般
涅槃界亦令有情依此六種波羅蜜多速證
無上正等菩提入無餘依般涅槃界舍利子
是為菩薩摩訶薩普為利樂一切有情被大
功德鎧復次舍利子諸菩薩摩訶薩脩行布
施波羅蜜多時以一切智智相應作意而脩

涅槃界亦令有情依此六種波羅蜜多速證
無上正等菩提入無餘依般涅槃界舍利子
是爲菩薩摩訶薩普爲利樂一切有情被大
功德鎧復次舍利子諸菩薩摩訶薩脩行布
施波羅蜜多時以一切智智相應作意而脩
布施波羅蜜多不雜聲聞獨覺作意持此善
根以無所得而爲方便與諸有情平等共有
迴向無上正等菩提於布施時都無所恡是
爲布施波羅蜜多大功德鎧於布施時不起
聲聞獨覺作意是爲淨戒波羅蜜多大功德
鎧於布施時信忍欲樂脩布施法是爲安忍
波羅蜜多大功德鎧於布施時精進勇猛不
捨加行是爲精進波羅蜜多大功德鎧於布
施時一心趣向一切智智究竟利樂一切有
情不雜聲聞獨覺作意是爲靜慮波羅蜜多
大功德鎧於布施時住如幻想不得施者受
者施物施所得果是爲般若波羅蜜多大功
德鎧舍利子如是菩薩摩訶薩脩行布施波
羅蜜多時具被六種波羅蜜多大功德鎧若
菩薩摩訶薩以一切智智想應作意脩行布
施波羅蜜多時於六波羅蜜多相無取無得
當知是菩薩摩訶薩被大功德鎧復次舍利
子諸菩薩摩訶薩脩行淨戒波羅蜜多時以
一切智智相應作意而脩淨戒波羅蜜多不雜
聲聞獨覺作意持此善根以無所得而爲方
便與諸有情平等共有迴向無上正等菩提

BD04834 號　大般若波羅蜜多經卷四八六　（17–14）

菩薩摩訶薩以一切智智想應作意脩行布
施波羅蜜多時於六波羅蜜多相無取無得
當知是菩薩摩訶薩被大功德鎧復次舍利
子諸菩薩摩訶薩脩行淨戒波羅蜜多時以一
切智智相應作意而脩淨戒波羅蜜多不雜
聲聞獨覺作意持此善根以無所得而爲方
便與諸有情平等共有迴向無上正等菩提
脩淨戒時於諸所有都無慳恡是爲布施波
羅蜜多大功德鎧脩淨戒時於諸聲聞及獨
覺地尚不趣求況異生地是爲淨戒波羅蜜
多大功德鎧脩淨戒時於淨戒法信忍欲樂
是爲安忍波羅蜜多大功德鎧脩淨戒時精
進勇猛不捨加行是爲精進波羅蜜多大功
德鎧脩淨戒時純以大悲而爲上首尚不聞
雜二乘作意況異生心是爲靜慮波羅蜜多
大功德鎧脩淨戒時於一切法住如幻想於
淨戒行無恃無得達本性空是爲般若波羅
蜜多大功德鎧舍利子如是菩薩摩訶薩脩
行淨戒波羅蜜多時具被六種波羅蜜多大
功德鎧若菩薩摩訶薩以一切智智相應作
意脩行淨戒波羅蜜多時於六波羅蜜多相
無取無得當知是菩薩摩訶薩被大功德鎧
復次舍利子諸菩薩摩訶薩脩行安忍波羅
蜜多時以一切智智相應作意而脩安忍波
羅蜜多不雜聲聞獨覺作意持此善根以無
所得而爲方便與諸有情平等共有迴向無上

BD04834 號　大般若波羅蜜多經卷四八六　（17–15）

復次舍利子諸菩薩摩訶薩脩行安忍波羅
蜜多時以一切智智相應作意而脩安忍波
羅蜜多不雜聲聞獨覺作意持此善根以無
所得而爲方便與諸有情平等共有迴向無上
正等菩提脩安忍時爲成安忍於身命等無
所戀著是爲布施波羅蜜多大功德鎧脩安
忍時不雜聲聞及獨覺等下劣作意是爲淨
戒波羅蜜多大功德鎧脩安忍時於安忍法
信忍欲樂是爲安忍波羅蜜多大功德鎧脩
安忍時精進勇猛不捨加行是爲精進波羅
蜜多大功德鎧脩安忍時攝心一境雖遇衆
苦而心不亂是爲靜慮波羅蜜多大功德鎧
脩安忍時住如幻想爲集佛法成熟有情觀
諸法空不執怨害是爲般若波羅蜜多大功
德鎧舍利子如是菩薩摩訶薩脩行安忍波
羅蜜多時具被六種波羅蜜多大功德鎧若
菩薩摩訶薩以一切智智想應作意脩行安
忍波羅蜜多時於六波羅蜜多相無取無得
當知是菩薩摩訶薩被大功德鎧

大般若波羅蜜多經卷第四百八十六

BD04834號　大般若波羅蜜多經卷四八六　（17–16）

戒波羅蜜多大功德鎧脩安忍時於安忍法
信忍欲樂是爲安忍波羅蜜多大功德鎧脩
安忍時精進勇猛不捨加行是爲精進波羅
蜜多大功德鎧脩安忍時攝心一境雖遇衆
苦而心不亂是爲靜慮波羅蜜多大功德鎧
脩安忍時住如幻想爲集佛法成熟有情觀
諸法空不執怨害是爲般若波羅蜜多大功
德鎧舍利子如是菩薩摩訶薩脩行安忍波
羅蜜多時具被六種波羅蜜多大功德鎧若
菩薩摩訶薩以一切智智想應作意脩行安
忍波羅蜜多時於六波羅蜜多相無取無得
當知是菩薩摩訶薩被大功德鎧

大般若波羅蜜多經卷第四百八十六

BD04834號　大般若波羅蜜多經卷四八六　（17–17）

安忍精進靜慮般若波羅蜜多復為宣說斷
出生死殊勝聖法或令得預流果乃至或令
證得無上正等菩提佛告舍利子諸菩薩摩
訶薩行深般若波羅蜜多時於諸有情非有
所得所以者何是菩薩摩訶薩行深般若波
羅蜜多時不見有情少實可得唯有世俗假
說有情舍利子諸菩薩摩訶薩行深般若波
羅蜜多時安住二諦為諸有情宣說正法何
等為二一者世俗二者勝義舍利子雖二諦
中有情施設俱不可得而諸菩薩摩訶薩行
深般若波羅蜜多時方便善巧為諸有情宣
說法要令諸有情聞是法已於現法中尚不得
我何況當得所求聖果如是舍利子菩薩摩
訶薩行深般若波羅蜜多方便善巧雖為有
情宣說法要令脩正行得所證果而心於彼
都無所得了知諸法不可得故時舍利子便白
佛言此諸菩薩摩訶薩是真菩薩摩訶薩
雖於諸法不得一性不得異性不得總性不得
別性而著如是大功德鎧由著如是大功得
鎧不生欲界不生色界不生無色界不見
有為界不見無為界雖化有情令出三界而

BD04835號　大般若波羅蜜多經卷五三四　（7–1）

情宣說法要令脩正行得所證果而心於彼
都無所得了知諸法不可得故時舍利子便白
佛言此諸菩薩摩訶薩是真菩薩摩訶薩
雖於諸法不得一性不得異性不得總性不得
別性而著如是大功德鎧由著如是大功得
鎧不生欲界不生色界不生無色界不見
有為界不見無為界雖化有情令出三界而
於有情都無所得亦復不得有情施設有情
施設不可得故無縛無解無縛解故無染無
淨無染淨故諸趣差別不可了知諸趣差別
不可了知故無業無煩惱無業煩惱故亦無
異熟果既無異熟果如何得有我及有情流
轉諸趣生三界等種種差別佛告舍利子如
是如是如汝所說舍利子若有情類先有後
無菩薩如來應有過失先無後有理亦不然
諸趣輪迴有無亦爾是故舍利子若如來出
世若不出世法性常住真如法界不虛妄性
終無改易以一切法法性法界法住法定真
如實際猶如虛空此中尚無我等可得況有
色等諸法可得既無色等諸法可得如何當
有諸趣輪迴諸趣輪迴既不可得如何當有
成熟有情令其解脫但依世俗假說為有舍
利子以如是法自性皆空諸菩薩摩訶薩從
過去佛如實聞已為脫有情顛倒執著求趣
無上正等菩提於求趣時不作是念我於此
法已得當得令彼有情已度當度所執著處

BD04835號　大般若波羅蜜多經卷五三四　（7–2）

有諸趣輪迴諸趣輪迴既不可得如何當有
成熟有情令其解脫但依世俗假說為有舍
利子以如是法自性皆空諸菩薩摩訶薩從
過去佛如實聞已為脫有情顛倒執著求趣
無上正等菩提於求趣時不作是念我於此
法已得當得令彼有情已度當度所執著處
生死衆苦舍利子是菩薩摩訶薩為脫有情
顛倒執著被功德鎧大誓莊嚴勇猛正勤無
所慮著不退無上正等菩提恒於菩提不生
疑惑謂我當得不當得耶但正念言我定當
得所求無上正等菩提住諸有情真實饒
益謂令解脫迷謬顛倒諸趣輪迴受生死苦舍
利子是菩薩摩訶薩雖脫有情迷謬顛倒諸
趣生死而無所得唯依世俗說有是事舍利
子如巧幻師或彼弟子依帝網術化作無量
百千俱胝那庾多衆復化種種上妙飲食施
彼有情皆令飽滿作此事已歡喜唱言我已
獲得廣大福聚於意云何此巧幻師或彼弟
子實使有情得飽滿不舍利子曰不也世尊
佛告舍利子菩薩摩訶薩亦復如是從初發
心為欲度脫諸有情故脩行布施乃至般若
波羅蜜多安住內空乃至無性自性空安住
真如乃至不思議界安住苦集滅道聖諦脩
行四念住乃至八聖道支脩行四靜慮四無
量四無色定脩行空無相無願解脫門脩行
八解脫乃至十遍處脩行極喜地乃至法雲
地脩行陀羅尼門三摩地門脩行五眼六神通

心為欲度脫諸有情故脩行布施乃至般若
波羅蜜多安住內空乃至無性自性空安住
真如乃至不思議界安住苦集滅道聖諦脩
行四念住乃至八聖道支脩行四靜慮四無
量四無色定脩行空無相無願解脫門脩行
八解脫乃至十遍處脩行極喜地乃至法雲
地脩行陀羅尼門三摩地門脩行五眼六神通
脩行如來十力乃至十八佛不共法脩行大
慈大悲大喜大捨脩行三十二大士相八
十隨好脩行無忘失法恒住捨性脩行一切
智道相智一切相智圓滿菩提道大菩提道成
熟有情嚴淨佛土舍利子諸菩薩摩訶薩雖
作此事而於有情及一切法都無所得不作
是念我以此法調伏如是諸有情類令其遠
離顛倒執著不復往來受生死苦
爾時具壽善現便白佛言世尊何謂菩薩大
菩提道諸菩薩摩訶薩脩行此道方便善巧
成熟有情嚴淨佛土速證無上正等菩提佛
告善現諸菩薩摩訶薩從初發心所行布施
乃至般若波羅蜜多廣說乃至所行一切智
道相智一切相智及餘無量無邊佛法皆是
菩薩大菩提道諸菩薩摩訶薩脩行此道方
便善巧成熟有情嚴淨佛土速證無上正等
菩提而無有情佛土等想具壽善現復白佛
言云何菩薩摩訶薩脩行布施波羅蜜多時
方便善巧成熟有情佛告善現有菩薩摩訶
薩脩行布施波羅蜜多時方便善巧自行布

菩薩大菩提道諸菩薩摩訶薩脩行此道方
便善巧成熟有情嚴淨佛土速證無上正等
菩提而無有情佛土等想具壽善現復白佛
言云何菩薩摩訶薩脩行布施波羅蜜多時
方便善巧成熟有情佛告善現有菩薩摩訶
薩脩行布施波羅蜜多時方便善巧自行布
施亦勸他行布施殷勤教誡教授彼言諸善
男子莫著布施若著布施當更受身若更受
身由斯展轉當受無量無邊大苦諸善男子
勝義諦中都無布施亦無施者受者施物及
諸施果如是諸法本性皆空本性空中無法
可取諸法空性亦不可取如是善現諸菩薩
摩訶薩脩行布施波羅蜜多時雖於有情自
能行施亦勸他施而於布施施者受者施物
施果都無所得如是布施波羅蜜多名無所
得波羅蜜多善現當知是菩薩摩訶薩於此
諸法無所得時方便善巧能化有情住預流果
廣說乃至或趣無上正等菩提如是善現
諸菩薩摩訶薩脩行布施波羅蜜多時成熟
有情令得利樂善現當知是菩薩摩訶薩自
行布施亦勸他行布施恒正稱揚行布施法
歡喜讚歎行布施者是菩薩摩訶薩脩行如
是大布施已或生剎帝利大族或生婆羅門
大族或生長者大族或生居士大族豐饒財
寶或作小王於小國土富貴自在或作大王
於大國土富貴自在或作輪王於四洲界富

BD04835號　大般若波羅蜜多經卷五三四　（7–5）

諸菩薩摩訶薩脩行布施波羅蜜多時成熟
有情令得利樂善現當知是菩薩摩訶薩自
行布施亦勸他行布施恒正稱揚行布施法
歡喜讚歎行布施者是菩薩摩訶薩脩行如
是大布施已或生剎帝利大族或生婆羅門
大族或生長者大族或生居士大族豐饒財
寶或作小王於小國土富貴自在或作大王
於大國土富貴自在或作輪王於四洲界富
貴自在是菩薩摩訶薩生如是等諸尊貴處
以四攝事攝諸有情先教有情安住布施由
此漸次令住淨戒安忍精進靜慮般若復令
安住四靜慮四無量四無色定復令安住三
十七種菩提分法復令安住三解脫門是菩
薩摩訶薩令諸有情住如是等諸善法已或
令趣入正性離生得預流果乃至令得阿羅
漢果或令趣入正性離生漸次證得獨覺菩
提或令趣入正性離生漸次脩學諸菩薩地
速趣無上正等菩提復告彼言諸善男子當
發大願速趣無上正等菩提作諸有情勝饒
益事諸有情類虛妄分別所執諸法皆無自
性但由顛倒妄執為有是故汝等當勤精進
自斷顛倒亦勸他斷自脫生死亦令他脫自
得大利亦令他得

大般若波羅蜜多經卷第五百卅四

BD04835號　大般若波羅蜜多經卷五三四　（7–6）

安住四靜慮四無量四無色定復令安住三
十七種菩提分法復令安住三解脫門是菩
薩摩訶薩令諸有情住如是等諸善法已或
令趣入正性離生得預流果乃至令得阿羅
漢果或令趣入正性離生漸次證得獨覺菩
提或令趣入正性離生漸次修學諸菩薩地
速趣無上正等菩提復告彼言諸善男子當
發大願速趣無上正等菩提作諸有情勝饒
益事諸有情類虛妄分別所執諸法皆無自
性但由顛倒妄執爲有是故汝等當勤精進
自斷顛倒亦勸他斷自脫生死亦令他脫自
得大利亦令他得
大般若波羅蜜多經卷第五百卅四

BD04835號　大般若波羅蜜多經卷五三四　　（7–7）

妙法蓮華經隨喜功德品第十八　六
爾時彌勒菩薩摩訶薩白佛言世尊若
善男子善女人聞是法華經隨喜者
所……言
世尊滅度後　其有聞是經　若能隨喜者　為得幾所福
爾時佛告彌勒菩薩摩訶薩阿逸多如來滅
後若比丘比丘尼優婆塞優婆夷及餘智者
若長若幼聞是經隨喜已從法會出至於餘
處若在僧坊若空閑地若城邑巷陌聚落田
里如其所聞為父母宗親善友知識隨力演
說是諸人等聞已隨喜復行轉教餘人聞已
亦隨喜轉教如是展轉至第五十阿逸多其
第五十善男子善女人隨喜功德我今說之
汝當善聽若四百万億阿僧祇世界六趣四
生衆生卵生胎生濕生化生若有形无形有
想无想非有想非无想无足二足四足多足
如是等在衆生數者有人求福隨其所欲娛
樂之具皆給與之一一衆生與滿閻浮提金
銀琉璃車𤦲馬瑙珊瑚虎珀諸妙珎寶及象
馬車乘七寶所成宮殿樓閣等是大施主如
是布施滿八十年已而作是念我已施衆生
娛樂之具隨意所欲然此衆生皆已衰老年
過八十髮白面皺將死不久我當以佛法而訓

BD04836號　妙法蓮華經卷六　　（30–1）

如[illegible]等[illegible]數者[illegible]隨其所欲娛
樂之具皆給與之一一衆生與滿閻浮提金
銀琉璃車𤦲馬瑙珊瑚虎珀諸妙珎寶及鳥
馬車乘七寶所成宮殿樓閣等是大施主如
是布施滿八十年已而作是念我已施衆生
娛樂之具隨意所欲然此衆生皆已衰老年
過八十髮白面皺將死不久我當以佛法而訓
導之即集此衆生宣布法化示教利喜
一時皆得須陁洹道斯陁含道阿那含道阿
羅漢道盡諸有漏於深禪定皆得自在具八解
脫於汝意云何是大施主所得功德寧爲多
不弥勒白佛言世尊是人功德甚多无量无
邊若是施主但施衆生一切樂具功德无量
何况令得阿羅漢果佛告弥勒我今分明語
汝是人以一切樂具施於四百万億阿僧祇
世界六趣衆生又令得阿羅漢果所得功德
不如是第五十人聞法華經一偈隨喜功德
百分千分百千万億分不及其一乃至筭數
譬喻所不能知阿逸多如是第五十人展轉
聞法華經隨喜功德尚无量无邊阿僧祇何
况最初於會中聞而隨喜者其福復勝无量
无邊阿僧祇不可得比又阿逸多若人爲是
經故往詣僧坊若坐若立須臾聽受緣是功
德轉身所生得好上妙象馬車乘珎寶輦轝
及乘天宮若復有人於講法處坐更有人來
勸令坐聽若分座令坐是人功德轉身得帝釋

BD04836 號　妙法蓮華經卷六　（30–2）

况最初於會中聞而隨喜者其福復勝无量
无邊阿僧祇不可得比又阿逸多若人爲是
經故往詣僧坊若坐若立須臾聽受緣是功
德轉身所生得好上妙象馬車乘珎寶輦轝
及乘天宮若復有人於講法處坐更有人來
勸令坐聽若分座令坐是人功德轉身得帝釋
坐處若梵王坐處若轉輪聖王所坐之處
阿逸多若復有人語餘人言有經名法華可
共往聽即受其教乃至須臾間聞是人功德
轉身得與陁羅尼菩薩共生一處利根智慧
百千万世終不瘖瘂口氣不臭舌常无病口
亦无病齒不垢黑不黃不踈亦不缺落不差
不曲脣不下垂亦不褰縮不麁澁不瘡緊亦
不缺壞亦不喎斜不厚不大亦不黎黑无諸
可惡鼻不匾㔸亦不曲戾面色不黑亦不狹
長亦不窊曲无有一切不可喜相脣舌牙齒
悉皆嚴好鼻脩高直面貌圓滿眉高而長額
廣平正人相具足世世所生見佛聞法信受
教誨阿逸多汝且觀是勸於一人令往聽法
功德如此何况一心聽說讀誦而於大衆爲
人分別如說脩行尒時世尊欲重宣此義而
說偈言
若人於法會　得聞是經典　乃至於一偈　隨喜爲他說
如是展轉教　至于第五十　最後人獲福　今當分別之
如有大施主　供給无量衆　具滿八十歲　隨意之所欲
見彼衰老相　髮白而面皺　齒踈形枯竭　念其死不久

BD04836 號　妙法蓮華經卷六　（30–3）

功德如此何況一心聽說讀誦而於大衆爲
人分別 如說脩行尒時世尊欲重宣此義而
說偈言
若人於法會 得聞是經典 乃至於一偈 隨喜爲他說
如是展轉教 至于第五十 冣後人獲福 今當分別之
如有大施主 供給无量衆 具滿八十歲 隨意之所欲
見彼衰老相 髮白而面皺 齒踈形枯竭 念其死不久
我今應當教 令得於道果 即爲方便說 涅槃真實法
世皆不牢固 如水沫泡焰 汝等咸應當 疾生猒離心
諸人聞是法 皆得阿羅漢 具足六神通 三明八解脫
冣後第五十 聞一偈隨喜 是人福勝彼 不可爲譬喻
如是展轉聞 其福尚无量 何況於法會 初聞隨喜者
若有勸一人 將引聽法華 言此經深妙 千万劫難遇
即受教往聽 乃至須臾聞 斯人之福報 今當分別說
世世无口患 齒不踈黃黑 脣不厚褰缺 无有可惡相
舌不乾黑短 鼻高脩且直 額廣而平正 面目悉端嚴
爲人所喜見 口氣无臭穢 優鉢華之香 常從其口出
若故詣僧坊 欲聽法華經 須臾聞歡喜 今當說其福
後生天人中 得妙象馬車 珎寶之輦轝 及乘天宮殿
若於講法處 勸人坐聽經 是福因緣得 釋梵轉輪座
何況一心聽 解說其義趣 如說而脩行 其福不可限
妙法蓮華經法師功德品第十九
尒時佛告常精進菩薩摩訶薩若善男子善
女人受持是法華經若讀若誦若解說若書
寫是人當得八百眼功德千二百耳功德八
百鼻功德千二百舌功德八百身功德千二
百意功德以是功德莊嚴六根皆令清淨是

妙法蓮華經法師功德品第十九
尒時佛告常精進菩薩摩訶薩若善男子善
女人受持是法華經若讀若誦若解說若書
寫是人當得八百眼功德千二百耳功德八
百鼻功德千二百舌功德八百身功德千二
百意功德以是功德莊嚴六根皆令清淨是
善男子善女人父母所生清淨肉眼見於三
千大千世界內外所有山林河海下至阿鼻
地獄上至有頂亦見其中一切衆生及業因
緣果報生處悉見悉知尒時世尊欲重宣此
義而說偈言
若於大衆中 以无所畏心 說是法華經 汝聽其功德
是人得八百 功德殊勝眼 以是莊嚴故 其目甚清淨
父母所生眼 悉見三千界 內外弥樓山 須弥及鐵圍
并諸餘山林 大海江河水 下至阿鼻獄 上至有頂處
其中諸衆生 一切皆悉見 雖未得天眼 肉眼力如是
復次常精進若善男子善女人受持此經若
讀若誦若解說若書寫得千二百耳功德以
是清淨耳聞三千大千世界下至阿鼻地獄
上至有頂其中內外種種語言音聲象聲馬
聲牛聲車聲啼哭聲愁歎聲螺聲鼓聲鍾聲
鈴聲咲聲語聲男聲女聲童子聲童女聲法
聲非法聲苦聲樂聲凡夫聲聖人聲喜聲不
喜聲天聲龍聲夜叉聲乹闥婆聲阿脩羅聲
迦樓羅聲緊那羅聲摩睺羅伽聲火聲水聲
風聲地獄聲畜生聲餓鬼聲比丘聲比丘尼聲

聲牛聲車聲啼哭聲愁歎聲螺聲鼓聲鍾聲
鈴聲咲聲語聲男聲女聲童子聲童女聲法
聲非法聲苦聲樂聲凡夫聲聖人聲喜聲不
喜聲天聲龍聲夜叉聲乾闥婆聲阿脩羅聲
迦樓羅聲緊那羅聲摩睺羅伽聲火聲水聲
風聲地獄聲畜生聲餓鬼聲比丘聲比丘尼聲
聲聞聲辟支佛聲菩薩聲佛聲以要言之
三千大千世界中一切內外所有諸聲雖未
得天耳以父母所生清淨常耳皆悉聞知如
是分別種種音聲而不壞耳根尒時世尊欲
重宣此義而說偈言
父母所生耳　清淨无濁穢　以此常耳聞　三千世界聲
象馬車牛聲　鍾鈴螺鼓聲　琴瑟箜篌聲　簫笛之音聲
清淨好歌聲　聽之而不著　无數種人聲　聞悉能解了
又聞諸天聲　微妙之歌音　及聞男女聲　童男童女聲
山川嶮谷中　迦陵頻伽聲　命命等諸鳥　悉聞其音聲
地獄衆苦痛　種種楚毒聲　餓鬼飢渴逼　求索飲食聲
諸阿脩羅等　居在大海邊　自共語言時　出于大音聲
如是說法者　安住於此間　遥聞是衆聲　而不壞耳根
十方世界中　禽獸鳴相呼　其說法之人　於此悉聞之
其諸梵天上　光音及遍淨　乃至有頂天　言語之音聲
法師住於此　悉皆得聞之　一切比丘衆　及諸比丘尼
若讀誦經典　若為他人說　法師住於此　悉皆得聞之
復有諸菩薩　讀誦於經法　若為他人說　撰集解其義
如是諸音聲　悉皆得聞之　諸佛大聖尊　教化衆生者
於諸大衆中　演說微妙法　持此法華者　悉皆得聞之

BD04836 號　妙法蓮華經卷六　（30–6）

其諸梵天上　光音及遍淨　乃至有頂天　言語之音聲
法師住於此　悉皆得聞之　一切比丘衆　及諸比丘尼
若讀誦經典　若為他人說　法師住於此　悉皆得聞之
復有諸菩薩　讀誦於經法　若為他人說　撰集解其義
如是諸音聲　悉皆得聞之　諸佛大聖尊　教化衆生者
於諸大衆中　演說微妙法　持此法華者　悉皆得聞之
三千大千界　內外諸音聲　下至阿鼻獄　上至有頂天
皆聞其音聲　而不壞耳根　其耳聰利故　悉能分別知
持是法華者　雖未得天耳　但用所生耳　功德已如是
復次常精進若善男子善女人受持是經若
讀若誦若解說若書寫成就八百鼻功德以
是清淨鼻根聞於三千大千世界上下內外
種種諸香須曼那華香闍提華香末利華香
瞻蔔華香波羅羅華香赤蓮華香青蓮華香
白蓮華香華樹香菓樹香栴檀香沉水香多
摩羅跋香多伽羅香及千万種和香若末若
丸若塗香持是經者於此間住悉能分別又
復別知衆生之香象香馬香牛羊等香男香
女香童子香童女香及草木叢林香若近若
遠所有諸香悉皆得聞分別不錯持是經者
雖住於此亦聞天上諸天之香波利質多羅
拘鞞陁羅樹香及曼陁羅華香摩訶曼陁羅
華香曼殊沙華香摩訶曼殊沙華香栴檀沉
水種種末香諸雜華香如是等天香和合所
出之香无不聞知又聞諸天身香釋提桓因
在勝殿上五欲娛樂嬉戲時香若在妙法堂

BD04836 號　妙法蓮華經卷六　（30–7）

雖住於此亦聞天上諸天之香波利質多羅
拘鞞陁羅樹香及曼陁羅華香摩訶曼陁羅
華香曼殊沙華香摩訶曼殊沙華香栴檀沉
水種種末香諸雜華香如是等天香和合所
出之香无不聞知又聞諸天身香釋提桓因
在勝殿上五欲娛樂嬉戲時香若在妙法堂
上爲忉利諸天說法時香若於諸園遊戲時
香及餘天等男女身香皆悉遥聞如是展轉
乃至梵世上至有頂諸天身香亦皆聞之并
聞諸天所燒之香及聲聞香辟支佛香菩薩
香諸佛身香亦皆遥聞知其所在雖聞此香
然於鼻根不壞不錯若欲分別爲他人說憶
念不謬尒時世尊欲重宣此義而說偈言
是人鼻清淨　於此世界中　若香若臭物　種種悉聞知
須曼那闍提　多摩羅栴檀　沉水及桂香　種種華菓香
及知衆生香　男子女人香　說法者遠住　聞香知所在
大勢轉輪王　小轉輪及子　群臣諸宮人　聞香知所在
身所著珎寶　及地中寶藏　轉輪王寶女　聞香知所在
諸人嚴身具　衣服及瓔珞　種種所塗香　聞則知其身
諸天若行坐　遊戲及神變　持是法華者　聞香悉能知
諸樹華菓實　及蘇油香氣　持經者住此　悉知其所在
諸山深險處　栴檀樹華敷　衆生在中者　聞香皆能知
鐵圍山大海　地中諸衆生　持經者聞香　悉知其所在
阿脩羅男女　及其諸眷屬　鬪諍遊戲時　聞香皆能知
曠野險隘處　師子象虎狼　野牛水牛等　聞香知所在
若有懷妊者　未辯其男女　无根及非人　聞香悉能知

BD04836 號　妙法蓮華經卷六　（30–8）

諸樹華菓實　及蘇油香氣　持經者住此　悉知其所在
諸山深險處　栴檀樹華敷　衆生在中者　聞香皆能知
鐵圍山大海　地中諸衆生　持經者聞香　悉知其所在
阿脩羅男女　及其諸眷屬　鬪諍遊戲時　聞香皆能知
曠野險隘處　師子象虎狼　野牛水牛等　聞香知所在
若有懷妊者　未辯其男女　无根及非人　聞香悉能知
以聞香力故　知其初懷妊　成就不成就　安樂產福子
以聞香力故　知男女所念　染欲癡恚心　亦知脩善者
地中衆伏藏　金銀諸珎寶　銅器之所盛　聞香悉能知
種種諸瓔珞　无能識其價　聞香知貴賤　出處及所在
天上諸華等　曼陁曼殊沙　波利質多樹　聞香悉能知
天上諸宮殿　上中下差別　衆寶華莊嚴　聞香悉能知
天園林勝殿　諸觀妙法堂　在中而娛樂　聞香悉能知
諸天若聽法　或受五欲時　來往行坐卧　聞香悉能知
天女所著衣　好華香莊嚴　周旋遊戲時　聞香悉能知
如是展轉上　乃至於梵世　入禪出禪者　聞香悉能知
光音遍淨天　乃至于有頂　初生及退沒　聞香悉能知
諸比丘衆等　於法常精進　若坐若經行　及讀誦經法
或在林樹下　專精而坐禪　持經者聞香　悉知其所在
菩薩志堅固　坐禪若讀誦　或爲人說法　聞香悉能知
在在方世尊　一切所恭敬　愍衆而說法　聞香悉能知
衆生在佛前　聞經皆歡喜　如法而脩行　聞香悉能知
雖未得菩薩　无漏法生鼻　而是持經者　先得此鼻相
復次常精進若善男子善女人受持是經若
讀若誦若解說若書寫得千二百舌功德若
好若醜若美不美及諸苦澀物在其舌根皆

BD04836 號　妙法蓮華經卷六　（30–9）

在在方世尊　一切所恭敬　愍衆而說法　聞香悉能知
衆生在佛前　聞經皆歡喜　如法而脩行　聞香悉能知
雖未得菩薩　无漏法生鼻　而是持經者　先得此鼻相
復次常精進若善男子善女人受持是經若
讀若誦若解說若書寫得千二百舌功德若
好若醜若美不美及諸苦澁物在其舌根皆
變成上味如天甘露无不美者若以舌根於
大衆中有所演說出深妙聲能入其心皆令
歡喜快樂又諸天子天女釋梵諸天聞是深
妙音聲有所演說言論次第皆悉來聽及諸
龍龍女夜叉夜叉女乾闥婆乾闥婆女阿脩
羅阿脩羅女迦樓羅迦樓羅女緊那羅緊那
羅女摩睺羅伽摩睺羅伽女為聽法故皆來
親近恭敬供養及比丘比丘尼優婆塞優婆
夷國王王子羣臣眷屬小轉輪王大轉輪王
七寶千子內外眷屬乘其宮殿俱來聽法以
是菩薩善說法故婆羅門居士國內人民盡
其形壽隨侍供養又諸聲聞辟支佛菩薩諸
佛常樂見之是人所在方面諸佛皆向其處
說法悉能受持一切佛法又能出於深妙法
音尒時世尊欲重宣此義而說偈言
是人舌根淨　終不受惡味　其有所食噉　悉皆成甘露
以深淨妙音　於大衆說法　以諸因緣喻　引導衆生心
聞者皆歡喜　設諸上供養　諸天龍夜叉　及阿脩羅等
皆以恭敬心　而共來聽法　是說法之人　若欲以妙音
遍滿三千界　隨意即能至　大小轉輪王　及千子眷屬

BD04836號　妙法蓮華經卷六　（30–10）

音尒時世尊欲重宣此義而說偈言
是人舌根淨　終不受惡味　其有所食噉　悉皆成甘露
以深淨妙音　於大衆說法　以諸因緣喻　引導衆生心
聞者皆歡喜　設諸上供養　諸天龍夜叉　及阿脩羅等
皆以恭敬心　而共來聽法　是說法之人　若欲以妙音
遍滿三千界　隨意即能至　大小轉輪王　及千子眷屬
合掌恭敬心　常來聽受法　諸天龍夜叉　羅剎毗舍闍
亦以歡喜心　常樂來供養　梵天王魔王　自在大自在
如是諸天衆　常來至其所　諸佛及弟子　聞其說法音
常念而守護　或時為現身
復次常精進若善男子善女人受持是經若
讀若誦若解說若書寫得八百身功德得清
淨身如淨瑠璃衆生憙見其身淨故三千大
千世界衆生生時死時上下好醜生善處惡
處悉於中現及鐵圍山大鐵圍山弥樓山摩
訶弥樓山等諸山及其中衆生悉於中現下
至阿鼻地獄上至有頂所有及衆生悉於中
現若聲聞辟支佛菩薩諸佛說法皆於身中
現其色像尒時世尊欲重宣此義而說偈言
若持法華者　其身甚清淨　如彼淨瑠璃　衆生皆憙見
又如淨明鏡　悉見諸色像　菩薩於淨身　皆見世所有
唯獨自明了　餘人所不見　三千世界中　一切諸羣萌
天人阿脩羅　地獄鬼畜生　如是諸色像　皆於身中現
諸天等宮殿　乃至於有頂　鐵圍及弥樓　摩訶弥樓山
諸大海水等　皆於身中現　諸佛及聲聞　佛子菩薩等
若獨若在衆　說法悉皆現　雖未得无漏　法性之妙身
以清淨常體　一切於中現

BD04836號　妙法蓮華經卷六　（30–11）

唯獨自明了　餘人所不見　三千世界中　一切諸群萌
天人阿脩羅　地獄鬼畜生　如是諸色像　皆於身中現
諸天等宮殿　乃至於有頂　鐵圍及弥樓　摩訶弥樓山
諸大海水等　皆於身中現　諸佛及聲聞　佛子菩薩等
若獨若在衆　說法悉皆現　雖未得无漏　法性之妙身
以清淨常體　一切於中現
復次常精進若善男子善女人如來滅後受
持是經若讀若誦若解說若書寫得千二百
意功德以是清淨意根乃至聞一偈一句通
達无量无邊之義解是義已能演說一句一
偈至於一月四月乃至一歲諸所說法隨其
義趣皆與實相不相違背若說俗間經書治
世語言資生業等皆順正法三千大千世界
六趣衆生心之所行心所動作心所戲論皆悉
知之雖未得无漏智慧而其意根清淨如
此是人有所思惟籌量言說皆是佛法无不
真實亦是先佛經中所說尒時世尊欲重宣
此義而說偈言
是人意清淨　明利无穢濁　以此妙意根　知上中下法
乃至聞一偈　通達无量義　次第如法說　月四月至歲
是世界內外　一切諸衆生　若天龍及人　夜叉鬼神等
其在六趣中　所念若干種　持法華之報　一時皆悉知
十方无數佛　百福莊嚴相　為衆生說法　悉聞能受持
思惟无量義　說法亦无量　終始不忘錯　以持法華故
悉知諸法相　隨義識次第　達名字語言　如所知演說
此人有所說　皆是先佛法　以演此法故　於衆无所畏
[illegible]

是世界內外　一切諸衆生　若天龍及人　夜叉鬼神等
其在六趣中　所念若干種　持法華之報　一時皆悉知
十方无數佛　百福莊嚴相　為衆生說法　悉聞能受持
思惟无量義　說法亦无量　終始不忘錯　以持法華故
悉知諸法相　隨義識次第　達名字語言　如所知演說
此人有所說　皆是先佛法　以演此法故　於衆无所畏
持法華經者　意根淨若斯　雖未得无漏　先有如是相
是人持此經　安住希有地　為一切衆生　歡喜而愛敬
能以千万種　善巧之語言　分別而說法　持法華經故
妙法蓮華經常不輕菩薩品第二十
尒時佛告得大勢菩薩摩訶薩汝今當知若
比丘比丘尼優婆塞優婆夷持法華經者若
有惡口罵詈誹謗獲大罪報如前所說其所
得功德如向所說眼耳鼻舌身意清淨得大
勢乃往古昔過无量无邊不可思議阿僧祇
劫有佛名威音王如來應供正遍知明行足
善逝世間解无上士調御丈夫天人師佛世
尊劫名離衰國名大成其威音王佛於彼世
中為天人阿脩羅說法為求聲聞者說應四
諦法度生老病死究竟涅槃為求辟支佛者
說應十二因緣法為諸菩薩因阿耨多羅三
藐三菩提說應六波羅蜜法究竟佛慧得大
勢是威音王佛壽四十万億那由他恒河沙
劫正法住世劫數如一閻浮提微塵像法住
世劫數如四天下微塵其佛饒益衆生已然
後滅度正法像法滅盡之後於此國土復有

說應十二因緣法為諸菩薩因阿耨多羅三
藐三菩提說應六波羅蜜法究竟佛慧得大
勢是威音王佛壽四十万億那由他恒河沙
劫正法住世劫數如一閻浮提微塵像法住
世劫數如四天下微塵其佛饒益眾生已然
後滅度正法像法滅盡之後於此國土復有
佛出亦号威音王如來應供正遍知明行足
善逝世間解无上士調御丈夫天人師佛世
尊如是次第有二万億佛皆同一号最初威
音王如來既已滅度正法滅後於像法中增
上慢比丘有大勢力尒時有一菩薩比丘名
常不輕得大勢以何因緣名常不輕是比丘
凡有所見若比丘比丘尼優婆塞優婆夷皆
悉礼拜讚嘆而作是言我深敬汝等不敢輕
慢所以者何汝等皆行菩薩道當得作佛而
是比丘不專讀誦經典但行礼拜乃至遠見
四眾亦復故往礼拜讚嘆而作是言我不敢
輕於汝等汝等皆當作佛故四眾之中有生
瞋恚心不淨者惡口罵詈言是无智比丘從
何所來自言我不輕汝而與我等授記當得
作佛我等不用如是虛妄授記如此經歷多
年常被罵詈不生瞋恚常作是言汝當作佛
說是語時眾人或以杖木瓦石而打擲之避
走遠住猶高聲唱言我不敢輕於汝等汝等
皆當作佛以其常作是語故增上慢比丘比丘
尼優婆塞優婆夷号之為常不輕是比丘

BD04836號　妙法蓮華經卷六　（30–14）

作佛我等不用如是虛妄授記如此經歷多
年常被罵詈不生瞋恚常作是言汝當作佛
說是語時眾人或以杖木瓦石而打擲之避
走遠住猶高聲唱言我不敢輕於汝等汝等
皆當作佛以其常作是語故增上慢比丘比丘
尼優婆塞優婆夷号之為常不輕是比丘
臨欲終時於虛空中具聞威音王佛先所說
法華經二十千万億偈悉能受持即得如上
眼根清淨耳鼻舌身意根清淨得是六根清
淨已更增壽命二百万億那由他歲廣為人
說是法華經於時增上慢四眾比丘比丘尼優
婆塞優婆夷輕賤是人為作不輕名者見
其得大神通力樂說辯力大善寂力聞其所
說皆信伏隨從是菩薩復化千万億眾令住
阿耨多羅三藐三菩提命終之後得值二千
億佛皆号日月燈明於其法中說是法華經
以是因緣復值二千億佛同号雲自在燈王
於此諸佛法中受持讀誦為諸四眾說此經
典故得是常眼清淨耳鼻舌身意諸根清淨
於四眾中說法心无所畏得大勢是常不輕
菩薩摩訶薩供養如是若干諸佛恭敬尊
重讚嘆種諸善根於後復值千万億佛亦於諸
佛法中說是經典功德成就當得作佛得大
勢於意云何尒時常不輕菩薩豈異人乎則
我身是若我於宿世不受持讀誦此經為他
人說者不能疾得阿耨多羅三藐三菩提我

BD04836號　妙法蓮華經卷六　（30–15）

重讚嘆種諸善根於後復值千万億佛亦於諸
佛法中說是經典功德成就當得作佛得大
勢於意云何尒時常不輕菩薩豈異人乎則
我身是若我於宿世不受持讀誦此經為他
人說者不能疾得阿耨多羅三藐三菩提我
於先佛所受持讀誦此經為人說故疾得阿
耨多羅三藐三菩提得大勢彼時四衆比丘
比丘尼優婆塞優婆夷以瞋恚意輕賤我故二
百億劫常不值佛不聞法不見僧千劫於
阿鼻地獄受大苦惱畢是罪已復遇常不輕
菩薩教化阿耨多羅三藐三菩提得大勢於
汝意云何尒時四衆常輕是菩薩者豈異人
乎今此會中跋陁婆羅等五百菩薩師子月
等五百比丘尼思佛等五百優婆塞皆於阿
耨多羅三藐三菩提不退轉者是得大勢當
知是法華經大饒益諸菩薩摩訶薩能令至
於阿耨多羅三藐三菩提是故諸菩薩摩訶
薩於如來滅後常應受持讀誦解說書寫是
經尒時世尊欲重宣此義而說偈言
過去有佛　号威音王　神智无量　將導一切
天人龍神　所共供養　是佛滅後　法欲盡時
有一菩薩　名常不輕　時諸四衆　計着於法
不輕菩薩　往到其所　而語之言　我不輕汝
汝等行道　皆當作佛　諸人聞已　輕毀罵詈
不輕菩薩　能忍受之　其罪畢已　臨命終時
得聞此經　六根清淨　神通力故　增益壽命

BD04836號　妙法蓮華經卷六　（30–16）

天人龍神　所共供養　是佛滅後　法欲盡時
有一菩薩　名常不輕　時諸四衆　計着於法
不輕菩薩　往到其所　而語之言　我不輕汝
汝等行道　皆當作佛　諸人聞已　輕毀罵詈
不輕菩薩　能忍受之　其罪畢已　臨命終時
得聞此經　六根清淨　神通力故　增益壽命
復為諸人　廣說是經　諸著法衆　皆蒙菩薩
教化成就　令住佛道　不輕命終　值无數佛
說是經故　得无量福　漸具功德　疾成佛道
彼時不輕　則我身是　時四部衆　著法之者
聞不輕言　汝當作佛　以是因緣　值无數佛
此會菩薩　五百之衆　并及四部　清信士女
今於我前　聽法者是　我於前世　勸是諸人
聽受斯經　第一之法　開示教人　令住涅槃
世世受持　如是經典　億億万劫　至不可議
時乃得聞　是法華經　億億万劫　至不可議
諸佛世尊　時說是經　是故行者　於佛滅後
聞如是經　勿生疑惑　應當一心　廣說此經
世世值佛　疾成佛道
妙法蓮華經如來神力品第二十一
尒時千世界微塵等菩薩摩訶薩從地踊出
者皆於佛前一心合掌瞻仰尊顔而白佛言
世尊我等於佛滅後世尊分身所在國土滅
度之處當廣說此經所以者何我等亦自欲
得是真淨大法受持讀誦解說書寫而供養
之尒時世尊於文殊師利等无量百千万億

BD04836號　妙法蓮華經卷六　（30–17）

者皆於佛前一心合掌瞻仰尊顏而白佛言
世尊我等於佛滅後世尊分身所在國土滅
度之處當廣說此經所以者何我等亦自欲
得是真淨大法受持讀誦解說書寫而供養
之尒時世尊於文殊師利等无量百千万億
舊住娑婆世界菩薩摩訶薩及諸比丘比丘
尼優婆塞優婆夷天龍夜叉乹闥婆阿脩羅
迦樓羅緊那羅摩睺羅伽人非人等一切衆
前現大神力出廣長舌上至梵世一切毛孔
放於无量无數色光皆悉遍照十方世界衆
寶樹下師子座上諸佛亦復如是出廣長舌
放无量光釋迦牟尼佛及寶樹下諸佛現神
力時滿百千歲然後還攝舌相一時謦欬俱
共彈指是二音聲遍至十方諸佛世界地皆
六種震動其中衆生天龍夜叉乹闥婆阿脩
羅迦樓羅緊那羅摩睺羅伽人非人等以佛
神力故皆見此娑婆世界无量无邊百千万
億衆寶樹下師子座上諸佛及見釋迦牟尼
佛共多寶如來在寶塔中坐師子座又見无
量无邊百千万億菩薩摩訶薩及諸四衆恭
敬圍繞釋迦牟尼佛既見是已皆大歡喜得
未曾有即時諸天於虛空中高聲唱言過此
无量无邊百千万億阿僧祇世界有國名娑
婆是中有佛名釋迦牟尼今為諸菩薩摩訶
薩說大乘經名妙法蓮華教菩薩法佛所護
念汝等當深心隨喜亦當礼拜供養釋迦牟

BD04836號　妙法蓮華經卷六　（30–18）

无量无邊百千万億阿僧祇世界有國名娑
婆是中有佛名釋迦牟尼今為諸菩薩摩訶
薩說大乘經名妙法蓮華教菩薩法佛所護
念汝等當深心隨喜亦當礼拜供養釋迦牟
尼佛彼諸衆生聞虛空中聲已合掌向娑婆
世界作如是言南无釋迦牟尼佛南无釋迦
牟尼佛以種種華香瓔珞幡蓋及諸嚴身之
具珎寶妙物皆共遙散娑婆世界所散諸物
從十方來譬如雲集變成寶帳遍覆此間諸
佛之上于時十方世界通達无礙如一佛土
尒時佛告上行等菩薩大衆諸佛神力如是
无量无邊不可思議若我以是神力於无量
无邊百千万億阿僧祇劫為囑累故說此經
功德猶不能盡以要言之如來一切所有之
法如來一切自在神力如來一切秘要之藏如
來一切甚深之事皆於此經宣示顯說是
故汝等於如來滅後應一心受持讀誦解說
書寫如說脩行所在國土若有受持讀誦解
說書寫如說脩行若經卷所住之處若於園
中若於林中若於樹下若於僧坊若白衣舍
若在殿堂若山谷曠野是中皆應起塔供養
所以者何當知是處即是道場諸佛於此得
阿耨多羅三藐三菩提諸佛於此轉于法輪
諸佛於此而般涅槃尒時世尊欲重宣此義
而說偈言
諸佛救世者　住於大神通　為悅衆生故　現无量神力

BD04836號　妙法蓮華經卷六　（30–19）

所以者何當知是處即是道場諸佛於此得
阿耨多羅三藐三菩提諸佛於此轉于法輪
諸佛於此而般涅槃尒時世尊欲重宣此義
而說偈言
諸佛救世者　住於大神通　為悅眾生故　現无量神力
舌相至梵天　身放无數光　為求佛道者　現此希有事
諸佛謦欬聲　及彈指之聲　周聞十方國　地皆六種動
以佛滅度後　能持是經故　諸佛皆歡喜　現无量神力
囑累是經故　讚美受持者　於无量劫中　猶故不能盡
是人之功德　无邊无有窮　如十方虛空　不可德邊際
能持是經者　則為已見我　亦見多寶佛　及諸分身者
又見我今日　教化諸菩薩　能持是經者　令我及分身
滅度多寶佛　一切皆歡喜　十方現在佛　并過去未來
亦見亦供養　亦令得歡喜　諸佛坐道場　所得祕要法
能持是經者　不久亦當得　能持是經者　於諸法之義
名字及言辭　樂說无窮盡　如風於空中　一切无障礙
於如來滅後　知佛所說經　因緣及次第　隨義如實說
如日月光明　能除諸幽冥　斯人行世間　能滅眾生闇
教无量菩薩　畢竟住一乘　是故有智者　聞此功德利
於我滅度後　應受持斯經　是人於佛道　決定无有疑
妙法蓮華經囑累品第二十二
尒時釋迦牟尼佛從法座起現大神力以右手
摩无量菩薩摩訶薩頂而作是言我於无
量百千万億阿僧祇劫修習是難得阿耨多
羅三藐三菩提法今以付囑汝等汝等應當
一心流布此法廣令增益如是三摩諸菩薩

BD04836號　妙法蓮華經卷六　（30–20）

尒時釋迦牟尼佛從法座起現大神力以右手
摩无量菩薩摩訶薩頂而作是言我於无
量百千万億阿僧祇劫修習是難得阿耨多
羅三藐三菩提法今以付囑汝等汝等應當
一心流布此法廣令增益如是三摩諸菩薩
摩訶薩頂而作是言我於无量百千万億阿
僧祇劫修習是難得阿耨多羅三藐三菩提
法今以付囑汝等汝等當受持讀誦廣宣此
法令一切眾生普得聞知所以者何如來有
大慈悲无諸慳悋亦无所畏能與眾生佛之
智慧如來智慧自然智慧如來是一切眾生
之大施主汝等亦應隨學如來之法勿生慳
悋於未來世若有善男子善女人信如來智
慧者當為演說此法華經使得聞知為令其
人得佛慧故若有眾生不信受者當於如來
餘深法中示教利喜汝等若能如是則為已
報諸佛之恩時諸菩薩摩訶薩聞佛作是說
已皆大歡喜遍滿其身益加恭敬曲躬低頭
合掌向佛俱發聲言如世尊勅當具奉行唯
然世尊願不有慮諸菩薩摩訶薩眾如是三
反俱發聲言如世尊勅當具奉行唯然世尊
願不有慮尒時釋迦牟尼佛令十方來諸分
身佛各還本土而作是言諸佛各隨所安多
寶佛塔還可如故說是語時十方无量分身
諸佛坐寶樹下師子座上者及多寶佛并上
行等无邊阿僧祇菩薩大眾舍利弗等聲聞

BD04836號　妙法蓮華經卷六　（30–21）

頭不有處尒時釋迦牟尼佛令十方来諸分
身佛各還本土而作是言諸佛各随所安多
寶佛塔還可如故說是語時十方无量分身
諸佛坐寶樹下師子座上者及多寶佛并上
行等无邊阿僧祇菩薩大衆舍利弗等聲聞
四衆及一切世間天人阿脩羅等聞佛所說
皆大歡喜

妙法蓮華經藥王菩薩本事品第二十三

尒時宿王華菩薩白佛言世尊藥王菩薩云
何遊於娑婆世界世尊是藥王菩薩有若干
百千万億那由他難行苦行善哉世尊願少
解說諸天龍神夜叉乹闥婆阿脩羅迦樓羅
緊那羅摩睺羅伽人非人等又他國土諸来
菩薩及此聲聞衆聞皆歡喜尒時佛告宿王
華菩薩乃往過去无量恒河沙劫有佛号日
月淨明德如来應供正遍知明行足善逝世
間解无上士調御丈夫天人師佛世尊其佛
有八十億大菩薩摩訶薩七十二恒河沙大
聲聞衆佛壽四万二千劫菩薩壽命亦等彼
國无有女人地獄餓鬼畜生阿脩羅等及以
諸難地平如掌琉璃所成寶樹莊嚴寶帳覆
上垂寶華幡寶瓶香爐周遍國界七寶為臺
一樹一臺其樹去臺盡一箭道此諸寶樹皆
有菩薩聲聞而坐其下諸寶臺上各有百億
諸天作天伎樂歌嘆於佛以為供養尒時彼
佛為一切衆生喜見菩薩及衆菩薩諸聲聞

一樹一臺其樹去臺盡一箭道此諸寶樹皆
有菩薩聲聞而坐其下諸寶臺上各有百億
諸天作天伎樂歌嘆於佛以為供養尒時彼
佛為一切衆生喜見菩薩及衆菩薩諸聲聞
衆說法華經是一切衆生憙見菩薩樂習苦
行於日月淨明德佛法中精進經行一心求
佛滿万二千歲已得現一切色身三昧得此
三昧已心大歡喜即作念言我得現一切色
身三昧皆是得聞法華經力我今當供養日
月淨明德佛及法華經即時入是三昧於虛
空中雨曼陁羅華摩訶曼陁羅華細末堅黑
栴檀滿虛空中如雲而下又雨海此岸栴檀
之香此香六銖價直娑婆世界以供養佛作
是供養已從三昧起而自念言我雖以神力
供養於佛不如以身供養即服諸香栴檀薰
陸兜樓婆畢力迦沉水膠香又飲瞻蔔諸華
香油滿千二百歲已香油塗身於日月淨明德
佛前以天寶衣而自纏身灌諸香油以神
通力願而自燃身光明遍照八十億恒河沙
世界其中諸佛同時讚言善哉善哉善男子
是真精進是名真法供養如来若以華香瓔
珞燒香末香塗香天繒幡蓋及海此岸栴檀
之香如是等種種諸物供養所不能及假使
國城妻子布施亦所不及善男子是名第一
之施於諸施中最尊最上以法供養諸如来
故作是語已而各嘿然其身火燃千二百歲

珞燒香末香塗香天繒幡蓋及海此岸栴檀
之香如是等種種諸物供養所不能及假使
國城妻子布施亦所不及善男子是名弟一
之施於諸施中最尊最上以法供養諸如來
故作是語已而各嘿然其身火燃千二百歲
過是已後其身乃盡一切衆生憙見菩薩作
如是法供養已命終之後復生日月淨明德
佛國中於淨德王家結跏趺坐忽然化生即
為其父而說偈言
大王今當知 我經行彼處 即時得一切 現諸身三昧
勤行大精進 捨所愛之身
說是偈已而白父言日月淨明德佛今故現
在我先供養佛已得解一切衆生語言陁羅
尼復聞是法華經八百千万億那由他甄迦
羅頻婆羅阿閦婆等偈大王我今當還供養
此佛白已即坐七寳之臺上昇虚空高七多
羅樹往到佛所頭面礼足合十指爪以偈讚佛
容顔甚奇妙 光明照十方 我適曾供養 今復還親近
尒時一切衆生憙見菩薩說是偈已而白佛
言世尊世尊猶故在世尒時日月淨明德佛
告一切衆生憙見菩薩善男子我涅槃時到
滅盡時至汝可安施床座我於今夜當般涅
槃又勑一切衆生憙見菩薩善男子我以佛
法囑累於汝及諸菩薩大弟子并阿耨多羅
三藐三菩提法亦以三千大千七寳世界諸
寳樹寳臺及給侍諸天悉付於汝我滅度後

BD04836 號　妙法蓮華經卷六　（30–24）

告一切衆生憙見菩薩善男子我涅槃時到
滅盡時至汝可安施床座我於今夜當般涅
槃又勑一切衆生憙見菩薩善男子我以佛
法囑累於汝及諸菩薩大弟子并阿耨多羅
三藐三菩提法亦以三千大千七寳世界諸
寳樹寳臺及給侍諸天悉付於汝我滅度後
所有舍利亦付囑汝當令流布廣設供養應
起若干千塔如是日月淨明德佛勑一切衆
生憙見菩薩已於夜後分入於涅槃尒時一
切衆生憙見菩薩見佛滅度悲感懊惱戀慕
於佛即以海此岸栴檀為積供養佛身而以
燒之火滅已後收取舍利作八万四千寳瓶
以起八万四千塔高三世界表刹莊嚴垂諸幡
蓋懸衆寳鈴尒時一切衆生憙見菩薩復
自念言我雖作是供養心猶未足我今當更
供養舍利便語諸菩薩大弟子及天龍夜叉
等一切大衆汝等當一心念我今供養日月
淨明德佛舍利作是語已即於八万四千塔
前然百福莊嚴臂七万二千歲而以供養令
无數求聲聞衆无量阿僧祇人發阿耨多羅
三藐三菩提心皆使得住現一切色身三昧
尒時諸菩薩天人阿脩羅等見其无臂憂惱
悲哀而作是言此一切衆生憙見菩薩是我
等師教化我者而今燒臂身不具足于時一
切衆生憙見菩薩於大衆中立此誓言我捨
兩臂必當得佛金色之身若實不虚令我兩

BD04836 號　妙法蓮華經卷六　（30–25）

尒時諸菩薩天人阿脩羅等見其无臂憂惱
悲哀而作是言此一切衆生憙見菩薩是我
等師教化我者而今燒臂身不具足于時一
切衆生憙見菩薩於大衆中立此誓言我捨
兩臂必當得佛金色之身若實不虚令我兩
臂還復如故作是誓已自然還復由斯菩薩
福德智慧淳厚所致當尒之時三千大千世
界六種震動天雨寶華一切人天得未曾有
佛告宿王華菩薩於汝意云何一切衆生憙
見菩薩豈異人乎今藥王菩薩是也其所捨
身布施如是无量百千万億那由他數宿王
華若有發心欲得阿耨多羅三藐三菩提者
能燃手指乃至足一指供養佛塔勝以國城
妻子及三千大千國土山林河池諸珎寶物
而供養者若復有人以七寶滿三千大千世
界供養於佛及大菩薩辟支佛阿羅漢是
人所得功德不如受持此法華經乃至一四句
偈其福最多宿王華譬如一切川流江河諸
水之中海為第一此法華經亦復如是於諸
如來所說經中最為深大又如土山黒山小
鐵圍山大鐵圍山及十寶山衆山之中須弥
山為第一此法華經亦復如是於諸經中最
為其上又如衆星之中月天子最為第一此
法華經亦復如是於千万億種諸經法中最
為照明又如日天子能除諸闇此經亦復如
是能破一切不善之闇又如諸小王中轉輪

BD04836號　妙法蓮華經卷六　（30–26）

鐵圍山大鐵圍山及十寶山衆山之中須弥
山為第一此法華經亦復如是於諸經中最
為其上又如衆星之中月天子最為第一此
法華經亦復如是於千万億種諸經法中最
為照明又如日天子能除諸闇此經亦復如
是能破一切不善之闇又如諸小王中轉輪
聖王最為第一此經亦復如是於衆經中最
為其尊又如帝釋於三十三天中王此經亦
復如是諸經中王又如大梵天王一切衆生
之父此經亦復如是一切賢聖學无學及發
菩薩心者之父又如一切凡夫人中須陁洹
斯陁含阿那含阿羅漢辟支佛為第一此經
亦復如是一切如來所說若菩薩所說若聲
聞所說諸經法中最為第一有能受持是經
典者亦復如是於一切衆生中亦為第一一
切聲聞辟支佛中菩薩為第一此經亦復如
是於一切諸經法中最為第一如佛為諸法
王此經亦復如是諸經中王宿王華此經能
救一切衆生者此經能令一切衆生離諸苦
惱此經能大饒益一切衆生充滿其願如清
涼池能滿一切諸渴乏者如寒者得火如裸
者得衣如商人得主如子得母如渡得船如
病得醫如暗得燈如貧得寶如民得王如賈
客得海如炬除暗此法華經亦復如是能令
衆生離一切苦一切病痛能解一切生死之
縛若人得聞此法華經若自書若使人書所

BD04836號　妙法蓮華經卷六　（30–27）

涼池能滿一切諸渴乏者如寒者得火如裸
者得衣如商人得主如子得母如渡得船如
病得醫如暗得燈如貧得寶如民得王如賈
客得海如炬除暗此法華經亦復如是能令
眾生離一切苦一切病痛能解一切生死之
縛若人得聞此法華經若自書若使人書所
得功德以佛智慧籌量多少不得其邊若
書是經卷華香瓔珞燒香末香塗香旛蓋
衣服種種之燈蘇燈油燈諸香油燈瞻蔔油燈
須曼那油燈波羅羅油燈婆利師迦油燈那婆
摩利油燈供養所得功德亦復无量宿王華
若有人聞是藥王菩薩本事品者亦得无量
无邊功德若有女人聞是藥王菩薩本事品
能受持者盡是女身後不復受若如來滅後
後五百歲中若有女人聞是經典如說脩行於
此命終即往安樂世界阿彌陀佛大菩薩
眾圍繞住處生蓮華中寶座之上不復為貪
欲所惱亦復不為瞋恚愚癡所惱亦復不為
憍慢嫉妬諸垢所惱得菩薩神通无生法忍
得是忍已眼根清淨以是清淨眼根見七百
万二千億那由他恒河沙等諸佛如來是時
諸佛遙共讚言善哉善哉善男子汝能於釋
迦牟尼佛法中受持讀誦思惟是經為他人
說所得福德无量无邊火不能燒水不能漂
汝之功德千佛共說不能令盡汝今已能破
諸魔賊壞生死軍諸餘怨敵皆悉摧滅善男

万二千億那由他恒河沙等諸佛如來是時
諸佛遙共讚言善哉善哉善男子汝能於釋
迦牟尼佛法中受持讀誦思惟是經為他人
說所得福德无量无邊火不能燒水不能漂
汝之功德千佛共說不能令盡汝今已能破
諸魔賊壞生死軍諸餘怨敵皆悉摧滅善男
子百千諸佛以神通力共守護汝於一切世間
天人之中无如汝者唯除如來其諸聲聞辟
支佛乃至菩薩智慧禪定无有與汝等者宿
王華此菩薩成就如是功德智慧之力若有
人聞是藥王菩薩本事品能隨喜讚善者是
人現世口中常出青蓮華香身毛孔中常出
牛頭栴檀香所得功德如上所說是故宿王
華以此藥王菩薩本事品囑累於汝我滅度
後後五百歲中廣宣流布於閻浮提无令斷
絕惡魔魔民諸天龍夜叉鳩槃荼等得其便
也宿王華汝當以神通之力守護是經所以
者何此經則為閻浮提人病之良藥若人有
病得聞是經病即消滅不老不死宿王華汝
若見有受持是經者應以青蓮華盛滿末香
供散其上散已作是念言此人不久必當取
草坐於道場破諸魔軍當吹法螺擊大法鼓
度脫一切眾生老病死海是故求佛道者見
有受持是經典人應當如是生恭敬心說是
藥王菩薩本事品時八万四千菩薩得解一
切眾生語言陀羅尼多寶如來於寶塔中讚

後後五百歲中廣宣流布於閻浮提无令斷
絶惡魔魔民諸天龍夜叉鳩槃茶等得其便
也宿王華汝當以神通之力守護是經所以
者何此經則為閻浮提人病之良藥若人有
病得聞是經病即消滅不老不死宿王華汝
若見有受持是經者應以青蓮華盛滿末香
供散其上散已作是念言此人不久必當取
草坐於道場破諸魔軍當吹法螺擊大法鼓
度脫一切衆生老病死海是故求佛道者見
有受持是經典人應當如是生恭敬心說是
藥王菩薩本事品時八万四千菩薩得解一
切衆生語言陁羅尼多寶如來於寶塔中讚
宿王華菩薩言善哉善哉宿王華汝成就不
可思議功徳乃能問釋迦牟尼佛如此之事
利益无量一切衆生

妙法蓮華經卷第六

BD04836號　妙法蓮華經卷六　（30–30）

生所有善根皆悉隨喜又於現在初行菩
薩發菩提心所有功德過百大劫行菩薩行有
大功德獲无生忍至不退轉一生補處如是
一切功德之蘊皆悉至心隨喜讚歎過去未
來一切菩薩所有功德隨喜讚歎亦復如是
復於現在十方世界一切諸佛應正遍知證
妙菩提為度无邊諸衆生故轉无上法輪行
无礙法施擊法鼓吹法螺建法幢雨法雨哀
愍勸化一切衆生咸令信受皆蒙法施悉得
充足无盡安樂又復所有菩薩聲聞獨覺功
德積集善根若有衆生未具如是諸功德
者悉令具足我皆隨喜如是過去未來諸佛菩
薩聲聞獨覺所有功德亦皆至心隨喜讚歎
善男子如是隨喜當得无量功德之聚如恒
河沙三千大千世界所有衆生皆斷煩惱成
阿羅漢若有善男子善女人盡其形壽常
以上妙衣服飲食卧具醫藥而為供養如是功
德不及如前隨喜功德千分之一何以故供養
功德有數有量不攝一切諸功德故隨喜
[illegible]

BD04837號　金光明最勝王經卷三　（5–1）

河沙三千大千世界所有衆生皆斷煩惱成
阿羅漢若有善男子善女人盡其形壽常
以上妙衣服飲食卧具醫藥而為供養如是切
德不及如前随喜功德千分之一何以故供養
功德有數有量不攝一切諸功德故随喜
功德无量无數能攝三世一切功德是故若人
欲求增長勝善根者應修如是随喜功德若
有女人願轉女身為男子者亦應修習随喜功
德必得随心現成男子尒時天帝釋白佛言
世尊已知随喜功德勸請功德唯願為説欲
令未来一切菩薩當轉法輪現在菩薩正修
行故佛告帝釋若有善男子善女人願求
阿耨多羅三藐三菩提者應當修行聲聞
獨覺大乘之道是人當於晝夜六時如前威
儀一心專念作如是言我今歸依十方一切諸
佛世尊已得阿耨多羅三藐三菩提未轉无
上法輪欲捨報身入涅槃者我皆至誠頂礼
勸請轉大法輪雨大法雨然大法燈照明理
趣施无礙法莫般涅槃久住於世度脱安樂
一切衆生如前所説乃至无盡安樂我今以此
勸請功德迴向阿耨多羅三藐三菩提如過
去未来現在諸大菩薩勸請功德迴向菩提
我亦如是勸請功德迴向无上正等菩提善
男子假使有人以三千大千世界滿中七寶
供養如来若復有人勸請如来轉大法輪所
得功德其福勝彼何以故彼是財施此是法

BD04837號　金光明最勝王經卷三　（5–2）

勸請功德迴向阿耨多羅三藐三菩提如過
去未来現在諸大菩薩勸請功德迴向菩提
我亦如是勸請功德迴向无上正等菩提善
男子假使有人以三千大千世界滿中七寶
供養如来若復有人勸請如来轉大法輪所
得功德其福勝彼何以故彼是財施此是法
施善男子且置三千大千世界七寶布施若
人以滿恒河沙數大千世界七寶供養一切
諸佛勸請功德亦勝於彼由其法施有五勝
利云何為五一者法施兼利自他財施不尒
二者法施能令衆生出於三界財施之福
不出欲界三者法施能淨法身財施但唯增
長於色四者法施无窮財施有盡五者法
施能斷无明施唯伏貪愛是故善男子勸請
功德无量无邊難可譬喻如我昔行菩薩道
時勸請諸佛轉大法輪由彼善根是故今日
一切帝釋諸梵王等勸請於我轉大法輪善
男子請轉法輪為欲度脱安樂諸衆生故我
於往昔為菩提行勸請如来久住於世莫般
涅槃依此善根我得十力四无所畏四无礙
辯大慈大悲證得无數不共之法我當入於
无餘涅槃我之正法久住於世我法身者清
淨无比種種妙相无量智慧无量自在无量
功德難可思議一切衆生皆蒙利益百千万
劫説不能盡法身攝藏一切諸法一切諸法
不攝法身法身常住不墮常見雖復斷滅

BD04837號　金光明最勝王經卷三　（5–3）

无餘涅槃我之正法久住於世我法身者清
淨无比種種妙相无量智慧无量自在无量
切德難可思議一切衆生皆蒙利益百千万
劫說不能盡法身攝藏一切諸法一切諸法
不攝法身法身常住不墮常見雖復斷滅
非斷見能破衆生種種異見能生衆生種種
真見能解一切衆生之縛无縛可解能植衆
生諸善根本未成熟者令成熟已成熟者令
解脫无作无動遠離閙閙寂靜无為自在安
樂過於三世能現三世出於聲聞獨覺之境
諸大菩薩之所修行一切如來體无有異此等
皆由勸請切德善根力故如是法身我今已
得是故若有欲得阿耨多羅三藐三菩提
者於諸經中一句一頌為人解說切德善根
尚无限量何況勸請如來轉大法輪久住於
世莫般涅槃
時天帝釋復白佛言世尊若善男子善女人
為求阿耨多羅三藐三菩提故修三乘道所
有善根云何迴向一切智智佛言天帝善男
子若有衆生欲求菩提修三乘道所有善根
願迴向者當於晝夜六時慇重至心作如是
說我從无始生死以來於三寶所修行成就
所有善根乃至施與傍生一摶之食或以善
言和解諍訟或受三歸及諸學處或復懺悔
勸請隨喜所有善根我今作意悉皆攝取
迴施一切衆生无悔悋心是解脫分善根所攝

BD04837號　金光明最勝王經卷三　（5–4）

諸大菩薩之所修行一切如來體无有異此等
皆由勸請切德善根力故如是法身我今已
得是故若有欲得阿耨多羅三藐三菩提
者於諸經中一句一頌為人解說切德善根
尚无限量何況勸請如來轉大法輪久住於
世莫般涅槃
時天帝釋復白佛言世尊若善男子善女人
為求阿耨多羅三藐三菩提故修三乘道所
有善根云何迴向一切智智佛言天帝善男
子若有衆生欲求菩提修三乘道所有善根
願迴向者當於晝夜六時慇重至心作如是
說我從无始生死以來於三寶所修行成就
所有善根乃至施與傍生一摶之食或以善
言和解諍訟或受三歸及諸學處或復懺悔
勸請隨喜所有善根我今作意悉皆攝取
迴施一切衆生无悔悋心是解脫分善根所攝
如佛世尊之所知見不可稱量无礙清淨如
是所有切德善根悉以迴施一切衆生不住
相心不捨相心我亦如是切德善根悉以迴

BD04837號　金光明最勝王經卷三　（5–5）

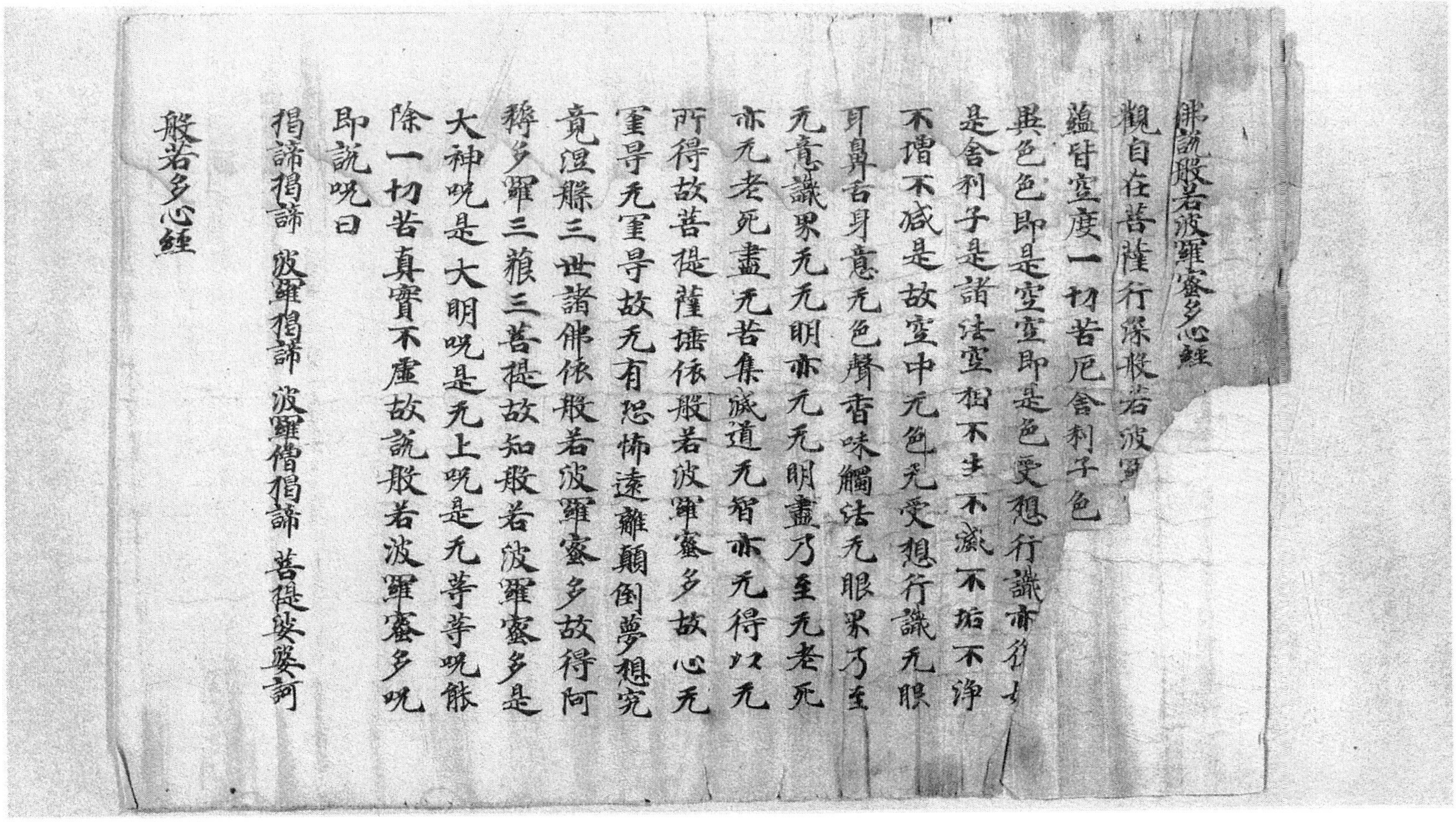

佛說般若波羅蜜多心經
觀自在菩薩行深般若波羅
蘊皆空度一切苦厄舍利子色
異色色即是空空即是色受想行識亦復
是舍利子是諸法空相不生不滅不垢不淨
不增不減是故空中无色无受想行識无眼
耳鼻舌身意无色聲香味觸法无眼界乃至
无意識界无无明亦无无明盡乃至无老死
亦无老死盡无苦集滅道无智亦无得以无
所得故菩提薩埵依般若波羅蜜多故心无
罣㝵无罣㝵故无有恐怖遠離顛倒夢想究
竟涅槃三世諸佛依般若波羅蜜多故得阿
耨多羅三藐三菩提故知般若波羅蜜多是
大神呪是大明呪是无上呪是无等等呪能
除一切苦真實不虛故說般若波羅蜜多呪
即說呪曰
揭諦揭諦 波羅揭諦 波羅僧揭諦 菩提娑婆訶
般若多心經

BD04838 號　般若波羅蜜多心經　（1–1）

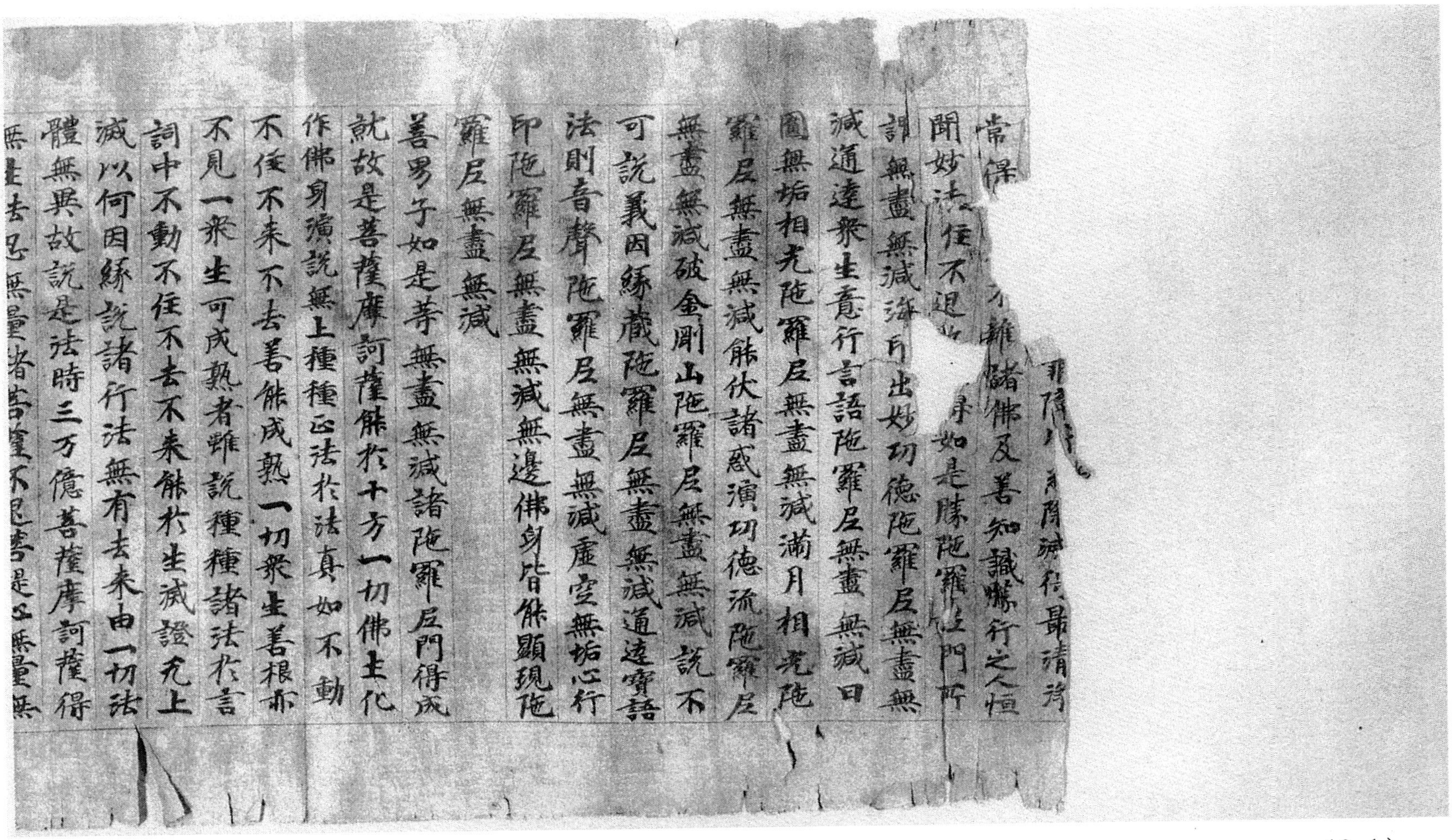

非隱……最清淨
常得……離諸佛及善知識勝行之人恒
聞妙法住不退……得如是勝陀羅尼門所
謂無盡無減海印出妙功德陀羅尼無盡無
減通達眾生意行言語陀羅尼無盡無減日
圓無垢相光陀羅尼無盡無減滿月相光陀
羅尼無盡無減能伏諸惑演功德流陀羅尼
無盡無減破金剛山陀羅尼無盡無減說不
可說義因緣藏陀羅尼無盡無減通達實語
法則音聲陀羅尼無盡無減虛空無垢心行
印陀羅尼無盡無減無邊佛身皆能顯現陀
羅尼無盡無減
善男子如是等無盡無減諸陀羅尼門得成
就故是菩薩摩訶薩能於十方一切佛土化
作佛身演說無上種種正法於法真如不動
不住不來不去善能成熟一切眾生善根亦
不見一眾生可成熟者雖說種種諸法於言
詞中不動不住不去不來能於生滅證無生
滅以何因緣說諸行法無有去來由一切法
體無異故說是法時三万億菩薩摩訶薩得
無生法忍無量……無量無

BD04839 號　金光明最勝王經卷四　（3–1）

說故是菩薩摩訶薩能於十方一切佛土化
作佛身演說無上種種正法於法真如不動
不住不來不去善能成熟一切衆生善根亦
不見一衆生可成熟者雖說種種諸法於言
詞中不動不住不去不來能於生滅證无上
滅以何因緣說諸行法無有去來由一切法
體無異故說是法時三万億菩薩摩訶薩得
無生法忍無量諸菩薩不退菩提心無量無
邊苾芻苾芻尼得法眼淨無量衆生發菩薩
心尒時世尊而說頌曰
勝法能逆生死流　甚深微妙難得見
有情盲冥貪欲覆　由不見故受衆苦
尒時大衆俱從座起頂礼佛足而白佛言世
尊若所在處講宣讀誦此金光明最勝王經
我等大衆皆悉往彼爲作聽衆是說法師令
得利益安樂無障身意泰然我等皆當盡心
供養亦令聽衆安隱快樂所住國土無諸怨
賊恐怖厄難飢饉之若人民熾盛此說法處
道場之地一切諸天人非人等一切衆生不
應履踐及以汙穢何以故說法之處即是制
底當以香花繒綵幡蓋而爲供養我等常爲
守護令離衰損佛告大衆善男子汝等應當
精勤修習此妙經典是則正法久住於世
金光明經卷第四
杋 善里 從木

BD04839 號　金光明最勝王經卷四　（3–2）

心尒時世尊而說頌曰
勝法能逆生死流　甚深微妙難得見
有情盲冥貪欲覆　由不見故受衆苦
尒時大衆俱從座起頂礼佛足而白佛言世
尊若所在處講宣讀誦此金光明最勝王經
我等大衆皆悉往彼爲作聽衆是說法師令
得利益安樂無障身意泰然我等皆當盡心
供養亦令聽衆安隱快樂所住國土無諸怨
賊恐怖厄難飢饉之若人民熾盛此說法處
道場之地一切諸天人非人等一切衆生不
應履踐及以汙穢何以故說法之處即是制
底當以香花繒綵幡蓋而爲供養我等常爲
守護令離衰損佛告大衆善男子汝等應當
精勤修習此妙經典是則正法久住於世
金光明經卷第四
杋 善里 從木

BD04839 號　金光明最勝王經卷四　（3–3）

佛所護念
世過无量无邊不可思議
億佛奉持正法具足菩薩
所行之道當得作佛号曰華光如来應供
正遍知明行足善逝世間解无上士調御丈
夫天人師佛世尊國名離垢其土平政清淨嚴
飾安隱豊樂天人熾盛瑠璃為地有八交道
黃金為繩以界其側其傍各有七寶行樹常
有華菓華光如来亦以三乘教化衆生舍利
弗彼佛出時雖非惡世以本願故說三乘法
其劫名大寶莊嚴何故名曰大寶莊嚴其國
中以菩薩為大寶故彼諸菩薩无量无邊不
可思議筭數譬喻所不能及非佛智力无能
知者若欲行時寶華承足此諸菩薩非初發
意皆久殖德本於无量百千億佛所淨脩梵
行恒為諸佛之所稱歎常脩佛慧具大神
通善知一切諸法之門質直无偽志念堅固
如是菩薩充滿其國舍利弗華光佛壽十二
小劫除為王子未作佛時其國人民壽八小劫
華光如来過十二小劫授堅滿菩薩阿耨
多羅三藐三菩提記告諸比丘是堅滿菩薩

BD04840 號　妙法蓮華經卷二　（28–1）

行恒為諸佛之所稱歎常脩佛慧具大神
通善知一切諸法之門質直无偽志念堅固
如是菩薩充滿其國舍利弗華光佛壽十二
小劫除為王子未作佛時其國人民壽八小劫
華光如来過十二小劫授堅滿菩薩阿耨
多羅三藐三菩提記告諸比丘是堅滿菩薩
次當作佛号曰華足安行多陁阿伽度阿羅
訶三藐三佛陁其佛國土亦復如是舍利弗
是華光佛滅度之後正法住世卅二小劫像
法住世卅二小劫尒時世尊欲重宣此義而
說偈言
舍利弗來世　成佛普智尊　号名曰華光　當度无量衆
供養无數佛　具足菩薩行　十力等功德　證於无上道
過无量劫已　劫名大寶嚴　世界名離垢　清淨无瑕穢
以瑠璃為地　金繩界其道　七寶雜色樹　常有華菓實
彼國諸菩薩　志念常堅固　神通波羅蜜　皆已悉具足
於无數佛所　善學菩薩道　如是等大士　華光佛所化
佛為王子時　棄國捨世榮　於最末後身　出家成佛道
華光佛住世　壽十二小劫　其國人民衆　壽命八小劫
佛滅度之後　正法住於世　三十二小劫　廣度諸衆生
正法滅盡已　像法三十二　舍利廣流布　天人普供養
華光佛所為　其事皆如是　其兩足聖尊　最勝无倫匹
彼即是汝身　宜應自欣慶
尒時四部衆比丘比丘尼優婆塞優婆夷天龍
夜叉乾闥婆阿脩羅迦樓羅緊那羅摩睺

BD04840 號　妙法蓮華經卷二　（28–2）

佛滅度之後　正法住於世　三十二小劫　廣度諸衆生
正法滅盡已　像法三十二　舍利廣流布　天人普供養
華光佛所為　其事皆如是　其兩足聖尊　最勝无倫匹
彼即是汝身　宜應自欣慶
尒時四部衆比丘比丘尼優婆塞優婆夷天龍
夜叉乾闥婆阿修羅迦樓羅緊那羅摩睺
羅伽等大衆見舍利弗於佛前受阿耨多羅
三藐三菩提記心大歡喜踊躍无量各各脫
身所著上衣以供養佛釋提桓因梵天王等
與无數天子亦以天妙衣天曼陁羅華摩訶
曼陁羅華等供養於佛所散天衣住虛空
中而自迴轉諸天伎樂百千万種於虛空中一
時俱作雨衆天華而作是言佛昔於波羅㮈
初轉法輪今乃復轉无上最大法輪尒時諸
天子欲重宣此義而說偈言
昔於波羅㮈　轉四諦法輪　分別說諸法　五衆之生滅
今復轉最妙　无上大法輪　是法甚深奧　少有能信者
我等從昔來　數聞世尊說　未曾聞如是　深妙之上法
世尊說是法　我等皆隨喜　大智舍利弗　今得受尊記
我等亦如是　必當得作佛　於一切世間　最尊无有上
佛道叵思議　方便隨宜說　我所有福業　今世若過世
及見佛功德　盡迴向佛道
尒時舍利弗白佛言世尊我今无復疑悔親
於佛前得受阿耨多羅三藐三菩提記是諸
千二百心自在者昔住學地佛常教化言我法

BD04840 號　妙法蓮華經卷二　（28–3）

我等亦如是　必當得作佛　於一切世間　最尊无有上
佛道叵思議　方便隨宜說　我所有福業　今世若過世
及見佛功德　盡迴向佛道
尒時舍利弗白佛言世尊我今无復疑悔親
於佛前得受阿耨多羅三藐三菩提記是諸
千二百心自在者昔住學地佛常教化言我法
能離生老病死究竟涅槃是學无學人亦各
自以離我見及有无見等謂得涅槃而今於
世尊前聞所未聞皆墮疑惑善哉世尊願
為四衆說其因緣令離疑悔尒時佛告舍利
弗我先不言諸佛世尊以種種因緣譬喻言
辭方便說法皆為阿耨多羅三藐三菩提耶
是諸所說皆為化菩薩故然舍利弗今當復
以譬喻更明此義諸有智者以譬喻得解舍
利弗若國邑聚落有大長者其年衰邁財
富无量多有田宅及諸僮僕其家廣大唯有
一門多諸人衆一百二百乃至五百人止住其
中堂閣朽故墻壁頹落柱根腐敗梁棟傾危
周迊俱時欻然火起焚燒舍宅長者諸子若
十廿或至卅在此宅中長者見是大火從四
面起即大驚怖而作是念我雖能於此所燒
之門安隱得出而諸子等於火宅內樂著嬉
戲不覺不知不驚不怖火來逼身苦痛切己
心不猒患无求出意舍利弗是長者作是思
惟我身手有力當以衣裓若以机案從舍出
之復更思惟是舍唯有一門而復狹小諸子

BD04840 號　妙法蓮華經卷二　（28–4）

之門安隱得出而諸子等於火宅內樂著嬉
戲不覺不知不驚不怖火來逼身苦痛切己
心不猒患无求出意舍利弗是長者作是思
惟我身手有力當以衣裓若以机案從舍出
之復更思惟是舍唯有一門而復狹小諸子
幼稚未有所識戀著戲處或當墮落為火所
燒我當為說怖畏之事此舍已燒宜時疾出
无令為火之所燒害作是念已如所思惟具
告諸子汝等速出父雖憐愍善言誘喻而諸
子等樂著嬉戲不肯信受不驚不畏了无出
心亦復不知何者是火何者為舍云何為失
但東西走戲視父而已尒時長者即作是念
此舍已為大火所燒我及諸子若不時出必
為所焚我今當設方便令諸子等得免斯
害父知諸子先心各有所好種種珍玩奇異之物
情必樂著而告之言汝等所可玩好希有難
得汝若不取後必憂悔如此種種羊車鹿車
牛車今在門外可以遊戲汝等於此火宅宜速
出來隨汝所欲皆當與汝尒時諸子聞父所
說珍玩之物適其願故心各勇銳互相推排
競共馳走諍出火宅是時長者見諸子等安
隱得出皆於四衢道中露地而坐无復障㝵
其心泰然歡喜踊躍時諸子等各白父言父
先所許玩好之具羊車鹿車牛車願時賜與
舍利弗尒時長者各賜諸子等一大車其車

BD04840號　妙法蓮華經卷二　(28–5)

競共馳走諍出火宅是時長者見諸子等安
隱得出皆於四衢道中露地而坐无復障㝵
其心泰然歡喜踊躍時諸子等各白父言父
先所許玩好之具羊車鹿車牛車願時賜與
舍利弗尒時長者各賜諸子等一大車其車
高廣眾寶莊校周匝欄楯四面懸鈴又於其
上張設軒蓋亦以珍奇雜寶而嚴飾之寶繩
絞絡垂諸華纓重敷綩綖安置丹枕駕以白
牛膚色充潔形體姝好有大筋力行步平正
其疾如風又多僕從而侍衛之所以者何是長
者財富无量種種諸藏悉皆充溢而作是
念我財物无極不應以下劣小車與諸子等
今此幼童皆是吾子愛无偏黨我有如是七
寶大車其數无量應當等心各各與之不宜
差別所以者何以我此物周給一國猶尚不匱
何況諸子是時諸子各乘大車得未曾有
非本所望舍利弗於汝意云何是長者等與
諸子珍寶大車寧有虛妄不舍利弗言不也
世尊是長者但令諸子得免火難全其軀命
非為虛妄何以故若全身命便為已得玩好
之具況復方便於彼火宅而拔濟之世尊若
是長者乃至不與最小一車猶不虛妄何以
故是長者先作是意我以方便令子得出以
是因緣无虛妄也何況長者自知財富无量
欲饒益諸子等與大車佛告舍利弗善哉善
哉如汝所言舍利弗如來亦復如是則為一

BD04840號　妙法蓮華經卷二　(28–6)

是長者乃至不與最小一車猶不虛妄何以
故是長者先作是意我以方便令子得出以
是因緣无虛妄也何況長者自知財富无量
欲饒益諸子等與大車佛告舍利弗善哉善
哉如汝所言舍利弗如来亦復如是則為一
切世間之父於諸怖畏衰惱憂患无明闇蔽
永盡无餘而悉成就无量知見力无所畏有
大神力及智慧力具足方便智慧波羅蜜大
慈大悲常无懈惓恒求善事利益一切而生三
三界朽故火宅為度衆生生老病死憂悲苦
惱愚癡闇蔽三毒之火教化令得阿耨多羅
三藐三菩提見諸衆生為生老病死憂悲苦
惱之所燒煮亦以五欲財利故受種種苦又以
貪著追求故現受衆苦後受地獄畜生餓
鬼之苦若生天上及在人間貧窮困苦愛別
離苦怨憎會苦如是等種種諸苦衆生沒在
其中歡喜遊戲不覺不知不驚不怖亦不生
猒不求解脫於此三界火宅東西馳走雖遭
大苦不以為患
舍利弗佛見此已便作是念我為衆生之父
應拔其苦難與无量无邊佛智慧樂令其遊
戲舍利弗如来復作是念若我但以神力及
智慧力捨於方便為諸衆生讚如来知見力
无所畏者衆生不能以是得度所以者何是
諸衆生未免生老病死憂悲苦惱而為三界
火宅所燒何由能解佛之智慧

BD04840 號　妙法蓮華經卷二　（28–7）

戲舍利弗如来復作是念若我但以神力及
智慧力捨於方便為諸衆生讚如来知見力
无所畏者衆生不能以是得度所以者何是
諸衆生未免生老病死憂悲苦惱而為三界
火宅所燒何由能解佛之智慧舍利弗如彼長
者雖復身手有力而不用之但以慇懃方便
勉濟諸子火宅之難然後各與珍寶大車如
来亦復如是雖有力无所畏而不用之但以智
慧方便於三界火宅拔濟衆生為說三乘
聲聞辟支佛佛乘而作是言汝等莫得樂
住三界火宅勿貪麁弊色聲香味觸也若貪著
生愛則為所燒汝速出三界當得三乘聲聞
辟支佛佛乘我今為汝保任此事終不虛也
汝等但當懃脩精進如来以是方便誘進衆
生復作是言汝等當知此三乘法皆是聖所
稱歎自在无繫无所依求乘是三乘以无漏
根力覺道禪定解脫三昧等而自娛樂便得
无量安隱快樂舍利弗若有衆生內有智性
從佛世尊聞法信受慇懃精進欲速出三界
自求涅槃是名聲聞乘如彼諸子為求羊車
出於火宅若有衆生從佛世尊聞法信受慇
懃精進求自然慧樂獨善寂深知諸法因緣
是名辟支佛乘如彼諸子為求鹿車出於火
宅若有衆生從佛世尊聞法信受懃勤精
進求一切智佛智自然智无師智如来知見

BD04840 號　妙法蓮華經卷二　（28–8）

自求涅槃是名聲聞乘如彼諸子為求羊車
出於火宅若有衆生從佛世尊聞法信受慇
懃精進求自然慧樂獨善寂深知諸法因緣
是名辟支佛乘如彼諸子為求鹿車出於火
宅若有衆生從佛世尊聞法信受慇懃精
進求一切種智佛智自然智无師智如來知見
力无所畏愍念安樂无量衆生利益人天度
脫一切是名大乘菩薩求此乘故名為摩訶
薩如彼諸子為求牛車出於火宅舍利弗如
彼長者見諸子等安隱得出火宅到无畏處自
惟財富无量等以大車而賜諸子如來亦復
如是為一切衆生之父若見无量億千衆生
以佛教門出三界苦怖畏險道得涅槃樂如來
尒時便作是念我有无量无邊智慧力无畏
等諸佛法藏是諸衆生皆是我子等與大乘
不令有人獨得滅度皆以如來滅度而滅度之
是諸衆生脫三界者悉與諸佛禪定解脫等
娛樂之具皆是一相一種聖所稱歎能生淨
妙第一之樂舍利弗如彼長者初以三車誘
引諸子然後但與大車寶物莊嚴安隱第
一然彼長者无虛妄之咎如來亦復如是无
有虛妄初說三乘引導衆生然後但以大乘
而度脫之何以故如來有无量智慧力无所
畏諸法之藏能與一切衆生大乘之法但不
盡能受舍利弗以是因緣當知諸佛方便力
故於一佛乘分別說三佛欲重宣此義而說

一然彼長者无虛妄之咎如來亦復如是无
有虛妄初說三乘引導衆生然後但以大乘
而度脫之何以故如來有无量智慧力无所
畏諸法之藏能與一切衆生大乘之法但不
盡能受舍利弗以是因緣當知諸佛方便力
故於一佛乘分別說三佛欲重宣此義而說
偈言
譬如長者　有一大宅　其宅久故　而復頓弊
堂舍高危　柱根摧朽　梁棟傾斜　基陛隤毀
牆壁圮坼　泥塗阤落　覆苫亂墜　椽梠差脫
周障屈曲　雜穢充遍　有五百人　止住其中
鵄梟鵰鷲　烏鵲鳩鴿　蚖蛇蝮蠍　蜈蚣蚰蜒
守宮百足　狖狸鼷鼠　諸惡虫輩　交橫馳走
屎尿臭處　不淨流溢　蜣蜋諸虫　而集其上
狐狼野干　咀嚼踐蹋　嚌齧死屍　骨肉狼藉
由是群狗　競來搏撮　飢羸慞惶　處處求食
鬪諍摣掣　啀喍嘷吠　其舍恐怖　變狀如是
處處皆有　魑魅魍魎　夜叉惡鬼　食噉人肉
毒虫之屬　諸惡禽獸　孚乳產生　各自藏護
夜叉競來　諍取食之　食之既飽　惡心轉熾
鬪諍之聲　甚可怖畏　鳩槃荼鬼　蹲踞土埵
或時離地　一尺二尺　往返遊行　縱逸嬉戲
捉狗兩足　撲令失聲　以脚加頸　怖狗自樂
復有諸鬼　其身長大　裸形黑瘦　常住其中
發大惡聲　叫呼求食　復有諸鬼　其咽如針
復有諸鬼　首如牛頭　或食人肉　或復噉狗

鬪諍之聲 甚可怖畏 鳩槃荼鬼 蹲踞土埵
或時離地 一尺二尺 往返遊行 縱逸嬉戲
捉狗兩足 撲令失聲 以脚加頸 怖狗自樂
復有諸鬼 其身長大 裸形黑瘦 常住其中
發大惡聲 叫呼求食 復有諸鬼 其咽如針
復有諸鬼 首如牛頭 或食人肉 或復噉狗
頭髮蓬亂 殘害兇險 飢渴所逼 叫喚馳走
夜叉餓鬼 諸惡鳥獸 飢急四向 窺看窗牖
如是諸難 恐畏無量 是朽故宅 屬于一人
其人近出 未久之間 於後宅舍 忽然火起
四面一時 其焰俱熾 棟梁椽柱 爆聲震裂
摧折墮落 墻壁崩倒 諸鬼神等 揚聲大叫
鵰鷲諸鳥 鳩槃荼等 周章惶怖 不能自出
惡獸毒虫 藏竄孔穴 毗舍闍鬼 亦住其中
薄福德故 為火所逼 共相殘害 飲血噉肉
野干之屬 並已前死 諸大惡獸 競來食噉
臭烟熢㶿 四面充塞 蜈蚣蚰蜒 毒蛇之類
為火所燒 爭走出穴 鳩槃荼鬼 隨取而食
諸有餓鬼 頭上火然 飢渴熱惱 周章悶走
其宅如是 甚可怖畏 毒害火災 眾難非一
是時宅主 在門外立 聞有人言 汝諸子等
先因遊戲 來入此宅 稚小無知 歡娛樂著
長者聞已 驚入火宅 方便救濟 令無燒害
告喻諸子 說眾患難 惡鬼毒虫 災火蔓延
眾苦次第 相續不絕 毒蛇蚖蝮 及諸夜叉
鳩槃荼鬼 野干狐狗 鵰鷲鵄梟 百足之屬

先因遊戲 來入此宅 稚小無知 歡娛樂著
長者聞已 驚入火宅 方便救濟 令無燒害
告喻諸子 說眾患難 惡鬼毒虫 災火蔓延
眾苦次第 相續不絕 毒蛇蚖蝮 及諸夜叉
鳩槃荼鬼 野干狐狗 鵰鷲鵄梟 百足之屬
飢渴惱急 甚可怖畏 此苦難處 況復大火
諸子無知 雖聞父誨 猶故樂著 嬉戲不已
是時長者 而作是念 諸子如此 益我愁惱
今此舍宅 無一可樂 而諸子等 耽湎嬉戲
不受我教 將為火害 即便思惟 設諸方便
告諸子等 我有種種 珍玩之具 妙寶好車
羊車鹿車 大牛之車 今在門外 汝等出來
吾為汝等 造作此車 隨意所樂 可以遊戲
諸子聞說 如此諸車 即時奔競 馳走而出
到於空地 離諸苦難 長者見子 得出火宅
住於四衢 坐師子座 而自慶言 我今快樂
此諸子等 生育甚難 愚小無知 而入險宅
多諸毒虫 魑魅可畏 大火猛焰 四面俱起
而此諸子 貪著嬉戲 我已救之 令得脫難
是故諸人 我今快樂
爾時諸子 知父安坐 皆詣父所 而白父言
願賜我等 三種寶車 如前所許 諸子出來
當以三車 隨汝所欲 今正是時 唯垂給與
長者大富 庫藏眾多 金銀琉璃 車磲馬瑙
以眾寶物 造諸大車 莊挍嚴飾 周匝欄楯
四面懸鈴 金繩絞絡 真珠羅網 張施其上

顧賜我等　三種寶車　如前所許　諸子出來
當以三車　隨汝所欲　今正是時　唯垂給與
長者大富　庫藏衆多　金銀琉璃　車𤦲馬瑙
以衆寶物　造諸大車　莊挍嚴飾　周匝欄楯
四面懸鈴　金繩交絡　真珠羅網　張施其上
金華諸瓔　處處垂下　衆綵雜飾　周匝圍遶
柔軟繒纊　以爲茵蓐　上妙細疊　價直千億
鮮白淨潔　以覆其上　有大白牛　肥壯多力
形體姝好　以駕寶車　多諸儐從　而侍衛之
以是妙車　等賜諸子　諸子是時　歡喜踊躍
乘是寶車　遊於四方　嬉戲快樂　自在无㝵
告舍利弗　我亦如是　衆聖中尊　世間之父
一切衆生　皆是吾子　深著世樂　无有慧心
三界无安　猶如火宅　衆苦充滿　甚可怖畏
常有生老　病死憂患　如是等火　熾然不息
如來已離　三界火宅　寂然閑居　安處林野
今此三界　皆是我有　其中衆生　悉是吾子
而今此處　多諸患難　唯我一人　能爲救護
雖復教詔　而不信受　於諸欲染　貪著深故
是以方便　爲說三乘　令諸衆生　知三界苦
開示演說　出世間道　是諸子等　若心決定
具足三明　及六神通　有得緣覺　不退菩薩
汝舍利弗　我爲衆生　以此譬喻　說一佛乘
汝等若能　信受是語　一切皆當　得成佛道
是乘微妙　清淨第一　於諸世間　爲无有上

BD04840號　妙法蓮華經卷二　（28–13）

開示演說　出世間道　是諸子等　若心決定
具足三明　及六神通　有得緣覺　不退菩薩
汝舍利弗　我爲衆生　以此譬喻　說一佛乘
汝等若能　信受是語　一切皆當　得成佛道
是乘微妙　清淨第一　於諸世間　爲无有上
佛所悅可　一切衆生　所應稱讚　供養禮拜
无量億千　諸力解脫　禪定智慧　及佛餘法
得如是乘　令諸子等　日夜劫數　常得遊戲
與諸菩薩　及聲聞衆　乘此寶乘　直至道場
以是因緣　十方諦求　更无餘乘　除佛方便
告舍利弗　汝是人等　皆是吾子　我則是父
汝等累劫　衆苦所燒　我皆濟拔　令出三界
我雖先說　汝等滅度　但盡生死　而實不滅
今所應作　唯佛智慧
若有菩薩　於是衆中　能一心聽　諸佛實法
諸佛世尊　雖以方便　所化衆生　皆是菩薩
若人小智　深著愛欲　爲此等故　說於苦諦
衆生心喜　得未曾有　佛說苦諦　真實无異
若有衆生　不知苦本　深著苦因　不能暫捨
爲是等故　方便說道　諸苦所因　貪欲爲本
若滅貪欲　无所依止　滅盡諸苦　名第三諦
爲滅諦故　修行於道　離諸苦縛　名得解脫
是人於何　而得解脫　但離虛妄　名爲解脫
其實未得　一切解脫　佛說是人　未實滅度
斯人未得　无上道故　我意不欲　令至滅度

BD04840號　妙法蓮華經卷二　（28–14）

為滅諦故　脩行於道　離諸苦縛　名得解脫
是人於何　而得解脫　但離虛妄　名為解脫
其實未得　一切解脫　佛說是人　未實滅度
斯人未得　无上道故　我意不欲　令至滅度
我為法王　於法自在　安隱眾生　故現於世
汝舍利弗　我此法印　為欲利益　世間故說
在所遊方　勿妄宣傳　若有聞者　隨喜頂受
當知是人　阿惟越致
若有信受　此經法者　是人已曾　見過去佛
恭敬供養　亦聞是法　若人有能　信汝所說
則為見我　亦見於汝　及比丘僧　并諸菩薩
斯法華經　為深智說　淺識聞之　迷惑不解
一切聲聞　及辟支佛　於此經中　力所不及
汝舍利弗　尚於此經　以信得入　況餘聲聞
其餘聲聞　信佛語故　隨順此經　非已智分
又舍利弗　憍慢懈怠　計我見者　莫說此經
凡夫淺識　深著五欲　聞不能解　亦勿為說
若人不信　毀謗此經　則斷一切　世間佛種
或復顰蹙　而懷疑惑　汝當聽說　此人罪報
若佛在世　若滅度後　其有誹謗　如斯經典
見有讀誦　書持經者　輕賤憎嫉　而懷結恨
此人罪報　汝今復聽
其人命終　入阿鼻獄　具足一劫　劫盡更生
如是展轉　至无數劫　從地獄出　當墮畜生
若狗野干　其形頦瘦　黧黮疥癩　人所觸嬈

BD04840號　妙法蓮華經卷二　（28–15）

其人命終　入阿鼻獄　具足一劫　劫盡更生
如是展轉　至无數劫　從地獄出　當墮畜生
若狗野干　其形頦瘦　黧黮疥癩　人所觸嬈
又復為人　之所惡賤　常困飢渴　骨肉枯竭
生受楚毒　死被瓦石　斷佛種故　受斯罪報
若作馲駝　或生驢中　身常負重　加諸杖捶
但念水草　餘无所知　謗斯經故　獲罪如是
有作野干　來入聚落　身體疥癩　又无一目
為諸童子　之所打擲　受諸苦痛　或時致死
於此死已　更受蟒身　其形長大　五百由旬
聾騃无足　蜿轉腹行　為諸小虫　之所唼食
晝夜受苦　无有休息　謗斯經故　獲罪如是
若得為人　諸根闇鈍　矬陋攣躄　盲聾背傴
有所言說　人不信受　口氣常臭　鬼魅所著
貧窮下賤　為人所使　多病痟瘦　无所依怙
雖親附人　人不在意　若有所得　尋復忘失
若脩醫道　順方治病　更增他疾　或復致死
若自有病　无人救療　設服良藥　而復增劇
若他反逆　抄劫竊盜　如是等罪　橫羅其殃
如斯罪人　永不見佛　眾聖之王　說法教化
如斯罪人　常生難處　狂聾心亂　永不聞法
於无數劫　如恒河沙　生輒聾瘂　諸根不具
常處地獄　如遊園觀　在餘惡道　如己舍宅
駝驢豬狗　是其行處　謗斯經故　獲罪如是
若得為人　聾盲瘖瘂　貧窮諸衰　以自莊嚴

BD04840號　妙法蓮華經卷二　（28–16）

於无數劫 如恒河沙 生輒聾瘂 諸根不具
常處地獄 如遊園觀 在餘惡道 如己舍宅
駝驢猪狗 是其行處 謗斯經故 獲罪如是
若得為人 聾盲瘖瘂 貧窮諸衰 以自莊嚴
水腫乾痟 疥癩癰疽 如是等病 以為衣服
身常臭處 垢穢不淨 深著我見 增益瞋恚
婬欲熾盛 不擇禽獸 謗斯經故 獲罪如是
告舍利弗 謗斯經者 若說其罪 窮劫不盡
以是因緣 我故語汝 无智人中 莫說斯經
若有利根 智慧明了 多聞強識 求佛道者
如是之人 乃可為說 若人曾見 億百千佛
殖諸善本 深心堅固 如是之人 乃可為說
若人精進 常脩慈心 不惜身命 乃可為說
若人恭敬 无有異心 離諸凡愚 獨處山澤
如是之人 乃可為說 又舍利弗 若見有人
捨惡知識 親近善友 如是之人 乃可為說
若見佛子 持戒清淨 如是明珠 求大乘經
如是之人 乃可為說 若人无瞋 質直柔濡
常愍一切 恭敬諸佛 如是之人 乃可為說
復有佛子 於大眾中 以清淨心 種種因緣
譬喻言辭 說法无㝵 如是之人 乃可為說
若有比丘 為一切智 四方求法 合掌頂受
但樂受持 大乘經典 乃至不受 餘經一偈
如是之人 乃可為說 如人至心 求佛舍利
如是求經 得已頂受 其人不復 志求餘經

若有比丘 為一切智 四方求法 合掌頂受
但樂受持 大乘經典 乃至不受 餘經一偈
如是之人 乃可為說 如人至心 求佛舍利
如是求經 得已頂受 其人不復 志求餘經
亦未曾念 外道典籍 如是之人 乃可為說
告舍利弗 我說是相 求佛道者 窮劫不盡
如是等人 則能信解 汝當為說 妙法華經
妙法蓮華經信解品第四
尒時慧命須菩提摩訶迦旃延摩訶迦葉摩
訶目揵連從佛所聞未曾有法世尊授舍利
弗阿耨多羅三藐三菩提記發希有心歡喜
踊躍即從坐起整衣服偏袒右肩右膝著地
一心合掌曲躬恭敬瞻仰尊顏而白佛言我
等居僧之首年並朽邁自謂已得涅槃无所
堪任不復進求阿耨多羅三藐三菩提世尊
往昔說法既久我時在坐身體疲懈但念空
无相无作於菩薩法遊戲神通淨佛國土成
就眾生心不喜樂所以者何世尊令我等出
於三界得涅槃證又今我等年已朽邁於佛
教化菩薩阿耨多羅三藐三菩提不生一念
好樂之心我等今於佛前聞授聲聞阿耨多
羅三藐三菩提記心甚歡喜得未曾有不謂
於今忽然得聞希有之法深自慶幸獲大善
利无量珍寶不求自得世尊我等今者樂說
譬喻以明斯義譬若有人年既幼稚捨父逃

好樂之心我等今於佛前聞授聲聞阿耨多
羅三藐三菩提記心甚歡喜得未曾有不謂
於今忽然得聞希有之法深自慶幸獲大善
利无量珎寶不求自得世尊我等今者樂說
譬喻以明斯義譬若有人年既幼稚捨父逃
逝久住他國或十廿至五十歲年既長大加復
窮困馳騁四方以求衣食漸漸遊行遇向本
國其父先來求子不得中止一城其家大
富財寶无量金銀瑠璃珊瑚虎珀頗梨珠等
其諸倉庫悉皆盈溢多有僮僕臣佐吏民
象馬車乘牛羊无數出入息利乃遍他國商估
賈客亦甚衆多時貧窮子遊諸聚落經歷
國邑遂到其父所止之城父每念子與子離別五
十餘年而未曾向人說如此事但自思惟
心懷悔恨自念老朽多有財物金銀珎寶
倉庫盈溢无有子息一旦終沒財物散失无
所委付是以慇懃每憶其子復作是念我若得
子委付財物坦然快樂无復憂慮世尊尒時
窮子傭賃展轉遇到父舍住立門側遙見其
父踞師子床寶机承足諸婆羅門剎利居士
皆恭敬圍遶以真珠瓔珞價直千万莊嚴其
身吏民僮僕手執白拂侍立左右覆以寶帳
垂諸華幡香水灑地散衆名華羅列寶物出
內取與有如是等種種嚴飾威德特尊窮子
見父有大力勢即懷恐怖悔來至此竊作是

BD04840號　妙法蓮華經卷二　（28–19）

父踞師子床寶机承足諸婆羅門剎利居士
皆恭敬圍遶以真珠瓔珞價直千万莊嚴其
身吏民僮僕手執白拂侍立左右覆以寶帳
垂諸華幡香水灑地散衆名華羅列寶物出
內取與有如是等種種嚴飾威德特尊窮子
見父有大力勢即懷恐怖悔來至此竊作是
念此或是王或是王等非我傭力得物之處
不如往至貧里肆力有地衣食易得若久住
此或見逼迫強使我作作是念已疾走而去
時富長者於師子坐見子便識心大歡喜即
作是念我財物庫藏今有所付我常思念此
子无由見之而忽自來甚適我願我年雖朽
邁猶故貪惜即遣傍人急追將還
尒時使者疾走往捉窮子驚愕稱怨大喚我
不相犯何為見捉使者執之愈急強牽將
還于時窮子自念无罪而被囚執此必定死轉
更惶怖悶絕躄地父遙見之而語使言不須
此人勿強將來以冷水灑面令得醒悟莫復
與語所以者何父知其子志意下劣自知豪
貴為子所難審知是子而以方便不語他人
云是我子使者語之我今放汝隨意所趣窮
子歡喜得未曾有從地而起往至貧里以求
衣食尒時長者將欲誘引其子而設方便密
遣二人形色憔悴无威德者汝可詣彼徐語窮
子此有作處倍與汝直窮子若許將來使
作若言欲何所作便可語之雇汝除糞我等

BD04840號　妙法蓮華經卷二　（28–20）

子歡喜得未曾有從地而起往至貧里以求
衣食尒時長者將欲誘引其子而設方便密
遣二人形色憔悴无威德者汝可詣彼徐語窮
子此有作處倍與汝直窮子若許將來使
作若言欲何所作便可語之雇汝除糞我等
二人亦共汝作時二使人即求窮子既已得
之具陳上事尒時窮子先取其價尋與除糞
其父見子愍而怪之又以他日於窓牖中遥見
子身羸瘦憔悴糞土塵坌汙穢不淨即脫
瓔珞細軟上服嚴身之具更著麁弊垢膩之衣
塵土坌身右手執持除糞之器狀有所畏語
諸作人汝等勤作勿得懈息以方便故得
近其子後復告言咄男子汝常此作勿復餘
去當加汝價諸有所須瓫器米麪鹽酢之屬
莫自疑難亦有老弊使人須者相給好自安
意我如汝父勿復憂慮所以者何我年老大
而汝少壯汝常作時无有欺怠瞋恨怨言都
不見汝此有諸惡如餘作人自今以後如所
生子即時長者更與作字名之為兒
尒時窮子雖欣此遇猶故自謂客作賤人由是
之故於廿年中常令除糞過是已後心相體
信入出无難然其所止猶在本處世尊尒
時長者有疾自知將死不久語窮子言我今
多有金銀珍寶倉庫盈溢其中多少所應取
與汝悉知之我心如是當體此意所以者何今我

BD04840號　妙法蓮華經卷二

（28–21）

之故於廿年中常令除糞過是已後心相體
信入出无難然其所止猶在本處世尊尒
時長者有疾自知將死不久語窮子言我今
多有金銀珍寶倉庫盈溢其中多少所應取
與汝悉知之我心如是當體此意所以者何今我
與汝便為不異宜加用心无令漏失
尒時窮子即受教勅領知衆物金銀珍寶及
諸庫藏而无悕取一飡之意然其所止故在本
處下劣之心亦未能捨復經少時父知子意
漸已通泰成就大志自鄙先心臨欲終時而
命其子并會親族國王大臣剎利居士皆悉
已集即自宣言諸君當知此是我子我之所
生於某城中捨吾逃走跉跰辛苦五十餘年
其本字某我名某甲昔在本城懷憂推覓
忽於是間遇會得之此實我子我實其父
今我所有一切財物皆是子有先所出內是子
所知世尊是時窮子聞父此言即大歡喜得
未曾有而作是念我本无心有所悕求今此
寶藏自然而至世尊大富長者則是如來
我等皆似佛子如來常說我等為子世尊我
等以三苦故於生死中受諸熱惱迷惑无知
樂著小法今日世尊令我等思惟蠲除諸法
戲論之糞我等於中勤加精進得至涅槃一
日之價既得此已心大歡喜自以為足而便自
謂於佛法中勤精進故所得弘多然世尊
先知我等心著弊欲樂於小法便見縱捨不

BD04840號　妙法蓮華經卷二

（28–22）

樂著小法今日世尊令我等思惟蠲除諸法
戲論之糞我等於中勤加精進得至涅槃一
日之價既得此已心大歡喜自以為足而便自
謂於佛法中勤精進故所得弘多然世尊
先知我等心著弊欲樂於小法便見縱捨不
為分別汝等當有如來知見寶藏之分世尊
以方便力說如來智慧我等從佛得涅槃一日
之價以為大得於此大乘无有志求我等
又因如來智慧為諸菩薩開示演說而自於
此无有志願所以者何佛知我等心樂小法
以方便力隨我等說而我等不知真是佛子
今我等方知世尊於佛智慧无所悋惜所以
者何我等昔来真是佛子而但樂小法若我
等有樂大之心佛則為我說大乘法於此經
中唯說一乘而昔於菩薩前毀呰聲聞樂小
法者然佛實以大乘教化是故我等說本无
心有所希求今法王大寶自然而至如佛
子所應得者皆已得之尒時摩訶迦葉欲重
宣此義而說偈言
我等今日　聞佛音教　歡喜踊躍　得未曾有
佛說聲聞　當得作佛　无上寶聚　不求自得
譬如童子　幼稚无識　捨父逃逝　遠到他土
周流諸國　五十餘年　其父憂念　四方推求
求之既疲　頓止一城　造立舍宅　五欲自娯
其家巨富　多諸金銀　車𤦲馬瑙　真珠瑠璃

BD04840 號　妙法蓮華經卷二　（28–23）

佛說聲聞　當得作佛　无上寶聚　不求自得
譬如童子　幼稚无識　捨父逃逝　遠到他土
周流諸國　五十餘年　其父憂念　四方推求
求之既疲　頓止一城　造立舍宅　五欲自娯
其家巨富　多諸金銀　車𤦲馬瑙　真珠瑠璃
象馬牛羊　輦轝車乘　田業僮僕　人民衆多
出入息利　乃遍他國　商估賈人　无處不有
千万億衆　圍遶恭敬　常為王者　之所愛念
群臣豪族　皆共宗重　以諸緣故　往来者衆
豪富如是　有大力勢　而年朽邁　益憂念子
夙夜惟念　死時將至　癡子捨我　五十餘年
庫藏諸物　當如之何
尒時窮子　求索衣食　從邑至邑　從國至國
或有所得　或无所得　飢餓羸瘦　體生瘡癬
漸次經歷　到父住城　傭賃展轉　遂到父捨
尒時長者　於其門内　施大寶帳　處師子坐
眷屬圍遶　諸人侍衛　或有計筭　金銀寶物
出内財產　注記券疏　窮子見父　豪貴尊嚴
謂是國王　若是王等　驚怖自恠　何故至此
覆自念言　我若久住　或見逼迫　強駈使作
思惟是已　馳走而去　借問貧里　欲往傭作
長者是時　在師子坐　遥見其子　嘿而識之
即勅使者　追捉將来　窮子驚喚　迷悶躃地
是人執我　必當見煞　何用衣食　使我至此
長者知子　愚癡狹劣　不信我言　不信是父

BD04840 號　妙法蓮華經卷二　（28–24）

思惟是已　馳走而去　借問貧里　欲往傭作
長者是時　在師子座　遙見其子　嘿而識之
即勅使者　追捉將來　窮子驚喚　迷悶躄地
是人執我　必當見殺　何用衣食　使我至此
長者知子　愚癡狹劣　不信我言　不信是父
即以方便　更遣餘人　眇目矬陋　无威德者
汝可語之　云當相雇　除諸糞穢　倍與汝價
窮子聞之　歡喜隨來　為除糞穢　淨諸房舍
長者於牖　常見其子　念子愚劣　樂為鄙事
於是長者　著弊垢衣　執持糞器　往到子所
方便附近　語令勤作　既益汝價　并塗足油
飲食充足　薦席厚煖　如是苦言　汝當勤作
又以軟語　若如我子
長者有智　漸令入出　經二十年　執作家事
示其金銀　真珠頗梨　諸物出入　皆使令知
猶處門外　止宿草庵　自念貧事　我无此物
父知子心　漸已廣大　欲與財物　即聚親族
國王大臣　剎利居士　於此大眾　說是我子
捨我他行　經五十歲　自見子來　已二十年
昔於某城　而失是子　周行求索　遂來至此
凡我所有　舍宅人民　悉已付之　恣其所用
子念昔貧　志意下劣　今於父所　大獲珍寶
并及舍宅　一切財物　甚大歡喜　得未曾有
佛亦如是　知我樂小　未曾說言　汝等作佛
而說我等　得諸无漏　成就小乘　聲聞弟子

BD04840號　妙法蓮華經卷二　（28–25）

凡我所有　舍宅人民　悉已付之　恣其所用
子念昔貧　志意下劣　今於父所　大獲珍寶
并及舍宅　一切財物　甚大歡喜　得未曾有
佛亦如是　知我樂小　未曾說言　汝等作佛
而說我等　得諸无漏　成就小乘　聲聞弟子
佛勅我等　說最上道　脩習此者　當得成佛
我承佛教　為大菩薩　以諸因緣　種種譬喻
若干言辭　說无上道
諸佛子等　從我聞法　日夜思惟　精勤脩習
是時諸佛　即授其記　汝於來世　當得作佛
一切諸佛　秘藏之法　但為菩薩　演其實事
而不為我　說斯真要　如彼窮子　得近其父
雖知諸物　心不希取　我等雖說　佛法寶藏
自无志願　亦復如是　我等內滅　自謂為足
唯了此事　更无餘事　我等若聞　淨佛國土
教化眾生　都无欣樂　所以者何　一切諸法
皆悉空寂　无生无滅　无大无小　无漏无為
如是思惟　不生喜樂　我等長夜　於佛智慧
无貪无著　无復志願　而自於法　謂是究竟
我等長夜　脩習空法　得脫三界　苦惱之患
住最後身　有餘涅槃　佛所教化　得道不虛
則為已得　報佛之恩　我等雖為　諸佛子等
說菩薩法　以求佛道　而於是法　永无願樂
導師見捨　觀我心故　初不勸進　說有實利
如富長者　知子志劣　以方便力　柔伏其心

BD04840號　妙法蓮華經卷二　（28–26）

[illegible]
則為已得　報佛之恩　我等雖為　諸佛子等
說菩薩法　以求佛道　而於是法　永无願樂
導師見捨　觀我心故　初不勸進　說有實利
如富長者　知子志劣　以方便力　柔伏其心
然後乃付　一切財寶
佛亦如是　現希有事　知樂小者　以方便力
調伏其心　乃教大智　我等今日　得未曾有
非先所望　而今自得　如彼窮子　得无量寶
世尊我今　得道得果　於无漏法　得清淨眼
我等長夜　持佛淨戒　始於今日　得其果報
法王法中　久脩梵行　今得无漏　无上大果
我等今者　真是聲聞　以佛道聲　令一切聞
我等今者　真是羅漢　於諸世間　天人魔梵
普於其中　應受供養　世尊大恩　以希有事
憐愍教化　利益我等　无量億劫　誰能報者
手足供給　頭頂礼敬　一切供養　皆不能報
若以頂戴　兩肩荷負　於恒沙劫　盡心恭敬
又以美饍　无量寶衣　及諸卧具　種種湯藥
牛頭栴檀　及諸珎寶　以起塔廟　寶衣布地
如斯等事　以用供養　於恒沙劫　亦不能報
諸佛希有　无量无邊　不可思議　大神通力
无漏无為　諸法之王　能為下劣　忍于斯事
取相凡夫　隨宜為說　諸佛於法　得最自在
知諸衆生　種種欲樂　及其志力　隨所堪任
以无量喻　而為說法　隨諸衆生　宿世善根

BD04840號　妙法蓮華經卷二　（28–27）

又以美饍　无量寶衣　及諸卧具　種種湯藥
牛頭栴檀　及諸珎寶　以起塔廟　寶衣布地
如斯等事　以用供養　於恒沙劫　亦不能報
諸佛希有　无量无邊　不可思議　大神通力
无漏无為　諸法之王　能為下劣　忍于斯事
取相凡夫　隨宜為說　諸佛於法　得最自在
知諸衆生　種種欲樂　及其志力　隨所堪任
以无量喻　而為說法　隨諸衆生　宿世善根
又知成熟　未成熟者　種種籌量　分別知已
於一乘道　隨宜說三

妙法蓮華經卷第二

BD04840號　妙法蓮華經卷二　（28–28）

妙法蓮華經安樂行品第十四　五
尒時文殊師利法王子菩薩摩訶薩白佛言世
尊是諸菩薩甚為難有敬順佛故發大誓
願於後惡世護持讀誦是法華經世尊菩薩
摩訶薩於後惡世云何能說是經佛告文殊
師利若菩薩摩訶薩於後惡世欲說是經當
安住四法一者安住菩薩行處親近處能為
衆生演說是經文殊師利云何名菩薩摩訶
薩行處若菩薩摩訶薩住忍辱地柔和善順
而不卒暴心亦不驚又復於法无所行而觀
諸法如實相亦不行不分別是名菩薩摩訶
薩行處云何名菩薩摩訶薩親近處菩薩摩
訶薩不親近國王王子大臣官長不親近諸
外道梵志尼揵子等及造世俗文筆讚詠外
書及路伽耶陀逆路伽耶陀者亦不親近諸
有凶戲相扠相撲及那羅等種種變現之戲
又不親近旃陀羅及畜猪羊雞狗畋獵漁捕

BD04841 號　妙法蓮華經卷五　（3–1）

薩行處云何名菩薩摩訶薩親近處菩薩摩
訶薩不親近國王王子大臣官長不親近諸
外道梵志尼揵子等及造世俗文筆讚詠外
書及路伽耶陀逆路伽耶陀者亦不親近諸
有凶戲相扠相撲及那羅等種種變現之戲
又不親近旃陀羅及畜猪羊雞狗畋獵漁捕
諸惡律儀如是人等或時來者則為說法无
所悕望又不親近求聲聞比丘比丘尼優婆塞
優婆夷亦不問訊若於房中若經行處若
在講堂中不共住止或時來者隨宜說法无
所悕求文殊師利又菩薩摩訶薩不應於女
人身取能生欲想相而為說法亦不樂見若
入他家不與小女處女寡女等共語亦復不
近五種不男之人以為親厚不獨入他家若
有因緣須獨入時但一心念佛若為女人說
法不露齒笑不現胷臆乃至為法猶不親厚
況復餘事不樂畜年少弟子沙弥小兒亦不
樂與同師常好坐禪在於閑處脩攝其心文
殊師利是名初親近處復次菩薩摩訶薩觀
一切法空如實相不顛倒不動不退不轉如
虛空无所有性一切語言道斷不生不出不
起无名无相實无所有无量无邊无礙无障
但以因緣有從顛倒生故說常樂觀如是法
相是名菩薩摩訶薩第二親近處尒時世尊
欲重宣此義而說偈言
若有菩薩　於後惡世　无怖畏心　欲說是經
應入行處　及親近處　常離國王　及國王子

BD04841 號　妙法蓮華經卷五　（3–2）

起无名无相實无所有无量无邊无礙无障
但以因緣有從顛倒生故說常樂觀如是法
相是名菩薩摩訶薩第二親近處尒時世尊
欲重宣此義而說偈言
若有菩薩　於後惡世　无怖畏心　欲說是經
應入行處　及親近處　常離國王　及國王子
大臣官長　凶險戲者　及栴陁羅　外道梵志
亦不親近　增上慢人　貪著小乘　三藏學者
破戒比丘　名字羅漢　及比丘尼　好戲笑者
深著五欲　求現滅度　諸優婆夷　皆勿親近
若是人等　以好心來　到菩薩所　為聞佛道
菩薩則以　无所畏心　不懷悕望　而為說法
寡女處女　及諸不男　皆勿親近　以為親厚
亦莫親近　屠兒魁膾　畋獵漁捕　為利煞害
販肉自活　衒賣女色　如是之人　皆勿親近
凶險相撲　種種嬉戲　諸婬女等　盡勿親近
莫獨屏處　為女說法　若說法時　无得戲笑
入里乞食　將一比丘　若无比丘　一心念佛
是則名為　行處近處　以此二處　能安樂說
又復不行　上中下法　有為无為　實不實法
亦不分別　是男是女　不得諸法　不知不見
是則名為　菩薩行處　一切諸法　空无所有

BD04841 號　妙法蓮華經卷五　　（3–3）

得未曾有所以者何我昔從佛聞如是法
見諸菩薩受記作佛而我等不預斯事甚
自感傷失於如來無量知見世尊我常獨處
山林樹下若坐若行每作是念我等同入法性
云何如來以小乘法而見濟度是我等咎非世
尊也所以者何若我等待說所因成就阿耨
多羅三藐三菩提者必以大乘而得度脫然我
等不解方便隨宜所說初聞佛法遇便信受
思惟取證世尊我從昔來終日竟夜每自剋
責而今從佛聞所未聞未曾有法斷諸疑悔
身意泰然快得安隱今日乃知真是佛子從
佛口生從法化生得佛法分尒時舍利弗欲重
宣此義而說偈言
我聞是法音　得所未曾有　心懷大歡喜　疑網皆已除
昔來蒙佛教　不失於大乘　佛音甚希有　能除眾生惱
我已得漏盡　聞亦除憂惱　我處於山谷　或在林樹下
若坐若經行　常思惟是事　嗚呼深自責　云何而自欺
我等亦佛子　同入無漏法　不能於未來　演說無上道
金色三十二　十力諸解脫　同共一法中　而不得此事
八十種妙好　十八不共法　如是等功德　而我皆已失
我獨經行時　見佛在大眾　名聞滿十方　廣饒益眾生
自惟失此利　我為自欺誑　我常於日夜　每思惟是事
欲以問世尊　為失為不失　我常見世尊　稱讚諸菩薩

BD04842 號　妙法蓮華經卷三　　（29–1）

金色三十二　十力諸解脫　同共一法中　而不得此事
八十種妙好　十八不共法　如是等功德　而我皆已失
我獨經行時　見佛在大衆　名聞滿十方　廣饒益衆生
自惟失此利　我為自欺誑　我常於日夜　每思惟是事
欲以問世尊　為失為不失　我常見世尊　稱讚諸菩薩
以是於日夜　籌量如此事　今聞佛音聲　隨宜而說法
無漏難思議　令衆至道場　我本着邪見　為諸梵志師
世尊知我心　拔邪說涅槃　我悉除邪見　於空法得證
尒時心自謂　得至於滅度　而今乃自覺　非是實滅度
若得作佛時　具三十二相　天人夜叉衆　龍神等恭敬
是時乃可謂　永盡滅無餘　佛於大衆中　說我當作佛
聞如是法音　疑悔悉已除　初聞佛所說　心中大驚疑
將非魔作佛　惱乱我心耶　佛以種種緣　譬喻巧言說
其心安如海　我聞疑網斷　佛說過去世　無量滅度佛
安住方便中　亦皆說是法　現在未來佛　其數无有量
亦以諸方便　演說如是法　如今者世尊　從生及出家
得道轉法輪　亦以方便說　世尊說實道　波旬无此事
以是我定知　非是魔作佛　我墮疑網故　謂是魔所為
聞佛柔軟音　深遠甚微妙　演暢清淨法　我心大歡喜
疑悔永已盡　安住實智中　我定當作佛　為天人所敬
轉无上法輪　教化諸菩薩
尒時佛告舍利弗吾今於天人沙門婆羅門等
大衆中說我昔曾於二萬億佛所為无上道
故常教化汝汝亦長夜隨我受學我以方
便引導汝故生我法中舍利弗我昔教汝志
願佛道汝今悉忘而便自謂已得滅度我今
還欲令汝憶念本願所行道故為諸聲聞

尒時佛告舍利弗吾今於天人沙門婆羅門等
大衆中說我昔曾於二萬億佛所為无上道
故常教化汝汝亦長夜隨我受學我以方
便引導汝故生我法中舍利弗我昔教汝志
願佛道汝今悉忘而便自謂已得滅度我今
還欲令汝憶念本願所行道故為諸聲聞
說是大乘經名妙法蓮華教菩薩法佛所
護念舍利弗汝於未來世過无量无邊不
可思議劫供養若干千萬億佛奉持正法
具足菩薩所行之道當得作佛號曰華光
如來應供正遍知明行足善逝世間解无
上士調御丈夫天人師佛世尊國名離垢其
土平正清淨嚴飾安隱豐樂天人熾盛琉
璃為地有八交道黃金為繩以界其側其
傍各有七寶行樹常有華菓華光如來亦
以三乘教化衆生舍利弗彼佛出時雖非惡
世以本願故說三乘法其劫名大寶莊嚴
其國中以菩薩為大寶故彼諸菩薩无量无
邊不可思議筭數譬喻所不能及非佛智
力无能知者若欲行時寶華承足此諸菩薩
非初發意皆久殖德本於无量百千萬億佛
所淨脩梵行恒為諸佛之所稱歎常脩佛慧
具大神通善知一切諸法之門質直无偽志念
堅固如是菩薩充滿其國舍利弗華光佛壽
十二小劫除為王子未作佛時其國人民壽八小
劫華光如來過十二小劫授堅滿菩薩阿
耨多羅三[illegible]

非初發意皆久殖德本於无量百千萬億佛
所淨脩梵行恒為諸佛之所稱歎常脩佛慧
具大神通善知一切諸法之門質直无偽志念
堅固如是菩薩充滿其國舍利弗華光佛壽
十二小劫除為王子未作佛時其國人民壽八小
劫華光如來過十二小劫授堅滿菩薩阿
耨多羅三藐三菩提記告諸比丘是堅滿
菩薩次當作佛号曰華足安行多陁阿伽度
阿羅訶三藐三佛陁其佛國土亦復如是舍
利弗是花光佛滅度之後正法住世三十二小
劫像法住世亦三十二小劫尒時世尊欲重
宣此義而說偈言
舍利弗來世　成佛普智尊　号名曰華光　當度无量衆
供養无數佛　具足菩薩行　十力等功德　證於无上道
過无量劫已　劫名大寶嚴　世界名離垢　清淨无瑕穢
以瑠璃為地　金繩界其道　七寶雜色樹　常有華菓實
彼國諸菩薩　志念常堅固　神通波羅蜜　皆已悉具足
於无數佛所　善學菩薩道　如是等大士　華光佛所化
佛為王子時　棄國捨世榮　於最末後身　出家成佛道
華光佛住世　壽十二小劫　其國人民衆　壽命八小劫
佛滅度之後　正法住於世　三十二小劫　廣度諸衆生
正法滅盡已　像法三十二　舍利廣流布　天人普供養
華光佛所為　其事皆如是　其兩足聖尊　最勝无倫疋
彼即是汝身　宜應自欣慶
尒時四部衆比丘比丘尼優婆塞優婆夷天
龍夜叉乹闥婆阿脩羅迦樓羅緊那羅摩
睺羅伽等大衆見舍利弗於佛前受阿耨

華光佛所為　其事皆如是　其兩足聖尊　最勝无倫疋
彼即是汝身　宜應自欣慶
尒時四部衆比丘比丘尼優婆塞優婆夷天
龍夜叉乹闥婆阿脩羅迦樓羅緊那羅摩
睺羅伽等大衆見舍利弗於佛前受阿耨
多羅三藐三菩提記心大歡喜踊躍无量各各
脫身所著上衣以供養佛釋提桓因梵天王
等與无數天子亦以天妙衣天曼陁羅華摩
訶曼陁羅華等供養於佛所散天衣住虛
空中而自迴轉諸天伎樂百千万種於虛空
中一時俱作雨衆天華而作是言佛昔於波
羅㮈初轉法輪今乃復轉无上最大法輪尒
時諸天子欲重宣此義而說偈言
昔於波羅㮈　轉四諦法輪　分別說諸法　五衆之生滅
今復轉最妙　无上大法輪　是法甚深奧　少有能信者
我等從昔來　數聞世尊說　未曾聞如是　深妙之上法
世尊說是法　我等皆隨喜　大智舍利弗　今得受尊記
我等亦如是　必當得作佛　於一切世間　最尊无有上
佛道叵思議　方便隨宜說　我所有福業　今世若過世
及見佛功德　盡迴向佛道
尒時舍利弗白佛言世尊我今无復疑悔親
於佛前得受阿耨多羅三藐三菩提記是諸
千二百心自在者昔住學地佛常教化言
我法能離生老病死究竟涅槃是學无學
人亦各自以離我見及有无見等謂得涅槃而
今於世尊前所未聞皆墮疑惑善哉世尊

千二百心自在者昔住學地佛常教化言
我法能離生老病死究竟涅槃是學无學
人亦各自以離我見及有无見等謂得涅槃而
今於世尊前聞所未聞皆墮疑惑善哉世尊
願為四衆說其因緣令離疑悔尒時佛告舍
利弗我先不言諸佛世尊以種種因緣譬喻
言辭方便說法皆為阿耨多羅三藐三菩提
耶是諸所說皆為化菩薩故然舍利弗今當
復以譬喻更明此義諸有智者以譬喻得
解舍利弗若國邑聚落有大長者其年衰
邁財富无量多有田宅及諸僮僕其家廣
大唯有一門多諸人衆一百二百乃至五百人止
住其中堂閣朽故墻壁隤落柱根腐敗梁
棟傾危周帀俱時欻然火起焚燒舍宅長
者諸子若十二十或至三十在此宅中長者見
是大火從四面起即大驚怖而作是念我雖
能於此所燒之門安隱得出而諸子等於火宅內
樂著嬉戲不覺不知不驚不怖火來逼身苦
痛切己心不猒患無求出意舍利弗是長者
作是思惟我身手有力當以衣裓若以几案
從舍出之復更思惟是舍唯有一門而復陜
小諸子幼稚未有所識戀著戲處或當墮落
為火所燒我當為說怖畏之事此舍已燒宜時
疾出无令為火之所燒害作是念已如所思惟
具告諸子汝等速出父雖怜愍善言誘喻而
諸子等樂著嬉戲不肯信受不驚不畏了

為火所燒我當為說怖畏之事此舍已燒宜時
疾出无令為火之所燒害作是念已如所思惟
具告諸子汝等速出父雖怜愍善言誘喻而
諸子等樂著嬉戲不肯信受不驚不畏了
无出心亦復不知何者是火何者為舍云何
為失但東西走戲視父而已尒時長者即作
是念此舍已為大火所燒我及諸子若不時出必
為所焚我今當設方便令諸子等得免斯
害父知諸子先心各有所好種種珍玩奇異
之物情必樂著而告之言汝等所可玩好希
有難得汝若不取後必憂悔如此種種羊車
鹿車牛車今在門外可以遊戲汝等於此火
宅宜速出來隨汝所欲皆當與汝尒時諸
子聞父所說珍玩之物適其願故心各勇鋭
互相推排競共馳走爭出火宅是時長者
見諸子等安隱得出皆於四衢道中露地而
生无復障礙其心泰然歡喜踊躍時諸子等
各白父言父先所許玩好之具羊車鹿車牛
車願時賜與舍利弗尒時長者各賜諸子
等一大車其車高廣衆寶莊校周帀欄楯四
面懸鈴又於其上張設幰蓋亦以珍奇雜寶
而嚴飾之寶繩交絡垂諸華瓔重敷綩綖
安置丹枕駕以白牛膚色充潔形體姝好
有大筋力行步平正其疾如風又多僕從
而侍衛之所以者何是大長者財富无量
種種諸藏悉皆充溢而作是念我財物

而嚴飾之寶繩交絡垂諸華瓔重敷婉綖
安置丹枕駕以白牛膚色充潔形體姝好
有大筋力行步平正其疾如風又多僕從
而侍衛之所以者何是大長者財富無量
種種諸藏悉皆充溢而作是念我財物
無極不應以下劣小車與諸子等今此幼童
皆是吾子愛無偏黨我有如是七寶大車
其數無量應當等心各與之不宜差別所以
者何以我此物周給一國猶尚不匱何況諸
子是時諸子各乘大車得未曾有非本所望
舍利弗於汝意云何是長者等與諸子珍
寶大車寧有虛妄不舍利弗言不也世尊
是長者但令諸子得免火難全其軀命非
為虛妄何以故若全身命便為已得玩好之
具況復方便於彼火宅而拔濟之世尊若是
長者乃至不與最小一車猶不虛妄何以故
是長者先作是意我以方便令子得出以
是因緣無虛妄也何況長者自知財富無
量欲饒益諸子等與大車佛告舍利弗善
哉善哉如汝所言舍利弗如來亦復如是則
為一切世間之父於諸怖畏衰惱憂患無明
闇蔽永盡無餘而悉成就無量知見力無
所畏有大神力及智慧力具足方便智慧
波羅蜜大慈大悲常無懈惓恒求善事利
益一切而生三界朽故火宅為度眾生生老病
死憂悲苦惱愚癡闇蔽三毒之火教化令

BD04842 號　妙法蓮華經卷三　（29–8）

為一切世間之父於諸怖畏衰惱憂患無明
闇蔽永盡無餘而悉成就無量知見力無
所畏有大神力及智慧力具足方便智慧
波羅蜜大慈大悲常無懈惓恒求善事利
益一切而生三界朽故火宅為度眾生生老病
死憂悲苦惱愚癡闇蔽三毒之火教化令
得阿耨多羅三藐三菩提見諸眾生為生
老病死憂悲苦惱之所燒煮亦以五欲財利
故受種種苦又以貪著追求故現受眾苦後
受地獄畜生餓鬼之苦若生天上及在人間
貧窮困苦愛別離苦怨憎會苦如是等
種種諸苦眾生沒在其中歡喜遊戲不
覺不知不驚不怖亦不生厭不求解脫於
此三界火宅東西馳走雖遭大苦不以為患
舍利弗佛見此已便作是念我為眾生之
父應拔其苦難與無量無邊佛智慧樂
令其遊戲舍利弗如來復作是念若我
但以神力及智慧力捨於方便為諸眾生讚
如來知見力無所畏者眾生不能以是得度
所以者何是諸眾生未免生老病死憂悲苦
惱而為三界火宅所燒何由能解佛之智慧
舍利弗如彼長者雖復身手有力而不用之
但以慇懃方便勉濟諸子火宅之難然後各
與珍寶大車如來亦復如是雖有力無所
畏而不用之但以智慧方便於三界火宅
拔濟眾生為說三乘聲聞辟支佛佛乘
而作是言汝等莫得樂住三界火宅勿貪

BD04842 號　妙法蓮華經卷三　（29–9）

但以慇懃方便勉濟諸子火宅之難然後各
與珎寶大車如来亦復如是雖有力无所
畏而不用之但以智慧方便於三界火宅
拔濟衆生為說三乘聲聞辟支佛佛乘
而作是言汝等莫得樂住三界火宅勿貪
麁弊色聲香味觸也若貪著生愛則
為所燒汝速出三界當得三乘聲聞辟
支佛佛乘我今為汝保任此事終不虛也
汝等但當懃脩精進如来以是方便誘進
衆生復作是言汝等當知此三乘法皆是
聖所稱歎自在无繫无所依求乘是三乘
以无漏根力覺道禪定解脫三昧等而自
娛樂便得无量安隱快樂舍利弗若有衆
生內有智性從佛世尊聞法信受慇懃
精進欲速出三界自求涅槃是名聲聞乘
如彼諸子為求羊車出於火宅若有衆生
從佛世尊聞法信受慇懃精進求自然
慧樂獨善寂深知諸法因緣是名辟支佛
乘如彼諸子為求鹿車出於火宅若有衆
生從佛世尊聞法信受懃脩精進求一切
智佛智自然智无師智如来知見力无所畏
愍念安樂无量衆生利益天人度脫一切是
名大乘菩薩求此乘故名為摩訶薩如是諸
子為求牛車出於火宅舍利弗如彼長者見
諸子等安隱得出火宅到无畏處自惟財
富无量等以大車而賜諸子如来亦復如是

BD04842號　妙法蓮華經卷三　(29-10)

智佛智自然智无師智如来知見力无所畏
愍念安樂无量衆生利益天人度脫一切是
名大乘菩薩求此乘故名為摩訶薩如是諸
子為求牛車出於火宅舍利弗如彼長者見
諸子等安隱得出火宅到无畏處自惟財
富无量等以大車而賜諸子如来亦復如是
為一切衆生之父若見无量億千衆生以佛教
門出三界苦怖畏險道得涅槃樂如来尒
時便作是念我有无量无邊智慧力无畏
等諸佛法藏是諸衆生皆是我子等與大
乘不令有人獨得滅度皆以如来滅度而
滅度之是諸衆生脫三界者悉與諸佛禪定
解脫等娛樂之具皆是一相一種聖所稱歎
能生淨妙第一之樂舍利弗如彼長者初以
三車誘引諸子然後但與大車寶物莊嚴
安隱第一然彼長者无虛妄之咎如来亦
復如是无有虛妄初說三乘引導衆生然
後但以大乘而度脫之何以故如来有无量智
慧力无所畏諸法之藏能與一切衆生大乘
之法但不盡能受舍利弗以是因緣當知諸
佛方便力故於一佛乘分別說三佛欲重宣
此義而說偈言
譬如長者　有一大宅　其宅久故　而復頓弊
堂舍高危　柱根摧朽　梁棟傾斜　基陛隤毀
墻壁圮坼　泥塗褫落　覆苫亂墜　椽梠差脫
周障屈曲　雜穢充遍　有五百人　止住其中
鵄梟鵰鷲　烏鵲鳩鴿　蚖蛇蝮蠍　蜈蚣蚰蜒

BD04842號　妙法蓮華經卷三　(29-11)

譬如長者　有一大宅　其宅久故　而復頓弊
堂舍高危　柱根摧朽　梁棟傾斜　基陛隤毀
墻壁圮坼　泥塗褫落　覆苫亂墜　椽梠差脫
周障屈曲　雜穢充遍　有五百人　止住其中
鵄梟鵰鷲　烏鵲鳩鴿　蚖蛇蝮蝎　蜈蚣蚰蜒
守宮百足　狖狸鼷鼠　諸惡虫輩　交橫馳走
屎尿臭處　不淨流溢　蜣蜋諸虫　而集其上
狐狼野干　咀嚼踐蹋　嚌齧死屍　骨肉狼藉
由是羣狗　競來搏撮　飢羸慞惶　處處求食
鬪諍摣掣　啀喍嘷吠　其舍恐怖　變狀如是
處處皆有　魑魅魍魎　夜叉惡鬼　食噉人肉
毒虫之屬　諸惡禽獸　孚乳產生　各自藏護
夜叉競來　爭取食之　食之既飽　惡心轉熾
鬪諍之聲　甚可怖畏　鳩槃荼鬼　蹲踞土埵
或時離地　一尺二尺　往返遊行　縱逸嬉戲
捉狗兩足　撲令失聲　以腳加頸　怖狗自樂
復有諸鬼　其身長大　裸形黑瘦　常住其中
發大惡聲　叫呼求食　復有諸鬼　其咽如針
復有諸鬼　首如牛頭　或食人肉　或復噉狗
頭髮蓬亂　殘害兇險　飢渴所逼　叫喚馳走
夜叉餓鬼　諸惡鳥獸　飢急四向　窺看窗牖
如是諸難　恐畏無量　是故朽宅　屬于一人
其人近出　未久之間　於後宅舍　忽然火起
四面一時　其焰俱熾　棟梁椽柱　爆聲震裂
摧折墮落　墻壁崩倒　諸鬼神等　揚聲大叫
鵰鷲諸鳥　鳩槃荼等　周章惶怖　不能自出
惡獸毒虫　藏竄孔穴　毗舍闍鬼　亦住其中

BD04842號　妙法蓮華經卷三　（29–12）

其人近出　未久之間　於後宅舍　忽然火起
四面一時　其焰俱熾　棟梁椽柱　爆聲震裂
摧折墮落　墻壁崩倒　諸鬼神等　揚聲大叫
鵰鷲諸鳥　鳩槃荼等　周章惶怖　不能自出
惡獸毒虫　藏竄孔穴　毗舍闍鬼　亦住其中
薄福德故　為火所逼　共相殘害　飲血噉肉
野干之屬　並已前死　諸大惡獸　競來食噉
臭烟熢㶿　四面充塞　蜈蚣蚰蜒　毒蛇之類
為火所燒　爭走出穴　鳩槃荼鬼　隨取而食
又諸餓鬼　頭上火然　飢渴熱惱　周章悶走
其宅如是　甚可怖畏　毒害火災　眾難非一
是時宅主　在門外立　聞有人言　汝諸子等
先因遊戲　來入此宅　稚小無知　歡娛樂著
長者聞已　驚入火宅　方宜救濟　令無燒害
告喻諸子　說眾患難　惡鬼毒虫　災火蔓莚
眾苦次第　相續不絕　毒蛇蚖蝮　及諸夜叉
鳩槃荼鬼　野干狐狗　鵰鷲鵄梟　百足之屬
飢渴惱急　甚可怖畏　此苦難處　況復大火
諸子無知　雖聞父誨　猶不樂著　嬉戲不已
是時長者　而作是念　諸子如此　益我愁惱
今此舍宅　無一可樂　而諸子等　耽湎嬉戲
不受我教　將為火害　即便思惟　設諸方便
告諸子等　我有種種　珍玩之具　妙寶好車
羊車鹿車　大牛之車　今在門外　汝等出來
吾為汝等　造作此車　隨意所樂　可以遊戲
諸子聞說　如此諸車　即時奔競　馳走而出

BD04842號　妙法蓮華經卷三　（29–13）

告諸子等　我有種種　珎玩之具　妙寶好車
羊車鹿車　大牛之車　今在門外　汝等出来
吾為汝等　造作此車　随意所樂　可以遊戲
諸子聞說　如此諸車　即時奔競　馳走而出
到於空地　離諸苦難　長者見子　得出火宅
住於四衢　坐師子座　而自慶言　我今快樂
此諸子等　生育甚難　愚小无知　而入險宅
多諸毒虫　魑魅可畏　大火猛焰　四面俱起
而此諸子　貪樂嬉戲　我已救之　令得脫難
是故諸人　我今快樂　尒時諸子　知父安坐
皆詣父所　而白父言　願賜我等　三種寶車
如前所許　諸子出来　當以三車　隨汝所欲
今正是時　唯垂給與　長者大富　庫藏眾多
金銀瑠璃　車渠馬瑙　以眾寶物　造諸大車
莊校嚴飾　周帀欄楯　四面懸鈴　金繩交絡
真珠羅網　張施其上　金華諸瓔　處處垂下
眾彩雜飾　周帀圍繞　柔軟繒纊　以為茵褥
上妙細氎　價直千億　鮮白淨潔　以覆其上
有大白牛　肥壯多力　形體姝好　以駕寶車
多諸儐從　而侍衛之　以是妙車　等賜諸子
諸子是時　歡喜踊躍　乘是寶車　遊於四方
嬉戲快樂　自在无㝵　告舍利弗　我亦如是
眾聖中尊　世間之父　一切眾生　皆是吾子
深著快樂　无有慧心　三界无安　猶如火宅
眾苦充滿　甚可怖畏　常有生老　病死憂患
如是等火　熾然不息　如来已離　三界火宅

BD04842 號　妙法蓮華經卷三　（29–14）

嬉戲快樂　自在无㝵　告舍利弗　我亦如是
眾聖中尊　世間之父　一切眾生　皆是吾子
深著快樂　无有慧心　三界无安　猶如火宅
眾苦充滿　甚可怖畏　常有生老　病死憂患
如是等火　熾然不息　如来已離　三界火宅
寂然閑居　安處林野　今此三界　皆是我有
其中眾生　悉是吾子　而今此處　多諸患難
唯我一人　能為救護　雖復教詔　而不信受
於諸欲染　貪著深故　以是方便　為說三乘
令諸眾生　知三界苦　開示演說　出世間道
是諸子等　若心決定　具足三明　及六神通
有得緣覺　不退菩薩　汝舍利弗　我為眾生
以此譬喻　說一佛乘　汝等若能　信受此語
一切皆當　成得佛道　是乘微妙　清淨第一
於諸世間　為无有上　佛所悅可　一切眾生
所應稱讚　供養礼拜　无量億千　諸力解脫
禪定智慧　及佛餘法　得如是乘　令諸子等
日夜劫數　常得遊戲　與諸菩薩　及聲聞眾
乘此寶乘　直至道場　以是因緣　十方諦求
更无餘乘　除佛方便　告舍利弗　汝諸人等
皆是吾子　我則是父　汝等累劫　眾苦所燒
我皆濟拔　令出三界　我雖先說　汝等滅度
但盡生死　而實不滅　今所應作　唯佛智慧
若有菩薩　於是眾中　能一心聽　諸佛實法
諸佛世尊　雖以方便　所化眾生　皆是菩薩
若人小智　深著愛欲　為此等故　說於苦諦

BD04842 號　妙法蓮華經卷三　（29–15）

皆是吾子 我則是父 汝等累劫 衆苦所燒
我皆濟拔 令出三界 我雖先說 汝等滅度
但盡生死 而實不滅 今所應作 唯佛智慧
若有菩薩 於是衆中 能一心聽 諸佛實法
諸佛世尊 雖以方便 所化衆生 皆是菩薩
若人小智 深著愛欲 為此等故 說於苦諦
衆生心喜 得未曾有 佛說苦諦 真實无異
若有衆生 不知苦本 深著苦因 不能暫捨
為是等故 方便說道 諸苦所因 貪欲為本
若滅貪欲 无所依止 滅盡諸苦 名第三諦
為滅諦故 修行於道 離諸苦縛 名得解脫
是人於何 而得解脫 但離虛妄 名為解脫
其實未得 一切解脫 佛說是人 未實滅度
斯人未得 无上道故 我意不欲 令至滅度
我為法王 於法自在 安隱衆生 故現於世
汝舍利弗 我此法印 為欲利益 世間故說
在所遊方 勿妄宣傳 若有聞者 隨喜頂受
當知是人 阿惟越致 若有信受 此經法者
是人已曾 見過去佛 恭敬供養 亦聞是法
若人有能 信汝所說 則為見我 亦見於汝
及比丘僧 并諸菩薩 斯法華經 為深智說
淺識聞之 迷惑不解 一切聲聞 及辟支佛
於此經中 力所不及 汝舍利弗 尚於此經
以信得入 況餘聲聞 其餘聲聞 信佛語故
隨順此經 非己智分 又舍利弗 憍慢懈怠
計我見者 莫說此經 凡夫淺識 深著五欲

BD04842 號　妙法蓮華經卷三　(29–16)

及比丘僧 并諸菩薩 斯法華經 為深智說
淺識聞之 迷惑不解 一切聲聞 及辟支佛
於此經中 力所不及 汝舍利弗 尚於此經
以信得入 況餘聲聞 其餘聲聞 信佛語故
隨順此經 非己智分 又舍利弗 憍慢懈怠
計我見者 莫說此經 凡夫淺識 深著五欲
聞不能解 亦勿為說 若人不信 毀謗此經
則斷一切 世間佛種 或復顰蹙 而懷疑惑
汝當聽說 此人罪報 若佛在世 若滅度後
其有誹謗 如斯經典 見有讀誦 書持經者
輕賤憎嫉 而懷結恨 此人罪報 汝今復聽
其人命終 入阿鼻獄 具足一劫 劫盡更生
如是展轉 至无數劫 從地獄出 當墮畜生
若狗野干 其形頊瘦 黧黮疥癩 人所觸嬈
又復為人 之所惡賤 常困飢渴 骨肉枯竭
生受楚毒 死被瓦石 斷佛種故 受斯罪報
若作駱駝 或生驢中 身常負重 加諸杖捶
但念水草 餘无所知 謗斯經故 獲罪如是
有作野干 來入聚落 身體疥癩 又无一目
為諸童子 之所打擲 受諸苦痛 或時致死
於此死已 更受蟒身 其形長大 五百由旬
聾騃无足 宛轉腹行 為諸小虫 之所唼食
晝夜受苦 无有休息 謗斯經故 獲罪如是
若得為人 諸根闇鈍 矬陋攣躄 盲聾背傴
有所言說 人不信受 口氣常臭 鬼魅所著
貧窮下賤 為人所使 多病痟瘦 无所依怙
雖親附人 人不在意 若有所得 尋復忘失

BD04842 號　妙法蓮華經卷三　(29–17)

聾騃无足　宛轉腹行　爲諸小虫　之所唼食
晝夜受苦　无有休息　謗斯經故　獲罪如是
若得爲人　諸根闇鈍　矬陋攣躄　盲聾背傴
有所言說　人不信受　口氣常臭　鬼魅所著
貧窮下賤　爲人所使　多病痟瘦　无所依怙
雖親附人　人不在意　若有所得　尋復忘失
若脩醫道　順方治病　更增他疾　或復致死
若自有病　无人救療　設服良藥　而復增劇
若他反逆　抄劫竊盜　如是等罪　橫羅其殃
如斯罪人　永不見佛　衆聖之王　說法教化
如斯罪人　常生難處　狂聾心亂　永不聞法
於无數劫　如恒河沙　生輒聾瘂　諸根不具
常處地獄　如遊園觀　在餘惡道　如己舍宅
駝驢猪狗　是其行處　謗斯經故　獲罪如是
若得爲人　聾盲瘖瘂　貧窮諸衰　以自莊嚴
水腫乾痟　疥癩癰疽　如是等病　以爲衣服
身常臭處　垢穢不淨　深著我見　增益瞋恚
婬欲熾盛　不擇禽獸　謗斯經故　獲罪如是
告舍利弗　謗斯經者　若說其罪　窮劫不盡
以是因緣　我故語汝　无智人中　莫說此經
若有利根　智慧明了　多聞強識　求佛道者
如是之人　乃可爲說　若人曾見　億百千佛
殖諸善本　深心堅固　如是之人　乃可爲說
若人精進　常脩慈心　不惜身命　乃可爲說
若人恭敬　无有異心　離諸凡愚　獨處山澤
如是之人　乃可爲說　又舍利弗　若見有人
捨惡知識　親近善友　如是之人　乃可爲說

BD04842 號　妙法蓮華經卷三

(29–18)

如是之人　乃可爲說　若人曾見　億百千佛
殖諸善本　深心堅固　如是之人　乃可爲說
若人精進　常脩慈心　不惜身命　乃可爲說
若人恭敬　无有異心　離諸凡愚　獨處山澤
如是之人　乃可爲說　又舍利弗　若見有人
捨惡知識　親近善友　如是之人　乃可爲說
若見佛子　持戒清潔　如淨明珠　求大乘經
如是之人　乃可爲說　若人无瞋　質直柔軟
常愍一切　恭敬諸佛　如是之人　乃可爲說
復有佛子　於大衆中　以清淨心　種種因緣
譬喻言辭　說法无礙　如是之人　乃可爲說
若有比丘　爲一切智　四方求法　合掌頂受
但樂受持　大乘經典　乃至不受　餘經一偈
如是之人　乃可爲說　如人至心　求佛舍利
如是求經　得已頂受　其人不復　志求餘經
亦未曾念　外道典籍　如是之人　乃可爲說
告舍利弗　我說是相　求佛道者　窮劫不盡
如是等人　則能信解　汝當爲說　妙法華經

妙法蓮華經信解品第四

尒時慧命須菩提摩訶迦旃延摩訶迦葉
摩訶目揵連從佛所聞未曾有法世尊授
舍利弗阿耨多羅三藐三菩提記發希有
心歡喜踊躍即從座起整衣服偏袒右肩
右膝著地一心合掌曲躬恭敬瞻仰尊顏
而白佛言我等居僧之首年並朽邁自謂
已得涅槃无所堪任不復進求阿耨多羅
三藐三菩提世尊往昔說法既久我時在

BD04842 號　妙法蓮華經卷三

(29–19)

舍利弗阿耨多羅三藐三菩提記發希有
心歡喜踊躍即從座起整衣服偏袒右肩
右膝著地一心合掌曲躬恭敬瞻仰尊顏
而白佛言我等居僧之首年並朽邁自謂
已得涅槃无所堪任不復進求阿耨多羅
三藐三菩提世尊往昔說法既久我時在
座身體疲懈但念空无相无作於菩薩
法遊戲神通淨佛國土成就眾生心不喜
樂所以者何世尊令我等出於三界得涅
槃證又今我等年已朽邁於佛教化菩
薩阿耨多羅三藐三菩提不生一念好樂
之心我等今於佛前授聲聞阿耨多羅
三藐三菩提記心甚歡喜得未曾有不謂
於今忽然得聞希有之法深自慶幸獲大
善利无量珍寶不求自得世尊我等今者
樂說譬喻以明斯義譬若有人年既幼稚
捨父逃逝久住他國或十二十至五十歲年既
長大加復窮困馳騁四方以求衣食漸漸
遊行遇向本國其父先來求子不得中止一
城其家大富財寶无量金銀琉璃珊瑚
虎珀頗梨珠等其諸倉庫悉皆盈溢
多有僮僕臣佐吏民象馬車乘牛羊无
數出入息利乃遍他國商估賈客亦甚
眾多時貧窮子遊諸聚落經歷國邑
遂到其父所止之城父每念子與子離別
五十餘年而未曾向人說如此事但自思
惟心懷悔恨自念老朽多有財物金銀

BD04842號　妙法蓮華經卷三　（29–20）

多有僮僕臣佐吏民象馬車乘牛羊无
數出入息利乃遍他國商估賈客亦甚
眾多時貧窮子遊諸聚落經歷國邑
遂到其父所止之城父每念子與子離別
五十餘年而未曾向人說如此事但自思
惟心懷悔恨自念老朽多有財物金銀
珍寶倉庫盈溢无有子息一旦終沒財
物散失无所委付是以慇懃每憶其子
復作是念我若得子委付財物坦然快
樂无復憂慮世尊尒時窮子傭賃展
轉遇到父舍住立門側遙見其父踞師子
床寶几承足諸婆羅門剎利居士皆恭
敬圍繞以真珠瓔珞價直千萬莊嚴其
身吏民僮僕手執白拂侍立左右覆以寶
帳垂諸華幡香水灑地散眾名華羅
列寶物出內取與有如是等種種嚴飾
威德特尊窮子見父有大力勢即懷恐
怖悔來至此竊作是念此或是王或是王
等非我傭力得物之處不如往至貧里肆
力有地衣食易得若久住此或見逼迫強
使我作作是念已疾走而去時富長者
於師子座見子便識心大歡喜即作是念
我財物庫藏今有所付我常思念此子无
由見之而忽自來甚適我願我雖年朽猶
故貪惜即遣傍人急追將還尒時使者疾
走往捉窮子驚愕稱怨大喚我不相犯何

BD04842號　妙法蓮華經卷三　（29–21）

我財物庫藏今有所付我常思念此子无
由見之而忽自来甚適我願我雖年朽猶
故貪惜即遣傍人急追將還尒時使者疾
走往捉窮子驚愕稱怨大喚我不相犯何
為見捉使者執之逾急強牽將還于時
窮子自念无罪而被囚執此必定死轉更
惶怖悶絶躄地父遥見之而語使言不須
此人勿強將来以冷水灑面令得醒悟莫
復與語所以者何父知其子志意下劣自
知豪貴為子所難審知是子而以方便不
語他人云是我子使者語之我今放汝隨
意所趣窮子歡喜得未曾有從地而起
往至貧里以求衣食尒時長者將欲誘
引其子而設方便密遣二人形色顦顇
无威德者汝可詣彼徐語窮子此有作處
倍與汝直窮子若許將来使作若言欲
何所作便可語之雇汝除糞我等二人亦
共汝作時二使人即求窮子既已得之具陳
上事尒時窮子先取其價尋與除糞其
父見子愍而怪之又以他日於窻牖中遥見
子身羸瘦顦顇糞土塵坌污穢不淨
即脫瓔珞細軟上服嚴飾之具更著麁
弊垢膩之衣塵土坌身右手執持除糞之
器狀有所畏語諸作人汝等懃作勿得
懈息以方便故得近其子後復告言咄男
子汝常此作勿復餘去當加汝價諸有所須

即脫瓔珞細軟上服嚴飾之具更著麁
弊垢膩之衣塵土坌身右手執持除糞之
器狀有所畏語諸作人汝等懃作勿得
懈息以方便故得近其子後復告言咄男
子汝常此作勿復餘去當加汝價諸有所須
瓫器米麪鹽酢之屬莫自疑難亦有老弊
使人須者相給好自安意我如汝父勿復
憂慮所以者何我年老大而汝少壯汝常作
時无有欺怠瞋恨怨言都不見汝有此諸
惡如餘作人自今已後如所生子即時長者
更與作字名之為兒尒時窮子雖欣此遇
猶故自謂客作賤人由是之故於二十年中
常令除糞過是已後心相體信入出无難
然其所止猶在本處世尊尒時長者有
疾自知將死不久語窮子言我今多有金
銀珎寶倉庫盈溢其中多少所應取與
汝悉知之我心如是當體此意所以者何今
我與汝便為不異宜加用心无令漏失尒時
窮子即受教勅領知衆物金銀珎寶及
諸庫藏而无悕取一餐之意然其所止故
在本處下劣之心亦未能捨復經少時父
知子意漸以通泰成就大志自鄙先心臨
欲終時而命其子并會親族國王大臣剎
利居士皆悉已集即自宣言諸君當知此
是我子我之所生於某城中捨吾逃走跉
竮辛苦五十餘年其本字某我名某甲昔

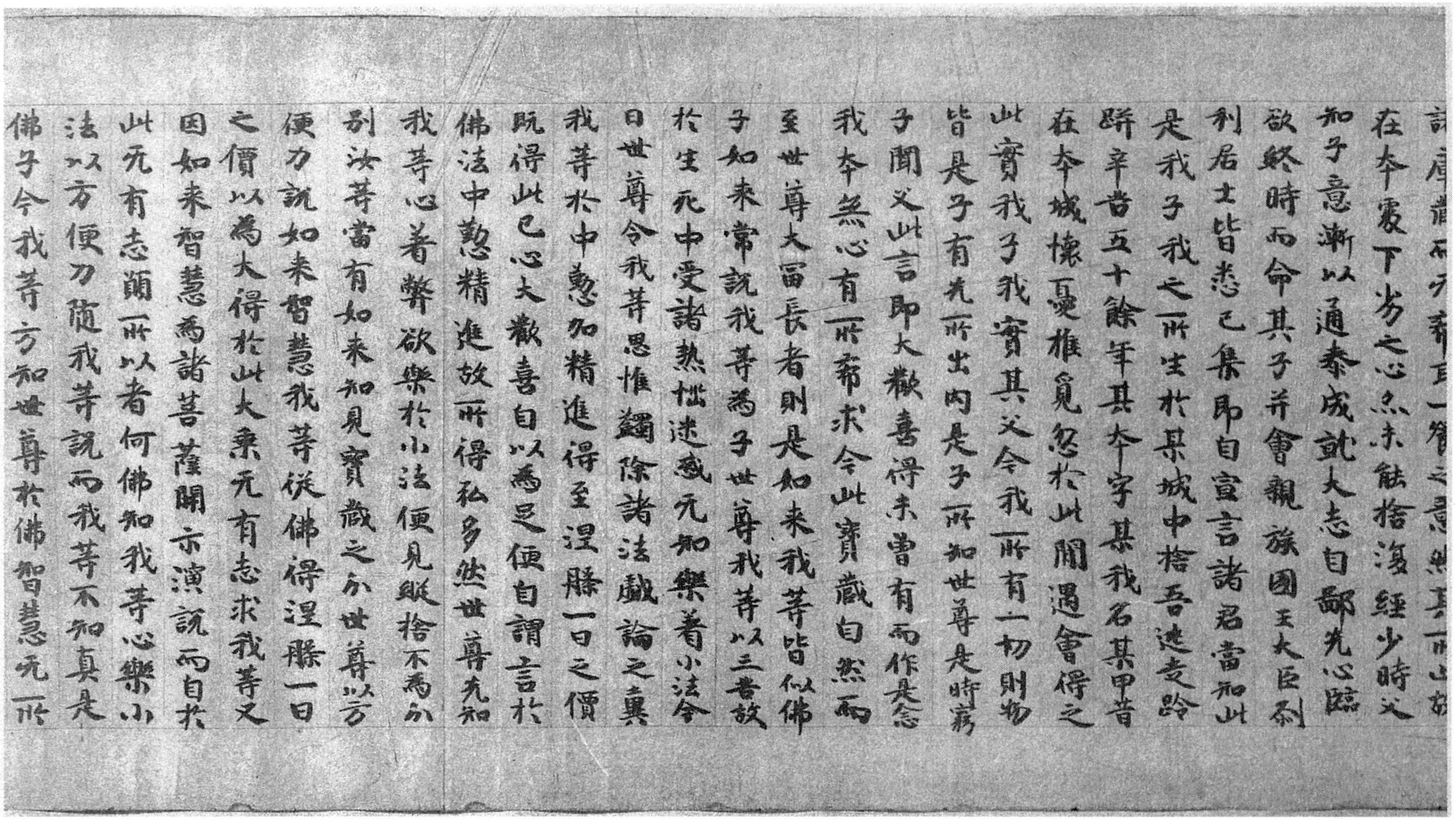
詣庫藏而无希取一飡之意然其所止故
在本處下劣之心亦未能捨復經少時父
知子意漸以通泰成就大志自鄙先心臨
欲終時而命其子并會親族國王大臣刹
利居士皆悉已集即自宣言諸君當知此
是我子我之所生於某城中捨吾逃走跉
跰辛苦五十餘年其本字某我名某甲昔
在本城懷憂推覓忽於此間遇會得之
此實我子我實其父今我所有一切財物
皆是子有先所出內是子所知世尊是時窮
子聞父此言即大歡喜得未曾有而作是念
我本無心有所希求今此寶藏自然而
至世尊大富長者則是如來我等皆似佛
子如來常說我等為子世尊我等以三苦故
於生死中受諸熱惱迷惑无知樂著小法今
日世尊令我等思惟蠲除諸法戲論之糞
我等於中懃加精進得至涅槃一日之價
既得此已心大歡喜自以為足便自謂言於
佛法中懃精進故所得弘多然世尊先知
我等心著弊欲樂於小法便見縱捨不為分
別汝等當有如來知見寶藏之分世尊以方
便力說如來智慧我等從佛得涅槃一日
之價以為大得於此大乘无有志求我等又
因如來智慧為諸菩薩開示演說而自於
此无有志願所以者何佛知我等心樂小
法以方便力隨我等說而我等不知真是
佛子今我等方知世尊於佛智慧无所

BD04842號　妙法蓮華經卷三　（29–24）

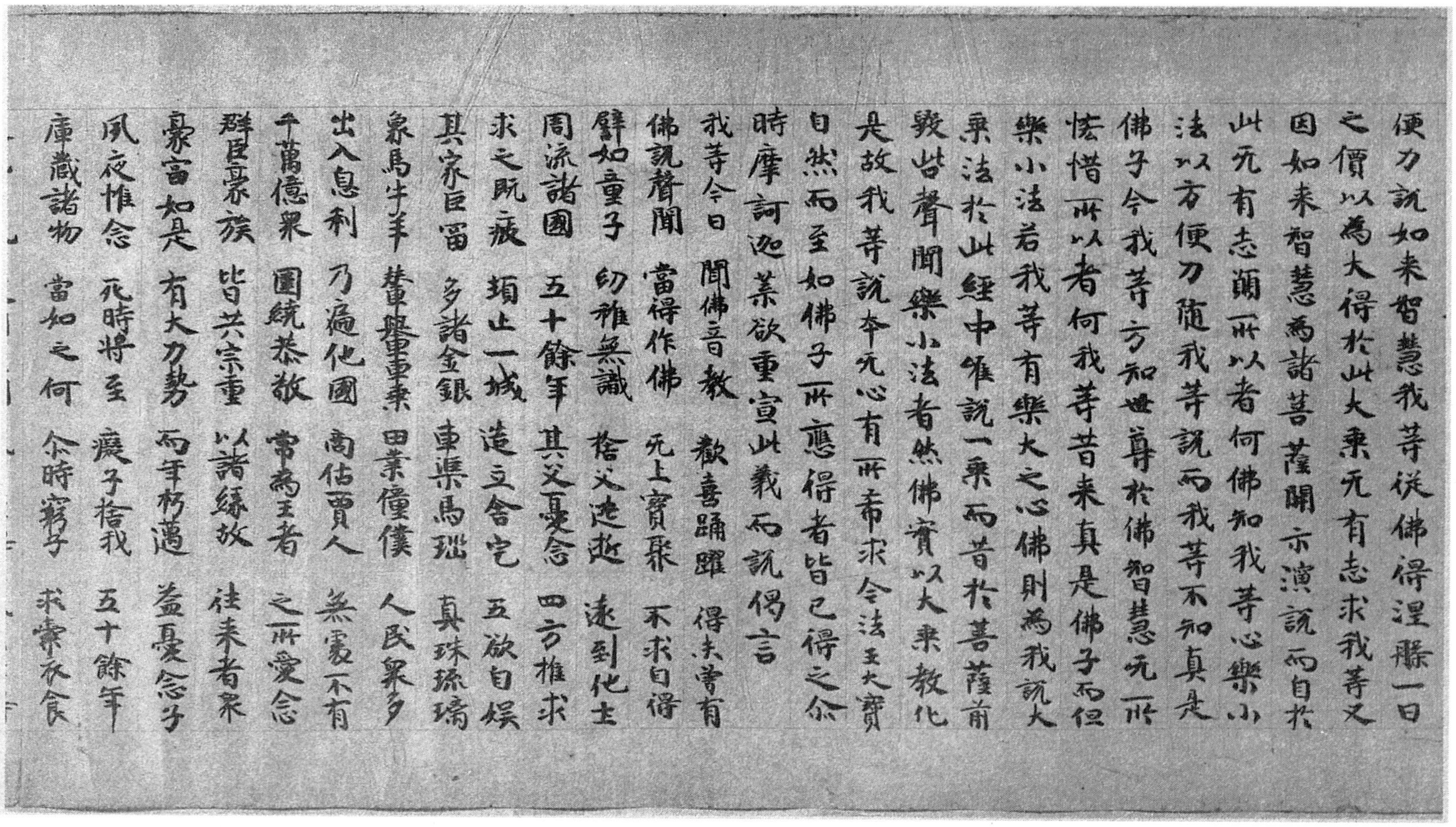
便力說如來智慧我等從佛得涅槃一日
之價以為大得於此大乘无有志求我等又
因如來智慧為諸菩薩開示演說而自於
此无有志願所以者何佛知我等心樂小
法以方便力隨我等說而我等不知真是
佛子今我等方知世尊於佛智慧无所
悋惜所以者何我等昔來真是佛子而但
樂小法若我等有樂大之心佛則為我說大
乘法於此經中唯說一乘而昔於菩薩前
毀呰聲聞樂小法者然佛實以大乘教化
是故我等說本无心有所希求今法王大寶
自然而至如佛子所應得者皆已得之尒
時摩訶迦葉欲重宣此義而說偈言
我等今日　聞佛音教　歡喜踊躍　得未曾有
佛說聲聞　當得作佛　无上寶聚　不求自得
譬如童子　幼稚無識　捨父逃逝　遠到他土
周流諸國　五十餘年　其父憂念　四方推求
求之既疲　頓止一城　造立舍宅　五欲自娛
其家巨富　多諸金銀　車𤦲馬瑙　真珠琉璃
象馬牛羊　輦輿車乘　田業僮僕　人民衆多
出入息利　乃遍他國　商估賈人　無處不有
千萬億衆　圍繞恭敬　常為王者　之所愛念
群臣豪族　皆共宗重　以諸緣故　往來者衆
豪富如是　有大力勢　而年朽邁　益憂念子
夙夜惟念　死時將至　癡子捨我　五十餘年
庫藏諸物　當如之何　尒時窮子　求索衣食

BD04842號　妙法蓮華經卷三　（29–25）

千萬億衆　圍繞恭敬　常為王者　之所愛念
群臣豪族　皆共宗重　以諸緣故　往來者衆
豪富如是　有大力勢　而年朽邁　益憂念子
夙夜惟念　死時將至　癡子捨我　五十餘年
庫藏諸物　當如之何　尒時窮子　求索衣食
從邑至邑　從國至國　或有所得　或无所得
飢餓羸瘦　體生瘡癬　漸次經歷　到父住城
傭賃展轉　遂至父舍　尒時長者　於其門內
施大寶帳　處師子座　眷屬圍繞　諸人侍衛
或有計筭　金銀寶物　出內財產　注記券疏
窮子見父　豪貴尊嚴　謂是國王　若國王等
驚怖自怪　何故至此　覆自念言　我若久住
或見逼迫　強驅使作　思惟是已　馳走而去
借問貧里　欲往傭作　長者是時　在師子座
遙見其子　默而識之　即勅使者　追捉將來
窮子驚喚　迷悶躄地　是人執我　必當見殺
何用衣食　使我至此　長者知子　愚癡狹劣
不信我言　不信是父　即以方便　更遣餘人
眇目矬陋　无威德者　汝可語之　云當相雇
除諸糞穢　倍與汝價　窮子聞之　歡喜隨來
為除糞穢　淨諸房舍　長者於牖　常見其子
念子愚劣　樂為鄙事　於是長者　著弊垢衣
執除糞器　往到子所　方便附近　語令勤作
既益汝價　并塗足油　飲食充足　薦席厚暖
如是苦言　汝當勤作　又以軟語　若如我子
長者有智　漸令入出　經二十年　執作家事

BD04842 號　妙法蓮華經卷三　(29–26)

執除糞器　往到子所　方便附近　語令勤作
既益汝價　并塗足油　飲食充足　薦席厚暖
如是苦言　汝當勤作　又以軟語　若如我子
長者有智　漸令入出　經二十年　執作家事
示其金銀　真珠頗梨　諸物出入　皆使令知
猶處門外　止宿草菴　自念貧事　我无此物
父知子心　漸已曠大　欲與財物　即聚親族
國王大臣　剎利居士　於此大衆　說是我子
捨我他行　經五十年　自見子來　已二十年
昔於某城　而失是子　周行求索　遂來至此
凡我所有　舍宅人民　悉以付之　恣其所用
子念昔貧　志意下劣　今於父所　大獲珍寶
并及舍宅　一切財物　甚大歡喜　得未曾有
佛亦如是　知我樂小　未曾說言　汝等作佛
而說我等　得諸无漏　成就小乘　聲聞弟子
佛勅我等　說最上道　脩習此者　當得成佛
我承佛教　為大菩薩　以諸因緣　種種譬喻
若干言辭　說无上道　諸佛子等　從我聞法
日夜思惟　精勤脩習　是時諸佛　即授其記
汝於來世　當得作佛　一切諸佛　祕藏之法
但為菩薩　演其實事　而不為我　說斯真要
如彼窮子　得近其父　雖知諸物　心不希取
我等雖說　佛法寶藏　自无志願　亦復如是
我等內滅　自謂為足　唯了此事　更无餘事
我等若聞　淨佛國土　教化衆生　都无欣樂
所以者何　一切諸法　皆悉空寂　无生无滅

BD04842 號　妙法蓮華經卷三　(29–27)

如彼窮子　得近其父　雖知諸物　心不希取
我等雖說　佛法寶藏　自无志願　亦復如是
我等內滅　自謂為足　唯了此事　更无餘事
我等若聞　淨佛國土　教化眾生　都无欣樂
所以者何　一切諸法　皆悉空寂　无生无滅
无大无小　无漏无為　如是思惟　不生喜樂
我等長夜　於佛智慧　无貪无著　无復志願
而自於法　謂是究竟　我等長夜　修習空法
得脫三界　苦惱之患　住最後身　有餘涅槃
佛所教化　得道不虛　則為已得　報佛之恩
我等雖為　諸佛子等　說菩薩法　以求佛道
而於是法　永无願樂　導師見捨　觀我心故
初不勸進　說有實利　如富長者　知子志劣
以方便力　柔伏其心　然後乃付　一切財物
佛亦如是　現希有事　知樂小者　以方便力
調伏其心　乃教大智　我等今日　得未曾有
非先所望　而今自得　如彼窮子　得无量寶
世尊我今　得道得果　於无漏法　得清淨眼
我等長夜　持佛淨戒　始於今日　得其果報
法王法中　久修梵行　今得无漏　无上大果
我等今者　真是聲聞　以佛道聲　令一切聞
我等今者　真阿羅漢　於諸世間　天人魔梵
普於其中　應受供養　世尊大恩　以希有事
憐愍教化　利益我等　无量億劫　誰能報者
手足供給　頭頂禮敬　一切供養　皆不能報
若以頂戴　兩肩荷負　於恒沙劫　盡心恭敬

BD04842號　妙法蓮華經卷三　（29–28）

我等長夜　持佛淨戒　始於今日　得其果報
法王法中　久修梵行　今得无漏　无上大果
我等今者　真是聲聞　以佛道聲　令一切聞
我等今者　真阿羅漢　於諸世間　天人魔梵
普於其中　應受供養　世尊大恩　以希有事
憐愍教化　利益我等　无量億劫　誰能報者
手足供給　頭頂禮敬　一切供養　皆不能報
若以頂戴　兩肩荷負　於恒沙劫　盡心恭敬
又以美膳　无量寶衣　及諸臥具　種種湯藥
牛頭栴檀　及諸珍寶　以起塔廟　寶衣布地
如斯等事　以用供養　於恒沙劫　亦不能報
諸佛希有　无量无邊　不可思議　大神通力
无漏无為　諸法之王　能為下劣　忍于斯事
取相凡夫　隨宜而說　諸佛於法　得最自在
知諸眾生　種種欲樂　及其志力　隨所堪任
以无量喻　而為說法　隨諸眾生　宿世善根
又知成熟　未成熟者　種種籌量　分別知已
於一乘道　隨宜說三

妙法蓮華經卷第三

BD04842號　妙法蓮華經卷三　（29–29）

似安忍波羅蜜多憍尸迦如前所說當知皆
是說有所得相似安忍波羅蜜多
復次憍尸迦若善男子善女人等為發無上
菩提心者說布施波羅蜜多若常若無常說
淨戒安忍精進靜慮般若波羅蜜多若常若
無常說布施波羅蜜多若樂若苦說淨戒安
忍精進靜慮般若波羅蜜多若樂若苦說布
施波羅蜜多若我若無我說淨戒安忍精進
靜慮般若波羅蜜多若我若無我說布施波
羅蜜多若淨若不淨說淨戒安忍精進靜慮
般若波羅蜜多若淨若不淨若有能依如是
等法脩行安忍是行安忍波羅蜜多復作是
說行安忍者應求布施波羅蜜多若常若無
常應求淨戒乃至般若波羅蜜多若常若無
常應求布施波羅蜜多若樂若苦應求淨戒
乃至般若波羅蜜多若樂若苦應求布施波
羅蜜多若我若無我應求淨戒乃至般若波
羅蜜多若我若無我應求布施波羅蜜多若
淨若不淨應求淨戒乃至般若波羅蜜多若
淨若不淨若有能求如是等法脩行安忍是
行安忍波羅蜜多憍尸迦若善男子善女人
等如是求布施波羅蜜多若常若無常求淨

BD04843號　大般若波羅蜜多經卷一四一　（2–1）

般若波羅蜜多若淨若不淨若有能依如是
等法脩行安忍是行安忍波羅蜜多復作是
說行安忍者應求布施波羅蜜多若常若無
常應求淨戒乃至般若波羅蜜多若常若無
常應求布施波羅蜜多若樂若苦應求淨戒
乃至般若波羅蜜多若樂若苦應求布施波
羅蜜多若我若無我應求淨戒乃至般若波
羅蜜多若我若無我應求布施波羅蜜多若
淨若不淨應求淨戒乃至般若波羅蜜多若
淨若不淨若有能求如是等法脩行安忍是
行安忍波羅蜜多憍尸迦若善男子善女人
等如是求布施波羅蜜多若常若無常求淨
戒乃至般若波羅蜜多若常若無常求布施
波羅蜜多若樂若苦求淨戒乃至般若波羅
蜜多若樂若苦求布施波羅蜜多若我若無
我求淨戒乃至般若波羅蜜多若我若無我
求布施波羅蜜多若淨若不淨求淨戒乃至
般若波羅蜜多若淨若不淨依此等法行安

BD04843號　大般若波羅蜜多經卷一四一　（2–2）

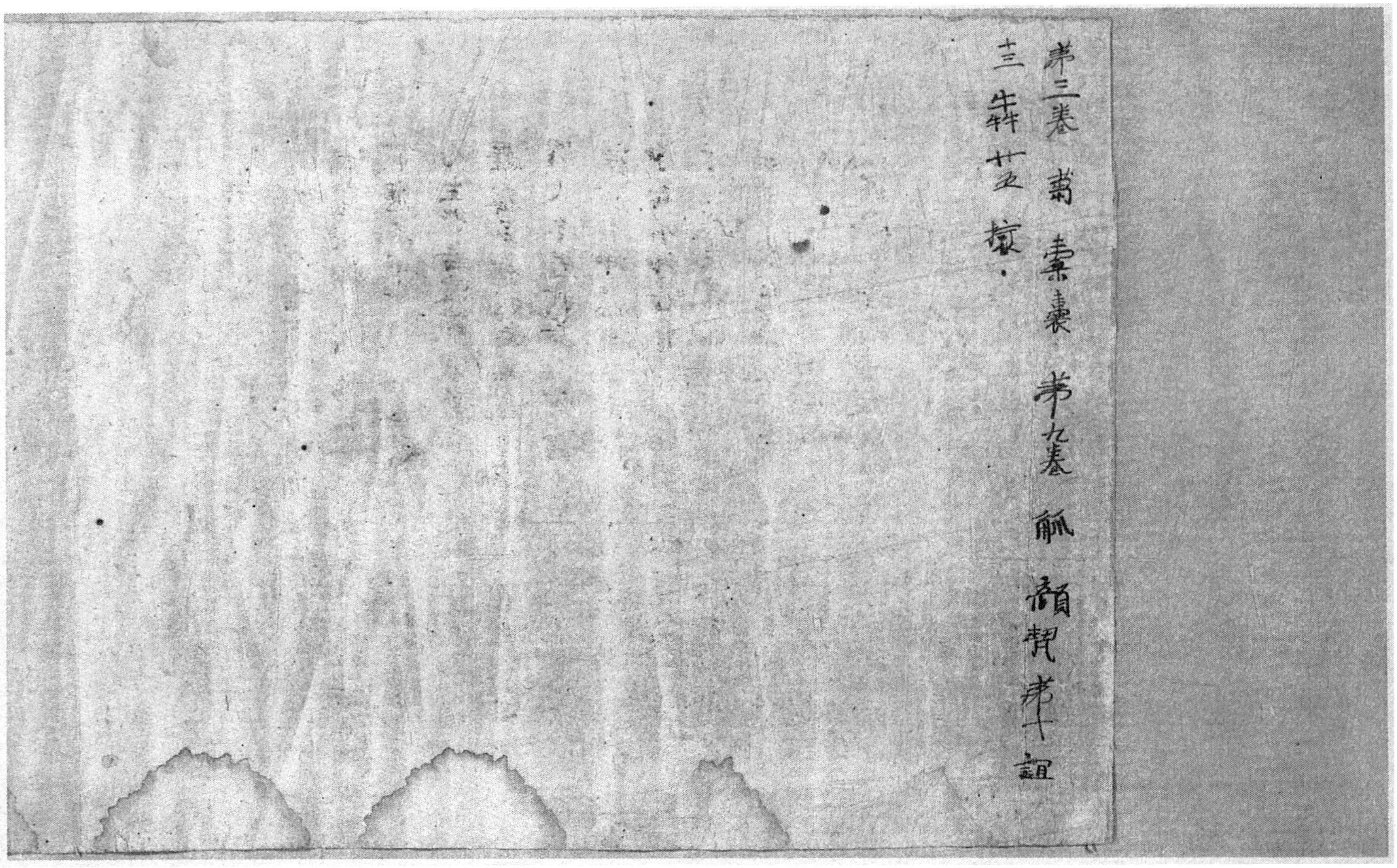

BD04843 號背　大寶積經難雜字（擬）　（1–1）

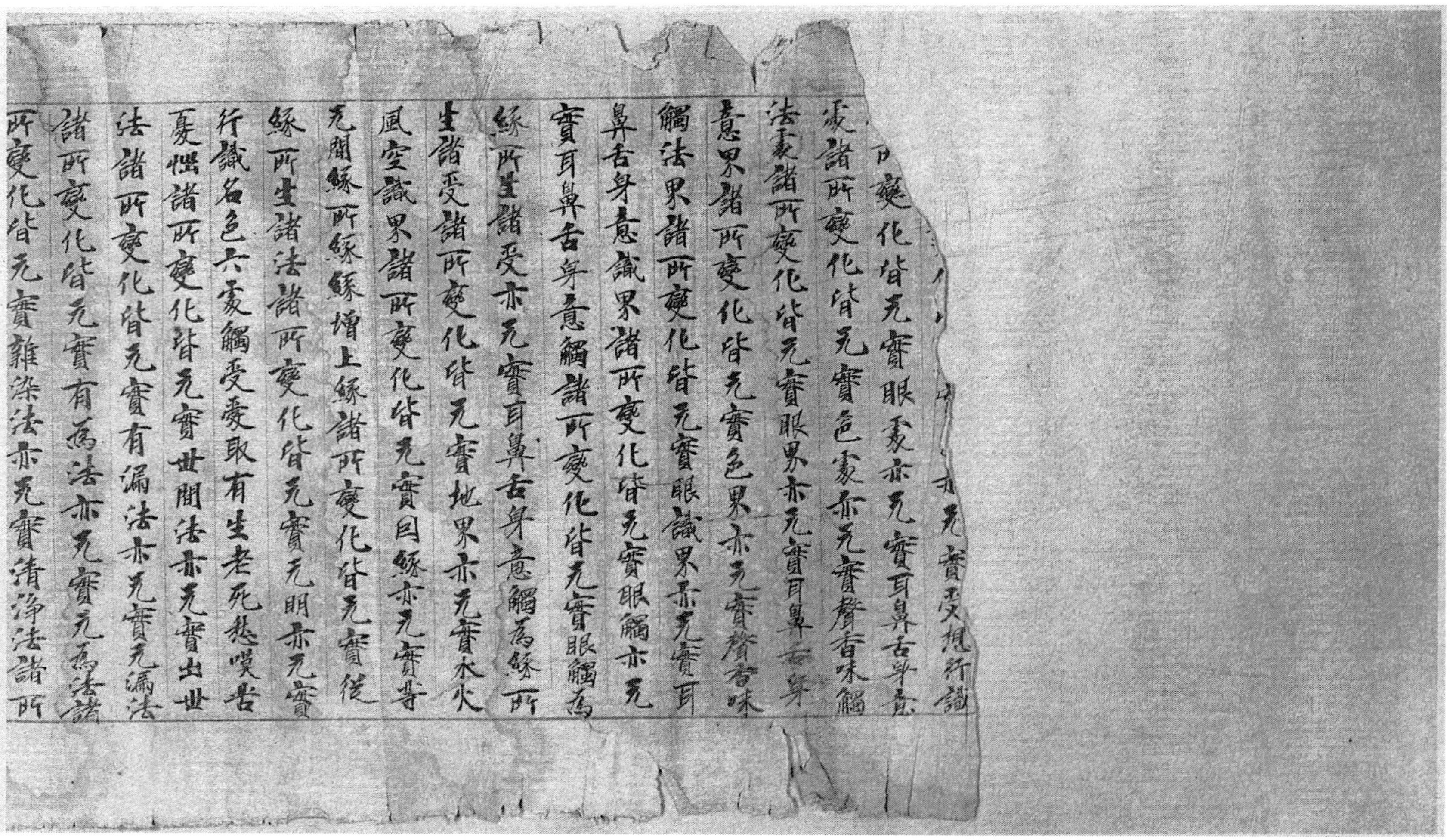

……亦无實受想行識
所變化皆无實眼處亦无實耳鼻舌身意
處諸所變化皆无實色處亦无實聲香味觸
法處諸所變化皆无實眼界亦无實耳鼻舌身
意界諸所變化皆无實色界亦无實聲香味
觸法界諸所變化皆无實眼識界亦无實耳
鼻舌身意識界諸所變化皆无實眼觸亦无
實耳鼻舌身意觸諸所變化皆无實眼觸為
緣所生諸受亦无實耳鼻舌身意觸為緣所
生諸受諸所變化皆无實地界亦无實水火
風空識界諸所變化皆无實因緣亦无實等
无間緣所緣緣增上緣諸所變化皆无實從
緣所生諸法諸所變化皆无實无明亦无實
行識名色六處觸受愛取有生老死愁嘆苦
憂惱諸所變化皆无實世間法亦无實出世
法諸所變化皆无實有漏法亦无實无漏法
諸所變化皆无實有為法亦无實无為法諸
所變化皆无實雜染法亦无實清淨法諸所

BD04844 號　大般若波羅蜜多經卷三八四　（23–1）

緣所生諸法諸所變化皆无實无明亦无實
行識名色六處觸受愛取有生老死愁嘆苦
憂惱諸所變化皆无實世間法亦无實出世
法諸所變化皆无實有漏法亦无實无漏法
諸所變化皆无實有爲法亦无實无爲法諸
所變化皆无實雜染法亦无實清淨法諸所
變化皆无實輪迴五趣生死亦无實解脫五
趣生死云何菩薩摩訶薩於諸有情有勝士
用佛告善現於意云何諸菩薩摩訶薩本行
菩薩道時頗見有情可脫地獄傍生鬼界人
天趣不善現荅言不也世尊不也善逝佛告
善現如是如是諸菩薩摩訶薩本行菩薩道
時不見有情可脫三果何以故善現諸菩薩
摩訶薩於一切法知見通達皆如幻化都非
實有
具壽善現復白佛言世尊若菩薩摩訶薩於
一切法知見通達皆如幻化都非實有菩薩
摩訶薩爲何事故脩行布施淨戒安忍精進
靜慮般若波羅蜜多爲何事故脩行四靜慮
四无量四无色定爲何事故脩行四念住四
正斷四神足五根五力七等覺支八聖道支
爲何事故脩行空无相无願解脫門爲何事
故脩行八解脫八勝處九次第定十遍處爲
何事故脩行一切陁羅尼門一切三摩地門
爲何事故脩行極喜地離垢地發光地焰慧
地極難勝地現前地遠行地不動地善慧地

BD04844號　大般若波羅蜜多經卷三八四　（23–2）

正斷四神足五根五力七等覺支八聖道支
爲何事故脩行空无相无願解脫門爲何事
故脩行八解脫八勝處九次第定十遍處爲
何事故脩行一切陁羅尼門一切三摩地門
爲何事故脩行極喜地離垢地發光地焰慧
地極難勝地現前地遠行地不動地善慧地
法雲地爲何事故脩行五眼六神通爲何事
故脩行佛十力四无所畏四无礙解大慈大
悲大喜大捨十八佛不共法爲何事故脩行
无忘失法恒住捨性爲何事故脩行一切智
道相智一切相智爲何事故脩行一切菩薩
摩訶薩行爲何事故脩行諸佛无上正等菩
提爲何事故嚴淨佛土成熟有情
佛告善現若諸有情於一切法能自了知皆
如幻化都非實有則菩薩摩訶薩不應无數
劫爲諸有情行菩薩道以諸有情於一切法
自不能知皆如幻化都非實有是故菩薩摩
訶薩於无數劫爲諸有情行菩薩道復次善
現若菩薩摩訶薩於一切法不如實知皆如
幻化都非實有則不應无數劫爲諸有情脩
菩薩行嚴淨佛土成熟有情以菩薩摩訶薩
於一切法如實了知皆如幻化都非實有故
无數劫爲諸有情脩菩薩行嚴淨佛土成就
有情
尒時具壽善現白佛言世尊若一切法如夢
如幻如響如像如光影如陽焰如變化事如
尋香城所化有情住在何處諸菩薩摩訶薩

BD04844號　大般若波羅蜜多經卷三八四　（23–3）

无數劫為諸有情脩菩薩行嚴淨佛土成熟
有情
尒時具壽善現白佛言世尊若一切法如夢
如幻如響如像如光影如陽焰如變化事如
尋香城所化有情住在何處諸菩薩摩訶薩
行深般若波羅蜜多救濟令出佛告善現所
化有情住在名相虛妄分別諸菩薩摩訶薩
行深般若波羅蜜多從彼名相虛妄分別拔
濟令出具壽善現復白佛言世尊何謂為名
何謂為相佛言善現名皆是客皆是假立皆
屬施設謂此名色此名受想行識此名眼處
此名耳鼻舌身意處此名色處此名聲香味
觸法處此名眼界此名耳鼻舌身意界此名
色界此名聲香味觸法界此名眼識界此名
耳鼻舌身意識界此名男此名女此名小此
名大此名地獄此名傍生此名鬼界此名人
此名天此名世間法此名出世法此名有漏
法此名无漏法此名有為法此名无為法此
名預流果此名一來果此名不還果此名阿
羅漢果此名獨覺菩提此名一切菩薩摩訶
薩行此名諸佛无上正等菩提此名異生此名
聲聞此名獨覺此名菩薩此名如來善現如
是等一切名皆是假立為表諸義施設諸名
故一切名皆非實有諸有為法亦但有名由
此无為亦非實有愚夫異生於中妄執菩薩
摩訶薩行深般若波羅蜜多時方便善巧教

BD04844號　大般若波羅蜜多經卷三八四　（23–4）

薩行此名諸佛无上正等菩提此名異生此名
聲聞此名獨覺此名菩薩此名如來善現如
是等一切名皆是假立為表諸義施設諸名
故一切名皆非實有諸有為法亦但有名由
此无為亦非實有愚夫異生於中妄執菩薩
摩訶薩行深般若波羅蜜多時方便善巧教
令遠離作如是言名是分別妄想所起亦是
衆緣和合假立汝等不應於中執著名无
實事自性皆空非有智者執著空法如是善
現菩薩摩訶薩行深般若波羅蜜多時方便
善巧為諸有情說離名法善現是謂為名云
何為相善現相有二種愚夫異生於中執著何
等為二一者色相二者无色相何謂色相善
現諸所有色若過去若未來若現在若內若
外若麁若細若劣若勝若遠若近於此剎那
諸空法中愚夫異生分別執著是名色相何
謂无色相善現謂諸所有无色法中愚夫異
生取相分別生諸煩惱是名无色相菩薩摩
訶薩行深般若波羅蜜多時方便善巧教諸
有情遠離二相復教安住无相界中雖教安
住无相界中而不令其墮二邊執謂此是相
此是无相如是善現菩薩摩訶薩行深般若
波羅蜜多時方便善巧令諸有情遠離衆相
住无相界而无執著
尒時具壽善現白佛言世尊若一切法但有
名相所有名相皆是假立分別所起非實有

BD04844號　大般若波羅蜜多經卷三八四　（23–5）

此是无相如是菩薩摩訶薩行深般若
波羅蜜多時方便善巧令諸有情遠離衆相
住无相果而无執著
爾時具壽善現白佛言世尊若一切法但有
名相所有名相皆是假立分別所起非實有
性云何菩薩摩訶薩行深般若波羅蜜多時
於諸善法能自增進亦能令他增進善法由
自善法得增進故能令諸地漸次圓滿亦能
安立諸有情類隨其所應得三乘果佛告善
現若諸法中少有實事非但假立有名相者
則菩薩摩訶薩行深般若波羅蜜多時應於
善法不自增進亦不令他增進善法善現以
諸法中无少實事但有假立諸名及相是故
菩薩摩訶薩行深般若波羅蜜多時以无相
為方便能圓滿般若波羅蜜多以无相為方
便能圓滿靜慮波羅蜜多以无相為方便能
圓滿精進波羅蜜多以无相為方便能圓滿
安忍波羅蜜多以无相為方便能圓滿淨戒
波羅蜜多以无相為方便能圓滿布施波羅
蜜多以无相為方便能圓滿四靜慮四无量
四无色定以无相為方便能圓滿四念住四
正斷四神足五根五力七等覺支八聖道支
以无相為方便能圓滿空无相无願解脫門
以无相為方便能圓滿內空外空內外空空
空大空勝義空有為空无為空畢竟空无際
空散空无變異空本性空自相空共相空一
切法空不可得空无性空自性空无性自性

BD04844 號　大般若波羅蜜多經卷三八四　（23–6）

四无色定以无相為方便能圓滿四念住四
正斷四神足五根五力七等覺支八聖道支
以无相為方便能圓滿空无相无願解脫門
以无相為方便能圓滿內空外空內外空空
空大空勝義空有為空无為空畢竟空无際
空散空无變異空本性空自相空共相空一
切法空不可得空无性空自性空无性自性
空以无相為方便能圓滿真如法界法性不
虛妄性不變異性平等性離生性法定法住
實際虛空界不思議界以无相為方便能圓
滿苦集滅道聖諦以无相為方便能圓滿八
解脫八勝處九次第定十遍處以无相為方
便能圓滿一切陀羅尼門一切三摩地門以
无相為方便能圓滿極喜地離垢地發光地
焰慧地極難勝地現前地遠行地不動地善
慧地法雲地以无相為方便能圓滿五眼六
神通以无相為方便能圓滿佛十力四无所
畏四无礙解大慈大悲大喜大捨十八佛不
共法以无相為方便能圓滿无忘失法恒住
捨性以无相為方便能圓滿一切智道相智
一切相智以无相為方便於諸善法自圓滿
已亦能令他圓滿善法如是善現以一切法
无少實事但有假立諸名及相諸菩薩摩訶
薩於中不起顛倒執著於諸善法能自增進
亦能令他增進善法復次善現若諸法中有
毛端量實法相者則菩薩摩訶薩行深般若
一切法不應覺知无相无念

BD04844 號　大般若波羅蜜多經卷三八四　（23–7）

一切相智以无相為方便於諸善法自圓滿
已亦能令他圓滿善法如是善現以一切法
无少實事但有假立諸名及相諸菩薩摩訶
薩於中不起顛倒執著於諸善法能自增進
亦能令他增進善法復次善現若諸法中有
毛端量實法相者則菩薩摩訶薩行深般若
波羅蜜多時於一切法不應覺知无相无念
亦无作意无漏性已證得无上正等菩提安
立有情於无漏法何以故善現諸无漏法皆
无相无念无作意故如是善現菩薩摩訶薩
行深般若波羅蜜多時安立有情於无漏法
乃至真實饒益他事
時具壽善現白佛言世尊若一切法真无漏
性无相无念亦无作意何緣世尊嘗如是數此
是世間法此是出世法此是有漏法此是无
漏法此是有為法此是无為法此是有罪
法此是无罪法此是有諍法此是无諍法此
是流轉法此是還滅法此是共法此是不共
法此是聲聞法此是獨覺法此是菩薩法此
是如來法邪佛告善現於意云何世間等法
與无相等无漏法性為有異不善現荅言不
也世尊不也善逝佛告善現於意云何聲聞
等法與无相等无漏法性為有異不善現荅
言不也世尊不也善逝佛告善現世間等法
豈不即是无相念等无漏法性善現荅言如
是世尊如是善逝佛告善現若預流果若一
來果若不還果若阿羅漢果若獨覺菩提若

BD04844 號　大般若波羅蜜多經卷三八四　（23–8）

也世尊不也善逝佛告善現於意云何聲聞
等法與无相等无漏法性為有異不善現荅
言不也世尊不也善逝佛告善現世間等法
豈不即是无相念等无漏法性善現荅言如
是世尊如是善逝佛告善現若預流果若一
來果若不還果若阿羅漢果若獨覺菩提若
諸菩薩摩訶薩法若佛无上正等菩提豈不
即是无相念等无漏法性善現荅言如是世
尊如是善逝佛言善現由此因緣當知一切
法皆是无相等善現菩薩摩訶薩學一切法
皆是无相无念无作意時常能增益所行善
法所謂布施淨戒安忍精進靜慮般若波羅
蜜多若四靜慮四无量四无色定若四念住
四正斷四神足五根五力七等覺支八聖道
支若內空外空內外空空空大空勝義空
有為空无為空畢竟空无際空散空无變
異空本性空自相空共相空一切法空不可得
空无性空自性空无性自性空若真如法界
法性不虛妄性不變異性平等性離生性法
定法住實際虛空界不思議界若苦集滅
道聖諦若空无相无願解脫門若八解脫八勝
處九次第定十遍處若一切陁羅尼門一切
三摩地門若極喜地離垢地發光地焰慧地
極難勝地現前地遠行地不動地善慧地法
雲地若五眼六神通若佛十力四无所畏四
无礙解十八佛不共法若大慈大悲大喜大

BD04844 號　大般若波羅蜜多經卷三八四　（23–9）

三摩地門若極喜地離垢地發光地焰慧地
極難勝地現前地遠行地不動地善慧地法
雲地若五眼六神通若佛十力四无所畏四
无礙解十八佛不共法若大慈大悲大喜大
捨若无忘失法恒住捨性若一切智道相智
一切相智諸如是等一切佛法皆由學无相
无念无作意而得增益所以者何善現菩薩
摩訶薩除空无相无願解脫門更无餘要所
應學法何以故善現三解脫門能攝一切妙
善法故所以者何空解脫門觀一切法
自相皆空无相解脫門觀一切法遠離諸相
无願解脫門觀一切法遠離所願由此三門
能攝一切殊勝善法離此三門所應脩習殊勝
善法不生長故
復次善現若菩薩摩訶薩能學如是三解脫
門能學五蘊亦能學十二處亦能學十八界
亦能學六界亦能學四聖諦亦能學四緣亦
能學從緣所生諸法亦能學十二緣起亦
能學內空外空內外空空空大空勝義空有
為空无為空畢竟空无際空散空无變異
空本性空自相空共相空一切法空不可得空
无性空自性空无性自性空亦能學真如法
界法性不虛妄性不變異性平等性離生性
法定法住實際虛空界不思議界亦能學布
施淨戒安忍精進靜慮般若方便善巧妙願
力智波羅蜜多亦能學極喜地離垢地發光

BD04844號　大般若波羅蜜多經卷三八四　（23–10）

无性空自性空无性自性空亦能學真如法
界法性不虛妄性不變異性平等性離生性
法定法住實際虛空界不思議界亦能學布
施淨戒安忍精進靜慮般若方便善巧妙願
力智波羅蜜多亦能學極喜地離垢地發光
地焰慧地極難勝地現前地遠行地不動地
善慧地法雲地亦能學四念住四正斷四神
足五根五力七等覺支八聖道支亦能學四
靜慮四无量四无色定亦能學八解脫八勝
處九次第定十遍處亦能學一切陀羅尼門
一切三摩地門亦能學五眼六神通亦能學
如來十力四无所畏四无礙解十八佛不共
法亦能學大慈大悲大喜大捨亦能學无忘
失法恒住捨性亦能學一切智道相智一切
相智亦能學嚴淨佛土成熟有情亦能學諸
餘无量无邊佛法
尒時具壽善現白佛言世尊云何菩薩摩訶
薩脩行般若波羅蜜多時能學五蘊佛告善
現若菩薩摩訶薩脩行般若波羅蜜多時如
實智色受想行識是為能學五蘊善現云何
菩薩摩訶薩脩行般若波羅蜜多時如實知
色善現若菩薩摩訶薩脩行般若波羅蜜多
時如實知色相如實知色生如實知色滅如
實知色真如是為如實知色善現云何菩薩
摩訶薩脩行般若波羅蜜多時如實知色相
善現若菩薩摩訶薩脩行般若波羅蜜多時
如實知色畢竟有孔畢竟有隙猶如聚沫性

BD04844號　大般若波羅蜜多經卷三八四　（23–11）

色善現若菩薩摩訶薩脩行般若波羅蜜多
時如實知色相如實知色生如實知色滅如
實知色真如是為如實知色善現云何菩薩
摩訶薩脩行般若波羅蜜多時如實知色相
善現若菩薩摩訶薩脩行般若波羅蜜多時
如實知色畢竟有孔畢竟有隙猶如聚沫性
不堅固善現是名如實知色相善現云何菩
薩摩訶薩脩行般若波羅蜜多時如實知色
生善現若菩薩摩訶薩脩行般若波羅蜜多
時如實知色來无所從去无所趣雖无來无
去而生法相應善現是名如實知色生善現
云何菩薩摩訶薩脩行般若波羅蜜多時如
實知色滅善現若菩薩摩訶薩脩行般若波
羅蜜多時如實知色來无所從去无所趣雖
无來无去而滅法相應善現是名如實知色
滅善現云何菩薩摩訶薩脩行般若波羅蜜
多時如實知色真如善現若菩薩摩訶薩脩
行般若波羅蜜多時如實知色真如无生无
滅无來无去无染无淨无增无減常如其性
不虛妄不變易故名真如善現是名如實知
色真如善現云何菩薩摩訶薩脩行般若波
羅蜜多時如實知受善現若菩薩摩訶薩脩
行般若波羅蜜多時如實知受相如實知受
生如實知受滅如實知受真如是為如實知
受善現云何菩薩摩訶薩脩行般若波羅蜜
多時如實知受相善現若菩薩摩訶薩脩行
般若波羅蜜多時如實知受畢竟如癰畢竟

BD04844號　大般若波羅蜜多經卷三八四　（23–12）

羅蜜多時如實知受善現若菩薩摩訶薩脩
行般若波羅蜜多時如實知受相如實知受
生如實知受滅如實知受真如是為如實知
受善現云何菩薩摩訶薩脩行般若波羅蜜
多時如實知受相善現若菩薩摩訶薩脩行
般若波羅蜜多時如實知受畢竟如癰畢竟
如箭猶若浮泡虛偽不住速起速滅善現是
名如實知受相善現云何菩薩摩訶薩脩行
般若波羅蜜多時如實知受生善現若菩薩
摩訶薩脩行般若波羅蜜多時如實知受來
无所從去无所趣雖无來无去而生法相應
善現是名如實知受生善現云何菩薩摩訶
薩脩行般若波羅蜜多時如實知受滅善現
若菩薩摩訶薩脩行般若波羅蜜多時如實
知受來无所從去无所趣雖无來无去而滅
法相應善現是名如實知受滅善現云何菩
薩摩訶薩脩行般若波羅蜜多時如實知受
真如善現若菩薩摩訶薩脩行般若波羅蜜
多時如實知受真如无生无滅无來无去无
染无淨无增无減常如其性不虛妄不變易
故名真如善現是名如實知受真如善現
云何菩薩摩訶薩脩行般若波羅蜜多時如
實知想善現若菩薩摩訶薩脩行般若波羅蜜
多時如實知想相如實知想生如實知想滅
如實知想真如是為如實知想善現云何菩
薩摩訶薩脩行般若波羅蜜多時如實知想

BD04844號　大般若波羅蜜多經卷三八四　（23–13）

故名真如善現是名如實知受真如善現
云何菩薩摩訶薩脩行般若波羅蜜多時如
實知想善現若菩薩摩訶薩脩行般若波羅蜜
多時如實知想相如實知想生如實知想滅
如實知想真如是爲如實知想善現云何菩
薩摩訶薩脩行般若波羅蜜多時如實知想
相善現若菩薩摩訶薩脩行般若波羅蜜多
時如實知想猶如陽焰水不可得虛妄渴愛
而起是想假施設有發假言說善現是名如
實知想相善現云何菩薩摩訶薩脩行般若
波羅蜜多時如實知想生善現若菩薩摩
訶薩脩行般若波羅蜜多時如實知想來无所
從去无所趣雖无來无去而生法相應善現
是名如實知想生善現云何菩薩摩訶薩脩
行般若波羅蜜多時如實知想滅善現若菩
薩摩訶薩脩行般若波羅蜜多時如實知想
來无所從去无所趣雖无來无去而滅法想
應善現名如實知想滅善現云何菩薩摩訶
薩脩行般若波羅蜜多時如實知想真如
善現若菩薩摩訶薩脩行般若波羅蜜多時
如實知想真如无生无滅无來无去无染无
淨无增无滅常如其性不虛妄不變易故名
真如善現是名如實知想真如善現云何菩
薩摩訶薩脩行般若波羅蜜多時如實知行善
現若菩薩摩訶薩脩行般若波羅蜜多時如
實知行想如實知行生如實知行滅如實知

BD04844號　大般若波羅蜜多經卷三八四　（23–14）

淨无增无滅常如其性不虛妄不變易故名
真如善現是名如實知想真如善現云何菩
薩摩訶薩脩行般若波羅蜜多時如實知行善
現若菩薩摩訶薩脩行般若波羅蜜多時如
實知行想如實知行生如實知行滅如實知
行真如是爲如實知行善現云何菩薩摩訶
薩脩行般若波羅蜜多時如實知行相善現
若菩薩摩訶薩脩行般若波羅蜜多時如實
知行猶若芭蕉葉葉析除實不可得明无明
等衆緣所成業煩惱等和合假立善現是名
如實知行相善現云何菩薩摩訶薩脩行般若
波羅蜜多時如實知行生善現若菩薩摩訶
薩脩行般若波羅蜜多時如實知行來无所
從去无所趣雖无來无去而生法相應善現
是名如實知行生善現云何菩薩摩訶薩脩
行般若波羅蜜多時如實知行滅善現若菩
薩摩訶薩脩行般若波羅蜜多時如實知行
來无所從去无所趣雖无來无去而滅法相
應善現是名如實知行滅善現云何菩薩摩
訶薩脩行般若波羅蜜多時如實知行真如
善現若菩薩摩訶薩脩行般若波羅蜜多時
如實知行真如无生无滅无來无去无染无
淨无增无滅常如其性不虛妄不變易故名
真如善現是名如實知行真如善現云何菩
薩摩訶薩脩行般若波羅蜜多時如實知識
善現若菩薩摩訶薩脩行般若波羅蜜多時

BD04844號　大般若波羅蜜多經卷三八四　（23–15）

淨无增无減常如其性不虛妄不變易故名
真如善現是名如實知行真如善現云何菩
薩摩訶薩脩行般若波羅蜜多時如實知識
善現若菩薩摩訶薩脩行般若波羅蜜多時
如實知識相如實知識生如實知識滅如實
知識真如是為如實知識善現云何菩薩摩
訶薩脩行般若波羅蜜多時如實知識相善
現若菩薩摩訶薩脩行般若波羅蜜多時如
實知識猶如幻事眾緣和合假施設有實不
可得謂如幻師或彼弟子於四衢道幻作四
軍所謂象軍馬軍車軍步軍或復幻作諸
餘色類相雖似有而无其實識亦如是實不可
得善現是名如實知識相善現云何菩薩摩
訶薩脩行般若波羅蜜多時如實知識生善
現若菩薩摩訶薩脩行般若波羅蜜多時如
實知識來无所從去无所趣雖无來无去而
生法相應善現是名如實知識生善現云何
菩薩摩訶薩脩行般若波羅蜜多時如實知
識滅善現若菩薩摩訶薩脩行般若波羅蜜
多時如實知識來无所從去无所趣雖无來
无去而滅法相應善現是名如實知識滅善
現云何菩薩摩訶薩脩行般若波羅蜜多時
如實知識真如善現若菩薩摩訶薩脩行般
若波羅蜜多時如實知識真如无生无滅无
來无去无染无淨无增无減常如其性不
虛妄不變易故名真如善現是名如實知識真
如復次善現若菩薩摩訶薩脩行般若波羅

BD04844號　大般若波羅蜜多經卷三八四　（23–16）

現云何菩薩摩訶薩脩行般若波羅蜜多時
如實知識真如善現若菩薩摩訶薩脩行般
若波羅蜜多時如實知識真如无生无滅无
來无去无染无淨无增无減常如其性不
虛妄不變易故名真如善現是名如實知識真
如復次善現若菩薩摩訶薩脩行般若波羅
蜜多時如實知色色自性空如實知受受自
性空如實知想自性空如實知行行自性
空如實知識識自性空善現是為菩薩摩
訶薩脩行般若波羅蜜多時能學五蘊
具壽善現白佛言世尊云何菩薩摩訶薩脩
行般若波羅蜜多時能學十二處佛告善現
若菩薩摩訶薩脩行般若波羅蜜多時如實
知眼處眼處自性空如實知耳鼻舌身意處
耳鼻舌身意處自性空如實知色處色處自
性空如實知聲香味觸法處聲香味觸法處
自性空如實知內處內處自性空如實知外
處外處自性空善現是為菩薩摩訶薩脩行
般若波羅蜜多時能學十二處具壽善現白
佛言世尊云何菩薩摩訶薩脩行般若波羅
蜜多時能學十八界佛告善現若菩薩摩訶
薩脩行般若波羅蜜多時如實知眼界眼界
自性空如實知色界眼識界及眼觸眼觸為
緣所生諸受色界乃至眼觸為緣所生諸受
自性空如實知耳界耳界自性空如實知聲
界耳識界及耳觸耳觸為緣所生諸受聲界

BD04844號　大般若波羅蜜多經卷三八四　（23–17）

薩脩行般若波羅蜜多時如實知眼界眼界
自性空如實知色界眼識界及眼觸眼觸為
緣所生諸受色界乃至眼觸為緣所生諸受
自性空如實知耳界耳界自性空如實知聲
界耳識界及耳觸耳觸為緣所生諸受聲界
乃至耳觸為緣所生諸受自性空如實知鼻
界鼻界自性空如實知香界鼻識界及鼻觸
鼻觸為緣所生諸受香界乃至鼻觸為緣所
生諸受自性空如實知舌界舌界自性空如
實知味界舌識界及舌觸舌觸為緣所生諸
受味界乃至舌觸為緣所生諸受自性空如
實知身界身界自性空如實知觸界身識界
及身觸身觸為緣所生諸受觸界乃至身觸
為緣所生諸受自性空如實知意界意界自
性空如實知法界意識界及意觸意觸為緣
所生諸受法界乃至意觸為緣所生諸受自
性空善現是為菩薩摩訶薩脩行般若波羅
蜜多時能學十八界具壽善現白佛言世尊
云何菩薩摩訶薩脩行般若波羅蜜多時能
學六界佛告善現若菩薩摩訶薩脩行般若
波羅蜜多時如實知地界地界自性空如實
知水火風空識界水火風空識界自性空善
現是為菩薩摩訶薩脩行般若波羅蜜多
時能學六界
具壽善現白佛言世尊云何菩薩摩訶薩脩
行般若波羅蜜多時能學四聖諦佛告善現

知水火風空識界水火風空識界自性空善
現是為菩薩摩訶薩脩行般若波羅蜜多
時能學六界
具壽善現白佛言世尊云何菩薩摩訶薩脩
行般若波羅蜜多時能學四聖諦佛告善現
若菩薩摩訶薩脩行般若波羅蜜多時如實
知苦聖諦如實知集聖諦如實知滅聖諦如
實知道聖諦是為能學四聖諦善現云何苦
薩摩訶薩脩行般若波羅蜜多時如實知苦
聖諦善現若菩薩摩訶薩脩行般若波羅蜜
多時如實知苦是逼迫相自性本空遠離二
法是聖者諦苦即真如真如即苦无二无別
唯真聖者能如實知善現是名如實知苦聖
諦善現云何菩薩摩訶薩脩行般若波羅蜜
多時如實知集聖諦善現若菩薩摩訶薩
脩行般若波羅蜜多時如實知集是生起相自
性本空遠離二法是聖者諦集即真如真如
即集无二无別唯真聖者能如實知善現是
名如實知集聖諦善現云何菩薩摩訶薩脩
行般若波羅蜜多時如實知滅聖諦善現若
菩薩摩訶薩脩行般若波羅蜜多時如實知
滅是寂靜相自性本空遠離二法是聖者諦
滅即真如真如即滅无二无別唯真聖者能
如實知善現是名如實知滅聖諦善現云何
菩薩摩訶薩脩行般若波羅蜜多時如實知
道聖諦善現若菩薩摩訶薩脩行般若波羅

滅是寂靜相自性本空遠離二法是聖者諦
滅即真如真如即滅无二无別唯真聖者能
如實知善現是名如實知滅聖諦善現云何
菩薩摩訶薩脩行般若波羅蜜多時如實知
道聖諦善現若菩薩摩訶薩脩行般若波羅
蜜多時如實知道是出離相自性本空遠離
二法是聖者諦道即真如真如即道无二无
別唯真聖者能如實知善現是名如實知道
聖諦善現是為菩薩摩訶薩脩行般若波羅
蜜多時能學四聖諦
具壽善現白佛言世尊云何菩薩摩訶薩脩
行般若波羅蜜多時學四緣佛告善現若
菩薩摩訶薩脩行般若波羅蜜多時如實知
因緣如實知等无間緣如實知所緣緣如實
知增上緣是為能學四緣善現云何菩薩摩
訶薩脩行般若波羅蜜多時如實知因緣善
現若菩薩摩訶薩脩行般若波羅蜜多時如
實知因緣是種子相自性本空遠離二法善
現是名如實知因緣善現云何菩薩摩訶薩
脩行般若波羅蜜多時如實知等无間緣善
現若菩薩摩訶薩脩行般若波羅蜜多時如
實知等无間緣是開發相自性本空遠離二
法善現是名如實知等无間緣善現云何菩
薩摩訶薩脩行般若波羅蜜多時如實知所
緣緣善現若菩薩摩訶薩脩行般若波羅蜜
多時如實知所緣緣是任持相自性本空遠

BD04844號　大般若波羅蜜多經卷三八四　（23–20）

現若菩薩摩訶薩脩行般若波羅蜜多時如
實知等无間緣是開發相自性本空遠離二
法善現是名如實知等无間緣善現云何菩
薩摩訶薩脩行般若波羅蜜多時如實知所
緣緣善現若菩薩摩訶薩脩行般若波羅蜜
多時如實知所緣緣是任持相自性本空遠
離二法善現是名如實知所緣緣善現云何
菩薩摩訶薩脩行般若波羅蜜多時如實知
增上緣善現若菩薩摩訶薩脩行般若波羅
蜜多時如實知增上緣是不礙相自性本空
遠離二法善現是名如實知增上緣善現是
為菩薩摩訶薩脩行般若波羅蜜多時能學
四緣具壽善現白佛言世尊云何菩薩摩訶
薩脩行般若波羅蜜多時能學從緣所生諸
法佛告善現若菩薩摩訶薩脩行般若波
羅蜜多時如實知一切從緣所生法不生不滅
不斷不常不一不異不來不出絕諸戲論本
性淡泊善現是為菩薩摩訶薩脩行般若波
羅蜜多時能學從緣所生諸法具壽善現白
佛言世尊云何菩薩摩訶薩脩行般若波羅
蜜多時能學十二緣起佛告善現若菩薩摩
訶薩脩行般若波羅蜜多時如實知无明无
生无滅无染无淨自性本空遠離二法如實
知行識名色六處觸受取有生老死愁歎苦
憂惱无生无滅无染无淨自性本空遠離
二法善現是為菩薩摩訶薩脩行般若波羅

BD04844號　大般若波羅蜜多經卷三八四　（23–21）

蜜多時能學十二緣起佛告善現若菩薩摩
訶薩脩行般若波羅蜜多時如實知无明无
生无滅无染无淨自性本空遠離二法如實
知行識名色六處觸受取有生老死愁歎苦
憂惱无生无滅无染无淨自性本空遠離
二法善現是為菩薩摩訶薩脩行般若波羅
蜜多時能學十二緣起
具壽善現白佛言世尊云何菩薩摩訶薩脩
行般若波羅蜜多時能學內空外空內外空
空空大空勝義空有為空无為空畢竟空
无際空散空无變異空本性空自相空共相空
一切法空不可得空无性空自性空无性自
性空佛告善現若菩薩摩訶薩脩行般若波
羅蜜多時如實知內空无自性不可得而能
安住如實知外空乃至无性自性空无自性
不可得而能安住善現是為菩薩摩訶薩脩
行般若波羅蜜多時能學內空乃至无性自
性空具壽善現白佛言世尊云何菩薩摩訶
薩脩行般若波羅蜜多時能學真如法界法
性不虛妄性不變異性平等性離生性法定
法住實際虛空界不思議界佛告善現若菩
薩摩訶薩脩行般若波羅蜜多時如實知
真如无戲論无分別而能安住如實知法界
乃至不思議界无戲論无分別而能安住善
現是為菩薩摩訶薩脩行般若波羅蜜多
時能學真如乃至不思議界

BD04844號　大般若波羅蜜多經卷三八四　（23–22）

[illegible]
行般若波羅蜜多時能學內空乃至无性自
性空具壽善現白佛言世尊云何菩薩摩訶
薩脩行般若波羅蜜多時能學真如法界法
性不虛妄性不變異性平等性離生性法定
法住實際虛空界不思議界佛告善現若菩
薩摩訶薩脩行般若波羅蜜多時如實知
真如无戲論无分別而能安住如實知法界
乃至不思議界无戲論无分別而能安住善
現是為菩薩摩訶薩脩行般若波羅蜜多
時能學真如乃至不思議界

大般若波羅蜜多經卷第三百八十四

BD04844號　大般若波羅蜜多經卷三八四　（23–23）

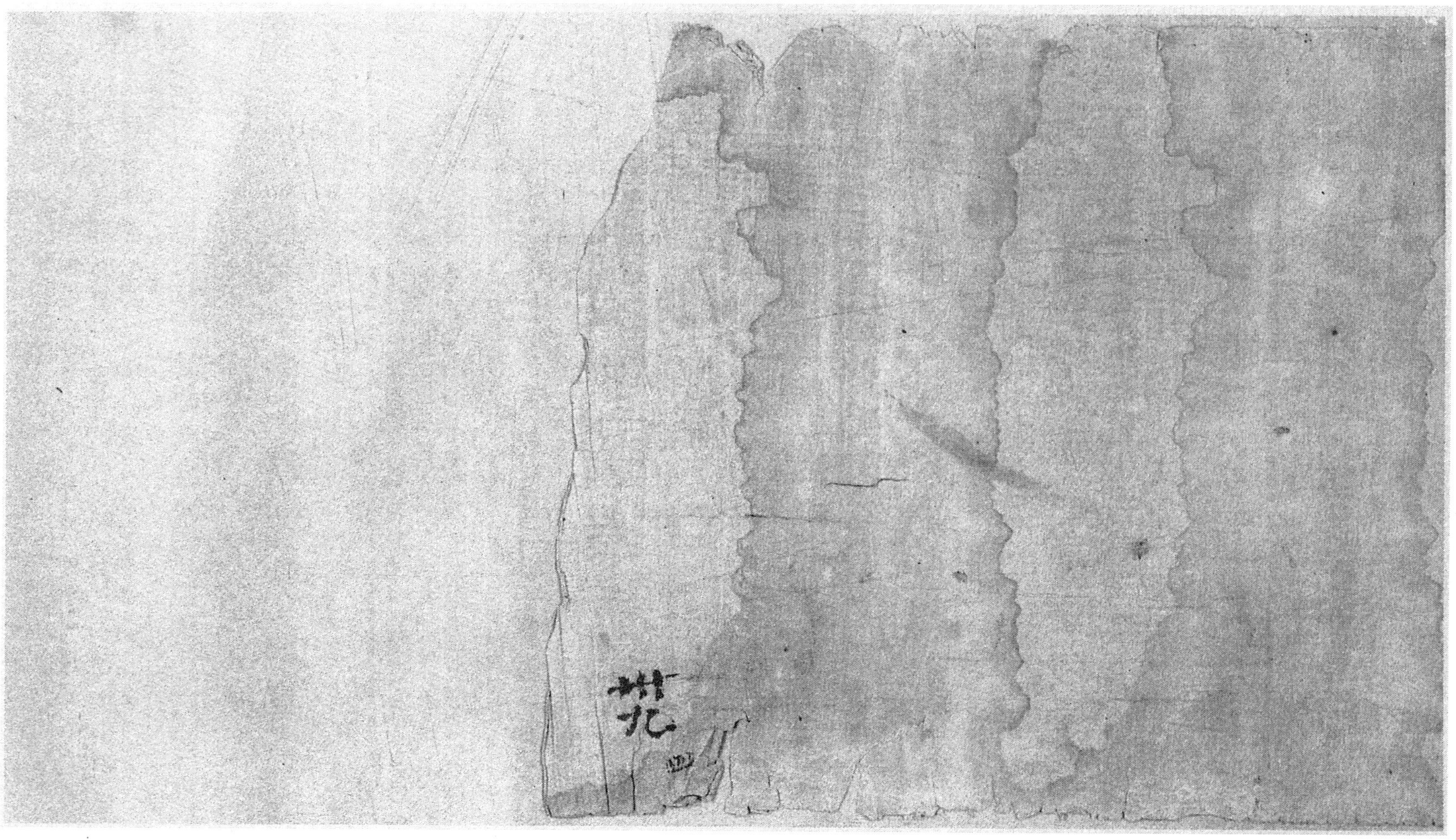

BD04844 號背　勘記　　（1–1）

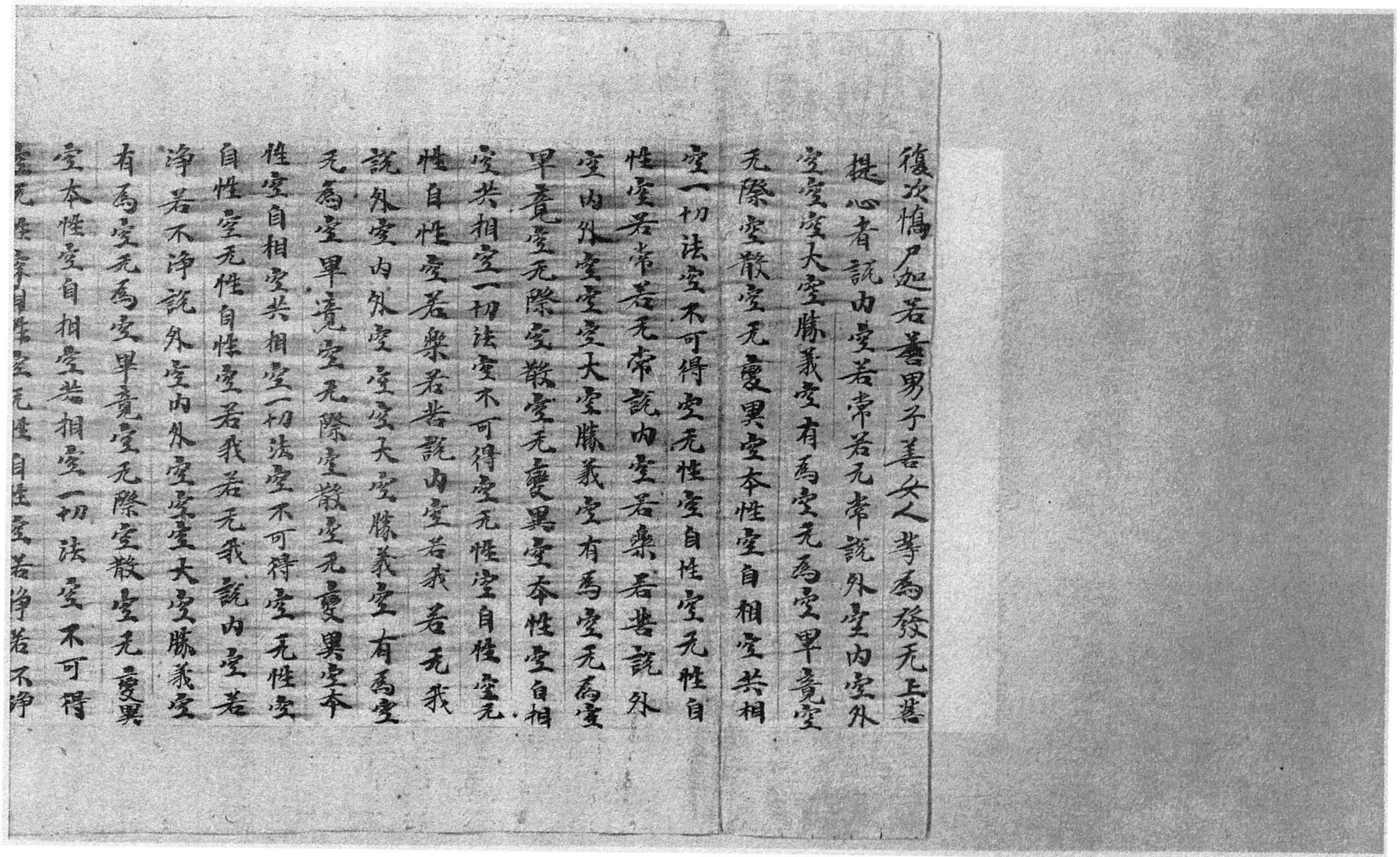

復次憍尸迦若善男子善女人等為發无上菩
提心者説内空若常若无常説外空内外
空空空大空勝義空有為空无為空畢竟空
无際空散空无變異空本性空自相空共相
空一切法空不可得空无性空自性空无性自
性空若常若无常説内空若樂若苦説外
空内外空空空大空勝義空有為空无為空
畢竟空无際空散空无變異空本性空自相
空共相空一切法空不可得空无性空自性空无
性自性空若樂若苦説内空若我若无我
説外空内外空空空大空勝義空有為空
无為空畢竟空无際空散空无變異空本
性空自相空共相空一切法空不可得空无性空
自性空无性自性空若我若无我説内空若
淨若不淨説外空内外空空空大空勝義空
有為空无為空畢竟空无際空散空无變異
空本性空自相空共相空一切法空不可得
空无性空自性空无性自性空若淨若不淨

BD04845 號　大般若波羅蜜多經卷一四三　　（3–1）

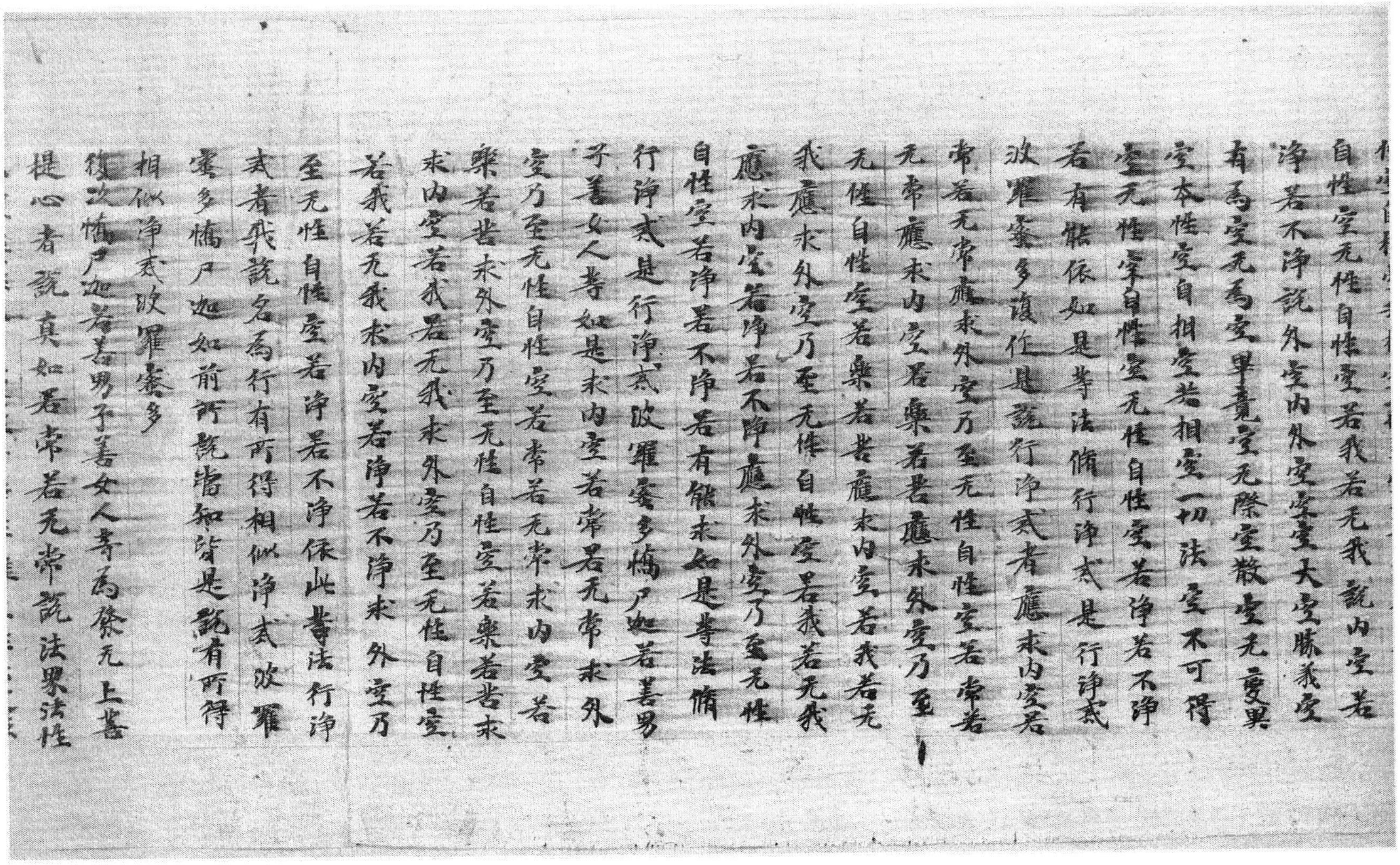

自性空无性自性空若我若无我說內空若
淨若不淨說外空內外空空空大空勝義空
有爲空无爲空畢竟空无際空散空无變異
空本性空自相空共相空一切法空不可得
空无性空自性空无性自性空若淨若不淨
若有能依如是等法脩行淨戒是行淨戒
波羅蜜多復作是說行淨戒者應求內空若
常若无常應求外空乃至无性自性空若常若
无常應求內空若樂若苦應求外空乃至
无性自性空若樂若苦應求內空若我若无
我應求外空乃至无性自性空若我若无我
應求內空若淨若不淨應求外空乃至无性
自性空若淨若不淨若有能求如是等法脩
行淨戒是行淨戒波羅蜜多憍尸迦若善男
子善女人等如是求內空若求外
空乃至无性自性空若常若无常求內空若
樂若苦求外空乃至无性自性空若樂若苦求
內空若我若无我求外空乃至无性自性空
若我若无我求內空若淨若不淨求外空乃
至无性自性空若淨若不淨依此等法行淨
戒者我說名爲行有所得相似淨戒波羅
蜜多憍尸迦如前所說皆知皆是說有所得
相似淨戒波羅蜜多
復次憍尸迦若善男子善女人等爲發无上菩
提心者說真如若常若无常說法界法性

BD04845 號　大般若波羅蜜多經卷一四三　（3–2）

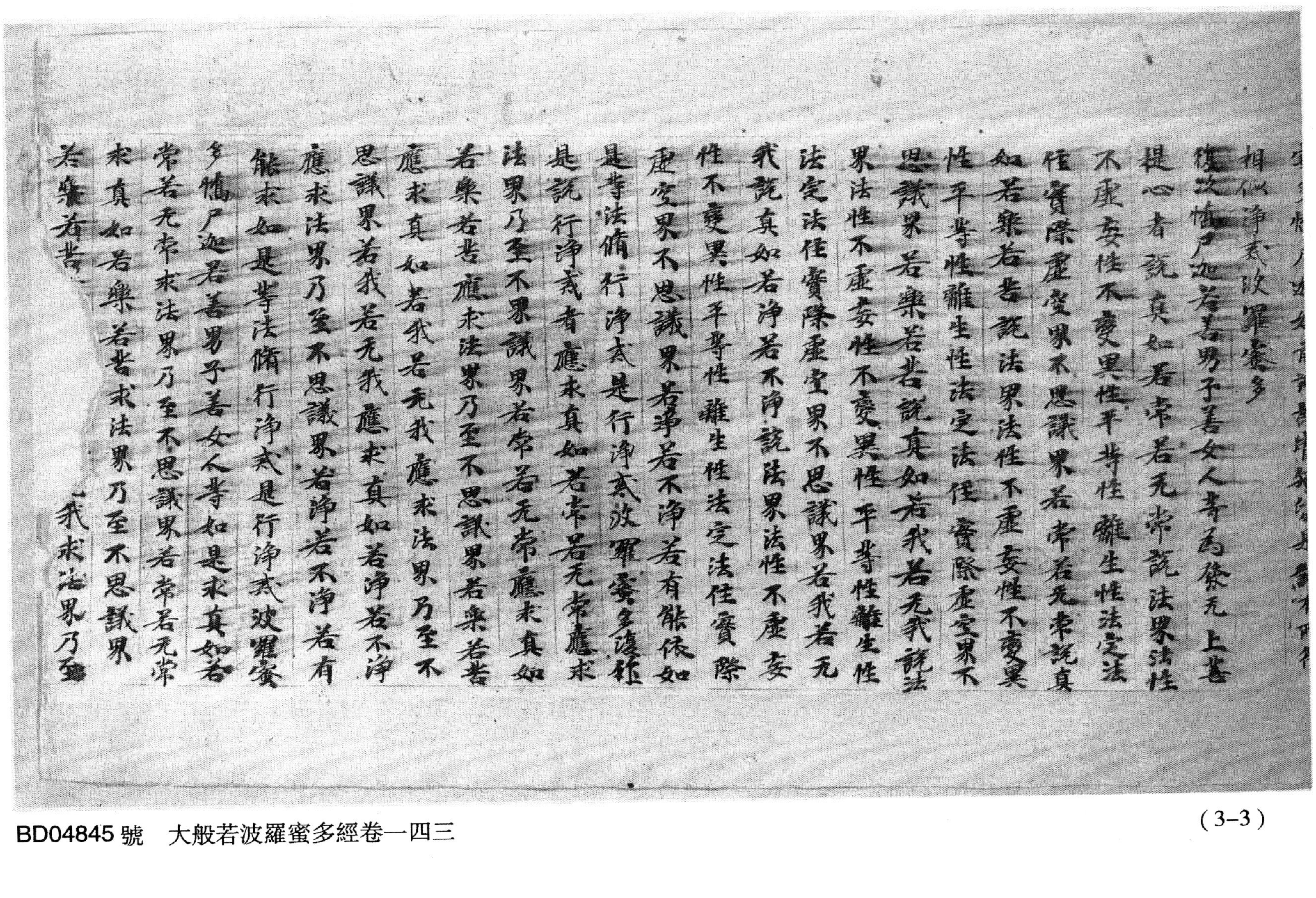

相似淨戒波羅蜜多
復次憍尸迦若善男子善女人等爲發无上菩
提心者說真如若常若无常說法界法性
不虛妄性不變異性平等性離生性法定法
住實際虛空界不思議界若常若无常說真
如若樂若苦說法界法性不虛妄性不變異
性平等性離生性法定法住實際虛空界不
思議界若樂若苦說真如若我若无我說法
界法性不虛妄性不變異性平等性離生性
法定法住實際虛空界不思議界若我若无
我說真如若淨若不淨說法界法性不虛妄
性不變異性平等性離生性法定法住實際
虛空界不思議界若淨若不淨若有能依如
是等法脩行淨戒是行淨戒波羅蜜多復作
是說行淨戒者應求真如若常若无常應求
法界乃至不思議界若常若无常應求真如
若樂若苦應求法界乃至不思議界若樂若苦
應求真如若我若无我應求法界乃至不
思議界若我若无我應求真如若淨若不淨
應求法界乃至不思議界若淨若不淨若有
能求如是等法脩行淨戒是行淨戒波羅蜜
多憍尸迦若善男子善女人等如是求真如若
常若无常求法界乃至不思議界若常若无常
求真如若樂若苦求法界乃至不思議界
若樂若苦……我求法界乃至

BD04845 號　大般若波羅蜜多經卷一四三　（3–3）

非說法者 說法不二取 无說離言相
□有三種一者法身佛二者報佛
□又釋迦牟尼名為佛者此是化佛
此佛不證阿耨多羅三藐三菩提亦不說
法如經无有定法如來得阿耨多羅三藐三菩
提亦无有定法如來可說若尒何故經言何
以故如來所說法皆不可取不可說如是等
有人謗言如來一向不說法為遮此故偈言
應化非真佛亦非說法者故說法不二取无
說離言相者聽者不取法不取非法故說者
亦不二說法非法故何以故彼法非法非非
法依何義說依真如義說依真如義說非法
者一切法无體相故非法者彼真如无我相
實有故何故唯言說不言證有言說者取成
證義故若不證者則不能說如經何以故一
切聖人皆以无為法得名此句明何義彼法
是說因故何以故一切聖人依真如法清淨
得名以无為法得名故以此義故彼聖人說
彼无為法須以何義如彼聖人所證法不可
如是說何況如是取何以故彼法遠離言語
相非可說事故何故不但言佛乃說一切聖

BD04846號　金剛般若波羅蜜經論（天親本　一卷本）　（15–1）

切聖人皆以无為法得名此句明何義彼法
是說因故何以故一切聖人依真如法清淨
得名以无為法得名故以此義故彼聖人說
彼无為法須以何義如彼聖人所證法不可
如是說何況如是取何以故彼法遠離言語
相非可說事故何故不但言佛乃說一切聖
人依真如清淨得名故如是具足清淨如分
清淨故經曰須菩提於意云何若滿三千
大千世界七寶以用布施須菩提於意云
何是善男子善女人所得福德為多不須菩提
言甚多婆伽婆甚多脩伽陀彼善男子善女人
得福甚多何以故世尊是福德聚即非福
德聚是故如來說福德聚福德聚佛言須菩
提若善男子善女人以滿三千大千世界七寶
持用布施若復於此經中受持乃至四句偈
等為他人說其福勝彼无量不可數何以故
須菩提一切諸佛阿耨多羅三藐三菩提法
皆從此經出一切諸佛如來皆從此經生須
菩提所謂佛法者即非佛法
論曰此說勝福德譬喻校量示現何義法
雖不可取不可說而不空故偈言
受持法及說　不空於福德　福不趣菩提　二能趣菩提
何故說言世尊是福德聚即非福德聚者偈
言福不趣菩提二能趣菩提故此義云何彼
福德不趣大菩提二能趣大菩薩提故何者

BD04846號　金剛般若波羅蜜經論（天親本　一卷本）　（15–2）

受持法及說　不空於福德　福不趣菩提　二能趣菩提
何故說言世尊是福德聚即非福德聚者偈
言福不趣菩提二能趣菩提故此義云何彼
福德不趣大菩提二能趣大菩提故何者
為二一者受持二者演說如經受持乃至四
句偈等為他人說故何名故福德聚義有二
種一者積聚義二者進趣義如人擔重說名
為聚如是彼福德聚以有積聚義故說名為
聚於菩提不能進趣故名為非福德聚此二
能趣大菩提是故於彼福德中此福為勝云
何此二能得大菩提如經何以故須菩提一
切諸佛阿耨多羅三藐三菩提法皆從此經
出一切諸佛如來皆從此經生故云何說一
切諸佛菩提法皆從此經出云何說一切諸
佛如來皆從此經出偈言
於實名了因　亦名爲生因　唯獨諸佛法　福成第一體
此義云何菩提者名為法身彼體實无為是
故於彼法身此二能作了因不能作生因餘
者受報相好莊嚴佛化身相好佛於此為生
因以能作菩提因是故名因顯彼福德中此
福勝故如經何以故須菩提乃至皆從此經
生故云何成此義偈言唯獨諸佛法福成第
一體故須菩提所謂佛法佛法者即非佛法
者彼諸佛法餘人不得是故彼佛法名為佛
法是故言唯獨諸佛法第一不共義以能作

BD04846號　金剛般若波羅蜜經論（天親本　一卷本）　（15–3）

福勝故如經何以故須菩提乃至皆從此經
生故云何成此義偈言唯獨諸佛法福成第
一體故須菩提所謂佛法佛法者即非佛法
者彼諸佛法餘人不得是故彼佛法名為佛
法是故言唯獨諸佛法第一不共義以能作
第一法因是故彼福德中此福為勝如是成
福德多故經曰須菩提於意云何須陀洹能
作是念我得須陀洹果不須菩提言不也世
尊何以故實无有法名須陀洹不入色聲香
味觸法是名須陀洹佛言須菩提於意云何
斯陀含能作是念我得斯陀含果不須菩提
言不也世尊何以故實无有法名斯陀含是
名斯陀含須菩提於意云何阿那含能作是
念我得阿那含果不須菩提言不也世尊何
以故實无有法名阿那含是名阿那含須菩
提於意云何阿羅漢能作是念我得阿羅漢
不須菩提言不也世尊何以故實无有法名
阿羅漢世尊若阿羅漢作是念我得阿羅漢
即為著我人眾生壽者世尊佛說我得无諍
三昧最為第一世尊說我是離欲阿羅漢世
尊我不作是念我是離欲阿羅漢世尊則不
記我无諍行第一以須菩提實无所行而名
須菩提无諍无諍行
論曰向說聖人无為法得名以是義故彼法
不可取不可說若須陀洹等聖人取自果者
何言彼法不可取既如證如說云何成不可

BD04846號　金剛般若波羅蜜經論（天親本　一卷本）　（15–4）

尊我不作是念我是離欲阿羅漢世尊則不
記我无諍行第一以須菩提實无所行而名
須菩提无諍无諍行
論曰何故說聖人无為法得名以是義故彼法
不可取不可說若須陁洹等聖人取自果云
何言彼法不可取既如證如說云何成不可
說自下經文為斷此疑成彼彼法不可取不可
說故偈言
不可取及說　自果不取故　依彼善吉者　說離二種鄣
此義云何以聖人无為法得名是故不取一
法不取者不取六塵境界以是義故名不逆
流者如經不入色聲香味觸法是名須陁洹
故乃至阿羅漢不取一法以是義故名為羅
漢然聖人非不取无為法以取自果故若聖
人起如是心我能得果即為著我等者此義
云何以有使煩惱非行煩惱何以故彼於證
時離取我等煩惱是故无如是心我能得果
何故尊者須菩提自嘆身得受記以自身證
果為於彼義中生信心故何故唯說无諍行
為明勝功德故為生深信故何故言以須菩
提實无所行而名須菩提无諍无諍行者偈
言依彼善吉者說離二種鄣二種鄣者一者
煩惱鄣二者三昧鄣離彼二鄣故言无所行
以是義故說名二種諍離彼二鄣故名為无
諍行
經曰佛告須菩提於意云何如來昔在然燈

BD04846號　金剛般若波羅蜜經論（天親本　一卷本）　（15–5）

言依彼善吉者說離二種鄣二種鄣者一者
煩惱鄣二者三昧鄣離彼二鄣故言无所行
以是義故說名二種諍離彼二鄣故名為无
諍行
經曰佛告須菩提於意云何如來昔在然燈
佛所得阿耨多羅三藐三菩提法不須菩提
言不也世尊如來在然燈佛所於法實无所
得阿耨多羅三藐三菩提
論曰復有疑釋迦如來昔在然燈佛所受法
彼佛為此佛說法若如是云何彼法不可說
不可取為斷此疑說彼佛所无法可取如經
不也世尊如來在然燈佛所於法實无所得
阿耨多羅三藐三菩提故何故如是說偈言
佛於然燈語　不取理實智　以是真實義　成彼无取說
此義云何釋迦如來於然燈佛所言語所說
不取證法故以是義故顯彼證智不可說不
可取偈言以是真實義成彼无取說故又若
聖人无為法得名是法不可取不可說云何
諸菩薩取莊嚴淨佛國土云何受樂報佛取
自法王身云何餘世間復取彼是法王身自
下經文為斷此疑
經曰佛告須菩提若菩薩作是言我莊嚴佛
國土彼菩薩不實語何以故須菩提如來所
說莊嚴佛土者則非莊嚴是名莊嚴佛土是
故須菩提諸菩薩摩訶薩應如是生清淨心
而无所住不住色生心不住聲香味觸法生心

BD04846號　金剛般若波羅蜜經論（天親本　一卷本）　（15–6）

經曰佛告須菩提若菩薩作是言我莊嚴佛
國土彼菩薩不實語何以故須菩提如來所
說莊嚴佛土者則非莊嚴是名莊嚴佛土是
故須菩提諸菩薩摩訶薩應如是生清淨心
而无所住不住色生心不住聲香味法生心
應无所住而生其心須菩提譬如有人身如
須弥山王須菩提於意云何是身為大不須
菩提言甚大世尊何以故佛說非身是名大
身彼身非身是名大身
論曰此義如是應知云何知偈言
智習唯識通　如是取淨土　非形第一體　非嚴莊嚴意
此義云何諸佛无有莊嚴國土事唯諸佛如
來真實智慧習識通達是故彼土不可取若
人取彼國土形相作是言我成就清淨佛土
彼不實說如經何以故須菩提如來所說莊
嚴佛土者則非莊嚴是名莊嚴佛土故何故
如是說偈言非形第一體非嚴莊嚴意故莊
嚴有二種一者形相二者第一義相是故說
莊嚴莊嚴又非莊嚴佛土者无有形相故非
莊嚴如是无莊嚴即是第一莊嚴何以故以
一切功德成就莊嚴故若人分別佛國土是
有為形相而言我成就清淨佛國土彼菩薩
住於色等境界中生如是心為遮此故如經
是故須菩提諸菩薩摩訶薩應如是生清淨
心而无所住不住色生心不住聲香味法生

BD04846號　金剛般若波羅蜜經論（天親本　一卷本）　（15–7）

一切功德成就莊嚴故若人分別佛國土是
有為形相而言我成就清淨佛國土彼菩薩
住於色等境界中生如是心為遮此故如經
是故須菩提諸菩薩摩訶薩應如是生清淨
心而无所住不住色生心不住聲香味法生
心應无所住而生其心故前言云何受樂報
佛取自法王身云何餘世間復取彼是法王
身為除此疑說受樂報佛體同彼須弥山王
鏡像義故此義云何偈言
如山王无取　受報亦復然　遠離諸於漏　及有為法故
此義云何如須弥山王勢力高遠故名為大
而不取彼山王體我是山王以无分別故受
樂報佛亦如是以得无上法王體故名為大
而不取彼法王體我是法王以无分別故何
故无分別以无分別故如經何以故佛說非
身是名大身彼身非身是名大身故何
故如是說偈言遠離於諸漏及有為法故彼
受樂報佛體離於諸漏若如是即无有物若
如是即名有物以唯有清淨身故以遠離有
為法故以是義故實有我體以不依他緣住
故經曰佛言須菩提如恒河中所有沙數如
是沙等恒河於意云何是諸恒河沙寧為多
不須菩提言甚多世尊但諸恒河尚多无數
何況其沙佛言須菩提我今實言告汝若有
善男子善女人以七寶滿介數恒沙數世界

BD04846號　金剛般若波羅蜜經論（天親本　一卷本）　（15–8）

故經曰佛言須菩提如恒河中所有沙數如
是沙等恒河於意云何是諸恒河沙寧為多
不須菩提言甚多世尊但諸恒河尚多无數
何況其沙佛言須菩提我今實言告汝若有
善男子善女人以七寶滿尒數恒沙數世界
以施諸佛如來須菩提於意云何彼善男子
善女人得福多不須菩提言甚多世尊彼善
男子善女人得福甚多佛告須菩提以七寶
滿尒數恒河沙世界持用布施若善男子善
女人於此法門乃至受持四句偈等為他人
說而此福德勝前福德无量阿僧祇
論曰前已說多福德譬喻何故此中復說偈
言
說多義差別　亦成勝校量　後福過於前　故重說勝喻
此義云何前說三千世界譬喻明福德多今
重說无量三千世界故何故不先說此喻為
漸化衆生令生信心上妙義故又前未顯以
何等勝功德能得大菩提故以此喻成彼功
德是故重說勝喻
經曰復次須菩提隨所有處說是法門乃至
四句偈等當知此處一切世間天人阿脩羅
皆應供養如佛塔廟何況有人盡能受持讀
誦此經須菩提當知是人成就最上第一希
有之法若是經典所在之處則為有佛若尊
重似佛尒時須菩提白佛言世尊當何名此
法門我等云何奉持佛告須菩提是法門名

皆應供養如佛塔廟何況有人盡能受持讀
誦此經須菩提當知是人成就最上第一希
有之法若是經典所在之處則為有佛若尊
重似佛尒時須菩提白佛言世尊當何名此
法門我等云何奉持佛告須菩提是法門名
為金剛般若波羅蜜以是名字汝當奉持何
以故須菩提佛說般若波羅蜜則非般若波
羅蜜須菩提於意云何如來有所說法不須
菩提言世尊如來无所說法須菩提於意云
何三千大千世界所有微塵是為多不須菩
提言彼微塵甚多世尊須菩提是諸微塵如
來說非微塵是名微塵如來說世界非世界
是名世界佛言須菩提於意云何可以卅二
大人相見如來不須菩提言不也世尊何以
故如來說卅二大人相即是非相是名卅二
大人相
論曰云何成彼勝福偈言
尊重於二處　因習證大體　彼因習煩惱　此降伏染福
此義云何尊重於二處者一者所說處隨何
等處說此經令生尊重奇特相故二者能說
人隨何等人能受持及說以尊重經論故非
七寶等隨何處捨隨何人能捨如是生敬重
故此法門与一切諸佛如來證法住勝因故
如經須菩提言世尊如來无所說法故此義
云何无有一法唯獨如來說餘佛不說故彼
珎寶布施福德是染煩惱因以能成就煩惱
事故此因亦現遠離煩惱因故說地微塵喻

故此法門与一切諸佛如來證法作勝因故
如經須菩提言世尊如來无所說法故此義
云何无有一法唯獨如來說餘佛不說故彼
珎寶布施福德是染煩惱因以能成就煩惱
事故此因亦現遠離煩惱因故說地微塵喻
如經須菩提是諸微塵如來說非微塵是名
微塵如來說世界非世界是名世界故何故
如是說彼微塵非貪等煩惱體以是義故名
爲地微塵故彼世界非煩惱染因界是故說
世界此明何義彼福德是煩惱塵染因是故
於外无記塵彼福德善根爲近何況此福德
能成佛菩提故及成就大丈夫相福德勝故
中是故受持演說此法門能成佛菩提勝彼
福德何以故彼相於佛菩提非相故以彼非
法身故是故說大丈夫相以彼相故此受持
及說福德能成佛菩提是故彼非勝故又彼
福德能降伏珎寶等福何況此福故能降伏
是故此福冣近冣勝如是彼檀等福德中此
福冣勝成已
經曰佛言須菩提若有善男子善女人以恒
河沙等身命布施若復有人於此法門中乃
至受持四句偈等爲他人說其福甚多无量
阿僧祇尒時須菩提聞說是經深解義趣涕
淚悲泣捫淚而白佛言希有婆伽婆希有脩
伽陁佛說如是甚深法門我從昔來所得慧
眼未曾得聞如是法門何以故須菩提佛說

BD04846號　金剛般若波羅蜜經論（天親本　一卷本）　（15–11）

至受持四句偈等爲他人說其福甚多无量
阿僧祇尒時須菩提聞說是經深解義趣涕
淚悲泣捫淚而白佛言希有婆伽婆希有脩
伽陁佛說如是甚深法門我從昔來所得慧
眼未曾得聞如是法門何以故須菩提佛說
般若波羅蜜即非般若波羅蜜世尊若復有
人得聞是經信心清淨則生實相當知是人
成就第一希有功德世尊是實相者則是非
相是故如來說名實相實相世尊我今得聞
如是法門信解受持不足爲難若當來世其
有衆生得聞是法門信解受持是人則爲第
一希有何以故此人无我相人相衆生相壽
者相即是非相何以故離一切諸相則名諸
佛佛告須菩提如是如是若復有人得聞是
經不驚不怖不畏當知是人甚爲希有何以
故須菩提如來說第一波羅蜜非第一波羅
蜜如來說第一波羅蜜者彼无量諸佛亦說
波羅蜜是名第一波羅蜜
論曰自下經文重明彼福德中此福轉勝此
義云何偈言
苦身勝於彼　希有及上義　彼知岸難量　亦不同餘法
堅實解深義　勝餘脩多羅　大因及清淨　福中勝福德
此二偈說何義悄捨身命重於捨資生珎寶
等彼如是捨无量身命果報福德此福勝彼
福何以故彼捨身命苦身心故何況爲法捨
故念彼身苦慧命須菩提尊重法故悲泣流

BD04846號　金剛般若波羅蜜經論（天親本　一卷本）　（15–12）

義云何偈言
苦身勝於彼　希有及上義　彼知圻難量　亦不同餘法
堅實解深義　勝餘脩多羅　大因及清淨　福中勝福德
此二偈說何義悄捨身命重於捨資生珎寶
等彼如是捨无量身命果報福德此福勝彼
福何以故彼捨身命苦身心故何況為法捨
故念彼身苦慧命須菩提尊重法故悲泣流
淚如經尒時須菩提聞說是經深解義趣涕
淚悲泣故此法門希有何以故尊重者須菩
提雖有智眼昔來未曾得聞是故希有如經
我從昔來所得慧眼未曾得聞如是法門故
又此法門第一以說名般若波羅蜜故此云
何成以上義故如經何以故須菩提佛說般
若波羅蜜即非般若波羅蜜故何故如是說
彼智圻故彼智圻无人能量是故非波羅蜜
又此法門不同何以故此中有實相故餘者
非實相除佛法餘處无實故以彼處未曾有
未曾生信以是義故如經世尊若復有人得
聞是經信心清淨則生實相當知是人成就
第一希有功德故又此法門堅實深妙何以
故受持此經思量脩習不起我等相故又不
起我等相者亦可取境界不倒相故我等相
即非相者亦能取境界不倒相故此二明我
空法空无我智故如是次第如經何以故此
人无我相人相衆生相壽者相何以故我相
即是非相人相衆生相壽者相即是非相何
以故離一切諸相則名諸佛故如來

BD04846號　金剛般若波羅蜜經論（天親本　一卷本）　（15–13）

起我等相者亦可取境界不倒相故我等相
即非相者亦能取境界不倒相故此二明我
空法空无我智故如是次第如經何以故此
人无我相人相衆生相壽者相何以故我相
即是非相人相衆生相壽者相即是非相何
以故離一切諸相則名諸佛故如來為須菩
提說如是義驚者謂非處生懼是故名驚以
可訶故如非正道故怖者心體怖故以起不
能斷疑心故畏者一向怖故具心畢竟驚怖
墮故遠離彼處如經不驚不怖不畏故又此
法門勝餘脩多羅如經何以故須菩提如來
說第一波羅蜜非第一波羅蜜故又此法門
名為大因如經如來說第一波羅蜜者故又
此法門名為清淨以无量佛說故如經彼无
量諸佛亦說波羅蜜是名第一波羅蜜故彼
珎寶檀等无如是功德是故彼福德中此福
為勝如是成已
論曰自下經文復為斷疑云何疑向說彼身
苦以彼捨身苦身果報而彼福是劣若尒依
此法門受持演說諸菩薩行苦行彼苦行亦
是苦果云何此法門不成苦果為斷此疑故
經曰須菩提如來說忍辱波羅蜜即非忍辱
波羅蜜何以故須菩提如我昔為歌利王割
截身體我於尒時无我相无衆生相无人相
无壽者相无相亦非无相何以故須菩提我
於往昔節支解時若有我相衆生相人相壽

BD04846號　金剛般若波羅蜜經論（天親本　一卷本）　（15–14）

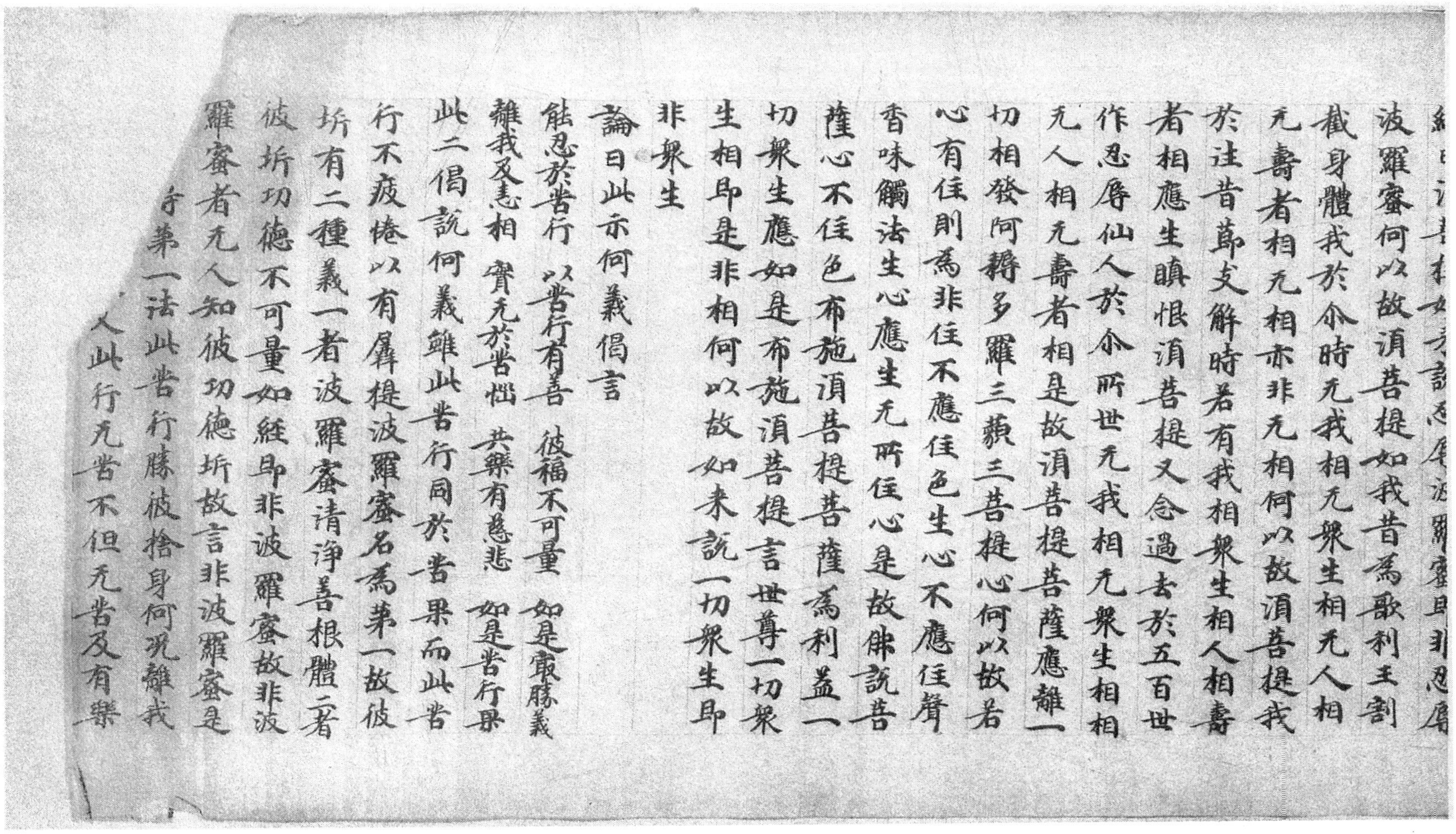

經曰[illegible]菩[illegible]如來說忍辱波羅蜜即非忍辱
波羅蜜何以故須菩提如我昔為歌利王割
截身體我於尒時无我相无衆生相无人相
无壽者相无相亦非无相何以故須菩提我
於往昔節支解時若有我相衆生相人相壽
者相應生瞋恨須菩提又念過去於五百世
作忍辱仙人於尒所世无我相无衆生相
无人相无壽者相是故須菩提菩薩應離一
切相發阿耨多羅三藐三菩提心何以故若
心有住則為非住不應住色生心不應住聲
香味觸法生心應生无所住心是故佛說菩
薩心不住色布施須菩提菩薩為利益一
切衆生應如是布施須菩提言世尊一切衆
生相即是非相何以故如來說一切衆生即
非衆生
論曰此亦何義偈言
能忍於苦行　以苦行有善　彼福不可量　如是最勝義
離我及恚相　實无於苦惱　共樂有慈悲　如是苦行果
此二偈說何義雖此苦行同於苦果而此苦
行不疲惓以有羼提波羅蜜名為第一故彼
岸有二種義一者波羅蜜清淨善根體二者
彼岸功德不可量如經即非波羅蜜故非波
羅蜜者无人知彼功德岸故言非波羅蜜是
[illegible]第一法此苦行勝彼捨身何況離我
[illegible]人此行无苦不但无苦及有樂

BD04846 號　金剛般若波羅蜜經論（天親本　一卷本）　　（15–15）

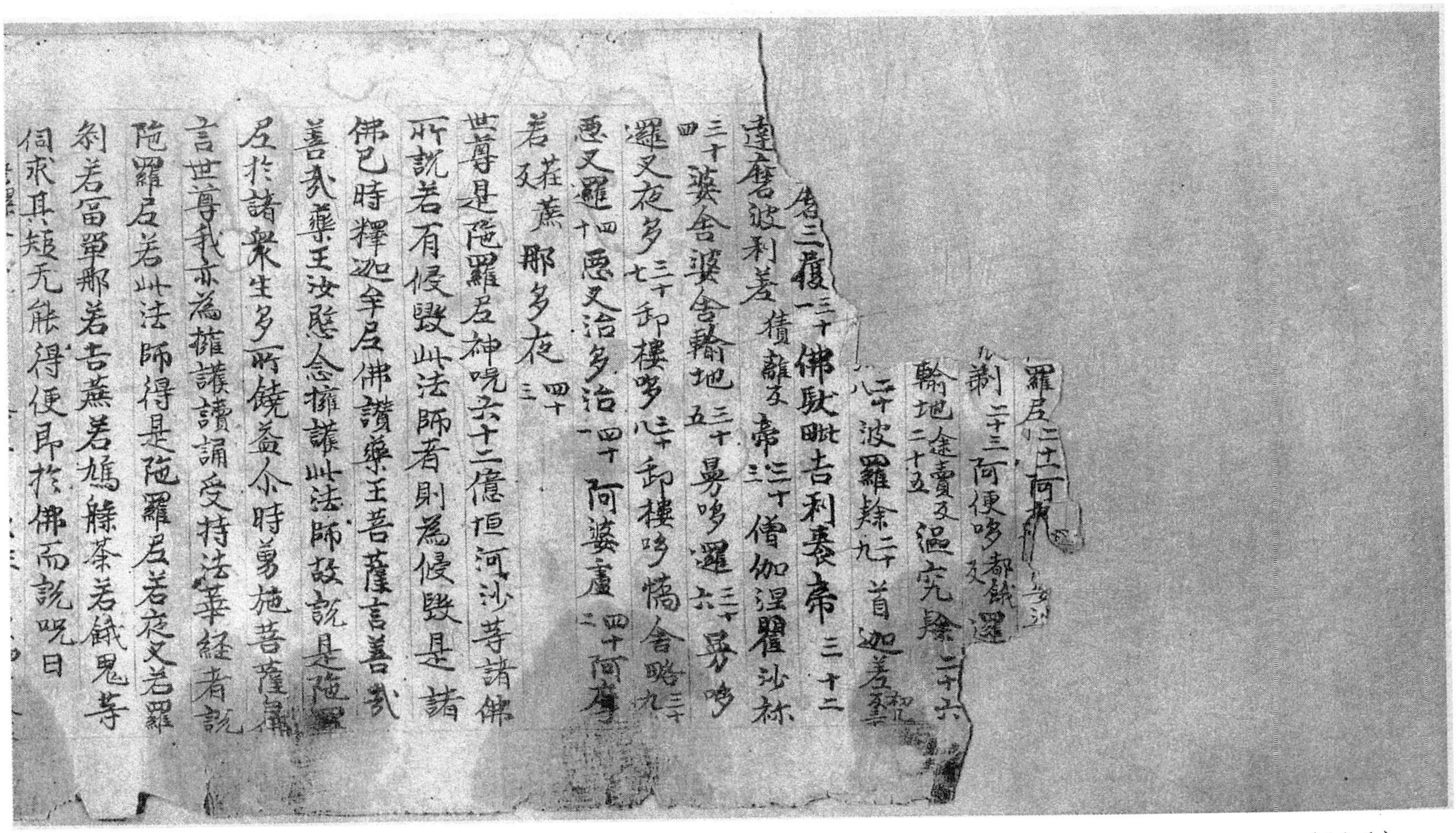

羅尼二十二阿[illegible]
剃二十三阿便哆都餓邏
輸地二十五漚究隸二十六
二十八波羅隸二十九首迦差三十
三履三十一佛馱毗吉利袠帝三十二
達磨波利差帝三十三僧伽涅瞿沙禰
三十四婆舍婆舍輸地三十五曼哆邏三十六曼哆
邏叉夜多三十七郵樓哆三十八郵樓哆憍舍略三十九
惡叉邏四十惡叉冶多冶四十一阿婆盧四十二阿摩
若那多夜四十三
世尊是陀羅尼神呪六十二億恒河沙等諸佛
所說若有侵毀此法師者則為侵毀是諸
佛已時釋迦牟尼佛讚藥王菩薩言善哉
善哉藥王汝愍念擁護此法師故說是陀羅
尼於諸衆生多所饒益尒時勇施菩薩白佛
言世尊我亦為擁護讀誦受持法華經者說
陀羅尼若此法師得是陀羅尼若夜叉若羅
剎若富單那若吉蔗若鳩槃茶若餓鬼等
伺求其短无能得便即於佛前而說呪曰

BD04847 號　妙法蓮華經卷七　　（14–1）

乏於諸衆生多所饒益尒時勇施菩薩白
言世尊我亦為擁護讀誦受持法華經者說
陁羅尼若此法師得是陁羅尼若夜叉若羅
剎若富單那若吉蔗若鳩槃茶若餓鬼等
伺求其短无能得便即於佛前而說呪曰
痤挫螺女隸一 摩訶痤隸二 郁枳三 目枳四 阿隸五
阿羅婆第六 涅隸第七 涅隸多婆第八 伊
韋緻柅十 旨緻柅十一 涅隸墀柅十二
婆底十三
世尊是陁羅尼神呪恒河沙等諸佛所說
皆隨喜若有侵毀此法師者則為侵毀是諸
佛已尒時毗沙門天王護世者白佛言世尊
我亦為愍念衆生擁護此法師故說是陁
羅尼即說呪曰
阿梨一 那梨二 㝹那梨三 阿那盧四 那履五
拘那履六
世尊以是神呪擁護法師我亦自當擁護持是
經者令百由旬内无諸衰患尒時持國天
王在此會中與千万億那由他乾闥婆衆恭
敬圍繞前詣佛所合掌白佛言世尊我亦
以陁羅尼神呪擁護持法華經者即說呪曰
阿伽祢一 伽祢二 瞿利三 乾陁利四 栴陁利五
摩蹬耆六 常求利七 浮樓莎柅八 頞底九
世尊是陁羅尼神呪四十二億諸佛所說若
有侵毀此法師者則為侵毀是諸佛已尒時
有羅剎女等一名藍婆二名毗藍婆三名曲齒

BD04847 號　妙法蓮華經卷七　（14–2）

敬圍繞前詣佛所合掌白佛言世尊我亦
以陁羅尼神呪擁護持法華經者即說呪曰
阿伽祢一 伽祢二 瞿利三 乾陁利四 栴陁利五
摩蹬耆六 常求利七 浮樓莎柅八 頞底九
世尊是陁羅尼神呪四十二億諸佛所說若
有侵毀此法師者則為侵毀是諸佛已尒時
有羅剎女等一名藍婆二名毗藍婆三名曲齒
四名華齒五名黑齒六名多髮七名无猒足
八名持瓔珞九名皐帝十名奪一切衆生精
氣是十羅剎女與鬼子母并其子及眷屬
俱詣佛所同聲白佛言世尊我等亦欲擁
護讀誦受持法華經者除其衰患若有伺求
法師短者令不得便即於佛前而說呪曰
伊提履一 伊提泯二 伊提履三 阿提履四 伊提履五
泥履六 泥履七 泥履八 泥履九 泥履十 樓醯十一
樓醯十二 樓醯十三 樓醯十四 多醯十五 多醯十六
多醯十七 兜醯十八 㝹醯十九
寧上我頭上莫惱於法師若夜叉若羅剎若
餓鬼若富單那若吉蔗若毗陁羅若揵馱若
烏摩勒伽若阿跋摩羅若夜叉吉蔗若人吉
蔗若熱病若一日若二日若三日若四日若
至七日若常熱病若男形若女形若童男形
若童女形乃至夢中亦復莫惱即於佛前而
說偈言
若不順我呪　惱亂說法者　頭破作七分　如阿梨樹枝
如殺父母罪　亦如壓油殃　斗秤欺誑人　調達破僧罪

BD04847 號　妙法蓮華經卷七　（14–3）

蒸若熱病若一日若二日若三日若四日若
至七日若常熱病若男形若女形若童男形
若童女形乃至夢中亦復莫惱即於佛前而
說偈言
若不順我呪　惱亂說法者　頭破作七分　如阿梨樹枝
如殺父母罪　亦如壓油殃　斗秤欺誑人　調達破僧罪
犯此法師者　當獲如是殃
諸羅剎女說此偈已白佛言世尊我等亦當
身自擁護受持讀誦脩行是經者令得安隱
離諸衰患消衆毒藥佛告諸羅剎女善哉
善哉汝等但能擁護受持法華名者福不可
量何况擁護具足受持供養經卷華香瓔珞末
香塗香燒香幡蓋伎樂然種種燈蘇燈油燈諸
香油燈蘇摩那華油燈瞻蔔華油燈婆師迦
華油燈優鉢羅華油燈如是等百千種供養
者睪帝汝等及眷屬應當擁護如是法師
說是陁羅尼品時六万八千人得无生法忍
妙法蓮華經妙莊嚴王本事品第廿七
尒時佛告諸大衆乃往古世過无量无邊不可
思議阿僧祇劫有佛名雲雷音宿王華智多
陁伽度阿羅呵三藐三佛陁國名光明莊嚴
劫名憙見彼佛法中有王名妙莊嚴其王夫
人名曰淨德有二子一名淨藏二名淨眼是二
子有大神力福德智慧久脩菩薩所行之
道所謂檀波羅蜜尸羅波羅蜜羼提波羅
蜜毗梨耶波羅蜜禪波羅蜜般若波羅蜜

BD04847號　妙法蓮華經卷七　（14–4）

陁伽度阿羅呵三藐三佛陁國名光明莊嚴
劫名憙見彼佛法中有王名妙莊嚴其王夫
人名曰淨德有二子一名淨藏二名淨眼是二
子有大神力福德智慧久脩菩薩所行之
道所謂檀波羅蜜尸羅波羅蜜羼提波羅
蜜毗梨耶波羅蜜禪波羅蜜般若波羅蜜
方便波羅蜜慈悲喜捨乃至三十七品助道法
皆悉明了通達又得菩薩淨三昧日星宿三昧
淨光三昧淨色三昧淨照明三昧長莊嚴三昧大
威德藏三昧於此三昧亦悉通達尒時彼佛
欲引導妙莊嚴王及愍念衆生故說是法
華經時淨藏淨眼二子到其母所合十指爪掌
白母言願母往詣雲雷音宿王華智佛所
我等亦當侍從親近供養禮拜所以者何此
佛於一切天人衆中說法華經宜應聽受母
告子言汝父信受外道深著婆羅門法汝等
應往白父與共俱去淨藏淨眼合十爪指掌
白母我等是法王子而生此邪見家母告
子言汝等當憂念汝父為現神變若得見者
心必清淨或聽我等往至佛所於是二子念其
父故踊在虛空高七多羅樹現種種神變於
虛空中行住坐卧身上出水身下出火身下
出水身上出火或現大身滿虛空中而復現
小小復現大於空中滅忽然在地入地如水
履水如地現如是等種種神變令其父王心
淨信解時父見子神力如是心大歡喜得未

BD04847號　妙法蓮華經卷七　（14–5）

虛空中行住坐臥，身上出水，身下出火，身下
出水，身上出火，或現大身滿虛空中，而復現
小，小復現大，於空中滅，忽然在地，入地如水，
履水如地，現如是等種種神變，令其父王心
淨信解。時父見子神力如是，心大歡喜，得未
曾有，合掌向子言：汝等師為是誰？誰之弟
子？二子白言：大王！彼雲雷音宿王華智佛，今
在七寶菩提樹下法座上坐，於一切世間天
人眾中廣說法華經，是我等師，我是弟子。
父語子言：我今亦欲見汝等師，可共俱往。於是
二子從空中下，到其母所，合掌白母：父王今已
信解，堪任發阿耨多羅三藐三菩提心。我
等為父已作佛事，願母見聽，於彼佛所出家
修道。爾時二子欲重宣其意，以偈白母：
願母放我等　出家作沙門　諸佛甚難值　我等隨佛學
如優曇波羅　值佛復難是　脫諸難亦難　願聽我出家
母即告言：聽汝出家。所以者何？佛難值故。於是
二子白父母言：善哉！父母，願時往詣雲雷音
宿王華智佛所，親近供養。所以者何？佛難得
值，如優曇波羅華，又如一眼之龜值浮木孔。而
我等宿福深厚，生值佛法，是故父母當聽
我等，令得出家。所以者何？諸佛難值，時亦難
遇。彼時妙莊嚴王後宮八万四千人皆悉堪任
受持是法華經。淨眼菩薩於法華三昧久已
通達。淨藏菩薩已於无量百千万億劫通
[illegible]

我等宿福深厚，生值佛法，是故父母當聽
我等，令得出家。所以者何？諸佛難值，時亦難
遇。彼時妙莊嚴王後宮八万四千人皆悉堪任
受持是法華經。淨眼菩薩於法華三昧久已
通達。淨藏菩薩已於无量百千万億劫通
達離諸惡趣三昧，欲令一切眾生離諸惡趣
故。其王夫人得諸佛集三昧，能知諸佛秘密
之藏。二子如是以方便力善化其父，令心信解
好樂佛法。於是妙莊嚴王與群臣眷屬俱，
淨德夫人與後宮婇女眷屬俱，其王二子與
四万二千人俱，一時共詣佛所，到已頭面禮足，
繞佛三帀，却住一面。爾時彼佛為王說法，示
教利喜，王大歡悅。爾時妙莊嚴王及其夫人
即解頸真珠瓔珞，價直百千，以散佛上。於
虛空中化成四柱寶臺，臺中有大寶床，敷百
千万天衣，其上有佛結跏趺坐，放大光明。爾
時妙莊嚴王作是念：佛身希有，端嚴殊特，成
就第一微妙之色。時雲雷音宿王華智佛告四
眾言：汝等見是妙莊嚴王於我前合掌立
不？此王於我法中作比丘，精勤修習助佛道法，
當得作佛，號娑羅樹王，國名大光，劫名大
高王。其娑羅樹王佛有无量菩薩眾及无量聲
聞，其國平正，功德如是。其王即時以國付弟，
與夫人、二子并諸眷屬，於佛法中出家修道。
王出家已，於八万四千歲常勤精進，修行妙法
華經，過是已後，得一切淨功德莊嚴三昧。

當得作佛号娑羅樹王國名大光劫名大
高王其娑羅樹王佛有无量菩薩衆及无量聲
聞其國平正功德如是其王即時以國付弟
與夫人二子并諸眷屬於佛法中出家脩道
王出家已於八万四千歲常勤精進脩行妙法
華經過是已後得一切淨功德莊嚴三昧
即昇虛空高七多羅樹而白佛言世尊此我
二子已作佛事以神通變化轉我邪心令得
安住於佛法中得見世尊此二子者是我善
知識為欲發起宿世善根饒益我故來生
我家尒時雲雷音宿王華智佛告妙莊嚴
王言如是如是如汝所言若善男子善女人種善
根故世世得善知識其善知識能作佛事示
教利喜令入阿耨多羅三藐三菩提大王當知
善知識者是大因緣所謂化導令得見佛發
阿耨多羅三藐三菩提心大王汝見此二子不
此二子已曾供養六十五百千万億那由他
恒河沙諸佛親近恭敬於佛諸所受持法
華經愍念邪見衆生令住正見妙莊嚴王
即從虛空中下而白佛言世尊如來甚希有
以功德智慧故頂上肉髻光明顯照其眼長
廣而紺青色眉間豪相白如珂月齒白齊密
常有光明脣色赤好如頻婆果今時妙莊嚴
王讃歎佛如是等无量百千万億功德已於如
來前一心合掌復白佛言世尊未曾有也如
來之法具足成就不可思議微妙功德教戒

以功德智慧故頂上肉髻光明顯照其眼長
廣而紺青色眉間豪相白如珂月齒白齊密
常有光明脣色赤好如頻婆果今時妙莊嚴
王讃歎佛如是等无量百千万億功德已於如
來前一心合掌復白佛言世尊未曾有也如
來之法具足成就不可思議微妙功德教戒
所行安隱快善我從今日不復自隨心行
不生邪見憍慢瞋恚諸惡之心說是語已
礼佛而出佛告大衆於意云何妙莊嚴王豈
異人乎今華德菩薩是其淨德夫人今佛前
光照莊嚴相菩薩是哀愍妙莊嚴王及諸眷
屬故於彼中生其二子者今藥王菩薩藥上
菩薩是是藥王藥上菩薩成就如此諸大功
德已於无量百千万億諸佛所植衆德本成
就不可思議諸善功德若有人識是二菩薩
名字者一切世間諸天人民亦應礼拜佛說
是妙莊嚴王本事品時八万四千人遠塵離
垢於諸法中得法眼淨

妙法蓮華經普賢菩薩勸發品第二十八

尒時普賢菩薩以自在神通力威德名聞與大
菩薩无量无邊不可稱數從東方來所經諸
國普皆震動雨寶蓮華作无量百千万億種
種伎樂又與无數諸天龍夜叉乾闥婆阿脩
羅迦樓羅緊那羅摩睺羅伽人非人等大衆
圍繞各現威德神通之力到娑婆世界耆闍
崛山中頭面礼釋迦牟尼佛右繞七帀白佛

菩薩无量无邊不可稱數從東方來所經諸
國普皆震動雨寶蓮華作无量百千万億種
種伎樂又與无數諸天龍夜叉乾闥婆阿脩
羅迦樓羅緊那羅摩睺羅伽人非人等大衆
圍繞各現威德神通之力到娑婆世界耆闍
崛山中頭面礼釋迦牟尼佛右繞七帀白佛
言世尊我於寶威德上王佛國遥聞此娑婆
世界說法華經 與无量无邊百千万億諸菩
薩衆共來聽受唯願世尊當為說之若善
男子善女人於如來滅後云何能得是法華
經佛告普賢菩薩若善男子善女人成就四法
於如來滅後當得是法華經一者為諸佛護
念二者植衆德本三者入正定聚四者發救
一切衆生之心善男子善女人如是成就四法
於如來滅後必得是經尒時普賢菩薩白
佛言世尊於後五百歲濁惡世中其有受持
是經典者我當守護除其衰患令得安隱使
无伺求得其便者若魔若魔子若魔女若
魔民若為魔所著者若夜叉若羅剎若鳩槃
荼若毗舍闍若吉蔗若富單那若韋陀羅 等
諸惱人者皆不可得便是人若行若立讀誦此
經我尒時乘六牙白象王與大菩薩衆俱詣其
所而自現身供養守護安慰其心亦為供養
法華經故是人若坐思惟此經尒時我復乘
白象王現其人前其人若於法華經有所忘
失一句一偈我當教之與共讀誦還令通利

BD04847 號　妙法蓮華經卷七　（14–10）

諸惱人者皆不可得便是人若行若立讀誦此
經我尒時乘六牙白象王與大菩薩衆俱詣其
所而自現身供養守護安慰其心亦為供養
法華經故是人若坐思惟此經尒時我復乘
白象王現其人前其人若於法華經有所忘
失一句一偈我當教之與共讀誦還令通利
尒時受持讀誦法華經者得見我身甚大歡
喜轉復精進以見我故即得三昧及陁羅尼
名為旋陁羅尼百千万億旋陁羅尼法音方
便陁羅尼如是等陁羅尼世尊若後世後
五百歲濁惡世中比丘比丘尼優婆塞優婆夷
求索者受持者讀誦者書寫者脩習是法
華經於三七日中應一心精進滿三七日已我
當乘六牙白象與无量菩薩而自圍繞以
一切衆生所憙見身現其人前而為說法示
教利喜亦復與其陁羅尼呪得是陁羅尼
故无有非人能破壞者亦不為女人之所惑乱
我身亦自常護是人唯願世尊聽我說此陁
羅尼呪即於佛前而說呪曰
阿檀地 途賣反 一 檀陁婆地 二 檀陁婆帝 三 檀陁鳩舍
隸 四 檀陁脩陁隸 五 脩陁隸 六 脩陁羅婆底 七
佛馱波羶禰 八 薩婆陁羅尼阿婆多尼 九 薩婆
婆沙阿婆多尼 十 脩阿婆多尼 十一 僧伽婆履
叉尼 十二 僧伽涅伽陁尼 十三 阿僧祇 十四 僧伽波
伽地 十五 帝隸阿惰僧伽兜略 盧遮反 阿羅
帝波羅帝 十六 薩婆僧伽三摩地伽蘭地 十七 薩

BD04847 號　妙法蓮華經卷七　（14–11）

隸四檀陀脩陀隸五脩陀隸六脩陀羅婆底
佛䭾波羶禰八薩婆陀羅尼阿婆多尼九薩婆
婆沙阿婆多尼十脩阿婆多尼十一僧伽婆履
叉尼十二僧伽涅伽陀尼十三阿僧祇十四僧伽波
伽地十五帝隸阿惰僧伽兜略盧遮反阿羅
帝波羅帝十六薩婆僧伽三摩地伽蘭地十七薩
婆達磨脩波利剎帝十八薩婆薩埵樓䭾憍舍
略阿㝹伽地十九辛阿毗吉利地帝二十
世尊若有菩薩得聞是陀羅尼者當知普
賢神通之力若法華經行閻浮提有受持者
應作此念皆是普賢威神之力若有受持讀誦
正憶念解其義趣如說脩行當知是人行普
賢行於无量无邊諸佛所深種善根為諸如
来手摩其頭若但書寫是人命終當生忉利
天上是時八万四千天女作衆伎樂而来迎之
其人即著七寶冠於采女中娛樂快樂何
况受持讀誦正憶念解其義趣如說脩行若
有人受持讀誦解其義趣是人命終為千佛
授手令不恐怖不墮惡趣即往兜率天上弥
勒菩薩所弥勒菩薩有三十二相大菩薩衆
所共圍繞有百千万億天女眷屬而於中生
有如是等功德利益是故智者應當一心自
書若使人書受持讀誦正憶念如說脩行世
尊我今以神通力故守護是經於如来滅後閻
浮提内廣令流布使不斷絕尒時釋迦牟尼
佛讚言善哉善哉普賢菩薩汝能護助是經

BD04847號　妙法蓮華經卷七

（14–12）

所共圍繞有百千万億天女眷屬而於中生
有如是等功德利益是故智者應當一心自
書若使人書受持讀誦正憶念如說脩行世
尊我今以神通力故守護是經於如来滅後閻
浮提内廣令流布使不斷絕尒時釋迦牟尼
佛讚言善哉善哉普賢菩薩汝能護助是經
令多所衆生安樂利益汝已成就不可思議功
德深大慈悲從久遠来發阿耨多羅三藐三
菩提意而能作是神通之願守護是經我當以
神通力守護能受持普賢菩薩名者普賢若
有受持讀誦正憶念脩習書寫是法華經者
當知是人則見釋迦牟尼佛如從佛口聞此經
典當知是人供養釋迦牟尼佛當知是人佛
讚善哉當知是人為釋迦牟尼佛手摩其
頭當知是人為釋迦牟尼佛衣之所覆如是
之人不復貪著世樂不好外道經書手筆亦
復不喜親近其人及諸惡者若屠兒若畜猪
羊雞狗若獵師若衒賣女色是人心意質直
有正憶念有福德力是人不為三毒所惱亦
不為嫉妬我慢邪慢增上慢所惱是人少欲
知足能脩普賢之行普賢若如来滅後後
五百歲若有人見受持讀誦法華經者應作
是念此人不久當詣道場破諸魔衆得阿耨
多羅三藐三菩提轉法輪擊法鼓吹法螺雨法
雨當坐天人大衆中師子法座上普賢若於
後世受持讀誦是經典者是人不復貪著衣

BD04847號　妙法蓮華經卷七

（14–13）

五百歲若有人見受持讀誦法華經者應作
是念此人不久當詣道場破諸魔衆得阿耨
多羅三藐三菩提轉法輪擊法鼓吹法螺雨法
雨當坐天人大衆中師子法座上普賢若於
後世受持讀誦是經典者是人不復貪著衣
服卧具飲食資生之物所願不虛亦於現世得
其福報若有人輕毀之言汝狂人耳空作是
行終无所獲如是罪報當世世无眼若有供
養讚歎之者當於今世得現果報若復見
受持是經者出其過惡若實若不實此人現
世得白癩病若輕咲之者當世世牙齒疎缺
醜脣平鼻手脚繚戾眼目角睞身體臭穢惡
瘡膿血水腹短氣諸惡重病是故普賢若見
受持是經典者當起遠迎當如敬佛說是普
賢勸發品時恒河沙等无量无邊菩薩得百
千万億旋陁羅尼三千大千世界微塵等諸
菩薩具普賢道佛說是經普賢等諸菩薩舍
利弗等諸聲聞及諸天龍人非人等一切大
會皆大歡喜受持佛語作禮而去

妙法蓮華經卷第七

BD04847 號　妙法蓮華經卷七　（14–14）

證得一切智智善現當知若菩薩摩訶薩脩
諸善根未極圓滿終不能得一切智智復次
善現若菩薩摩訶薩欲得無上正等菩提應
住色本性空應住受想行識本性空廣說乃
至應住菩薩摩訶薩行本性空應住無上
正等菩提本性空應住一切法本性空應住一
切有情本性空脩行十地令得圓滿脩行布
施乃至般若波羅蜜多令得圓滿廣說乃至
脩行菩薩殊勝神通成熟有情嚴淨佛土令
圓滿已便得無上正等菩提善現當知是一
切法本性空理及諸有情本性空理常極寂
靜無有少法能增能減能生能滅能斷能常
能染能淨能得果能現觀善現當知諸菩薩
摩訶薩依世俗故說脩般若波羅蜜多如實
了知本性空已證得無上正等菩提不依勝
義所以者何勝義諦中無色可得亦無受想
行識可得廣說乃至無諸菩薩摩訶薩行
可得亦無無上正等菩提可得無行菩薩摩訶
薩行者可得亦無證得諸佛無上正等菩提

BD04848 號　大般若波羅蜜多經卷五三四　（6–1）

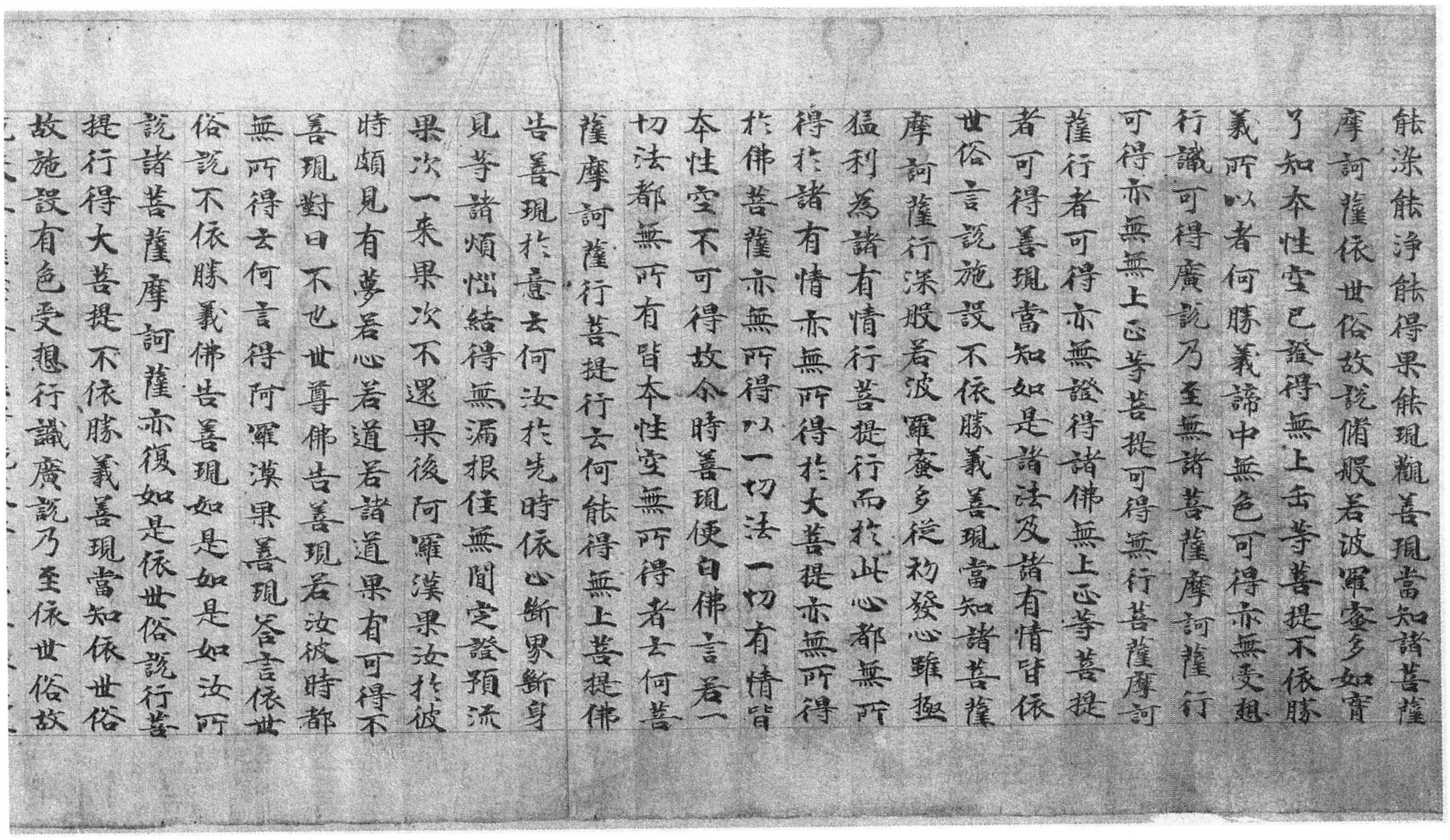
能深能淨能得果能現觀善現當知諸菩薩
摩訶薩依世俗故說脩般若波羅蜜多如實
了知本性空已證得無上正等菩提不依勝
義所以者何勝義諦中無色可得亦無受想
行識可得廣說乃至無諸菩薩摩訶薩行
可得亦無無上正等菩提可得無行菩薩摩訶
薩行者可得亦無證得諸佛無上正等菩提
者可得善現當知如是諸法及諸有情皆依
世俗言說施設不依勝義善現當知諸菩薩
摩訶薩行深般若波羅蜜多從初發心雖極
猛利為諸有情行菩提行而於此心都無所
得於諸有情亦無所得於大菩提亦無所得
於佛菩薩亦無所得以一切法一切有情皆
本性空不可得故尒時善現便白佛言若一
切法都無所有皆本性空無所得者云何菩
薩摩訶薩行菩提行云何能得無上菩提佛
告善現於意云何汝於先時依心斷界斷身
見等諸煩惱結得無漏根住無間定證預流
果次一來果次不還果後阿羅漢果汝於彼
時頗見有夢若心若道若諸道果有可得不
善現對曰不也世尊佛告善現若汝彼時都
無所得云何言得阿羅漢果善現荅言依世
俗說不依勝義佛告善現如是如是如汝所
說諸菩薩摩訶薩亦復如是依世俗說行菩
提行得大菩提不依勝義善現當知依世俗
故施設有色受想行識廣說乃至依世俗故

BD04848 號　大般若波羅蜜多經卷五三四　　（6–2）

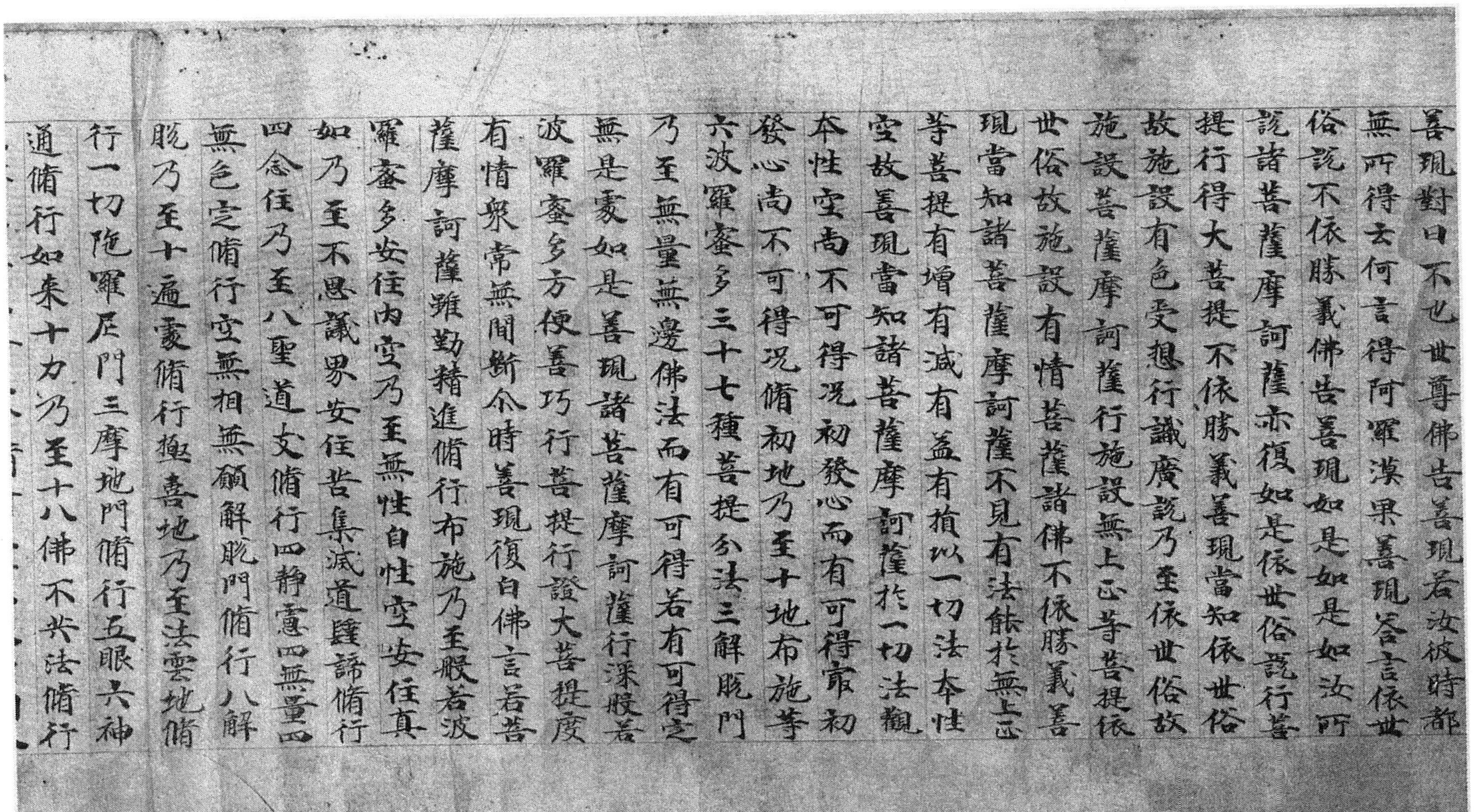
善現對曰不也世尊佛告善現若汝彼時都
無所得云何言得阿羅漢果善現荅言依世
俗說不依勝義佛告善現如是如是如汝所
說諸菩薩摩訶薩亦復如是依世俗說行菩
提行得大菩提不依勝義善現當知依世俗
故施設有色受想行識廣說乃至依世俗故
施設菩薩摩訶薩行施設無上正等菩提依
世俗故施設有情菩薩諸佛不依勝義善
現當知諸菩薩摩訶薩不見有法能於無上正
等菩提有增有減有益有損以一切法本性
空故善現當知諸菩薩摩訶薩於一切法觀
本性空尚不可得況初發心而有可得寧初
發心尚不可得況脩初地乃至十地布施等
六波羅蜜多三十七種菩提分法三解脫門
乃至無量無邊佛法而有可得若有可得是
無是處如是善現諸菩薩摩訶薩行深般若
波羅蜜多方便善巧行菩提行證大菩提度
有情衆常無間斷尒時善現復白佛言若菩
薩摩訶薩雖勤精進脩行布施乃至般若波
羅蜜多安住內空乃至無性自性空安住真
如乃至不思議界安住苦集滅道聖諦脩行
四念住乃至八聖道支脩行四靜慮四無量四
無色定脩行空無相無願解脫門脩行八解
脫乃至十遍處脩行極喜地乃至法雲地脩
行一切陁羅尼門三摩地門脩行五眼六神
通脩行如來十力乃至十八佛不共法脩行

BD04848 號　大般若波羅蜜多經卷五三四　　（6–3）

四念住乃至八聖道支脩行四靜慮四無量四
無色定脩行空無相無願解脫門脩行八解
脫乃至十遍處脩行極喜地乃至法雲地脩
行一切陁羅尼門三摩地門脩行五眼六神
通脩行如來十力乃至十八佛不共法脩行
大慈大悲大喜大捨脩行三十二大士相八
十隨好脩行無忘失法恒住捨性脩行一切
智智相智一切相智脩行菩薩摩訶薩行
脩行無上正等菩提若菩提道脩未圓滿不能
證得無上菩提云何菩薩摩訶薩脩菩提道
令得圓滿能證無上正等菩提佛告善現若
菩薩摩訶薩行深般若波羅蜜多方便善
巧由此方便善巧力故脩行布施波羅蜜多
時不得布施不得施者不得受者不得所為亦
不遠離如是諸法而行布施波羅蜜多是菩
薩摩訶薩如是施時則能圓滿脩菩提道速
得成就如是善現諸菩薩摩訶薩行深般若
波羅蜜多方便善巧脩菩提道令得圓滿能
證無上正等菩提於淨戒等波羅蜜多乃至
菩薩摩訶薩行及佛無上正等菩提隨其所
應廣說亦尒
尒時舍利子白佛言世尊云何菩薩摩訶薩
行深般若波羅蜜多時勇猛正勤脩菩提道
佛告舍利子若菩薩摩訶薩行深般若波羅
蜜多時方便善巧不和合色乃至識不離散
色乃至識不和合眼處乃至意處不離散眼

BD04848 號　大般若波羅蜜多經卷五三四　（6–4）

應廣說亦尒
尒時舍利子白佛言世尊云何菩薩摩訶薩
行深般若波羅蜜多時勇猛正勤脩菩提道
佛告舍利子若菩薩摩訶薩行深般若波羅
蜜多時方便善巧不和合色乃至識不離散
色乃至識不和合眼處乃至意處不離散眼
處乃至意處不和合色處乃至法處不離散
色處乃至法處不和合眼界乃至意界不離
散眼界乃至意界不和合色界乃至法界不
離散色界乃至法界不和合眼識界乃至意
識界不離散眼識界乃至意識界不和合眼
觸乃至意觸不離散眼觸乃至意觸不和合
眼觸為緣所生諸受乃至意觸為緣所生諸
受不離散眼觸為緣所生諸受乃至意觸為
緣所生諸受不和合地界乃至識界不離散
地界乃至識界不和合因緣乃至增上緣不
離散因緣乃至增上緣不和合從緣所生諸
法不離散從緣所生諸法不和合無明乃至
老死不離散無明乃至老死不和合布施乃
至般若波羅蜜多不離散布施乃至般若波
羅蜜多不和合內空乃至無性自性空不離
散內空乃至無性自性空不和合真如乃至
不思議界不離散真如乃至不思議界不和
合苦集滅道聖諦不離散苦集滅道聖諦不
和合四念住乃至八聖道支不離散四念住
乃至八聖道支不和合四靜慮四無量四無
色定不離散四靜慮四無量四無色定不合

BD04848 號　大般若波羅蜜多經卷五三四　（6–5）

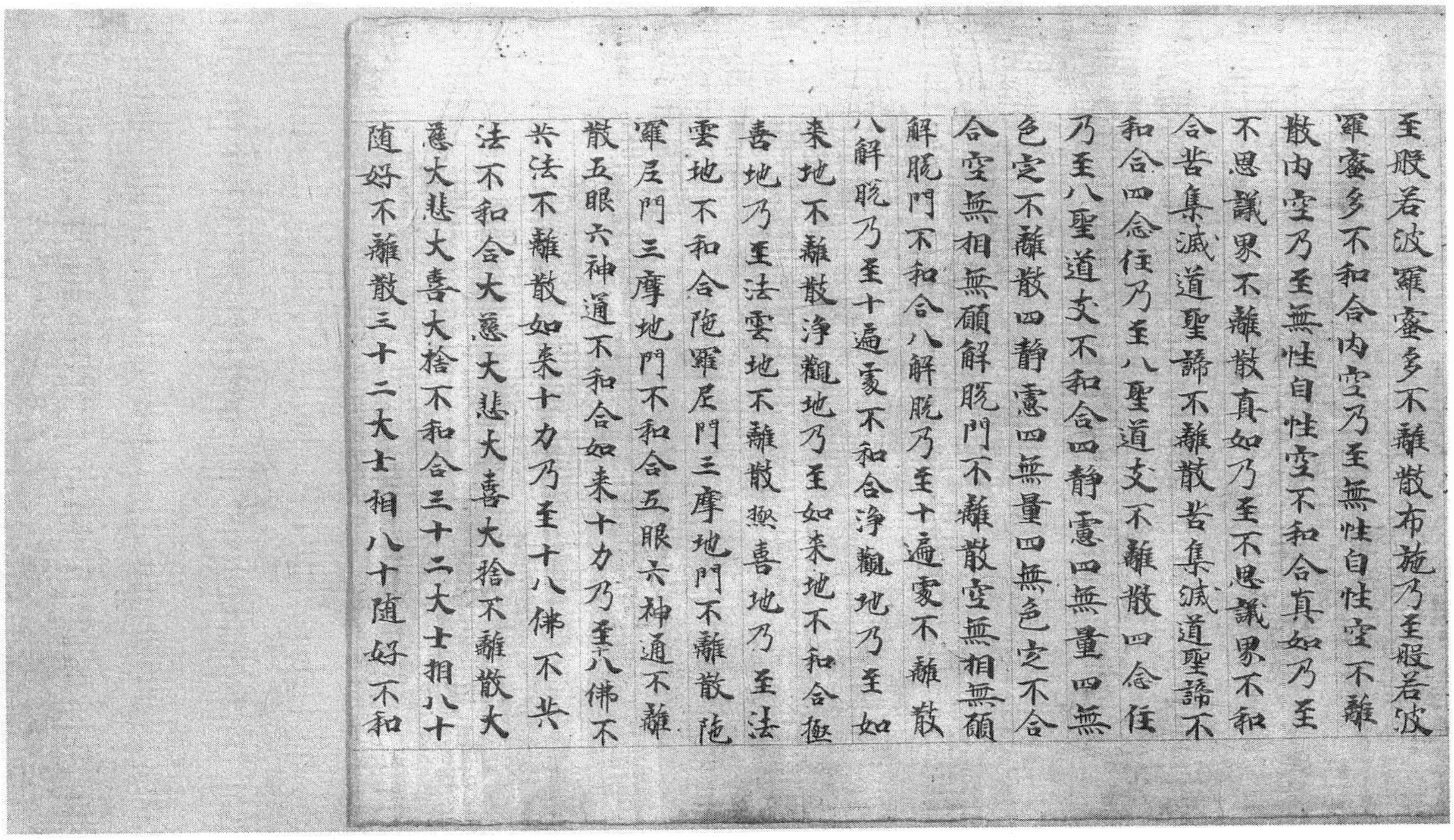

至般若波羅蜜多不離散布施乃至般若波
羅蜜多不和合內空乃至無性自性空不離
散內空乃至無性自性空不和合真如乃至
不思議界不離散真如乃至不思議界不和
合苦集滅道聖諦不離散苦集滅道聖諦不
和合四念住乃至八聖道支不離散四念住
乃至八聖道支不和合四靜慮四無量四無
色定不離散四靜慮四無量四無色定不合
合空無相無願解脫門不離散空無相無願
解脫門不和合八解脫乃至十遍處不離散
八解脫乃至十遍處不和合淨觀地乃至如
來地不離散淨觀地乃至如來地不和合極
喜地乃至法雲地不離散極喜地乃至法
雲地不和合陀羅尼門三摩地門不離散陀
羅尼門三摩地門不和合五眼六神通不離
散五眼六神通不和合如來十力乃至十八佛不
共法不離散如來十力乃至十八佛不共
法不和合大慈大悲大喜大捨不離散大
慈大悲大喜大捨不和合三十二大士相八十
隨好不離散三十二大士相八十隨好不和

BD04848 號　大般若波羅蜜多經卷五三四　　（6–6）

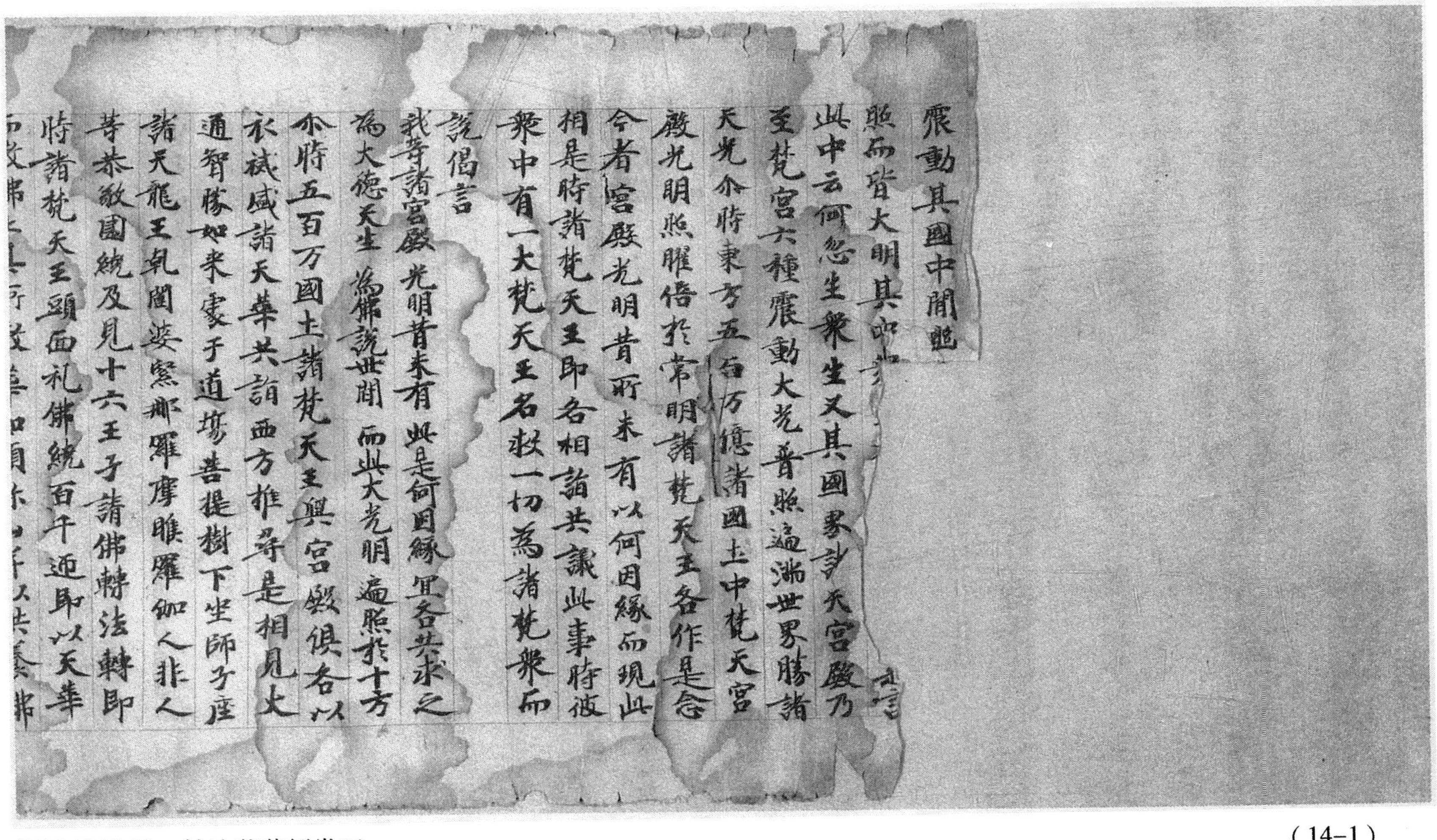

震動其國中間幽
照而皆大明其中
此中云何忽生衆生又其國界諸天宮殿乃
至梵宮六種震動大光普照遍滿世界勝諸
天光尒時東方五百万億諸國土中梵天宮
殿光明照曜倍於常明諸梵天王各作是念
今者宮殿光明昔所未有以何因緣而現此
相是時諸梵天王即各相詣共議此事時彼
衆中有一大梵天王名救一切為諸梵衆而
說偈言
我等諸宮殿　光明昔未有　此是何因緣　宜各共求之
為大德天生　為佛說世間　而此大光明　遍照於十方
尒時五百万國土諸梵天王與宮殿俱各以
衣裓盛諸天華共詣西方推尋是相見大
通智勝如來處于道場菩提樹下坐師子座
諸天龍王乾闥婆緊那羅摩睺羅伽人非人
等恭敬圍繞及見十六王子請佛轉法輪即
時諸梵天王頭面礼佛繞百千迊即以天華
而散佛上其所散華如須弥山并以供養佛

BD04849 號　妙法蓮華經卷三　　（14–1）

衣祴盛諸天華共詣西方推尋是相見大
通智勝如来處于道場菩提樹下坐師子座
諸天龍王乾闥婆緊那羅摩睺羅伽人非人
等恭敬圍繞及見十六王子請佛轉法輪即
時諸梵天王頭面礼佛繞百千迊即以天華
而散佛上其所散華如須弥山并以供養佛
菩提樹其菩提樹高十由旬華供養已各以
宮殿奉上彼佛而作是言唯見哀愍饒益
我等所獻宮殿願垂納處時諸梵天王即
於佛前一心同聲以偈頌曰
世尊甚希有　難可得值遇　具無量功德　能救護一切
天人之大師　哀愍於世間　十方諸衆生　普皆蒙饒益
我等所從来　五百万億國　捨深禪定樂　為供養佛故
我等先世福　宮殿甚嚴飾　今以奉世尊　唯願哀納受
尒時諸梵天王偈讚佛已各作是言唯願
世尊轉於法輪度脫衆生開涅槃道時諸
梵天王一心同聲而說偈言
世雄兩足尊　唯願演說法　以大慈悲力　度苦惱衆生
尒時大通智勝如来默然許之又諸比丘東
南方五百万億國土諸大梵王各自見宮殿
光明照曜昔所未有歡喜踊躍生希有心
即各相詣共議此事時彼衆中有一大梵
天王名曰大悲為諸梵衆而說偈言
是事何因緣　而現如此相　我等諸宮殿　光明昔未有
為大德天生　為佛出世間　未曽見此相　當共一心求
過千万億土　尋光共推之　多是佛出世　度脫苦衆生
尒時五百万億諸梵天王與宮殿俱各以衣

BD04849號　妙法蓮華經卷三　（14–2）

天王名曰大悲為諸梵衆而說偈言
是事何因緣　而現如此相　我等諸宮殿　光明昔未有
為大德天生　為佛出世間　未曽見此相　當共一心求
過千万億土　尋光共推之　多是佛出世　度脫苦衆生
尒時五百万億諸梵天王與宮殿俱各以衣
祴盛諸天華共詣西北方推尋是相見大通
智勝如来處于道場菩提樹下坐師子座諸
天龍王乾闥婆緊那羅摩睺羅伽人非人等
恭敬圍繞及見十六王子請佛轉法輪時諸
梵天王頭面礼佛繞百千迊即以天華而散
佛上所散之華如須弥山并以供養佛菩提
樹華供養已各以宮殿奉上彼佛而作是言
唯見哀愍饒益我等所獻宮殿願垂納受
尒時諸梵天王即於佛前一心同聲以偈頌曰
聖主天中天　迦陵頻伽聲　哀愍衆生者　我等今敬礼
世尊甚希有　久遠乃一現　一百八十劫　空過無有佛
三惡道充滿　諸天衆減少　今佛出於世　為衆生作眼
世間所歸趣　救護於一切　為衆生之父　哀愍饒益者
我等宿福慶　今得值世尊
尒時諸梵天王偈讚佛已各作是言唯願世
尊哀愍一切轉於法輪度脫衆生時諸梵
天王一心同聲而說偈言
大聖轉法輪　顯示諸法相　度苦惱衆生　令得大歡喜
衆生聞此法　得道若生天　諸惡道減少　忍善者增益
尒時大通智勝如来默然許之又諸比丘南
方五百万億國土諸大梵王各自見宮殿光

BD04849號　妙法蓮華經卷三　（14–3）

天王一心同聲而說偈言
大聖轉法輪　顯示諸法相　度苦惱衆生　令德大歡喜
衆生聞此法　得道若生天　諸惡道減少　忍善者增益
尒時大通智勝如来默然許之又諸比丘南
方五百万億國土諸大梵王各自見宮殿光
明照曜昔所未有歡喜踊躍生希有心即
各相詣共議此事以何因緣我等宮殿有此
光曜而彼衆中有一大梵天王名曰妙法爲
諸梵衆而說偈言
我等諸宮殿　光明甚威曜　此非無因緣　是相宜求之
過於百千劫　未曾見是相　爲大德天生　爲佛出世間
尒時五百万億諸梵天王與宮殿俱各以衣
裓盛諸天華共詣北方推尋是相見大通智
勝如来處于道場菩提樹下坐師子座諸
天龍王乹闥婆緊那羅摩睺羅伽人非人等
龍王圍繞及見十六王子請佛轉法輪時諸
梵天王頭面禮佛繞百千帀即以天華而散
佛上所散之華如須弥山并以供養佛菩提
樹華供養已各以宮殿奉上彼佛而作是言
唯見哀愍饒益我等所獻宮殿願垂納受
尒時諸梵天王即於佛前一心同聲以偈頌曰
世尊甚難見　破諸煩惱者　過百三十劫　今乃得一見
諸飢渴衆生　以法雨充滿　昔所未曾見　無量智慧者
如優曇鉢華　今日乃值遇　我等諸宮殿　蒙光故嚴飾
世尊大慈愍　唯願垂納受
尒時諸梵天王偈讚佛已各作是言唯願
世尊轉於法輪令一切世間諸天魔梵沙門婆

BD04849號　妙法蓮華經卷三　（14–4）

世尊甚難見　破諸煩惱者　過百三十劫　今乃得一見
諸飢渴衆生　以法雨充滿　昔所未曾見　無量智慧者
如優曇鉢華　今日乃值遇　我等諸宮殿　蒙光故嚴飾
世尊大慈愍　唯願垂納受
尒時諸梵天王偈讚佛已各作是言唯願
世尊轉於法輪令一切世間諸天魔梵沙門婆
羅門皆獲安隱而得度脫時諸梵天王一
同聲以偈頌曰
唯願天人尊　轉無上法輪　擊於大法皷　而吹大法螺
普雨大法雨　度無量衆生　我等咸歸請　當演深遠音
尒時大通智勝如来默然許之西南方乃至
下方亦復如是尒時上方五百万億國土諸
梵大王皆悉自覩所止宮殿光明威曜昔所
未有歡喜踊躍生希有心即各相詣共議此
事以何因緣我等宮殿有斯光明時彼衆中
有一大梵天王名曰尸棄爲諸梵衆而說偈言
今以何因緣　我等諸宮殿　威德光明曜　嚴飾未曾有
如是之妙相　昔所未聞見　爲大德天生　爲佛出世間
尒時五百万億諸梵天王與宮殿俱各以衣
裓盛諸天華共詣下方推尋是相見大通
智勝如来處于道場菩提樹下坐師子座諸
天龍王乹闥婆緊那羅摩睺羅伽人非人等
恭敬圍繞及見十六王子請佛轉法輪時諸
梵天王頭面禮佛繞百千帀即以天華而散佛
上所散之華如須弥山并以供養佛菩提樹
華供養已各以宮殿奉上彼佛而作是言唯
[illegible]

BD04849號　妙法蓮華經卷三　（14–5）

天龍王乾闥婆緊那羅摩睺羅伽人非人等
恭敬圍繞及見十六王子請佛轉法輪時諸
梵天王頭面礼佛繞百千帀即以天華而散佛
上所散之華如須弥山并以供養佛菩提樹
華供養已各以宮殿奉上彼佛而作是言唯
見哀愍饒益我等所獻宮殿願垂納受時
諸梵天王即於佛前一心同聲以偈頌曰
善哉見諸佛　救世之聖尊　能於三界獄　勉出諸衆生
普智天人尊　哀愍羣萌類　能開甘露門　廣度於一切
於昔無量劫　空過無有佛　世尊未出時　十方常暗瞑
三惡道增長　阿脩羅亦盛　諸天衆轉減　死多墮惡道
不從佛聞法　常行不善事　色力及智慧　斯等皆減少
罪業因緣故　失樂及樂想　住於邪見法　不識善儀則
不蒙佛所化　常墮於惡道　佛為世間眼　久遠時乃出
哀愍諸衆生　故現於世間　超出成正覺　我等甚欣慶
及餘一切衆　喜歎未曾有　我等諸宮殿　蒙光故嚴飾
今以奉世尊　唯垂哀納受　願以此功德　普及於一切
我等與衆生　皆共成佛道
尒時五百万億諸梵天王偈讚佛已各白佛
言唯願世尊轉於法輪多所安隱多所度脫
時諸梵天王而說偈言
世尊轉法輪　擊甘露法鼓　度苦惱衆生　開示涅槃道
唯願受我請　以大微妙音　哀愍而敷演　無量劫習法
尒時大通智勝如來受十方諸梵天王及十
六王子請即時三轉十二行法輪若沙門婆
羅門若天魔梵及餘世間所不能轉謂是苦
是苦集是苦滅是苦滅道及廣說十二因緣

BD04849號　妙法蓮華經卷三　（14-6）

世尊轉法輪　擊甘露法鼓　度苦惱衆生　開示涅槃道
唯願受我請　以大微妙音　哀愍而敷演　無量劫習法
尒時大通智勝如來受十方諸梵天王及十
六王子請即時三轉十二行法輪若沙門婆
羅門若天魔梵及餘世間所不能轉謂是苦
是苦集是苦滅是苦滅道及廣說十二因緣
法無明緣行行緣識識緣名色名色緣六入
六入緣觸觸緣受受緣愛愛緣取取緣有有緣
生生緣老死憂悲苦惱無明滅則行滅行滅
則識滅識滅則名色滅名色滅則六入滅六入
滅則觸滅觸滅則受滅受滅則愛滅愛滅
則取滅取滅則有滅有滅則生滅生滅則老
死憂悲苦惱滅佛於天人大衆之中說是法
時六百万億那由他人以不受一切法故而
於諸漏心得解脫皆得深妙禪定三明六通
具八解脫第二第三第四說法時千万億恒
河沙那由他等衆生亦以不受一切法故而於
諸漏心得解脫從是已後諸聲聞衆無量
無邊不可稱數尒時十六王子皆以童子
出家而為沙弥諸根通利智慧明了已曾
供養百千万億諸佛淨脩梵行求阿耨多羅三
藐三菩提俱白佛言世尊是諸無量千万億
大德聲聞皆已成就世尊亦當為我等說阿
耨多羅三藐三菩提法我等聞已皆共脩学
世尊我等志願如來知見深心所念佛自證
知尒時轉輪聖王所將衆中八万億人見十
六王子出家亦求出家王即聽許尒時彼佛

BD04849號　妙法蓮華經卷三　（14-7）

大德聲聞皆已成就世尊亦當為我等說阿
耨多羅三藐三菩提法我等聞已皆共修學
世尊我等志願如來知見深心所念佛自證
知尒時轉輪聖王所將衆中八万億人見十
六王子出家亦求出家王即聽許尒時彼佛
受沙弥請過二万劫已乃於四衆之中說是
大乘經名妙法蓮華教菩薩法佛所護念
說是經已十六沙弥為阿耨多羅三藐三菩
提故皆共受持諷誦通利說是經時十六菩薩
沙弥皆悉信受聲聞衆中亦有信解其餘衆
生千万億種皆生疑惑佛說是經於八千劫
未曾休廢說此經已即入靜室住於禪定八
万四千劫是時十六菩薩沙弥知佛入室寂然
禪定各昇法座亦於八万四千劫為四部衆
廣說分別妙法華經一一皆度六百万億那
由他恒河沙等衆生示教利喜令發阿耨
多羅三藐三菩提心大通智勝佛過八万四千
劫已從三昧起往詣法座安詳而坐普告大
衆是十六菩薩沙弥甚為希有諸根通利
智慧明了已曾供養無量千万億數諸佛於
諸佛所常修梵行受持佛知見開示衆生令入
其中汝等皆當數數親近而供養之所以者
何若聲聞辟支佛及諸菩薩能信是十六菩
薩所說經法受持不毀者是人皆當得阿耨
多羅三藐三菩提如來之慧佛告諸比丘是
十六菩薩常樂說是妙法蓮華經一一菩薩

BD04849號　妙法蓮華經卷三　（14–8）

其中汝等皆當數數親近而供養之所以者
何若聲聞辟支佛及諸菩薩能信是十六菩
薩所說經法受持不毀者是人皆當得阿耨
多羅三藐三菩提如來之慧佛告諸比丘是
十六菩薩常樂說是妙法蓮華經一一菩薩
所化六百万億那由他恒河沙等衆生世世
所生與菩薩俱從其聞法悉皆信解以此因
緣得值四万億諸佛世尊于今不盡諸比丘
我今語汝彼佛弟子十六沙弥今皆得阿耨
多羅三藐三菩提於十方國土現在說法有
無量百千万億菩薩聲聞以為眷屬其二沙
弥東方作佛一名阿閦在歡喜國二名須弥
頂東南方二佛一名師子音二名師子相南方
二佛一名虛空住二名常滅西南方二佛一名
帝相二名梵相西方二佛一名阿弥陁二名
度一切世間苦惱西北方二佛一名多摩羅
跋栴檀香神通二名須弥相北方二佛一名
雲自在二名雲自在王東北方佛名壞一
切世間怖畏第十六我釋迦牟尼佛於娑婆
國土成阿耨多羅三藐三菩提諸比丘我等
為沙弥時各各教化無量百千万億恒河沙
等衆生從我聞法為阿耨多羅三藐三菩
提此諸衆生于今有住聲聞地者我常教
化阿耨多羅三藐三菩提是諸人等應以是
法漸入佛道所以者何如來智慧難信難解
尒時所化無量恒河沙等衆生者汝等諸比丘

BD04849號　妙法蓮華經卷三　（14–9）

等衆生從我聞法爲阿耨多羅三藐三菩
提此諸衆生于今有住聲聞地者我常教
化阿耨多羅三藐三菩提是諸人等應以是
法漸入佛道所以者何如來智慧難信難解
爾時所化無量恒河沙等衆生者汝等諸比丘
及我滅度後未來世中聲聞弟子是也我滅
度後復有弟子不聞是經不知不覺菩薩
所行自於所得功德生滅度想當入涅槃我
於餘國作佛更有異名是人雖生滅度之想入
於涅槃而於彼土求佛智慧得聞是經唯以
佛乘而得滅度更無餘乘除諸如來方便說
法諸比丘若如來自知涅槃時到衆又清淨
信解堅固了達空法深入禪定便集諸菩薩
及聲聞衆爲說是經世間無有二乘而得滅
度唯一佛乘得滅度耳比丘當知如來方便
深入衆生之性知其志樂小法深著五欲爲
是等故說於涅槃是人若聞則便信受譬如
五百由旬險難惡道曠絕無人怖畏之處若
有多衆欲過此道至珍寶處有一導師聰
慧明達善知險道通塞之相將導衆人欲過
此難所將人衆中路懈退白導師言我等疲極
而復怖畏不能復進前路猶遠今欲退還導
師多諸方便而作是念此等可愍云何捨大
珍寶而欲退還作是念以方便力於險道中
過三百由旬化作一城告衆人言汝等勿怖莫
得退還今此大城可於中止隨意所作若入

師多諸方便而作是念此等可愍云何捨大
珍寶而欲退還作是念以方便力於險道中
過三百由旬化作一城告衆人言汝等勿怖莫
得退還今此大城可於中止隨意所作若入
是城快得安隱若能前至寶所亦可得去
是時疲極之衆心大歡喜歎未曾有我等今
者免斯惡道快得安隱於是衆人前入化城
生已度想生安隱想爾時導師知此人衆既
得止息無復疲惓即滅化城語衆人言汝等
去來寶處在近向者大城我所化作爲止息
耳諸比丘如來亦復如是今爲汝等作大導
師知諸生死煩惱惡道險難長遠應去應度
若衆生但聞一佛乘者則不欲見佛不欲親
近便作是念佛道長遠久受懃苦乃可得成
佛知是心怯弱下劣以方便力而於中道爲止
息故說二涅槃若衆生住於二地如來爾時即
便爲說汝等所作未辦汝所住地近於佛慧
當觀察籌量所得涅槃非真實也但是如
來方便之力於一佛乘分別說三如彼導師
爲止息故化作大城既知息已而告之言
寶處在近此城非實我化作耳爾時世尊欲
重宣此義而說偈言
大通智勝佛　十劫坐道場　佛法不現在　不得成佛道
諸天神龍王　阿修羅衆等　常雨於天華　以供養彼佛
諸天擊天鼓　并作衆伎樂　香風吹萎華　更雨新好者

寶處在近此城非實我化作耳爾時世尊欲
重宣此義而說偈言
大通智勝佛　十劫坐道場　佛法不現前　不得成佛道
諸天神龍王　阿修羅眾等　常雨於天華　以供養彼佛
諸天擊天鼓　并作眾伎樂　香風吹萎華　更雨新好者
過十小劫已　乃得成佛道　諸天及世人　心皆懷踊躍
彼佛十六子　皆與其眷屬　千万億圍繞　俱行至佛所
頭面禮佛足　而請轉法輪　聖師子法雨　充我及一切
世尊甚難值　久遠時一現　為覺悟群生　震動於一切
東方諸世界　五百万億國　梵宮殿光曜　昔所未曾有
諸梵見此相　尋來至佛所　散華以供養　并奉上宮殿
請佛轉法輪　以偈而讚歎　佛知時未至　受請默然坐
三方及四維　上下亦復爾　散華奉宮殿　請佛轉法輪
世尊甚難值　願以大慈悲　廣開甘露門　轉無上法輪
無量慧世尊　受彼眾人請　為宣種種法　四諦十二緣
無明至老死　皆從生緣有　如是眾過患　汝等應當知
宣暢是法時　六百万億姟　得盡諸苦際　皆成阿羅漢
第二說法時　千万恒沙眾　於諸法不受　亦得阿羅漢
從是後得道　其數無有量　万億劫算數　不能得其邊
時十六王子　出家作沙彌　皆共請彼佛　演說大乘法
我等及營從　皆當成佛道　願得如世尊　慧眼第一淨
佛知童子心　宿世之所行　以無量因緣　種種諸譬喻
說六波羅蜜　及諸神通事　分別真實法　菩薩所行道
說是法華經　如恒河沙偈　彼佛說經已　靜室入禪定
一心一處坐　八万四千劫　是諸沙彌等　知佛禪未出
為無量億眾　說佛無上慧　各各坐法座　說是大乘經

我等及營從　皆當成佛道　願得如世尊　慧眼第一淨
佛知童子心　宿世之所行　以無量因緣　種種諸譬喻
說六波羅蜜　及諸神通事　分別真實法　菩薩所行道
說是法華經　如恒河沙偈　彼佛說經已　靜室入禪定
一心一處坐　八万四千劫　是諸沙彌等　知佛禪未出
為無量億眾　說佛無上慧　各各坐法座　說是大乘經
於佛宴寂後　宣揚助法化　一一沙彌等　所度諸眾生
有六百万億　恒河沙等眾　彼佛滅度後　是諸聞法者
在在諸佛土　常與師俱生　是十六沙彌　具足行佛道
今現在十方　各得成正覺　爾時聞法者　各在諸佛所
其有住聲聞　漸教以佛道　我在十六數　曾亦為汝說
是故以方便　引汝趣佛慧　以是本因緣　今說法華經
令汝入佛道　慎勿懷驚懼　譬如險惡道　迥絕多毒獸
又復無水草　人所怖畏處　無數千万眾　欲過此險道
其路甚曠遠　經五百由旬　時有一導師　強識有智慧
明了心決定　在險濟眾難　眾人皆疲惓　而白導師言
我等今頓乏　於此欲退還　導師作是念　此輩甚可愍
如何欲退還　而失大珍寶　尋時思方便　當設神通力
化作大城郭　莊嚴諸舍宅　周匝有園林　渠流及浴池
重門高樓閣　男女皆充滿　即作是化已　慰眾言勿懼
汝等入此城　各可隨所樂　諸人既入城　心皆大歡喜
皆生安隱想　自謂已得度　導師知息已　集眾而告言
汝等當前進　此是化城耳　我見汝疲極　中路欲退還
故以方便力　權化作此城　汝今勤精進　當共至寶所
我亦復如是　為一切導師　見諸求道者　中路而懈廢
不能度生死　煩惱諸險道　故以方便力　為息說涅槃

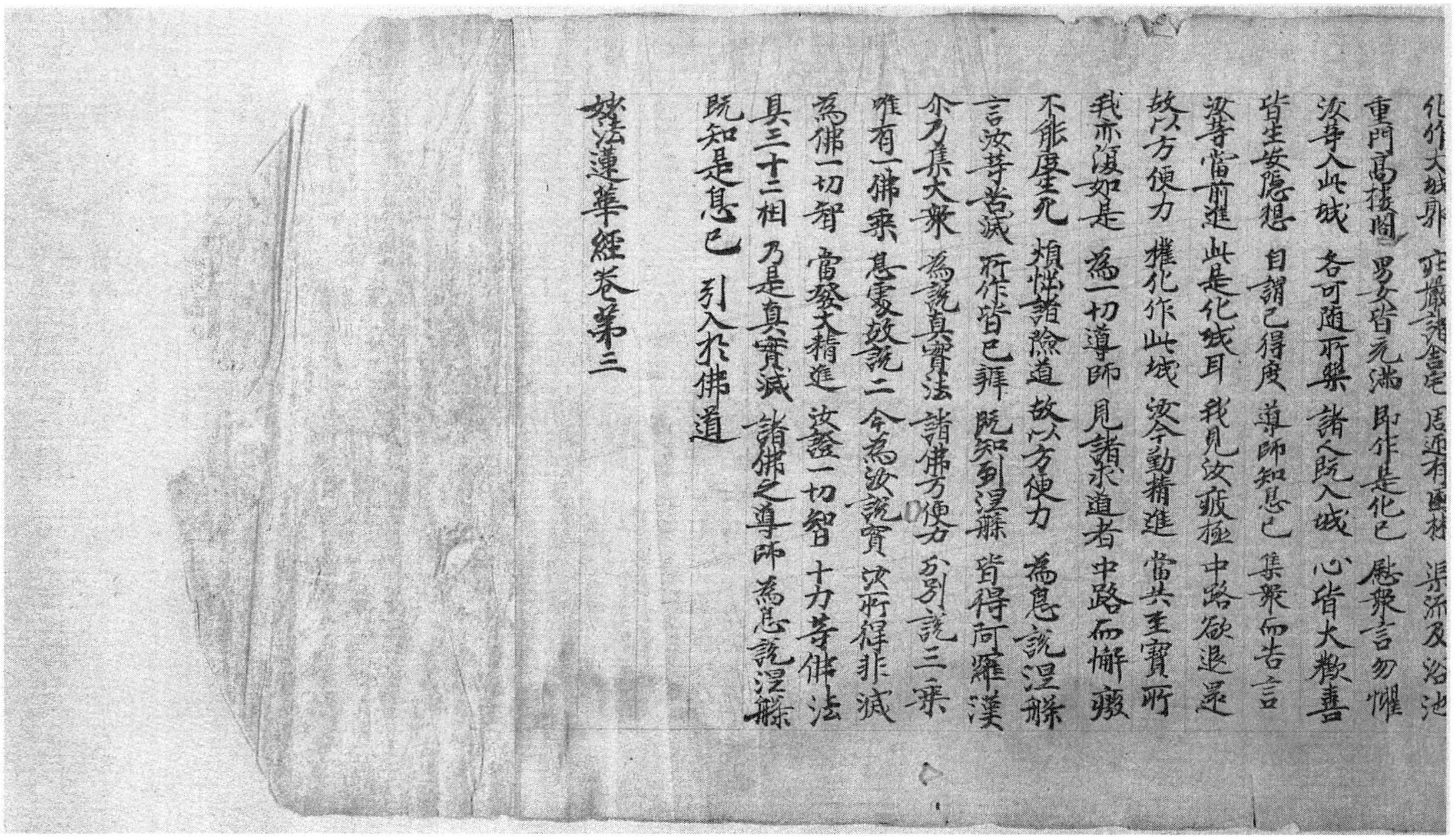
化作大城郭　莊嚴諸舍宅　周匝有園林　渠流及浴池
重門高樓閣　男女皆充滿　即作是化已　慰眾言勿懼
汝等入此城　各可隨所樂　諸人既入城　心皆大歡喜
皆生安隱想　自謂已得度　導師知息已　集眾而告言
汝等當前進　此是化城耳　我見汝疲極　中路欲退還
故以方便力　權化作此城　汝今勤精進　當共至寶所
我亦復如是　為一切導師　見諸求道者　中路而懈廢
不能度生死　煩惱諸險道　故以方便力　為息說涅槃
言汝等苦滅　所作皆已辦　既知到涅槃　皆得阿羅漢
尒乃集大眾　為說真實法　諸佛方便力　分別說三乘
唯有一佛乘　息處故說二　今為汝說實　汝所得非滅
為佛一切智　當發大精進　汝證一切智　十力等佛法
具三十二相　乃是真實滅　諸佛之導師　為息說涅槃
既知是息已　引入於佛道
妙法蓮華經卷第三

BD04849號　妙法蓮華經卷三　（14–14）

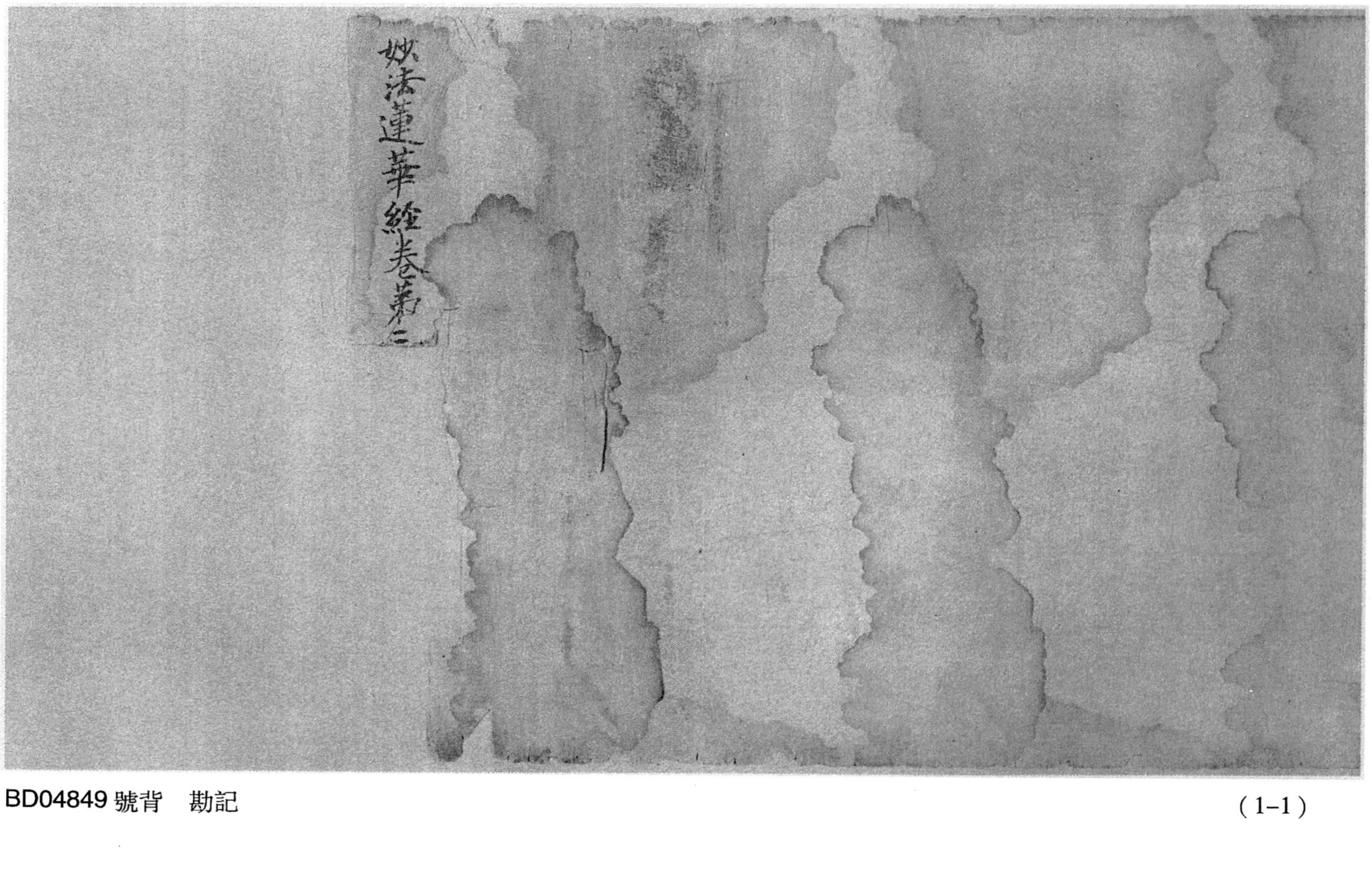
妙法蓮華經卷第三

BD04849號背　勘記　（1–1）

著　録　凡　例

本目錄採用條目式著錄法。諸條目意義如下：

1.1　著錄編號。用漢語拼音首字“BD”表示，意為“北京圖書館藏敦煌遺書”，簡稱“北敦號”。文獻寫在背面者，標註為“背”。一件遺書上抄有多個文獻者，用數字1、2、3等標示小號。一號中包括幾件遺書，且遺書形態各自獨立者，用字母A、B、C等區別。

1.2　著錄分類號。本條記目錄暫不分類，該項空缺。

1.3　著錄文獻的名稱、卷本、卷次。

1.4　著錄千字文編號。

1.5　著錄縮微膠卷號。

2.1　著錄遺書的總體數據。包括長度、寬度、紙數、正面抄寫總行數與每行字數、背面抄寫總行數與每行字數。如該遺書首尾有殘破，則對殘破部分單獨度量，用加號加在總長度上。凡屬這種情況，長度用括弧標註。

2.2　著錄每紙數據。包括每紙長度及抄寫行數或界欄數。

2.3　著錄遺書的外觀。包括：(1) 裝幀形式。(2) 首尾存況。(3) 護首、軸、軸頭、天竿、縹帶，經名是書寫還是貼簽，有無經名號，扉頁、扉畫。(4) 卷面殘破情況及其位置。(5) 尾部情況。(6) 有無附加物（蟲繭、油污、線繩及其他）。(7) 有無裱補及其年代。(8) 界欄。(9) 修整。(10) 其他需要交待的問題。

2.4　著錄一件遺書抄寫多個文獻的情況。

3.1　著錄文獻首部文字與對照本核對的結果。

3.2　著錄文獻尾部文字與對照本核對的結果。

3.3　著錄錄文。

3.4　著錄對文獻的說明。

4.1　著錄文獻首題。

4.2　著錄文獻尾題。

5　著錄本文獻與對照本的不同之處。

6.1　著錄本遺書首部可與另一遺書綴接的編號。

著錄本遺書尾部可與另一遺書綴接的編號。

著錄題記、題名、勘記等。

著錄印章。

著錄雜寫。

4　著錄護首及扉頁的內容。

8　著錄年代。

9.1　著錄字體。如有武周新字、合體字、避諱字等，予以說明。

9.2　著錄卷面二次加工的情況。包括句讀、點標、科分、間隔號、行間加行、行間加字、硃筆、墨塗、倒乙、刪除、兌廢等。

10　著錄敦煌遺書發現後，近現代人所加內容，裝裱、題記、印章等。

11　備註。著錄揭裱互見、圖版本出處及其他需要說明的問題。

上述諸條，有則著錄，無則空缺。

為避文繁，上述著錄中出現的各種參考、對照文獻，暫且不列版本說明。全目結束時，將統一編制本條記目錄出現的各種參考書目。

本條記目錄為農曆年份標註其公曆紀年時，未進行歲頭年末之換算，請讀者使用時注意自行換算。

條 記 目 錄

BD04782—BD04849

1.1　BD04782 號
1.3　妙法蓮華經卷七
1.4　號 082
1.5　105:6060
2.1　514.5×26.5 厘米；12 紙；292 行，行 17 字。
2.2　01：05.5，03；　02：48.0，28；　03：48.0，28；
04：48.0，28；　05：48.0，28；　06：48.0，28；
07：48.0，28；　08：48.0，28；　09：48.0，28；
10：48.0，28；　11：47.0，28；　12：30.0，09。
2.3　卷軸裝。首斷尾全。經黄打紙，研光上蠟。有燕尾。有烏絲欄。
3.1　首殘→大正 262，9/58B9。
3.2　尾全→9/62B1。
4.2　妙法蓮華經卷第七（尾）。
7.1　卷尾下部有題名“索”。
8　7～8 世紀。唐寫本。
9.1　楷書。
11　圖版：《敦煌寶藏》，96/431B～438A。

1.1　BD04783 號
1.3　大般若波羅蜜多經卷二〇八
1.4　號 083
1.5　084:2529
2.1　(11+694)×26 厘米；15 紙；398 行，行 17 字。
2.2　01：11+26.2，21；　02：49.5，28；　03：49.5，28；
04：49.5，28；　05：49.3，28；　06：49.3，28；
07：49.3，28；　08：49.5，28；　09：49.5，28；
10：49.5，28；　11：49.0，28；　12：49.3，28；
13：49.2，28；　14：49.5，28；　15：25.9，13。
2.3　卷軸裝。首殘尾全。卷首油污嚴重，第 2 紙下邊殘缺，卷面有破裂。背有古代裱補。有烏絲欄。
3.1　首 6 行上下殘→大正 220，6/38A19～25。
3.2　尾全→6/42C15。
4.2　大般若波羅蜜多經卷第二百八（尾）。
8　8～9 世紀。吐蕃統治時期寫本。
9.1　楷書。
9.2　有行間校加字。
11　圖版：《敦煌寶藏》，73/629B～638B。

1.1　BD04784 號
1.3　金光明最勝王經卷三
1.4　號 084
1.5　083:1632
2.1　233.4×25.7 厘米；5 紙；136 行，行 17 字。
2.2　01：48.5，28；　02：40.8，24；　03：48.1，28；
04：48.0，28；　05：48.0，28。
2.3　卷軸裝。首尾均脫。卷面有水漬。有烏絲欄。
3.1　首殘→大正 665，16/416A15。
3.2　尾殘→16/417B17。
8　8～9 世紀。吐蕃統治時期寫本。
9.1　楷書。
11　圖版：《敦煌寶藏》，69/43A～45B。

1.1　BD04785 號
1.3　天地八陽神咒經
1.4　號 085
1.5　256:7636
2.1　(1+241.7)×25 厘米；7 紙；149 行，行 17 字。
2.2　01：1+2，02；　02：44.7，28；　03：45.3，28；
04：45.3，28；　05：44.7，28；　06：45.0，28；
07：14.7，07。
2.3　卷軸裝。首殘尾全。卷面多有殘損破裂。背有古代裱補。有烏絲欄。
3.1　首行下殘→大正 2897，85/1423A20。
3.2　尾全→85/1425B3。
4.2　佛說八陽神咒經（尾）。

5　與《大正藏》本對照，尾闕 85/1425B1 “此” ~B2。首第 2 行與《大正藏》本不同。
8　9~10 世紀。歸義軍時期寫本。
9.1　楷書。
11　圖版：《敦煌寶藏》，107/184A~187A。

1.1　BD04786 號
1.3　金光明經（五卷本）卷五
1.4　號 086
1.5　081:1423
2.1　(19.5+22.5+13)×25.8 厘米；2 紙；36 行，行 20 字（偈頌）。
2.2　01：19.5，12；　02：22.5+13，24。
2.3　卷軸裝。首尾均殘。已修整。
3.1　首 12 行中下殘→大正 663，16/357B21~C7。
3.2　尾 4 行下殘→16/357C27~29。
4.2　金光明經卷第五（尾）。
5　與《大正藏》本對照，分卷不同。本件相當於《金光明經》卷第四“金光明經讚佛品”第十八的後部分。與現入藏諸本均有不同。
7.1　經名後有題記 6 行，下部殘缺：“大統七年歲□…□/信女王明善□…□/惟消爲上□…□/金光明□/長卷（?）◇□…□/之類□…□/”。
8　541 年。南北朝寫本。
9.1　楷書。
11　圖版：《敦煌寶藏》，67/460。

1.1　BD04787 號
1.3　諸經集鈔（擬）
1.4　號 087
1.5　357:8424
2.1　(11.2+72.5)×28 厘米；2 紙；46 行，行 23 字。
2.2　01：11.2+31，23；　02：41.5，23。
2.3　卷軸裝。首殘尾脫。已修整。
3.4　說明：

本文獻乃從諸多經論中摘錄若干經文，集鈔而成。集鈔時不分卷，諸經文連寫未空格，少數句有刪節。其形式為先抄經題，然後用硃筆揭示所抄經文的主題。首 16 行所抄為《中論》，首題及前面經文已殘。摘抄詳情如下：

（前殘）
第 1 至 3 行→大正 1564 30/18C16~17；30/19B5~6；
第 3 至 4 行→30/20A23~24；
第 4 行→30/20B17~18；
第 5 行→30/21B15~16；
第 6 至 7 行→30/22C29；30/23A10~11；
第 7 行→30/27B15~16；
第 8 至 9 行→30/28B10；30/27B17~18；
第 9 至 10 行→30/28B19~20；
第 10 至 11 行→30/31A6~7；
第 11 至 12 行→30/31A18；30/31C20~21；
第 12 行→30/32B7~8；
第 12 至 14 行→30/33B11~14；
第 14 至 15 行→30/36A10~11；
第 15 至 16 行→30/39B13~14。
第 17 行：楞伽經四卷，明森羅萬象一法之所印處（硃筆）；
第 18 至 19 行→大正 670，16/480A29；16/480B2；16/480B4~7；
第 20 至 22 行→16/484B22~23；16/484C8~9；16/484C11~12；16/484C29；
第 23 至 24 行→16/484C29；16/485A23；16/486C28~487A1；
第 25 至 26 行→16/489A6~7；16/490B1；
第 26 至 27 行→16/490B1~B2；16/490C18~19；
第 27 至 28 行→16/493C15~16；
第 28 至 30 行→16/493C19~22；
第 30 至 31 行→16/494A26~27；
第 31 至 31 行“如雲觀察者諸事悉無常無事悉如/了聖賢境界”；
第 32 至 33 行→16/496B2；16/496B5~6；
第 33 至 34 行→16/499B15；“大德多聞義如言說”；16/499C10；16/499C11；
第 35 至 36 行→16/500B14~17；
第 36 至 38 行→16/501A12；16/501C20；16/503A5；
第 38 至 40 行→16/504B24~25；16/505B2~3；
第 40 至 41 行“愚癡樂妄說不聞真實義”；16/507B22—23；16/510A27；
第 41 至 43 行→16/510A26；16/510C13~14；
第 43 至 44 行→16/513A1；16/513A3；
第 44 至 45 行→16/510C18；16/512A19~20。
第 46 行：思益經四卷，明所住貪著於中而得解脫處（硃筆）。
（後殘）

6.2　尾→伯 3848 號。
8　7~8 世紀。唐寫本。
9.1　楷書。
9.2　有硃筆斷句。
11　圖版：《敦煌寶藏》，110/280B~281B。

1.1　BD04788 號
1.3　金剛般若波羅蜜經
1.4　號 088
1.5　094:3971
2.1　(8.5+23.2+3)×26 厘米；2 紙；21 行，行 17 字。
2.2　01：8.5+6.7，09；　02：16.5+3，12。

2.3 卷軸裝。首尾均殘。兩紙間接縫處開裂，有殘洞。有烏絲欄。
3.1 首5行上下殘→大正235，8/749C29～750A5。
3.2 尾2行下殘→8/750A20～21。
8 7～8世紀。唐寫本。
9.1 楷書。
11 圖版：《敦煌寶藏》，81/362A。

1.1 BD04789號
1.3 大方廣佛華嚴經（晉譯五十卷本）卷二九
1.4 號089
1.5 001:0022
2.1 （7.5+21+3）×25.4厘米；2紙；19行，行17字。
2.2 01：7.5+21，17； 02：03.0，02。
2.3 卷軸裝。首尾均殘。
3.1 首4行上殘→大正278，9/616A20～22。
3.2 尾2行中上殘→9/616B8～10。
3.4 說明：
此為南北朝寫本，應屬五十卷本。
8 5～6世紀。南北朝寫本。
9.1 隸楷。
11 圖版：《敦煌寶藏》，56/114A～114A。

1.1 BD04790號
1.3 大般若波羅蜜多經卷五九九
1.4 號090
1.5 084:3410
2.1 （6.9+793.5）×26.3厘米；19紙；505行，行17字。
2.2 01：6.9+31.2，24； 02：44.1，28； 03：44.3，28；
04：44.2，28； 05：44.3，28； 06：44.3，28；
07：44.0，28； 08：44.2，28； 09：44.3，28；
10：44.3，28； 11：44.2，28； 12：44.1，28；
13：44.4，28； 14：43.9，28； 15：44.1，28；
16：44.3，28； 17：44.0，28； 18：44.2，28；
19：11.1，05。
2.3 卷軸裝。首殘尾全。首紙下有殘損，卷面有水漬。背有古代托裱。有烏絲欄。
3.1 首4行下殘→大正220，7/1099C7～10。
3.2 尾全→7/1105B23。
4.2 大般若波羅蜜多經卷第五百九十九（尾）。
8 8～9世紀。吐蕃統治時期寫本。
9.1 楷書。硬筆書寫。
11 圖版：《敦煌寶藏》，77/498B～508B。

1.1 BD04791號
1.3 維摩詰所說經卷下
1.4 號091
1.5 070:1257
2.1 （4+145）×26.5厘米；4紙；88行，行17字。
2.2 01：4+4，04； 02：47.0，28； 03：47.0，28；
04：47.0，28。
2.3 卷軸裝。首殘尾脫。第1紙首有橫向破裂，中間有殘洞，第2、3紙上邊有破裂。有烏絲欄。
3.1 首2行中下殘→大正475，14/552A29～B2。
3.2 尾殘→14/553B10。
8 8世紀。唐寫本。
9.1 楷書。
11 圖版：《敦煌寶藏》，66/337B～339A。

1.1 BD04792號
1.3 金光明最勝王經卷九
1.4 號092
1.5 083:1934
2.1 （1.5+268）×25.7厘米；7紙；160行，行17字。
2.2 01：1.5+13.6，09； 02：47.0，28； 03：47.2，28；
04：47.2，28； 05：47.0，28； 06：47.0，28；
07：19.0，11。
2.3 卷軸裝。首尾均殘。背有古代裱補。有烏絲欄。
3.1 首行殘→大正665，16/447A28。
3.2 尾殘→16/449C2。
6.1 首→BD04794號。
6.2 尾→BD02400號。
8 8～9世紀。吐蕃統治時期寫本。
9.1 楷書。
11 圖版：《敦煌寶藏》，71/33A～36A。

1.1 BD04793號
1.3 妙法蓮華經卷七
1.4 號093
1.5 105:5873
2.1 （2.5+888.3）×26厘米；19紙；504行，行17字。
2.2 01：2.5+46.5，28； 02：48.3，28； 03：48.0，28；
04：48.5，28； 05：48.5，28； 06：48.5，28；
07：48.5，28； 08：48.5，28； 09：48.5，28；
10：48.5，28； 11：48.5，28； 12：48.5，28；
13：48.5，28； 14：48.5，28； 15：48.5，28；
16：48.5，28； 17：48.5，28； 18：48.5，27；
19：18.0，01。
2.3 卷軸裝。首殘尾全。尾有原軸，兩端塗棗紅色漆。第1紙上邊有2處殘損，第1、2紙接縫處下邊開裂，第3和第5紙上邊有破裂。有烏絲欄。
3.1 首行上殘→大正262，9/55B15。
3.2 尾全→9/62B1。
4.2 妙法蓮華經卷第七（尾）。

8　8 世紀。唐寫本。
9.1　楷書。
11　圖版:《敦煌寶藏》，95/493A ~504B。

1.1　BD04794 號
1.3　金光明最勝王經卷九
1.4　號 094
1.5　083: 1914
2.1　(7.7 +289.9) ×26 厘米；7 紙；177 行，行 17 字。
2.2　01：7.7 +23.1，18；　02：47.2，28；　03：47.0，28；
04：46.8，28；　05：46.8，28；　06：46.5，28；
07：32.5，19。
2.3　卷軸裝。首尾均殘。有烏絲欄。
3.1　首 4 行下殘→大正 665，16/444A23 ~26。
3.2　尾斷→16/447A27。
6.1　首→BD04792 號。
8　8 ~9 世紀。吐蕃統治時期寫本。
9.1　楷書。
11　圖版:《敦煌寶藏》，70/651A ~654B。

1.1　BD04795 號
1.3　金光明最勝王經卷七
1.4　號 095
1.5　083: 1838
2.1　466.4 ×26.2 厘米；11 紙；268 行，行 17 字。
2.2　01：43.5，26；　02：44.0，26；　03：44.2，26；
04：44.2，26；　05：44.3，26；　06：44.3，26；
07：44.3，26；　08：44.2，26；　09：44.3，26；
10：44.1，26；　11：25.0，08。
2.3　卷軸裝。首殘尾全。經黄打紙。卷面有等距離殘洞。有燕尾。有烏絲欄。
3.1　首殘→大正 665，16/434B12。
3.2　尾全→16/437C13。
4.2　金光明經卷第七（尾）。
5　尾附音義。
8　7 ~8 世紀。唐寫本。
9.1　楷書。
9.2　有硃筆行間校加字。
11　圖版:《敦煌寶藏》，70/288A ~294A。

1.1　BD04796 號
1.3　妙法蓮華經卷四
1.4　號 096
1.5　105: 5419
2.1　(3.4 +136.2) ×26.3 厘米；3 紙；81 行，行 17 字。
2.2　01：3.4 +39.5，25；　02：48.5，28；　03：48.2，28。
2.3　卷軸裝。首殘尾脱。經黄打紙。第 1、2 紙接縫處下開裂。有烏絲欄。
3.1　首 2 行上下殘→大正 262，9/34B25 ~26。
3.2　尾殘→9/35C5。
8　7 ~8 世紀。唐寫本。
9.1　楷書。
11　圖版:《敦煌寶藏》，91/436B ~438A。

1.1　BD04797 號
1.3　金光明最勝王經卷一〇
1.4　號 097
1.5　083: 1974
2.1　(8.6 +534.8) ×25 厘米；13 紙；333 行，行 17 字。
2.2　01：04.6，03；　02：4 +40.2，28；　03：43.8，28；
04：44.1，28；　05：44.0，28；　06：44.0，28；
07：43.5，28；　08：44.5，28；　09：46.1，28；
10：46.0，28；　11：46.3，28；　12：46.3，28；
13：46.0，22。
2.3　卷軸裝。首殘尾全。卷首脱落一塊殘片，卷面有水漬黴斑。有烏絲欄。
3.1　首 5 行下殘→大正 665，16/451C18 ~23。
3.2　尾全→16/456C19。
4.2　金光明最勝王經卷第十（尾）。
5　尾附音義。
8　8 ~9 世紀。吐蕃統治時期寫本。
9.1　楷書。硬筆書寫。
11　圖版:《敦煌寶藏》，71/210A ~217A。

1.1　BD04798 號
1.3　妙法蓮華經卷六
1.4　號 098
1.5　105: 5738
2.1　(617.1 +4.5) ×25 厘米；13 紙；355 行，行 17 字。
2.2　01：38.1，22；　02：37.8，22；　03：38.0，22；
04：38.0，22；　05：37.9，22；　06：37.8，22；
07：37.7，22；　08：37.7，22；　09：37.7，22；
10：77.7，45；　11：78.2，45；　12：71.0，41；
13：49.5 +4.5，26。
2.3　卷軸裝。首脱尾殘。經黄打紙。第 11、12 紙接縫處脱開。卷面有水漬。有烏絲欄。
3.1　首殘→大正 262，9/50B19。
3.2　尾全→9/55A9。
4.2　妙法蓮華經卷第六（尾）。
8　7 ~8 世紀。唐寫本。
9.1　楷書。
11　圖版:《敦煌寶藏》，94/536A ~544A。

1.1　BD04799 號

1.3　佛名經（十六卷本）卷一五
1.4　號 099
1.5　063:0812
2.1　（31 +1048.7）×25 厘米；22 紙；520 行，行 17 字。
2.2　01：31 +2，16；　02：49.7，24；　03：49.7，24；
04：49.7，24；　05：49.7，24；　06：49.9，24；
07：49.9，24；　08：50.0，24；　09：50.0，24；
10：50.0，24；　11：50.0，24；　12：49.5，24；
13：50.0，24；　14：50.0，24；　15：50.0，24；
16：50.0，24；　17：50.0，24；　18：50.0，24；
19：50.0，24；　20：49.8，24；　21：49.8，24；
22：49.0，24。
2.3　卷軸裝。首殘尾脱。經黄打紙。首紙上邊殘破，中下部殘缺，第 2 紙中下部破裂，第 4 紙下方破裂，尾紙下部破裂。有烏絲欄。
3.1　首 15 行中下殘→《七寺古逸經典研究叢書》，3/748 頁第 28 ~749 頁第 40 行。
3.2　尾殘→《七寺古逸經典研究叢書》，3/788 頁第 550 行。
5　與《七寺古逸經典研究叢書》本對照，有闕文：3/767 頁 278 行 ~769 頁 301 行。有增文：《罪業報應教化地獄經》15 行。
8　7 ~8 世紀。唐寫本。
9.1　楷書。
9.2　有硃筆校改。
11　圖版：《敦煌寶藏》，62/430B ~445B。

1.1　BD04800 號
1.3　大般若波羅蜜多經卷一三三
1.4　號 100
1.5　084:2360
2.1　（13.7 +99.6）×25.8 厘米；3 紙；69 行，行 17 字。
2.2　01：13.7 +7.3，13；　02：46.3，28；　03：46.0，28。
2.3　卷軸裝。首殘尾脱。各紙均有殘洞及破裂。背有古代裱補。有烏絲欄。已修整。
3.1　首 9 行下殘→大正 220，5/724B18 ~26。
3.2　尾殘→5/725A28。
7.1　第 1 紙背面有勘記“一百卅三”，乃本文獻卷次。
8　8 ~9 世紀。吐蕃統治時期寫本。
9.1　楷書。
9.2　有武周新字“正”，使用不周遍。
11　圖版：《敦煌寶藏》，73/77B ~79A。

1.1　BD04801 號
1.3　大般若波羅蜜多經卷三三一
1.4　巨 001
1.5　084:2904
2.1　145.3 ×26.3 厘米；3 紙；84 行，行 17 字。
2.2　01：48.6，28；　02：48.3，28；　03：48.4，28。
2.3　卷軸裝。首尾均脱。第 2、3 紙下邊殘破。有烏絲欄。
3.1　首殘→大正 220，6/698B18。
3.2　尾殘→6/699B13。
6.1　首→BD05119 號。
6.2　尾→BD04870 號。
8　8 ~9 世紀。吐蕃統治時期寫本。
9.1　楷書。
11　圖版：《敦煌寶藏》，75/290B ~431A。

1.1　BD04802 號
1.3　大般若波羅蜜多經卷一五三
1.4　巨 002
1.5　084:2403
2.1　（8.5 +122.5）×25.5 厘米；3 紙；79 行，行 17 字。
2.2　01：8.5 +29.5，23；　02：46.5，28；　03：46.5，28。
2.3　卷軸裝。首殘尾脱。首紙上下邊有殘缺，卷面有破裂，第 2、3 紙接縫處上開裂。背有古代裱補。有烏絲欄。已修整。
3.1　首 5 行上殘→大正 220，5/825C25 ~29。
3.2　尾殘→5/826C16。
8　8 ~9 世紀。吐蕃統治時期寫本。
9.1　楷書。
11　圖版：《敦煌寶藏》，73/174A ~175B。

1.1　BD04803 號
1.3　妙法蓮華經卷二
1.4　巨 003
1.5　105:4950
2.1　122.2 ×26.4 厘米；3 紙；70 行，行 17 字。
2.2　01：38.8，22；　02：41.8，24；　03：41.6，24。
2.3　卷軸裝。首殘尾脱。有烏絲欄。
3.1　首殘→大正 262，9/16C17。
3.2　尾殘→9/17C5。
8　7 ~8 世紀。唐寫本。
9.1　楷書。
11　圖版：《敦煌寶藏》，87/296A ~297B。

1.1　BD04804 號
1.3　妙法蓮華經卷三
1.4　巨 004
1.5　105:4995
2.1　（13.5 +967.6）×25.4 厘米；23 紙；549 行，行 17 字。
2.2　01：13.5 +13.1，15；　02：44.1，25；　03：44.1，25；
04：44.2，25；　05：44.3，25；　06：44.1，25；
07：44.5，25；　08：44.3，25；　09：44.4，25；
10：44.4，25；　11：44.2，25；　12：44.4，25；
13：44.4，25；　14：44.3，25；　15：44.3，25；
16：44.1，25；　17：44.3，25；　18：44.4，25；

19：44.4，25；　20：44.2，25；　21：44.3，25；
22：44.3，25；　23：24.5，09。
2.3　卷軸裝。首殘尾全。表面刷潢。第2紙上下略有殘損。有燕尾。背有古代裱補。有烏絲欄。
3.1　首8行下殘→大正262，9/19A27～B6。
3.2　尾全→9/27B9。
4.2　妙法蓮華經卷第三（尾）。
8　7～8世紀。唐寫本。
9.1　楷書。
11　圖版：《敦煌寶藏》，87/571A～584A。

1.1　BD04805號
1.3　妙法蓮華經卷二
1.4　巨005
1.5　105:4927
2.1　101.8×25.5厘米；2紙；56行，行16字（偈）。
2.2　01：51.0，28；　02：50.8，28。
2.3　卷軸裝。首尾均脱。經黄打紙。有烏絲欄。
3.1　首殘→大正262，9/14A18。
3.2　尾殘→9/15A5。
8　7～8世紀。唐寫本。
9.1　楷書。
11　圖版：《敦煌寶藏》，87/247A～248B7。

1.1　BD04806號
1.3　大般涅槃經（南本　異卷）卷八
1.4　巨006
1.5　116:6541
2.1　516×26厘米；12紙；288行，行17字。
2.2　01：43.0，24；　02：43.0，24；　03：43.0，24；
04：43.0，24；　05：43.0，24；　06：43.0，24；
07：43.0，24；　08：43.0，24；　09：43.0，24；
10：43.0，24；　11：43.0，24；　12：43.0，24。
2.3　卷軸裝。首尾均脱。第11、12紙接縫上方開裂。有烏絲欄。
3.1　首殘→大正375，12/647C6。
3.2　尾殘→12/651B28。
5　與《大正藏》本對照，分卷不同。經文相當於《大正藏》南本卷第七四諦品第十後部分至卷第八如來性品第十二前部分。原卷首尾均脱，無首尾題，現卷次為根據內容擬定。
8　7～8世紀。唐寫本。
9.1　楷書。
9.2　有行間校加字。有刮改。
11　圖版：《敦煌寶藏》，100/240A～247A。

1.1　BD04807號
1.3　金剛般若波羅蜜經
1.4　巨007
1.5　094:3803
2.1　320.3×25.7厘米；7紙；196行，行17字。
2.2　01：45.7，28；　02：45.7，28；　03：45.6，28；
04：45.6，28；　05：45.7，28；　06：46.0，28；
07：46.0，28。
2.3　卷軸裝。首尾均脱。經黄打紙。第1紙有殘洞，第3、4紙間接縫開裂，卷面有水漬、黴斑，有烏絲欄。
3.1　首殘→大正235，8/749B18。
3.2　尾殘→8/751C27。
5　與《大正藏》本對照，本卷經文無冥司偈，參見《大正藏》，8/751C16～19。
8　7～8世紀。唐寫本。
9.1　楷書。
11　圖版：《敦煌寶藏》，80/408A～412B。

1.1　BD04808號
1.3　大般若波羅蜜多經卷一三四
1.4　巨008
1.5　084:2363
2.1　（110.7+2）×25厘米；3紙；54行，行17字。
2.2　01：23.0，護首；　02：43.0，26；　03：44.7+2，28。
2.3　卷軸裝。首全尾脱。有護首，護首中部殘缺。卷面有殘洞及破裂。背有古代裱補。有烏絲欄。
3.1　首全→大正220，5/728C10。
3.2　尾行下殘→5/729B8。
4.1　大般若波羅蜜多經卷第一百卅四，/初分校量功德品第卅之卅二，三藏法師玄奘奉詔譯/（首）。
7.4　護首有經名殘字："大般若波羅蜜多經卷第□□"。
8　8～9世紀。吐蕃統治時期寫本。
9.1　楷書。
11　圖版：《敦煌寶藏》，73/82B～85A、B。

1.1　BD04809號
1.3　妙法蓮華經卷二
1.4　巨009
1.5　105:4796
2.1　156.1×26.4厘米；3紙；84行，行17字。
2.2　01：52.1，28；　02：52.0，28；　03：52.0，28。
2.3　卷軸裝。首尾均脱。經黄打紙。尾紙下邊略有殘損。卷面有鳥糞。有烏絲欄。
3.1　首殘→大正262，9/16B3。
3.2　尾殘→9/17B7。
8　7～8世紀。唐寫本。
9.1　楷書。
11　圖版：《敦煌寶藏》，86/613B～615B。

1.1　BD04810 號
1.3　大般涅槃經（北本）卷一四
1.4　巨 010
1.5　115:6379
2.1　(5 +667.5) ×27 厘米；12 紙；363 行，行 17 字。
2.2　01：5 +45，27；　02：58.5，31；　03：58.5，31；
04：58.5，31；　05：58.5，32；　06：58.5，32；
07：58.5，32；　08：58.5，32；　09：58.5，32；
10：58.5，32；　11：58.5，32；　12：37.5，19。
2.3　卷軸裝。首殘尾全。首紙下部有破裂，接縫處有開裂，通卷上邊間隔一段有 3 個墨點。有烏絲欄。
3.1　首 3 行下殘→大正 374，12/446C8 ~ 11。
3.2　尾全→12/451B6。
4.2　大般涅槃經卷第十四（尾）。
7.3　卷背紙端有 2 行雜寫。4 個“子”字，1 個箭頭。墨跡甚淡。
8　8 ~ 9 世紀。吐蕃統治時期寫本。
9.1　楷書。
9.2　有刮改。
11　圖版：《敦煌寶藏》，98/454A ~ 462B。

1.1　BD04811 號
1.3　佛名經（十二卷本）卷五
1.4　巨 011
1.5　062:0579
2.1　(26 +206.8) ×27.6 厘米；5 紙；128 行，行 13 字。
2.2　01：26 +20，24；　02：46.5，26；　03：46.8，26；
04：47.0，26；　05：46.5，26。
2.3　卷軸裝。首殘尾脱。首紙殘缺嚴重，脱落一塊殘片，已綴接；第 2 至 4 紙上邊殘損，第 2、3 紙接縫上部開裂。卷面有水漬。有烏絲欄。已修整。
3.1　首 3 行上中殘→大正 440，14/138C19 ~ 20。
3.2　尾殘→14/140A8。
8　8 世紀。唐寫本。
9.1　楷書。
11　圖版：《敦煌寶藏》，60/151A ~ 154A。

1.1　BD04812 號
1.3　妙法蓮華經卷四
1.4　巨 012
1.5　105:5230
2.1　(4 +1051.1) ×27 厘米；22 紙；598 行，行 17 字。
2.2　01：4 +35，23；　02：49.3，28；　03：49.5，28；
04：49.5，28；　05：49.2，29；　06：49.3，28；
07：49.3，28；　08：49.3，28；　09：49.3，28；
10：49.3，28；　11：49.5，28；　12：49.5，28；
13：49.5，28；　14：49.3，28；　15：49.5，28；
16：49.5，28；　17：49.5，28；　18：49.3，28；
19：49.5，28；　20：49.5，28；　21：49.5，28；
22：28.0，14。
2.3　卷軸裝。首殘尾全。卷面油污，多有殘洞。有烏絲欄。
3.1　首 3 行中殘→大正 262，9/28B2 ~ 7。
3.2　尾全→9/37A2。
4.2　妙法蓮華經卷第四（尾）。
8　7 ~ 8 世紀。唐寫本。
9.1　楷書。
9.2　有刮改。
11　圖版：《敦煌寶藏》，90/90B ~ 104B。

1.1　BD04813 號
1.3　大般若波羅蜜多經卷九一
1.4　巨 013
1.5　084:2255
2.1　(8 +253.8) ×25.5 厘米；6 紙；155 行，行 17 字。
2.2　01：8 +18.8，15；　02：47.0，28；　03：47.0，28；
04：47.0，28；　05：47.0，28；　06：47.0，28。
2.3　卷軸裝。首殘尾脱。第 2、3 紙接縫處下開裂。有烏絲欄。
3.1　首 5 行中下殘→大正 220，5/504C15 ~ 19。
3.2　尾殘→5/506B23。
6.2　尾→BD05214 號。
8　8 ~ 9 世紀。吐蕃統治時期寫本。
9.1　楷書。
9.2　有行間校加字。
11　圖版：《敦煌寶藏》，72/444B ~ 447B。

1.1　BD04814 號
1.3　大般涅槃經（北本）卷一八
1.4　巨 014
1.5　115:6398
2.1　(6.5 +827.4) ×26.2 厘米；17 紙；454 行，行 7 字。
2.2　01：6.5 +38.5，26；　02：50.3，28；　03：51.0，28；
04：50.5，28；　05：50.5，28；　06：50.5，28；
07：50.7，28；　08：50.7，28；　09：50.2，28；
10：50.5，28；　11：50.4，28；　12：50.2，28；
13：50.4，28；　14：50.5，28；　15：50.3，28；
16：50.2，28；　17：32.0，08。
2.3　卷軸裝。首殘尾全。首紙上下殘缺，卷面有水漬。有燕尾。有烏絲欄。
3.1　首 4 行上下殘→大正 374，12/468C26 ~ 469A1。
3.2　尾全→12/474A20。
4.2　大般涅槃經卷第十八（尾）。
8　9 ~ 10 世紀。歸義軍時期寫本。
9.1　楷書。
9.2　有刮改。

11　圖版：《敦煌寶藏》，98/571A～582A。

1.1　BD04815 號
1.3　大般涅槃經（北本）卷一七
1.4　巨 015
1.5　115:6394
2.1　(6+687.1)×27 厘米；14 紙；378 行，行 17 字。
2.2　01：6+6，06；　02：52.0，28；　03：52.2，29；
04：52.2，29；　05：52.5，29；　06：52.5，29；
07：52.5，29；　08：52.5，29；　09：52.5，29；
10：52.5，29；　11：52.5，28；　12：52.3，28；
13：52.5，28；　14：52.4，28。
2.3　卷軸裝。首殘尾脫。首紙上部殘損下部破裂，第 2 至 7 紙上部有等距離殘洞。有烏絲欄。
3.1　首 3 行上殘→大正 374，12/463B6～8。
3.2　尾殘→12/467C15。
8　6 世紀。南北朝寫本。
9.1　楷書。
11　圖版：《敦煌寶藏》，98/544A～553A。

1.1　BD04816 號
1.3　妙法蓮華經卷二
1.4　巨 016
1.5　105:4851
2.1　153.3×25.7 厘米；3 紙；84 行，行 17 字。
2.2　01：51.3，28；　02：51.1，28；　03：50.9，28。
2.3　卷軸裝。首尾均脫。經黄打紙。首紙有破裂，與第 2 紙接縫處上方開裂。卷面有水漬。有烏絲欄。
3.1　首殘→大正 262，9/11B21。
3.2　尾殘→9/12C8。
8　7～8 世紀。唐寫本。
9.1　楷書。
11　圖版：《敦煌寶藏》，87/90A～92A。

1.1　BD04817 號
1.3　妙法蓮華經卷一
1.4　巨 017
1.5　105:4504
2.1　(3.3+920)×26 厘米；19 紙；506 行，行 17 字。
2.2　01：3.3+21.7，14；　02：50.0，28；　03：50.0，28；
04：49.8，28；　05：50.0，28；　06：49.8，28；
07：50.0，28；　08：50.0，28；　09：50.0，28；
10：50.0，28；　11：50.0，28；　12：50.0，28；
13：50.0，28；　14：49.9，28；　15：49.9，28；
16：50.0，28；　17：49.8，28；　18：49.7，28；
19：49.4，16。
2.3　卷軸裝。首殘尾全。卷内偶有殘洞。有烏絲欄。
3.1　首 2 行殘→大正 262，9/2A3～5。
3.2　尾全→9/10B21。
4.2　妙法蓮華經卷第一（尾）。
8　9～10 世紀。歸義軍時期寫本。
9.1　楷書。
11　圖版：《敦煌寶藏》，83/477B～491A。

1.1　BD04818 號
1.3　大般若波羅蜜多經卷三三九
1.4　巨 018
1.5　084:2918
2.1　195.4×25.5 厘米；4 紙；105 行，行 17 字。
2.2　01：49.2，28；　02：49.0，28；　03：49.0，28；
04：48.2，21。
2.3　卷軸裝。首脫尾全。第 4 紙殘破。尾有蟲繭。有烏絲欄。
3.1　首殘→大正 220，6/741C19。
3.2　尾全→6/743A7。
4.2　大般若波羅蜜多經卷第三百卅九（尾）。
6.1　首→BD05017 號。
8　9～10 世紀。歸義軍時期寫本。
9.1　楷書。
11　圖版：《敦煌寶藏》，75/470B～473A。

1.1　BD04819 號
1.3　大般若波羅蜜多經卷二〇四
1.4　巨 019
1.5　084:2514
2.1　(6+619.8)×25.6 厘米；15 紙；390 行，行 17 字。
2.2　01：6+36.1，27；　02：44.2，28；　03：44.2，28；
04：44.3，28；　05：44.4，28；　06：44.3，28；
07：44.2，28；　08：44.2，28；　09：44.0，28；
10：43.8，28；　11：44.2，28；　12：44.2，28；
13：44.3，28；　14：44.0，27；　15：09.4，拖尾。
2.3　卷軸裝。首殘尾全。尾有原軸，兩端塗硃漆，下軸頭殘破。第 1、2 紙有破裂，第 1 紙上下邊殘缺。有烏絲欄。
3.1　首 4 行下殘→大正 220，6/16C8～12。
3.2　尾全→6/21A22。
4.2　大般若波羅蜜多經卷第二百四（尾）。
7.1　卷尾有勘記“二百四、廿袟，四”，分别是本文獻的卷次、所屬袟次與袟内卷次。
8　8～9 世紀。吐蕃統治時期寫本。
9.1　楷書。
9.2　有行間校加字。
11　圖版：《敦煌寶藏》，73/589B～597B。

1.1　BD04820 號
1.3　妙法蓮華經卷七

1.4　巨 020
1.5　105:6073
2.1　(4.5+498)×26 厘米；11 紙；正面 281 行，行 17 字；背面 1 行，藏文。
2.2　01：4.5+45，27；　02：50.5，28；　03：50.5，28；
04：50.5，28；　05：50.5，28；　06：49.5，28；
07：49.5，28；　08：43.5，27；　09：44.0，27；
10：43.5，27；　11：21.0，05。
2.3　卷軸裝。首殘尾全。經黄打紙。首紙上部有殘缺。第 8、9 紙上邊破裂。有燕尾。有烏絲欄。
2.4　本遺書包括 2 個文獻：(一)《妙法蓮華經》卷七，281 行，抄寫在正面，今編為 BD04820 號。(二)《藏文雜寫》(擬)、1 行，抄寫在背面，今編為 BD04820 號背。
3.1　首 2 行下殘→大正 262，9/58B19～20。
3.2　尾全→9/62B1。
4.2　妙法蓮華經卷第七（尾）。
7.1　前 7 紙背有回鶻文勘記。
7.3　第 1 紙背有藏文雜寫 1 行。
8　7～8 世紀。唐寫本。
9.1　楷書。
11　圖版：《敦煌寶藏》，96/520B～527B。

1.1　BD04820 號背
1.3　藏文雜寫（擬）
1.4　巨 020
1.5　105:6073
2.4　本遺書由 2 個文獻組成，本號為第 2 個，1 行，抄寫在背面。餘參見 BD04820 號之第 2 項、第 11 項。
3.4　説明：
背面抄寫藏文雜寫一行，意為“本地人當中有□□”，參見高田時雄《北京敦煌寫卷中所包含的藏文文獻》。
8　8～9 世紀。吐蕃統治時期寫本。

1.1　BD04821 號
1.3　妙法蓮華經卷二
1.4　巨 021
1.5　105:4856
2.1　(5.3+209.9+1.6)×24.6 厘米；5 紙；132 行，行 17 字。
2.2　01：5.3+32.4，23；　02：46.4，28；　03：45.8，28；
04：46.2，28；　05：39.1+1.6，25。
2.3　卷軸裝。首尾均殘。經黄紙。第 1、2 紙有等距殘損，第 3 紙後部有 1 個殘洞。背有古代裱補。有烏絲欄。
3.1　首 3 行上中殘→大正 262，9/11A20～24。
3.2　尾行下殘→9/13A7。
8　7～8 世紀。唐寫本。
9.1　楷書。
11　圖版：《敦煌寶藏》，87/98A～100B。

1.1　BD04822 號 1
1.3　無量壽宗要經
1.4　巨 022
1.5　275:7826
2.1　(351+4)×31.5 厘米；8 紙；236 行，行 30 餘字。
2.2　01：46.0，33；　02：46.5，35；　03：46.5，35；
04：46.5，21；　05：42.5，28；　06：42.5，29；
07：42.5，29；　08：38+4，26。
2.3　卷軸裝。首尾均全。第 1、5 紙下邊有撕殘。有烏絲欄。
2.4　本遺書包括 2 個文獻：(一)《無量壽宗要經》，124 行，今編為 BD04822 號 1。(二)《無量壽宗要經》，112 行，今編為 BD04822 號 2。
3.1　首全→大正 936，19/82A3。
3.2　尾全→19/84C29。
4.1　大乘無量壽經（首）。
4.2　佛說無量壽宗要經（尾）。
8　8～9 世紀。吐蕃統治時期寫本。
9.1　楷書。
11　圖版：《敦煌寶藏》，108/53A～57B。

1.1　BD04822 號 2
1.3　無量壽宗要經
1.4　巨 022
1.5　275:7826
2.4　本遺書由 2 個文獻組成，本號為第 2 個，112 行。餘參見 BD04822 號 1 之第 2 項、第 11 項。
3.1　首全→大正 936，19/82A3。
3.2　尾全→19/84C29。
4.1　大乘無量壽經（首）。
4.2　佛說無量壽宗要經（尾）。
8　8～9 世紀。吐蕃統治時期寫本。
9.1　楷書。

1.1　BD04823 號
1.3　維摩詰所説經卷中
1.4　巨 023
1.5　070:1155
2.1　(3+108)×25.5 厘米；3 紙；66 行，行 17 字。
2.2　01：3+14，10；　02：47.0，28；　03：47.0，28。
2.3　卷軸裝。首殘尾脱。卷面多水漬、黴斑，有破裂，脱落一塊殘片。有烏絲欄。
3.1　首 2 行下中殘→大正 475，14/546A19～20。
3.2　尾殘→14/547A2。
6.1　首→BD05014 號。
8　9～10 世紀。歸義軍時期寫本。
9.1　楷書。
11　圖版：《敦煌寶藏》，65/490A～491B。

1.1　BD04824 號
1.3　無量壽宗要經
1.4　巨 024
1.5　275: 7827
2.1　(12.5 + 156) × 29.5 厘米；5 紙；115 行，行 30 餘字。
2.2　01：12.5 + 6.5，12；　02：39.5，28；　03：39.5，28；
04：39.5，28；　05：31.0，19。
2.3　卷軸裝。首尾均全。第 1 紙上下邊有殘缺，上邊有油污。有烏絲欄。
3.1　首 8 行上下殘→大正 936，19/82A3 ~ 17。
3.2　尾全→19/84C29。
4.1　□□無量壽經（首）。
4.2　佛說無量壽宗要經（尾）。
7.1　尾紙末有題名“裴文達”。
8　8 ~ 9 世紀。吐蕃統治時期寫本。
9.1　行楷。
9.2　有校改。
11　圖版：《敦煌寶藏》，108/58A ~ 60A。

1.1　BD04825 號
1.3　金剛般若波羅蜜經（菩提留支十二分本）
1.4　巨 025
1.5　095: 4429
2.1　(14.7 + 694) × 24.8 厘米；18 紙；381 行，行 17 字。
2.2　01：14.7 + 11，12；　02：41.0，23；　03：41.8，23；
04：41.8，23；　05：42.0，23；　06：42.0，23；
07：42.0，23；　08：42.0，23；　09：42.0，23；
10：42.0，23；　11：42.0，23；　12：42.0，23；
13：42.0，23；　14：42.0，23；　15：42.0，23；
16：39.1，22；　17：41.3，23；　18：16.0，02。
2.3　卷軸裝。首殘尾全。經黄打紙，砑光上蠟。尾有蟲繭。有燕尾。背有古代裱補。有烏絲欄。
3.1　首 4 行上殘→大正 236，8/752C19 ~ 23。
3.2　尾全→8/757A13。
4.2　金剛般若波羅蜜經（尾）。
5　與《大正藏》本對照，本卷經文分爲十二分。
8　7 ~ 8 世紀。唐寫本。
9.1　楷書。
11　圖版：《敦煌寶藏》，83/178A ~ 187A。

1.1　BD04826 號
1.3　維摩詰所說經卷中
1.4　巨 026
1.5　070: 1170
2.1　(5 + 494) × 25 厘米；7 紙；260 行，行 17 字。
2.2　01：5 + 27，18；　02：78.5，42；　03：78.5，42；
04：77.5，42；　05：77.5，42；　06：77.5，42；
07：77.5，32。
2.3　卷軸裝。首殘尾全。前 3 紙有火燒等距殘洞若干。卷面多水漬，有黴斑。卷尾上下有蟲繭。有烏絲欄。
3.1　首 3 行下殘→大正 475，14/548A29 ~ B3。
3.2　尾全→14/551C27。
4.2　維摩詰經卷中（尾）。
8　9 ~ 10 世紀。歸義軍時期寫本。
9.1　楷書。
9.2　有行間校加字。有刮改及校改。
11　圖版：《敦煌寶藏》，65/569A ~ 576A。

1.1　BD04827 號
1.3　金光明最勝王經卷三
1.4　巨 027
1.5　083: 1586
2.1　(15.2 + 128.2) × 25.5 厘米；3 紙；83 行，行 17 字。
2.2　01：15.2 + 32.2，27；　02：48.0，28；　03：48.0，28。
2.3　卷軸裝。首殘尾脫。卷端破碎嚴重，卷面油污、水漬、變色。背有古代裱補。有烏絲欄。
3.1　首 8 行上下殘→大正 665，16/413C9 ~ 20。
3.2　尾殘→16/414C12。
4.1　［金］光明最勝王經滅業障品第五（首）。
8　9 ~ 10 世紀。歸義軍時期寫本。
9.1　楷書。
9.2　有行間校加字。
11　圖版：《敦煌寶藏》，68/452A ~ 453B。

1.1　BD04828 號
1.3　佛名經（二十卷本）卷二
1.4　巨 028
1.5　062: 0555
2.1　799 × 27 厘米；17 紙；432 行，行 17 字。
2.2　01：47.0，26；　02：47.5，26；　03：47.5，26；
04：47.5，26；　05：47.5，26；　06：47.5，26；
07：47.5，26；　08：47.5，26；　09：47.5，26；
10：47.5，26；　11：47.5，26；　12：47.5，26；
13：47.5，26；　14：47.5，26；　15：47.5，26；
16：47.5，26；　17：39.5，16。
2.3　卷軸裝。首殘尾全。卷面多有水漬及破裂。尾有蟲繭。背有古代裱補。有烏絲欄。
3.4　說明：
本文獻首殘尾全。為中國人所編纂的佛經，未為歷代大藏經所收。
4.2　佛名經卷第二（尾）。
8　8 世紀。唐寫本。
9.1　楷書。
9.2　有刮改。

11　圖版：《敦煌寶藏》，60/43B～54B。

1.1　BD04829號
1.3　維摩詰所說經卷上
1.4　巨029
1.5　070:0965
2.1　100.5×26.5厘米；2紙；56行，行17字。
2.2　01：50.5，28；　02：50.0，28。
2.3　卷軸裝。首尾均脫。經黄打紙。卷面有水漬。有烏絲欄。
3.1　首殘→大正475，14/539C5。
3.2　尾殘→14/540B8。
8　7～8世紀。唐寫本。
9.1　楷書。
9.2　有硃筆斷句。
11　圖版：《敦煌寶藏》，64/182A～183A。

1.1　BD04830號
1.3　金光明最勝王經卷七
1.4　巨030
1.5　083:1820
2.1　(27.1+732.3)×25.8厘米；16紙；401行，行17字。
2.2　01：27.1+18.3，25；　02：51.0，28；　03：51.0，28；
04：51.0，28；　05：50.9，28；　06：51.0，28；
07：51.0，28；　08：51.0，28；　09：51.0，28；
10：51.3，28；　11：51.0，28；　12：51.2，28；
13：51.0，28；　14：50.9，28；　15：29.2，12；
16：21.5，拖尾。
2.3　卷軸裝。首尾均全。經黄打紙。卷首殘破嚴重，卷面有墨污。有烏絲欄。
3.1　首15行下殘→大正665，16/432C16～433A3。
3.2　尾全→16/437C13。
4.1　□...□無染著陀羅尼品第十□…□（首）。
4.2　金光明經卷第七（尾）。
5　尾附音義。
8　7～8世紀。唐寫本。
9.1　楷書。
11　圖版：《敦煌寶藏》，70/179A～188B。

1.1　BD04831號
1.3　金剛般若波羅蜜經
1.4　巨031
1.5　094:3928
2.1　186.7×26厘米；4紙；112行，行17字。
2.2　01：47.0，28；　02：46.8，28；　03：46.7，28；
04：46.2，28。
2.3　卷軸裝。首尾均脫。第2、3紙間接縫處開裂。有烏絲欄。
3.1　首殘→大正235，8/749C19。
3.2　尾殘→8/751A20。
8　7～8世紀。唐寫本。
9.1　楷書。
9.2　有刮改。
11　圖版：《敦煌寶藏》，81/232A～234B。

1.1　BD04832號
1.3　金剛般若波羅蜜經
1.4　巨032
1.5　094:3927
2.1　359.5×26厘米；8紙；224行，行17字。
2.2　01：45.0，28；　02：45.0，28；　03：45.0，28；
04：45.0，28；　05：45.0，28；　06：45.0，28；
07：45.0，28；　08：44.5，28。
2.3　卷軸裝。首殘尾全。麻紙未入潢。卷首殘破嚴重，通卷多水漬，有破損及殘洞。有烏絲欄。
3.1　首殘→大正235，8/749C19。
3.2　尾全→8/752C2。
5　與《大正藏》本對照，本卷經文無冥司偈，參見《大正藏》，8/751C16～19。
8　7～8世紀。唐寫本。
9.1　楷書。
11　圖版：《敦煌寶藏》，81/227A～231B。

1.1　BD04833號
1.3　佛名經（十六卷本）卷一五
1.4　巨033
1.5　063:0816
2.1　100.5×26.4厘米；2紙；53行，行17字。
2.2　01：50.5，28；　02：50.0，25。
2.3　卷軸裝。首脫尾全。經黄紙。首紙上中部有兩排等距離殘洞。背有古代裱補。有烏絲欄。卷尾脫落一素紙。
3.1　首殘→《七寺古逸經典研究叢書》，3/789頁第562行。
3.2　尾全→《七寺古逸經典研究叢書》，3/791頁第594行。
4.2　佛名經卷第十五（尾）。
5　與七寺本相比，本號尾有“罪業報應教化地獄經”18行。
8　7～8世紀。唐寫本。
9.1　楷書。
9.2　有行間校加字。
11　圖版：《敦煌寶藏》，62/480A～481A。

1.1　BD04834號
1.3　大般若波羅蜜多經卷四八六
1.4　巨034
1.5　084:3209
2.1　564.5×26厘米；12紙；326行，行17字。
2.2　01：47.4，28；　02：47.4，28；　03：47.3，28；

04：45.8，27；　05：47.3，28；　06：47.6，28；
07：47.4，28；　08：47.5，28；　09：47.5，28；
10：47.4，28；　11：47.6，28；　12：44.3，19。
2.3 卷軸裝。首脱尾全。尾有原軸，兩端塗硃漆，上軸頭已坏。卷首、尾有破裂，第4、5紙接縫處有開裂及殘損。有烏絲欄。
3.1 首殘→大正220，7/468B2。
3.2 尾全→7/472A8。
4.2 大般若波羅蜜多經卷第四百八十六（尾）。
8 7~8世紀。唐寫本。
9.1 楷書。
9.2 有刮改。
11 圖版：《敦煌寶藏》，76/628B~636A。

1.1 BD04835號
1.3 大般若波羅蜜多經卷五三四
1.4 巨035
1.5 084:3304
2.1 213.9×25.9厘米；5紙；117行，行17字。
2.2 01：48.2，28；　02：47.8，28；　03：47.6，28；
04：47.3，28；　05：23.0，05。
2.3 卷軸裝。首脱尾全。有燕尾。有烏絲欄。
3.1 首殘→大正220，7/744B11。
3.2 尾全→7/745C12。
4.2 大般若波羅蜜多經卷第五百卅四（尾）。
8 7~8世紀。唐寫本。
9.1 楷書。有武周新字"正""國"，使用不周遍。
9.2 有刮改。
11 圖版：《敦煌寶藏》，77/168A~170B。

1.1 BD04836號
1.3 妙法蓮華經卷六
1.4 巨036
1.5 105:5660
2.1 （8+1035.4）×26厘米；22紙；598行，行17字。
2.2 01：8+40，27；　02：48.5，28；　03：48.5，28；
04：48.5，28；　05：48.8，28；　06：48.7，28；
07：49.0，28；　08：48.7，28；　09：48.7，28；
10：48.7，28；　11：48.7，28；　12：48.8，28；
13：48.8，28；　14：48.8，28；　15：48.7，28；
16：47.3，28；　17：48.8，28；　18：48.7，28；
19：48.7，28；　20：48.7，28；　21：48.8，28；
22：22.5，11。
2.3 卷軸裝。首尾均全。第1紙首4行碎損，卷面多水漬，有黴斑。有烏絲欄。
3.1 首3行下殘→大正262，9/46B17~24。
3.2 尾全→9/55A9。
4.1 妙法蓮華經隨喜功德品第十八，六（首）。
4.2 妙法蓮華經卷第六（尾）。
8 7~8世紀。唐寫本。
9.1 楷書。
9.2 有刮改。
11 圖版：《敦煌寶藏》，93/594B~608B。

1.1 BD04837號
1.3 金光明最勝王經卷三
1.4 巨037
1.5 083:1644
2.1 145×27.5厘米；3紙；84行，行17字。
2.2 01：48.5，28；　02：48.3，28；　03：48.2，28。
2.3 卷軸裝。首尾均脱。有烏絲欄。
3.1 首殘→大正665，16/415A12。
3.2 尾殘→16/416A14。
8 9~10世紀。歸義軍時期寫本。
9.1 楷書。
11 圖版：《敦煌寶藏》，69/67A~68B。

1.1 BD04838號
1.3 般若波羅蜜多心經
1.4 巨038
1.5 102:4481
2.1 （8.5+28）×25.2厘米；1紙；18行，行17字。
2.3 卷軸裝。首尾均全。有護首，已殘缺。卷首右下殘缺。背有古代裱補。有烏絲欄。
3.1 首4行下殘→大正251，8/848C4~9。
3.2 尾全→8/848C24。
4.1 佛說般若波羅蜜多心經（首）。
4.2 般若多心經（尾）。
8 7~8世紀。唐寫本。
9.1 楷書。
11 圖版：《敦煌寶藏》，83/312B。

1.1 BD04839號
1.3 金光明最勝王經卷四
1.4 巨039
1.5 083:1705
2.1 （4.5+56.1）×25.5厘米；2紙；38行，行17字。
2.2 01：4.5+9.1，15；　02：47.0，23。
2.3 卷軸裝。首殘尾全。卷首殘破嚴重，脱落一塊殘片。卷面有水漬、變色。有燕尾。有烏絲欄。
3.1 首3行上中殘→大正665，16/422A12~14。
3.2 尾全→16/422B21。
4.2 金光明經卷第四（尾）。
5 尾附音義。
8 8~9世紀。吐蕃統治時期寫本。

9.1　楷書。
11　圖版：《敦煌寶藏》，69/331。

1.1　BD04840 號
1.3　妙法蓮華經卷二
1.4　巨 040
1.5　105:4733
2.1　(7+990.6)×25.5 厘米；21 紙；551 行，行 17 字。
2.2　01：7+5.8，06；　02：49.8，27；　03：49.5，28；
04：49.7，28；　05：49.6，28；　06：49.8，28；
07：49.4，28；　08：49.6，28；　09：49.6，28；
10：49.4，28；　11：49.8，28；　12：49.6，28；
13：49.5，28；　14：49.6，28；　15：49.6，28；
16：49.4，28；　17：49.9，28；　18：50.1，28；
19：50.0，28；　20：50.0，28；　21：40.9，14。
2.3　卷軸裝。首殘尾全。卷首殘破，接縫處有開裂，通卷多水漬、有破裂。尾有蟲繭。有烏絲欄。
3.1　首 4 行上殘→大正 262，9/11B16～19。
3.2　尾全→9/19A12。
4.2　妙法蓮華經卷第二（尾）。
8　9～10 世紀。歸義軍時期寫本。
9.1　楷書。
11　圖版：《敦煌寶藏》，86/53B～66B。

1.1　BD04841 號
1.3　妙法蓮華經卷五
1.4　巨 041
1.5　105:5510
2.1　91.3×25.1 厘米；2 紙；54 行，行 17 字。
2.2　01：43.8，26；　02：47.5，28。
2.3　卷軸裝。首全尾脫。第 1 紙有 5 個殘洞，有烏絲欄。
3.1　首全→大正 262，9/37A5。
3.2　尾殘→9/37C13。
4.1　妙法蓮華經安樂行品第十四，五（首）。
8　8～9 世紀。吐蕃統治時期寫本。
9.1　楷書。
11　圖版：《敦煌寶藏》，92/602A～603A。

1.1　BD04842 號
1.3　妙法蓮華經卷三
1.4　巨 042
1.5　105:4714
2.1　(1.9+1027)×25.1 厘米；22 紙；603 行，行 16～18 字。
2.2　01：1.9+38.6，24；　02：47.9，28；　03：47.6，28；
04：47.8，28；　05：47.7，28；　06：47.7，28；
07：47.7，28；　08：47.7，28；　09：47.7，28；
10：47.8，28；　11：47.7，28；　12：47.8，28；
13：47.7，28；　14：48.0，28；　15：47.7，28；
16：47.6，28；　17：47.9，28；　18：47.7，28；
19：47.8，28；　20：47.6，28；　21：47.7，28；
22：33.6，19。
2.3　卷軸裝。首殘尾全。經黃紙。首紙上邊下邊有殘損，第 9、10 紙接縫處下部開裂，卷面有油污。背有古代裱補。有烏絲欄。
3.1　首行殘→大正 262，9/10C2～3。
3.2　尾全→9/19A12。
4.2　妙法蓮華經卷第三（尾）。
5　此卷經文相當於《大正藏》本卷第二。
8　7～8 世紀。唐寫本。
9.1　楷書。
11　圖版：《敦煌寶藏》，85/461B～475B。

1.1　BD04843 號
1.3　大般若波羅蜜多經卷一四一
1.4　巨 043
1.5　084:2374
2.1　48.3×27.3 厘米；1 紙；正面 28 行，行 17 字；背面 2 行，行字不等。
2.3　卷軸裝。首尾均脫。有烏絲欄。
2.4　本遺書包括 2 個文獻：（一）《大般若波羅蜜多經》卷一四一，28 行，抄寫在正面，今編為 BD04843 號。（二）《大寶積經難雜字》（擬），抄寫在背面，今編為 BD04843 號背。
3.1　首殘→大正 220，5/766B5。
3.2　尾殘→5/766C4。
8　8 世紀。唐寫本。
9.1　楷書。
11　圖版：《敦煌寶藏》，73/104B～105B。

1.1　BD04843 號背
1.3　大寶積經難雜字（擬）
1.4　巨 043
1.5　084:2374
2.4　本遺書由 2 個文獻組成，本號為第 2 個，2 行，抄寫在背面。餘參見 BD04843 號之第 2 項、第 11 項。
3.3　錄文：
第三卷，蒳、橐囊；第九卷，觚、顏、◇；第十，詛；／
十三，犇；二十五，樔。／
（錄文完）
8　8～9 世紀。吐蕃統治時期寫本。
9.1　楷書。硬筆書寫。

1.1　BD04844 號
1.3　大般若波羅蜜多經卷三八四
1.4　巨 044
1.5　084:3043

2.1 (3.2+794.2)×25.5 厘米；17 紙；455 行，行 17 字。
2.2 01：3.2+40.2，23； 02：47.5，28； 03：47.7，28；
04：47.9，28； 05：47.8，28； 06：47.8，28；
07：48.0，28； 08：47.7，28； 09：47.8，28；
10：47.8，28； 11：48.0，28； 12：47.8，28；
13：48.0，28； 14：47.8，28； 15：47.9，28；
16：47.9，28； 17：36.6，12。
2.3 卷軸裝。首殘尾全。第 1 紙下有横向殘破，上邊下邊殘破。有烏絲欄。
3.1 首 2 行上殘→大正 220，6/983A10～11。
3.2 尾全→6/988B6。
4.2 大般若波羅蜜多經卷第三百八十四（尾）。
7.1 第 1 紙背面有勘記“卅九，四”。“三十九”為本文獻袟次，“四”為袟内卷次。
8 8～9 世紀。吐蕃統治時期寫本。
9.1 楷書。
11 圖版：《敦煌寶藏》，76/185B～195B。

1.1 BD04845 號
1.3 大般若波羅蜜多經卷一四三
1.4 巨 045
1.5 084:2377
2.1 (101.7+1.8)×27.4 厘米；3 紙；60 行，行 17 字。
2.2 01：07.0，04； 02：48.5，28； 03：46.2+1.8，28。
2.3 卷軸裝。首斷尾殘。卷面宿墨書寫之字入潢淋漓。有烏絲欄。
3.1 首殘→大正 220，5/775A2。
3.2 尾行中殘→5/775C2。
6.2 尾→BD04926 號。
8 8～9 世紀。吐蕃統治時期寫本。
9.1 楷書。
11 圖版：《敦煌寶藏》，73/108B～109B。

1.1 BD04846 號
1.3 金剛般若波羅蜜經論（天親本 一卷本）
1.4 巨 046
1.5 098:4438
2.1 (6+517+3)×25.6 厘米；11 紙；307 行，行 17 字。
2.2 01：6+32，27； 02：49.0，28； 03：49.0，28；
04：49.0，28； 05：49.0，28； 06：49.0，28；
07：49.0，28； 08：48.5，28； 09：48.5，28；
10：48.5，28； 11：45.5+3，28。
2.3 卷軸裝。首尾均殘。經黄紙。卷面有墨污及破裂，接縫處多有開裂，尾紙上方殘缺。背有古代裱補。有烏絲欄。
3.1 首 3 行上殘→大正 1511，25/784B19～22。
3.2 尾殘→25/788B6～7。
5 與《大正藏》本對照，分卷不同。本文獻乃一卷本。
8 7～8 世紀。唐寫本。
9.1 楷書。
11 圖版：《敦煌寶藏》，83/244B～251A。

1.1 BD04847 號
1.3 妙法蓮華經卷七
1.4 巨 047
1.5 105:6079
2.1 476.5×25.5 厘米；11 紙；275 行，行 18 字。
2.2 01：9+30，22； 02：49.0，28； 03：49.0，28；
04：49.0，28； 05：49.0，28； 06：49.0，28；
07：49.0，28； 08：49.0，28； 09：49.0，28；
10：49.0，28； 11：05.5，01。
2.3 卷軸裝。首殘尾全。卷前部有殘缺破損，卷尾有油污。有烏絲欄。
3.1 首 5 行上下殘→大正 262，9/58B23～27。
3.2 尾全→9/62B1。
4.2 妙法蓮華經卷第七（尾）。
8 9～10 世紀。歸義軍時期寫本。
9.1 楷書。
9.2 有行間校加字。
11 圖版：《敦煌寶藏》，96/562A～568B。

1.1 BD04848 號
1.3 大般若波羅蜜多經卷五三四
1.4 巨 048
1.5 084:3299
2.1 192.1×25.8 厘米；4 紙；112 行，行 17 字。
2.2 01：48.3，28； 02：47.9，28； 03：47.9，28；
04：48.0，28。
2.3 卷軸裝。首尾均脱。前 2 紙接縫處上開裂。有烏絲欄。
3.1 首殘→大正 220，7/741B20。
3.2 尾殘→7/742C15。
6.1 首→BD04947 號。
6.2 尾→BD05226 號。
8 8 世紀。唐寫本。
9.1 楷書。
11 圖版：《敦煌寶藏》，77/153A～155B。

1.1 BD04849 號
1.3 妙法蓮華經卷三
1.4 巨 049
1.5 105:5145
2.1 (3.8+488.7)×25.6 厘米；11 紙；278 行，行 17 字。
2.2 01：3.8+43.5，28； 02：47.2，28； 03：47.3，28；
04：47.4，28； 05：47.1，28； 06：49.0，28；
07：49.1，28； 08：49.2，28； 09：49.2，28；

10：48.7，26；　　11：11.0，拖尾。

2.3　卷軸裝。首殘尾全。經黄打紙。卷首殘缺，卷前部有水漬，第3、4紙接縫處下開裂，尾紙有殘損，紙質與全卷不同。卷背污穢。有燕尾。有烏絲欄。

3.1　首2行中下殘→大正262，9/23A13～15。

3.2　尾全→9/27B9。

4.2　妙法蓮華經卷第三（尾）。

7.1　卷端背有勘記“妙法蓮華經卷第三”。

8　7～8世紀。唐寫本。

9.1　楷書。

11　圖版：《敦煌寶藏》，89/191B～198B。

新舊編號對照表

一、千字文號與北敦號、縮微膠卷號對照表

千字文號	北敦號	縮微膠卷號
號 082	BD04782 號	105：6060
號 083	BD04783 號	084：2529
號 084	BD04784 號	083：1632
號 085	BD04785 號	256：7636
號 086	BD04786 號	081：1423
號 087	BD04787 號	357：8424
號 088	BD04788 號	094：3971
號 089	BD04789 號	001：0022
號 090	BD04790 號	084：3410
號 091	BD04791 號	070：1257
號 092	BD04792 號	083：1934
號 093	BD04793 號	105：5873
號 094	BD04794 號	083：1914
號 095	BD04795 號	083：1838
號 096	BD04796 號	105：5419
號 097	BD04797 號	083：1974
號 098	BD04798 號	105：5738
號 099	BD04799 號	063：0812
號 100	BD04800 號	084：2360
巨 001	BD04801 號	084：2904
巨 002	BD04802 號	084：2403
巨 003	BD04803 號	105：4950
巨 004	BD04804 號	105：4995
巨 005	BD04805 號	105：4927
巨 006	BD04806 號	116：6541
巨 007	BD04807 號	094：3803
巨 008	BD04808 號	084：2363
巨 009	BD04809 號	105：4796
巨 010	BD04810 號	115：6379
巨 011	BD04811 號	062：0579
巨 012	BD04812 號	105：5230
巨 013	BD04813 號	084：2255
巨 014	BD04814 號	115：6398
巨 015	BD04815 號	115：6394
巨 016	BD04816 號	105：4851
巨 017	BD04817 號	105：4504
巨 018	BD04818 號	084：2918
巨 019	BD04819 號	084：2514
巨 020	BD04820 號	105：6073
巨 020	BD04820 號背	105：6073
巨 021	BD04821 號	105：4856
巨 022	BD04822 號 1	275：7826
巨 022	BD04822 號 2	275：7826
巨 023	BD04823 號	070：1155
巨 024	BD04824 號	275：7827
巨 025	BD04825 號	095：4429
巨 026	BD04826 號	070：1170
巨 027	BD04827 號	083：1586
巨 028	BD04828 號	062：0555
巨 029	BD04829 號	070：0965
巨 030	BD04830 號	083：1820
巨 031	BD04831 號	094：3928
巨 032	BD04832 號	094：3927
巨 033	BD04833 號	063：0816
巨 034	BD04834 號	084：3209
巨 035	BD04835 號	084：3304
巨 036	BD04836 號	105：5660
巨 037	BD04837 號	083：1644
巨 038	BD04838 號	102：4481
巨 039	BD04839 號	083：1705
巨 040	BD04840 號	105：4733
巨 041	BD04841 號	105：5510
巨 042	BD04842 號	105：4714
巨 043	BD04843 號	084：2374
巨 043	BD04843 號背	084：2374
巨 044	BD04844 號	084：3043
巨 045	BD04845 號	084：2377
巨 046	BD04846 號	098：4438

巨 047	BD04847 號	105：6079
巨 048	BD04848 號	084：3299
巨 049	BD04849 號	105：5145

二、縮微膠卷號與北敦號、千字文號對照表

縮微膠卷號	北敦號	千字文號
001：0022	BD04789 號	號 089
062：0555	BD04828 號	巨 028
062：0579	BD04811 號	巨 011
063：0812	BD04799 號	號 099
063：0816	BD04833 號	巨 033
070：0965	BD04829 號	巨 029
070：1155	BD04823 號	巨 023
070：1170	BD04826 號	巨 026
070：1257	BD04791 號	號 091
081：1423	BD04786 號	號 086
083：1586	BD04827 號	巨 027
083：1632	BD04784 號	號 084
083：1644	BD04837 號	巨 037
083：1705	BD04839 號	巨 039
083：1820	BD04830 號	巨 030
083：1838	BD04795 號	號 095
083：1914	BD04794 號	號 094
083：1934	BD04792 號	號 092
083：1974	BD04797 號	號 097
084：2255	BD04813 號	巨 013
084：2360	BD04800 號	號 100
084：2363	BD04808 號	巨 008
084：2374	BD04843 號	巨 043
084：2374	BD04843 號背	巨 043
084：2377	BD04845 號	巨 045
084：2403	BD04802 號	巨 002
084：2514	BD04819 號	巨 019
084：2529	BD04783 號	號 083
084：2904	BD04801 號	巨 001
084：2918	BD04818 號	巨 018
084：3043	BD04844 號	巨 044
084：3209	BD04834 號	巨 034
084：3299	BD04848 號	巨 048
084：3304	BD04835 號	巨 035
084：3410	BD04790 號	號 090
094：3803	BD04807 號	巨 007
094：3927	BD04832 號	巨 032
094：3928	BD04831 號	巨 031
094：3971	BD04788 號	號 088
095：4429	BD04825 號	巨 025
098：4438	BD04846 號	巨 046
102：4481	BD04838 號	巨 038
105：4504	BD04817 號	巨 017
105：4714	BD04842 號	巨 042
105：4733	BD04840 號	巨 040
105：4796	BD04809 號	巨 009
105：4851	BD04816 號	巨 016
105：4856	BD04821 號	巨 021
105：4927	BD04805 號	巨 005
105：4950	BD04803 號	巨 003
105：4995	BD04804 號	巨 004
105：5145	BD04849 號	巨 049
105：5230	BD04812 號	巨 012
105：5419	BD04796 號	號 096
105：5510	BD04841 號	巨 041
105：5660	BD04836 號	巨 036
105：5738	BD04798 號	號 098
105：5873	BD04793 號	號 093
105：6060	BD04782 號	號 082
105：6073	BD04820 號	巨 020
105：6073	BD04820 號背	巨 020
105：6079	BD04847 號	巨 047
115：6379	BD04810 號	巨 010
115：6394	BD04815 號	巨 015
115：6398	BD04814 號	巨 014
116：6541	BD04806 號	巨 006
256：7636	BD04785 號	號 085
275：7826	BD04822 號 1	巨 022
275：7826	BD04822 號 2	巨 022
275：7827	BD04824 號	巨 024
357：8424	BD04787 號	號 087